法 / 學 / 原 / 論

법학원론

황 태 윤

박영사

머 리 말

    이 책은 행정법, 민법, 민사소송법, 민사집행법, 형법, 형사소송법을 내용으로 하고 있다. 공법의 체계적 이해를 위해서는 국가와 시민 사이의 구체적 법률관계를 다루는 행정법을 무엇보다 잘 알아야 한다. 복잡한 민사사례에 대한 분석력을 기르고, 민사소송절차에 대한 이해를 도모하기 위해서는 가압류·가처분, 민사소송, 민법, 강제집행 순서대로 공부할 필요가 있다. 형사법은 죄형법정주의가 지배하고 있기 때문에, 법조문과 법조문을 적용한 기본 판례들을 이해하는 것부터 시작해야 한다. 각 법 분야에서 필수적으로 알아야 할 조문과 중요판례들을 가급적 많이 다루고자 노력하였다. 이 책이 법학을 본격적으로 공부하고자 하는 많은 이들에게 도움이 되었으면 한다. 부족한 부분은 차후 보완해 나가도록 하겠다. 사랑하는 아내 은정, 아들 정윤, 부모님, 형님들에게 이 책을 바친다.

2020. 1. 19.

전북대학교 법학전문대학원 905호 연구실에서

차 례

제1부 공 법

제 2 부　민 사 법

제 3 부 형 사 법

제1부

공 법

제 1 장   행정과 행정법

제 1 절   행 정

　행정이라는 단어 자체는 공동목표를 설정하고, 그 공동목표를 달성하기 위한 체계적이고 통일적인 업무수행 방법을 만들어 그 방법에 의하여 업무를 수행하는 것을 의미하는데, 이러한 의미에서이 행정은 국가나 지방자치단체 등 공적 조직은 물론 일반기업이나 민간조직에서도 행해지는 것이다. 그런데 행정학이나 법학에서 다루는 행정은 일반기업이나 민간조직에서 행하는 사적 영역에서의 행정이 아니라 국가나 지방자치단체 등 공적 조직이 수행하는 공행정을 의미한다. 법학의 대상으로서 행정의 개념은 권력분립 이론을 전제로 한다. 입법(立法)은 국회가 일반적·추상적 법규범을 만드는 것을 말하고, 사법(司法)은 중립적인 법원(法院)이 국회가 만든 법규범의 적용을 통해 분쟁을 해결하는 재판작용을 말한다. 순수한 의미에서의 立法과 司法을 제외한 국가 권력의 작용이 행정이다. 그중 행정부에 속하는 국가기관과 지방자치단체에 의해 이루어지는 작용만을 전형적인 행정이라 할 수 있다. 즉 국가 또는 지방자치단체가 개별적·구체적으로 의회가 제정한 법률의 규율을 받으면서 시민들을 상대로 공익 목적으로 행하는 적극적 활동을 행정 개념의 중심이라 할 것이다. 司法이 주로 재판절차를 통하여 분쟁해결을 위하여 법을 적용하여 판단하는 작용임에 반해 행정은 적극적으로 법을 적용하여 사회질서를 형성해 나가는 작용이다. 행정소송의 대상이 무엇인가라는 관점에서 볼 때는, 헌법재판소의 위헌법률심사에 의하여 다툴 수 있는 국회의 입법과 상급법원의 상소(항소·상고·항고)재판에 의하여 다툴 수 있는 법원의 재판을 제외한 모든 국가나 지방자치단체의 직·간접적인 공익실현을 위한 활동을 행정이라 할 것이다.

제 2 절   행정법

　행정법은 행정에 관한 법률 전체를 말한다. 행정법은 행정조직법, 행정작용법, 행정구제법으로 구별할 수 있다. 행정조직법은 행정작용의 주체인 국가 및 지방자치단체의 조직 및 권한에 관해 규정한 법을 말한다. 행정주체가 사인에게 대외적으로 영향력을 미치는 작용을 행정작용이라고 하며 이와 관련한 법들을 통칭하여 행정작용법이라 부른다. 경찰관직무집행법, 식품위생법, 도로교통법, 도로법, 전염병예방법, 건축법 등 대다수 행정법규가 행정작용법에 속한다. 행정주체의 행정작용에 대한 시민들의 권리구제에 관한 법을 행정구제법이라고 부르는데, 국가배상법, 공익사업법, 행정심판법, 행정소송법이 있다.

제 3 절   공법관계와 사법관계

　행정상 법률관계는 크게 公法관계와 私法관계로 나누어진다. 공법관계의 경우에는 통상 행정주체의 우월적 지위가 인정되고 행정소송으로 관련 분쟁을 해결한다. 이에 반해 사법관계의 경우에는 행정주체에 우월적 지위가 인정되지 않고, 대등한 지위를 가지는 당사자 사이의 분쟁인 이상 분쟁 해결도 민사소송에 의한다. 또한 공법관계에는 법치주의, 비례원칙, 평등원칙 등 공법원리가 작용하고, 사법관계에는 사적자치, 과실상계, 전형계약 등 사법원리가 작용한다. 공법상의 불법행위에는 국가배상법이 적용되지만, 사법상의 불법행위에는 민법이 적용된다. 공법관계와 사법관계의 구별은 공법과 사법의 구별이다. 공법과 사법의 구별 기준에 대하여 공익의 실현을 위한 것이 공법이고, 사익의 실현을 위한 것이 사법이라는 견해(이익설), 권력적 지배복종관계를 규율하는 법이 공법이고, 비권력적 대등질서관계를 규율하는 법이 사법이라는 견해(성질설, 복종설), 행정주체를 한쪽 당사자로 하는 법률관계를 규율하는 법이 공법이고, 사인상호간의 법률관계를 규율하는 법이 사법이라는 견해(구주체설), 귀속주체의 상이성에 따라 구분하는데 공권력의 담당자인 행정주체에 대해서만 권리를 부여하거나 의무를 부과하는 경우에는 공법관계이고, 모든 권리주체에 권리를 부여하거나 의무를 부과하는 경우에는 사법관계라는 견해(신주체설, 귀속설)가 주장된다. 대법원은 주체설을 기준으로 성질설과 이익설도 고려하는 입장이다. 따라서 행정청이 공권력을 가진 우월적 지위이거나 또는 공익 목적을 위한 행위의 경우 이를 공법관계로 보고, 일부 공법적 규율을 받고 있다 하더라도 사경제주체로서 행하는 행위는 사법관계로 보는 것이 대법원판례의 기본 입장이라 할 수 있다. 공법관계에는 權力관계와 非權力관계가 있으며, 사법관계에는 國庫관계와 行政私法관계가 있다. 권력관계는 국가가 시민에게 조세의무를 부과하거나 군복무를 명하거나 건축허가신청을 거부하는 등 일방적으로 명령·강제하는 관계를 뜻한다. 이러한 권력관계가 전통적인 행정법 영역이다. 국가는 시민에게 명령·강제 등 처분을 함에 있어서 정해진 행정절차에 따라야 하며, 시민은 명령·강제 등의 처분에 대하여 행정소송으로 다툴 수 있다. 비권력관계는 명령·강제 등 권력적 수단을 이용한 일방적 처분이 아닌 경우의 행정작용을 의미한다. 행정지도나 행정조사가 이에 해당한다. 사법관계는 행정주체와 시민 사이에 사법상 계약으로 체결되는 법률관계를 뜻한다. 사법관계 중 행정주체가 물품구매·건설도급·폐수처리·오물수거 등을 위하여 사인과 계약을 체결하는 경우를 국고관계라 하고, 국가의 자본이 투여되거나 법률상 독점적 지위를 보장받는 공법인 또는 주식회사와 시민이 전기·수도·가스공급계약, 운수·우편 이용 계약을 체결하는 경우를 행정사법관계라 한다. 행정사법은 사법형식에 의한 공행정을 말하는 것으로 생존배려에 필수적인 분야의 경우 행위의 형식이 私法상 契約이지만, 일정 한도에서 공법적 통제가 필요하다는 생각에서 만들어진 개념이다.

제 2 장   행정이 지켜야 하는 법원리

제 1 절   법치행정원칙

　국가와 지방자치단체의 행정작용은 법률의 근거하에서 법률에 구속되어야 한다는 것을 법치행정의 원리라 한다. 이는 '행정에 대한 법의 지배'를 의미한다. 여기서 법률은 의회에서 제정된 형식적 의미의 법률을 말한다. 국민의 권리·의무를 제한할 수 있는 법규적 효력을 창설할 수 있는 것은 국회가 제정한 법률뿐이며, 행정부는 법률에 의한 수권이 없는 한 스스로 국민의 권리·의무를 제한하는 법규를 만들 수 없다. 법률은 행정보다 우위에 있으며 행정작용은 법률에 위배되어서는 아니 된다. 행정작용의 어느 범위까지 법률에 근거하여야 하는지에 대하여 다수설은 국민의 권리와 의무에 영향을 미치는 행정작용 중 본질적으로 중요한 부분은 법률의 근거를 요한다는 중요사항유보설을 취하고 있다. 헌법재판소도 국민의 권리와 의무에 영향을 미치는 행정작용 중 본질적으로 중요한 부분은 법률의 근거를 요한다는 입장이다(헌재 1999. 5. 27. 98헌바70).

제 2 절   평등원칙

　평등원칙은 행정작용을 함에 있어서 정당하고 합리적 사유가 존재하지 않는 한 상대방인 국민을 공평하게 처우해야 한다는 것이다. 평등의 원칙은 헌법 제11조 제1항 평등권 조항에서 도출된다.

제 3 절 자기구속원칙

자기구속원칙이란 행정청이 동종의 사안에서 기존의 선례가 있는 행위를 하는 경우 합리적 이유가 없는 한 기존 선례와 동일한 결정을 하도록 스스로 구속당하는 원칙을 말한다. 자기구속원칙은 재량행위의 영역, 판단여지의 영역, 법으로부터 자유로운 영역 등 행정청에 판단 또는 결정의 자유가 있을 때 문제된다. 자기구속원칙은 재량준칙과 관련하여 특히 의미가 있다. 즉, 행정규칙은 원칙적으로 행정부 내부의 조직과 활동을 규율할 목적으로 제정된 일반·추상적 규범으로 국민에 대한 대외적 효력이 없는 것이나, 행정청이 재량준칙을 설정하면 행정청은 자기구속 원칙에 의해 합리적 이유 없이 재량준칙에서 벗어난 행정행위를 할 수 없게 되므로 국민은 이러한 재량준칙에의 위배를 가지고 행정청에 이의를 제기할 수 있게 됨으로써 간접적인 대외적 효력이 발생하게 되기 때문이다. 자기구속원칙은 그 순기능으로 행정청의 재량행위에 대해 선례에 따른 동등한 대우를 요구함으로써 행정청의 자의를 방지하고, 행정통제와 국민의 권리보호의 효과를 가져오기도 하지만, 역기능으로 그로 인해 행정의 재량행위 영역이 좁아짐으로써 행정의 탄력적 운용이 훼손되고 행정활동의 경직성을 초래하며, 재량준칙의 경우 행정부 스스로 대외적 효력을 가지는 행정입법을 정립하는 셈이 되어 권력분립원칙에 반할 소지가 있는 위험이 있다. 불법의 평등은 인정될 수 없기 때문에 행정선례는 적법해야만 하고 따라서 불법한 선례에 대해 이를 반복해 줄 것을 요구하는 경우에는 자기구속원칙이 적용되지 않는다. 기존 관행으로부터 벗어나야 될 특수한 사정이 있는 경우 종래 행정관행으로부터의 이탈은 자기구속원칙에 반하지 않는다.

제 4 절 비례원칙

비례원칙이란 행정의 목적과 그 목적을 실현하기 위한 수단의 관계에서 그 수단은 목적을 실현하는 데 적합하고 또한 최소 침해를 가져오는 것이어야 하며, 아울러 그 수단의 도입으로 인해 생겨나는 침해가 달성하려고 하는 공익을 능가하여서는 안 된다는 원칙을 말한다. 비례의 원칙은 적합성의 원칙, 필요성의 원칙, 상당성의 원칙이 단계적 구조를 이루고 있다. 적합성의 원칙은 행정청이 취하는 수단은 추구하는 목표의 달성에 법적으로나 사실상으로 유용한 것이어야 한다는 원칙이다. 필요성의 원칙은 수단은 설정된 목적을 실현하기 위하여 필요 이상으로 행해져서는 안 된다는 원칙으로, 발생하는 피해를 가능한 최소한으로 해야 한다는 의미에서 최소 침해의 원칙이라고도 한다. 상당성의 원칙(협의의 비례원칙)이란 취하는 수단이 공익상 필요와 그로 인해 침해되는 사익을 비교·형량하였을 때 공익상 필요가 더 큰 경우에만 정당화될 수 있다는 원칙으로 공익상 필요와 침해되는 사익 간의 상당한 균형을 유지해야 한다는 것을 의미한다. 행정대집행법 제2조는 대집행의 요건으로 '다른 수단으로써 그 이행을 확보하기 곤란하고 또한 그 이행을 방치함이 심히 공익을 해할 것으로 인정되는 경우'라고 규정하고 있어 대집행의 요건으로 필요성의 원칙과 협의의 비례원칙을 직접적으로 요구하고 있다.

비례의 원칙은 급부행정 분야와 관련해서는, 급부는 급부의 목적 달성에 적합하여야 하고(적합성의 원칙), 목적 달성에 필요한 만큼의 급부만 행해져야 하며 효과 없는 급부가 행해져서는 안 되고(필요성의 원칙), 전체적으로 보아 그에 따른 불이익과 실현하려는 결과 사이에 적정한 비례가 유지되어야 한다(상당성의 원칙)는 과잉급부금지의 원칙으로 표현된다. 주된 행정행위에 부관을 부가할 때도 그로 인해 사인에게 지나친 부담을 주게 되는 경우에는 그러한 부관은 비례원칙 위반으로서 금지된다.

경찰권 발동은 소극적 질서유지 차원에서 필요최소한의 범위 내에서 공익과 사익이 비례하는 범위 내에서 이루어져야 하는데, 이를 경찰비례원칙이라 한다. 이에 대해 경찰관직무집행법 제1조 제2항은 이를 직접 규정하고 있다. 경찰처분은 위험의 방지, 예방, 질서 유지에 있기 때문에 위험이 방지되면 바로 경찰처분을 그쳐야 하고, 시간상 과잉이 있게 되면 안 된다. 이를 시간상 과잉 금지라고 하며, 경찰 비례 원칙의 한 내용을 이룬다. 경찰 비례의 원칙의 한 내용으로 경찰책임의 원칙이 다루어진다. 경찰책임의 원칙이란 경찰권 발동은 긴급한 필요가 있는 경우를 제외하고는 원칙적으로 경찰책임자에 대해서만 발동되어야 한다는 원칙으로 경찰권 발동의 상대방과 관련된 문제이다.

경찰책임은 행위책임, 상태책임, 혼합책임으로 구분할 수 있다. 경찰책임자가 사망하거나 물건이 양도된 경우 상속인 또는 양수인이 경찰책임을 승계하는지가 문제된다. 경찰상 행위책임은 특정인의 위험야기행위라는 고유한 행위에 대한 자기책임이고 따라서 특정인의 사망으로 종결된다고 보아야 할 것이므로 상속인이나 양수인에게 승계되지 않는다 할 것이다. 그러나 상태책임은 물건의 상태로 인해 발생하는 책임이므로 일신전속성과는 상관없이 물건의 이전, 양수와 함께 상태책임도 원칙적으로 승계가 된다 할 것이다.

　행위책임이란 사람에 의해 공공의 안녕과 질서에 위해가 발생하는 경우의 경찰책임을 말한다. 이 경우의 사람의 행위는 고의 또는 과실이 있을 것을 요하지 않는다. 또한 사람의 행위는 작위 또는 부작위도 구분하지 않는다. 행위자의 행위능력도 요구하지 않는다. 사람의 행위와 경찰상 위해 사이에는 인과관계가 존재해야 하는바, 이러한 인과관계의 판단기준에 대해 직접원인제공설은 원칙적으로 경찰 위해 상태를 직접적으로 제공한 사람에게 경찰 책임이 있다고 주장한다. 이에 반해 상당인과관계설은 경찰 위해 상태에 대해 일반경험칙에 비추어 상당한 정도의 영향을 미쳤다고 인정되는 경우에는 경찰 책임이 있다고 한다. 상당인과관계설은 경찰행정은 통상 예측하기 어려운 상황에서 발생하는 경우가 많은데 상당인과관계설에 의하면 경찰책임을 대부분 부인할 수밖에 없어 문제이므로, 직접원인제공설이 타당하다할 것이다. 행위무능력자에 대한 법정대리인의 책임, 피용자의 행위에 대한 사용자의 책임은 모두 자신의 행위가 아니라 자신의 감독·후견하에 있는 자들의 행위에 대해 부담하는 부가적인 경찰책임이다. 이는 그들의 지배 영역에서 발생하는 위해에 대해 그들이 책임을 지는 것이 경찰행정 목적의 달성을 위해 불가피하기 때문에 인정되는 것이므로 그들이 자신의 감독·후견 책임을 다하였다 하여 면책되는 것이 아니다.

　상태책임이란 물건에 의해 공공의 안녕과 질서에 위해가 발생하는 경우의 경찰책임을 말한다. 이는 물건의 상태로부터 발생하는 것이므로 그 물건을 사실상 누가 지배하였는지에 따라 경찰책임자가 결정된다. 사실상 지배자는 물건의 임차인, 수취인뿐만 아니라 절도·강도범 등을 포함해 정당한 권원 여하를 불문한다. 한편, 이 경우 물건의 소유자는 부가적인 책임을 지게 된다. 물건의 상태와 경찰 위해의 발생에 대해 인과관계가 인정되어야 한다. 이 경우의 인과관계의 판단기준 역시 행위책임에서와 같이 학설대립이 있으나 직접원인제공설이 지배적인 견해이다. 소유자는 통상 사실상의 지배자일 경우가 많지만, 그렇지 않을 경우에도 소유자는 상태책임을 진다. 다만, 이는 사실상의 지배자에 대해 부가적으로 지게 되는 책임이다. 한편, 소유자는 자신의 처분권이 법률상 또는 사실상 전혀 영향을 미치지 않는 경우에는 상태책임이 없다. 따라서 물건을 도난당한 경우 소유자에게 귀책사유가 없는 때에는 사실상의 지배자인 절도범만 상태책임을 질 뿐 소유자는 그에 대해 아무런 책임을 지지 않게 된다. 소유권자의 상태책임은 물건의 양도로 책임을 면하게 되고 양수인이 새로운 상태책임을 지게 된다. 그러나 소유권의 포기의 경우에는 상태책임을 원칙적으로 계속 부담하게 된다. 상태책임은 원칙적으로 경찰상 위해의 원인에 관계없이 자신이 지배하는 물건의 상태로 인한 위험에 대해 책임을 지는 것이다. 따라서 그 원인이 자연적인 현상으로 발생했든, 우연에 의해 발생했든 상관없이 상태책임을 지게 된다. 그러나 경찰상 위해가 재산권의 통상의 이용에 의해 나오는 경우에는 상태책임이 없다고 할 것이다. 통상의 이용에 의한 것은 직접적인 원인 제공으로 볼 수 없기 때문이다. 또한 소유권자 등이 전혀 예측할 수 없는 비정상적인 상황에서 발생하는 상태책임인 경우, 가령 회피할 수 없는 자연재해로 인한 경우 또는 제3자의 유책한 행위로 인해 발생한 경우 등에는 소유권자 등은 상태책임에서 배제된다고 보아야 할 것이다. 다만, 이 경우에도 경찰상 긴급한 상황에 해당하는 예외적인 경우에는 형식적 경찰책임의 수명자가 될 수는 있다.

동일한 위험이 다수의 책임자에 의해 발생하는 경우에 누구를 경찰권 발동의 대상으로 할 것인가의 문제가 발생한다. 이것을 다수 책임자의 경합이라고 한다. 이는 행위책임과 상태책임이 서로 동시에 경합하는 경우에 주로 나타난다. 이 경우 원칙적으로 경찰권 발동의 대상은 위해를 가장 효율적이고 신속하게 제거할 수 있는 자를 상대로 경찰권이 발동되어야 할 것이다. 다만, 이 경우 비례의 원칙에 위배되어서는 아니 된다. 부차적으로 경찰상 위해에 보다 더 중대한 위해를 제공한 사람이 경찰권 발동의 대상이 될 수 있다. 경찰권 발동의 대상이 된 사람이 경찰책임을 진 경우에 이를 이행하지 않은 다른 책임자들에게 비용 등을 부담하게 할 수 있는지가 문제되는데, 다수의 책임자 중 어느 한 사람에게만 경찰권이 발동된 경우 그는 다른 책임자들에게 민법상의 연대책임 규정 또는 사무관리 규정을 유추적용해 비용상환을 구할 수 있다고 할 것이다.

제5절 신뢰보호원칙

私人이 행정청의 행위를 신뢰하고 어떠한 행위를 한 경우 그 신뢰가 보호가치가 있는 한 사인의 행위의 효력을 인정해 주는 것을 신뢰보호원칙이라 한다. 행정절차법 제4조 제2항은 "행정청은 법령 등의 해석 또는 행정청의 관행이 일반적으로 국민들에게 받아들여진 때에는 공익 또는 제3자의 정당한 이익을 현저히 해할 우려가 있는 경우를 제외하고는 새로운 해석 또는 관행에 의하여 소급하여 불리하게 처리하여서는 안 된다'고 규정하여 신뢰보호원칙에 대한 실정법적 근거를 분명히 하고 있다. 국세기본법 제18조 제3항도 "세법의 해석 또는 국세행정의 관행이 일반적으로 납세자에게 받아들여진 후에는 그 해석 또는 관행에 의한 행위 또는 계산은 정당한 것으로 보며 새로운 해석 또는 관행에 의하여 소급하여 과세되지 아니한다"고 규정하고 있다. 일반적으로 행정상의 법률관계에 있어서 행정청의 행위에 대하여 신뢰보호의 원칙이 적용되기 위해서는, 첫째, 행정청이 개인에 대하여 신뢰의 대상이 되는 공적인 견해표명을 하여야 하고, 둘째, 행정청의 견해표명이 정당하다고 신뢰한 데에 대하여 그 개인에게 귀책사유가 없어야 하며, 셋째, 그 개인이 그 견해표명을 신뢰하고 이에 어떠한 행위를 하였어야 하고, 넷째, 행정청이 위 견해표명에 반하는 처분을 함으로써 그 견해표명을 신뢰한 개인의 이익이 침해되는 결과가 초래되어야 하며, 이러한 요건을 충족할 때에는 행정청의 처분은 신뢰보호의 원칙에 반하는 행위로서 위법하게 된다. 행정청의 공적 견해표명이 있었는지의 여부를 판단하는 데 있어 반드시 행정조직상의 형식적인 권한분장에 구애될 것은 아니고 담당자의 조직상의 지위와 임무, 당해 언동을 하게 된 구체적인 경위 및 그에 대한 상대방의 신뢰가능성에 비추어 실질에 의하여 판단하여야 한다.

제 6 절 부당결부금지원칙

행정작용을 함에 있어서 이와 실질적 관련이 없는 상대방의 반대급부를 조건으로 하여서는 안 된다는 원칙을 부당결부금지원칙이라 한다. 부당결부금지원칙은 헌법상의 법치국가원리와 자의금지원칙에서 파생되는 것으로 헌법상의 효력을 가진 법원칙이라고 보는 헌법적 효력설과 행정권한법정주의(헌법 제96조)와 행정권한의 남용금지 원칙을 근거로 한 것으로 법률상의 효력을 가진 법원칙이라고 보는 법률적 효력설이 대립한다. 개별법영역에서 충분히 구체화될 수 있는 법원리를 헌법원리로 이해하는 것은 헌법소송 만능주의에 빠질 위험이 있으므로 법률적 효력설이 타당하다. 부당결부금지원칙이 적용되려면 ① 행정청의 행정작용이 있고, ② 행정청의 행정작용이 상대방의 반대급부와 결부되어 있고, ③ 행정작용과 반대급부 사이에 실체적 관련성이 없어야 한다. 실체적 관련성을 원인적 관련성과 목적적 관련성으로 나누어 볼 수 있다. 도로점용허가를 내주면서 그 부관으로 도로점용료를 부가하는 것은 원인적 관련성이 있으나, 그 부관으로 체납된 지방세 완납을 요건으로 하는 것은 원인적 관련성이 없다. 여관 등 숙박시설에 대한 건축허가를 발령하면서 소방시설을 갖출 것을 조건으로 하는 것은 동일한 경찰질서 유지목적에 의한 것으로 목적적 관련성이 인정되나, 지방자치단체에 영업수익금의 일정비율을 기부하라는 부관은 목적적 관련성이 없다.

제 7 절 소급적용금지원칙

소급적용금지의 원칙이란 법령은 원칙적으로 그 효력이 생긴 때로부터 발생한 사실관계 또는 법률관계에 대해서만 적용되고 이미 종결된 사실관계 또는 법률관계에 소급해서 적용되어서는 안 된다는 원칙을 말한다. 이미 종결된 사실관계 또는 법률관계에 소급해서 적용하도록 입법하는 것도 당연히 금지된다(소급입법금지원칙).

제3장 행정주체와 행정조직

제1절 행정주체

　행정주체는 행정권을 가지고 행사하는 권리의 주체를 의미한다. 헌법 제1조 제2항에 의하면 행정을 포함한 모든 국가권력은 국민으로부터 나온다. 그러나 헌법이 말하는 그 '국민'이나 그 '국민'으로부터 나온다는 '국가권력'이 행정권을 가지고 행사하는 독립된 권리의 주체가 될 수 없는 것은 자명하다. 권리의 귀속주체로서 행정주체를 새로 개념 지워야 하는 것이다. 우리 민법은 살아 있는 자연인 또는 법에 의하여 인격이 부여된 법인만을 권리의 주체가 될 수 있는 권리능력자로 인정하고 있다. 국민 개개인의 단순한 결합을 두고 행정권의 귀속주체라 할 수 없는 이상 권리능력을 가지는 권리주체로서의 法人이 행정주체의 기본자격이라 할 것이다. 행정주체가 기본적으로 법인이어야 한다는 논리구성은 독일법의 실체법·절차법 이분체계를 기초로 한 우리 소송체계에서의 당사자적격을 설명하기 위한 전제로서 의미를 가질 뿐이고, 행정주체가 스스로 재량권을 가지는 독자적 권리능력을 가지는 존재라는 적극적 의미를 형성하는 것으로 사용될 수는 없다 할 것이다.

　국가는 시원적·본원적 행정주체이고, 다른 기관으로부터 국가의 자격이 도출되는 것은 생각할 수 없다. 따라서 의회가 제정한 법률이 국가를 법인으로 한다는 규정을 두지 않더라도 국가는 그와 상관없이 법인격을 가진 법인이라 할 것이다. 행정주체인 국가의 권한은 대통령을 정점으로 하는 국가행정조직, 행정기관을 통해 행사된다.

　국가를 제외한 행정주체는 국가로부터 그 자격이 주어지는 것이고, 의회가 만든 법률에 의하여 법인격이 인정된다. 국가를 제외한 지방자치단체 등 행정주체를 공공단체라 한다. 공공단체는 국가와 독립하여 자신의 책임하에 행정을 수행하는 공법인이라 정의된다. 공법인이란 개념은 공법과 사법의 구분을 전제로 하는 개념인 이상 확립된 개념이라 할 수 없다. 공법인 개념 속에 실질적 내용이 존재하는 것도 아니다. 공법인은 그저 사법인에 대비되어 관행적으로 사용되는 단어에 불과한 것이다. 공법에서는 국가가 선택하여야 할 조직형식에 관한 모델법률이 존재하지 않기 때문에, 국가는 필요에 따라 그때그때 無定型的으로 법인을 설립할 뿐이며, 대개 그것을 "법인으로 한다"고 규정할 뿐 그것이 공법인의 강학상 조직유형들 중 어느 것에 해당하는지는 규정하지 않는다.[1] 상법 제2조는 공법인의 상행위란 표제 아래 "공법인의 상행위에 대하여는 법령에 다른 규정이 없는 경우에 한하여 본법을 적용한다"라고 규정하고 있는데, 역시 공법인에 대한 정의를 어디에도 없다. 공공단체는 크게 지방자치단체, 영조물법인, 공공재단, 공공조합으로 구분할 수 있다.

헌법 제117조 제1항은 "지방자치단체는 주민의 복리에 관한 사무를 처리하고 재산을 관리하며, 법령의 범위 안에서 자치에 관한 규정을 제정할 수 있다" 규정하고 있다. 지방자치법 제3조 제1항은 지방자치단체는 법인으로 한다고 규정하고 있다. 따라서 지방자치단체는 국가와 독립한 법인격이 있는 행정주체이다.

일정한 행적목적을 달성하기 위해 설립된 인적·물적 시설의 결합체를 영조물이라 하고, 영조물을 운영하는 단체를 영조물법인이라 부를 수는 있겠지만, 영조물법인이 정확히 무엇을 의미하는 것인지를 파악하는 것은 불가능하다. 영조물을 영업양도의 대상이 되는 영업처럼 인적·물적 결합체로 이해하는 것은 권리의 주체와 연결되기 어려운 이해방식이다. 일반적으로 국·공립 초등·중·고등·대학교, 국·공립 미술관, 도서관 등을 국가 또는 지방자치단체가 직접 운영하는 경우 영조물법인이라는 개념이 사용될 필요가 없다. 서울대학교, 인천대학교, 과학기술원, 한국은행 등은 개별 법률에 의하여 법인격이 부여되어 있기 때문에 공법상 사단법인에 해당한다. 한국방송공사, 한국도로공사, 한국토지주택공사, 서울특별시지하철공사 등은 私法상 조직으로 운영되고, 행위형식도 계약인데, 이들을 통상 공기업이라 부른다.

지방자치단체 외 공공단체들에 대하여 공공기관의 운영에 관한 법률, 지방공기업법 등이 제정되어 적용되고 있다. 공공재단은 국가나 지방자치단체가 출연한 재산을 관리하기 위해 설립된 재단법인으로 한국학술진흥재단, 인천문화재단, 한국정

---

1) 이상덕, 「영조물의 개념과 이론」, 경인문화사, 148-149면.

신문화연구원 등이 그것이다. 재단과 영조물은 구성원이 존재하지 않는다는 점에서만 보자면 개념상 그 구별이 불가능하다.

농업협동조합, 상공회의소, 재향군인회, 변호사회, 도시정비사업조합[2] 등은 명칭만 조합일 뿐 개별법에서 법인격을 부여한 법인이다.

공무수탁사인도 행정주체이다. 공무수탁사인이란 국가 또는 지방자치단체로부터 법령을 근거로 공권력의 행사를 위탁받아 자신의 이름으로 처리하는 권한을 갖는 사인을 말한다. 행정이 점차 전문화·고도화되면서 사인이 갖는 전문성, 독창성 등을 활용할 필요가 생겼고, 또한 재정의 효율적 집행과 행정의 분산화를 위한 수단이 필요해진 것이 공무수탁사인의 등장배경이다. 공무수탁사인은 공법상 권한을 자신의 이름으로 행사한다는 점에서, 공법상 권한이 부여됨이 없이 행정주체를 위해 단순한 도구로서 순수한 기술적 집행만 처리하는 행정보조인과 구별되고, 법률에 근거하여 공권력의 행사를 위탁받았다는 점에서, 행정주체와의 사법상 계약을 통해 단순히 경영위탁계약을 체결한 사인과도 구별된다. 또한 공법상 권한을 수여받았다는 점에서, 법률에 의해 공법상 권한은 없고 단지 공행정사무를 처리할 의무가 부과된 공의무부담사인과도 구별된다.[3] 공무수탁사인의 일반적 근거조항으로는 정부조직법 제6조 제3항 및 지방자치법 제104조 제3항을 들 수 있고, 개별적 근거조항으로는 선원법 제6조, 사업시행자가 사인일 경우에도 수용권을 부여하는 공익사업을 위한 토지 등의 취득 및 보상에 관한 법률 제4조 제5호, 항공안전 및 보안에 관한 법률 제22조 제1항 등을 들 수 있다. 공무수탁사인이 사인에 대해 행정처분 등을 한 경우 이에 대해 사인은 그 처분의 위법성을 다투는 항고소송을 제기할 수 있다. 이 경우 항고소송의 피고는 행정소송법 제2조 제2항에 따라 공무수탁사인이 될 것이다. 또한 공무수탁사인이 위법하게 사인에게 피해를 입힌 경우는 행정기관으로 보아서 국가배상청구를 할 수 있다.

---

2) 도시 및 주거환경정비법 제18조 제1항은 정비사업조합을 법인으로 하고 있다. 조합설립의 인가를 받은 후에 설립등기를 하면 정비사업조합은 법인으로 성립한다. 정비사업조합은 세법상 법인에 해당하며, 법인세의 납세의무를 부담한다(법인세법 제2조 제1항).

3) 대법원 1990. 3. 23. 선고 89누4789 판결 "원천징수하는 소득세에 있어서는 납세의무자의 신고나 과세관청의 부과결정이 없이 법령이 정하는 바에 따라 그 세액이 자동적으로 확정되고, 원천징수의무자는 소득세법 제142조 및 제143조의 규정에 의하여 이와 같이 자동적으로 확정되는 세액을 수급자로부터 징수하여 과세관청에 납부하여야 할 의무를 부담하고 있으므로, 원천징수의무자가 비록 과세관청과 같은 행정청이더라도 그의 원천징수행위는 법령에서 규정된 징수 및 납부의무를 이행하기 위한 것에 불과한 것이지, 공권력의 행사로서의 행정처분을 한 경우에 해당되지 아니한다."

제2절 행정기관과 행정청

행정주체를 위하여 행정주체로부터 부여받은 권한을 행사하는 행정주체의 내부 조직을 행정기관이라 한다. 실무에서는 행정기관보다는 행정관청 또는 행정청이라는 용어가 혼용되어 사용되고 있다. 私法상 법인에 있어서의 기관과 같이 권리의 주체를 위하여 권한을 행사할 뿐이고 권한 행사에 의한 법적 효과는 기관이 아니라 권리의 주체인 행정주체에 귀속된다. 행정기관은 행정주체에 편입되어 있지만, 조직상으로 독립한 기구이며, 법적 주체는 아니다. 행정청은 행정주체의 의사를 결정하고 이를 외부적으로 표시할 수 있는 권한을 가지는 행정기관을 지칭하는 개념이다. 행정심판법 제2조 제4호는 행정청에 대하여 "행정에 관한 의사를 결정하여 표시하는 국가 또는 지방자치단체의 기관, 그 밖에 법령 또는 자치법규에 따라 행정권한을 가지고 있거나 위탁을 받은 공공단체나 그 기관 또는 사인을 말한다"고 정의하고 있다. 행정심판법 제3조 제1항은 행정심판의 대상으로 행정청의 처분 또는 부작위로 정하고 있는바, 행정청에 행정심판 피청구인적격을 부여하고 있다. 행정소송법 제13조는 "취소소송은 다른 법률에 특별한 규정이 있는 한 그 처분 등을 행한 행정청을 피고로 한다"고 규정하고 있다.

제3절 행정조직

행정법은 주로 행정주체와 시민 사이의 행정작용을 규율하지만, 행정주체 내부와 행정주체 상호간 법률관계도 규율한다. 행정주체 내부의 법률관계는 상급 행정기관과 하급행정기관 간의 지휘·감독관계, 권한위임관계, 지방의회와 지방자치단체 집행기관 사이의 관계, 행정기관과 그 구성원인 공무원 사이의 관계 등이 대표적이다. 행정주체 상호간 관계는 국가와 지방자치단체 사이, 지방자치단체와 지방자치단체 사이의 관계가 있다. 행정주체 내부 또는 그 사이의 법률관계를 규율하는 법을 행정조직법이라 한다.

헌법 제96조는 "행정각부의 설치·조직과 직무범위는 법률로 정한다"고 규정하고 있다. 이를 행정조직법정주의·행정권한법정주의라 한다. 여기서 법률은 정부조직법을 말한다. 행정조직에 관한 법률에는 정부조직법, 지방자치법, 감사원법, 선거관리위원회법, 검찰청법, 국가정보원법, 국가안전보장회의법, 국군조직법, 전투경찰대설치법 등이 있다. 법률에서 구체적 범위를 정하여 위임한 경우에는 법규명령을 통하여 행정조직에 관한 세부적 사항을 정할 수 있다(헌법 제75조, 제95조). 정부조직법 제2조, 제4조에 의하면 법률에 의해 직접 설치되는 것을 제외한 중앙행정기관의 보조기관, 부속기관 등은 대통령령에 의해 설치할 수 있다.

대통령과 국무총리의 통할하에 정부의 권한에 속하는 사무를 처리하기 위해 설치되는 중앙행정기관을 행정각부라고 한다. 정부조직법 제22조 제2항은 행정각부의 장은 국무위원 중에서 임명되어야 한다고 규정하고 있는바, 국무회의는 15인 이상 30인 이하의 국무위원으로 구성되므로, 결국 행정각부는 이러한 범위 내에서 설치할 수 있다. 일정한 지역 내의 국가행정을 관장하는 국가행정기관을 생각해 볼 수 있지만, 지방자치법 제102조가 국가사무는 법령에 다른 규정이 없는 한, 특별시장·광역시장·도지사 및 자치구의 구청장·시장·군수에게 위임하여 행하게 되어 있어 국가행정사무만을 실시하는 별도의 지방행정조직은 설치되어 있지 않다. 다만 정부조직법 제3조 제1항에 따라 대통령령으로 설치되는 특별지방행정기관으로 지방국세청·세무서, 지방경찰청·경찰서, 출입국관리사무소·출장소 등이 있다.

제 4 절 행정권한의 위임과 대리

행정청의 권한은 행정청이 행정주체를 대표하여 의사를 결정하고 표시할 수 있는 범위를 뜻한다. 행정청의 권한은 원칙적으로 법률에 의해 정해진다(행정권한법정주의). 다만, 권한에 관한 세부적 사항은 명령에 위임할 수 있다. 국가기관의 권한 범위는 정부조직법에서 정하고 있고, 지방자치단체의 권한 범위는 지방자치법에서 정하고 있다.

권한의 위임은 행정청이 자신의 권한의 일부를 수임자의 권한으로 이전하는 것이다. 권한을 위임하면 권한 자체가 수임자의 것으로 된다. 정부조직법 제6조는 '권한의 위임 또는 위탁'이라는 표제하에 "① 행정기관은 법령으로 정하는 바에 따라 그 소관사무의 일부를 보조기관 또는 하급행정기관에 위임하거나 다른 행정기관·지방자치단체 또는 그 기관에 위탁 또는 위임할 수 있다. 이 경우 위임 또는 위탁을 받은 기관은 특히 필요한 경우에는 법령으로 정하는 바에 따라 위임 또는 위탁을 받은 사무의 일부를 보조기관 또는 하급행정기관에 재위임할 수 있다. ② 보조기관은 제1항에 따라 위임받은 사항에 대하여는 그 범위에서 행정기관으로서 그 사무를 수행한다. ③ 행정기관은 법령으로 정하는 바에 따라 그 소관사무 중 조사·검사·검정·관리 업무 등 국민의 권리·의무와 직접 관계되지 아니하는 사무를 지방자치단체가 아닌 법인·단체 또는 그 기관이나 개인에게 위탁할 수 있다"고 규정하고 있다.

지방자치법 제104조는 '사무의 위임 등'이라는 표제하에 "① 지방자치단체의 장은 조례나 규칙으로 정하는 바에 따라 그 권한에 속하는 사무의 일부를 보조기관, 소속 행정기관 또는 하부행정기관에 위임할 수 있다. ② 지방자치단체의 장은 조례나 규칙으로 정하는 바에 따라 그 권한에 속하는 사무의 일부를 관할 지방자치단체나 공공단체 또는 그 기관(사업소·출장소를 포함한다)에 위임하거나 위탁할 수 있다. ③ 지방자치단체의 장은 조례나 규칙으로 정하는 바에 따라 그 권한에 속하는 사무 중 조사·검사·검정·관리업무 등 주민의 권리·의무와 직접 관련되지 아니하는 사무를 법인·단체 또는 그 기관이나 개인에게 위탁할 수 있다. ④ 지방자치단체의 장이 위임받거나 위탁받은 사무의 일부를 제1항부터 제3항까지의 규정에 따라 다시 위임하거나 위탁하려면 미리 그 사무를 위임하거나 위탁한 기관의 장의 승인을 받아야 한다"고 규정하고 있다.

행정권한의 대리라 함은 행정청의 권한의 전부 또는 일부를 다른 행정기관이 피대리청을 위한 것임을 표시하여 자기의 이름으로 행하고, 그 행위는 피대리청의 행위로서 효과를 발생하는 것을 말한다.

정부조직법 제7조 제2항은 "차관 또는 차장은 그 기관의 장을 보좌하여 소관사무를 처리하고 소속공무원을 지휘·감독하며, 그 기관의 장이 사고로 직무를 수행할 수 없으면 그 직무를 대행한다. 다만, 차관 또는 차장이 2명 이상인 기관의 장이 사고로 직무를 수행할 수 없으면 대통령령으로 정하는 순서에 따라 그 직무를 대행한다"고 직무대행이라는 표현으로 행정권한의 대리를 규정하고 있다.

제 4 장 행정작용의 형식

제 1 절 행정입법

행정입법이란 강학상 개념으로 국가와 지방자치단체가 일반적·추상적 규범인 법규명령·행정규칙·조례·규칙을 만드는 것을 의미한다. 법률에 대응하여 행정입법이라는 개념을 사용하는 경우에는 행정입법은 법규명령(대통령·총리령·부령)만을 의미한다. 지방자치단체의 자치입법권에 의한 조례와 규칙도 행정입법의 한 예로 포함시키는 것이 일반적이다.

1. 법규명령

(1) 개념

헌법 제75조는 "대통령은 법률에서 구체적으로 범위를 정하여 위임받은 사항(위임명령)과 법률을 집행하기 위하여 필요한 사항(집행명령)에 관하여 대통령령을 발할 수 있다"고 규정하고 있다. 헌법 제95조는 "국무총리 또는 행정각부의 장은 소관사무에 관하여 법률이나 대통령의 위임(위임명령) 또는 직권으로(집행명령) 총리령 또는 부령을 발할 수 있다"고 규정하고 있다. 헌법 제75조는 대통령령의 헌법적 근거를, 헌법 제95조에서는 총리령과 부령의 헌법적 근거를 규정하고 있는 것이다. 헌법 제64조 제1항에서는 국회규칙을, 헌법 제108조에서는 대법원 규칙을, 헌법 제113조 제2항에서는 헌법재판소 규칙을, 헌법 제114조 제6항에서는 중앙선거관리위원회 규칙을 각 규정하고 있는데, 이들 규칙들은 비록 명칭은 규칙이지만 대통령으로부터 독립된 기관들이 발하는 법규명령이다. 법규명령은 국민의 권리의무에 관한 사항을 정할 수 있는지 여부에 따라 위임명령과 집행명령으로 구분된다. 위임명령은 법률 또는 상위명령의 위임에 따라 국민의 권리를 제한하거나 의무를 설정하는 내용을 제정할 수 있으나, 집행명령은 상위법령의 집행을 위하여 필요한 사항, 예컨대 신고서 양식 등을 정할 수 있을 뿐이다. 위임명령과 집행명령은 하나의 법규명령에서 함께 제정된다. 법규명령에는 대통령령(시행령), 총리령·부령(시행규칙)이 있다. 행정규칙은 상급행정청이 하급행정청 또는 보조기관을 수범자로 하여 그의 임무수행과 조직에 관하여 발하는 일반적·추상적 규율을 말한다. 고시, 훈령, 지침, 규정, 내규 등이 행정규칙의 형식이다. 그런데 내용상 행정규칙이나 그 형식이 대통령령(시행령)이나 총리령·부령(시행규칙)으로 된 경우도 있다. 판례는 제재적 처분기준이 대통령령(시행령)으로 되어 있으면 법규명령으로 보아 법원을 구속하고, 총리령·부령(시행규칙)으로 되어 있으면 행정청 내부 사무처리기준을 규정한 것에 불과한 행정조직 내부 규율인 행정규칙으로 보아 법원을 구속하지 않는다는 입장이다(95누16523). 법률의 근거가 없어 무효였던 법규명령이 그 후 법률개정으로 위임의 근거가 부여되면 그때부터 유효한 법규명령으로 볼 수 있다(2015두45700).

(2) 법률 · 시행령 · 시행규칙의 예

식품위생법 제36조(시설기준) ① 다음의 영업을 하려는 자는 총리령으로 정하는 시설기준에 맞는 시설을 갖추어야 한다.

1. 식품 또는 식품첨가물의 제조업, 가공업, 운반업, 판매업 및 보존업

2. 기구 또는 용기·포장의 제조업

3. 식품접객업

② 제1항 각 호에 따른 영업의 세부 종류와 그 범위는 대통령령으로 정한다.

식품위생법 시행규칙 제36조(업종별 시설기준) 법 제36조에 따른 업종별 시설기준은 별표 14과 같다.

[별표 14] 업종시설기준(제36조 관련)

1. 식품제조·가공업의 시설기준

가. 식품의 제조시설과 원료 및 제품의 보관시설 등이 설비된 건축물(이하 "건물"이라 한다)의 위치 등

　　1) 건물의 위치는 축산폐수·화학물질, 그 밖에 오염물질의 발생시설로부터 식품에 나쁜 영향을 주지 아니하는 거리를 두어야 한다.

2) 건물의 구조는 제조하려는 식품의 특성에 따라 적정한 온도가 유지될 수 있고, 환기가 잘 될 수 있어야 한다.

3) 건물의 자재는 식품에 나쁜 영향을 주지 아니하고 식품을 오염시키지 아니하는 것이어야 한다.

식품위생법 시행령 제21조(영업의 종류) 법 제36조 제2항에 따른 영업의 세부 종류와 그 범위는 다음 각 호와 같다.

1. 식품제조·가공업: 식품을 제조·가공하는 영업

2. 즉석판매제조·가공업: 총리령으로 정하는 식품을 제조·가공업소에서 직접 최종소비자에게 판매하는 영업

　가. 휴게음식점영업: 주로 다류(茶類), 아이스크림류 등을 조리·판매하거나 패스트푸드점, 분식점 형태의 영업 등 음식류를 조리·판매하는 영업으로서 음주행위가 허용되지 아니하는 영업. 다만, 편의점, 슈퍼마켓, 휴게소, 그 밖에 음식류를 판매하는 장소(만화가게 및 「게임산업진흥에 관한 법률」 제2조 제7호에 따른 인터넷컴퓨터게임시설제공업을 하는 영업소 등 음식류를 부수적으로 판매하는 장소를 포함한다)에서 컵라면, 일회용 다류 또는 그 밖의 음식류에 물을 부어 주는 경우는 제외한다.

　나. 일반음식점영업: 음식류를 조리·판매하는 영업으로서 식사와 함께 부수적으로 음주행위가 허용되는 영업

　다. 단란주점영업: 주로 주류를 조리·판매하는 영업으로서 손님이 노래를 부르는 행위가 허용되는 영업

　라. 유흥주점영업: 주로 주류를 조리·판매하는 영업으로서 유흥종사자를 두거나 유흥시설을 설치할 수 있고 손님이 노래를 부르거나 춤을 추는 행위가 허용되는 영업

식품위생법 제75조(허가취소 등) ① 식품의약품안전처장 또는 특별자치도지사·시장·군수·구청장은 영업자가 다음 각 호의 어느 하나에 해당하는 경우에는 대통령령으로 정하는 바에 따라 영업허가 또는 등록을 취소하거나 6개월 이내의 기간을 정하여 그 영업의 전부 또는 일부를 정지하거나 영업소 폐쇄를 명할 수 있다.

④ 제1항 및 제2항에 따른 행정처분의 세부기준은 그 위반 행위의 유형과 위반

정도 등을 고려하여 총리령으로 정한다.

식품위생법 시행령 제52조(허가취소 등) ① 다음 각 호의 처분은 처분 사유 및 처분 내용 등이 기재된 서면으로 하여야 한다. 1. 법 제75조에 따른 영업허가 취소, 등록취소, 영업정지 또는 영업소 폐쇄 처분

식품위생법 시행규칙 제89조 법 제71조, 법 제72조, 법 제74조부터 법 제76조까지 및 법 제80조에 따른 행정처분의 기준은 별표 23과 같다.

[별표 23] 행정처분 기준(제89조 관련)

1. 둘 이상의 위반행위가 적발된 경우로서 위반행위가 다음 각 목의 어느 하나에 해당하는 경우에는 가장 중한 정지처분 기간에 나머지 각각의 정지처분 기간의 2분의 1을 더하여 처분한다.

2. 둘 이상의 위반행위가 적발된 경우로서 그 위반행위가 영업정지와 품목 또는 품목류 제조정지에 해당하는 경우에는 각각의 영업정지와 품목 또는 품목류 제조정지 처분기간을 제1호에 따라 산정한 후 다음 각 목의 구분에 따라 처분한다.

(3) 법규명령의 한계

헌법 제75조에 의하면 '법률에서 구체적으로 범위를 정하여 위임받은 사항'에 대해 대통령령을 발할 수 있다고 하여 위임명령은 상위법령에서 개별적·구체적으로 위임받은 사항에 대해서만 제정이 가능하고 포괄적으로 위임해서는 안 된다. 구체적·개별적 위임이란, ① 행정입법으로 위임할 대상이 한정적으로 특정되어 있을 것을 요하는 대상의 한정성, ② 행정기관이 행정입법을 정립함에 있어 따라야 할 기준이 명확히 제시되어 있어야 한다는 기준의 명확성을 의미한다. 위임의 정도는 누구라도 당해 법률이나 상위법령으로부터 위임명령에 규정될 내용의 대강을 예측할 수 있을 정도라야 한다(2005두2322). 국민의 기본권을 직접적으로 제한하거나 침해할 소지가 있는 경우에는 구체성·명확성의 요구가 강화되고(98두6265), 급부행정영역 또는 사실관계가 수시로 변화될 것이 예상될 경우 명확성 요건이 약화될 수 있다(95카기16). 조례의 경우 행정입법이기도 하지만 자치입법의 작용으로서 법률의 요소도 함께 가지고 있기 때문에 포괄적 위임이 가능하다(2000헌바50).

헌법이 어떠한 사항에 대해서 법률로써 규정하게 한 경우를 헌법상 법률사항이라고 하며, 그 예로는 국적취득의 요건(헌법 제2조), 죄형법정주의(헌법 제12조 제1항),

조세법률주의(헌법 제59조) 등이 있다. 이 경우 이러한 법률사항을 하위법령에 위임하여 제정하도록 하는 것은 위임입법의 일반원리에 반한다. 그러나 이 경우에도 법률로써 모든 사항을 다 정하라는 것은 아니고 일정범위에서 구체적으로 범위를 정해 하위법령에 위임하는 것은 허용된다. 다만, 이 경우 어느 범위까지를 법률로써 제정할 것인지가 문제되는데 이에 대해서는 헌법재판소는 의회유보원칙에 따라 본질적인 사항에 대해서는 법률로써만 제정해야 한다는 입장이다. 이처럼 본질적인 사항에 해당하여 반드시 의회가 제정한 법률에 의해서만 규율되어야 할 사항을 법률전속사항 또는 의회유보사항이라 하며 이를 하위법령에 위임하는 법률은 위헌·위법이 된다(98헌바70). 법령에 의해 위임받은 사항을 전면적으로 하위법령에 또다시 재위임하는 경우는 포괄위임금지 원칙 중 하나인 복위임금지의 법리에 반한다. 다만, 헌법재판소에 따르면 위임받은 사항에 대해 대강을 정하고 그중 특정사항만을 범위를 정해 하위법령에 다시 위임하는 것은 무방하다(2001헌라1). 헌법 제12조 제1항은 '누구든지 법률에 의하지 아니하고는 … 처벌·보안처분 또는 강제노역을 받지 아니한다'라고 규정하여 죄형법정주의를 헌법상의 원칙으로 하고 있지만, 긴급한 필요가 있거나 미리 법률로써 자세히 정할 수 없는 부득이한 경우에는 위임이 가능하다고 보는 것이 일반적이다. 이 때 범죄의 구성요건의 경우는 구체적인 기준을 정하여 위임하고, 형벌의 경우는 종류와 상한과 폭을 명확히 정하여 하위법령에 위임할 수 있다(2000도1007). 집행명령은 법률의 명시적인 수권이 없어도 직권으로 제정될 수 있으므로 수권상의 한계는 문제되지 않는다(2004두12261). 집행명령은 상위법령을 집행하기 위하여 필요한 사항에 한해서만 제정되는 것이기 때문에 국민의 새로운 권리·의무를 규율하는 사항을 제정할 수 없다. 만약, 이러한 사항을 규율하였다면 이는 집행명령의 한계를 일탈하는 것으로 위법하다.

(4) 법규명령에 대한 통제

구체적 규범통제란 구체적 사건을 소송으로 다투는 경우 그 사안의 근거가 된 법령이 재판의 전제가 된 경우에 법령의 위법성을 심사하는 제도를 말한다. 이에 반해 추상적 규범통제란 구체적 사건을 전제로 하지 않고 법령의 위법성을 심사할 수 있는 제도를 말한다.

우리나라 헌법은 제107조 제1항에서 위헌법률심판, 제107조 제2항에서는 대법원의 명령·규칙·처분심사권을 규정하고 있어 구체적 규범통제제도를 취하고 있다. 헌법은 구체적 규범통제와 관련해 명령·규칙·처분에 대해서는 대법원에게 최종적 심사권을(헌법 제107조 제2항), 형식적 의미의 법률에 대해서는 헌법재판소에게 위헌법률심판을 통해 최종적 심사권을 부여(헌법 제107조 제1항)하고 있는데, 과연 구체적 규범통제와 상관없는 헌법재판소법 제68조 제1항의 권리구제형 헌법소원과 관련해 헌법재판소가 법규명령 등 법령 그 자체에 대해서도 헌법소원 심판권을 갖는지가 문제된다. 헌법재판소는 헌법재판소법 제68조 제1항이 법원의 재판을 제외한 모든 공권력의 행사 또는 불행사에 대하여 헌법소원을 제기할 수 있게끔 되어 있고, 법규명령이 재판의 전제가 되지 않고 직접 국민의 기본권을 침해하는 경우 이에 대하여 헌법소원의 직접성 요건 및 보충성의 예외를 모두 충족하므로 법령에 대해 헌법소원을 제기할 수 있다는 입장이다

각급법원은 명령과 규칙에 대해 선결문제로서 심사하며, 대법원은 헌법 제107조 제2항에 따라 명령과 규칙에 대하여 최종적 심사권을 가진다. 여기서 명령은 법규명령을 의미하고, 규칙은 국회규칙, 대법원규칙, 헌법재판소규칙, 중앙선거관리위원회규칙 등 법규적 효력이 있는 규칙을 의미한다. 지방자치단체의 조례와 규칙도 포함된다. 대외적 효력이 없는 행정규칙은 재판규범성이 없어 심사권의 대상이 되지 아니한다. 대법원은 구체적 규범통제와 관련하여 위법한 법규명령에 대해 무효를 선언하고 있다.

구체적 규범통제를 통해 위헌·위법한 법령으로 판명된 경우 이를 근거로 발령된 당해 처분의 효력은 무효와 취소의 구별 기준 중 통설인 중대명백설에 따라 판단할 때 대법원의 위헌·위법 선언 전 처분이 발령된 경우에는 공무원에게 법령심사권이 없는 점 등을 참작할 때 중대하기는 하지만 명백한 하자라고 볼 수 없어 단순 취소사유에 불과하고 공무원의 과실도 인정하기 어려워 국가배상청구도 어려울 것이나, 대법원의 위헌·위법 선언 후 처분이 발령된 경우에는 행정소송법 제6조에 의해 그러한 법규명령은 관보에 게재되므로 이는 중대명백한 하자라고 보여지고, 공무원의 과실도 인정되어 국가배상청구소송도 가능하다 할 것이다.

처분적 법규명령이라 함은 집행행위의 매개 없이 법규명령 그 자체로 국민의 권리·의무에 개별적·구체적으로 직접적 영향을 미치는 경우를 말하는데, 이 경우 법규명령은 구체적 처분성을 가지게 되므로 이로 인해 침해를 당한 사인은 항고소송을 통해 직접 처분적 법규명령을 대상으로 다툴 수 있다. 처분적 법규명령에 대한 소송형식은 재판실무상 법규의 형식을 취하고 있는 명령과 조례에 대한 항고소

송은 무효확인소송으로, 법규명령의 성질을 갖는 행정규칙(법령보충적 행정규칙)에
대한 항고소송은 취소소송으로 제기되고 있다.

(5) 행정입법부작위와 권리구제

행정입법부작위란 행정주체에게 명령을 제정·개정 또는 폐지할 법적 의무가
있음에도 합리적 이유 없이 명령을 제정·개정 또는 폐지하지 않는 것을 뜻한다. 입
법부작위는 진정입법부작위와 부진정입법부작위로 구분된다. 진정입법부작위는 입
법자가 헌법상 입법의무가 있는 어떤 사항에 관하여 전혀 입법을 하지 않는 것이
고, 부진정입법부작위는 입법은 하였으나 그 입법의 내용·범위·절차 등이 당해 사
항을 불완전·불충분 또는 불공정하게 규율하는 것을 말한다. 부진정입법부작위의
경우 불완전 법령 자체를 대상으로 그것이 헌법위반이라는 적극적인 헌법소원 내
지는 구체적 규범통제를 통해 권리구제를 받을 수 있다. 행정입법부작위는 진정입
법부작위만을 의미한다. 행정입법부작위가 인정되려면 시행명령의 제정 없이 수권
법령의 규정만으로는 집행이 될 수 없는 경우여야만 한다. 행정입법부작위가 부작
위위법확인소송의 대상이 되는가에 대하여 대법원은 이를 부정하고 있다(91누
11261). 그러나 행정입법부작위로 인하여 손해가 발생한 경우에 과실이 인정되는 경
우에는 국가배상청구가 가능하다(2006다3561). 헌법재판소는 행정입법부작위는 항고
소송의 대상이 되지 않는다는 것이 대법원의 입장이므로 보충성 원칙의 예외로서
헌법소원의 대상이 된다는 입장이다(96헌마246). 행정입법부작위에 대한 헌법소원이
인정되기 위해서는 첫째, 행정청에게 헌법에서 유래하는 행정입법의 작위의무가 있
어야 하고, 둘째, 상당한 기간이 경과하였음에도 불구하고, 셋째, 행정입법의 제정
권이 행사되지 않아야 한다(2000헌마707).

2. 행정규칙

(1) 개념

행정규칙이라 함은 행정부 내부의 조직과 활동을 규율할 목적으로 제정되는 일
반·추상적 명령을 말한다. 행정규칙은 법규명령처럼 상위법령의 수권에 의한 것이
아니라 하급기관을 지휘하는 상급기관의 포괄적인 감독권에 근거하여 발령하는 것
이다. 따라서 행정규칙의 발령에는 개별적인 수권규범이 아니라 일반적인 조직규범
으로 충분하다. 행정규칙은 그 내용에 따라 조직의 위계질서에 관한 조직규칙, 업무

방식이나 근무 일반에 관한 근무규칙, 통일적 법규범의 해석과 적용을 위한 법률해석규칙, 통일적인 재량권 행사를 위한 재량준칙, 법률이 없는 영역을 대신하는 법률대위규칙, 상위법령을 보충하여 구체화하는 법률보충규칙 등으로 구분될 수 있다.

(2) 효력

행정규칙은 행정규칙이 규율되는 행정부 내부에서는 직접적인 구속력을 갖는다. 즉, 행정규칙이 적용되는 행정기관 내부에서는 행정규칙대로 조직을 운영하고, 업무를 수행하며, 행정규칙에 따라 법규범을 해석하고, 재량권을 통일적으로 행사하는 등 행정규칙을 준수할 의무가 있다. 이에 따르지 않으면 관계공무원은 명령복종의무 위반으로 징계책임을 받게 된다. 행정규칙의 이러한 대내적 효력은 본래적 의미의 효력에 해당한다. 행정규칙은 행정부 내부의 조직과 활동을 규율하는 일반·추상적 명령이기 때문에 국민의 권리·의무에 영향을 미치는 이른바 대국민적 효력(법규성)은 없다. 따라서 행정규칙 위반은 위법이 아니므로 법원도 구속하지 못해 재판규범으로서 위법성 판단의 기준도 될 수 없으며, 구체적 규범통제의 대상도 되지 못한다.[1] 즉, 국민이 행정청으로부터 행정규칙에 위반된 부당한 처분을 당했어도 국민은 행정규칙에 위반되어 위법하다는 이유로 법원에 소를 제기하는 것이 아니라, 행정법의 일반원칙, 상위 법률 및 법규명령 등에 위반하여 위법하다는 이유로 소를 제기해야 하는 것이다. 반대로 행정규칙에 따른 처분이라 하여 그 자체로 적법한 것이 되는 것도 아니고 적법성의 추정을 받는 것도 아니다(90누1243).

법률대위규칙이나 법률보충규칙을 행정규칙으로 보면 직접적인 대외적 구속력이 인정될 수 있으나 위 규칙들은 형식만 행정규칙일 뿐 해당 행정규칙(고시나 지침 형식)의 근거법령이 소관 행정청에 대하여 법령의 내용을 구체적으로 보충할 수 있는 권한을 부여한 것으로 실질적으로 법규명령으로서의 위임명령이지 진정한 의미

---

1) 대법원 1983. 9. 13. 선고 82누285 판결 "보건사회부장관 훈령 제241호는 법규의 성질을 가지는 것으로는 볼 수 없고 상급행정기관인 보건사회부장관이 관계 하급기관 및 직원에 대하여 직무권한의 행사를 지휘하고 직무에 관하여 명령하기 위하여 발한 것으로서 그 규정이 의료법 제51조에 보장된 행정청의 재량권을 기속하는 것이라고 할 수 없고 법원도 그 훈령의 기속을 받는 것이 아니다."; 대법원 2009. 12. 24. 선고 2009두7967 판결 "상급행정기관이 하급행정기관에 대하여 업무처리지침이나 법령의 해석적용에 관한 기준을 정하여 발하는 이른바 '행정규칙이나 내부지침'은 일반적으로 행정조직 내부에서만 효력을 가질 뿐 대외적인 구속력을 갖는 것은 아니므로 행정처분이 그에 위반하였다고 하여 그러한 사정만으로 곧바로 위법하게 되는 것은 아니다."

의 행정규칙이 아니다. 재량준칙과 관련하여 헌법재판소 2001. 5. 31. 선고 99헌마 413 결정은 "행정규칙은 일반적으로 행정조직 내부에서만 효력을 가지는 것이나, 행정규칙이 법령의 규정에 의하여 행정관청에 법령의 구체적 내용을 보충할 권한을 부여한 경우나 재량권행사의 준칙인 규칙이 그 정한 바에 따라 되풀이 시행되어 행정관행이 이룩되게 되면, 평등의 원칙이나 신뢰보호의 원칙에 따라 행정기관은 그 상대방에 대한 관계에서 그 규칙에 따라야 할 자기구속을 당하게 되는 경우에는 대외적인 구속력을 가지게 되는바, 이러한 경우에는 헌법소원의 대상이 될 수도 있다"고 판시하였고, 대법원 2009. 12. 24. 선고 2009두7967 판결은 "재량권 행사의 준칙인 행정규칙이 그 정한 바에 따라 되풀이 시행되어 행정관행이 이루어지게 되면 평등의 원칙이나 신뢰보호의 원칙에 따라 행정기관은 그 상대방에 대한 관계에서 그 규칙에 따라야 할 자기구속을 받게 되므로, 이러한 경우에는 특별한 사정이 없는 한 그를 위반하는 처분은 평등의 원칙이나 신뢰보호의 원칙에 위배되어 재량권을 일탈·남용한 위법한 처분이 된다"고 판시하였다.

3. 행정규칙 형식의 법규명령(법령보충규칙)과 법규명령 형식의 행정규칙

(1) 행정규칙 형식의 법규명령(법령보충규칙)

상위법령의 위임을 받아 법령의 내용을 구체화할 수권을 부여받았으나 이것이 일반적인 법규명령의 형식이 아닌 고시나 훈령의 형식으로 되어 있는 경우 이를 법령보충규칙이라 한다. 행정규제기본법 제4조 제2항은 "규제는 법률에 직접 규정하되, 규제의 세부적인 내용은 법률 또는 상위법령이 구체적으로 범위를 정하여 위임한 바에 따라 대통령령·총리령·부령 또는 조례·규칙으로 정할 수 있다. 다만, 법령이 전문적·기술적 사항이나 경미한 사항으로서 업무의 성질상 위임이 불가피한 사항에 관하여 구체적으로 범위를 정하여 위임한 경우에는 고시 등으로 정할 수 있다"라고 규정하고 있는데, 위 규정의 단서는 법령보충규칙을 말한다.

대법원 1987. 9. 29. 선고 86누484 판결 "법령의 규정이 특정행정기관에게 그 법령내용의 구체적 사항을 정할 수 있는 권한을 부여하면서 그 권한행사의 절차나 방법을 특정하고 있지 아니한 관계로 수임행정기관이 행정규칙의 형식으로 그 법령의 내용이 될 사항을 구체적으로 정하고 있다면 그와 같은 행정규칙, 규정은 행정규칙이 갖는 일반적 효력으로서가 아니라, 행정기관에 법령의 구체적 내용을 보충할 권한을 부여한 법령규정의 효력에 의하여 그 내용을 보충하는 기능을 갖게 된다 할 것이므로 이와 같은 행정규칙, 규정은 당해 법령의 위임한계를 벗어나지 아니하는 한 그것들과 결합하여 대외적인 구속력이 있는 법규명령으로서의 효력을 갖게 된다."

법령보충규칙은 형식은 비록 고시나 훈령으로 되어 있지만 상위법령과 결합하여 법규로서 대외적 효력을 가지므로 법령보충규칙에 위반한 행정행위 등에 대해서는 항고소송을 제기할 수 있고, 법령보충규칙은 이 경우 재판규범성도 인정되어 위법성 판단의 기준도 되며, 따라서 법령보충규칙이 재판의 전제가 된 경우 구체적 규범통제의 대상이 된다. 법령보충규칙이 직접 국민의 기본권을 침해하는 경우에는 보충성의 예외에 해당하므로 권리구제형 헌법소원을 통해 구제받을 수 있다.[2] 법령보충규칙은 통상 상위법령의 위임에 의한 위임명령형식이 일반이지만 상위법령의 위임 없이 집행명령의 형식으로 된 경우에도 법령보충규칙이 될 수 있다.

(2) 법규명령 형식의 행정규칙

법규명령 형식인 대통령령, 총리령, 부령의 형식으로 제정되어 있으나 내용은 법규성이 없는 행정규칙으로 되어 있는 것을 법규명령 형식의 행정규칙이라고 한다. 통상 여기서의 행정규칙이란 행정청 내부에서 통일적이고 동등한 재량행사를 확보하기 위해 어떠한 방식으로 재량을 행사할 것인가에 관한 내부통제용으로 만든 재량준칙에 해당하는 경우가 대부분이고 이러한 형식의 행정규칙에 대해 이를 법규명령으로 볼 것인지, 아니면 행정규칙으로 볼 것인지가 문제된다. 학설은 법규명령설과 행정규칙설로 대립하나, 대법원은 대통령령으로 정한 제재적 행정처분의 기준은 법규명령으로 보고, 부령형식으로 정한 제재적 행정처분 기준은 행정규칙으로 보고 있다. 다만 법규명령으로 보는 경우에도 과징금 등의 경우에는 단순히 최고한도를 정한 것이라고 하여 구체적 타당성을 기하고 있다.

도로교통법시행규칙 제53조 제1항이 정한 [별표 16]의 운전면허행정처분기준

---

2) 헌법재판소 1992. 6. 26. 선고 91헌마25 결정 "법령의 직접적인 위임에 따라 위임행정기관이 그 법령을 시행하는 데 필요한 구체적 사항을 정한 것이면, 그 제정형식은 비록 법규명령이 아닌 고시, 훈령, 예규 등과 같은 행정규칙이더라도 그것이 상위법령의 위임한계를 벗어나지 아니하는 한, 상위법령과 결합하여 대외적인 구속력을 갖는 법규명령으로서 기능하게 된다고 보아야 할 것인바, 청구인이 법령과 예규의 관계규정으로 말미암아 직접 기본권침해를 받았다면 이에 대하여 바로 헌법소원심판을 청구할 수 있다."

은 부령의 형식으로 되어 있으나, 그 규정의 성질과 내용이 운전면허의 취소처분 등에 관한 사무처리 기준과 처분절차 등 행정청 내부의 사무처리 준칙을 규정한 것에 지나지 아니하므로 대외적으로 국민이나 법원을 기속하는 효력이 없으므로, 자동차운전면허취소처분의 적법 여부는 그 운전면허 행정처분 기준만에 의하여 판단할 것이 아니라 도로교통법의 규정 내용과 취지에 따라 판단되어야 한다(96누5773).

당해 처분의 기준이 된 주택건설촉진법시행령 제10조의3 제1항 [별표 1](건설업 등록업자의 등록말소 및 영업정지처분기준)은 주택건설촉진법 제7조 제2항의 위임규정에 터잡은 규정형식상 대통령령이므로 그 성질이 부령인 시행규칙이나 또는 지방자치단체의 규칙과 같이 통상적으로 행정조직 내부에 있어서의 행정명령에 지나지 않는 것이 아니라 대외적으로 국민이나 법원을 구속하는 힘이 있는 법규명령에 해당한다(97누15418).

청소년보호법 제49조 제1항, 제2항에 따른 같은법 시행령 제40조 [별표 6]의 '위반행위의 종별에 따른 과징금 처분기준'은 법규명령이기는 하나 모법의 위임규정의 내용과 취지 및 헌법상의 과잉금지의 원칙과 평등의 원칙 등에 비추어 같은 유형의 위반행위라 하더라도 그 규모나 기간·사회적 비난 정도·위반행위로 인하여 다른 법률에 의하여 처벌받은 다른 사정·행위자의 개인적 사정 및 위반행위로 얻은 불법이익의 규모 등 여러 요소를 종합적으로 고려하여 사안에 따라 적정한 과징금의 액수를 정하여야 할 것이므로 그 수액은 정액이 아니라 최고한도액이다(99두5207).

4. 지방자치단체의 조례와 규칙

(1) 자치사무, 단체위임사무, 기관위임사무

헌법 제117조 제1항은 "지방자치단체는 법령의 범위 안에서 자치에 관한 규정을 제정할 수 있다"라고 하여 자치입법권을 보장하고 있다. 이에는 조례와 규칙이 있다. 지방자치단체의 사무에는 자치사무, 단체위임사무, 기관위임사무가 있는데, 기관위임사무는 조례제정사항이 아니라는 것이 통설과 판례이다.

자치사무란 지방자치단체의 고유의 사무로서 자신의 책임하에 처리하는 업무로 주로 주민의 복지증진 및 재산관리에 관한 사무를 말한다(헌법 제117조 제1항). 고유사무라고도 한다. 자치사무는 초등학교의 설립·유지와 같이 법령에 의해 지방자치단체에 의무가 부과된 의무적 자치사무와, 시립도서관의 설립·유지와 같이 지방자치단체가 임의적으로 수행하는 임의적 자치사무가 있다. 자치사무의 범위는 매우 포괄적인 것이 특징이다. 지방자치법 제9조 제1항은 "지방자치단체는 관할 구역의 자치사무와 법령에 따라 지방자치단체에 속하는 사무를 처리한다"고 규정하고, 제2항은 "제1항에 따른 지방자치단체의 사무"를 예시하고 있는데, 예시된 사무들은 자치사무를 기초에 둔 것으로 보인다. 단체위임사무는 개별적인 위임법령에서 이를 규정하고 있을 것이기 때문이다. 예시된 규정은 크게, 지방자치단체의 구역, 조직, 행정관리 등에 관한 사무, 주민의 복지증진에 관한 사무, 농림·상공업 등 산업 진흥에 관한 사무, 지역개발과 주민의 생활환경시설의 설치·관리에 관한 사무, 교육·체육·문화·예술의 진흥에 관한 사무, 지역민방위 및 소방에 관한 사무 등이다. 자치사무는 조례, 규칙 어느 것으로나 가능하다. 지방자치단체는 자치사무의 수행에 필요한 비용을 직접 스스로 지출하여야 하며(지방자치법 제141조 본문), 자치사무에 대해 국가배상청구가 제기된 때에는 지방자치단체가 사무의 귀속주체로서 직접 책임을 진다. 자치사무는 지방자치단체 고유사무이므로 지방의회가 원칙적으로 관여할 수 있다. 따라서 지방의회는 조례로 자치사무에 대해 제정하고, 행정사무감사와 조사를 할 수 있으며(지방자치법 제41조), 지방자치단체장 또는 관계공무원에게 출석 및 답변을 요구할 수 있고(지방자치법 제41조), 회계검사 및 결산의 승인을 할 수 있다(지방자치법 제134조).

단체위임사무란 법령에 의해 국가나 광역지방자치단체의 사무가 지방자치단체 자체에게 위임된 것을 말한다. 지방자치법 제9조 제1항의 "법령에 의하여 지방자치단체에 속하는 사무"는 단체위임사무를 말한다고 보는 것이 일반적인 견해이다. 단체위임사무의 내용이 어떠한 위임사항을 담고 있는지는 개별법령의 위임규정에 따라 달라지기 때문에 특정하기는 어렵다. 다만, 지방자치법 제11조는 특정사무에 대해 단체위임사무로 위임하기 곤란한 것으로 규정하여 간접적으로 단체위임사무의 내용을 제한하고 있다. 단체위임사무는 조례, 규칙 어느 것으로나 가능하다. 지방자치단체사무를 위임할 때에는 이를 위임한 지방자치단체에서 그 경비를 부담하여야 한다(지방자치법 제141조 단서). 단체위임사무에 대한 감독청은 광역자치단체의 경우는 국가, 기초자치단체의 경우는 1차적으로 광역자치단체인 시·도가, 2차적으로는 국가가 이에 해당한다. 단체위임사무에 대한 감독청의 통제는 원칙적으로 합법성 통제 및 합목적성 통제에까지 이른다.

기관위임사무란 국가 또는 광역자치단체의 사무를 법령에 의해 지방자치단체의 장에게 위임하는 것을 말한다. 이 경우 지방자치단체장은 국가기관의 지위로서 이를 수임한다. 이러한 기관위임사무는 국가 행정의 능률적 수행을 위해 필요하나 자치사무의 효율적 업무수행에 지장을 줄 수 있어 가능한 지방자치단체의 사무로 이양하는 것이 필요하다. 기관위임사무는 기본적으로 위임사무이기 때문에 업무 수행을 위해서는 자치법규 외에도 모법에 해당하는 법령상에 개별적인 근거가 있어야 한다. 기관위임사무에 대한 감독청은 광역자치단체의 경우는 국가, 기초자치단체의 경우는 1차적으로 광역자치단체인 시·도가, 2차적으로는 국가가 이에 해당한다. 기관위임사무에 대한 감독청의 통제는 원칙적으로 합법성 통제 및 합목적성 통제까지 가능하다. 기관위임사무는 기본적으로 위임한 국가 또는 광역자치단체의 사무이기 때문이다.

자치사무와 기관위임사무의 구별이 애매한 경우, 먼저 권한규정을 살펴어 어느 기관의 권한으로 되어 있고 이를 다른 기관에 위임하고 있는지 등을 살피고, 그래도 애매할 경우에는 그에 관한 법령의 취지, 목적, 형식, 사무의 성질, 통일적 규율성 여부, 경비부담, 수입규정, 감독규정 등을 종합적으로 고려하여 판단하여야 한다(2002두10483). 지방자치법 제9조와 제11조가 구별을 위한 보충적 해석규정으로 작용할 수 있다.

국가사무를 위임할 때에는 이를 위임한 국가에서 그 경비를 부담하여야 한다(지방자치법 제141조 단서). 국가가 스스로 행사하여야 할 사무를 지방자치단체 또는 그 기관에 위임하여 수행하는 경우에, 그 소요되는 경비는 국가가 그 전부를 당해 지방자치단체에게 교부하여야 한다(지방재정법 제21조 제2항). 시·도 또는 시·도지사가 시·군 및 자치구 또는 시장·군수·자치구의 구청장으로 하여금 그 사무를 집행하게 하는 때에는 시·도는 그 사무집행에 소요되는 경비를 부담하여야 한다(지방재정법 제28조).

(2) 조례
1) 의의

조례란 지방자치단체가 법령의 범위 안에서 지방의회의 의결로서 제정하는 법형식을 말한다. 조례와 규칙 중 조례가 더 상위규범이다. 조례는 주민의 권리·의무에 영향을 미치는 법규적 효력이 있는 조례와 지방자치단체의 내부조직이나 활동을 규율하기 위해 제정된 비법규적 조례로 구분될 수 있다. 조례는 상위법령의 위임에 따라 제정된 위임조례와 상위법령의 위임 없이 자체적으로 제정된 직권조례가 있다. 다만, 지방자치법 제22조 단서에 의해, 주민의 권리 제한 또는 의무 부과에 관한 사항이나 벌칙을 정할 때에는 법률의 위임이 있어야 한다.

2) 조례 제정사항

지방자치법 제22조는 '지방자치단체는 법령의 범위 안에서 그 사무에 관하여 조례를 제정할 수 있다'라고 하고 있고, 여기서 그 사무란 동법 제9조 제1항에서 '지방자치단체는 관할 구역의 자치사무와 법령에 따라 지방자치단체에 속하는 사무를 처리한다'라고 규정하고 있으므로 이는 자치사무와 단체위임사무에 한정되며, 기관위임사무는 조례제정사항이 아니라는 것이 통설과 판례이다. 개별법률에서 조례에 기관위임사무를 위임하고 있는 경우에는 조례로 제정이 가능하다.

3) 조례의 한계

통설과 헌법재판소에 따르면 조례는 주민의 대표기관인 지방의회가 제정한 것으로 자치권에 기초해 제정하는 것이므로 포괄적 위임으로 족하다고 한다. 조례는 법령의 범위 안에서 제정되어야 하는바, 여기서 법령의 범위 안에서란 '법령에 위반하지 않는 범위 내'를 뜻한다. 이러한 법령에는 법률뿐만 아니라 헌법, 행정법의 일반원칙, 명령 등도 포함된다. 한편, 이와 관련해 조례로 규율하려는 사항이 이미 기존의 법령에서 정하고 있는 사항인 경우에도 조례제정이 허용되는가가 문제되는데, 대법원은 이에 대해 "지방자치단체는 법령에 위반되지 아니하는 범위 내에서 그 사무에 관하여 조례를 제정할 수 있는 것이고, 조례가 규율하는 특정사항에 관하여 그것을 규율하는 국가의 법령이 이미 존재하는 경우에도 조례가 법령과 별도의 목적에 기하여 규율함을 의도하는 것으로서 그 적용에 의하여 법령의 규정이 의도하는 목적과 효과를 전혀 저해하는 바가 없는 때, 또는 양자가 동일한 목적에서 출발한 것이라고 할지라도 국가의 법령이 반드시 그 규정에 의하여 전국에 걸쳐 일률적으로 동일한 내용을 규율하려는 취지가 아니고 각 지방자치단체가 그 지방의 실정에 맞게 별도로 규율하는 것을 용인하는 취지라고 해석되는 때에는 그 조례가 국가의 법령에 위반되는 것은 아니다"라는 입장이다(96추244). 법령에서 정하고 있지 않은 사항에 대하여는 지방자치법 제22조 단서의 법률유보의 원칙에 반하지 않는 한 원칙적으로 조례로서 규정할 수 있다. 조례가 법령에서 이미 정하고 있는 사항을 규율하고 있더라도 조례와 법령의 규율목적이 다르고 조례의 규정이 국가법령이 의도하는 목적과 효과를 저해하지 않는 경우에는 원칙적으로 규정이 가능하다. 국가의 법령보다 규율대상을 확대하는 조례(이른바 추가조례)는 이를 침익적 행정과 관련해 규율대상을 확대하는 침익추가조례와 수익적 행정과 관련해 규율대상을 확대하는 수익추가조례로 구분하여 볼 때, 침익추가조례는 지방자치법 제22조 단서와의 관계상 원칙적으로 법령의 근거가 있어야만 추가가 가능하고, 수익추가조례는 법령의 근거 없이도 추가가 가능하다. 법령과 조례가 동일한 규율대상을 동일한 목적으로 규정하고 있는 경우에, 법령이 정한 기준을 초과하여 보다 규율 정도를 강화시킨 조례(이른바 초과조례)가 법률우위 원칙에 반하는가가 특히 문제된다. 초과조례는 수익적 행정과 관련해 법령보다 강하게 국민의 권익을 보장하는 조례(이른바 수익초과조례)와 침익적 행정과 관련해 법령보다 강하게 국민의 권익을 제한하는 조례(이른바 침익초과조례)로 나누어 볼 수 있다. 침익초과조례는 법률우위원칙에 반하여 인정될 수 없다는 것이 통설과 판례이다. 반면 수익초과조례는 법령이 최소한의 기준을 정하고, 조례로 지방의 실정에 맞게 별도로 규율하는 것을 허용하는 것으로 해석되는 경우에는 법령의 위임 없이도 원칙적으로 제정될 수 있다는 것이 통설과 판례이다.

4) 조례의 하자

조례의 한계를 넘어선 경우 또는 조례의 적법절차를 위반한 경우 조례는 위법하게 되는데 그 효력은 일반적으로 무효로 본다. 위법한 조례에 근거해서 발령된 처분도 하자있는 처분이지만 이 경우 무효와 취소의 구별기준인 중대명백설에 따라 판단해 보면, 중대한 하자이지만 그 조례가 법원에서 무효로 확인되기까지는 하자있는 조례인지 잘 모르기 때문에 일반인이 명백한 하자라고 판정하기 어렵다. 따라서 이 경우 단순 취소할 수 있는 사유에 불과하다.[3] 조례가 일부의 하자에 불과할 때 조례 전부를 무효로 할지, 아니면 일부의 하자 부분만 무효로 할지가 문제이다. 학설은 전부무효설과 일부무효설로 대립한다. 전자는 의결 일부에 대한 효력 배제는 지방의회의 권한을 침해하는 것으로 보아 전부에 대해 무효로 보고 효력을 상실시켜야 한다는 견해이다. 후자는 일부무효를 인정하는 것이 지방의회절차의 무

---

3) 대법원 1995. 7. 11. 선고 94누4615 판결 "조례 제정권의 범위를 벗어나 국가사무를 대상으로 한 무효인 서울특별시행정권한위임조례의 규정에 근거하여 구청장이 건설업영업정지처분을 한 경우, 그 처분은 결과적으로 적법한 위임 없이 권한 없는 자에 의하여 행하여진 것과 마찬가지가 되어 그 하자가 중대하나, 지방자치단체의 사무에 관한 조례와 규칙은 조례가 보다 상위규범이라고 할 수 있고, 또한 헌법 제107조 제2항의 "규칙"에는 지방자치단체의 조례와 규칙이 모두 포함되는 등 이른바 규칙의 개념이 경우에 따라 상이하게 해석되는 점 등에 비추어 보면 위 처분의 위임 과정의 하자가 객관적으로 명백한 것이라고 할 수 없으므로 이로 인한 하자는 결국 당연무효사유는 아니라고 봄이 상당하다."

용한 반복을 방지할 수 있고, 법원이 일부에 대해 무효로 하여도 지방의회는 그로 인해 목적 달성이 어렵다고 판단될 경우 전부에 대해 무효로 할 수도 있어 지방의회의 권한을 침해하는 것도 아니라고 보아, 일부무효를 인정하고 일부에 대해서만 효력을 상실시켜야 한다는 견해이다. 대법원은 전부무효설을 취하고 있다(93추144).

5) 조례에 대한 통제

지방자치단체의 장은 이송 받은 조례안에 대하여 이의가 있으면 20일 이내 이유를 붙여 지방의회로 환부하고, 재의를 요구할 수 있다. 이 경우 지방자치단체의 장은 조례안의 일부에 대하여 또는 조례안을 수정하여 재의를 요구할 수 없다(지방자치법 제26조 제3항). 지방자치단체의 장은 지방의회의 의결이 월권이거나 법령에 위반되거나 공익을 현저히 해친다고 인정되면 그 의결사항을 이송 받은 날부터 20일 이내에 이유를 붙여 재의를 요구할 수 있다(지방자치법 제107조 제1항). 지방자치단체장의 재의요구에도 불구하고 지방의회가 재의한 결과 재적의원 과반수의 출석과 출석의원 3분의 2 이상의 찬성으로 전과 같은 의결을 하면 그 의결사항은 확정된다(지방자치법 제107조 제2항). 지방자치단체의 장은 제107조 제2항에 따라 재의결된 사항이 법령에 위반된다고 인정되면 대법원에 소를 제기할 수 있다(지방자치법 제107조 제3항). 이 경우에는 제172조 제3항을 준용한다. 지방자치법 제26조의 제3항의 재의요구권에는 제소권 규정이 없는바, 제107조 제3항의 제소권에 의거해 소를 제기할 수 있는지가 문제되는데 이에 대해 통설과 판례(99추23)는 가능하다는 입장이다. 지방의회의 의결이 법령에 위반되거나 공익을 현저히 해친다고 판단되면 시·도에 대하여는 주무부장관이, 시·군 및 자치구에 대하여는 시·도지사가 재의를 요구하게 할 수 있고, 재의요구를 받은 지방자치단체의 장은 의결사항을 이송 받은 날부터 20일 이내에 지방의회에 이유를 붙여 재의를 요구하여야 한다(지방자치법 제172조 제1항). 지방의회의 의결이 법령에 위반된다고 판단되어 주무부장관이나 시·도지사로부터 재의요구지시를 받은 지방자치단체의 장이 재의를 요구하지 아니하는 경우(법령에 위반되는 지방의회의 의결사항이 조례안인 경우로서 재의요구지시를 받기 전에 그 조례안을 공포한 경우를 포함한다)에는 주무부장관이나 시·도지사는 제1항에 따른 기간이 지난 날부터 7일 이내에 대법원에 직접 제소 및 집행정지결정을 신청할 수 있다(지방자치법 제172조 제7항). 조례안재의결에 대한 무효확인소송은 지방자치단체장 또는 감독청이 대법원에 제기하는 소송으로, 이 경우 원고는 지방자치단체장 또는 감독청이고, 피고는 지방의회이다. 이는 일종의 추상적 규범통제에 해당한다.

조례에 근거한 처분에 대해 항고소송을 제기하면서 재판의 전제가 된 조례에 대해 구체적 규범통제를 하여 위법성을 확인하는 방법에 의한 통제도 가능하다. 이는 헌법 제107조 제2항의 명령·규칙·처분 심사권에서 조례도 심사의 대상에 포함되기 때문이다. 처분적 조례에 해당하는 경우 그에 대해 직접 항고소송을 제기하여 다툴 수 있다. 조례가 국민의 기본권을 직접 침해하고 있는 경우 이에 대해 직접 헌법소원을 제기할 수 있다. 처분적 조례의 경우 항고소송의 대상이 되기 때문에, 그 이외의 경우에만 헌법소원의 대상이다.

(3) 규칙

규칙이란 지방자치단체의 장이 법령 또는 조례가 위임한 범위 내에서 그 권한에 속하는 사무에 대하여 정립하는 일반·추상적 명령을 말한다. 규칙은 조례보다 하위에 놓이는 규범이다. 규칙의 경우에도 조례와 마찬가지로 국민의 권리·의무에 영향을 미치는 법규적 효력을 가진 규칙과 내부조직에 관한 사항을 규율하기 위해 제정된 비법규적 효력을 가진 규칙으로 구분된다. 상위법령의 위임을 받아 제정된 규칙을 위임규칙이라고 하고, 상위법령의 수권 없이 제정된 규칙을 직권규칙이라고 한다. 이러한 직권규칙은 새로운 법규사항을 정할 수 없고 단지 법령이나 조례를 시행하기 위해 제정된다. 규칙은 법령과 조례가 위임한 범위 내에서 지방자치단체 장의 권한에 속하는 모든 사무에 대해 제정이 가능하다. 따라서 자치사무, 단체위임사무, 기관위임사무 모두 규칙으로 제정할 수 있다. 다만, 교육·학예에 관한 사항은 지방교육자치에 관한 법률에 따라 교육감이 교육규칙으로 제정한다. 규칙 제정에 반드시 법령의 위임을 요하는가가 문제되는데, 이와 관련해 지방자치법상의 '지방자치단체의 장은 법령이나 조례가 위임한 범위에서 그 권한에 속하는 사무에 관하여 규칙을 제정할 수 있다'라는 규정(지방자치법 제23조)이 있고, 이에 대한 해석과 관련해 ① 반드시 조례의 개별적·구체적 위임이 있는 경우에 한해 제정할 수 있다는 견해와 ② 반드시 법령이나 조례의 위임이 있어야 하는 것은 아니라는 견해가 대립하고 있다. 헌법 제37조 제2항에 따라 규칙도 권리를 제한하거나 의무를 부과하는 것이 아닌 한 반드시 법령 또는 조례의 위임이 있어야 하는 것은 아니라고 보는 것이 타당하다 할 것이다. 위임규칙이거나 또는 규칙이 주민의 권리를 제한하거나 의무를 부과할 경우에는 법령의 근거가 있어야 한다. 이 경우 개별적이고 구체적인 위임을 요한다. 이 점에서 포괄적 위임을 요하는 조례와는 구분된다. 규칙은 법령과 조례가 정한 범위 내에서 제정할 수 있으므로 법령과 조례를 위반해서는 안 된다(법 제23조). 한편, 지방자치법 제24조에 따르면, '시·군 및 자치구의 조례나 규칙은 시·도의 조례나 규칙에 위반하여서는 아니 된다'라고 하였으므로 상위지방자치단체의 규칙에도 위배되어서는 안 된다.

제2절 행정처분

1. 개념

행정청이 행하는 구체적 사실에 관한 법집행으로서의 공권력의 행사 또는 그 거부와 기타 이에 준하는 행정작용을 행정처분이라고 한다(행정절차법 제2조 제2호; 행정심판법 제1호; 행정소송법 제2조 제1항 제1호). 여러 개별 행정법들이 규정하고 있는 허가·인가·면허·특허·결정·재결 등이 행정처분이다. 행정처분 개념 정의에서의 행정청은 국가나 지방자치단체는 물론 국가로부터 공권력을 부여받은 공무수탁사인도 포함되나 법원이나 국회는 포함되지 않는다. 실정법상 개념은 아니지만 독일 행정법상 'Verwaltungsakt'를 번역한 「행정행위」 개념도 행정처분과 같은 의미로 실무상 사용되고 있다. 행정행위는 행정청이 법에 근거하여 국민의 권리·의무와 관련하여 행하는 권력적 단독행위를 의미한다. 행정절차법이 규정하는 행정처분은 '기타 이에 준하는 행정작용'까지 포함하고 있으므로 권력적 단독행위인 강학상 행정행위 개념을 당연히 포함하고 있다.

항고소송의 대상이 되는 행정청의 처분이라 함은 원칙적으로 행정청의 공법상의 행위로서 특정사항에 대하여 법규에 의한 권리의 설정 또는 의무의 부담을 명하거나 기타 법률상의 효과를 직접 발생하게 하는 등 국민의 권리의무에 직접 관계가 있는 행위를 말하므로, 상대방 또는 관계자들의 법률상 지위에 직접 영향을 미치지 아니하는 행위는 그에 해당하지 아니한다(97누6889).

금강수계 중 상수원 수질보전을 위하여 필요한 지역의 토지 등의 소유자가 국가에 그 토지 등을 매도하기 위하여 매수신청을 하였으나 유역환경청장 등이 매수거절을 한 경우, 매수거절을 항고소송의 대상이 되는 행정처분으로 보지 않는다면 토지 등의 소유자로서는 재산권의 제한에 대하여 달리 다툴 방법이 없게 되는 점 등에 비추어, 그 매수 거부행위가 공권력의 행사 또는 이에 준하는 행정작용으로서 항고소송의 대상이 되는 행정처분에 해당한다(2007두20638).

2. 행정처분의 적법요건

(1) 주체

행정처분은 원래의 처분권한을 가진 기관에 의해 적법한 권한의 범위 내에서 직접 행사될 것을 요한다. 이러한 요건을 갖추지 못하면 주체상의 하자가 발생한다. 이러한 주체상의 하자는 통상 중대하고 명백한 하자로서 무효사유에 해당한다.

폐기물처리시설 설치촉진 및 주변지역지원 등에 관한 법률 제9조 제3항, 같은 법 시행령 제7조 [별표 1], 제11조 제2항 각 규정들에 의하면, 입지선정위원회는 폐기물처리시설의 입지를 선정하는 의결기관이고, 입지선정위원회의 구성방법에 관하여 일정 수 이상의 주민대표 등을 참여시키도록 한 것은 폐기물처리시설 입지선정 절차에 있어 주민의 참여를 보장함으로써 주민들의 이익과 의사를 대변하도록 하여 주민의 권리에 대한 부당한 침해를 방지하고 행정의 민주화와 신뢰를 확보하는 데 그 취지가 있는 것이므로, 주민대표나 주민대표 추천에 의한 전문가의 참여 없이 의결이 이루어지는 등 입지선정위원회의 구성방법이나 절차가 위법한 경우에는 그 하자 있는 입지선정위원회의 의결에 터잡아 이루어진 폐기물처리시설 입지결정처분도 위법하게 된다(2006두20150).

(2) 형식

행정절차법에 의하면 행정청이 처분을 할 경우 다른 법령에 특별한 규정이 있는 경우를 제외하고는 신속을 요하거나 경미한 경우 이외에는 문서로 한다고 규정하고 있다(제24조 제1항). 이 경우 서면에 처분행정청을 기재하지 아니한 하자는 통상 중대하고 명백한 하자로 보아 무효로 보고 있다. 이와 같이 서면주의를 취하고 있는 것은 행정처분의 내용을 명확하게 하고 행정행위의 존재를 객관적으로 나타내고자 함에 있다.

(3) 절차

행정처분에 일정한 절차를 요구할 경우에는 이러한 절차를 모두 거쳐야 하는데 이와 관련된 일반법에 해당하는 행정절차법에 의하면, 처분의 이유제시, 처분의 사전통지, 의견청취제도(의견제출, 청문, 공청회 등), 불복고지 등이 절차적 요건으로 규정되어 있고 이러한 절차를 거치지 않으면 절차의 하자가 있다고 본다. 한편 개별법에서 행정처분의 성립에 타기관의 협력절차가 규정되어 있는 경우 통상 그러한 협력에 행정청은 구속되지는 않지만 그러한 협력을 거치지 않은 경우에는 절차의 위법이 있는 것으로 본다. 이 경우 협력기관의 협력행위에 대한 위법을 다투고자 할 경우 협력기관이 아니라 당해 처분청이 피고적격이 있다.

건축허가권자가 건축불허가처분을 하면서 그 처분사유로 건축불허가 사유뿐만 아니라 소방법 제8조 제1항에 따른 소방서장의 건축부동의 사유를 들고 있다고 하여 그 건축불허가처분 외에 별개로 건축부동의처분이 존재하는 것이 아니므로, 그 건축불허가처분을 받은 사람은 그 건축불허가처분에 관한 쟁송에서 건축법상의 건축불허가 사유뿐만 아니라 소방서장의 부동의 사유에 관하여도 다툴 수 있다(2003두6573).

(4) 내용

행정처분은 사실상으로나 법률상으로 실현이 가능하여야 하고 그 내용이 누가 보더라도 명확하고 명료하여야 한다. 이러한 가능성 또는 명확성의 요건이 침해되면 내용상의 하자가 발생한다. 행정처분은 법적 근거를 필요로 하고, 법령에 위반되면 안 된다.

(5) 표시

행정처분은 상대방에게 통지되어 도달되어야만 그 효력을 발생한다(행정절차법 제15조 제1항). 따라서 이러한 표시는 행정처분의 적법요건이자 동시에 효력발생요건이 된다. 여기서 도달이라 함은 판례와 통설에 따르면 상대방이 행정행위를 실제 수령하여 요지할 것을 뜻하는 것이 아니라, 다만 상대방이 요지할 수 있는 상태에 놓여지는 것을 의미한다(대법원 1989. 9. 26. 선고 89누4963 판결 등). 행정처분의 상대방이 특정되어 있는 경우에는 상대방에 대한 통지는 송달의 방법에 의하는 것이 원칙이다. 송달을 흠결한 경우 행정처분은 무효이다. 상대방이 불특정 다수인인 경우 또는 송달받을 자의 주소 등을 통상의 방법으로 확인할 수 없는 경우 또는 송달이 불가능한 경우에는 통상 개별법에서 고시 또는 공고의 방법으로 통지하도록 되어 있다.

3. 기속행위 · 재량행위, 불확정개념 · 판단여지

(1) 기속행위와 재량행위

기속행위란 법규상 행정행위의 요건과 효과가 일의적으로 규정되어 있어 요건이 충족되면 행정청은 그 효과로서 기계적으로 집행하는 행정처분을 말한다. 재량행위란 법규상 요건이 충족되면 그 효과가 여러 개가 있어 행정청에 판단의 자유를 부여한 행정처분을 말한다. 재량행위의 재량에는 결정재량과 선택재량이 있다. 결정재량이란 행정청에 행위를 할 것인지 말 것인지에 대한 선택의 자유가 있는 것이고, 선택재량이란 행정행위를 해야 되는데 행정행위가 여러 개가 있어 그중 하나를 선택할 수 있는 재량이 있는 것을 말한다.

도로교통법 제93조(운전면허의 취소 · 정지) ① 지방경찰청장은 운전면허(연습운전면허는 제외한다. 이하 이 조에서 같다)를 받은 사람이 다음 각 호의 어느 하나에 해당하면 행정자치부령으로 정하는 기준에 따라 운전면허를 취소하거나 1년 이내의 범위에서 운전면허의 효력을 정지시킬 수 있다. 다만, 제2호, 제3호, 제7호부터 제9호까지(정기 적성검사 기간이 지난 경우는 제외한다), 제12호, 제14호, 제16호부터 제18호까지, 제20호의 규정에 해당하는 경우에는 운전면허를 취소하여야 한다.
1. 제44조 제1항을 위반하여 술에 취한 상태에서 자동차등을 운전한 경우
2. 제44조 제1항 또는 제2항 후단을 2회 이상 위반한 사람이 다시 같은 조 제1항을 위반하여 운전면허 정지 사유에 해당된 경우

건축법 제11조(건축허가) ① 건축물을 건축하거나 대수선하려는 자는 특별자치시장 · 특별자치도지사 또는 시장 · 군수 · 구청장의 허가를 받아야 한다. 다만, 21층 이상의 건축물 등 대통령령으로 정하는 용도 및 규모의 건축물을 특별시나 광역시에 건축하려면 특별시장이나 광역시장의 허가를 받아야 한다.
② 시장 · 군수는 제1항에 따라 다음 각 호의 어느 하나에 해당하는 건축물의 건축을 허가하려면 미리 건축계획서와 국토교통부령으로 정하는 건축물의 용도, 규모 및 형태가 표시된 기본설계도서를 첨부하여 도지사의 승인을 받아야 한다.
1. 제1항 단서에 해당하는 건축물. 다만, 도시환경, 광역교통 등을 고려하여 해

당 도의 조례로 정하는 건축물은 제외한다.

③ 제1항에 따라 허가를 받으려는 자는 허가신청서에 국토교통부령으로 정하는 설계도서를 첨부하여 허가권자에게 제출하여야 한다.

④ 허가권자는 다음 각 호의 어느 하나에 해당하는 경우에는 이 법이나 다른 법률에도 불구하고 건축위원회의 심의를 거쳐 건축허가를 하지 아니할 수 있다.

1. 위락시설이나 숙박시설에 해당하는 건축물의 건축을 허가하는 경우 해당 대지에 건축하려는 건축물의 용도·규모 또는 형태가 주거환경이나 교육환경 등 주변 환경을 고려할 때 부적합하다고 인정되는 경우

위 도로교통법 제93조를 보면 "정지시킬 수 있다"고 규정한 부분은 재량행위이고, "취소하여야 한다"고 규정한 부분은 기속행위라 할 것이다. 그러나 건축법 제11조의 "허가를 받아야 한다"는 규정 또는 "승인을 받아야 한다"는 규정은 그 법문상 표현만으로 기속행위인지 재량행위인지 판단하기 어렵다. 이러한 경우는 당해 행위의 성질, 기본권관련성, 공익관련성을 두루 살펴 기속행위와 재량행위의 구분을 행할 수밖에 없다. 판례 역시 "행정행위가 그 재량성의 유무 및 범위와 관련하여 이른바 기속행위 내지 기속재량행위와 재량행위 내지 자유재량행위로 구분된다고 할 때, 그 구분은 당해 행위의 근거가 된 법규의 체재·형식과 그 문언, 당해 행위가 속하는 행정 분야의 주된 목적과 특성, 당해 행위 자체의 개별적 성질과 유형 등을 모두 고려하여 판단하여야 한다"는 입장이다(98두17593).

재량행위의 경우에는 재량권의 일탈·남용이 아닌 한 원칙적으로 위법하지 않고 단지 부당한 행위 정도에 그치는 반면, 기속행위는 법규가 정하는 효과를 행하지 않은 경우 그 자체로 법규 위반으로 인해 위법하다는 판단을 받게 된다(2004두6181). 부관은 기속행위에는 부가할 수 없고, 재량행위의 경우에만 부가할 수 있다.[4] 행정청의 재량행위가 목적 위반, 사실관계의 오인, 비례의 원칙 위반, 평등권·자기구속 원칙의 위반, 신뢰보호 원칙의 위반, 부당결부금지 원칙의 위반 등을 위반하여 행해진 경우에는 재량권의 한계를 넘은 것으로 위법한 것이 된다.[5]

---

[4] 기속행위의 경우에도 요건충족적 부관은 부가할 수 있고, 재량행위라도 신분상의 행위 등 일정한 경우에는 부관을 붙일 수 없다고 설명하는 견해도 있다.

[5] 재량의 하자는, ① 법령상 주어진 재량의 범위를 넘어서 재량행사를 한 경우(재량의 일탈), ② 재량의 범위를 넘지는 않았으나 재량권을 부여한 법의 목적에서 벗어나 극히 부당하게 행사된 경우(재량의 남용), ③ 재량권을 전혀 행사하지 않거나 불충분하게 행사한 경우(재량권의 불행사)로 구분할 수 있다. 판례는 재량권의 일탈·남용에 대해 이를 명확히 구분하지 않고

(2) 불확정개념 · 판단여지

불확정 개념이라 함은 법률요건과 관련하여 일의적 의미로 해석되지 않고 다의적인 의미로 해석되어 구체적 상황에 따라 진정한 의미 내용이 결정되는 개념을 말한다. 이는 행정이 고도화·전문화·다양화될수록 모든 개념을 구체적·개별적으로 나열하는 것이 불가능하고 가변적인 시대상황에 맞게 행정에 탄력성을 부여하기 위해 사용된다. 예컨대, 공공의 이익, 공적 질서, 중대한 사유, 상당한 이유 등이 불확정 개념에 해당한다. 불확정개념에 대한 해석·적용도 법률요건의 해석문제이므로 원칙적으로 사법심사의 대상이다. 따라서 구체적 상황하에서 법원은 논리칙 또는 경험칙에 의거하여 불확정 개념을 일의적으로 해석하여 법을 적용하게 된다. 다만, 그것이 전문적·기술적·정책적 판단에 해당할 경우 법원은 행정청의 판단을 존중하여 법원의 심사권이 예외적으로 제한되는 경우가 있다. 이러한 한계영역을 판단여지라 한다.[6]

판단여지는 법률요건과 관련해 법개념의 인식·해석·포섭의 문제로 예측가능성이 주어지지만, 행정재량은 법률효과와 관련해 선택의 문제로서 예측가능성이 없는 점, 판단여지는 원칙적으로 사법심사가 가능하지만 예외적인 경우 사법심사를 제한하는 것인 반면, 행정재량은 원칙적으로 사법심사의 대상에서 제외하고 예외적인 경우에 사법심사를 가능하게 보는 것으로 그 내용이 다르다는 점 등을 근거로 판단여지와 행정재량을 구별하는 견해가 일반적이나, 판단여지와 행정재량 모두 사법심사를 배제하는 것에서 차이가 없고, 요건판단과 효과결정은 법의 구체화작업이라는 점에서 일원적 구조를 취하므로 이를 구별할 실익이 없다는 견해도 있다.[7]

그냥 통칭하여 재량권의 일탈·남용이라고 하면서 위법성 판단을 한다.

6) 판단여지설이란 행정법규의 요건상에 불확정 개념이 사용될 경우 행정기관은 법원이 심사할 수 없는 독자적인 평가·결정영역에서 일정한 판단의 자유가 인정되어 그 한도 내에서는 법원은 행정기관의 결정을 받아들여야 하고, 다만 그 영역의 한계가 준수되었는지만을 심사할 수 있을 뿐이라는 견해로 독일에서 생성·발전된 이론이다. 판단여지설은 불확정 개념의 해석과 관련해 일정한 경우에는 행정청이 법원보다 더 전문적 지식을 가지고 있고 이는 존중되어야 하며, 특수한 영역의 경우에는 입법자가 불확정 개념을 입법하면서 행정청에게 그에 대한 최종적인 결정 권한을 수권한 것으로 보아야 한다(이른바 규범수권 이론)는 것 등에 근거하고 있다.

7) 판례는 판단여지설이 주장하는 판단여지 영역의 경우에도 재량의 일탈·남용 여부로 심사하여 표면상으로는 판단여지와 행정재량을 구별하지 않는 것으로 보인다. 대법원 1997. 11. 28. 선고 97누11911 판결 "공무원 임용을 위한 면접전형에 있어서 임용신청자의 능력이나 적격성 등에 관한 판단은 면접위원의 고도의 교양과 학식, 경험에 기초한 자율적 판단에 의존하는 것으로서 오로지 면접위원의 자유재량에 속하고, 그와 같은 판단이 현저하게 재량권을 일탈 내지 남용한 것이 아니라면 이를 위법하다고 할 수 없다."; 대법원 1992. 4. 24. 선고 91누6634

판단여지의 적용 영역으로 첫째, 비대체적 결정 영역이 있다. 국가고시 등에 있어서의 주관식 시험채점 및 면접 평가, 공무원의 근무성적평가 등 당해 결정에 대한 상황재현이 불가능하고 특수한 경험 및 전문지식이 필요한 고도의 전문적·비대체적 결정 영역에서는 사법심사가 제한된다 할 것이다.[8] 둘째, 구속적 가치평가 영역이 있다. 독립된 합의 제도를 갖춘 위원회의 결정 등 그 결정에 구속력이 인정되는 가치 평가 영역에서는 위원회의 전문성과 중립적 지위 등을 존중하여 사법심사가 제한된다. 예컨대 교과서검정위원회의 심사, 청소년보호위원회의 유해도서물 선정, 공정거래위원회의 불공정거래행위의 결정 등이 이에 해당한다. 셋째, 미래예측 결정 영역이다. 환경분야와 경제분야 등 국민의 생활과 밀접한 관련 있는 분야로서 향후 대응책 마련 등을 위해 미래의 예측 결정을 필요로 하는 분야에서는 그에 대한 전문적 지식을 갖춘 행정기관이 이를 판단하게끔 하고 그 판단을 존중하여 과거 사실에 대한 판단을 대상으로 하는 법원의 사법심사를 제한해야 할 것이다. 넷째, 행정정책적 결정 영역이다. 외국인의 체류 갱신 허가의 필요성 판단 등 사회 각 분야를 일정한 방향으로 유도·조성하고자 하는 고도의 정치적·정책적 결정이 필요한 형성적, 행정정책적 결정 영역에서는 관련기관의 고도의 전문성을 존중하고 정치적·정책적 문제에 관섭하는 것은 권력분립 원리에도 위배될 소지가 있는 등 사법 통제의 대상으로 삼기에 부적절하다 할 것이다.

판단여지가 인정되는 경우라도 사법심사가 무한히 제한되는 것이 아니고 판단여지의 한계를 넘어 결정된 경우에는 사법심사의 대상이 된다. 판단여지의 한계와 관련하여, 주체요건과 관련해서 적법한 권한을 가진 판단기관인지, 내용요건과 관

판결 "교과서검정이 고도의 학술상, 교육상의 전문적인 판단을 요한다는 특성에 비추어 보면, 교과용 도서를 검정함에 있어서 법령과 심사기준에 따라서 심사위원회의 심사를 거치고, 또 검정상 판단이 사실적 기초가 없다거나 사회통념상 현저히 부당하다는 등 현저히 재량권의 범위를 일탈한 것이 아닌 이상 그 검정을 위법하다고 할 수 없다"; 대법원 2005. 7. 14. 선고 2004두6181 판결 " … 각 규정을 종합하면, 국토의 계획 및 이용에 관한 법률 제56조 제1항 제2호의 규정에 의한 토지의 형질변경허가는 그 금지요건이 불확정개념으로 규정되어 있어 그 금지요건에 해당하는지 여부를 판단함에 있어서 행정청에게 재량권이 부여되어 있다고 할 것이므로, 같은 법에 의하여 지정된 도시지역 안에서 토지의 형질변경행위를 수반하는 건축허가는 결국 재량행위에 속한다."

8) 국가공무원법 제73조의3(직위해제) ① 임용권자는 다음 각 호의 어느 하나에 해당하는 자에게는 직위를 부여하지 아니할 수 있다. 2. 직무수행 능력이 부족하거나 근무성적이 극히 나쁜 자, 3. 파면·해임·강등 또는 정직에 해당하는 징계 의결이 요구 중인 자, 4. 형사 사건으로 기소된 자(약식명령이 청구된 자는 제외한다), 5. 고위공무원단에 속하는 일반직공무원으로서 제70조의2 제1항 제2호부터 제5호까지의 사유로 적격심사를 요구받은 자

련해 포섭의 과정에서 사실관계를 정확히 파악하고 판단하였는지, 행정법의 일반원칙 등에 위배되지는 않는지, 절차 및 형식 요건과 관련해 관계법령상의 절차와 형식상 요건을 준수하였는지 등을 판단하여 그 한계를 넘는 경우에는 위법하다는 판단을 받게 된다.

4. 제3자효 행정처분

제3자효 행정처분이란 예컨대 상대방에게 연탄공장허가를 해 주었더니 인근주민들이 그러한 공장의 허가로 인해 환경피해를 입게 되는 경우 등 처분의 직접상대방에게는 수익적 행정이지만 그와 관련된 제3자에게는 침익적 행정이 되거나 또는 처분의 직접상대방에게는 침익적 행정이지만 그와 관련된 제3자에게는 수익적 행정이 되는 경우를 말한다.

행정절차법 제27조 제1항은 "당사자 등은 행정청의 처분 전에 처분의 관할행정청에 서면·구술 등으로 의견 제출을 할 기회가 있다"고 규정하고, 동법 제27조의2는 "행정청은 처분을 함에 있어 당사자 등이 제출한 의견이 상당한 이유가 있다고 인정하는 경우에는 이를 반영하여야 한다"고 규정하고 있는바, 여기서의 당사자 등에는 제3자효 행정처분의 제3자도 당연히 포함된다.

행정청이 각종 인·허가 처분을 하기 전에 그것이 이웃주민들의 환경과 관계되는 사안 등 이웃주민들의 권리를 침해할 소지가 있는 경우에는 개별법령에서 제3자의 동의를 요구하도록 규정하는 경우도 있고, 행정청이 재량행위로서의 고려요소로 이웃주민인 제3자의 동의를 요구하는 경우도 있다. 공공기관의 정보공개에 관한 법률에서는 정보 공개 청구의 대상이 된 정보가 제3자의 이익을 침해할 소지가 있는 경우 이에 대한 방지책을 규정하고 있다.[9]

행정소송법 제12조 제1문, 행정심판법 제9조 제1항 제1문 등에는 '법률상 이익 있는 자'가 항고소송 또는 행정심판의 원고적격을 가진다고 하여 제3자의 경우를 따로 배제하지 않고 있기 때문에 제3자도 상대방에게 발령된 행정처분로 인해 법률상 이익을 침해받은 경우에는 이에 대해 행정쟁송을 제기할 수 있다(94누14230).

행정심판법 제18조 제3항은 처분이 있은 날로부터 180일까지를 쟁송제기기간

---

9) 공공기관의 정보공개에 관한 법률 제11조 제3항은 '공공기관은 공개 청구된 공개대상정보의 전부 또는 일부가 제3자와 관련이 있다고 인정되는 때에는 그 사실을 제3자에게 지체 없이 통지하여야 하며, 필요한 경우에는 그의 의견을 청취할 수 있다'라고 규정되어 있다.

으로 하면서 다만 '정당한 이유가 있는 경우 그러하지 아니하다'라고 하여 예외조항을 두었다. 또한 행정소송법 제20조 제2항에서도 처분이 있은 날로부터 1년까지를 청구기간으로 두면서도 정당한 이유 있는 경우에는 그 예외로 하고 있다. 이 경우 제3자는 처분의 직접 상대방이 아니기 때문에 처분이 있었음을 알지 못하는 경우가 많아 위 예외규정을 통해 정당한 사유가 있는 경우로 볼 소지가 많고 따라서 쟁송제기기간이 도과한 경우에도 쟁송을 제기할 수 있어 보호받을 수 있다.

행정심판법 제16조 제1항에 따르면 '심판결과에 대해 이해관계가 있는 제3자 또는 행정청은 위원회의 허가를 받아 그 사건에 참가할 수 있다'고 규정하고 있고, 행정소송법 제16조에 의하면 제3자도 상대방이 제기한 소송에 참가할 수 있도록 규정하고 있어 제3자를 보호하고 있다. 또한 제3자가 행정심판 또는 행정소송을 제기한 경우에는 비록 상대방에게 발령된 처분이라 하더라도 제3자는 집행정지신청을 하여 처분의 효력을 정지시킬 수 있다(행정심판법 제21조 제2항; 행정소송법 제23조 제2항). 이는 집행정지가 인정되지 않으면 제3자는 처분의 효력이 계속 유지됨으로 인해 회복할 수 없는 손해가 발생할 수도 있기 때문이다.

행정소송법 제31조 제1항에서는 제3자가 책임 없는 사유로 소송에 참가하지 못한 경우 판결의 결과에 영향을 미칠 공격·방어방법이 있음에도 불구하고 제출하지 못한 때에는 확정된 종국판결에 대해서도 재심을 청구할 수 있도록 하여 제3자를 보호하고 있다. 그러나 행정심판에서는 이와 같은 재심제도는 없다. 제3자는 행정청에 대해 당해 처분이 행정심판의 대상이 되는 처분인지 여부와 행정심판의 대상이 되는 경우 재결청 및 청구기간에 관하여 이를 알려줄 것을 신청할 수 있고, 신청받은 행정청은 이에 대해 지체 없이 알려줄 의무가 있다(행정심판법 제42조 제2항). 처분 등을 취소하는 확정판결은 제3자에 대해서도 효력을 갖는다(행정소송법 제29조 제1항).

5. 행정처분의 형식

(1) 하명·허가·특허·인가

1) 하명

하명은 건축철거명령, 집회해산명령, 통행금지, 주차금지, 영업정지, 강제집행 수인, 조세부과 등 행정청이 私人에게 특정한 작위·부작위·수인·급부를 명하는 행정처분을 말한다. 하명의 상대방인 사인은 하명의 내용에 따른 의무를 이행하여야 한다. 그러나 하명의 내용에 따른 의무 이행을 하지 않았다 하여 *私法*상의 법률효과까지 부정되는 것은 아니다. 대인적 하명의 효과는 그 상대방에게만 발생하지만, 대물적 하명의 효과는 그 대상 물건의 이전과 함께 새로운 소유자에게 이전된다.

2) 허가

건축허가, 영업허가 등 질서유지와 경찰행적 목적에서 본래 허용된 행위를 법령에 의해서 일반적·예방적으로 금지해 놓고 일정한 경우 이를 해제하는 행위를 강학상 허가라 한다. 실정법상 면허·인가·허가·승인 등 다양한 용어로 표현된다. 영업의 자유는 시장경제 국가에서 당연한 것이고, 우리 헌법상 기본권이다. 하지만 여러 경제정책상 목적 달성을 위해 법률에 의하여 영업의 자유에 제한을 가하고, 일정한 요건을 갖춘 경우에 그 제한을 풀어준다.

허가와 구별해서 이해할 개념으로 예외적 승인이 있다. 예외적 승인이란 사회적으로 유해한 행위이거나 바람직하지 않은 행위를 공익상의 목적을 위해 원칙적으로 금지를 해놓고(억제적 금지) 일정한 경우에만 예외적으로 금지를 해제하는 것을 말한다. 그 예로 치료목적의 아편사용에 대한 허가, 개발제한구역 내 건축물의 예외적 신축 허가 등을 들 수 있다. 허가는 이에 반해 질서 유지 차원에서 원래 허용된 행위를 예방적으로 금지한다는 점에서 차이가 있다(예방적 금지). 또한 허가는 일반적으로 기속행위의 성격이지만, 예외적 승인은 공익성의 심사가 필요해 재량행위의 성격이 강하다는 점도 서로 구별된다.

허가는 일반적으로 허가의 대상에 따라 ① 사람의 능력, 자격요건과 같은 주관적 요소에 대한 경우인 대인적 허가, ② 객관적 물적 상태에 대한 경우인 대물적 허가, ③ 주관적 요소와 대물적 요소가 혼합된 혼합적 허가로 구분된다. 대인적 허가는 일신전속성으로 인해 양도가능성이 부인되고, 대물적 허가는 물건의 상태에 대해 내려진 허가이므로 주관적 요소와는 상관 없어 양도가 가능하다고 보는 것이 통설·판례[10]이며, 혼합적 허가는 양도가능성을 일의적으로 말할 수는 없고 각각의

---

10) 석유사업법 제12조 제3항, 제9조 제1항, 제12조 제4항 등을 종합하면 석유판매업(주유소)허가는 소위 대물적 허가의 성질을 갖는 것이어서 그 사업의 양도도 가능하고 이 경우 양수인은 양도인의 지위를 승계하게 됨에 따라 양도인의 위 허가에 따른 권리의무가 양수인에게 이전되는 것이므로 만약 양도인에게 그 허가를 취소할 위법사유가 있다면 허가관청은 이를 이유로 양수인에게 응분의 제재조치를 취할 수 있다 할 것이고, 양수인이 그 양수 후 허가관청으로부터 석유판매업허가를 다시 받았다 하더라도 이는 석유판매업의 양도수를 전제로 한 것이어서 이로써 양도인의 지위승계가 부정되는 것은 아니므로 양도인의 귀책사유는 양수인에게

경우에 개별적으로 검토해야 한다.

　허가의 개념적 징표에 의하면 허가는 경찰행정 또는 질서유지 차원에서 본래 허용된 행위를 예방적으로 금지해 놓고 있다가 일정한 요건에 해당하기만 하면 이를 해제하는 것으로서 만약 이를 해제하지 않으면 이는 특별한 이유 없이 기본권을 제한하는 것이 되므로 원칙적으로 기속행위로 보아야 한다. 다만 허가의 경우에도 예외적으로 공익상 또는 안전상의 이유 등으로 인해 이에 대한 심사가 필요한 경우가 있으며, 이에 의할 경우 예외적으로 재량행위에 해당하게 된다(건축법 제8조 5항 등). 이 경우 공익상 또는 안전상의 이유 등 실질적 요건은 법령에 따로 규정되어 있을 수도 있고, 비록 규정이 없다 하더라도 이를 재량행위로 보는 이상 원칙적으로 그에 대한 심사가 가능하다 할 것이다.

　허가의 기한이 있는 경우에 기한이 도래할 때쯤 되어 허가의 효력을 지속시키기 위해서는 허가의 갱신이 필요하다. 갱신이 되면 새로운 허가가 되는 것이 아니라 기존 허가가 지속되는 것이므로 기존 허가에서 제재적 처분 사유가 발생한 경우 갱신 후에도 유효하게 그에 기초해 제재적 처분을 할 수도 있다. 한편, 이 경우 기한이 도래하기 전에 갱신하는 것이 원칙이고 기한이 도래한 후에는 기존 허가는 효력이 소멸하기 때문에 이에 대해 효력을 지속하려면 이제는 갱신이 아니라 새로운 허가신청을 해야 한다. 그런데 판례는 행정행위 성질에 비추어 부당하게 허가의 기한이 짧은 경우에는 이를 허가 자체의 존속기간이 아닌 허가조건의 존속기간(갱신기간)으로 보아 허가의 효력 자체가 소멸하는 것은 아니라고 보아서 당사자를 보호하고 있다. 다만, 이러한 경우라 할지라도 그 허가기간의 종기가 도래하기 전 허가기간 연장에 대한 신청이 있을 것을 요한다고 한다.

　허가로 인해 사인은 영업을 영위함으로써 경영상의 이익을 향유하게 된다. 그러나 이러한 경영상의 이익은 통상 반사적 이익으로 보고 있다. 즉, 허가와 관련된 근거법령은 허가로 인해 어떠한 행위를 할 수 있게끔 허용할 뿐이지 그로 인해 영위하는 이익까지 보장하는 것은 아니기 때문이다. 따라서 동종업종이 허가를 받아 그로 인해 사인의 영업상 이익이 감소하게 되었다 하더라도 사인은 그에 대해 법률상 이익의 침해로 항고소송을 제기할 수 없다고 본다. 그러나 허가로 인해 누리는 영업상 이익이라 하여도 관계규정의 법해석을 통해 공익과 함께 기존업자의 이익도 보호하고 있다고 해석될 경우 경영상 이익은 법률상 이익이 될 수 있다.

　그 효력이 미친다(86누203).

허가가 있으면 당해 허가의 대상이 된 행위의 경우에만 해제되는 것이지 타법에 의한 금지까지 해제하는 것은 아니다.[11] 허가를 요하는 영업임에도 불구하고 무허가로 영업하는 것은 위법한 행위로 통상 관련 법률에서 행정벌과 같은 처벌규정이나 또는 대집행, 행정상 직접강제 등을 규정한다. 한편, 무허가라 하여도 당해 무허가 행위의 사법상의 효력까지 부인하게 되는 것은 아니다. 다만, 공익상의 요구가 강하게 요구되는 등 특별한 경우에는 당해 무허가 행위의 사법상의 효력까지 무효로 하는 규정을 둘 수 있다. 허가 신청 후 행정처분 전 법령의 개정으로 허가기준이 변경되면 허가는 행정청의 부당 지연 등의 특별한 사정이 없는 한 원칙적으로 새로운 개정법령에 따라야 한다.[12] 허가는 법령에 근거규정이 있어야 하며, 만약 근거규정이 없이 발령된다면 이는 그 한계를 넘어 위법한 것이 된다.

3) 특허

광의의 특허 개념은 특정인에게 특정한 권리, 능력, 포괄적 법률관계 등을 설정하여 주는 행위를 말하는 것이다(설권행위).[13] 협의의 특허 개념은 특정인에게 특정

---

11) 입법목적을 달리하는 법률들이 일정한 행위를 관할관청의 허가사항으로 각 규정하고 있는 경우에는 어느 법률이 다른 법률에 우선하여 배타적으로 적용된다고 해석되지 않는 이상 그 행위에 관하여 각 법률의 규정에 따른 허가를 받아야 할 것인바, 내수면어업개발법과 도시계획법은 그 입법목적과 규정대상 등을 달리하여 토석채취에 관한 허가사항에 있어서 상호 모순, 저촉되는 것은 아니고, 어느 법이 다른 법에 대하여 우선적 효력을 가진다고 해석할 수는 없으므로 개발제한구역으로 지정된 하천구역에 관하여 내수면어업촉진법에 의한 어업면허를 받아 같은 법 제14조 제1항 제2호에 의하여 하천법 제25조에 의한 토석, 사력 등의 채취허가를 취득한 것으로 되었더라도 이를 채취하기 위하여서는 다시 도시계획법의 규정에 의한 허가를 받아야 한다(88누6856).

12) 행정행위는 처분 당시에 시행중인 법령과 허가기준에 의하여 하는 것이 원칙이고, 인·허가신청 후 처분 전에 관계 법령이 개정 시행된 경우 신법령 부칙에 그 시행 전에 이미 허가신청이 있는 때에는 종전의 규정에 의한다는 취지의 경과규정을 두지 아니한 이상 당연히 허가신청 당시의 법령에 의하여 허가 여부를 판단하여야 하는 것은 아니며, 소관 행정청이 허가신청을 수리하고도 정당한 이유 없이 처리를 늦추어 그 사이에 법령 및 허가기준이 변경된 것이 아닌 한 변경된 법령 및 허가기준에 따라서 한 불허가처분은 위법하다고 할 수 없다(2003두3550).

13) 재개발조합설립인가신청에 대한 행정청의 조합설립인가처분은 단순히 사인들의 조합설립행위에 대한 보충행위로서의 성질을 가지는 것이 아니라 법령상 일정한 요건을 갖추는 경우 행정주체(공법인)의 지위를 부여하는 일종의 설권적 처분의 성질을 가진다고 봄이 상당하다(2009두4845); 도시 및 주거환경정비법 제8조 제3항, 제28조 제1항에 의하면, 토지 등 소유자들이 그 사업을 위한 조합을 따로 설립하지 아니하고 직접 도시환경정비사업을 시행하고자 하는 경우에는 사업시행계획서에 정관 등과 그 밖에 국토해양부령이 정하는 서류를 첨부하여 시장·군수에게 제출하고 사업시행인가를 받아야 하고, 이러한 절차를 거쳐 사업시행인가를 받은 토지 등 소유자들은 관할 행정청의 감독 아래 정비구역 안에서 구 도시정비법상의 도시환경정비사업을 시행하는 목적 범위 내에서 법령이 정하는 바에 따라 일정한 행정작용을 행

한 권리를 설정하는 행위를 지칭한다. 통상 특허라 하면 협의의 특허를 말한다. 개별법에서는 면허, 특허, 허가 등의 용어로 사용되고 있고 그 예로 여객자동차운수사업의 면허, 도시가스사업의 허가, 전기사업의 허가, 국제항공운송사업의 면허, 이동통신사업의 허가, 도로점용의 허가, 하천점용의 허가, 공유수면점용의 허가, 어업면허, 공법인의 설립행위, 귀화허가 등을 들 수 있다.

특허는 언제나 출원을 전제로 한다는 점에서 허가와 구별되고 인가와 동일하다. 허가는 신청이 없는 경우에도 발해질 수 있는 반면, 특허는 반드시 상대방의 신청이나 출원이 있어야 한다. 특허는 행정처분인 특허와 법규특허가 있다. 법률의 규정에 의해 각종 공사를 창립하는 경우가 법규특허이다. 허가에는 법규허가가 없다. 특허는 반드시 정해진 상대방이 있어야만 발령이 가능하다. 이에 반해 허가는 일반처분과 같이 불특정인이라 하여도 발령되는 경우가 있다. 특허는 공익 목적을 위해 발령된 것으로 그에 대한 행정감독의 정도가 적극적이고 강하나, 허가는 단순히 공공의 안녕·질서에 위해가 없는지의 정도를 감독하는 소극적이고 약한 행정감독에 그친다.

특허가 발령되면 상대방은 그로 인해 특정한 권리·능력 등을 부여받게 되고 특허된 법률상의 힘을 제3자에게 행사하는 것이 가능해진다는 면에서 이는 법률상 이익이다. 따라서 요건을 구비하여 특허 신청을 하였는데 그에 대해 거부 또는 부작위를 당한 경우 이는 법률상 이익에 대한 침해로서 항고소송을 제기할 수 있다. 이는 특히 경원자 관계에서 많이 볼 수 있다.

사인이 특허에 의하여 특정한 권리 등을 부여받아 영업을 하는 도중 행정청으로부터 위법한 직권취소 또는 철회를 당했을 경우 그 사인은 법률상 이익이 인정되어 직권취소 또는 철회에 대하여 취소소송 등 항고소송을 제기할 수 있다. 특허로 인해 사인이 얻는 경영상 이익은 독점적 이익으로서 법률상 이익에 해당한다. 따라서 행정청이 경쟁자인 제3자에게 위법하게 특허를 해주면 상대방은 그에 대해 법률상 이익을 침해받음을 이유로 행정소송의 제기가 가능하다.

하는 행정주체로서의 지위를 가진다. 그렇다면 토지 등 소유자들이 직접 시행하는 도시환경정비사업에서 토지 등 소유자에 대한 사업시행인가처분은 단순히 사업시행계획에 대한 보충행위로서의 성질을 가지는 것이 아니라 구 도시정비법상 정비사업을 시행할 수 있는 권한을 가지는 행정주체로서의 지위를 부여하는 일종의 설권적 처분의 성격을 가진다고 할 것이다 (2011두19994).

4) 인가

인가란 당사자의 법률행위를 보충하여 그 법률적 효력을 완성시키는 행정처분을 말한다. 은행 신설에 대한 금융위원회의 인가, 국제항공운송사업의 운임과 요금의 인가, 수출입의 승인, 사업양도의 인가(여객자동차운수사업법 제14조), 사립대학의 설립인가, 재단법인의 정관변경허가, 토지거래허가(국토계획이용법 제118조) 등이 이에 해당한다. 인가는 제3자의 법률행위에 행정청이 동의함으로써 법적 효력을 완성시켜 준다는 의미에서 보충성을 지닌다. 이러한 보충성으로 인하여 인가는 항상 당사자의 신청을 전제로 하는 쌍방적 행정행위이고, 수정인가는 원칙적으로 허용되지 않는다. 기본행위가 불성립 또는 무효인 경우에는 인가를 받았어도 기본행위가 유효하게 되는 것은 아니다. 인가는 법률행위의 효력을 완성시켜 주는 효력발생요건으로서 무인가 행위는 무효이고, 인가의 대상은 법률행위이다. 인가행위의 기속성 여부는 기속행위와 재량행위의 일반적 기준에 따라 판단한다. 즉, 근거법령의 규정형식을 먼저 살피고, 형식이 명확하지 않으면 근거법령의 취지, 목적, 행정행위의 성질, 유형 등을 살펴 기속행위인지 재량행위인지를 구별해야 한다. 기본행위에 하자가 있는 경우 기본행위를 소송으로 다투어야 한다. 기본행위의 하자로 인해 인가행위까지 하자가 발생하는 것은 아니므로 인가행위 자체를 다툴 것은 아니다. 이 경우 인가행위 자체를 취소소송으로 다툴 경우 협의의 소익이 없어 각하판결을 받게 된다. 인가 자체에 하자가 있는 경우는 인가 자체를 항고소송으로 다툴 수 있다.14)

(2) 공증 · 신고 · 수리 · 일반처분 · 공용지정 · 공용폐지
1) 공증

공증이란 특정의 사실 또는 법률관계의 존부를 공적으로 증명하는 행정처분을 말한다.15) 공증의 예로는 선거인명부 · 건축물대장 · 토지대장 등 각종 공부에의 등

---

14) 도시 및 주거환경정비법에 기초하여 도시환경정비사업조합이 수립한 사업시행계획은 그것이 인가 · 고시를 통해 확정되면 이해관계인에 대한 구속적 행정계획으로서 독립된 행정처분에 해당하므로, 사업시행계획을 인가하는 행정청의 행위는 도시환경정비사업조합의 사업시행계획에 대한 법률상의 효력을 완성시키는 보충행위에 해당한다. 따라서 기본행위가 적법 · 유효하고 보충행위인 인가처분 자체에만 하자가 있다면 그 인가처분의 무효나 취소를 주장할 수 있다고 할 것이지만, 인가처분에 하자가 없다면 기본행위에 하자가 있다 하더라도 따로 그 기본행위의 하자를 다투는 것은 별론으로 하고 기본행위의 무효를 내세워 바로 그에 대한 인가처분의 취소 또는 무효확인을 구할 수 없다(2010두1248).

재와 각종 증명서·자격증·여권 등의 발급 등을 예로 들 수 있다. 공증은 행위의 대상을 공적으로 증명하는 효력을 가진다. 공적 증명력만 있을 뿐 사실 또는 법률관계가 진실이라는 것은 아니며, 공적 증명력은 소송에 의하지 않고도 누구라도 언제든지 반증에 의해 번복될 수 있다. 따라서 공증은 원칙적으로 공정력을 갖지 않는다. 선거인 명부에의 등록과 같은 경우 공증은 권리행사의 요건이 된다. 광업원부에의 등재와 같은 경우 공증은 광업권이라는 권리설정의 요건이 된다(광업법 제38조 제1항 제1호). 행정사무집행의 편의와 사실증명의 자료로 삼기 위한 것이고, 공부에의 등재 또는 변경 등으로 인해 실체적 권리관계에 변동이 생기는 것이 아닌 경우에는 공증의 처분성은 인정되지 않는다. 그러나 지적공부 소관청의 지목변경신청 반려행위는 국민의 권리관계에 영향을 미치는 것으로서 항고소송의 대상이 되는 행정처분에 해당한다.

2) 신고·수리·수리거부

사인이 공법적 효과의 발생을 목적으로 행정주체에 대하여 일정한 사실을 알리는 행위를 행정법상 申告라 한다.[16] 이러한 의미의 신고에 대하여 행정청의 실질적 심사가 요구되지 않는다.[17] 그러나 신고의 요건을 갖추어 신고만 하면 신고의무를 이행한 것이 되고 따로 受理를 요하지 않는 신고만 있는 것이 아니라 행정청의 수리를 요하는 신고도 있다. 수리를 요하지 아니하는 신고의 경우 원칙적으로 그것이 행정청에 도달된 때 효력이 발생한다. 개별법령에서 정하고 있는 신고가 수리를 요하지 않는 신고인지 아니면 수리를 요하는 신고인지의 여부는 당해 법령 및 규정의 목적·취지를 참작한 합리적이고 체계적인 해석, 그리고 당해 신고행위의 성질 등을 고려하여 판단하여야 할 것이다. 개별법령에서 수리에 관한 규정을 두고 있는 경우와 신고대상 영업에 관하여 인적 또는 물적 요건을 정하고 있는 경우, 신고에

---

15) 의료법 부칙 제7조, 제59조, 동법 시행규칙 제59조 및 1973. 11. 9.자 보건사회부 공고 58호에 의거한 서울특별시장 또는 도지사의 의료유사업자 자격증 갱신발급행위는 유사의료업자의 자격을 부여 내지 확인하는 것이 아니라 특정한 사실 또는 법률관계의 존부를 공적으로 증명하는 소위 공증행위에 속하는 행정행위라 할 것이다(76누295).

16) 행정절차법 제40조(신고) ① 법령 등에서 행정청에 대하여 일정한 사항을 통지함으로써 의무가 끝나는 신고를 규정하고 있는 경우 신고를 관장하는 행정청은 신고에 필요한 구비서류와 접수기관 기타 법령 등에 의한 신고에 필요한 사항을 개시(인터넷 등을 통한 개시를 포함한다)하거나 이에 대한 편람을 비치하여 누구나 열람할 수 있도록 하여야 한다.

17) 김동희, 「행정법 I」, 박영사(2006), 122면; 김용섭, "행정법상 신고와 수리", 판례월보 352호, 40면은 사인이 교통사고를 목격하고 신고하는 경우처럼 단순한 사실행위로서의 신고는 행정법상의 신고의 범주에 포함되지 않는다고 설명한다.

대하여 행정관청에 실질적 검토를 허용하고 있는 경우, 인·허가의제 효과를 수반하는 건축신고의 경우는 수리를 요하는 신고라 할 것이다. 착공신고 반려행위나 체육시설업 신고수리 거부 등은 행정처분이다. 다른 법률에 의한 요건을 갖추어야만하는 경우에는 다른 법률이 요구하는 별도의 요건을 갖추어야만 적법한 신고가 된다.[18]

3) 일반처분

일반처분이란 특정도로의 통행금지 표시와 같이 구체적 사안과 관련하여 불특정 다수인을 대상으로 처분을 발령하는 것을 말한다. 이는 행정처분의 징표인 개별성·구체성과 관련해 그중 구체성은 유지하였으나 개별성이 없다는 점에서 통상의 행정처분과는 다른 성질의 것이다. 일반처분의 법적 성질에 대하여 일반적인 불특정 다수인을 대상으로 하므로 이를 일종의 법규명령으로 보아 입법행위에 해당한다고 보는 견해와 일반적 불특정 다수인을 상대로 한다고 해도 수명자들은 그에 의해 권리·의무에 영향을 받았으므로 이는 행정처분에 해당하고 따라서 처분성이 인정되어 항고소송의 대상이 된다고 보는 견해가 대립한다. 대법원은 지방경찰청장의 횡단보도설치행위라는 일반처분에 대해 처분성을 인정하고 있다(98두8964). 일반처분은 크게 인적 일반처분과 물적 일반처분으로 구분될 수 있다. 인적 일반처분이란 일반적인 징표를 근거로 하여 특정되어질 수 있는 불특정다수인을 상대로 일반처분을 발령하는 것을 말한다. 그 예로 어떤 시민단체의 구성원들이 특정지역에서 시위를 하는 것에 대해 시위해산명령을 내리는 경우 등을 들 수 있다. 물적 일반처분이란 물건을 대상으로 물건의 공법적 상태를 직접적으로 규율하고 그에 따라 물건의 이용관계 등 개인의 권리·의무를 간접적으로 규율하는 처분을 말하며 물적 행정행위라고도 한다. 그 예로 도로의 공용지정행위, 도로에 설치된 일방통행표지판, 교통신호등, 개별공시지가결정 등을 들 수 있다.

4) 공용지정·공용폐지

도로법 제25조 제1항에 의한 도로구역의 결정,[19] 하천법 제10조에 의한 하천구

---

18) 골프연습장의 설치에 관하여 체육시설의 설치·이용에 관한 법률이 건축법에 우선하여 배타적으로 적용되는 관계에 있다고는 해석되지 아니하므로 체육시설의 설치·이용에 관한 법률에 따른 골프연습장의 신고요건을 갖춘 자라고 할지라도 그 골프연습장을 설치하려고 하는 건물이 건축법 소정의 허가를 받지 아니하여 건축법을 위배하여 건축된 무허가 건물이라면 적법한 신고를 할 수 없다고 보아야 할 것이다(93누1374).

19) 도로법 제25조(도로구역의 결정) ① 도로관리청은 도로 노선의 지정·변경 또는 폐지의 고시가 있으면 지체 없이 해당 도로의 도로구역을 결정·변경 또는 폐지하여야 한다.

역의 결정20) 등을 공용지정이라 한다. 공용지정은 말 그대로 특정한 공적 목적을 위한 사용을 위하여 특정한 물건을 공공용물이라고 지정하는 것을 의미한다. 공공용물은 직접 일반공중의 사용에 제공되는 물건을 뜻한다.21) 광장, 도로, 하천, 공원, 영해, 항만 등이 공공용물에 해당한다. 공용지정은 직접 물건의 상태를 규율하는 물적 행정행위이다. 행정처분에 의한 공용지정 외에 법률에 의한 공용지정도 당연히 가능한데, 그 예로 하천법에 의한 하천구역의 지정이 있다.22) 행정주체는 공용지정할 물건에 대한 소유권 등 정당한 권한을 가지고 있어야 한다.23) 따라서 지방자치단체가 사인소유의 토지를 용익할 사법상의 권리를 취득함이 없이 또는 적법한 보상을 함이 없이 이를 점유하고 있다면 비록 그것이 도로라고 하더라도 그로 인하여 이득을 얻고 있는 것이라고 보아야 하며, 도로를 구성하는 부지에 관하여는 도로법 제5조에 의하여 사권의 행사가 제한된다고 하더라도 이는 도로법상의 도로에 관하여 도로로서의 관리, 이용에 저촉되는 사권을 행사할 수 없다는 취지이지 부당이득반환 청구권의 행사를 배제하는 것은 아니다(88다카6006). 그러나 토지의 원소유자가 토지의 일부를 도로부지로 무상 제공함으로써 이에 대한 독점적이고

도로법 제27조(행위제한 등) ① 도로구역 및 제26조 제1항에 따라 공고를 한 도로구역 결정·변경 또는 폐지 예정지에서 건축물의 건축, 공작물의 설치, 토지의 형질변경, 토석(土石)의 채취, 토지의 분할, 물건을 쌓아놓는 행위, 그 밖에 대통령령으로 정하는 행위를 하려는 자는 특별자치시장, 특별자치도지사, 시장·군수 또는 구청장(이하 이 조에서 "허가권자"라 한다)의 허가를 받아야 한다. 허가받은 사항을 변경하려는 경우에도 또한 같다.
도로법 제28조(입체적 도로구역) ① 도로관리청은 제25조에 따라 도로구역을 결정하거나 변경하는 경우 그 도로가 있는 지역의 토지를 적절하고 합리적으로 이용하기 위하여 필요하다고 인정하면 지상이나 지하 공간 등 도로의 상하의 범위를 정하여 도로구역으로 지정할 수 있다.
20) 하천법 제10조(하천구역의 결정 등) ① 하천관리청은 제7조 제6항에 따라 하천의 명칭 및 구간의 지정 또는 지정의 변경·해제의 고시가 있는 때에는 다음 각 호의 어느 하나에 해당하는 지역을 하천구역으로 결정 또는 변경하거나 하천구역을 폐지하여야 한다.
21) 행정주체가 직접 사용하는 물건은 공용물이라 하며, 문화재처럼 행정주체가 사용 목적이 아니라 보호 자체가 목적인 경우 그 물건을 보존공물이라 한다.
22) 하천법 제2조 제1항 제2호 (나)목, (다)목, 제3호, 제3조, 제8조, 제10조의 각 규정에 의하면, 준용하천의 관리청이 설치한 제방의 부지는 위 (나)목이 정하는 하천부속물의 부지인 토지의 구역으로서 관리청에 의한 지정처분이 없어도 법률의 규정에 의하여 당연히 하천구역이 되어 같은 법 제8조, 제3조에 의하여 국유로 된다(97누20175).
23) 지방자치단체가 개인 소유의 부동산을 매수한 후 유지를 조성하여 공용개시를 하였다고 하더라도 법률의 규정에 의하여 등기를 거칠 필요 없이 부동산의 소유권을 취득하는 특별한 경우가 아닌 한 부동산에 대한 소유권이전등기를 거치기 전에는 소유권을 취득할 수 없는 것이므로 이를 지방자치단체 소유의 공공용물이라고 볼 수 없다(92다26574).

배타적인 사용수익권을 포기하고 이에 따라 주민들이 그 토지를 무상으로 통행하게 된 이후에 그 토지의 소유권을 경매, 매매, 대물변제 등에 의하여 특정승계한 자는 그와 같은 사용·수익의 제한이라는 부담이 있다는 사정을 용인하거나 적어도 그러한 사정이 있음을 알고서 그 토지의 소유권을 취득하였다고 봄이 상당하므로 도로로 제공된 토지 부분에 대하여 독점적이고 배타적인 사용수익권을 행사할 수 없고, 따라서 지방자치단체가 그 토지의 일부를 도로로서 점유·관리하고 있다고 하더라도 그 자에게 어떠한 손해가 생긴다고 할 수 없으며 지방자치단체도 아무런 이익을 얻은 바가 없으므로 이를 전제로 부당이득반환청구를 할 수 없다(97다52844). 중대·명백한 하자가 있는 공용지정 행정처분은 무효일 것이나, 일반적으로 취소사유에 해당할 것이며, 이 경우도 이미 공용에 사용한 지 상당한 기간이 경과되었다면, 사정판결의 대상이 될 것이다.

행정재산에 대한 공용폐지의 의사표시는 명시적이든 묵시적이든 상관이 없으나 적법한 의사표시가 있어야 하고, 행정재산이 사실상 본래의 용도에 사용되지 않고 있다는 사실만으로 용도폐지의 의사표시가 있었다고 볼 수 없다.[24] 따라서 행정청이 행정재산에 속하는 1필지 토지 중 일부를 그 필지에 속하는 토지인줄 모르고 본래의 용도에 사용하지 않는다는 사실만으로 묵시적으로나마 그 부분에 대한 용도폐지의 의사표시가 있었다고 할 수 없다(96다43508). 국유 하천부지는 공공용 재산이므로 그 일부가 사실상 대지화되어 그 본래의 용도에 공여되지 않는 상태에 놓여 있더라도 국유재산법령에 의한 용도폐지를 하지 않은 이상 당연히 잡종재산으로 된다고는 할 수 없다(96다10737). 행정주체가 토지를 당초부터 주거부지 용도로 매수하여 국유재산대장상 행정재산으로 등재하고 실제로 그중 일부를 제외한 나머지 부분에 아파트건물을 신축하여 군인관사 및 그 부지로 제공하여 오고 있는 이상 토지 전부가 행정재산에 해당한다(2006다16055). 원래의 행정재산이 공용폐지되어 취득시효의 대상이 된다는 입증책임은 시효취득을 주장하는 자에게 있다(96다10737).

행정재산은 국가가 공용, 공공용, 또는 기업용 재산으로 사용하거나 1년 이내

---

24) 종래 자연공물의 경우 형체적 요소가 소멸된 경우 공물로서의 성질을 상실하며 행정주체의 공용폐지라는 별도의 의사표시를 요하지 않으며, 인공공물의 경우에도 행정주체의 사실상 사용의 폐지에 의하여 소멸되며, 별도의 공용폐지를 요하지 않는다는 견해가 주장되어 오고 있으나, 이러한 견해에 따를 경우 사인의 취득시효 주장에 국유재산을 무방비로 노출시키는 문제점이 있다.

에 사용하기로 결정한 재산을 말하는바(국유재산법 제4조 제2항; 국유재산법 시행령 제
2조 제1항), 도로와 같은 인공적 공공용 재산은 법령에 의하여 지정되거나 행정처분
으로 공공용으로 사용하기로 결정한 경우, 또는 행정재산으로 실제 사용하는 경우
의 어느 하나에 해당하여야 행정재산이 되는데, 도로는 도로로서의 형태를 갖추어
야 하고, 도로법에 따른 노선의 지정 또는 인정의 공고 및 도로구역의 결정, 고시가
있는 때부터 또는 도시계획법 소정의 절차를 거쳐 도로를 설치하였을 때부터 공공
용물로서 공용개시행위가 있는 것이므로, 토지에 대하여 도로로서의 도시계획시설
결정 및 지적승인만 있었을 뿐 그 도시계획사업이 실시되었거나 그 토지가 자연공
로로 이용된 적이 없는 경우에는 도시계획결정 및 지적승인의 고시만으로는 아직
공용개시행위가 있었다고 할 수 없으므로 그 토지가 행정재산이 되었다고 할 수 없
다(96다10737).

(3) 공공용물의 일반사용 · 허가사용 · 특허사용, 행정재산의 목적 외 사용
1) 공공용물의 일반사용

도로의 통행, 광장이나 공원의 이용, 호숫가나 바닷가에서 일광욕, 수영 등 공
공용물을 보통의 방법으로 자유롭게 사용하는 것을 공공용물의 일반사용이라고 한
다. 공공용물의 일반사용은 무료인 경우가 대부분이지만, 법령이나 조례 등에 근거
하여 사용료를 징수하는 경우도 있다. 사용료징수는 공공용물의 일반사용을 제한하
는 것이므로 반드시 법령이나 조례의 근거를 요한다 할 것이다.

일반 공중의 통행에 제공된 도로를 통행하고자 하는 자는, 그 도로에 관하여
다른 사람이 가지는 권리 등을 침해한다는 등의 특별한 사정이 없는 한, 일상생활
상 필요한 범위 내에서 다른 사람들과 같은 방법으로 도로를 통행할 자유가 있고,
제3자가 특정인에 대하여만 도로의 통행을 방해함으로써 일상생활에 지장을 받게
하는 등의 방법으로 특정인의 통행 자유를 침해하였다면 민법상 불법행위에 해당
하며, 침해를 받은 자로서는 그 방해의 배제나 장래에 생길 방해를 예방하기 위하
여 통행방해 행위의 금지를 소구할 수 있다고 보아야 한다(2010다63720).

일반적으로 도로는 국가나 지방자치단체가 직접 공중의 통행에 제공하는 것으
로서 일반국민은 이를 자유로이 이용할 수 있는 것이기는 하나, 그렇다고 하여 그
이용관계로부터 당연히 그 도로에 관하여 특정한 권리나 법령에 의하여 보호되는
이익이 개인에게 부여되는 것이라고까지는 말할 수 없으므로, 일반적인 시민생활에

있어 도로를 이용만 하는 사람은 그 용도폐지를 다툴 법률상의 이익이 있다고 말할 수 없지만, 공공용재산이라고 하여도 당해 공공용재산의 성질상 특정개인의 생활에 개별성이 강한 직접적이고 구체적인 이익을 부여하고 있어서 그에게 그로 인한 이익을 가지게 하는 것이 법률적인 관점으로도 이유가 있다고 인정되는 특별한 사정이 있는 경우에는 그와 같은 이익은 법률상 보호되어야 할 것이고, 따라서 도로의 용도폐지처분에 관하여 이러한 직접적인 이해관계를 가지는 사람이 그와 같은 이익을 현실적으로 침해당한 경우에는 그 취소를 구할 법률상의 이익이 있다(91누 13212).

일반 공중의 이용에 제공되는 공공용물에 대하여 특허 또는 허가를 받지 않고 하는 일반사용은 다른 개인의 자유이용과 국가 또는 지방자치단체 등의 공공목적을 위한 개발 또는 관리·보존행위를 방해하지 않는 범위 내에서만 허용된다 할 것이므로, 공공용물에 관하여 적법한 개발행위 등이 이루어짐으로 말미암아 이에 대한 일정범위의 사람들의 일반사용이 종전에 비하여 제한받게 되었다 하더라도 특별한 사정이 없는 한 그로 인한 불이익은 손실보상의 대상이 되는 특별한 손실에 해당한다고 할 수 없다. 관행어업권은 일정한 공유수면에 대한 공동어업권 설정 이전부터 어업의 면허 없이 그 공유수면에서 오랫동안 계속 수산동식물을 포획 또는 채취하여 옴으로써 그것이 대다수 사람들에게 일반적으로 시인될 정도에 이른 경우에 인정되는 권리로서 이는 어디까지나 수산동식물이 서식하는 공유수면에 대하여 성립하고, 허가어업에 필요한 어선의 정박 또는 어구의 수리·보관을 위한 육상의 장소에는 성립할 여지가 없으므로, 어선어업자들의 백사장 등에 대한 사용은 공공용물의 일반사용에 의한 것일 뿐 관행어업권에 기한 것으로 볼 수 없다(99다 35300).

공물의 인접주민은 다른 일반인보다 인접공물의 일반사용에 있어 특별한 이해관계를 가지는 경우가 있고, 그러한 의미에서 다른 사람에게 인정되지 아니하는 이른바 고양된 일반사용권이 보장될 수 있으며, 이러한 고양된 일반사용권이 침해된 경우 다른 개인과의 관계에서 민법상으로도 보호될 수 있으나, 그 권리도 공물의 일반사용의 범위 안에서 인정되는 것이므로, 특정인에게 어느 범위에서 이른바 고양된 일반사용권으로서의 권리가 인정될 수 있는지의 여부는 당해 공물의 목적과 효용, 일반사용관계, 고양된 일반사용권을 주장하는 사람의 법률상의 지위와 당해 공물의 사용관계의 인접성, 특수성 등을 종합적으로 고려하여 판단하여야 한다. 따라서 구체적으로 공물을 사용하지 않고 있는 이상 그 공물의 인접주민이라는 사정만으로는 공물에 대한 고양된 일반사용권이 인정될 수 없다(2004다68311,68328)

2) 공공용물의 허가사용

당해 공공용물의 사용이 일반적으로 공물관리나 공물경찰[25]의 목적에 의해 금지되고 있는 경우에 행정기관의 개별적인 허가에 의해 공물사용을 허용하는 것을 허가사용이라고 한다. 행정주체가 직접사용하는 공용물은 허가사용의 대상이 되지 않지만, 목적에 반하지 않는 범위에서 허가사용이 인정되는 경우도 있을 수 있다.

3) 공공용물의 특허사용

도로의 점용허가(도로법 제61조), 하천부지나 유수의 점용허가(하천법 제33조)처럼 특정인에게 독점적으로 공공용물을 이용할 수 있는 일정한 사용권을 부여하는 것을 특허사용이라 한다. 도로법상 규정된 도로의 점용이라 함은, 일반공중의 교통에 공용되는 도로에 대하여 이러한 일반사용과는 별도로 도로의 특정부분을 유형적, 고정적으로 사용하는 이른바 특별사용을 뜻하는 것이고, 그와 같은 도로의 특별사용은 반드시 독점적, 배타적인 것이 아니라 그 사용목적에 따라서는 도로의 일반사용과 병존이 가능한 경우도 있고, 이러한 경우에는 도로점용부분이 동시에 일반공중의 교통에 공용되고 있다고 하여 도로점용이 아니라고 말할 수 없는 것이며, 한편 당해 도로의 점용을 위와 같은 특별사용으로 볼 것인지 아니면 일반사용으로 볼 것인지는 그 도로점용의 주된 용도와 기능이 무엇인지에 따라 가려져야 한다(94누5830).

도로법 제61조에 의한 도로점용은 일반공중의 교통에 사용되는 도로에 대하여 이러한 일반사용과는 별도로 도로의 특정부분을 유형적·고정적으로 특정한 목적을 위하여 사용하는 이른바 특별사용을 뜻하는 것이고, 이러한 도로점용의 허가는 특정인에게 일정한 내용의 공물사용권을 설정하는 설권행위로서, 공물관리자가 신청인의 적격성, 사용목적 및 공익상의 영향 등을 참작하여 허가를 할 것인지의 여부를 결정하는 재량행위이다(2002두5795).

공유수면관리법에 따른 공유수면의 점·사용허가는 특정인에게 공유수면 이용권이라는 독점적 권리를 설정하여 주는 처분으로서 그 처분의 여부 및 내용의 결정

---

25) 공물경찰에 의한 허가사용은 공공의 안녕과 질서에 대한 위해방지를 위하여 금지하였던 공용물의 사용을 일시적으로 허가하는 것으로 위해방지를 위하여 도로통행을 금지하였으나 예외적인 경우 일시 해제하는 경우나 일몰시간 후 옥외집회를 예외적으로 허가하는 경우(집회 및 시위에 관한 법률 제10조)가 이에 해당한다.

은 원칙적으로 행정청의 재량에 속한다고 할 것이고, 이와 같은 재량처분에 있어서는 그 재량권 행사의 기초가 되는 사실인정에 오류가 있거나 그에 대한 법령적용에 잘못이 없는 한 그 처분이 위법하다고 할 수 없다(2002두5016).

하천법 및 공유수면관리법에 규정된 하천 또는 공유수면의 점용이라 함은 하천 또는 공유수면에 대하여 일반사용과는 별도로 하천 또는 공유수면의 특정부분을 유형적·고정적으로 특정한 목적을 위하여 사용하는 이른바 특별사용을 의미하는 것이므로, 이러한 특별사용에 있어서의 점용료 부과처분은 공법상의 의무를 부과하는 공권적인 처분으로서 항고소송의 대상이 되는 행정처분에 해당한다(2002다68485).

하천의 점용허가권은 특허에 의한 공물사용권의 일종으로서 하천의 관리주체에 대하여 일정한 특별사용을 청구할 수 있는 채권에 지나지 아니하고 대세적 효력이 있는 물권이라 할 수 없다(89다카23022).

4) 행정재산의 목적 외 사용

행정재산은 일반재산과 달리 행정목적에 재공된 재산으로 처분·교환·양여 또는 신탁 및 출자의 대상이 되거나 그것에 용익권이나 담보권 등 사권을 설정할 수 없다. 그러나 행정재산도 예외적으로 그 용도 또는 목적에 장해가 없는 한도 내에서 예외적으로 사용·수익을 허가할 수 있는데, 이러한 경우를 행정재산의 목적외 사용이라 한다. 시청이나 국립대학 건물 내에서 사인이 운영하는 매점·식당·커피숍 등이 이에 해당한다. 국유재산법과 공유재산법이 규율하는 것은 공용물의 목적외사용에 대하여 규율하고 있다. 공공용물의 목적외사용에 대하여는 하천법, 도로법, 도시공원법, 공유수면관리법 등이 규율하고 있다.

국유재산법 제30조(사용허가) ① 중앙관서의 장은 다음 각 호의 범위에서만 행정재산의 사용허가를 할 수 있다.
1. 공용·공공용·기업용 재산: 그 용도나 목적에 장애가 되지 아니하는 범위
2. 보존용재산: 보존목적의 수행에 필요한 범위
② 제1항에 따라 사용허가를 받은 자는 그 재산을 다른 사람에게 사용·수익하게 하여서는 아니 된다. 다만, 기부를 받은 재산에 대하여 사용허가를 받은 자가 그 재산의 기부자이거나 그 상속인, 그 밖의 포괄승계인인 경우에는 중앙관서의 장의 승인을 받아 다른 사람에게 사용·수익하게 할 수 있다.

국유재산법 제31조(사용허가의 방법) ① 행정재산을 사용허가하려는 경우에는 그 뜻을 공고하여 일반경쟁에 부쳐야 한다. 다만, 사용허가의 목적·성질·규모 등을 고려하여 필요하다고 인정되면 대통령령으로 정하는 바에 따라 참가자의 자격을 제한하거나 참가자를 지명하여 경쟁에 부치거나 수의(隨意)의 방법으로 할 수 있다.

③ 행정재산의 사용허가에 관하여는 이 법에서 정한 것을 제외하고는 「국가를 당사자로 하는 계약에 관한 법률」의 규정을 준용한다.

국유재산법 제32조(사용료) ① 행정재산을 사용허가한 때에는 대통령령으로 정하는 요율(料率)과 산출방법에 따라 매년 사용료를 징수한다.

공유재산법 제20조(사용 · 수익허가) ① 지방자치단체의 장은 행정재산에 대하여 그 목적 또는 용도에 장애가 되지 아니하는 범위에서 사용 또는 수익을 허가할 수 있다.

② 지방자치단체의 장은 제1항에 따라 사용·수익을 허가하려면 일반입찰로 하여야 한다.

공유재산법 제21조(사용 · 수익허가기간) ① 행정재산의 사용·수익허가기간은 그 허가를 받은 날부터 5년 이내로 한다. 다만, 제7조 제2항 각 호의 경우에는 무상사용을 허가받은 날부터 사용료의 총액이 기부를 받은 재산의 가액에 이르는 기간 이내로 하되, 그 기간은 20년을 넘을 수 없다.

② 지방자치단체의 장은 제20조 제2항 제1호에 따라 수의의 방법으로 한 사용·수익허가는 허가기간이 끝나기 전에 사용·수익허가를 갱신할 수 있다.

6. 행정처분의 하자

(1) 행정처분의 무효와 취소

행정처분의 무효란 행정처분으로서의 외형은 있으나 처음부터 법적 효력이 인정되지 않는 경우를 말하는 것이고, 행정처분의 취소란 행정처분에 하자가 있으나 단순위법에 불과해 일단 유효한 것으로 취급하지만, 권한 있는 기관이 취소하면 비로소 소급무효가 되는 것을 말한다.[26] 무효의 경우에는 행정심판이나 행정소송이

---

26) 행정처분의 부존재라 함은 행정처분으로서의 외관조차 있다고 볼 수 없는 경우를 말하며 법적 효력이 없는 것은 무효와 동일하다. 따라서 법적 효력 부분에서 동일하므로 구별의 실익이 있는지가 문제되나, ① 무효인 행정처분의 경우에는 일정한 경우 유효한 행정처분으로 전환이

나 소제기기간의 제한을 받지 않으나, 취소의 경우에는 취소소송은 행정심판의 경우 안 날로부터 90일, 있은 날로부터 180일 이내, 행정소송의 경우에는 안 날로부터 90일, 있은 날로부터 1년 이내에 소를 제기해야 적법하다. 무효의 경우에는 행정심판 전치주의의 적용이 없으나, 취소의 경우에는 취소소송을 제기하기 위해선 행정심판 전치주의의 적용을 받게 된다.

무효와 취소의 구분에 대하여는 통설은 하자가 내용상 중대하고 일반인을 기준으로 외견상 명백한 경우에만 무효하는 중대명백설을 취하고 있으며, 대법원판례도 "하자 있는 행정처분이 당연무효가 되기 위해서는 그 하자가 법규의 중요한 부분을 위반한 중대한 것으로서 객관적으로 명백한 것이어야 하며 하자가 중대하고 명백한 것인지 여부를 판별함에 있어서는 그 법규의 목적, 의미, 기능 등을 목적론적으로 고찰함과 동시에 구체적 사안 자체의 특수성에 관하여도 합리적으로 고찰함을 요한다"고 판시하여 같은 입장이다(94누4615).

(2) 하자의 승계

두 개 이상의 행정처분이 연속적으로 행하여지는 경우 선행처분과 후행처분이 서로 결합하여 1개의 법률효과를 완성하는 때에는 선행처분에 하자가 있으면 그 하자는 후행처분에 승계된다. 이를 하자의 승계라 한다. 하자가 승계되는 경우 선행처분에 불가쟁력이 생겨 그 효력을 다툴 수 없게 된 경우에도 선행처분의 하자를 이유로 후행처분의 효력을 다툴 수 있다. 그러나 선행처분과 후행처분이 서로 독립하여 별개의 법률효과를 목적으로 하는 때에는 선행처분에 불가쟁력이 생겨 그 효력을 다툴 수 없게 된 경우에는 선행처분의 하자가 중대하고 명백하여 당연무효인 경우를 제외하고는 선행처분의 하자를 이유로 후행처분의 효력을 다툴 수 없다. 예외적으로 선행처분과 후행처분이 서로 독립하여 별개의 효과를 목적으로 하는 경우에도 선행처분의 불가쟁력이나 구속력이 그로 인하여 불이익을 입게 되는 자에게 수인한도를 넘는 가혹함을 가져오며, 그 결과가 당사자에게 예측 가능한 것이 아닌 경우에는 국민의 재판받을 권리를 보장하고 있는 헌법의 이념에 비추어 선행처분의 후행처분에 대한 구속력은 인정될 수 없다(93누8542).

가능하나, 부존재의 경우에는 그렇지 못하고, ② 실무상 무효선언을 구하는 의미의 취소소송은 인정되지만, 부존재는 그러한 취소소송으로는 제기할 수 없다는 점에서 구별의 실익이 있다.

대집행절차(대집행계고통지·대집행영장통지·대집행실시·비용징수), 강제징수절차(독촉·압류·매각·청산) 내 개별 처분들은 동일한 법률효과를 따르는 일련의 처분이므로 하자의 승계가 인정된다. 그러나 대체적 작위의무 부과명령인 건물철거명령 또는 원상회복명령과 대집행절차인 대집행계고처분 사이, 과세처분과 체납처분인 압류·매각·청산 사이, 경찰관직위해제처분과 면직처분 사이, 사업인정과 수용재결처분 사이는 별개의 처분이므로 하자 승계가 인정될 수 없다. 개별공시지가와 조세부과처분 사이에 하자의 승계가 인정되는 경우는 수인가능성 또는 기대가능성이 없을 때의 경우이고, 후행처분에 대한 그러한 수인가능성 또는 기대가능성이 인정될 경우 양자는 별개의 법률효과를 목적으로 하므로 하자의 승계가 부정된다. 표준지공시지가와 개별공시지가, 표준지공시지가와 토지초과이득세부과처분 사이의 하자 승계는 부인되지만, 표준지공시지가와 수용재결 사이의 하자 승계는 인정되어 표준지공시지가를 기초로 한 수용재결 등 후행 행정처분에서도 표준지공시지가 결정의 위법을 독립된 사유로 주장할 수 있다.

(3) 하자의 치유

취소 또는 무효 사유 등 하자있는 행정처분을 적법하게 하는 것이 하자 있는 치유와 전환이다. 이에 대한 법규정은 없으며, 판례에 의하여 인정되는 원리이다. 하자의 치유란 행정처분이 발령 당시 흠이 있는 경우 그 흠결을 사후에 보완하면 발령 당시의 흠에도 불구하고 그 처분의 효과를 적법한 상태로 유지토록 하는 것을 말한다. 하자가 치유되면 당해 행정처분은 소급적으로 유효하게 된다. 하자의 치유에 관하여 민법 제143조 내지 제146조에 '취소할 수 있는 법률행위의 추인'을 규정하고 있는바, 이는 일정한 경우 공법관계에도 유추적용될 수 있는 것이다. 무효인 행정처분은 하자를 치유할 법 효과 자체가 없으므로 하자의 치유를 인정할 수 없다 (95누18857). 요식행위에서의 형식의 보완, 동의 또는 협력 절차의 사후 보완, 필요한 이유의 사후 제시 등과 같이 형식적·절차적 요건을 결여하였거나 불충분한 경우 이를 사후에 보완하는 것은 하자의 치유의 가장 전형적인 사유이다(99두8039). 형식적·절차적 하자 외에 실체적 하자(내용상의 하자)도 요건의 사후 보완에 포함되는지가 문제되는데, 대법원은 이를 부정하는 입장이다(90누1359).

하자의 치유의 시기에 대하여 통설과 판례는 행정쟁송 제기 전까지 보완되어야 한다는 입장이다. 당사자는 쟁송 제기 이전시까지 드러난 하자의 사유를 가지고 쟁송 제기 여부를 결정하게 되는데, 이러한 당사자의 이익은 보호되어야 할 것을 그 근거로 한다. 대법원이 행정소송에서 처분사유의 추가·변경 역시 엄격한 요건하에서만 극히 예외적으로 허용하고 있는 태도는 하자의 치유를 행정쟁송 제기 전으로 국한하고 있는 입장과 논리적으로 연결되어 있다 할 것이다.

하자있는 처분을 적법한 다른 처분으로 전환시키는 것을 하자있는 행정처분의 전환이라고 한다. 그 예로 사망자에 대한 조세부과처분은 무효이므로 이를 상속인에 대한 조세부과처분으로 유효하게 보는 경우를 들 수 있다. 하자의 전환에 관하여도 민법 제138조가 '무효인 법률행위의 전환'을 규정하고 있고, 이는 성질이 허용되는 한 공법관계에 유추적용될 수 있다. 전환의 요건으로 전환 전 행위와 전환 후 행위의 목적, 효과가 본질적인 점에서 동일할 것, 전환 전 행위와 전환 후 행위가 처분청·절차·형식면에서 동일할 것, 전환 후 행위의 적법요건을 갖출 것, 당사자나 이해관계인에게 불이익하지 않을 것, 전환이 행정청의 의사에 반하지 않을 것 등을 들 수 있다. 하자의 전환이 이루어지면 새로운 유효한 처분이 적법하게 성립한다. 이 경우 새로운 행정처분은 당사자에게 유리한 것이므로 최초 전환 전 처분시로 소급해서 유효하다고 보는 것이 통설이다. 전환 전 처분과 전환 후 처분은 일련의 절차를 이루는 단계적 처분이 아니므로 하자의 승계가 논의될 수 없을 것이다. 항고소송 계속 중에 행정청의 의사로 행정처분의 전환이 이루어진다면 당사자는 행정소송법 제22조 제1항에 따라 처분변경으로 인한 소의 변경을 신청하여 소변경할 수 있다.

(4) 하자있는 행정처분의 직권취소와 철회

1) 직권취소

직권취소는 일단 유효하게 성립한 행정처분을 그 처분에 위법 또는 부당한 하자가 있음을 이유로 소급하여 그 효력을 소멸시키는 별도의 행정처분이다. 이 경우 행정처분의 취소사유는 처분의 성립 당시에 존재하였던 하자이다. 이 점에서 적법요건을 구비하여 완전히 효력을 발하고 있는 행정처분을 사후적으로 효력의 전부 또는 일부를 장래에 향해 소멸시키는 행정처분인 철회와 구분된다. 철회사유는 처분이 성립된 이후에 새로이 발생한 것으로서 행정처분의 효력을 존속시킬 수 없는 사유이다(2003다6422). 법률적합성의 원칙에 비추어 볼 때 위법한 행정처분을 한 처분청은 자기반성의 차원에서 위법성을 시정할 권한이 있다고 보는 것이 타당하고,

처분청의 처분권 속에는 취소권도 당연히 포함되어 있다고 볼 수 있으므로, 별도의 법적 근거가 없이도 직권취소가 가능하다 할 것이다(85누664).

처분청의 경우에는 법치행정의 원칙상 및 처분발령권한 내에 당연히 포함되어 있다고 보아 명문의 규정이 없더라도 직권취소가 가능하지만, 감독청의 경우에 명문의 규정이 없는 경우 감독청이 일반적인 감독권에 근거해 직권취소를 할 수 있는지가 문제된다. 이를 인정하면 감독청이 처분청의 권한을 침해하는 결과가 되므로 부인하여야 한다는 견해도 있지만, 감독청의 감독은 사후교정적 통제수단이므로 감독 목적의 달성을 위해 감독청은 당연히 취소권을 갖는다고 보는 것이 타당하고, 행정부 내부의 위계질서 및 쟁송취소와 관련해 상급기관인 관할 행정심판위원회가 처분의 취소도 가능하다는 점을 보더라도 감독청은 명문의 규정이 없어도 취소권을 행사할 수 있다 할 것이다.

위법·부당한 침익적 행정처분의 하자는 형식적 확정력이 발생한 후라도 행정청이 언제든지 이를 취소할 수 있다. 이는 그 처분의 상대방에게도 유리하고, 행정의 법률적합성 원칙에도 부합하기 때문이다. 그러나 위법·부당한 수익적 처분의 하자는 상대방의 신뢰보호와 관련하여 취소가 제한될 수 있다. 즉 이 경우는 행정의 법률적합성의 원칙과 상대방의 신뢰보호의 원칙이 충돌하는 경우로서 상대방이 행정청의 행정처분의 존속을 신뢰한 경우 취소를 통해 달성하려고 하는 공익과 상대방에게 형성된 신뢰라는 사익 간의 이익을 형량하여 사익이 더 큰 경우에는 취소가 제한될 수 있다.

제3자효 있는 행정처분의 직권취소를 위해서는 당사자의 사익뿐 아니라 관련된 제3자의 사익도 함께 고려해야 한다. 따라서 직권취소가 제3자에게 불이익할 때는 행정청이 취소를 자유로이 할 수 없고 취소하려는 공익과 제3자효 행정처분의 제3자의 사익 및 아울러 행정처분의 직접 상대방의 사익까지도 모두 고려하여 비교·형량하여 결정하여야 할 것이다. 그러나 제3자효 행정처분에 취소사유가 존재한다 하여도 제3자에게 직권취소신청권을 인정할 수는 없다.

행정청이 직권취소를 하였으나 직권취소행위 그 자체에 하자가 있는 경우 이를 다시 취소할 수 있는지가 문제된다. 직권취소행위가 중대·명백하여 당연무효인 경우 행정청은 당연히 그에 대해 무효를 선언하는 의미의 취소 또는 무효 확인행위를 할 수 있다. 그러나 직권취소의 하자가 단순위법인 경우에는 취소처분도 행정행위의 일종이므로 행정행위의 하자론의 일반원칙에 따라 당연히 취소가 가능하다는 입장과 직권취소로 인해 원처분이 확정적으로 그 효력이 소멸하였기 때문에 직권취소를 다시 취소한다 하여도 소멸된 원처분의 효력이 다시 발생한다고 볼 수 없어 그 실익이 없으므로 이를 부정해야 한다는 입장이 대립한다. 대법원은 대체로 침익적 행정처분의 취소의 취소의 경우에는 이를 소극적으로 보지만, 수익적 행정처분의 철회의 취소는 적극적으로 인정한 경우도 있다(94누7027).

2) 철회

철회는 적법요건을 구비하여 완전히 효력을 발하고 있는 처분의 효력 전부 또는 일부를 장래에 향해 소멸시키는 것을 말한다. 철회사유는 행정행위가 성립된 이후에 새로이 발생한 것으로서 행정처분의 효력을 존속시킬 수 없는 사유이다. 판례는 사인은 철회요구의 신청권을 부인하지만(96누6219), 공사중지명령에 대한 해제요구권은 조리상 인정된다는 입장이다(2007두1811).

직권취소와 철회는 실정법상 용어가 혼용되어 사용되고 있다. 처음부터 처분에 위법사유가 존재하는 경우 취소를 하는 것이고, 처음에는 적법한 처분이었으나 사후에 사정변경을 이유로 하는 처분을 폐지하는 것이 철회이다. 수익적인 행정처분의 경우 취소와 철회 모두 공익과 사익을 비교·형량하여 결정해야 한다. 직권취소는 위법성의 시정을 목적으로 하지만, 철회는 공익의 합리적 유지가 목적이다. 직권취소는 처분청과 감독청이 모두 할 수 있지만, 철회는 처분청만 가능하다는 것이 다수설이다. 직권취소는 소급효 또는 장래효인 반면, 철회는 원칙적으로 장래효이다. 철회의 법적 근거에 대하여 판례는 "행정행위를 한 처분청은 비록 그 처분 당시에 별다른 하자가 없었고, 또 그 처분 후에 이를 철회할 별도의 법적 근거가 없다 하더라도 원래의 처분을 존속시킬 필요가 없게 된 사정변경이 생겼거나 또는 중대한 공익상의 필요가 발생한 경우에는 그 효력을 상실케 하는 별개의 행정행위로 이를 철회할 수 있다"는 입장이다(2003두10251,10268).

수익적 행정처분의 철회는 당사자에게 침익적 결과를 야기하므로 이 경우에는 이익형량의 원칙에 따라 철회의 사유에 대한 공익과 이로 인해 피해를 입는 사인의 사익을 비교형량하여 철회 여부를 결정해야 한다. 수익적 행정처분의 철회의 경우에는 비례의 원칙이 적용되어야 할 것이므로 외형상 하나의 행정처분이라 하더라도 가분성이 있거나 그 처분대상의 일부가 특정될 수 있다면 그 일부만의 철회도 가능하고 그 일부의 철회는 당해 철회부분에 한하여 효력이 생긴다고 할 것인바, 이처럼 전체가 아닌 일부의 하자가 있는 경우에는 일부만에 대해서 철회해야 하고,

그렇지 않을 경우에는 필요성 및 상당성의 원칙에 반하게 된다.

음주운전을 이유로 운전면허를 취소하는 경우 이는 철회에 해당한다. 이 때 당사자가 운전면허를 여러 종으로 갖고 있으면서 그중 특정차종을 몰고 음주운전을 한 경우 특정차종에 대한 운전면허만 취소할 것인지 아니면 당사자가 갖고 있는 모든 차종에 대한 각 운전면허를 모두 취소할 것인지가 문제된다. 이와 관련한 대법원은 두 가지 입장을 보여주고 있다.

대법원 1994. 11. 25. 선고 94누9672 판결 "한 사람이 여러 종류의 자동차운전면허를 취득하는 경우뿐 아니라 이를 취소 또는 정지하는 경우에 있어서도 서로 별개의 것으로 취급하는 것이 원칙이기는 하나, 자동차운전면허는 그 성질이 대인적 면허 일뿐만 아니라 도로교통법시행규칙 제26조 별표 14에 의하면, 제1종 대형면허 소지자는 제1종 보통면허로 운전할 수 있는 자동차와 원동기장치자전거를, 제1종 보통면허 소지자는 원동기장치자전거까지 운전할 수 있도록 규정하고 있어서 제1종 보통면허로 운전할 수 있는 차량의 음주운전은 당해 운전면허뿐만 아니라 제1종 대형면허로도 가능하고, 또한 제1종 대형면허나 제1종 보통면허의 취소에는 당연히 원동기장치자전거의 운전까지 금지하는 취지가 포함된 것이어서 이들 세 종류의 운전면허는 서로 관련된 것이라고 할 것이므로 제1종 보통면허로 운전할 수 있는 차량을 음주운전한 경우에 이와 관련된 면허인 제1종 대형면허와 원동기장치자전거면허까지 취소할 수 있는 것으로 보아야 한다."

대법원 1995. 11. 16. 선고 95누8850 판결 "외형상 하나의 행정처분이라 하더라도 가분성이 있거나 그 처분대상의 일부가 특정될 수 있다면 그 일부만의 취소도 가능하고 그 일부의 취소는 당해 취소부분에 관하여 효력이 생긴다고 할 것인 바, 이는 한 사람이 여러 종류의 자동차 운전면허를 취득한 경우 그 각 운전면허를 취소하거나 그 운전면허의 효력을 정지함에 있어서도 마찬가지이다. 제1종 보통, 대형 및 특수 면허를 가지고 있는 자가 레이카크레인을 음주운전한 행위는 제1종 특수면허의 취소사유에 해당될 뿐 제1종 보통 및 대형 면허의 취소사유는 아니므로, 3종의 면허를 모두 취소한 처분 중 제1종 보통 및 대형 면허에 대한 부분은 이를 이유로 취소하면 될 것이나, 제1종 특수면허에 대한 부분은 원고가 재량권의 일탈·남용하여 위법하다는 주장을 하고 있음에도, 원심이 그 점에 대하여 심리·판단하지 아니한 채 처분 전체를 취소한 조치는 위법하다."

7. 행정처분의 부관

(1) 의의

부관이란 행정처분의 효력을 제한하거나 요건을 보충하거나 또는 특별한 의무를 부과하기 위하여 행정처분에 부가된 종된 규율을 말한다. 법규에서 직접 행정행위의 조건·기한·효과의 제한 등을 정하는 경우를 법정부관이라고 한다. 법정부관은 행정주체의 재량이 개입할 여지가 없으므로 엄격한 의미에서의 행정처분의 부관은 아니라 할 것이다. 처분의 상대방이 신청한 내용을 수정하여 행정처분을 발령하는 것을 수정부담이라고 하는데, 이는 신청 내용 자체를 변경시키는 것으로 새로운 행정처분에 해당하고 행정처분의 부관은 아니다.

(2) 부관의 종류
1) 조건과 기한

조건이란 행정처분의 효력 발생 및 소멸을 장래 발생 여부가 불특정한 사실에 의존시키는 것을 말한다. 이에는 정지조건과 해제조건이 있다. 기한이란 행정처분의 효력 발생 및 소멸을 장래의 특정 시점에 의존시키는 것을 말한다. 이에는 시기와 종기가 있다. 판례에 따르면 일정한 경우 종기가 도래하면 이를 처분의 존속기간이 아니라 갱신기간으로 볼 경우도 있음을 유의해야 한다.

행정행위인 허가 또는 특허에 붙인 조항으로서 종료의 기한을 정한 경우 종기인 기한에 관하여는 일률적으로 기한이 왔다고 하여 당연히 그 행정행위의 효력이 상실된다고 할 것이 아니고 그 기한이 그 허가 또는 특허된 사업의 성질상 부당하게 짧은 기한을 정한 경우에 있어서는 그 기한은 그 허가 또는 특허의 조건의 존속기간을 정한 것이며 그 기한이 도래함으로써 그 조건의 개정을 고려한다는 뜻으로 해석하여야 할 것이다(94누11866).

일반적으로 행정처분에 효력기간이 정하여져 있는 경우에는 그 기간의 경과로 그 행정처분의 효력은 상실되고, 다만 허가에 붙은 기한이 그 허가된 사업의 성질상 부당하게 짧은 경우에는 이를 그 허가 자체의 존속기간이 아니라 그 허가조건의 존속기간으로 보아 그 기한이 도래함으로써 그 조건의 개정을 고려한다는 뜻으로 해석할 수는 있지만, 그와 같은 경우라 하더라도 그 허가기간이 연장되기 위해서는 그 종기가 도래하기 전에 그 허가기간의 연장에 관한 신청이 있어야 하며, 만일 그

러한 연장신청이 없는 상태에서 허가기간이 만료하였다면 그 허가의 효력은 상실
된다(2005두12404).

2) 부담

부담은 주된 행정처분에 부수하여 처분의 상대방에게 작위·부작위·급부·수
인의무를 명하는 부관으로 그 법적 성질은 강학상 하명으로서 그 자체로 완전한 행
정처분이다. 부담은 주로 허가·특허 등과 같은 수익적 행정처분에 부가된다. 부담
을 불이행할 경우 행정청은 그에 대해 행정강제를 통해 이를 실현시키기도 하고,
주된 행정처분을 철회하기도 하며, 후행정처분에 대해 부담의 불이행을 이유로 발
령거부하기도 한다. 부담과 조건과의 구별이 문제되는 경우가 있다. 부관의 필요성,
부관 부가시 행정청인 피고의 의사, 부관 불이행시 행정청이 취하여 온 행정관행
등을 고려하여야 할 것이다. 통설은 부담과 조건의 구별 기준에 관하여 행정청의
객관적 의사가 우선시되나, 그 의사가 불명확한 경우에는 부담으로 보아야 한다고
한다. 부담으로 볼 경우 주된 행정행위 그 자체는 처음부터 완전하게 효력을 발생
하지만 정지조건은 조건이 성취되어야만 효력이 발생하여 사인에게 불리하기 때문
이다. 또한 부담은 불이행하더라도 별도로 철회하지 않는 이상 그 효력이 유지되는
반면 해제조건은 조건 성취시 바로 실효되기 때문에 처분의 상대방에게 불리하다.

3) 철회권의 유보

철회권의 유보란 행정행위의 발령 당시 일정한 사유가 발생하면 그에 따라 발
령한 행정행위를 철회할 수 있음을 미리 유보하는 부관을 말한다. 철회권이 유보되
었다 하여도 철회사유가 발생하면 언제든지 철회가 가능한 것은 아니고, 이익형량
의 원칙에 따라 공익과 사익의 비교형량을 통해 철회권이 행사되어야 한다. 다만,
이 경우 당사자는 철회권의 유보로 인해 이미 철회사유가 발생 시에는 철회될 수
있음을 알고 있으므로 보호되어야 할 사익은 그리 크지 않을 것이다.

4) 법률효과의 일부 배제

법률효과의 일부 배제란 법률이 규정하고 있는 법률효과의 일부를 행정청의 행
정행위에 의해서 배제하는 것을 말한다. 그 예로 개인택시운행을 3부제로 운행하도
록 하는 것, 영업허가와 관련해 영업구역을 지정하여 허가하는 것 등을 들 수 있다.
이는 행정청의 행정행위에 의해 배제하는 것을 말하고 법률이 직접 법률효과의 일
부를 배제하는 경우는 법정부관에 해당하므로 구분되어야 한다. 한편, 이러한 법률
이 예정하는 법적 효과를 행정행위로써 제한하기 위해서는 반드시 법률상의 근거

가 있어야만 가능하다는 것이 통설이다.

(3) 부관의 가능성

부관은 행정행위 중에서도 재량행위에만 가능하며, 따라서 기속행위에는 붙일 수 없고 가사 부관을 붙였다 하더라도 이러한 부관은 무효이다. 주된 행정처분과의 관계에서 원인적 관련성이 없거나, 주된 행정처분이 추구하는 목적에 부합하지 않아 실체적 관련성이 없는 부관은 주된 행정처분에 붙일 수 없다. 이러한 부관은 부당결부금지원칙 등에 위배되어 위법한 것이다. 부관의 유보 없이 행정처분을 발령한 후 부관을 새로이 부가하거나 또는 이미 부가된 부관의 내용을 사후에 변경하는 것은 명문의 규정이 있거나, 사후 부관의 부가가능성을 유보하였거나, 또는 본인의 동의가 있는 경우에만 가능하다. 판례는 사정변경을 이유로 한 부담의 사후변경을 인정하고 있다. 행정행위의 성질에 비추어 부관을 부가할 수 없는 경우도 있다. 가령 귀화허가와 같은 신분설정행위의 경우는 법적 안정성을 강하게 요구하므로 부관을 붙일 수 없다. 부관은 그 자체가 행정행위의 일부이므로 주된 행정행위와 함께 행정행위의 적법요건을 갖추어야 한다. 즉, 명확하고, 이행 가능하여야 하며, 행정법의 일반원칙 및 제반법령이 있는 경우에는 이에 위배되지 않아야 한다.

(4) 위법한 부관에 대한 쟁송

행정행위의 부관은 행정행위의 일반적인 효력이나 효과를 제한하기 위하여 의사표시의 주된 내용에 부가되는 종된 의사표시이지 그 자체로써 직접 법적 효과를 발생하는 독립된 처분이 아니므로 현행 행정쟁송제도 아래에서는 부관 그 자체만을 독립된 쟁송의 대상으로 할 수 없는 것이 원칙이다. 그러나 부담의 경우에는 다른 부관과는 달리 행정행위의 불가분적인 요소가 아니고 그 존속이 본체인 행정행위의 존재를 전제로 하는 것일 뿐이므로 부담 그 자체로서 행정쟁송의 대상이 될 수 있다.

8. 행정처분의 공정력과 존속력

(1) 공정력과 선결문제

공정력이란 행정처분에 중대하고 명백한 하자가 있어 당연 무효가 아닌 한 행정소송에 의하여 취소될 때까지는 행정행위의 상대방 및 이해관계인, 관련 행정청과 법원 누구도 그 효력을 부인할 수 없다는 것을 의미한다.[27] 항고소송에 의해 행정행위의 하자를 제거하기 전까지는 행정법관계의 안정성과 이해관계인의 신뢰보호, 행정작용의 능률적 수행이라는 행정정책상 필요에 의해 행정청의 결정에 잠정적 통용력을 부여하고자 하는 것이다. 공정력은 적법성 또는 유효성을 추정케 하는 것은 아니므로 공정력과 입증책임은 서로 무관하다.

선결문제라 함은 행정처분의 위법 또는 무효 여부가 다른 사건에서 재판의 전제가 되어 선행적으로 해결되어야만 당해 재판의 결론을 도출할 수 있는 경우 행정처분의 위법 또는 무효 여부를 다른 사건의 수소법원이 심사할 수 있는지의 문제이다. 다른 사건의 수소법원이라 함은 취소소송의 재판관할권이 없는 법원을 말하며 통상 민사소송의 수소법원인 민사법원, 형사소송의 수소법원인 형사법원, 그 외 행정소송에서 취소소송의 수소법원 이외의 법원들, 즉 무효확인소송의 수소법원, 당사자소송의 수소법원 등이 이에 해당한다.

행정소송법 제11조 제1항에서는 '처분 등의 효력 유무 또는 존재 여부가 민사소송의 선결문제로 되어 당해 민사소송의 수소법원이 이를 심리·판단하는 경우 제17조, 제25조, 제26조 및 제33조의 규정을 준용한다'라고 규정하여 민사소송에서 처분 등의 효력 유무 또는 존재 여부는 심리가 가능하다.

행정처분의 유무효가 민사사건의 선결문제인 경우 선결문제가 당연무효이면 공정력 또는 구성요건적 효력이 미치지 않으므로 민사법원이 그에 대해 무효 판단을 할 수 있고, 이는 행정소송법 제11조 제1항에도 그와 같이 규정되어 있다. 그러나 선결문제가 취소사유에 불과하다면 이는 공정력 또는 구성요건적 효력에 영향을 받아 민사법원은 취소를 할 권한이 없어 당해 행정행위를 취소하고 소급적으로 무효화할 수 없으므로 그 효력을 부인할 수 없게 된다. 판례도 이와 같은 취지이다.[28]

행정처분의 위법 여부가 선결문제인 경우에는 공정력 또는 구성요건적 효력이

---

27) 대법원 1991. 4. 23. 선고 90누8756 판결 등. 이에 대해 행정행위의 공정력이란 행정행위의 상대방과 이해관계인에게만 미치는 것이고, 관련 행정청이나 법원에는 미치지 않는 효력은 행정행위의 구성요건적 효력이라는 개념으로 분리해서 설명해야 한다는 입장도 있다.
28) 조세의 과오납이 부당이득이 되기 위해서는 납세 또는 조세의 징수가 실체법적으로나 절차법적으로 전혀 법률상의 근거가 없거나 과세처분의 하자가 중대하고 명백하여 당연무효이어야 하고, 과세처분의 하자가 단지 취소할 수 있는 정도에 불과할 때에는 과세관청이 이를 스스로 취소하거나 항고소송절차에 의하여 취소되지 않는 한 그로 인한 조세의 납부가 부당이득이 된다고 할 수 없다(94다28000).

행정행위의 적법성까지 추정하는 것은 아니므로 위법성 여부의 심사와 공정력 또는 구성요건적 효력은 서로 무관하고, 행정소송법 제11조 제1항은 선결문제에 대한 단순한 예시조항일 뿐 그 이외의 경우에도 선결문제 심사는 가능하다 할 것이므로 위법 여부의 심사도 가능하다는 것이 통설이다. 판례도 같은 취지다.29)

　　행정처분의 유무효가 형사사건의 선결문제인 경우 선결문제가 당연무효이면 공정력 또는 구성요건적 효력이 미치지 않으므로 민사소송의 경우와 같이 형사법원이 행정처분의 당연무효를 확인할 수 있다. 행정처분이 단순취소사유인 경우 형사법원이 행정행위를 취소하고 소급적으로 무효화하는 것은 공정력 또는 구성요건적 효력에 반한다는 이유로 이를 부정하는 부정설과 행정행위의 효력 부인시 범죄가 성립하는 경우에는 공정력 또는 구성요건적 효력으로 인해 형사법원이 효력 부인을 할 수 없어 범죄가 성립하지 않지만, 행정행위의 효력 부인시 범죄가 불성립하는 경우에는 형사소송은 민사소송과 달리 피고인의 인권보장이 고려되어야 하므로 공정력 또는 구성요건적 효력이 미치지 않고, 따라서 형사법원은 이 경우 위법한 행정행위의 효력을 부인하고 범죄의 성립을 부정할 수 있는 것으로 보는 제한적 긍정설이 대립한다.

　　행정처분의 위법 여부가 형사사건의 선결문제인 경우 공정력 또는 구성요건적 효력이 행정행위의 적법성까지 추정하는 것은 아니므로 위법성 여부의 심사와 공정력 또는 구성요건적 효력은 서로 무관하고, 행정소송법 제11조는 선결문제에 대한 단순한 예시조항일 뿐 그 이외의 경우에도 선결문제 심사가 가능하므로 결국 위법 여부의 심사도 가능하다할 것이다.30)

(2) 존속력(불가쟁력과 불가변력)

　　일단 행정처분이 발령되면 그 처분을 기점으로 많은 법률관계가 생성되기 때문에 법적 안정성을 위해 발령된 행정처분의 효력을 지속시키기 위한 효력을 행정처분의 존속력이라고 한다. 형식적 존속력은 행정행위는 쟁송기간이 경과하거나 또는

---

29) 위법한 행정대집행이 완료되면 그 처분의 무효확인 또는 취소를 구할 소의 이익은 없다 하더라도, 미리 그 행정처분의 취소판결이 있어야만, 그 행정처분의 위법임을 이유로 한 손해배상 청구를 할 수 있는 것은 아니다(72다337).

30) 도시계획법 제78조에 정한 처분이나 조치명령을 받은 자가 이에 위반한 경우 이로 인하여 같은 법 제92조에 정한 처벌을 하기 위해서는 그 처분이나 조치명령이 적법한 것이라야 하고, 그 처분이 당연무효가 아니라 하더라도 그것이 위법한 처분으로 인정되는 한 같은 법 제92조 위반죄가 성립될 수 없다(2001도2841).

쟁송절차를 모두 거친 경우에는 상대방 또는 이해관계인은 더 이상 행정행위의 효력을 다툴 수 없게 되는 불가쟁력을 의미한다. 불가쟁력을 인정하는 취지는 행정행위의 효력을 신속히 확정함으로써 조속한 행정법 관계의 안정을 도모하고자 함이다. 그러나 행정행위가 무효인 경우에는 언제든지 당사자인 사인은 다툴 수 있기 때문에 쟁송기간의 도과와 관련된 불가쟁력은 발생하지 않는다.

위법한 처분에 대해 불가쟁력이 발생한 경우 그에 대해 국가배상청구소송을 제기하는 것이 가능한지[31]에 대해 이를 인정하면 취소소송에서 불가쟁력을 인정하는 취지가 몰각되어 이를 잠탈하는 효과가 발생한다는 이유로 부정하는 견해도 있으나, 처분의 효력을 직접 다투는 취소소송과 피해의 배상을 청구하는 국가배상청구소송은 그 제도의 취지와 소송물을 달리하는 전혀 별개의 제도이기 때문에 이 경우에도 국가배상청구를 통해 배상을 받을 수 있다할 것이다. 판례 역시 적극설을 취하고 있다(79다262). 쟁송기간의 경과로 인해 확정되는 경우에는 판결의 확정력과 같은 효력이 발생하는 것은 아니어서 당사자가 후행소송에서 모순되는 주장을 하거나 법원이 그와 모순되는 판단을 할 수 있다(92누17181). 실질적 존속력은 처분이 발해지면 일정한 경우 행정청 스스로도 그러한 처분을 직권으로 변경 또는 취소할 수 없다는 것을 의미한다. 이를 행정청이 스스로 변경할 수 없다는 의미에서 불가변력이라고도 한다. 원래 행정처분은 법률적합성 및 공익적합성의 원칙에 의해 위법 또는 부당하게 발령된 경우 행정청이 이를 법률 또는 공익에 맞게 직권으로 취소 또는 변경할 수 있는 것이 원칙이다. 그러나 일정한 경우에는 행정법 관계의 안정을 위해 확정판결의 실질적 확정력에 유사한 효력을 행정처분에도 인정해 취소 또는 변경을 허용하지 않는 것이다. 행정심판의 재결처럼 준사법적 행위에 대해서는 불가변력이 발생한다는 것에 이설이 없고 판례도 같은 입장이다(82누63).[32] 무효인 행정처분에 대해서는 실질적 존속력이 발생하지 않는다. 이는 그 자체로 아무런 법적 효력이 없어 이를 존속시킬 수도 없고 당사자인 사인은 이에 대해 언제든지 다툴 수 있다고 보아야 하기 때문이다.

---

31) 예컨대, 위법한 과세처분에 대해 이를 납부한 뒤 이미 불가쟁력이 발생하여 더 이상 항고소송으로는 다툴 수 없는 상태가 된 경우, 이를 국가배상청구소송을 통해 우회적으로 환급받을 수 있을지의 문제이다. 이는 선결문제와도 관련된다. 이는 처분이 취소사유인 경우에만 문제된다. 무효사유인 경우에는 쟁송기간의 제한이 없어 불가쟁력이 발생하지 않고 공법상 부당이득반환청구가 인정되기 때문이다.
32) 대법원 1983. 7. 26.

제3절 기타 행정작용

1. 행정계약

행정계약은 행정주체들 사이 또는 행정주체와 私人 사이에 체결되는 공법상 계약 또는 사법상 계약을 뜻하는 강학상 개념이다.[33] 공법상 계약과 행정계약을 동의어로 보고, 행정주체의 공법상 계약과 사법상 계약을 포괄하는 개념으로 '행정상 계약'을 사용하여야 한다고 주장하는 견해도 있다.[34] 선험적으로 공법상 계약과 사법상 계약으로 구분하여 실제 계약에 접근하는 것은 불가능한 것이고, 행정계약이라는 개념을 전제하고 실제 현실에서 사법적 측면과 공법적 측면 중 무엇에 더 우선하여 접근할 것인지를 결정할 수밖에 없다.[35]

행정계약에 대한 일반법적 규정은 존재하지 않는다. 행정절차법도 행정계약에 관하여 다루지 않고 있다. 판례는 행정계약이라는 개념을 사용하고 있지 않고 있으며, 공법상 계약이라는 개념도 극히 협소하게 사용하고 있다. 행정계약 중 공공단체 상호간의 계약에는 지방교육자치에 관한 법률 제29조에 의한 교육사무위탁이 있고, 지방자치단체 상호간의 계약에는 도로법 제58조, 하천법 제50조에 의한 도로·하천의 경비부담에 관한 협의가 있다.

행정계약 중 행정주체와 사인 간의 계약과 관련한 법률에는 '국가를 당사자로 하는 계약에 관한 법률', '지방자치단체를 당사자로 하는 계약에 관한 법률', '국유재산법', '공유재산 및 물품관리법' 등이 있다. '국가를 당사자로 하는 계약에 관한 법률'은 행정청의 감독권(제13조 제1항), 행정청의 일방적 계약변경권(제19조), 대가의 선납(제16조), 하자보수보증금의 필요적 선납(제18조) 등을 규정하고 있다.

국가를 당사자로 하는 계약에 관한 법률의 적용을 받는 계약을 대법원판례는

---

33) 박정훈, "행정조달계약의 법적 성격", 「행정법의 체계와 방법론[행정법연구 1]」, 박영사(2005), 171면; 김도창, 「일반행정법론(上)」, 청운사(1992), 511면은 행정계약을 정부계약, 국공유재산에 관한 계약, 특별행정법관계의 설정합의로 분류하고, 정부계약에는 사인과 행정주체와의 납품계약, 공공시설 건축도급계약이 있다고 설명한다.

34) 박균성, 「행정법론(上)」, 박영사(2006), 370면.

35) 김철용, 「행정법 I」, 박영사(2007), 307면은 오늘날 복리국가의 이념 아래 행정기능이 확대되면서 계약에 의한 법률관계의 형성이 중요해짐에 따라 행정주체가 체결하는 사법상 계약도 헌법적 원리 등 특수한 규율을 받게 되어 행정주체가 체결하는 공법상 계약과 행정사법상 계약을 모두 포함하여 행정계약이라고 부르고, 그 공통되는 특징을 규명하여야 한다고 지적한다.

'공공계약'36)이라고 한다. 공공계약은 국가·지방자치단체가 당사자가 되어 사경제의 주체로서 상대방과 대등한 위치에서 체결하는 사법상의 계약으로서 그 본질적인 내용은 사인 간의 계약과 같은 것이고, 따라서 법령에 특별한 정함이 있는 경우를 제외하고 사적자치와 계약자유의 원칙 등 私法의 원리가 공공계약에 그대로 적용되며 그 분쟁은 행정소송이 아니라 민사소송에 의한다는 것이 판례의 태도이다.

판례는 행정주체가 서울특별시립무용단 단원의 위촉이나 공중보건의사의 채용계약과 같은 경우에는 공공계약이 아닌 「공법상 계약」이라 부르며 행정소송법상 당사자소송으로 채용계약 해지의 의사표시의 무효확인을 다투도록 하고 있다.

2. 행정계획

(1) 의의

행정계획은 행정주체가 장래 일정기간 내에 도달하고자 하는 목표를 설정하고, 그를 위하여 필요한 수단들을 조정하고 통합하는 작용, 또는 그 결과로 설정된 활동기준을 의미한다.37) 행정계획에는 국토종합계획·장기경제계획과 같은 종합적 성격의 것도 있고, 도시계획·교육계획과 같이 개별적 부문과 관련한 성격의 것도 있다. 행정계획의 법적 성질에 대하여 입법행위설, 행정행위설, 독자성설 등이 주장되고 있다.38) 대법원은 구 도시계획법상의 도시계획결정에 대해 처분성을 긍정한 바 있고, 반면 구 도시계획법상의 도시기본계획 및 구 토지구획정리법상의 환지계획39)에

---

36) 선정원, "지방자치단체의 수의계약", 행정법연구 제14호(2005), 206면에 의하면 독일의 경우 공공계약(공공발주 Vergabe offentlicher Auftrage 또는 공공조달 offentlicher Beschaffungs-auftrag)을 공법상 계약과 사법상 계약으로 구별하여, 공법상 계약에 대하여는 연방행정절차법 제4장 제54조 내지 제62조에서 규율하고, 사법상 계약에 대해서는 특별법에 다른 규정이 없는 한 민법상 계약법원리가 적용되는 것으로 이해되어 왔다고 한다.

37) 김동희, 「행정법 I」, 박영사(2002), 172면.

38) 입법행위설은 행정계획은 계획행정의 기준이 되는 일반적·추상적인 규율에 불과하고 그 자체만으로는 국민의 권리·의무에 직접적, 구체적으로 영향을 미치는 것은 아니므로 입법행위의 성질을 갖는다고 한다. 따라서 행정계획 자체에 대해서는 항고소송으로 다툴 수 없고 다만 그에 의해 국민의 권리를 실질적으로 침해하는 건축허가 거부 등 개별처분에 대하여 항고소송을 제기해야 한다고 한다. 행정행위설은 행정계획은 행정청의 일방적 의사표시에 의해 국민의 권리·의무에 구체적인 변동을 가져오는 것으로 이는 행정행위에 속하고 처분성이 긍정되므로 직접 항고고송으로 다툴 수 있다고 주장한다. 독자성설은 법규범도 아니고 행정행위도 아닌 독자적인 행정의 행위형식이라는 견해이다.

39) 토지구획정리사업법 제57조, 제62조 등의 규정상 환지예정지 지정이나 환지처분은 그에 의하여 직접 토지소유자 등의 권리의무가 변동되므로 이를 항고소송의 대상이 되는 처분이라고 볼 수 있으나, 환지계획은 위와 같은 환지예정지 지정이나 환지처분의 근거가 될 뿐 그 자체

대해서는 처분성을 부정한 바 있어 개별적으로 그 법적 성질을 검토하고 있다.

(2) 집중효

집중효라 함은 행정계획과 관련해 계획 확정이 되면 타법규에 규정되어 있는 인가, 승인, 허가 등을 받은 것으로 의제되는 효력을 말한다. 집중효는 하나의 인·허가를 받게 되면 다른 법률에 규정된 허가, 인가, 특허, 신고 등을 받은 것으로 의제하는 인·허가 의제제도와 유사하다. 예를 들면, 건축법 제11조는 건축허가를 받은 경우 국토의 계획 및 이용에 관한 법률상의 개발행위허가, 농지법상의 농지전용허가 등 각종 법률상의 인·허가를 받은 것으로 의제하고 있다. 행정계획과 관련해 부여되는 특유의 효과인 집중효와 인·허가 의제제도와는 본질적인 차이는 없다. 택지개발촉진법 제11조가 대표적인 집중효 규정이다.[40] 집중효는 절차의 간소화를 통해 사업자의 부담해소 및 절차촉진에 기여하고, 다수의 인·허가부서를 통합하는 효과를 가져오며, 인허가에 필요한 구비서류의 감소효과를 가져온다. 집중효는 행정기관의 권한에 대한 변경을 가져오므로 법률에 명시적인 근거가 있어야 하며 집중효가 미치는 범위도 법률에 명시되어야 한다.

집중효가 부여되면 다른 행정청의 인·허가 등 결정들이 의제되는데 그 정도 또는 범위와 관련해 대법원 1992. 11. 10. 선고 92누1162 판결은 "건설부장관이 구 주택건설촉진법 제33조에 따라 관계기관의 장과의 협의를 거쳐 사업계획승인을 한 이상 같은 조 제4항의 허가·인가·결정·승인 등이 있는 것으로 볼 것이고, 그 절차와 별도로 도시계획법 제12조 등 소정의 중앙도시계획위원회의 의결이나 주민의 의견청취 등 절차를 거칠 필요는 없다"고 판시한 바 있다.[41]

가 직접 토지소유자 등의 법률상의 지위를 변동시키거나 또는 환지예정지 지정이나 환지처분과는 다른 고유한 법률효과를 수반하는 것이 아니어서 이를 항고소송의 대상이 되는 처분에 해당한다고 할 수가 없다(97누6889).

40) 택지개발촉진법 제11조(다른 법률과의 관계) ① 시행자가 실시계획을 작성하거나 승인을 받았을 때에는 다음 각 호의 결정·인가·허가·협의·동의·면허·승인·처분·해제·명령 또는 지정(이하 "인·허가등"이라 한다)을 받은 것으로 보며, 지정권자가 실시계획을 작성하거나 승인한 것을 고시하였을 때에는 관계 법률에 따른 인·허가등의 고시 또는 공고가 있는 것으로 본다.

41) 이러한 대법원의 입장은 집중효는 계획확정 행정청으로 여러 인·허가 등의 행정관할만이 병합될 뿐이므로 계획확정 행정청은 대체되는 행정청의 인·허가 등에 대해 절차 및 실체적 요건을 모두 검토해야 한다는 관할집중설을 따르지 않고, 관할뿐만 아니라 대체되는 행정청의 인·허가 등에 있어서의 각 절차적 사항까지도 모두 통합되므로 계획확정 행정청은 인·허가 등의 절차적 사항은 검토함 없이 단지 각 실체적 사항만 검토하면 된다는 절차집중설을 따른

의제되는 인·허가 등에 대해 거부를 당하여 이에 대해 다투고자 하는 경우 신청된 인·허가 자체를 다투어야 하는지 아니면 의제되는 인·허가에 대해 다투어야 하는지가 문제될 수 있는데, 신청된 인·허가 자체를 다투면서 의제되는 인·허가의 위법사유를 주장하여야 한다는 것이 판례이다(99두10988).

(3) 계획재량·형량명령
1) 계획재량
계획재량이란 행정계획의 수립·변경 시에 행정청이 행사하는 광범위한 형성의 자유를 말한다. 이는 계획법률이 추상적인 행정목표와 절차만을 규정하고 있을 뿐 행정계획의 내용에 대해서는 별다른 규정을 두고 있지 않는 이른바 목적-수단 형식의 법률구조를 가지고 있어 일반적인 요건-효과 형식의 가언명령적 법률구조와는 차이가 있기 때문에 이러한 구조상의 특수성으로 인해 계획재량이 발생한다. 계획재량은 미래의 추상적인 질서를 형성하는 것을 대상으로 하지만, 행정재량은 기존에 이미 형성된 구체적인 생활관계를 대상으로 한다. 이러한 대상의 차이로 인해 행정재량은 이미 형성된 구체적인 관계 내에서 상대적으로 좁은 범위의 재량권이 인정될 뿐이지만, 계획재량은 형성의 자유를 가져 폭넓은 재량권이 인정된다. 또한 행정재량에는 비례의 원칙에 의하여 재량권 일탈·남용을 판단하지만, 계획재량의 경우 형량명령의 원칙이라는 특유의 심사방법이 존재한다. 형량명령의 원칙은 계획재량의 통제를 위해 독일에서 발전된 이론으로 전체로서 계획과 관계된 모든 이익을 정당하게 고려해야 한다는 원칙을 말한다. 독일의 연방건설법전 제1조 제6항은 건설기본계획의 수립자는 계획재량권을 행사함에 있어서는 공익 상호간, 사익 상호간 및 공익과 사익 상호간의 정당한 형량을 하여야 한다고 규정하고 있으며, 그 외에 다수의 독일 실정법은 같은 취지의 형량명령의 원칙에 대해 규정하고 있다.[42] 독일의 경우 법률에 명문의 규정이 없어도 법치국가원리에 따라 모든 계획에 형량명령의 원칙이 인정되고 있다.[43]

행정계획이라 함은 행정에 관한 전문적·기술적 판단을 기초로 하여 도시의 건설·정비·개량 등과 같은 특정한 행정목표를 달성하기 위하여 서로 관련되는 행정

것으로 보인다.
42) 김동희, 전게서, 179면.
43) 박윤흔, 「최신행정법강의(上)」, 박영사(1997), 314면.

수단을 종합·조정함으로써 장래의 일정한 시점에 있어서 일정한 질서를 실현하기 위한 활동기준으로 설정된 것으로서, 구 도시계획법 등 관계 법령에는 추상적인 행정목표와 절차만이 규정되어 있을 뿐 행정계획의 내용에 관하여는 별다른 규정을 두고 있지 아니하므로 행정주체는 구체적인 행정계획을 입안·결정함에 있어서 비교적 광범위한 형성의 자유를 가지는 것이지만, 행정주체가 가지는 이와 같은 형성의 자유는 무제한적인 것이 아니라 그 행정계획에 관련되는 자들의 이익을 공익과 사익 사이에서는 물론이고 공익 상호간과 사익 상호간에도 정당하게 비교교량하여야 한다는 제한이 있으므로, 행정주체가 행정계획을 입안·결정함에 있어서 이익형량을 전혀 행하지 아니하거나 이익형량의 고려 대상에 마땅히 포함시켜야 할 사항을 누락한 경우 또는 이익형량을 하였으나 정당성과 객관성이 결여된 경우에는 위법하다(2003두5426).

(4) 계획보장청구권

행정계획은 법적 안정성과 계획의 신축성이라는 상충되는 요청 사이에 놓여 있게 마련이다. 따라서 행정계획을 변경하거나 폐지하는 경우 당해 행정계획을 수립한 행정청과 수범자인 국민 사이에는 언제나 위험배분의 문제가 발생할 수밖에 없다.[44] 계획보장청구권이란 행정계획의 폐지·변경 등 일정한 경우 당사자가 자신에게 유리하게 당초 행정계획의 존속이나 준수를 청구하고, 계획의 개폐를 저지할 수 없는 경우에는 경과조치 등 대상조치를 청구하며, 이 역시 인정되지 않거나 인정된다 하더라도 계획변경으로 인해 손해가 완전히 전보될 수 없는 경우에는 손해배상이나 손실보상을 청구할 수 있는 권리를 의미한다.

사인이 행정청에 대해 일정한 내용을 행정계획으로 수립해 달라는 것을 계획(수립)청구권이라 하고, 이미 시행 중인 행정계획에 대해 그러한 계획을 폐지해 달라고 요구하는 청구권을 계획폐지청구권이라고 한다. 헌법재판소는 행정계획은 광범위한 지역과 다수의 이해관계가 얽혀있어 사인에게 행정계획폐지청구권을 인정하기가 어렵다고 하였다.[45]

---

44) 김동희, 전게서, 181면.
45) 도시계획시설결정은 광범위한 지역과 상당한 기간에 걸쳐 다수의 이해관계인에게 다양한 법률적, 경제적 영향을 미치는 것이 되어 일단 도시계획시설사업의 시행에 착수한 뒤에는, 시행의 지연에 따른 손해나 손실의 배상 또는 보상을 함은 별론으로 하고, 그 결정 자체의 취소나 해제를 요구할 권리를 일부의 이해관계인에게 줄 수는 없는 것이다(2000헌바58, 2001헌바3).

계획변경청구권이란 기존 행정계획의 변경을 청구할 수 있는 권리로서, 이러한 계획변경청구권을 사인에게 인정해 줄 수 있을지가 문제된다. 대법원은 원칙적으로 계획이 일단 확정되면 어떤 사정의 변동이 있다고 하여 지역주민에게 일일이 그 계획의 변경을 청구할 권리를 인정해 줄 수 없는 이치라며 계획변경청구권을 원칙적으로 부인하나(89누725), 다만, 변경신청을 거부하는 것이 실질적으로 당해 행정처분 자체를 거부하는 결과가 되는 경우에는 예외적으로 변경신청권이 있다고 하였다(2001두10936).

국토의 계획 및 이용에 관한 법률(국토계획법) 제26조는 주민은 기반시설의 설치·정비 또는 개량에 관한 사항, 지구단위계획구역의 지정 및 변경과 지구단위계획의 수립 및 변경에 관한 사항에 대해 도시계획입안을 제안할 권리를 규정하고 있고, 이를 근거로 판례는 도시계획구역 내 토지 등을 소유하고 있는 주민에게 입안권자에게 도시계획입안을 요구할 수 있는 법규상 또는 조리상의 신청권을 인정하고, 그 신청에 대한 거부행위를 행정처분으로 보고 있다(2003두1806). 도시 및 주거환경정비법 제4조 제3항 역시 정비계획에 관한 입안제안권을 규정하고 있다.

3. 확약 · 예비결정 · 가행정행위

(1) 확약

확약은 일정한 행정작용을 하거나 하지 않을 것을 내용으로 하는 행정청의 자기구속력 있는 약속을 말한다. 확약은 행정청이 당사자에게 표시한 약속만 있을 뿐이므로 확약 당시까지는 구체적인 법률관계가 형성되지는 않은 상태에 있다는 점에서 이미 법률관계가 구체적으로 형성된 예비결정이나 가행정행위와는 다르다. 행정법상 확약은 일정한 내용의 사전약속을 행함으로써 당사자에게 당해 법적 문제의 가측성을 제공하는 제도로서, 건축 내지 영업법상 관례로 행해지고 있는 이른바 내인가·내허가제도, 지방자치단체 내에 입주하는 업체에게는 지방세를 감면해주겠다는 약속, 소득세의 과세표준과 세액을 기간 내에 신고하는 납세자에게는 세제상 불이익을 가하지 않겠다는 약속, 양도소득세 등을 자진신고자에 대한 세율 인하의 약속, 공무원 임명의 내정, 무허가건물의 자진철거자에 대해 아파트입주권을 주겠다는 약속 등을 그 예로 들 수 있다.[46]

---

46) 김남욱, "단계적 행정결정에 있어서의 확약", 법학논총 제7집, 조선대학교 법학연구소(2011), 132면.

확약의 권한과 본행정권한의 발령권한은 별개라는 전제에서 명문 규정이 없으면 확약의 발령권한도 인정할 수 없다는 견해도 있지만, 통설은 확약의 발령권한은 본처분권에 당연히 포함되므로 법적 근거가 불요하다는 입장이다.

확약은 그 자체로서 행정기관에 대하여 장래의 이행의무를 발생시킨다는 점에서 처분성이 인정된다는 것이 일반적인 입장이지만,[47] 대법원 1995. 1. 20. 선고 94누6529 판결은 "어업권면허에 선행하는 우선순위결정은 행정청이 우선권자로 결정된 자의 신청이 있으면 어업권면허처분을 하겠다는 것을 약속하는 행위로서 강학상 확약에 불과하고 행정처분은 아니므로, 우선순위결정에 공정력이나 불가쟁력과 같은 효력은 인정되지 아니하며, 따라서 우선순위결정이 잘못되었다는 이유로 종전의 어업권면허처분이 취소되면 행정청은 종전의 우선순위결정을 무시하고 다시 우선순위를 결정한 다음 새로운 우선순위결정에 기하여 새로운 어업권면허를 할 수 있다"라고 판시하여 확약에 대하여 처분성을 부정하는 입장에 서 있다.

확약이 위법한 경우 확약으로 인한 상대방의 신뢰보호와 공익을 이익형량을 하여 위법한 확약의 구속력 여부를 결정하여야 할 것이나,[48] 판례는 위법한 확약 또는 사정변경의 경우 공·사익 간의 이익형량을 하지 않고 확약은 별다른 의사표시 없이 바로 실효된다고 본다.

(2) 예비결정(사전결정), 부분허가

예비결정(사전결정)이란 시설의 설치 및 운영을 종국적으로 허가하기에 앞서 개개의 승인요건의 충족 여부를 미리 결정내리는 것을 말한다.[49] 예비결정은 신청자인 사인에게 어떤 종국적인 행위를 허용하는 것은 아니지만 행정청은 본결정에서 예비결정과 상충되는 결정을 할 수 없으며, 예비결정에서 정해진 부분에만 제한적인 효력을 갖지만, 그 자체가 하나의 행정행위이다.[50] 부분허가는 내용적 제한만 있을 뿐 순수한 허가에 해당한다. 신청자에게 전체시설의 특정한 부분의 설치나 운영을 시작하는 것을 허가하며 당해시설의 특정부분에 관한 한 종국적인 결정을 내

---

47) 김철용, 「행정법 I」, 박영사(2001), 227면.
48) 박균성, 「행정법론(上)」, 박영사(2000), 299면.
49) 정하중, 「행정법개론」, 법문사(2015). 191면; 건축법 제10조(건축 관련 입지와 규모의 사전결정) ① 제11조에 따른 건축허가 대상 건축물을 건축하려는 자는 건축허가를 신청하기 전에 허가권자에게 그 건축물을 해당 대지에 건축하는 것이 이 법이나 다른 법령에서 허용되는지에 대한 사전결정을 신청할 수 있다.
50) 홍정선, 「행정법판례특강」, 박영사(2012), 70면.

리는 것이다. 원자력법 제11조 부지사전승인제도는 사전결정과 부분허가의 성격을
동시에 갖는다.[51]

(3) 가행정행위

가행정행위는 본행정행위가 있기 전까지 잠정적인 행정행위로서 구속력을 가
지는 행정작용을 의미한다.[52] 가행정행위는 사실관계와 법률관계의 계속적인 심사
를 유보한 상태에서 당해 행정법관계의 권리와 의무를 잠정적으로 결정하는 행위
이기 때문에[53] 잠정성·임시성·대체성이라는 시간적 한계를 가지는 규율이지만,
상대방과의 권리·의무관계에 있어서 그 시점에서 구속적 효과를 발생시키는 것인
이상 그 범위 내에서 종국적 규율이라 할 것이고, 따라서 본행정행위가 있게 되면
가행정행위가 본행정행위로 흡수·대체되게 되지만, 이는 가행정행위가 실효되는
것이지 취소 또는 철회되는 것이 아닌 것이다.[54]

가행정행위는 본행정행위의 사전처리작용에 불과하므로 본행정행위에 관한 근
거법규가 가행정행위의 법적 근거가 된다는 견해[55]와 부관인 해제 기한이 그 법적
근거가 된다고 보는 견해[56]가 있다.

가행정행위는 일반적으로 급부행정의 영역에서 보조금 지급과 관련해 수령자
의 이익을 위해 가급적 빠른 시일 내에 제공하기 위해 인정되고, 한편, 침해행정 영
역에서도 조세행정과 관련해 최종적인 세액을 확정하기 전에 잠정세액(중간예납세
액)을 정해 이를 과세하여 국가의 재정을 사전에 일단 안정적으로 확보하고 사후에
확정적인 세액결정을 통해 추가징수 또는 환급 등을 해 주는 경우도 가행정행위의
대표적인 예이다(소득세법 제65조 등).

당사자의 가행정행위의 발령신청이 거부될 경우에는 의무이행심판이나 거부
처분의 취소소송으로 다툴 수 있을 것이며, 가행정행위를 발령 후 장기간 종국적인

---

51) 정하중, 「행정법개론」, 법문사(2015). 191면.
52) 류지태, "가행정행위의 개념", 월간고시(1993. 11), 85면은 세법이나 급부행정영역에서는 종국
   적인 효과를 확정하기 어려운 현실적 상황이 발생하는 경우가 많고, 이러한 현실을 감안하여
   행정기관은 최종적인 결정을 유보하면서 우선 잠정적인 결정을 해야 할 필요가 있고, 이러한
   필요를 해결하기 위하여 논의된 것이 가행정행위 개념이라고 한다.
53) 정하중, 「행정법개론」, 법문사(2015). 191면.
54) 이동찬, "가행정행위에 관한 소고", 토지공법연구 54집, 한국토지공법학회(2011), 299 – 300면.
55) 김남진, "샘물개발 가허가의 요건 등 – 대법원 2000. 10. 27. 선고, 99두7579 판결 –", 판례월
   보 364호, 판례월보사(2000.1), 28면.
56) 김동희, 「행정법 I」, 박영사(2010), 296면.

결정을 행하지 않을 경우에는 부작위위법확인소송에 의해 다툴 수 있을 것이다.[57]

4. 행정상 사실행위 · 행정지도

(1) 행정상 사실행위

행정상 사실행위란 행정주체가 일정한 법적 효과를 목적으로 하는 것이 아니라 직접적으로 어떠한 사실상의 결과 실현을 목적으로 하는 행정작용을 말한다. 가령, 교량의 건설, 도로의 청소 등이 이에 해당한다. 행정상 사실행위는 실로 다양한 형태로 존재해 왔는데 오늘날 점점 그 중요성이 부각되고 있다. 행정상 사실행위를 그 내용에 따라 분류해 보면, 불복고지, 조사보고 등 행정법 영역에서 사실적 또는 법적 상황에 대한 단순한 지식의 표명에 불과한 행정법상 지식의 표시, 비정식적 유형으로서 경고나 조정 등 비명령적 영향력의 행사, 도로나 교량의 건설, 폐기물의 수거 등 순수한 사실적인 행정작용으로 구분할 수 있다. 행정상 사실행위를 공권력의 행사 여부와 관련하여 구분하면, 공권력의 행사가 아닌 대등당사자의 관계로서 이루어진 경우에는 비권력적 사실행위와 전염병환자에 대한 격리, 미결수용인자의 이송, 留置나 預置, 영업소 폐쇄, 단수처분, 불법건축물의 철거 대집행 등 당해 사실행위가 공권력의 행사에 의해 이루어진 경우에는 권력적 사실행위로 나눌 수 있다.

권력적 사실행위는 공권력 행사에 해당하는 것으로 대법원은 영업소 폐쇄, 단수처분, 교도소재소자의 이송조치, 주민등록직권말소행위에 대해 처분성을 인정하여 항고소송의 대상이라고 판시하였다. 이미 종료된 권력적 사실행위의 경우에는 소를 제기해도 협의의 소익이 부정되어 각하될 것이고, 가사 현재 진행 중인 권력적 사실행위라 할지라도 대부분 단시간 안에 그 집행이 종료되어 버리는 특성으로 인해 항고쟁송 계속 도중 대체로 협의의 소익을 상실하게 된다. 따라서 이를 방지하기 위해서는 집행정지신청을 적극적으로 활용할 필요가 있다. 권력적 사실행위는 단기간에 종료되는 것이 통상이므로 이를 방지하기 위한 가장 좋은 방법은 그러한 권력적 사실행위가 시행되기 이전에 사전에 이를 하지 못하도록 차단하는 것이다. 이에 대해서는 예방적 부작위 소송 및 가처분이 그 역할을 수행할 수 있겠으나, 현행 행정소송법상 인정되지 않는다.

---

57) 류지태, "가행정행위의 개념", 월간고시(1993. 11), 98면.

(2) 행정지도

행정지도란 행정기관이 그 소관사무의 범위 안에서 일정한 행정목적으로 실현하기 위하여 특정인에게 일정한 행위를 하거나 하지 아니하도록 지도·권고·조언 등을 하는 행정작용을 말한다(행정절차법 제2조 제3호). 행정지도는 비록 법적 근거가 없는 경우에도 행정의 편의성 및 효율성을 높여주고, 공권력 발동 이전에 국민의 협력 유사의 의미를 구하는 행정지도를 함으로써 국민적 저항 및 분쟁을 미연에 방지하는 역할을 하며, 정보제공 측면에서도 유용한 역할을 한다. 행정지도는 여러 가지 분류가 있지만, 통상 그 기능에 따라 다음과 같이 구분된다. 첫째, 조성적 행정지도이다. 이는 영농지도, 중소기업 경영지도 등 국민이나 기업에게 보다 발전적인 방향으로 나아가도록 유도하기 위해 지식·정보 등을 제공하는 것을 주목적으로 하는 행정지도이다. 둘째, 조정적 행정지도이다. 이는 노사간 쟁의지도 등 사인 상호간 이해관계의 분쟁이나 기업 간 지나친 경쟁의 대립을 조정하기 위해 행하는 행정지도이다. 셋째, 규제적 행정지도이다. 이는 물가상승 억제를 위한 행정지도, 독점규제 및 공정거래에 관한 법률 제51조 제1항의 시정권고 등 일정한 행위를 제한하기 위하여 행정행위를 대체하여 행해지는 행정지도이다.

행정지도는 일방적인 공권력의 행사로서 내리는 행정행위가 아니라 국민의 임의적 협력을 전제로 하는 비권력적 작용이다.[58] 또한 행정지도는 그 자체로는 직접법적 효과의 발생을 목적으로 하지 않고 따라서 어떠한 법적 효과를 가져오지 않는다고 보아 사실행위에 속한다(93누6331). 행정지도는 그 목적 달성에 필요한 최소한도에 그쳐야 하며, 상대방의 의사에 반하여 부당하게 강요해서는 안 된다(행정절차법 제48조 제1항). 행정기관은 행정지도의 상대방이 행정지도에 따르지 아니할 경우 이를 이유로 불이익한 조치를 취해서는 아니 된다(행정절차법 제48조 제2항). 행정지도를 행하는 자는 그 상대방에게 당해 행정지도의 취지·내용 및 신분을 밝혀야 하며, 행정지도가 구술로 이루어지는 경우에 상대방이 제1항의 사항을 기재한 서면의 교부를 요구하는 때에는 당해 행정지도를 행하는 자는 직무수행에 특별한 지장이

---

[58] 행정지도가 개별법령에 규정되어 있는 경우에는 그에 따르면 되지만, 개별법령에 규정이 없는 경우 법적 근거가 없이도 행정청이 행정지도를 발할 수 있는지가 문제된다. 이에 대하여 행정지도는 국민의 협력을 전제로 하는 것으로서 국민이 그에 따를 것인가의 자유가 있기 때문에 국민의 권익을 침해하지 않는다고 보아 법적 근거가 필요 없다는 입장과 조성적 행정지도는 법적 근거가 필요 없지만, 규제적 행정지도 등 행정행위의 대체적 성질을 갖는 행정지도의 경우에는 헌법 제37조 제2항의 법률 유보의 원칙상 법적 근거가 필요하다는 입장이 주장된다.

없는 한 이를 교부하여야 한다(행정절차법 제49조 제1항, 제2항). 행정지도의 상대방은 당해 행정지도의 방식·내용 등에 관하여 행정기관에 의견 제출을 할 수 있다(행정절차법 제50조). 행정기관이 같은 행정목적을 실현하기 위하여 많은 상대방에게 행정지도를 하고자 하는 때에는 특별한 사정이 없는 한 행정지도에 공통적인 내용이 되는 사항을 공표하여야 한다(행정절차법 제51조). 위법한 행정지도로 인해 피해를 입게 되었을 경우 국가배상청구소송을 제기할 수 있다. 국가배상청구소송에서는 위법한 행정작용과 손해 사이에 인과관계가 있을 것을 요하는데 행정지도의 경우에는 사인의 임의적 협력을 전제로 하기 때문에 '동의는 불법행위 성립을 조각시킨다'는 논리에 따라 일반적으로는 인과관계가 인정되기 어렵다 할 것이다. 그러나 행정지도가 사실상의 강제력으로 인해 국민이 이를 따를 수밖에 없게 하여 그로 인해 손해가 발생한 경우에는 인과관계를 인정할 수 있다.

제5장 행정상 의무이행의 확보

제1절 행정상 강제집행

1. 대집행

대집행이란 사인이 대체적 작위의무가 있는 경우 사인이 이 의무를 이행하지 않으면 행정청이 대신해서 이를 스스로 행하거나 제3자로 하여금 이행하게 하고 그 비용은 사인으로부터 청구하는 것을 말한다. 불법가건물에 대해 이를 행정청이 직접 철거하는 것이 가장 전형적인 예이다. 대집행에는 행정청이 직접 대집행을 수행하는 자기집행과 행정청이 아닌 제3자가 행정청을 대신해 대집행을 수행하는 타자집행으로 분류될 수 있다. 타자집행에서 제3자와 행정청과의 관계에 대해 공무수탁사인관계라고 보는 설도 있으나 사법상 도급계약으로 보는 견해가 타당하고 이 경우 제3자는 행정의 보조인에 해당할 것이다. 대집행에 대해서는 개별법령에 규정이 없는 경우 행정대집행법이 일반법으로 작용하게 된다. 한편, 개별법령에 철거에 관해서만 행정대집행법을 준용하고 있고, 행정대집행법의 요건에 해당하는 제2조는 준용하고 있지 않은 경우가 있는데, 이 경우에는 대집행의 요건은 따로 구비할 필요가 없다.[1]

---

1) 지방재정법 제85조에 의하면 그 제1항에서 공유재산을 정당한 이유 없이 점유하거나 그에 시설을 한 때에는 이를 강제로 철거시킬 수 있는 권한이 지방자치단체의 장에게 부여되었고, 그 제2항에서는 제1항에 의하여 강제철거를 시키는 경우에 행정대집행법 제3조 내지 제6조를 준용한다고 규정되어 있을 뿐 같은 법 제2조의 준용은 없으므로, 같은 조에 규정된 대집행의 요건은 필요 없는 것으로 해석함이 지방재정법 제85조의 입법취지에 맞는 해석이다(95누10020).

행정대집행법 제2조에 따르면, 행정대집행을 하기 위해서는 ① 공법상의 대체적 작위의무의 불이행이 있어야 하고, ② 다른 방법이 없어야 하며(보충성), ③ 공익상의 요청이 있어야 한다. 공법상의 의무이어야 하므로 사법상 의무의 불이행의 경우에는 대집행이 발령될 수 없다.[2] 이러한 공법상의 의무는 공법 규정 자체에서 발생하거나 또는 행정행위를 통해 발생할 것이다.[3] 대체적 작위의무일 것을 요하므로, 토지·건물의 명도의무는 실력으로 신체에 대한 점유를 풀어야 이전이 가능하기 때문에 이는 비대체적 작위의무[4]이고 물건의 인도 역시 그것이 특정물이라면 비대체적 작위의무에 해당하여 대집행이 불가능하다. 다만, 종류물이라면 대체성이

---

2) 행정대집행법상 대집행의 대상이 되는 대체적 작위의무는 공법상 의무이어야 할 것인데, 구 공공용지의 취득 및 손실보상에 관한 특례법에 따른 토지 등의 협의취득은 공공사업에 필요한 토지 등을 그 소유자와의 협의에 의하여 취득하는 것으로서 공공기관이 사경제주체로서 행하는 사법상 매매 내지 사법상 계약의 실질을 가지는 것이므로, 그 협의취득시 건물소유자가 매매대상 건물에 대한 철거의무를 부담하겠다는 취지의 약정을 하였다고 하더라도 이러한 철거의무는 공법상의 의무가 될 수 없고, 이 경우에도 행정대집행법을 준용하여 대집행을 허용하는 별도의 규정이 없는 한 위와 같은 철거의무는 행정대집행법에 의한 대집행의 대상이 되지 않는다. 구 공공용지의 취득 및 손실보상에 관한 특례법에 의한 협의취득시 건물소유자가 협의취득대상 건물에 대하여 약정한 철거의무는 공법상 의무가 아닐 뿐만 아니라, 공익사업을 위한 토지 등의 취득 및 보상에 관한 법률 제89조에서 정한 행정대집행법의 대상이 되는 '이 법 또는 이 법에 의한 처분으로 인한 의무'에도 해당하지 아니하므로 위 철거의무에 대한 강제적 이행은 행정대집행법상 대집행의 방법으로 실현할 수 없다(2006두7096).
3) 구청장이 도시재개발구역 내의 건물소유자 갑에게 건물의 자진철거를 요청하는 내용의 공문을 보냈다고 하더라도 그 공문의 제목이 지장물철거촉구로 되어 있어서 철거명령이 아님이 분명하고, 행위의 주체면에서 구청장은 재개발구역 내 지장물의 철거를 요구할 아무런 법적 근거가 없으며, 공문의 내용도 갑에게 재개발사업에의 협조를 요청함과 아울러 자발적으로 협조하지 아니하여 법에 따른 강제집행이 행하여짐으로써 갑이 입을지도 모를 불이익에 대한 안내로 되어 있고 구청장이 위 공문을 발송한 후 갑으로부터 취소요청을 받고 위 공문이 도시재개발법 제36조의 지장물이전요구나 동 제35조 제2항에 따른 행정대집행법상의 강제철거지시가 아니고 자진철거의 협조를 요청한 것이라고 회신한 바 있다면 이러한 회신내용과 법치행정의 현실 및 일반적인 법의식수준에 비추어 볼 때 외형상 행정처분으로 오인될 염려가 있는 행정청의 행위가 존재함으로써 상대방이 입게 될 불이익 내지 법적 불안도 존재하지 않는다고 볼 것이므로 이를 행정소송의 대상이 되는 처분이라고 볼 수 없다(88누8883).
4) 도시공원시설인 매점의 관리청이 그 공동점유자 중의 1인에 대하여 소정의 기간 내에 위 매점으로부터 퇴거하고 이에 부수하여 그 판매 시설물 및 상품을 반출하지 아니할 때에는 이를 대집행하겠다는 내용의 계고처분은 그 주된 목적이 매점의 원형을 보존하기 위하여 점유자가 설치한 불법 시설물을 철거하고자 하는 것이 아니라, 매점에 대한 점유자의 점유를 배제하고 그 점유이전을 받는 데 있다고 할 것인데, 이러한 의무는 그것을 강제적으로 실현함에 있어 직접적인 실력행사가 필요한 것이지 대체적 작위의무에 해당하는 것은 아니어서 직접강제의 방법에 의하는 것은 별론으로 하고 행정대집행법에 의한 대집행의 대상이 되는 것은 아니다(97누157).

있는 동종의 물건을 대집행하고 그에 대한 비용을 징수하는 것은 가능하다. 작위의무에 대한 불이행이므로 부작위의무만 존재하고 대체적 작위의무는 없는 상태에서는 이를 작위의무로 전환시키는 전환규범이 없다면 대집행이 불가능하다.[5] 이러한 요건이 모두 충족된다고 하여도 행정대집행법 제2조의 규정형식을 볼 때 최종적인 대집행의 발령은 행정청의 재량으로 되어 있다.

대집행은 계고, 대집행영장통보, 대집행의 실행, 대집행 비용 징수의 단계적으로 진행된다. 계고는 상당한 이행기한을 정하여 그 기한까지 이행되지 아니할 때에는 대집행을 실행하겠다는 뜻의 의사표시를 상대방에게 알리는 행위이다(행정대집행법 제3조 제1항). 다만, 비상시 또는 위험이 절박한 경우에 있어서 당해 행위의 급속한 실시를 요하여 수속을 취할 여유가 없을 때에는 그 수속을 거치지 아니하고 대집행을 할 수 있다(동법 제3조 제3항). 계고는 이른바 준법률행위적 행정행위에 속한다. 따라서 처분성이 인정되어 행정쟁송의 대상이 된다. 한편, 연속된 계고처분의 경우 1차계고 이후의 후행계고는 대집행통지의 연기에 불과하여 행정처분이 아니다.[6] 계고서에는 대집행할 행위의 내용 및 범위가 구체적으로 특정되어 있어야 한다. 다만, 판례는 여러 사정을 종합하여 대집행 의무자가 그 이행의무의 범위를 알수 있으면 족하다는 태도이다.[7] 계고시에는 상당한 이행기간을 부여하여야 하고

---

[5] 단순한 부작위의무의 위반, 즉 관계 법령에 정하고 있는 절대적 금지나 허가를 유보한 상대적 금지를 위반한 경우에는 당해 법령에서 그 위반자에 대하여 위반에 의하여 생긴 유형적 결과의 시정을 명하는 행정처분의 권한을 인정하는 규정(예컨대, 건축법 제69조; 도로법 제74조; 하천법 제67조; 도시공원법 제20조; 옥외광고물등관리법 제10조 등)을 두고 있지 아니한 이상, 법치주의의 원리에 비추어 볼 때 위와 같은 부작위의무로부터 그 의무를 위반함으로써 생긴 결과를 시정하기 위한 작위의무를 당연히 끌어낼 수는 없으며, 또 위 금지규정(특히 허가를 유보한 상대적 금지규정)으로부터 작위의무, 즉 위반결과의 시정을 명하는 권한이 당연히 추론되는 것도 아니다(96누4374).

[6] 건물의 소유자에게 위법건축물을 일정기간까지 철거할 것을 명함과 아울러 불이행할 때에는 대집행한다는 내용의 철거대집행 계고처분을 고지한 후 이에 불응하자 다시 제2차, 제3차 계고서를 발송하여 일정기간까지의 자진철거를 촉구하고 불이행하면 대집행을 한다는 뜻을 고지하였다면 행정대집행법상의 건물철거의무는 제1차 철거명령 및 계고처분으로서 발생하였고 제2차, 제3차의 계고처분은 새로운 철거의무를 부과한 것이 아니고 다만 대집행기한의 연기통지에 불과하므로 행정처분이 아니다(94누5144).

[7] 행정청이 행정대집행법 제3조 제1항에 의한 대집행계고를 함에 있어서는 의무자가 스스로 이행하지 아니하는 경우에 대집행할 행위의 내용 및 범위가 구체적으로 특정되어야 하나, 그 행위의 내용 및 범위는 반드시 대집행계고서에 의하여서만 특정되어야 하는 것이 아니고, 계고처분 전후에 송달된 문서나 기타 사정을 종합하여 행위의 내용이 특정되거나 실제건물의 위치, 구조, 평수 등을 계고서의 표시와 대조·검토하여 대집행의무자가 그 이행의무의 범위를 알 수 있을 정도로 하면 족하다(96누8086).

이를 위반시에는 위법한 처분이 된다. 상당한 이행기간이란 사회통념상 의무자가 스스로 의무를 이행하는 데 필요한 기간을 말한다.[8] 계고는 문서로써 하여야 한다 (행정대집행법 제3조 제1항). 철거명령과 계고처분을 1장의 문서로써 동시에 행해진 경우에 대해 위법하다고 보아야 할지가 문제가 되는데, 대집행 상황요건은 계고를 행할 때 이미 충족되어 있어야 하고 따라서 철거명령과 계고처분을 동시에 결합하여 행하는 것은 원칙적으로 부정되며, 이 경우 추가로 주어질 이행기간이 줄어들게 되어 수명자에게 불리하므로 위법하다는 견해와 원칙은 작위하명과 계고가 독립하여 행해져야 하겠지만 의무불이행이 예견되고 의무불이행을 제거해야 할 긴급한 필요가 인정되는 경우라든가 충분한 이행기한이 주어졌다고 판단되는 경우 등 예외적인 경우는 적법하다고 보는 견해가 대립한다. 판례는 이러한 경우 적법하다는 입장이다.[9]

대집행영장통지는 의무자가 계고를 받고 상당한 기간이 지나도록 그 의무를 이행하지 아니할 때 당해 행정청이 대집행을 할 시기, 대집행을 시키기 위하여 파견하는 집행책임자의 성명과 대집행에 요하는 비용의 개산에 의한 견적액을 기재하여 이를 의무자에게 통지하는 행위를 말한다(행정대집행법 제3조 제2항). 이러한 대집행영장통지도 비상시 또는 위험이 절박한 경우에 있어서 당해 행위의 급속한 실시를 요하여 수속을 취할 여유가 없을 때에는 그 수속을 거치지 아니하고 대집행을 할 수 있다(행정대집행법 제3조 제3항). 대집행영장통지도 이른바 준법률행위적 행정행위로서 처분성이 인정된다. 따라서 대집행영장통지는 그 자체로 취소소송의 대상이 된다.

대집행의 실행은 의무자가 지정된 기간까지 작위의무를 실행하지 않으면 당해

---

8) 행정대집행법 제3조 제1항은 행정청이 의무자에게 대집행영장으로써 대집행할 시기 등을 통지하기 위해서는 그 전제로서 대집행계고처분을 함에 있어서 의무이행을 할 수 있는 상당한 기간을 부여할 것을 요구하고 있으므로, 행정청인 피고가 의무이행기한이 1988. 5. 24.까지로 된 이 사건 대집행계고서를 5. 19. 원고에게 발송하여 원고가 그 이행종기인 5. 24. 이를 수령하였다면, 설사 피고가 대집행영장으로써 대집행의 시기를 1988. 5. 27. 15:00로 늦추었더라도 위 대집행계고처분은 상당한 이행기한을 정하여 한 것이 아니어서 대집행의 적법절차에 위배한 것으로 위법한 처분이라고 할 것이다(90누2048).
9) 계고서라는 명칭의 1장의 문서로써 일정기간 내에 위법건축물의 자진철거를 명함과 동시에 그 소정기한 내에 자진철거를 하지 아니할 때에는 대집행할 뜻을 미리 계고한 경우라도 건축법에 의한 철거명령과 행정대집행법에 의한 계고처분은 독립하여 있는 것으로서 각 그 요건이 충족되었다고 볼 것이다. 위의 경우, 철거명령에서 주어진 일정기간이 자진철거에 필요한 상당한 기간이라면 그 기간 속에는 계고시에 필요한 '상당한 이행기간'도 포함되어 있다고 보아야 할 것이다(91누13564).

행정청이 직접 또는 타인으로 하여금 작위의무를 이행케 하는 것을 말한다. 이는 수인하명과 사실행위가 결합된 합성행위로서 권력적 사실행위에 속한다. 따라서 그 자체로 처분성이 인정되어 취소소송의 대상이 된다. 다만, 일시적으로 끝날 경우에는 소를 제기하더라도 소의 이익이 없어 각하판결을 받을 가능성이 높다. 따라서 이를 막기 위해서는 집행정지신청을 하여야 할 것이다. 위법한 대집행에 대해 취소심판을 제기할 수 있는데 만약 심판 계속 중 대집행이 완료되면 권리보호의 필요가 없기 때문에 집행정지신청으로써 이를 저지할 필요가 있다. 취소소송을 제기하고자 할 때는 대집행의 4가지 단계 모두에 대해 항고소송이 가능하다. 행정대집행이 소 계속 중 실행되고 나면 행정대집행에 대해 취소소송을 제기하여도 소의 이익이 없어 각하판결을 받을 것이기 때문에 이를 방지하기 위해서는 취소심판과 마찬가지로 집행정지신청을 활용하여야 한다. 대체적 작위의무와 대집행 절차와는 별개의 법적 효과를 목적으로 하는 것이므로 이에 대해서는 대체적 작위의무의 하자가 대집행 절차에 승계되지 않는다. 대집행 절차 사이에는 동일한 법적 효과를 목적으로 하기 때문에 하자가 승계된다. 위법한 대집행으로 말미암아 손해가 발생한 경우에는 국가배상청구를 할 수도 있다. 이 경우 수소법원은 선결문제로서 대집행의 위법성에 대해 따로 취소소송으로 판결이 나지 않았어도 이에 대해 판단할 수 있다.

2. 이행강제금

이행강제금이란 주로 비대체적 작위의무, 북위의무 또는 수인의무의 불이행에 대하여 강제금을 부과하여 의무 이행을 간접적으로 강제하는 수단이다. 그러나 건축법 제80조 및 옥외광고물 등 관리법 제20조의2 규정은 대체적 작위의무임에도 이행강제금을 부과할 수 있도록 규정하고 있는바, 대집행이 적절하지 않은 대체적 작위의무에도 이행강제금이 부과될 수 있다. 현재 노인복지법 제62조, 근로기준법 제33조, 은행법 제65조의9, 부동산실권리자명의등기에 관한 법률 제6조, 국토의 계획 및 이용에 관한 법률 제124조의2, 장애인·노인·임산부 등의 편의증진보장에 관한 법률 제28조, 다중이용업소의 안전관리에 관한 특별법 제26조도 이행강제금을 규정하고 있다. 처분청은 이행강제금을 부과하기 전에 문서로 계고를 하고 의무불이행의 경우에는 반복하여 부과하고 있다. 이행강제금에 대한 불복은 과태료의 불복절차에 의하여 왔다. 따라서 이행강제금 부과에 대하여 이의제기를 하지 않으면 국세

체납처분처분절차에 따르고, 처분청에 이의제기를 하면 재판을 하여야 하는데, 관할법원은 비송사건절차법에 따라 재판을 한다. 그러나 건축법 제80조는 과태료불복절차의 준용규정을 삭제하였고, 이에 판례도 이행강제금부과를 행정처분으로 보아 취소소송의 대상으로 처리하고 있다. 과태료불복절차의 준용규정을 두고 있지 않은 국토의 계획 및 이용에 관한 법률 제124조의2의 경우에 있어서도 판례는 이행강제금부과를 처분으로 취급하여 취소소송의 대상으로 하고 있다.

3. 직접강제

행정상 의무를 이행하지 않는 자들을 상대로 직접 신체와 재산 등에 실력을 가하여 의무이행을 실현하는 것을 직접강제라 한다. 대집행과 이행강제금으로 행정상 의무이행의 확보가 불가능한 경우 이용된다. 식품위생법 제79조는 긴급시 통지를 생략하고 폐쇄조치할 수 있다고 규정하고 있다. 공중위생관리법 제11조 제3항, 사행행위등규제 및 처벌특례법 제20조, 영화 및 비디오물의 진흥에 관한 법률 제70조, 대기환경보전법 제38조, 수질 및 수생태계보전에 관한 법률 제44조 등은 무허가 및 미신고영영 등에 대하여 폐쇄조치 등 직접강제와 관련한 규정을 두고 있다.

4. 강제징수

행정상 강제징수란 국민이 국가 등에 대해 부담하고 있는 금전급부의무에 대해 불이행하고 있을 경우 행정청이 그러한 의무자의 재산에 실력을 행사하여 의무가 이행된 것과 같은 상태를 실현시키는 것을 말한다. 행정상 강제징수의 일반법으로 국세징수법이 있다. 국세징수법은 원래는 국세부과처분의 불이행에 대한 규정이었으나 공법상의 여러 개별법률에서 금전급부의무의 불이행과 관련해 국세징수법을 준용토록 하고 있어 일반법처럼 되어버렸다. 헌법 제37조 제2항에 의해 조세징수 외에는 개별법률상의 근거규정이 있어야 강제징수를 할 수 있다. 행정상 강제징수에 대해 불복이 있으면 특별한 규정이 있는 경우를 제외하고는 국세징수법이 아니라 국세기본법에 따라 불복절차(국세기본법 제55조)를 거쳐야 한다. 따라서 위법한 독촉, 압류, 공매처분 등에 대해서는 국세기본법상 규정한 전심절차인 이의신청(이는 임의적 전치절차임), 심사청구 또는 심판청구(이는 소송을 제기하기 위한 필요적 전치절차임)를 거쳐 행정소송을 제기할 수 있는 것이다. 한편, 판례는 조세징수를 위한 압류등기 후에 그 부동산을 양수한 소유자에게 그 압류처분의 무효확인을 구할 원

고적격이 있는지 여부와 관련해 소극적이다.[10]

제2절 행정상 즉시강제

행정상 즉시강제는 장애의 발생이 급박한 경우에 미리 의무를 부과할 시간적 여유가 없거나, 성질상 의무를 명해서는 목적 달성이 곤란한 경우 즉시 국민의 신체 또는 재산에 실력을 가하여 행정상 필요한 상태를 실현하는 행정작용이다. 즉시강제의 예로 전염병환자의 강제격리, 도로교통법상의 주차위반차량의 강제견인조치 등을 들 수 있다. 행정상 즉시강제는 목전에 급박한 장애를 제거하기 위한 것이 아니라 미래에 발생할지도 모를 장애를 예방적으로 저지하기 위해서는 발령될 수 없다. 또한 위험의 제거 내지 예방이라는 소극목적을 위해 발동되어야만 하고, 적극적으로 어떠한 새로운 질서를 형성하기 위해서 행사될 수는 없다. 행정상 즉시강제에 관한 일반법은 존재하지 않는다. 경찰행정분야에는 경찰관직무집행법이 일반법으로 존재한다. 경찰관직무집행법 제2조 제5호는 개괄적 수권조항으로 해석된다. 전염병예방법, 소방기본법, 식품위생법 등에 즉시강제에 관한 규정이 있다. 행정상 직접강제나 행정상 즉시강제는 모두 행정청이 직접 의무자의 신체나 재산에 어떠한 실력을 가해 행정상 필요한 상태를 실현하는 작용이라는 점에서는 공통되지만, 행정상 직접강제는 작위, 부작위, 수인의무 등의 부과를 전제로 의무를 불이행하는 경우에 실력행사를 하는 것이지만, 행정상 즉시강제는 의무의 불이행이 전제되지 않고 급박한 경우에 행해진다는 점에서 차이가 있다. 헌법재판소는 즉시강제가 직접강제보다 상대방 권익을 더 침해하는 것으로 보아 강제집행을 원칙으로 하고 즉시강제는 예외적으로 행해져야 한다고 보고 있다(2000헌가12). 행정상 즉시강제는 사실행위이자 수인의무를 명하는 하명이 결합된 것으로 처분성이 인정되므로 항고소송 대상이다.

즉시강제의 대인적 수단으로 경찰관직무집행법상의 보호조치(제4조), 위험발생의 방지(제5조), 범죄의 예방과 제지(제6조), 장구의 사용(제10조), 무기의 사용(제10조의4 제1항), 전염병예방법상의 강제격리수용과 치료(제29조), 강제진찰과 치료(제42

---

10) 과세관청이 조세의 징수를 위하여 납세의무자 소유의 부동산을 압류한 이후에 압류등기가 된 부동산을 양도받아 소유권이전등기를 마친 사람은 위 압류처분에 대하여 사실상 간접적 이해관계를 가질 뿐, 법률상 직접적이고 구체적인 이익을 가지는 것은 아니어서 그 압류처분의 무효확인을 구할 당사자 적격이 없다(89누5706).

조), 출입국관리법상의 강제퇴거(제46조) 등이 있고, 대물적 수단으로 경찰관직무집
행법상의 무기 등 물건의 임시영치(제4조 제3항), 위험방지조치(제5조 제1항, 제6조),
소방기본법상의 물건의 파기 등의 강제처분(제25조), 식품위생법상의 물건의 폐기
(제56조), 도로교통법상의 도로 위 위법공작물 등에 대한 제거(71조 제2항, 72조 제2
항) 등이 있다. 그 밖에 대가택 수단인 경찰관직무집행법상의 위험방지를 위한 출입
(제7조), 조세범처벌법상의 수색(제3조 제1항) 등이 있다. 행정상 즉시강제를 실행하
는 도중 상대방의 저항을 받은 경우 행정상 즉시강제의 원활한 목적 수행을 위해서
필요최소한도의 범위 내에서 실력행사를 통한 저항의 저지는 가능하다는 것이 일반
적인 견해이다. 가령, 전염병환자가 강제격리조치 도중 도주하려는 경우 전염병환자
의 신체를 강제적으로 구속하는 것은 가능하다 할 것이다. 행정상 즉시강제는 행정
목적을 달성하기에 적합한 수단으로 행해져야 하고(적합성의 원칙), 상대방에게 최소
의 침해를 가져오는 수단을 택해야 하며(필요성의 원칙), 달성하려는 공익과 침해되
는 사익을 비교·형량하여 침해되는 사익이 더 커서는 안 된다(협의의 비례의 원칙).
경찰관직무집행법 제1조 제2항은 이를 명문화하고 있다.

　　행정상 즉시강제 중 사람의 생명·재산에 대하여 직접적으로 실력을 가해 인신
의 구속, 수색, 압수 등의 행위가 결부된 경우 그에 대해 헌법 제12조, 16조상의 영
장주의가 적용되는지가 문제된다. 이에 대하여 형사와 행정이 비록 목적은 다르더
라도 형사사법작용과 행정상 즉시강제가 신체 또는 재산에 대한 실력의 행사인 점
에서는 차이가 없고, 기본권 침해의 소지가 큰 것도 사실이므로 형사사법작용과 마
찬가지로 영장주의가 적용되어야 한다는 견해와 행정상 즉시강제는 그 개념상 급
박성을 요건으로 하고 있으므로 영장을 필요로 한다는 것은 모순이라는 견해가 대
립한다. 대법원 "사전영장주의는 인신보호를 위한 헌법상의 기속원리이기 때문에
인신의 자유를 제한하는 모든 국가작용의 영역에서 존중되어야 하지만, 헌법 제12
조 제3항 단서도 사전영장주의의 예외를 인정하고 있는 것처럼 사전영장주의를 고
수하다가는 도저히 행정목적을 달성할 수 없는 지극히 예외적인 경우에는 형사절
차에서와 같은 예외가 인정되므로, 구 사회안전법(보안관찰법) 제11조 소정의 동행
보호규정은 재범의 위험성이 현저한 자를 상대로 긴급히 보호할 필요가 있는 경우
에 한하여 단기간의 동행보호를 허용한 것으로서 그 요건을 엄격히 해석하는 한,
동 규정 자체가 사전영장주의를 규정한 헌법규정에 반한다고 볼 수는 없다"는 입장
이다(96다561152).

제3절   행정벌

1. 의의

행정벌이란 행정법상의 의무를 위반한 경우 그 의무위반자에게 가해지는 행정법상의 제재로서의 처벌을 말한다. 행정벌은 직접적으로는 의무위반에 대한 제재가 목적이지만 그로 인해 간접적으로 의무이행을 강제한다는 측면에서 행정의 실효성 확보 수단에 속한다. 행정벌은 크게 행정형벌[11]과 행정질서벌이 있다. 행정형벌은 의무 위반시 형법상 규정된 형벌이 가해지는 벌이고, 행정질서벌은 의무 위반에 대해 과태료가 부과되는 제재이다.

2. 행정형벌

행정형벌이란 형법상의 처벌이 의무위반자에게 가해지는 행정벌을 말한다. 형법 제8조에 의하면 '본법 총칙은 타법령에 정한 죄에 적용한다'라고 규정하고 있다. 여기서의 타법령이란 공법도 포함한다. 따라서 행정형벌도 원칙적으로 형법총칙이 적용된다. 다만, 동조 단서에 따르면 '단, 그 법령에 특별한 규정이 있는 때에는 예외로 한다'고 규정하고 있어 행정형벌도 특별한 규정이 있으면 형법총칙의 적용을 배제할 수 있다. 고의범의 경우 범죄 성립을 위해 고의가 필요한 것은 행정범에 있어서도 동일하다. 과실범의 경우 형법 제14조에 의하면 '과실범은 법률에 특별한 규정이 있어야만 처벌한다'고 되어 있는바 행정범도 특별한 규정이 있어야만 과실범을 처벌하는지 문제된다. 학설은 행정범의 경우도 형사범과 동일하게 특별한 규정이 있을 때만 과실범을 처벌할 수 있다는 견해와 명문의 규정 외에도 관련 행정벌 규정의 해석상 과실행위도 처벌한다는 뜻이 명확히 도출되는 경우에는 과실범도 처벌할 수 있다는 견해가 대립한다. 판례는 후자의 입장이다.[12]

---

11) 행정형벌과 형사벌과의 구별에 대하여 여러 견해가 있으나, 피침해규범의 성질을 기준으로 반사회적 또는 반도덕적 행위를 하는 경우 실정법을 기다릴 필요 없이 일반적으로 인식되고 있는 범죄를 형사범, 국가의 명령 또는 금지에 위반함으로써 당해 행위를 범죄로 규정하는 법률의 제정에 의해 비로소 범죄로 되는 것을 행정범이라고 보는 견해가 일반적이다.

12) 대기환경보전법의 입법목적이나 제반 관계규정의 취지 등을 고려하면, 법정의 배출허용기준을 초과하는 배출가스를 배출하면서 자동차를 운행하는 행위를 처벌하는 위 법 제57조 제6호의 규정은 자동차의 운행자가 그 자동차에서 배출되는 배출가스가 소정의 운행 자동차 배출허용기준을 초과한다는 점을 실제로 인식하면서 운행한 고의범의 경우는 물론 과실로 인하여

범죄행위자와 함께 행위자 이외의 자를 함께 처벌하는 규정을 양벌규정이라 하는데 행정범에서는 법인의 대표자 또는 법인의 종업원의 과오에 대해 행위자 이외에 법인도 함께 처벌하는 규정을 두는 경우가 많다. 한편 판례에 따르면 지방자치단체 등 공공단체도 양벌규정의 적용이 되는 법인에 해당한다(2004도2657). 이러한 법인의 책임은 법인의 자기책임이고, 법인의 종업원에 대한 범죄행위에 대한 감독의무를 해태한 것에 대한 과실책임이라고 보는 견해가 통설이다. 법인에 대한 처벌은 명문 규정이 없는 경우에도 처벌할 수 있는지가 문제되는데, 종업원이 의무위반행위를 한 경우에는 법인의 책임이 없지만 대표자가 기관의 지위에서 위반행위를 한 경우에는 명문의 규정이 없는 경우라도 관계규정의 해석상 법인의 처벌도 인정되는 경우 처벌이 가능하다는 견해가 타당하다.13)

3. 통고처분

통고처분이란 행정범에 대해 일반형사절차를 취하기 전에 먼저 행정청이 범법자에게 범칙금을 부과하여 범법자가 이를 수용하면 그것으로 처벌절차가 종료하고 이의제기하면 일반형사절차에 따라 처벌하는 과형절차이다. 이는 검사기소주의의 예외로서 현행법상 조세범, 관세범, 출입국관리사범, 교통사범 등에 대해 인정되고 있다. 통설과 헌법재판소는 통고처분을 합헌으로 보고 있다. 통고처분을 받은 범법자는 그 통고에 따라 이행할 경우 과형절차는 종료되고 범법자는 일사부재리의 원칙에 의해 다시 형사소추되지 아니한다(조세범처벌절차법 제11조 등). 통고처분에 대해서는 취소소송으로 다툴 수 없다. 이는 법정기간 내 이행하지 않을 시 통고처분이 당연히 효력을 소멸하고 이에 대해 정식으로 형사재판절차가 개시되기 때문이다.

4. 즉결심판

즉결심판은 행정범 또는 형사범에 대해 20만원 이하의 벌금 또는 구류 또는 과료에 처할 경우 형사재판절차 대신 간이한 방법으로 과벌절차를 진행하는 것이다. 즉, 경찰서장의 청구에 의해 지방법원 또는 순회판사가 부과하고 이의시 정식재판절차가 새로이 개시된다.

그러한 내용을 인식하지 못한 과실범의 경우도 함께 처벌하는 규정이다(92도1136).

13) 판례는 특별규정이 있는 경우에만 처벌이 가능하다 본 판례(대법원 1962. 1. 11. 선고 4293형상893 판결)도 있고, 특별규정이 없어도 처벌이 가능하다고 본 판례(대법원 1961. 5. 31. 선고 4293형상923 판결)도 있어 일관되지 않다.

5. 행정질서벌

행정질서벌은 행정상의 질서에 장애를 야기할 만한 우려 있는 의무위반행위에 대해 과태료가 부과되는 행정벌이다. 질서위반행위규제법은 '질서위반행위'에 대해 법률(지방자치단체의 조례를 포함)상의 의무를 위반하여 과태료를 부과하는 행위를 말한다고 규정하고 있다(제2조 제1호).

지방자치법은 조례로서 조례위반행위에 대하여 천만원 이하의 과태료를 정할 수 있으며(지방자치법 제27조 제1항), 또한 공공시설부정사용행위에 대해서도 과태료를 정할 수 있다(지방자치법 제139조 제2항).

행정청이 질서위반행위에 대하여 과태료를 부과하고자 하는 때에는 미리 당사자에게 대통령령으로 정하는 사항을 통지하고, 10일 이상의 기간을 정하여 의견을 제출할 기회를 주어야 한다. 이 경우 지정된 기일까지 의견 제출이 없는 경우에는 의견이 없는 것으로 본다. 행정청은 의견 제출 절차를 마친 후에 서면으로 과태료를 부과하여야 한다. 과태료 납부기한의 연기 및 분할납부에 관하여는 「국세징수법」 제15조부터 제20조까지의 규정을 준용한다.

과태료 재판은 검사의 명령으로써 집행한다. 이 경우 그 명령은 집행력 있는 집행권원과 동일한 효력이 있다. 과태료 재판의 집행절차는 「민사집행법」에 따르거나 국세 또는 지방세 체납처분의 예에 따른다.

6. 행정형벌과 행정질서벌의 병과

동일한 행정법상의 의무 위반 행위에 대해 행정형벌과 행정질서벌을 동시에 병과하는 것이 가능한지가 문제된다. 행정형벌과 행정질서벌 모두 행정벌의 일종이고 실제로 동일한 위반행위에 대한 제재적 처벌이라는 점에서 병과가 불가능하다고 보는 견해도 있으나, 행정형벌과 행정질서벌은 목적이나 성질이 서로 다르기 때문에 과태료 부과처분 후에 행정형벌을 부과한다고 하여도 일사부재리의 원칙에 반하지 않는다고 보는 것이 통설과 판례(96도158)이다.

제 4 절   과징금·공급거부·관허사업의 제한·위반사실의 공표

1. 과징금

과징금이란 일정한 행정법상의 의무를 위반한 경우 그로 인한 경제적 이익을 박탈하여 의무이행을 확보하는 수단으로서 가해지는 금전적 부담을 말한다. 이러한 과징금은 1980년경 독점규제 및 공정거래에 관한 법률에서 처음으로 규정된 이래 현재에는 약 40여 개가 넘는 법률에 규정되어 있으며 더 확대되고 있다. 과징금은 위반행위로 인한 경제적 이익의 환수가 목적이라는 점에서 과거 의무 위반에 대한 제재가 목적인 벌금 및 과태료와는 구별되고, 부과주체도 과징금은 원칙적으로 행정청이지만 벌금 및 과태료는 원칙적으로 법원(또는 행정청)이 부과하며 과징금에 대한 불복절차는 행정소송법에 의하지만 벌금은 형사소송법, 과태료는 질서위반행위규제법에 의한다는 점에서 구별된다. 따라서 이러한 과징금과 벌금 또는 과태료를 이중으로 병과하더라도 이는 일사부재리에 반하지 않는다. 본래적 의미의 과징금이란 법령위반행위에 따른 부당이득을 환수하거나 또는 부당이득 환수 및 행정제재로서의 성격을 동시에 갖는 과징금을 말한다(독점규제 및 공정거래에 관한 법률 제6조 제1항, 제17조 등). 변형된 과징금이란 영업정지처분이나 영업취소처분에 갈음하여 과징금을 부과하거나 이와 선택적으로 과징금을 부과하도록 규정하는 경우 이처럼 영업정지 등에 갈음하여 부과되는 과징금을 말한다(여객자동차운수사업법 제79조; 도시가스사업법 제10조 등). 오늘날에는 대다수의 국민들이 이용하는 사업이나 공공성이 큰 중대한 사업이 많은데 그러한 사업자가 행정상 의무를 위반한 경우 이에 대해 영업정지를 하거나 영업취소를 하면 그로 인해 초래되는 일반국민의 큰 불편 등 공익상의 이유로 영업정지 등을 하지 않고 대신 그로 인해 사업을 계속함으로써 얻는 이익을 박탈하는 행정제재금을 부과할 수 있도록 한 것이다. 이처럼 변형된 과징금은 공익을 위해서 정당화될 수 있는 것임에도 불구하고 실정법상 공공성과 관련 없는 영업(식품위생법 제65조 등)에까지 변형된 과징금을 확대하는 것은 그 정당성을 인정할 수 없다는 점에서 문제가 있고 이는 위헌이라고 보는 견해가 있다. 과징금의 부과처분은 당연히 행정쟁송법상의 처분개념에 해당하여 그에 대한 하자가 있으면 당사자는 항고쟁송을 통해 다툴 수 있으며, 또한 위법한 과징금부과처분으로 인해 손해를 입게 되면 그에 대해 국가배상청구도 가능하다 할 것이다.

2. 공급거부

공급거부라 함은 행정법상의 의무를 위반하거나 불이행한 자에 대해 행정상 일정한 재화나 서비스의 공급을 거부하는 행정작용을 말한다. 예컨대, 건축법 위반 건축물에 대해 전기 공급을 하지 않도록 하는 것 등이 대표적인 예이다. 공급거부에 대한 일반법은 없고, 대표적인 개별규정으로는 구 건축법 제69조 제2항에서 공급거부에 대하여 규정하고 있었으나 부당결부금지의 원칙 위반이라는 비판으로 인하여 삭제되었다. 그 밖에 구 공업배치 및 공장설립에 관한 법률 제27조, 구 대기환경보전법 제21조, 구 수질환경보전법 제21조 등에 규정된 공급거부관련 규정도 삭제되었다. 구 건축법상 공급거부와 관련해 행정청의 타 행정청 또는 민간사업자에 대한 재화의 공급거부요청에 대하여 대법원 1996. 3. 22. 선고 96누433 판결은 "구 건축법 제69조 제2항, 제3항의 규정에 비추어 보면, 행정청이 위법 건축물에 대한 시정명령을 하고 나서 위반자가 이를 이행하지 아니하여 전기·전화의 공급자에게 그 위법 건축물에 대한 전기·전화공급을 하지 말아 줄 것을 요청한 행위는 권고적 성격의 행위에 불과한 것으로서 전기·전화공급자나 특정인의 법률상 지위에 직접적인 변동을 가져오는 것은 아니므로 이를 항고소송의 대상이 되는 행정처분이라고 볼 수 없다"고 판시한 바 있다.

3. 관허사업의 제한

관허사업의 제한이란 행정상의 의무를 위반하거나 불이행한 경우 사인에게 발령된 각종 행정 인·허가 등을 제한하거나 취소함으로써 행정의 실효성을 간접적으로 확보하는 것을 말한다. 예컨대, 국세 등을 체납했을 경우 사업자의 사업허가를 취소 또는 제한하는 조치를 말한다. 관허사업의 제한에는 제한되는 사업이 의무위반행위와 직접 관련이 있는 경우인 '관련사업의 제한'과 제한되는 사업이 의무위반 행위와 직접적 관련이 없는 '무관련사업의 제한'으로 구분될 수 있다. 관허사업의 제한에 대한 일반법규정은 없고, 건축법 제79조 위반건축물을 사업장으로 하는 관허사업의 제한과 국세징수법 제7조의 국세체납자에 대한 관허사업의 제한 규정14)

---

14) 국세징수법 제7조의 경우 부당결부금지원칙에 반하는 위법한 규정인지에 대하여 부당결부금지 원칙은 헌법상 효력을 가진 원칙임을 전제로, 동규정은 세금의 체납과 관허 사업의 제한 사이에 세금의 체납이 인가·허가의 거부 등과 필연적 원인이 된다고 볼 수도 없고, 세금 납부의 목적과 인가·허가의 목적이 연관성이 있다고도 보기 어려워 부당결부금지 원칙에 반한

이 있다. 지방세법 제40조는 국세징수법 제7조와 비슷한 내용을 규정하고 있다.

4. 위반사실의 공표

위반사실의 공표란 행정법상의 의무위반 또는 불이행이 있는 경우에 그 의무위반자의 명단과 위반사실 등을 불특정 다수인이 알 수 있도록 이를 공표하여 간접적으로 행정의 실효성을 확보하고자 하는 것을 말한다. 예컨대, 고액조세체납자·불공정거래를 한 사업자·환경오염배출업소의 명단공개 등이 대표적이다. 오늘날 우리 한국 사회는 인터넷으로 간단하게 개인과 기업의 정보에 접근할 수 있고, 또한 타인의 명의를 도용하여 사업이나 범죄행위를 지속하기 어려운 신용사회화하고 있다. 따라서 위반사실의 공표를 통해 간접적으로 행정상의 의무 이행을 확보하는 것이 용이해졌다 할 수 있다. 위반사실의 공표에 관하여 대표적으로 국세기본법 제85조의5가 있지만, 이외에도 독점규제 및 공정거래에 관한 법률 제5조·제24조, 공직자윤리법 제8조의2, 소비자기본법 제28조, 식품위생법 제15조의2, 하도급거래공정화에 관한 법률 제25조 등이 있다. 공표의 법적 성질에 관하여 권력적 사실행위로서 행정소송법상 처분 개념에 포섭된다는 것이 견해(김동희), 공표 그 자체는 수인의무를 수반하지 않고 어떠한 법적 효과를 의욕하는 것도 아니기 때문에 비권력적 사실행위에 불과하므로 항고소송을 제기하더라도 소의 이익이 없어 각하될 것이라는 견해(정하중), 행정청의 별도의 공표결정 통보가 없는 위반건축물 표지 설치 등의 경우와 별도의 공표결정 통보가 있는 고액체납자 명단 공표 등의 경우로 구분하여 전자의 경우 공표행위는 행정청의 일방적 의사표시로서 당사자는 이를 수인할 수밖에 없어 권력적 사실행위이고, 후자의 경우는 명단공표결정통보가 행정행위에 해당하고, 공표행위는 단순한 집행행위로서의 사실행위에 불과하다고 보는 견해(박균성) 등이 주장된다. 명단공표에 대한 가장 실효성 있는 구제수단은 명단이 공표되기 전 그러한 명단공표를 사전에 차단하는 예방적 부작위소송 및 그러한 명단공표를 금지하는 가처분제도를 도입하는 것이다.[15] 현행 법제도상으로는 아직 예방적

다고 보는 견해가 주장된다. 그러나 인·허가는 세금이 체납된 사업을 용인하는 것이 되어 부당하고, 행정기관은 행정목적의 달성을 위해 상호협력해야 하는 점에 근거하여 실체적 관련성을 긍정하여 부당결부금지원칙에 반하지 않는다는 견해나 부당결부금지원칙은 법률상 효력을 가진 원칙이므로 이와 동위의 형식적 법률로 부당결부금지 원칙에 반하는 규정을 하더라도 법률로 규정된 이상 적법하다고 보는 견해가 타당하다 할 것이다.

15) 정하중, 「행정법개론」, 법문사(2015), 493면.

부작위소송이 규정되어 있지 않고 민사집행법상의 가처분도 항고소송에 적용할 수 있을지에 대해서 논란이 있으나 행정소송법 개정안에서는 양자를 모두 도입하고 있다. 위법한 공표행위로 인해 손해가 발생한 경우에는 국가 등을 상대로 국가배상 청구소송을 제기할 수 있다. 특히 잘못된 사실의 공표행위의 위법성 조각사유와 관련하여 대법원은 일반적인 명예훼손의 위법성조각사유인 상당성의 판단기준을 좀 더 엄격하게 판단하고 있다.[16)

---

16) 상당한 이유의 존부의 판단에 있어서는, 실명공표 자체가 매우 신중하게 이루어져야 한다는 요청에서 비롯되는 무거운 주의의무와 공권력의 광범한 사실조사능력, 공표된 사실이 진실하리라는 점에 대한 국민의 강한 기대와 신뢰, 공무원의 비밀엄수의무와 법령준수의무 등에 비추어, 사인의 행위에 의한 경우보다는 훨씬 더 엄격한 기준이 요구된다 할 것이므로, 그 사실이 의심의 여지없이 확실히 진실이라고 믿을 만한 객관적이고도 타당한 확증과 근거가 있는 경우가 아니라면 그러한 상당한 이유가 있다고 할 수 없다(93다18389).

제 6 장 행정절차, 정보공개청구권, 행정조사, 개인정보보호

제 1 절 행정절차

1. 처리기간의 설정·공표

행정청이 신청인의 편의를 위하여 처분의 처리기간을 종류별로 미리 정하여 공표하는 것을 처리기간의 설정·공표라고 한다(행정절차법 제19조). 행정청은 부득이한 사유로 공표한 처리기간 내에 처리하기 곤란한 경우에는 당해 처분의 처리기간의 범위 내에서 1회에 한하여 그 기간을 연장할 수 있다. 행정청은 처리기간을 연장하는 때에는 처리기간의 연장사유와 처리예정기한을 지체 없이 신청인에게 통지하여야 한다. 행정청이 정당한 처리기간 내에 처리하지 아니한 때에는 신청인은 당해 행정청 또는 그 감독행정청에 대하여 신속한 처리를 요청할 수 있다.

2. 처분기준의 설정·공표

행정청은 필요한 처분 기준을 당해 처분의 성질에 비추어 될 수 있는 한 자세히 규정하여 공표하여야 한다(행정절차법 제20조). 처분기준의 설정·공표의 취지는 행정청의 자의 및 독단을 방지하고, 당사자에게는 행정의 예측가능성을 부여하며, 행정의 투명성을 높여 행정절차의 합리성을 보장하기 위함이다. 행정청은 처분의 기준에 대해 가능한 구체적으로 정하여 이를 공표하여야 한다. 처분기준은 공정성 및 합리성을 기하고 당사자에게 예측가능성을 부여할 정도로 구체적임을 요한다. 이는 기속행위 영역이든 재량행위 영역이든 모두 해당한다. 당사자 등은 공표한 처분기준이 불명확한 경우 당해 행정청에 대하여 그 해석 또는 설명을 요청할 수 있다. 이 경우 당해 행정청은 특별한 사정이 없는 한 이에 응하여야 한다.

3. 처분의 사전통지절차

행정청은 당사자에게 의무를 과하거나 권익을 제한하는 처분을 하는 경우에는 미리 처분의 제목, 당사자의 성명 또는 명칭과 주소, 처분하고자 하는 원인이 되는 사실과 처분의 내용 및 법적 근거, 의견을 제출할 수 있다는 뜻과 의견을 제출하지 아니하는 경우의 처리방법, 의견제출기관의 명칭과 주소, 의견제출기한, 기타 필요한 사항을 당사자 등에게 통지하여야 한다(행정절차법 제21조). 거부처분의 경우에도 사전통지제도가 적용되는지가 문제된다. 거부처분도 결과적으로는 거부로 인해 당사자의 영업의 자유 등 권익을 제한하는 것이고, 행정절차법은 간접적 침익처분에 해당하는 거부처분과 직접적 침익처분을 서로 구분하지 않으므로 이 역시 사전통지제도의 적용대상이 된다는 견해도 있으나, 판례는 부정하고 있다.[1] 사전통지의무규정을 준수하지 않아 사전통지를 하지 않은 경우에는 당사자의 절차적 권리를 침해한 것으로서 그 자체로 독립된 위법사유가 되어 항고소송을 제기할 수 있다.[2]

4. 의견제출제도

의견제출이라 함은 행정청이 어떠한 행정작용을 하기에 앞서 당사자 등이 의견을 제시하는 절차로서 청문이나 공청회에 해당하지 아니하는 절차를 말한다(행정절

---

1) 행정절차법 제21조 제1항은 … 등을 당사자에게 통지하도록 하고 있는바, 신청에 따른 처분이 이루어지지 아니한 경우에는 아직 당사자에게 권익이 부과되지 아니하였으므로 특별한 사정이 없는 한 신청에 대한 거부처분이라고 하더라도 직접 당사자의 권익을 제한하는 것은 아니어서 신청에 대한 거부처분을 여기에서 말하는 '당사자의 권익을 제한하는 처분'에 해당한다고 할 수 없는 것이어서 처분의 사전통지대상이 된다고 할 수 없다(2003두674).
2) 행정절차법 제21조 제1항, 제4항, 제22조 제1항 내지 제4항에 의하면, 행정청이 당사자에게 의무를 과하거나 권익을 제한하는 처분을 하는 경우에는 미리 처분하고자 하는 원인이 되는 사실과 처분의 내용 및 법적 근거, 이에 대하여 의견을 제출할 수 있다는 뜻과 의견을 제출하지 아니하는 경우의 처리방법 등의 사항을 당사자 등에게 통지하여야 하고, 다른 법령 등에서 필요적으로 청문을 실시하거나 공청회를 개최하도록 규정하고 있지 아니한 경우에도 당사자 등에게 의견제출의 기회를 주어야 하되, "당해 처분의 성질상 의견청취가 현저히 곤란하거나 명백히 불필요하다고 인정될 만한 상당한 이유가 있는 경우" 등에는 처분의 사전통지나 의견청취를 하지 아니할 수 있도록 규정하고 있으므로, 행정청이 침해적 행정처분을 함에 있어서 당사자에게 위와 같은 사전통지를 하거나 의견제출의 기회를 주지 아니하였다면 사전통지를 하지 않거나 의견제출의 기회를 주지 아니하여도 되는 예외적인 경우에 해당하지 아니하는 한 그 처분은 위법하여 취소를 면할 수 없다(2004두1254).

차법 제2조 제7호). 의견제출제도 및 청문, 공청회를 합쳐서 의견청취절차라고 한다. 행정절차법은 의견청취제도에 대한 통칙적 규정으로 제22조를 규정하고 있고, 의견제출제도 및 청문은 제27조 이하,[3] 공청회는 제38조 이하에서 상세히 규정하고 있다. 의견제출제도는 청문제도에 비해 약식절차에 해당하기 때문에 약식청문이라고도 불린다. 의견제출제도는 당사자에게 의무를 과하거나 권익을 제한하는 처분을 하는 경우에 주어져야 한다(행정절차법 제22조 제3항). 법령상 확정된 의무 부과의 경우에는 의견제출제도의 적용이 없다.[4] 의견청취제도는 공공의 안전 또는 복리를 위하여 긴급히 처분을 할 필요가 있는 경우, 법령 등에서 요구된 자격이 없거나 없어지게 되면 반드시 일정한 처분을 하여야 하는 경우에 그 자격이 없거나 없어지게 된 사실이 법원의 재판 등에 의하여 객관적으로 증명된 때, 당해 처분의 성질상 의견청취가 현저히 곤란하거나 명백히 불필요하다고 인정될 만한 상당한 이유가 있는 경우,[5] 당사자가 의견진술의 기회를 포기한다는 뜻을 명백히 표시한 경우에 해당하는 경우에는 생략될 수 있다(행정절차법 제22조 제4항, 제21조 제4항). 의견제출의

---

3) 행정절차법 제27조 ① 당사자 등은 처분 전에 그 처분의 관할행정청에 서면·구술로 또는 정보통신망을 이용하여 의견제출을 할 수 있다.
② 당사자 등은 제1항에 의하여 의견제출을 하는 경우 그 주장을 입증하기 위한 증거자료 등을 첨부할 수 있다.
③ 행정청은 당사자등이 구술로 의견제출을 한 때에는 서면으로 그 진술의 요지와 진술자를 기록하여야 한다.
④ 당사자 등이 정당한 이유 없이 의견제출기한 내에 의견제출을 하지 아니한 경우에는 의견이 없는 것으로 본다.
행정절차법 제27조의2 행정청은 처분을 함에 있어서 당사자 등이 제출한 의견이 상당한 이유가 있다고 인정하는 경우에는 이를 반영하여야 한다.
4) 공무원연금관리공단의 퇴직연금의 환수결정은 당사자에게 의무를 과하는 처분이기는 하나, 관련 법령에 따라 당연히 환수금액이 정하여지는 것이므로, 퇴직연금의 환수결정에 앞서 당사자에게 의견진술의 기회를 주지 아니하여도 행정절차법 제22조 제3항이나 신의칙에 어긋나지 아니한다(99두5443).
5) 행정절차법 제21조 제4항 제3호는 침해적 행정처분을 할 경우 청문을 실시하지 않을 수 있는 사유로서 "당해 처분의 성질상 의견청취가 현저히 곤란하거나 명백히 불필요하다고 인정될 만한 상당한 이유가 있는 경우"를 규정하고 있으나, 여기에서 말하는 '의견청취가 현저히 곤란하거나 명백히 불필요하다고 인정될 만한 상당한 이유가 있는지 여부'는 당해 행정처분의 성질에 비추어 판단하여야 하는 것이지, 청문통지서의 반송 여부, 청문통지의 방법 등에 의하여 판단할 것은 아니며, 또한 행정처분의 상대방이 통지된 청문일시에 불출석하였다는 이유만으로 행정청이 관계 법령상 그 실시가 요구되는 청문을 실시하지 아니한 채 침해적 행정처분을 할 수는 없을 것이므로, 행정처분의 상대방에 대한 청문통지서가 반송되었다거나, 행정처분의 상대방이 청문일시에 불출석하였다는 이유로 청문을 실시하지 아니하고 한 침해적 행정처분은 위법하다(2000두3337).

무를 위반한 경우 당사자의 절차적 권리를 침해한 것으로서 그 자체로 독립된 위법 사유가 되어 항고소송을 제기할 수 있다(2004두1254).

5. 처분의 이유제시(이유부기)

행정청은 처분을 하는 때에는 그 근거와 이유를 제시하여야 하는바, 이를 처분의 이유 제시라고 한다(행정절차법 제23조 제1항). 여기서의 근거와 이유는 동의어로서 사실상의 근거와 법상의 근거 모두를 포함한다. 이는 행정절차법 이외에도 민원사무처리에 관한 법률 제15조 제2항에서 이를 규정하고 있다. 이유제시의 방식은 당해 행정처분의 형식에 따라 원칙적으로 문서에 의해서 행해질 것이다(행정절차법 제24조 제1항). 처분의 이유 제시는, 행정청 스스로 보다 신중하고 공정한 행정을 하도록 유도하고, 상대방이 처분에 대해 쟁송제기 여부를 결정하고 쟁송의 공격방어 방법의 준비에 편의를 제공하며, 한편으로 사인에게 처분을 적극적으로 수용할 수 있도록 한다는 점에서 그 정당성이 인정된다. 이유제시의 정도는 상대방이 처분사유를 충분히 이해할 수 있도록 구체적인 설시를 요한다. 그러나 당사자가 당해 처분의 근거를 알 수 있을 정도로 상당한 이유를 신청 사유로 제시한 경우에는 구체적 근거규정이 제시되지 않더라도 위법하지 않다고 판례는 보고 있다(90누1786). 이유제시 의무를 위반했을 경우 이는 독자적 위법 사유에 해당하며, 판례는 일관하여 취소사유에 해당한다고 보고 있다(84누289).

6. 불복 고지

행정청이 처분을 함에 있어 그 처분에 대해 이의를 제기하기 위해 어떠한 방식으로 권리구제를 받을 수 있을지를 고지해야 하는바, 이를 고지제도라고 한다. 고지제도는 행정절차법 제26조와 행정심판법 제42조[6]에 규정되어 있는데 행정심판법에 보다 자세한 규정이 되어 있다. 고지를 하지 않은 것이 처분의 독자적인 절차적 위법사유가 되는지가 문제된다. 이에 대해 학설은 대체로 이 경우는 단지 불고지·오고지의 효과 정도에 그치고 독자적 위법사유까지 되지는 않는다고 보고 있고, 대법원도 마찬가지이다(87누529).

---

6) 행정심판법 제42조 제1항.

제 2 절   정보공개청구권

정보공개청구권이란 사인이 공공기관에 대해 공공기관이 소지하고 있는 행정
정보를 공개해 줄 것을 요구하는 권리이다. 이러한 정보공개청구권은 사인이 직접
자신의 이해관계에 관련된 정보를 요구하는 개별적 정보공개청구권과 자신과는 이
해관계가 없는 정보를 요구하는 일반적 정보공개청구권으로 분류된다. 정보공개제
도는 국민의 알권리를 충족시키고, 국민이 국정에 대한 광범위한 정보를 가짐으로
인해 올바른 정치적 의사를 형성하도록 기여하여 국민의 국정참여의 전제조건이
되며, 정치·행정의 투명성을 확보케 하고, 민주적 시민의식을 고취시키며, 국민 간
의 정보격차를 줄일 수 있게 한다.

공공기관의 정보공개에 관한 법률(정보공개법) 제1조(목적) 이 법은 공공기관
이 보유·관리하는 정보에 대한 국민의 공개 청구 및 공공기관의 공개 의무에
관하여 필요한 사항을 정함으로써 국민의 알권리를 보장하고 국정(國政)에 대
한 국민의 참여와 국정운영의 투명성을 확보함을 목적으로 한다.

공공기관의 정보공개에 관한 법률(정보공개법) 제2조(정의) 이 법에서 사용하
는 용어의 뜻은 다음과 같다.

1. "정보"란 공공기관이 직무상 작성 또는 취득하여 관리하고 있는 문서(전자문
   서를 포함한다. 이하 같다)·도면·사진·필름·테이프·슬라이드 및 그 밖에 이
   에 준하는 매체 등에 기록된 사항을 말한다.

2. "공개"란 공공기관이 이 법에 따라 정보를 열람하게 하거나 그 사본·복제물
   을 제공하는 것 또는 「전자정부법」 제2조 제10호에 따른 정보통신망을 통하
   여 정보를 제공하는 것 등을 말한다.

3. "공공기관"이란 다음 각 목의 기관을 말한다.

   가. 국가기관

      1) 국회, 법원, 헌법재판소, 중앙선거관리위원회

      2) 중앙행정기관(대통령 소속 기관과 국무총리 소속 기관을 포함한다) 및 그
         소속 기관

      3) 「행정기관 소속 위원회의 설치·운영에 관한 법률」에 따른 위원회

   나. 지방자치단체

　　다.「공공기관의 운영에 관한 법률」제2조에 따른 공공기관

　　라. 그 밖에 대통령령으로 정하는 기관

　　공공기관의 정보공개에 관한 법률(정보공개법) 제3조(정보공개의 원칙) 공공기관이 보유·관리하는 정보는 국민의 알권리 보장 등을 위하여 이 법에서 정하는 바에 따라 적극적으로 공개하여야 한다.

제 3 절　행정조사

　　행정조사란 행정기관이 사인으로부터 행정상 필요한 자료나 정보를 수집하는 일체의 활동을 말한다. 예컨대, 국세기본법 제81조의3의 국세청의 세무조사가 이에 해당한다. 행정조사기본법에 의하면 '행정조사'란 행정기관이 정책을 결정하거나 직무를 수행하는 데 필요한 정보나 자료를 수집하기 위하여 현장조사·문서열람·시료채취 등을 하거나 조사대상자에게 보고요구·자료제출요구 및 출석·진술요구를 행하는 활동을 말한다(행정조사기본법 제2조 제1호). 행정조사는 앞으로의 행정작용을 위해 필요한 정보를 수집하는 준비적·보조적 수단으로 행정의 실효성을 확보하기 위한 수단 중의 하나이다. 통설은 행정조사를 사실행위로 보고 있다. 따라서 그 자체로 어떠한 법적 효과를 의도하는 것은 아니다. 또한 행정조사는 권력적 조사와 비권력적 조사를 모두 포함한다 할 것이므로 권력적 사실행위의 경우에는 처분성이 인정되어 행정소송의 대상이 될 수 있다. 권력적 행정조사에 대한 일반법으로 행정조사기본법이 2007. 5. 17. 제정되어 2007. 8. 17.부터 적용되고 있다.[7] 개별법으로는 경찰관직무집행법 제3조 제1항의 불심검문, 소방기본법 제30조상의 화재조사 등이 있다. 조세범처벌법 제3조에는 '세무공무원이 행정조사를 위하여 압수·수색이 필요

---

　7) 행정조사기본법 제3조 ① 행정조사에 관하여 다른 법률에 특별한 규정이 있는 경우를 제외하고는 이 법으로 정하는 바에 따른다.
　　제4조 ① 행정조사는 조사목적을 달성하는 데 필요한 최소한의 범위 안에서 실시하여야 하며, 다른 목적 등을 위하여 조사권을 남용하여서는 아니 된다.
　　② 행정기관은 조사목적에 적합하도록 조사대상자를 선정하여 행정조사를 실시하여야 한다.
　　③ 행정기관은 유사하거나 동일한 사안에 대하여는 공동조사 등을 실시함으로써 행정조사가 중복되지 아니하도록 하여야 한다.
　　④ 행정조사는 법령 등의 위반에 대한 처벌보다는 법령 등을 준수하도록 유도하는 데 중점을 두어야 한다.
　　⑤ 다른 법률에 따르지 아니하고는 행정조사의 대상자 또는 행정조사의 내용을 공표하거나 직무상 알게 된 비밀을 누설하여서는 아니된다.

한 경우에는 법원이 발부한 영장의 제시가 있어야 한다'라고 하여 영장주의를 규정
하였다. 이와 같은 명문규정이 없는 경우 인신구속 또는 압수·수색 등이 수반되는
행정조사와 영장주의와의 관계가 문제된다. 판례는 원칙적으로 영장필요설에 입각
하면서 예외적으로 긴급한 필요 등 행정목적 달성을 위해 불가피하다고 인정할 만
한 합리적인 사유가 있는 경우에는 사전영장주의의 적용을 받지 않는다고 보는 입
장이다(76도2703).

제 4 절 개인정보보호

인류사회는 20세기 후반에 접어들면서 컴퓨터와 통신기술의 비약적인 발전에
힘입어 종전의 산업사회에서 정보사회로 진입하게 되었고, 이에 따른 정보환경의
급격한 변화로 인하여 개인정보의 수집·처리와 관련한 사생활보호라는 새로운 차
원의 문제가 초미의 관심사로 제기되었다. 컴퓨터를 통한 개인정보의 데이터베이스
화가 진행되면서 개인정보의 처리와 이용이 시간과 공간에 구애됨이 없이 간편하
고 신속하게 이루어질 수 있게 되었고, 정보처리의 자동화와 정보파일의 결합을 통
하여 여러 기관간의 정보교환이 쉬워짐에 따라 한 기관이 보유하고 있는 개인정보
를 모든 기관이 동시에 활용하는 것이 가능하게 되면서, 개인의 인적 사항이나 생
활상의 각종 정보가 정보주체의 의사와는 전혀 무관하게 타인의 수중에서 무한대
로 집적되고 이용 또는 공개될 수 있는 새로운 정보환경에 처하게 되었다. 이러한
현대의 정보통신기술의 발달에 내재된 위험성으로부터 개인정보를 보호함으로써
궁극적으로는 개인의 결정의 자유를 보호하기 위하여 헌법재판소는 개인정보자기
결정권을 헌법상 독자적 기본권으로 보고 있다.

개인정보 보호법 제1조(목적) 이 법은 개인정보의 처리 및 보호에 관한 사항을
정함으로써 개인의 자유와 권리를 보호하고, 나아가 개인의 존엄과 가치를 구
현함을 목적으로 한다.
개인정보 보호법 제2조(정의) 이 법에서 사용하는 용어의 뜻은 다음과 같다.
1. "개인정보"란 살아 있는 개인에 관한 정보로서 성명, 주민등록번호 및 영상
   등을 통하여 개인을 알아볼 수 있는 정보(해당 정보만으로는 특정 개인을 알아
   볼 수 없더라도 다른 정보와 쉽게 결합하여 알아볼 수 있는 것을 포함한다)를 말

한다.

2. "처리"란 개인정보의 수집, 생성, 연계, 연동, 기록, 저장, 보유, 가공, 편집, 검색, 출력, 정정(訂正), 복구, 이용, 제공, 공개, 파기(破棄), 그 밖에 이와 유사한 행위를 말한다.

3. "정보주체"란 처리되는 정보에 의하여 알아볼 수 있는 사람으로서 그 정보의 주체가 되는 사람을 말한다.

4. "개인정보파일"이란 개인정보를 쉽게 검색할 수 있도록 일정한 규칙에 따라 체계적으로 배열하거나 구성한 개인정보의 집합물(集合物)을 말한다.

5. "개인정보처리자"란 업무를 목적으로 개인정보파일을 운용하기 위하여 스스로 또는 다른 사람을 통하여 개인정보를 처리하는 공공기관, 법인, 단체 및 개인 등을 말한다.

개인정보 보호법 제3조(개인정보보호 원칙) ① 개인정보처리자는 개인정보의 처리 목적을 명확하게 하여야 하고 그 목적에 필요한 범위에서 최소한의 개인정보만을 적법하고 정당하게 수집하여야 한다.

② 개인정보처리자는 개인정보의 처리 목적에 필요한 범위에서 적합하게 개인정보를 처리하여야 하며, 그 목적 외의 용도로 활용하여서는 아니 된다.

③ 개인정보처리자는 개인정보의 처리 목적에 필요한 범위에서 개인정보의 정확성, 완전성 및 최신성이 보장되도록 하여야 한다.

④ 개인정보처리자는 개인정보의 처리 방법 및 종류 등에 따라 정보주체의 권리가 침해받을 가능성과 그 위험 정도를 고려하여 개인정보를 안전하게 관리하여야 한다.

⑤ 개인정보처리자는 개인정보 처리방침 등 개인정보의 처리에 관한 사항을 공개하여야 하며, 열람청구권 등 정보주체의 권리를 보장하여야 한다.

⑥ 개인정보처리자는 정보주체의 사생활 침해를 최소화하는 방법으로 개인정보를 처리하여야 한다.

⑦ 개인정보처리자는 개인정보의 익명처리가 가능한 경우에는 익명에 의하여 처리될 수 있도록 하여야 한다.

⑧ 개인정보처리자는 이 법 및 관계 법령에서 규정하고 있는 책임과 의무를 준수하고 실천함으로써 정보주체의 신뢰를 얻기 위하여 노력하여야 한다

제 7 장   국가배상과 손실보상

제 1 절   국가배상

국가배상에 대하여 헌법 제29조 제1항과 국가배상법이 규정하고 있다. 국가배상법은 국가와 지방자치단체의 배상책임만을 규정하고 있고, 국가배상법에 대한 특별법으로 자동차손해배상보장법 제3조, 우편법 제38조, 원자력손해배상법 제3조 등이 있다. 통설은 국가배상법이 공법이고, 그 관할은 행정소송법상 당사자소송에 의하여야 한다고 주장하나, 판례는 국가배상법을 민법의 특별법으로 보고, 민사소송에 의하여야 한다는 입장이다(69다701).

1. 공무원의 위법한 직무집행에 관한 국가배상

(1) 배상책임의 요건

국가배상법 제2조 제1항 본문 전단의 책임의 요건으로, ① 공무원이, ② 직무를, ③ 집행함에 당하여, ④ 고의 또는 과실로, ⑤ 법령에 위반하여, ⑥ 타인에게 손해를 가하고, ⑦ 가해행위와 손해 사이에 인과관계가 존재하여야 한다. 국가배상법상 공무원이란 조직법상의 공무원에 한정되지 않고 기능적 의미의 공무원을 포함하여 최광의의 공무원 개념으로 해석하는 것이 통설과 판례이다. 따라서 공무를 수탁 받아 이를 수행하는 공무수탁사인도 공무원 개념에 해당하고, 행정업무의 대행자도 이에 포함되며, 행정보조자까지도 포함하게 된다.[1] 국가배상법상 직무의 의미

---

[1] 국가배상법 제2조 소정의 '공무원'이라 함은 국가공무원법이나 지방공무원법에 의하여 공무원으로서의 신분을 가진 자에 국한하지 않고, 널리 공무를 위탁받아 실질적으로 공무에 종사하

에는 행정작용, 입법작용, 사법(司法)작용을 모두 포함한다. 그러나 사법(私法)작용은 포함되지 않는다.2) 국가배상법 제2조상의 청구와 관련해 국가배상법상 공무원의 직무상 행위가 관련법령에 위반되기만 하면 국가가 배상책임을 하여야 한다는 견해도 있으나, 오로지 공익만을 위한 행위여서 사인이 그로 인해 피해 받은 내용이 반사적 이익의 침해에 불과한 경우에도 국가는 배상책임을 지게 되면 국가배상책임의 범위가 지나치게 넓어지는 문제점이 있다. 따라서 국가배상법상 제2조의 청구가 인용되기 위해서는 공무원의 직무상 의무를 규율하는 법령이 공익 외에도 사익을 함께 보호할 것을 요구된다 할 것이다. 오로지 공익만을 위한 행위인 경우에는 그로 인해 피해자가 입은 피해는 단순한 반사적 이익에 불과하여 이 부분 청구는 기각된다(91다43466). "직무를 집행함에 당하여"란 직무집행행위 외에도 널리 외형으로 보아 직무와 관련 있는 행위까지 포함한다(외형설, 66다781).

　　국가배상법 제2조상의 고의 또는 과실이란 주관적 요건으로서, 과실 여부는 당해 공무원을 기준으로 당해 직무를 담당하는 보통 일반의 공무원과 비교할 때 통상 갖추어야 할 객관적 주의의무를 게을리 하였다고 볼 수 있는지 여부로 판단한다. 행정작용이 위법하지만 고의·과실이 인정되지 않는 경우에는 국가배상청구도 어렵고 손실보상청구도 어려워 사인의 권리구제에 난관이 발생한다. 이러한 불합리함을 타개하고자 국가배상법상의 과실개념을 객관화하려는 노력과 함께 과실에 대한 입증책임을 완화시키려는 논의 및 가해공무원의 특정을 요하지 않는 견해 등이 주장되고 있다.3) 대법원은 당해공무원의 과실에 대해 당해 직무를 담당하는 일반적 공무원을 기준으로 과실 여부를 파악하여 과실의 객관화를 도모하고 있다(2001다33789).

　　　고 있는 일체의 자를 가리키는 것으로서, 공무의 위탁이 일시적이고 한정적인 사항에 관한 활동을 위한 것이어도 달리 볼 것은 아니다. 지방자치단체가 '교통할아버지 봉사활동 계획'을 수립한 후 관할 동장으로 하여금 '교통할아버지'를 선정하게 하여 어린이 보호, 교통안내, 거리질서 확립 등의 공무를 위탁하여 집행하게 하던 중 '교통할아버지'로 선정된 노인이 위탁받은 업무 범위를 넘어 교차로 중앙에서 교통정리를 하다가 교통사고를 발생시킨 경우, 지방자치단체가 국가배상법 제2조 소정의 배상책임을 부담한다(98다39060).

　2) 국가배상청구의 요건인 '공무원의 직무'에는 권력적 작용만이 아니라 비권력적 작용도 포함되며 단지 행정주체가 사경제주체로서 하는 활동만 제외된다(98다39060).

　3) 공무원의 과실을 '위법행위로 인한 국가작용의 홈' 정도로 객관적으로 파악하는 견해, 공무원의 과실에 주관적 요소를 고려하지 않고 단지 국가작용의 하자라는 객관적 의미로만 파악하려는 견해, 위법성과 과실을 일원화하여 위법성과 과실 중 어느 하나만 입증되면 나머지는 당연히 입증이 되는 것으로 의제하는 견해 등이 주장되고 있다.

일반적으로 공무원이 관계법규를 알지 못하거나 필요한 지식을 갖추지 못하고 법규의 해석을 그르쳐 행정처분을 하였다면 과실이 인정된다(98다52988). 그러나 법령에 대한 해석이 복잡, 미묘하여 워낙 어렵고, 이에 대한 학설, 판례조차 귀일되어 있지 않는 등의 특별한 사정이 있는 경우에 공무원이 나름대로 신중하게 합리적 근거를 찾아서 한 것이라면 과실이 인정되지 않는다(96다30540). 어떠한 행정처분이 뒤에 항고소송에서 취소되었다고 할지라도 그 자체만으로 그 행정처분이 곧바로 공무원의 고의 또는 과실로 인한 불법행위를 구성한다고 단정할 수는 없는데, 그 이유는 행정청이 관계 법령의 해석이 확립되기 전에 어느 한 설을 취하여 업무를 처리한 것이 결과적으로 위법하게 되어 그 법령의 부당집행이라는 결과를 빚었다고 하더라도 처분 당시 그와 같은 처리방법 이상의 것을 성실한 평균적 공무원에게 기대하기 어려웠던 경우라면 특별한 사정이 없는 한 이를 두고 공무원의 과실로 인한 것이라고는 볼 수 없기 때문이다(2000다20731). 공무원이 행정규칙에 따른 처분에 대해서는 비록 재량권 일탈·남용이 있었다 하더라도 해당 공무원에게 과실이 있다고 볼 수 없다(94다26141). 판례는 공무원에게 과실을 인정하면서도 그것이 극히 경미함에 비하여 상대방에게는 과실이 크다는 등의 이유로 공평의 원칙을 적용하여 국가배상책임의 면책을 인정한 바도 있다(98다20929). 국가배상소송의 소송물은 국가배상청구권의 존부이고 위법성 판단은 판결 이유에서 제시되는 것에 불과하여, 기판력은 주문에만 인정된다는 입장이고, 이에 국가배상소송의 기판력은 취소소송에는 아무런 영향을 미치지 않는다.

공무원의 부작위로 인한 국가배상책임을 인정하기 위해서는 공무원의 작위로 인한 국가배상책임을 인정하는 경우와 마찬가지로 '공무원이 그 직무를 집행함에 당하여 고의 또는 과실로 법령에 위반하여 타인에게 손해를 가한 때'라고 하는 국가배상법 제2조 제1항의 요건이 충족되어야 할 것인바, 여기서 '법령에 위반하여'라고 하는 것이 엄격하게 형식적 의미의 법령에 명시적으로 공무원의 작위의무가 규정되어 있는데도 이를 위반하는 경우만을 의미하는 것은 아니고, 국민의 생명, 신체, 재산 등에 대하여 절박하고 중대한 위험상태가 발생하였거나 발생할 우려가 있어서 국민의 생명, 신체, 재산 등을 보호하는 것을 본래적 사명으로 하는 국가가 초법규적·일차적으로 그 위험 배제에 나서지 아니하면 국민의 생명, 신체, 재산 등을 보호할 수 없는 경우에는 형식적 의미의 법령에 근거가 없더라도 국가나 관련 공무원에 대하여 그러한 위험을 배제할 작위의무를 인정할 수 있을 것이나, 그와 같은 절박하고 중대한 위험상태가 발생하였거나 발생할 우려가 있는 경우가 아닌 한, 원칙적으로 공무원이 관련 법령대로만 직무를 수행하였다면 그와 같은 공무원의 부작위를 가지고 '고의 또는 과실로 법령에 위반'하였다고 할 수는 없을 것이므로, 공무원의 부작위로 인한 국가배상책임을 인정할 것인지 여부가 문제되는 경우에 관련 공무원에 대하여 작위의무를 명하는 법령의 규정이 없다면 공무원의 부작위로 인하여 침해된 국민의 법익 또는 국민에게 발생한 손해가 어느 정도 심각하고 절박한 것인지, 관련 공무원이 그와 같은 결과를 예견하여 그 결과를 회피하기 위한 조치를 취할 수 있는 가능성이 있는지 등을 종합적으로 고려하여 판단하여야 한다(2002다53995).

손해란 위법행위로부터 발생한 일체의 손해를 의미하며, 이에는 생명, 신체 및 정신적 손해까지도 포함한다.[4) 가해행위인 직무집행행위와 손해 사이에는 상당인과관계가 인정되어야 한다. 공무원의 직무상 의무 위반행위와 국민의 손해 사이의 상당인과관계의 유무를 판단함에 있어서는 일반적인 결과 발생의 개연성은 물론이고, 더 나아가 직무상 의무를 부과하는 법령 기타 행동규범의 목적이나 가해행위의 태양 및 피해의 정도 등 구체적인 사정을 종합적으로 고려하여야 한다(2003다41746).

(2) 공무원의 개인책임

공무원이 고의·과실로 위법한 직무집행을 하여 특정인에게 손해를 입힌 경우, 국가·지방자치단체가 배상책임을 지는 외에 공무원 개인도 배상책임을 지는지 문제된다. 종래 학설은 이를 국가배상책임의 본질에 관한 논의와 연결시켰다.[5) 공무

---

4) 윤락녀들이 윤락업소에 감금된 채로 윤락을 강요받으면서 생활하고 있음을 쉽게 알 수 있는 상황이었음에도, 경찰관이 이러한 감금 및 윤락강요행위를 제지하거나 윤락업주들을 체포·수사하는 등 필요한 조치를 취하지 아니하고 오히려 업주들로부터 뇌물을 수수하며 그와 같은 행위를 방치한 것은 경찰관의 직무상 의무에 위반하여 위법하므로 국가는 이로 인한 정신적 고통에 대하여 위자료를 지급할 의무가 있다(2003다49009).

5) 국가배상책임의 본질에 대하여는 자기책임설, 대위책임설, 절충설 등이 주장되고 있다. 자기책임설은 국가나 지방자치단체가 부담하는 배상책임은 바로 그들 자신의 책임이라는 견해로, 구상권은 원칙적으로 불요하나 다만 국가가 공무원의 직무행위의 충실화를 위해 예외적, 정책적으로 도입한 것으로 본다. 이는 다시 두 가지 견해로 나누어진다. 첫 번째 견해는 기관이론에 입각한 자기책임설이다. 이는 공무원의 행위는 국가 등의 기관의 지위에서 하는 것이므로 민법상 법인의 불법행위와 마찬가지로 국가의 기관책임으로 구성하여 국가가 직접 자기의 책임으로서 부담하는 것이라는 견해이다. 이에 대해서는 공무원이 고의·중과실을 범하여 기관행위로서의 품격을 상실한 경우까지도 공무원의 행위를 기관행위로 보는 것은 그 실질을 무시한 것이라는 비판이 있다. 두 번째 견해는 위험책임론에 입각한 자기책임설이다. 이 설은

원 개인이 배상책임을 지는 경우 국가배상책임과는 부진정연대관계이다. 고의나 중
대한 과실이 있는 공무원에 대한 국가·지방자치단체의 구상권 행사는 신의칙상 상
당한 한도 내에서만 행사하도록 제한된다.6) 그러나 국가배상법에 대한 특별법인
회계관계직원 등의 책임에 관한 법률에 의한 공무원의 변상책임은 국가배상법에
의한 공무원의 구상책임과는 성립의 기초를 달리하므로 그 제한에 관한 원리를 유
추적용하여 변상금액을 감액할 수 없다(2001두3297).

국가배상법 제2조 제1항 본문 및 제2항의 입법 취지는 공무원의 직무상 위법행
위로 타인에게 손해를 끼친 경우에는 변제자력이 충분한 국가 등에게 선임감독상
과실 여부에 불구하고 손해배상책임을 부담시켜 국민의 재산권을 보장하되, 공무원
이 직무를 수행함에 있어 경과실로 타인에게 손해를 입힌 경우에는 그 직무수행상
통상 예기할 수 있는 흠이 있는 것에 불과하므로, 이러한 공무원의 행위는 여전히
국가 등의 기관의 행위로 보아 그로 인하여 발생한 손해에 대한 배상책임도 전적으
로 국가 등에만 귀속시키고 공무원 개인에게는 그로 인한 책임을 부담시키지 아니
하여 공무원의 공무집행의 안정성을 확보하고, 반면에 공무원의 위법행위가 고의·
중과실에 기한 경우에는 비록 그 행위가 그의 직무와 관련된 것이라고 하더라도
그와 같은 행위는 그 본질에 있어서 기관행위로서의 품격을 상실하여 국가 등에게

공무원의 직무집행행위는 국민에 대한 손해발생의 위험을 내포하고 있으므로 그러한 위험영
역에서 발생한 손해는 국가가 자신의 책임으로 부담해야 한다고 한다. 이는 당해 직무를 집행
하는 공무원의 주관적 책임은 요구되지 아니하고 일종의 무과실책임이 된다. 그러나 가해 공
무원의 고의·과실을 요구하는 현행 국가배상법 하에서는 주장되기 어려운 것이라는 비판이
있다. 대위책임설은 위법한 공무원의 행위는 행정주체의 행위로 볼 수 없고, 공무원 개인이
책임져야 할 것이지만 국민의 보호를 위해 국가가 공무원에 대신해 부담하는 책임이 국가배
상책임이라는 견해이다. 구상권을 그 본질적 요소로 한다. 절충설은 고의 또는 중과실에 기한
위법행위의 경우에는 기관의 행위로 볼 수 없지만 직무행위로서의 외형을 갖추고 있는 한 국
민의 입장에서는 기관의 행위로 비출 수 있어 대외적으로 자기책임이고 한편 대내적인 공무
원과의 관계에서는 국가가 책임을 지지 않고 구상책임을 물어 대위책임이고(자기책임과 대위
책임의 혼합책임), 경과실에 기한 위법행위는 당해 공무원의 행위는 국가 등의 기관행위로 볼
수 있어 자기책임으로 보는 견해이다.

6) 국가 또는 지방자치단체의 산하 공무원이 그 직무를 집행함에 당하여 중대한 과실로 인하여
법령에 위반하여 타인에게 손해를 가함으로써 국가 또는 지방자치단체가 손해배상책임을 부
담하고, 그 결과로 손해를 입게 된 경우에는 국가 등은 당해 공무원의 직무내용, 당해 불법행
위의 상황, 손해발생에 대한 당해 공무원의 기여정도, 당해 공무원의 평소 근무태도, 불법행
위의 예방이나 손실분산에 관한 국가 또는 지방자치단체의 배려의 정도 등 제반사정을 참작
하여 손해의 공평한 분담이라는 견지에서 신의칙상 상당하다고 인정되는 한도 내에서만 당해
공무원에 대하여 구상권을 행사할 수 있다고 봄이 상당하다(91다6764).

그 책임을 귀속시킬 수 없으므로 공무원 개인에게 불법행위로 인한 손해배상책임을 부담시키되, 다만 이러한 경우에도 그 행위의 외관을 객관적으로 관찰하여 공무원의 직무집행으로 보여질 때에는 피해자인 국민을 두텁게 보호하기 위하여 국가 등이 공무원 개인과 중첩적으로 배상책임을 부담하되 국가 등이 배상책임을 지는 경우에는 공무원 개인에게 구상할 수 있도록 함으로써 궁극적으로 그 책임이 공무원 개인에게 귀속되도록 하려는 것이라고 봄이 합당하다(95다38677).

(3) 군인 등의 이중배상 금지

공무원의 위법한 직무집행으로 손해를 입은 사람은 누구나 국가배상법 제2조에 따른 국가배상을 청구할 수 있다. 그러나 군인·군무원·경찰공무원 또는 향토예비군대원이 전투·훈련 등 직무집행과 관련하여 전사·순직 또는 공상을 입은 경우에는 본인 또는 그 유족이 다른 법령7)의 규정에 의하여 재해보상금·유족연금·상이연금 등의 보상을 지급받을 때8)에는 국가배상법 및 민법의 규정에 의한 손해배상9)을 청구할 수 없다(국가배상법 제2조 제1항 단서). 군인·군무원 등 국가배상법 제2조 제1항에 열거된 자가 전투, 훈련 기타 직무집행과 관련하는 등으로 공상을 입은 경우라고 하더라도 군인연금법 또는 국가유공자예우 등에 관한 법률에 의하여 재해보상금·유족연금·상이연금 등 별도의 보상을 받을 수 없는 경우에는 국가배상법 제2조 제1항 단서의 적용 대상에서 제외하여야 한다. 따라서 군인 또는 경찰공무원으로서 교육훈련 또는 직무 수행 중 상이(공무상의 질병 포함)를 입고 전역 또는 퇴직한 자라고 하더라도 국가유공자예우 등에 관한 법률에 의하여 국가보훈처장이 실시하는 신체검사에서 대통령령이 정하는 상이등급에 해당하는 신체의 장애를 입지 않은 것으로 판명되고 또한 군인연금법상의 재해보상 등을 받을 수 있는 장애등급에도 해당하지 않는 것으로 판명된 자는 위 각 법에 의한 적용 대상에서 제외되고, 따라서 그러한 자는 국가배상법 제2조 제1항 단서의 적용을 받지 않아 국가배상을 청구할 수 있다(96다28066).

---

7) 다른 법령은 군인연금법, 공무원연금법, 향토예비군설치법, 국가유공자등 예우 및 지원에 관한 법률 등을 말한다(92다33145).
8) 실제로 보상을 받았는지 여부는 묻지 않기 때문에, 보상금청구권이 시효로 소멸하였거나, 국가유공자등록거부처분이 확정된 경우에는 여전히 이중배상금지가 적용된다(2000다39735).
9) 자동차손해배상보장법상의 손해배상도 청구할 수 없다. 위자료청구도 손해배상청구인 이상 할 수 없다(90다16108).

2. 영조물의 하자에 관한 국가배상

(1) 배상책임의 요건

국가배상법 제5조는, '도로·하천 기타 공공의 영조물의 설치 또는 관리에 하자가 있기 때문에 타인에게 손해를 발생하게 하였을 때에는 국가 또는 지방자치단체는 그 손해를 배상하여야 한다'라고 규정하여 영조물의 하자로 인한 국가배상책임을 인정하고 있다. 국가배상법 제5조의 책임이 성립하기 위해서는 ① 도로 등 공공의 영조물이, ② 설치·관리상의 하자가 있어서, ③ 그로 인해 타인에게 손해가 발생하고, ④ 하자와 손해 사이에 인과관계가 존재해야 한다.

"공공의 영조물"이라 함은 국가 또는 지방자치단체에 의하여 특정 공공의 목적에 공여된 유체물 내지 물적 설비를 지칭하며, 특정 공공의 목적에 공여된 물이라 함은 일반 공중의 자유로운 사용에 직접적으로 제공되는 공공용물에 한하지 아니하고, 행정주체 자신의 사용에 제공되는 공용물도 포함하며 국가 또는 지방자치단체가 소유권, 임차권 그 밖의 권한에 기하여 관리하고 있는 경우뿐만 아니라 사실상의 관리를 하고 있는 경우도 포함한다(94다45302).[10]

영조물의 설치 또는 관리의 하자라 함은 영조물이 그 용도에 따라 통상 갖추어야 할 안전성을 갖추지 못한 상태에 있음을 말하는 것이며, 다만 영조물이 완전무결한 상태에 있지 아니하고 그 기능상 어떠한 결함이 있다는 것만으로 영조물의 설치 또는 관리에 하자가 있다고 할 수 없는 것이고, 위와 같은 안전성의 구비 여부를 판단함에 있어서는 당해 영조물의 용도, 그 설치장소의 현황 및 이용 상황 등 제반 사정을 종합적으로 고려하여 설치·관리자가 그 영조물의 위험성에 비례하여 사회통념상 일반적으로 요구되는 정도의 방호조치의무를 다하였는지 여부를 그 기준으로 삼아야 하며, 만일 객관적으로 보아 시간적·장소적으로 영조물의 기능상 결함으로 인한 손해발생의 예견가능성과 회피가능성이 없는 경우, 즉 그 영조물의 결함이 영조물의 설치·관리자의 관리행위가 미칠 수 없는 상황 아래에 있는 경우임이 입증되는 경우라면 영조물의 설치·관리상의 하자를 인정할 수 없다(2000다56822).

영조물의 설치 또는 관리의 하자라 함은 공공의 목적에 공여된 영조물이 그 용

---

10) 법문상으로는 '도로·하천 기타 공공의 영조물'이라고 하였지만, 이는 강학상 공물을 의미한다고 보는 것이 통설이다. 이러한 공물에는 자연공물과 인공공물이 모두 포함되고, 공용물과 공공용물이 모두 포함된다. 그러나 공적 목적에 제공된 것이 아닌 잡종재산은 공물이라고 볼 수 없어 여기에 해당하지 않는다.

도에 따라 갖추어야 할 안전성을 갖추지 못한 상태에 있음을 말하고, 여기서 "안전성을 갖추지 못한 상태", 즉 타인에게 위해를 끼칠 위험성이 있는 상태라 함은 당해 영조물을 구성하는 물적 시설 그 자체에 있는 물리적·외형적 흠결이나 불비로 인하여 그 이용자에게 위해를 끼칠 위험성이 있는 경우뿐만 아니라 그 영조물이 공공의 목적에 이용됨에 있어 그 이용 상태 및 정도가 일정한 한도를 초과하여 제3자에게 사회통념상 참을 수 없는 피해를 입히는 경우까지 포함된다고 보아야 할 것이고, 사회통념상 참을 수 있는 피해인지의 여부는 그 영조물의 공공성, 피해의 내용과 정도, 이를 방지하기 위하여 노력한 정도 등을 종합적으로 고려하여 판단하여야 한다(2002다14242).

(2) 면책가능성 여부

판례에 따르면 불가항력의 경우 객관적 안정성을 갖춘 것으로 인정되면 면책된다고 한다. 그러나 판례는 이 경우 면책가능성을 엄격히 제한하는 편이다. 대법원은 "집중호우로 제방도로가 유실되면서 그곳을 걸어가던 보행자가 강물에 휩쓸려 익사한 경우, 사고 당일의 집중호우가 50년 빈도의 최대강우량에 해당한다는 사실만으로 불가항력에 기인한 것으로 볼 수 없다는 이유로 제방도로의 설치·관리상의 하자가 인정된다"고 판시하였다(99다53247).

(3) 배상책임자

국가배상법 제5조에 의하면 '국가 또는 지방자치단체'가 영조물의 하자에 대한 배상책임이 있다고 규정하고 있다. 국가배상법 제5조상의 '국가 또는 지방자치단체'는 영조물의 관리주체·귀속주체로서의 배상책임자에 해당한다. 따라서 영조물의 관리사무가 기관위임사무의 경우 위임자인 국가 또는 지방자치단체가 동조항에 의해 배상책임을 지게 된다.

3. 국가배상법 제6조(사무귀속주체와 비용부담자)

국가배상법 제6조 제1항에 의하면, '제2조, 제3조 및 제5조의 규정에 의하여 국가 또는 지방자치단체가 손해를 배상할 책임이 있는 경우에 공무원의 선임·감독 또는 영조물의 설치·관리를 맡은 자와 공무원의 봉급·급여 기타의 비용11) 또는

---

11) 봉급·급여 기타의 비용부담자가 부담하는 비용이라 함은 공무원의 인건비만을 가리키는 것

영조물의 설치·관리의 비용을 부담하는 자가 동일하지 아니한 경우에는 그 비용을 부담하는 자도 손해를 배상하여야 한다'라고 하여 비용부담자도 일정한 경우 국가배상책임 있다고 규정하고 있다. 한편, 국가배상법 제6조 제2항에 의하면 '제1항의 경우에 손해를 배상한 자는 내부관계에서 그 손해를 배상할 책임이 있는 자에게 구상할 수 있다'라고 하여 최종적 배상책임자에 대해 규정하고 있다.

　국가배상법 제6조 제1항에서 '공무원의 선임·감독 또는 영조물의 설치·관리를 맡은 자'란 국가배상법 제2조 또는 제5조의 사무의 귀속주체 또는 영조물의 관리주체를 말하는 것이고, 같은 항의 '공무원의 봉급·급여 기타의 비용 또는 영조물의 설치·관리의 비용을 부담하는 자가 동일하지 아니한 경우에는 그 비용을 부담하는 자'란 사무 또는 영조물의 비용을 부담하는 자를 의미한다고 본다.

　국가배상의 책임자는 국가와 지방자치단체이다. 그 직무가 국가사무 또는 지방자치단체의 장에게 위임된 기관위임사무인 경우 국가가 사무귀속자로서 배상책임자이며, 지방자치단체의 자치사무와 단체위임사무인 경우에는 지방자치단체가 사무귀속자로서 배상책임자이다. 상위 지방자치단체와 하위 지방자치단체 사이에도 사무귀속에 따라 배상책임을 진다(96다2133). 이와 같이 국가나 지방자치단체가 각 사무의 귀속주체로서 배상책임을 지는 경우에도 당해 사무집행 공무원에게 봉급·급여를 지급하거나 기타의 사무처리비용을 부담하는 국가나 지방자치단체가 따로 있는 경우에는 비용부담자도 배상책임을 진다(국가배상법 제6조 제1항). 이때 사무귀속주체의 배상책임과 비용부담자의 배상책임 간의 관계는 부진정연대관계이다. 영조물의 설치·관리자와 설치·관리의 비용을 부담하는 자가 다른 경우에는 국가배상법 제6조가 적용되어 두 주체가 부진정연대책임을 지고, 배상을 한 자가 내부관계에서 배상책임이 있는 자에게 구상할 수 있으며, 구상에 있어서 두 주체가 모두 관리자 겸 비용부담자라면 그들 간의 구상에 있어서 내부 부담부분은 제반 사정을 종합하여 결정한다(96다42819). 지방자치단체는 자치사무는 물론 위임받은 사무를 집행할 때에도 그 비용을 지출할 법적 의무가 있으므로(지방자치법 제14조 본문) 자치사무·위임사무의 형식적 비용부담자이고, 다만 국가는 위임사무(단체위임사무 포함)의 집행비용 전부를 당해 지방자치단체에 교부하여야 하므로(교부금, 지방자치법 제141조 단서; 지방재정법 제21조 제2항), 국가는 위임사무의 실질적 비용부담자이다. 이 경우 형식적 비용부담자와 실질적 비용부담자는 모두 배상책임을 지며 이들도

　이 아니라 당해사무에 필요한 일체의 경비를 의미한다(94다38137).

부진정연대관계에 있다. 자치사무든 위임사무든 가리지 않고 법령에 의한 처리의무가 있는 사무(법령상의 필요사무)로서 국가와 지방자치단체 상호간에 이해관계가 있는 경우에는 원활한 사무처리를 위하여 국가에서 부담하여야 할 경비의 전부 또는 일부를 국가가 부담하는바(부담금, 지방재정법 제21조 제1항), 이러한 필요사무의 처리에 있어서는 국가가 실질적 비용부담자이고, 지방자치단체는 형식적 및 실질적 비용부담자가 되는 셈이다.12) 사무의 위임이나 대가관계와는 무관하게 국가가 지방자치단체에 교부하는 보조금(지방재정법 제23조)의 경우에는 그것이 실질적으로 부담금이나 교부금의 성질을 가지는지에 따라 국가가 실질적 비용부담자가 되는지를 따져야 한다.13)

　　도로법 제22조 제2항에 의하면 "특별시·광역시 또는 시관할구역 안의 상급도로(고속국도와 읍·면지역의 일반국도 및 지방도를 제외한다)는 제1항의 규정에 불구하고 특별시장·광역시장 또는 시장이 관리청으로 된다"고 규정하고 있어, 원칙은 국도의 경우 도로법 제22조 제1항에 따라 건설교통부가 관리청이 될 것이지만 동조 제2항에 의해 시관할구역 안의 국도의 경우에는 당해시장이 관리청으로 된다. 이 경우 도로법 제22조 제2항과 관련하여 도로관리사무를 지방자치사무 중 어떤 사무로 해석할 것인지가 문제된다. 이에 대해 기관위임사무설은 도로법 제22조 제2항을 위임의 근거규정으로 보고 관리주체가 이를 국가기관인 지방자치단체장에게 위임한 것으로 본다. 대법원 1993. 1. 26. 선고 92다2684 판결 역시 "이 사건 도로가 국도로서 도로법 제22조 제2항에 의하여 판시 무렵부터 서귀포시장이 관리청이 되었다 하더라도 이는 지방자치단체의 장인 서귀포시장이 피고 대한민국으로부터 그 관리업무를 위임받아 국가행정기관의 지위에서 집행하는 것이라 할 것이고 따라서 피고 대한민국은 이 사건 도로관리상의 하자로 인한 손해배상 책임을 면할 수 없다 할 것이므로 … "라고 판시하여 기관위임사무설을 취하고 있다.14)

　　국가배상법 제6조 제2항은 '제1항의 경우에 손해를 배상한 자는 내부관계에서 그 손해를 배상할 책임이 있다'고 하여 이 조항에 대한 해석과 관련해 누가 종국적

---

12) 사법연수원, 행정구제법(2013), 307면.
13) 홍준형, 행정구제법, 한올아카데미(1994), 204면.
14) 이와 달리 단체위임사무설(박균성)은 도로법 제22조 제2항은 지방자치단체의 사무로서 단체위임사무로 보아야 한다고 주장하고, 자치사무설(홍정선)은 도로법 제22조 제2항은 문언의 취지상 권한의 위임 규정이 아니라 국가와 지방자치단체 사이의 권한배분에 관한 규정으로 보아야 하고, 따라서 그에 따른 도로관리사무는 지방자치단체의 자치사무로 보는 것이 타당하다고 한다.

배상책임자인지가 문제된다. 사무귀속자설은 사무를 관리하는 자가 속하는 행정주체가 궁극적으로 배상책임이 있다는 견해이다. 그 논거는 귀속주체라는 뜻은 그 사무와 관련된 모든 권리와 의무가 귀속한다는 것이고 따라서 손해배상의무도 그에 포함되어 함께 귀속된다고 보기 때문이다. 따라서 원칙적인 책임이 사무귀속주체에게 있는 이상, 비용부담자는 피해자보호의 견지에서 책임이 인정되는 것에 불과하므로, 비용부담자는 사무귀속주체에게 배상한 금원을 구상할 수 있다고 해석한다. 이에 반하여 비용부담자설은 비용부담자가 궁극적인 배상책임자이며, 이 경우 실질적 비용부담자와 형식적 비용부담자로 나뉘는 경우에는 실질적 비용부담자가 종국적인 배상책임자라고 주장한다. 그 논거로 사무 또는 영조물의 관리비용에는 손해배상비용도 함께 포함되는 이상 그 비용 속에는 손해배상책임도 포함되어 있다는 점을 든다. 또한 사무귀속주체가 경합하는 경우 그들 간에 부담비율을 정하는 것은 어려운 반면에 실질적 비용부담자가 경합하는 경우 비용부담의 비율에 따른 배상액의 분배가 쉽다는 점도 그 근거로 내세운다. 기여도설은 배상책임자가 여럿 있는 경우 손해발생에 기여한 정도에 따라 각자가 그 부담부분만큼의 책임이 있다는 견해이다.15) 개별검토설은 획일적인 기준으로 궁극적 비용부담자를 판단하지 말고 각각의 사안에 따라 개별적으로 궁극적 비용부담자를 정하자는 견해이다. 판례는 기여도설을 취한 것도 있고, 사무귀속자설을 취한 것도 있다.16)

---

15) 박균성, 「행정구제법」, 박영사(2000), 97−99면.
16) 대법원 1998. 7. 10. 선고 96다42819 판결(기여도설) "원래 광역시가 점유·관리하던 일반국도 중 일부 구간의 포장공사를 국가가 대행하여 광역시에 도로의 관리를 이관하기 전에 교통사고가 발생한 경우, 광역시는 그 도로의 점유자 및 관리자, 도로법 제56조, 제55조, 도로법시행령 제30조에 의한 도로관리비용 등의 부담자로서의 책임이 있고, 국가는 그 도로의 점유자 및 관리자, 관리사무귀속자, 포장공사비용 부담자로서의 책임이 있다고 할 것이며, 이와 같이 광역시와 국가 모두가 도로의 점유자 및 관리자, 비용부담자로서의 책임을 중첩적으로 지는 경우에는, 광역시와 국가 모두가 국가배상법 제6조 제2항 소정의 궁극적으로 손해를 배상할 책임이 있는 자라고 할 것이고, 결국 광역시와 국가의 내부적인 부담 부분은, 그 도로의 인계·인수 경위, 사고의 발생 경위, 광역시와 국가의 그 도로에 관한 분담비용 등 제반 사정을 종합하여 결정함이 상당하다."; 대법원 2001. 9. 25. 선고 2001다41865 판결(사무자귀속설) "국가배상법 제6조에서 내부관계에서 규정할 수 있도록 한 취지는 배상책임자가 불분명하여 피해자가 과연 누구를 손해배상청구의 상대방으로 할 것인지를 알 수 없는 경우에 비용부담자도 배상책임을 지는 것으로 함으로써 피해자의 상대방 선택의 부담을 완화하여 피해구제를 용이하게 하고, 그 내부관계에서는 실질적인 책임이 있는 자가 최종적으로 책임을 지게하려는 데 있는 것으로 풀이되는바, 이 사건 교통신호기의 관리사무는 원고가 안산경찰서장에게 그 권한을 위임한 사무로서 피고 소속 경찰공무원들은 원고의 사무를 처리하는 지위에 있으므로, 원고가 그 사무에 관하여 선임·감독자에 해당하고 그 교통신호기 시설은 지방자치법

국가배상법 제6조 제2항에 규정은 제1항에 의하여 비용부담자가 사무귀속주체
와 함께 국가배상책임을 지는 경우(부진정연대)에 양자 사이의 구상관계에 관하여
규정한 것이므로, 제3자로부터 구상금청구를 당하는 경우에 위 규정을 내세워 면책
을 주장할 수는 없다(92다2684).

제 2 절   행정상 손실보상

1. 개념

행정상 손실보상은 공공필요에 의한 적법한 공권력행사로 인하여 국민의 재산
에 가해진 특별한 손해(희생)에 대하여 전체적인 평등부담의 견지에서 행하여지는
재산적 보상을 뜻한다. 전체적 평등부담의 견지에서 보상이 행해진다는 것은 공적
부담 앞에서의 평등의 원칙을 의미하고, 이는 손실보상의 이론적 근거이다.[17] 손실
보상의 대상은 일반적으로는 공권력행사에 의하여 국민의 재산권에 가해진 직접손
실을 의미하지만, 공공사업의 시행 결과 그 공공사업의 시행으로 기업지 밖에 미치
는 간접손실도 이에 포함된다(99다27231).

2. 손실보상청구권

헌법 제23조 제3항은 "공공필요에 의한 재산권에 대한 수용·사용·제한 및 그
에 대한 보상은 법률로써 하되, 정당한 보상을 지급하여야 한다"고 규정한다. 따라
서 재산권 침해는 반드시 법률에 근거하여야 하고, 그 경우 보상에 관하여 법률로
정하여야 한다. 헌법 제23조 제3항의 '정당한 보상'은 완전한 보상을 뜻한다.[18]
2003. 1. 1.부터 시행된 공익사업을 위한 토지 등의 취득 및 보상에 관한 법률(공익

제132조 단서의 규정에 따라 원고의 비용으로 설치·관리되고 있으므로, 그 신호기의 설치,
관리의 비용을 실질적으로 부담하는 비용부담자의 지위도 아울러 지니고 있는 반면, 피고는
단지 그 소속 경찰공무원에게 봉급만을 지급하고 있을 뿐이므로, 원고와 피고 사이에서 이 사
건 손해배상의 궁극적인 책임은 전적으로 원고에게 있다고 봄이 상당하다."

17) 사법연수원, 행정구제법(2013), 317면.
18) 정당한 보상이라 함은 원칙적으로 피수용재산의 객관적인 재산가치를 완전하게 보상하여야
한다는 완전보상을 뜻하는 것이라 할 것이나, 투기적인 거래에 의하여 형성되는 가격은 정상
적인 객관적 재산가치로는 볼 수 없으므로 이를 배제한다고 하여 완전보상의 원칙에 어긋나
는 것은 아니며, 공익사업의 시행으로 지가가 상승하여 발생하는 개발이익은 궁극적으로는
국민 모두에게 귀속되어야 할 성질의 것이므로 이는 완전보상의 범위에 포함되는 피수용토지
의 객관적 가치 내지 피수용자의 손실이라고는 볼 수 없다(93누2131).

사업보상법)은 손실보상에 관한 일반법으로 역할을 하고 있다. 개별법령이 공공필요
에 의한 재산권의 침해를 규정하는 경우 공익사업보상법상의 손실보장규정을 준용
하거나 규율대상의 특수성으로 인하여 독자적인 손실보상절차를 두거나 하고 있
다.19) 하천법 제76조, 도로법 제79조, 공유수면 관리 및 매립에 관한 법률 제57조,
수산업법 제81조, 산지관리법 제48조, 소방법 제25조 제4항 등은 재산권의 공용침
해에 관한 손실보장을 개별적으로 규정하고 있다. 손실보상의 원인행위가 공법적이
기 때문에 그 효과로서의 권리회복인 손실보상청구권도 공법상의 권리임이 확실하
고, 그에 대한 분쟁은 행정소송절차에 의하여야 한다.20)

3. 보상규정 없는 재산권침해

재산권침해에 관한 법률이 그에 대한 보상규정을 두지 않은 경우 보상규정을
두지 않은 법률은 위헌무효라 할 것이고 그에 의한 재산권침해는 법률상 근거가 없
는 위법한 공권력의 행사가 될 것이므로 국가배상을 청구할 수 있다는 주장이 있다
(위헌무효설).21) 그러나 공무원이 법률에 따라 개인의 재산권에 대한 처분을 한 경
우, 공무원의 고의나 과실을 인정하는 것은 매우 어렵고, 실제 대법원판례는 대부
분 공무원의 고의나 과실을 부정하고 있어 국가배상청구권 성립이 어렵다. 이에 공
무원의 과실개념을 객관화함으로써 문제를 해결하자는 견해도 주장된다.22)

4. 공익사업을 위한 토지 등의 취득 및 보상에 관한 법률(공익사업보상법)

공익사업보상법은 손실보상에 대하여 상세한 기준과 내용을 마련하고 있다. 공
익사업보상법의 보상내용은 공용침해로 발생된 재산상의 손실에 대한 보상인 재산
권보상과 공공사업의 실시 또는 완성 후에 시설이 사업지 밖의 재산권에 미치는 손

---

19) 사법연수원, 행정구제법(2013), 319면.
20) 공익사업을 위한 토지 등의 취득 및 보상에 관한 법률 제79조 제2항, 공익사업을 위한 토지
    등의 취득 및 보상에 관한 법률 시행규칙 제57조에 따른 사업폐지 등에 대한 보상청구권은
    공익사업의 시행 등 적법한 공권력의 행사에 의한 재산상 특별한 희생에 대하여 전체적인 공
    평부담의 견지에서 공익사업의 주체가 손해를 보상하여 주는 손실보상의 일종으로 공법상 권
    리임이 분명하므로 그에 관한 쟁송은 민사소송이 아닌 행정소송절차에 의하여야 한다(2010다
    23210).
21) 이와 달리 헌법 제23조 제3항에 의하여 보상을 청구할 수 있다는 직접효력설, 헌법 제23조 제
    1항, 제11조에 근거하여 헌법 제23조 제3항 및 관련보상규정을 유추적용해서 보상을 청구할
    수 있다고 보는 유추적용설도 주장된다.
22) 정하중, 「행정법개론 제12판」, 법문사(2018), 595면.

실에 대한 보상인 사업손실보상(간접손실보상) 및 공용침해로 인하여 생활근거를 상실한 재산권자에 대한 생활재건을 내용으로 하는 생활보상으로 구분된다.

　　공익사업보상법 제70조(취득하는 토지의 보상) ① 협의나 재결에 의하여 취득하는 토지에 대하여는 「부동산 가격공시 및 감정평가에 관한 법률」에 따른 공시지가[23])를 기준으로 하여 보상하되, 그 공시기준일부터 가격시점까지의 관계 법령에 따른 그 토지의 이용계획, 해당 공익사업으로 인한 지가의 영향을 받지 아니하는 지역의 대통령령으로 정하는 지가변동률, 생산자물가상승률(「한국은행법」 제86조에 따라 한국은행이 조사·발표하는 생산자물가지수에 따라 산정된 비율을 말한다)과 그 밖에 그 토지의 위치·형상·환경·이용상황 등을 고려하여 평가한 적정가격으로 보상하여야 한다.[24])

　　② 토지에 대한 보상액은 가격시점에서의 현실적인 이용상황과 일반적인 이용방법에 의한 객관적 상황을 고려하여 산정하되, 일시적인 이용상황과 토지소유자나 관계인이 갖는 주관적 가치 및 특별한 용도에 사용할 것을 전제로 한 경우 등은 고려하지 아니한다.

　　③ 사업인정 전 협의에 의한 취득의 경우에 제1항에 따른 공시지가는 해당 토지의 가격시점 당시 공시된 공시지가 중 가격시점과 가장 가까운 시점에 공시된 공시지가로 한다.

　　④ 사업인정 후의 취득의 경우에 제1항에 따른 공시지가는 사업인정고시일 전의 시점을 공시기준일로 하는 공시지가로서, 해당 토지에 관한 협의의 성립 또

---

23) 대법원과 헌재 모두 공시지가에 의한 보상이 정당보상의 원칙에 반하지 않는다고 본다(93누 2131, 94헌바4·9, 95헌바6).

24) 보상액을 산정함에 있어 당해 토지의 이용계획, 당해 공익사업으로 인한 지가의 영향을 받지 아니하는 지역의 대통령령이 정하는 지가변동률을 적용하게 함으로써 개발이익과는 무관한 정상적인 지가상승률만 반영되도록 한다(공익사업보상법 제70조 제1항, 동시행령 제37조 제2항). 당해 공익사업의 시행을 직접 목적으로 하여 용도지역 또는 용도지구 등이 변경된 토지에 대하여는 변경되기 전의 용도지역 또는 용도지구 등을 기준으로 평가한다(동시행규칙 제23조 제2항). 이는 개발이익의 배제를 위한 것이다. 토지수용으로 인한 손실보상액을 산정함에 있어서는 당해 공공사업의 시행을 직접 목적으로 하는 계획의 승인·고시로 인한 가격변동은 이를 고려함이 없이 수용재결 당시의 가격을 기준으로 하여 적정가격을 정하여야 하는 것이므로, 택지개발계획의 시행을 위하여 용도지역이 경지지역에서 도시지역으로 변경된 토지들에 대하여 그 이후 이 사업을 시행하기 위하여 이를 수용하였다면, 표준지의 선정이나 지가변동률의 적용, 품등비교 등 그 보상액 재결을 위한 평가를 함에 있어서는 용도지역의 변경을 고려함이 없이 평가하여야 할 것이다(94누13725).

는 재결 당시 공시된 공시지가 중 그 사업인정고시일과 가장 가까운 시점에 공시된 공시지가로 한다.

공익사업보상법 제72조(사용하는 토지의 매수청구 등) 사업인정고시가 된 후 다음 각 호의 어느 하나에 해당할 때에는 해당 토지소유자는 사업시행자에게 해당 토지의 매수를 청구하거나 관할 토지수용위원회에 그 토지의 수용을 청구할 수 있다. 이 경우 관계인은 사업시행자나 관할 토지수용위원회에 그 권리의 존속을 청구할 수 있다.

1. 토지를 사용하는 기간이 3년 이상인 경우
2. 토지의 사용으로 인하여 토지의 형질이 변경되는 경우
3. 사용하려는 토지에 그 토지소유자의 건축물이 있는 경우

공익사업보상법 75조(건축물등 물건에 대한 보상) ① 건축물·입목·공작물과 그 밖에 토지에 정착한 물건에 대하여는 이전에 필요한 비용으로 보상하여야 한다. 다만, 다음 각 호의 어느 하나에 해당하는 경우에는 해당 물건의 가격으로 보상하여야 한다.

1. 건축물등을 이전하기 어렵거나 그 이전으로 인하여 건축물등을 종래의 목적대로 사용할 수 없게 된 경우
2. 건축물등의 이전비가 그 물건의 가격을 넘는 경우
3. 사업시행자가 공익사업에 직접 사용할 목적으로 취득하는 경우

② 농작물에 대한 손실은 그 종류와 성장의 정도 등을 종합적으로 고려하여 보상하여야 한다.

③ 토지에 속한 흙·돌·모래 또는 자갈(흙·돌·모래 또는 자갈이 해당 토지와 별도로 취득 또는 사용의 대상이 되는 경우만 해당한다)에 대하여는 거래가격 등을 고려하여 평가한 적정가격으로 보상하여야 한다.

④ 분묘에 대하여는 이장(移葬)에 드는 비용 등을 산정하여 보상하여야 한다.

⑤ 사업시행자는 사업예정지에 있는 건축물등이 제1항 제1호 또는 제2호에 해당하는 경우에는 관할 토지수용위원회에 그 물건의 수용 재결을 신청할 수 있다.

공익사업보상법 76조(권리의 보상) ① 광업권·어업권 및 물(용수시설을 포함한다) 등의 사용에 관한 권리에 대하여는 투자비용, 예상 수익 및 거래가격 등을 고려하여 평가한 적정가격으로 보상하여야 한다.

공익사업보상법 제77조(영업의 손실 등에 대한 보상) ① 영업을 폐지하거나 휴

업함에 따른 영업손실에 대하여는 영업이익과 시설의 이전비용 등을 고려하여 보상하여야 한다.

② 농업의 손실에 대하여는 농지의 단위면적당 소득 등을 고려하여 실제 경작자에게 보상하여야 한다. 다만, 농지소유자가 해당 지역에 거주하는 농민인 경우에는 농지소유자와 실제 경작자가 협의하는 바에 따라 보상할 수 있다.

③ 휴직하거나 실직하는 근로자의 임금손실에 대하여는 「근로기준법」에 따른 평균임금 등을 고려하여 보상하여야 한다.

공익사업보상법 제73조(잔여지의 손실과 공사비 보상) ① 사업시행자는 동일한 소유자에게 속하는 일단의 토지의 일부가 취득되거나 사용됨으로 인하여 잔여지의 가격이 감소하거나 그 밖의 손실이 있을 때 또는 잔여지에 통로·도랑·담장 등의 신설이나 그 밖의 공사가 필요할 때에는 국토교통부령으로 정하는 바에 따라 그 손실이나 공사의 비용을 보상하여야 한다. 다만, 잔여지의 가격 감소분과 잔여지에 대한 공사의 비용을 합한 금액이 잔여지의 가격보다 큰 경우에는 사업시행자는 그 잔여지를 매수할 수 있다.

② 제1항 본문에 따른 손실 또는 비용의 보상은 해당 사업의 공사완료일부터 1년이 지난 후에는 청구할 수 없다.

공익사업보상법 제74조(잔여지 등의 매수 및 수용 청구) ① 동일한 소유자에게 속하는 일단의 토지의 일부가 협의에 의하여 매수되거나 수용됨으로 인하여 잔여지를 종래의 목적에 사용하는 것이 현저히 곤란할 때에는 해당 토지소유자는 사업시행자에게 잔여지를 매수하여 줄 것을 청구할 수 있으며, 사업인정 이후에는 관할 토지수용위원회에 수용을 청구할 수 있다. 이 경우 수용의 청구는 매수에 관한 협의가 성립되지 아니한 경우에만 할 수 있으며, 그 사업의 공사완료일까지 하여야 한다.

② 제1항에 따라 매수 또는 수용의 청구가 있는 잔여지 및 잔여지에 있는 물건에 관하여 권리를 가진 자는 사업시행자나 관할 토지수용위원회에 그 권리의 존속을 청구할 수 있다.

공익사업보상법 75조의2(잔여 건축물의 손실에 대한 보상 등) ① 사업시행자는 동일한 소유자에게 속하는 일단의 건축물의 일부가 취득되거나 사용됨으로 인하여 잔여 건축물의 가격이 감소하거나 그 밖의 손실이 있을 때에는 국토교통부령으로 정하는 바에 따라 그 손실을 보상하여야 한다. 다만, 잔여 건축물의 가격 감소분과 보수비(건축물의 나머지 부분을 종래의 목적대로 사용할 수 있도록 그 유용성을 동일하게 유지하는 데에 일반적으로 필요하다고 볼 수 있는 공사에 사용되는 비용을 말한다. 다만, 「건축법」 등 관계 법령에 따라 요구되는 시설 개선에 필요한 비용은 포함하지 아니한다)를 합한 금액이 잔여 건축물의 가격보다 큰 경우에는 사업시행자는 그 잔여 건축물을 매수할 수 있다.

② 동일한 소유자에게 속하는 일단의 건축물의 일부가 협의에 의하여 매수되거나 수용됨으로 인하여 잔여 건축물을 종래의 목적에 사용하는 것이 현저히 곤란할 때에는 그 건축물소유자는 사업시행자에게 잔여 건축물을 매수하여 줄 것을 청구할 수 있으며, 사업인정 이후에는 관할 토지수용위원회에 수용을 청구할 수 있다. 이 경우 수용 청구는 매수에 관한 협의가 성립되지 아니한 경우에만 하되, 그 사업의 공사완료일까지 하여야 한다.

공익사업보상법 제79조(그 밖의 토지에 관한 비용보상 등) ① 사업시행자는 공익사업의 시행으로 인하여 취득하거나 사용하는 토지(잔여지를 포함한다) 외의 토지에 통로·도랑·담장 등의 신설이나 그 밖의 공사가 필요할 때에는 그 비용의 전부 또는 일부를 보상하여야 한다. 다만, 그 토지에 대한 공사의 비용이 그 토지의 가격보다 큰 경우에는 사업시행자는 그 토지를 매수할 수 있다.

② 공익사업이 시행되는 지역 밖에 있는 토지등이 공익사업의 시행으로 인하여 본래의 기능을 다할 수 없게 되는 경우에는 국토교통부령으로 정하는 바에 따라 그 손실을 보상하여야 한다.[25] ③ 사업시행자는 제2항에 따른 보상이 필요하다고 인정하는 경우에는 제15조에 따라 보상계획을 공고할 때에 보상을 청구할 수 있다는 내용을 포함하여 공고하거나 대통령령으로 정하는 바에 따라 제2항에 따른 보상에 관한 계획을 공고하여야 한다.

공익사업보상법 제78조(이주대책의 수립 등) ① 사업시행자는 공익사업의 시행으로 인하여 주거용 건축물을 제공함에 따라 생활의 근거를 상실하게 되는 자(이하 "이주대책대상자"라 한다)를 위하여 대통령령으로 정하는 바에 따라 이주대책을 수립·실시하거나 이주정착금을 지급하여야 한다.

② 사업시행자는 제1항에 따라 이주대책을 수립하려면 미리 관할 지방자치단

---

25) 동 조항에 의하여 이제는 간접손실을 입은 자도 보상에 관한 협의성립 여부를 불문하고 대지 등의 보상(동법 시행규칙 제59조), 건축물보상(제60조), 소수잔존자에 대한 보상(제61조), 공작물 등의 보상(제62조), 어업피해보상(제63조), 영업손실보상(제64조), 농업손실보상(제65조)을 청구할 수 있게 되었다.

체의 장과 협의하여야 한다.

③ 국가나 지방자치단체는 이주대책의 실시에 따른 주택지의 조성 및 주택의 건설에 대하여는 「주택도시기금법」에 따른 주택도시기금을 우선적으로 지원하여야 한다.

④ 이주대책의 내용에는 이주정착지(이주대책의 실시로 건설하는 주택단지를 포함한다)에 대한 도로, 급수시설, 배수시설, 그 밖의 공공시설 등 통상적인 수준의 생활기본시설이 포함되어야 하며, 이에 필요한 비용은 사업시행자가 부담한다.26) 다만, 행정청이 아닌 사업시행자가 이주대책을 수립·실시하는 경우에 지방자치단체는 비용의 일부를 보조할 수 있다.

⑤ 주거용 건물의 거주자에 대하여는 주거 이전에 필요한 비용과 가재도구 등 동산의 운반에 필요한 비용을 산정하여 보상하여야 한다.

⑥ 공익사업의 시행으로 인하여 영위하던 농업·어업을 계속할 수 없게 되어 다른 지역으로 이주하는 농민·어민이 받을 보상금이 없거나 그 총액이 국토교통부령으로 정하는 금액에 미치지 못하는 경우에는 그 금액 또는 그 차액을 보상하여야 한다.

⑦ 사업시행자는 해당 공익사업이 시행되는 지역에 거주하고 있는 「국민기초생활 보장법」 제2조 제1호, 제11호에 따른 수급권자 및 차상위계층이 취업을 희망하는 경우에는 그 공익사업과 관련된 업무에 우선적으로 고용할 수 있으며, 이들의 취업 알선을 위하여 노력하여야 한다.

---

26) 이는 강행규정이다. 대법원 2002. 3. 15. 선고 2001다67126 판결 "사업시행자가 이주자들을 위한 이주대책으로서 이주정착지에 택지를 조성하여 개별 공급하는 경우, 그 이주정착지에 대한 도로, 급수 및 배수시설 기타 공공시설 등 당해 지역조건에 따른 생활기본시설이 설치되어 있어야 하고, 또한 그 공공시설 등의 설치비용은 사업시행자가 부담하는 것으로서 이를 이주자들에게 전가할 수는 없는 것이며, 이주자들에게는 다만 분양받을 택지의 소지(소지)가격 및 택지조성비 정도를 부담시킬 수 있는 것으로 해석함이 상당하고, 이와 같은 규정들은 그 취지에 비추어 볼 때 당사자의 합의로도 그 적용을 배제할 수 없는 강행법규에 해당한다고 봄이 상당하다."

제 8 장 행정심판

제 1 절 행정심판과 행정소송

행정심판법에서 말하는 행정심판이란 '행정청의 위법 또는 부당한 처분이나 부작위로 침해된 국민의 권리 또는 이익을 구제하고, 아울러 행정의 적정한 운영을 꾀함을 목적으로' 하는 행정기관에 의한 심판절차를 뜻한다. 행정심판법은 취소심판, 무효등확인심판, 의무이행심판 세 가지를 두고 있다. 의무이행심판은 행정소송법에는 없다. 의무이행심판의 실효성을 확보하기 위하여 행정소송법에는 없는 임시처분을 두고 있다. 그러나 행정소송법에는 있는 당사자소송이 행정심판법에는 없다. 현행 행정소송법은 행정심판을 임의적 전치절차로 하였다. 그러나 국세부과처분, 공무원에 대한 징계처분, 도로교통법에 의한 처분 등은 개별법에서 행정심판을 반드시 거치도록 전치주의로 규정하고 있다.

제 2 절 행정심판기관

행정심판기관이라 함은 행정심판의 청구를 수리하고 이를 심리·재결할 수 있는 권한을 가진 행정기관을 의미하는데, 이러한 행정심판기관을 어디에 설치할 것인지, 그 권한을 구체적으로 어느 범위까지로 할 것인지는 입법정책에 따라 달라진다. 현재 행정심판법은 창구의 일원화 및 절차의 신속화를 꾀하기 위하여 행정심판위원회가 심리·의결·재결까지 하도록 하고 있다(행정심판법 제5조 제1항).[1]

---

1) 행정심판법에 따르면 감사원, 국가정보원장, 국회사무총장·법원행정처장·헌법재판소사무처

제 3 절 행정심판의 대상

행정심판의 대상은 행정청의 처분 또는 부작위이다. '행정청'은 행정에 관한 의사를 결정하여 표시하는 국가 또는 지방자치단체의 기관, 그 밖에 법령 또는 자치법규에 따라 행정권한을 가지고 있거나 위탁을 받은 공공단체나 그 기관 또는 사인(私人)을 말한다(제2조 제4호). 행정심판법상의 행정청에는 행정부에 속하지 않는 국회사무총장·법원행정처방 및 헌법재판소사무처장도 포함된다. 처분이나 부작위가 있은 뒤에 그 처분이나 부작위에 관계되는 권한이 다른 행정청에 승계된 때에는 그 권한을 승계한 행정청이 처분청 또는 부작위청이 된다(제17조 제1항). '처분'이란 행정청이 행하는 구체적 사실에 관한 법집행으로서의 공권력의 행사 또는 그 거부, 그 밖에 이에 준하는 행정작용을 말하며, '부작위'란 행정청이 당사자의 신청에 대하여 상당한 기간 내에 일정한 처분을 하여야 할 법률상 의무가 있는데도 처분을 하지 아니하는 것을 말한다(제2조 제1호, 제2호). 다만, 대통령의 처분 또는 부작위에 대하여는 다른 법률에 특별한 규정이 있는 경우를 제외하고는 행정심판을 제기할수 없다(제3조 제2항). 대통령령도 행정심판의 대상이 되지 않는다. 심판청구에 대한 재결이 있으면 그 재결 및 같은 처분 또는 부작위에 대하여 다시 행정심판을 청구할 수 없다(제51조). 행정심판법 자체에서 행정심판의 대상에서 제외되는 것으로 규정하지 않은 사항이라고 하더라도 다른 법률에서 별도의 구제절차를 마련하고 있는 경우에는 행정심판의 대상에서 제외되는 것으로 보아야 한다.[2]

장 및 중앙선거관리위원회사무총장, 국가인권위원회, 진실·화해를 위한 과거사정리위원회 등의 경우 해당 행정청 또는 그 소속 행정청의 처분 또는 부작위에 대한 행정심판의 청구는 해당 행정청에 두는 행정심판위원회에서 심리·재결한다. 위 행정청 외의 국가행정기관의 장 또는 그 소속 행정청, 특별시장·광역시장·특별자치시장·도지사·특별자치도지사(교육감 포함), 특별시·광역시·특별자치시·도·특별자치도의 의회(의장, 위원회의 위원장, 사무처장 등 의회 소속 모든 행정청 포함), 「지방자치법」에 따른 지방자치단체조합 등 관계 법률에 따라 국가·지방자치단체·공공법인 등이 공동으로 설립한 행정청의 처분 또는 부작위에 대한 심판청구는 국민권익위원회에 두는 중앙행정심판위원회에서 심리·재결한다. 시·도 소속 행정청, 시·도의 관할구역에 있는 시·군·자치구의 장, 소속 행정청 또는 시·군·자치구의 의회, 시·도의 관할구역에 있는 둘 이상의 지방자치단체·공공법인 등이 공동으로 설립한 행정청의 처분 또는 부작위에 대한 심판청구는 시·도지사 소속으로 두는 행정심판위원회에서 심리·재결한다. 대통령령으로 정하는 국가행정기관 소속 특별지방행정기관의 장의 처분 또는 부작위에 대한 심판청구에 대하여는 해당 행정청의 직근 상급행정기관에 두는 행정심판위원회에서 심리·재결한다.

2) 정하중, 「행정법개론 제9판」, 법문사(2015), 623면.

제 4 절 행정심판의 청구기간

행정심판청구기간은 취소심판청구와 거부처분에 대한 의무이행심판청구에만 적용된다. 무효등확인심판청구와 부작위에 대한 의무이행심판청구에는 청구기간의 적용이 없다. 행정심판은 처분이 있음을 알게 된 날부터 90일 이내에 청구하여야 한다. 청구인이 천재지변, 전쟁, 사변, 그 밖의 불가항력으로 인하여 제1항에서 정한 기간에 심판청구를 할 수 없었을 때에는 그 사유가 소멸한 날부터 14일 이내에 행정심판을 청구할 수 있다. 다만, 국외에서 행정심판을 청구하는 경우에는 그 기간을 30일로 한다. 행정심판은 처분이 있었던 날부터 180일이 지나면 청구하지 못한다. 다만, 정당한 사유가 있는 경우에는 그러하지 아니하다. 위 기간들은 불변기간으로 한다. 행정처분의 상대방이 아닌 제3자는 일반적으로 처분이 있는 것을 바로 알 수 없는 처지에 있으므로 처분이 있은 날로부터 180일이 경과하더라도 특별한 사유가 없는 한 행정심판법 제18조 제3항 단서 소정의 정당한 사유가 있는 것으로 보아 심판청구가 가능하나, 그 제3자가 어떤 경위로든 행정처분이 있음을 알았거나 쉽게 알 수 있는 등 행정심판법 제18조 제1항 소정의 심판청구기간 내에 심판청구가 가능하였다는 사정이 있는 경우에는 그 때로부터 90일 이내에 행정심판을 청구하여야 한다(95누16233).

제 5 절 행정심판의 종류

1. 취소심판

취소심판은 행정청의 위법 또는 부당한 처분의 취소 또는 변경을 하는 심판을 말한다. 행정소송법 제4조 제1호의 '변경'은 소극적인 일부취소를 뜻하지만, 행정심판에서의 '변경'은 적극적 변경을 뜻한다. 취소심판은 처분의 취소 또는 변경을 구할 법률상 이익이 있는 자가 청구할 수 있다. 처분의 효과가 기간의 경과, 처분의 집행, 그 밖의 사유로 소멸된 뒤에도 그 처분의 취소로 회복되는 법률상 이익이 있는 자의 경우에도 또한 같다.

2. 무효등확인심판

무효등확인심판은 행정청의 처분의 효력 유무 또는 존재 여부의 확인을 구하는 심판이다. 무효등확인심판은 행정청의 처분의 효력의 유무 또는 존재 여부의 확인을 구할 법률상 이익이 있는 자가 청구할 수 있다. 처분이 무효 또는 부존재인 경우에도 유효 또는 존재하는 처분으로 오인되어 집행될 우려가 있기 때문에 처분의 상대방이나 이해관계인은 그 효력 유무와 존재 여부에 대한 확인을 구할 필요성이 있다. 무효등확인심판은 심판청구와 달리 청구기한의 제한을 받지 않는다.

3. 의무이행심판

의무이행심판은 당사자의 신청에 대한 행정청의 위법 또는 부당한 거부처분이나 부작위에 대하여 일정한 처분을 하도록 하는 행정심판이다. 의무이행심판은 처분을 신청한 자로서 행정청의 거부처분 또는 부작위에 대하여 일정한 처분을 구할 법률상 이익이 있는 자가 청구할 수 있다. 거부처분에 대한 의무이행심판은 청구기간의 제한을 받으나, 부작위에 대한 의무이행심판은 그 청구기한의 제한이 없다.

제 6 절   행정심판 재결

행정심판법상 '재결'은 행정심판의 청구에 대하여 행정심판위원회가 행하는 판단을 말한다(제2조 제3호). 재결은 피청구인 또는 위원회가 심판청구서를 받은 날부터 60일 이내에 하여야 한다. 다만, 부득이한 사정이 있는 경우에는 위원장이 직권으로 30일을 연장할 수 있다(제45조 제1항). 재결기간을 연장한 때에는 재결기간이 만료되기 7일 전까지 당사자에게 이를 통지하여야 한다(제45조 제2항). 재결기간에는 심판청구가 부적법하여 보정을 명한 경우의 보정기간은 산입되지 않는다(제32조 제5항). 재결은 서면으로 한다(제46조 제1항).

위원회는 심판청구의 대상이 되는 처분 또는 부작위 외의 사항에 대하여는 재결하지 못한다(불고불리의 원칙, 제47조 제1항). 위원회는 심판청구의 대상이 되는 처분보다 청구인에게 불리한 재결을 하지 못한다(불이익변경금지의 원칙, 제47조 제2항). 재결은 청구인에게 송달이 있은 때에 효력이 발생한다(제48조 제2항). 심판청구에 참가인이 있는 경우 그 참가인에게도 재결서의 등본을 송달하여야 하나(제48조 제3항), 이 송달은 재결의 효력과 무관하다. 처분의 상대방이 아닌 제3자가 심판청구를 한 경우 위원회는 재결서의 등본을 지체 없이 피청구인을 거쳐 처분의 상대방에게 송달하여야 한다(제48조 제4항).

행정심판은 행정소송과 달리 위법한 처분·부작위는 물론 부당한 처분·부작위에 대하여도 제기할 수 있으므로(제5조 제1호, 제3호), 재량권 한계 내에서의 재량권 행사의 당부에 대하여 판단할 수 있다.

행정심판위원회는 심판청구의 요건이 갖추어지지 않은 경우 각하재결을 할 것이고, 본안심리 결과 이유가 있다고 인정되면 인용재결을, 이유가 없다고 인정되면 원처분을 지지하는 재결을 한다. 그러나 심판청구가 이유가 있는 경우에도 해당 처분을 취소·변경하는 것이 현저히 공공복리에 반할 경우 그 심판청구를 기각하는 재결을 할 수도 있다(사정재결).

행정심판위원회가 사정재결을 하는 경우 재결의 주문에서 그 처분 또는 부작위가 위법하거나 부당하다는 것을 구체적으로 밝혀야 한다(제44조 제1항). 사정재결을 하는 경우 행정심판위원회는 청구인에 대하여 상당한 구제방법을 취하거나 상당한 구제방법을 취할 것을 피청구인에게 명할 수 있다(제44조 제2항). 사정재결은 무효등 확인심판에는 적용하지 아니한다(제44조 제3항).

행정심판위원회는 의무이행심판의 청구가 이유있다고 인정하는 경우 의무이행 재결을 한다. 의무이행재결은 청구인의 신청에 따른 처분을 할 것을 명하는 처분재결과 처분청에 그 신청에 따른 처분을 할 것을 명하는 처분명령재결이 있다(제43조 제3항). 일반적인 취소·변경재결의 경우 위법·부당판단의 기준 시점은 처분시이다. 하지만, 의무이행재결의 경우에는 과거에 행하여진 거부처분이나 부작위를 계속 유지하는 것이 위법·부당한지의 여부가 판단의 핵심이므로 재결시를 기준으로 위법·부당 여부를 판단하여야 할 것이다.3)

심판청구를 인용하는 재결은 피청구인과 그 밖의 관계 행정청을 기속한다(재결의 기속력, 제49조 제1항).4) 당사자의 신청을 거부하거나 부작위로 방치한 처분의 이

---

3) 정하중, 「행정법개론 제9판」, 법문사(2015), 652면.
4) 기속력은 취소재결의 경우 위법판단시인 처분시, 의무이행재결인 경우 위법판단시인 재결시의 사실관계나 법적 상황을 전제로 하여 구속력을 갖는다. 따라서 그 이후 사실관계나 법적 상황이 변경된 경우에는 기속력이 미치지 않는다. 행정심판법 제37조에서 정하고 있는 행정심판청구에 대한 재결이 행정청과 그 밖의 관계 행정청을 기속하는 효력은 당해 처분에 관하여 재결주문 및 그 전제가 된 요건사실의 인정과 판단에만 미치고 이와 직접 관계가 없는 다른 처분에 대하여는 미치지 아니한다(96누13972). 재결의 기속력은 재결의 주문 및 그 전제가 된 요건사실의 인정과 판단, 즉 처분 등의 구체적 위법사유에 관한 판단에만 미친다고 할 것이고, 종전 처분이 재결에 의하여 취소되었다 하더라도 종전 처분시와는 다른 사유를 들어서 처분을 하는 것은 기속력에 저촉되지 않는다고 할 것이며, 여기에서 동일 사유인지 다른 사유인지는 종전 처분에 관하여 위법한 것으로 재결에서 판단된 사유와 기본적 사실관계에 있어

행을 명하는 재결이 있으면 행정청은 지체 없이 이전의 신청에 대하여 재결의 취지에 따라 처분을 하여야 한다(의무이행재결에 따른 처분의무, 제49조 제2항). 법령의 규정에 따라 공고하거나 고시한 처분이 재결로써 취소되거나 변경되면 처분을 한 행정청은 지체 없이 그 처분이 취소 또는 변경되었다는 것을 공고하거나 고시하여야 한다(제49조 제4항). 법령의 규정에 따라 처분의 상대방 외의 이해관계인에게 통지된 처분이 재결로써 취소되거나 변경되면 처분을 한 행정청은 지체 없이 그 이해관계인에게 그 처분이 취소 또는 변경되었다는 것을 알려야 한다(제49조 제5항). 위원회는 피청구인이 재결에도 불구하고 처분을 하지 아니하는 경우에는 당사자가 신청하면 기간을 정하여 서면으로 시정을 명하고 그 기간에 이행하지 아니하면 직접 처분을 할 수 있다. 다만, 그 처분의 성질이나 그 밖의 불가피한 사유로 위원회가 직접 처분을 할 수 없는 경우에는 그러하지 아니하다(위원회의 직접 처분, 제50조 제1항).

행정심판의 재결은 판결과 유사한 기능을 하는 준사법작용이면서 동시에 행정행위로서 확인행위의 성질을 지니는 것으로 볼 수 있다.[5] 따라서 행정심판에서 처분에 대하여 재결을 거친 후에 불복할 경우에는 행정청의 원처분을 다투지만 예외적으로 재결 그 자체의 고유한 하자가 있을 경우에 이를 행정소송으로 다툴 수 있다(행정소송법 제19조 단서, 제38조). 그런데 행정심판의 피청구인인 처분청은 인용재결에 대하여 불복할 수 없다는 것이 판례의 입장이다(97누15432). 그러나 인용재결에 대하여 기속력의 조항이 있기 때문에 더 이상 처분청에 대하여 행정소송을 제기할 수 없도록 한 것은 결국 위법한 재결 등 하자가 있음에도 재결에 종국적인 효력이 부여되도록 함으로써 한편으로는 재결이 행정행위의 성질을 지니고 있음에도 불구하고 그 재결을 다툴 수 없도록 하게 되는 문제가 있다는 비판이 있다.[6]

동일성이 인정되는 사유인지 여부에 따라 판단되어야 한다(2003두7705).

5) 박균성, 「행정법강의」, 박영사(2004), 616면.

6) 김용섭, "재결의 기속력의 주관적 범위를 둘러싼 논의-대상판결: 대법원 1998.5.8. 선고 97누 15432 판결-", 인권과 정의 제354호, 대한변호사협회(2006), 215면. "재결에 대하여 처분청이 행정소송을 제기하여 다툴 수 없도록 한 것은 단심으로 결정되는 행정심판의 인용재결이 대법원의 확정판결과 동일한 효력이 있는 결과가 되어 사법절차를 준용하도록 한 헌법의 정신에도 어긋나고, 행정심판제도가 주관적 권리구제에 1차적 목적이 있다고 할지라도 청구인인 국민은 재결내용에 불복할 경우에 행정소송으로 다툴 수 있도록 하면서 피청구인인 처분청에 대하여는 불복의 기회를 주지 않는 것은 행정심판의 대심구조에 비추어 보거나 쟁송에 있어서 당사자의 대등성의 원칙에 비추어 볼 때 문제가 있다고 할 것이다."

제 7 절 집행정지, 임시처분, 고지제도

1. 집행정지

행정심판청구는 처분의 효력이나 그 집행 또는 절차의 속행에 영향을 주지 아니한다(집행부정지원칙, 제30조 제1항). 행정심판법은 행정소송법과 마찬가지로 집행부정지원칙을 채택하고, 예외적으로 집행정지를 인정하고 있다.

행정심판위원회는 처분, 처분의 집행 또는 절차의 속행 때문에 중대한 손해가 생기는 것을 예방할 필요성이 긴급하다고 인정할 때에는 직권으로 또는 당사자의 신청에 의하여 처분의 효력, 처분의 집행 또는 절차의 속행의 전부 또는 일부의 정지를 결정할 수 있다. 다만, 처분의 효력정지는 처분의 집행 또는 절차의 속행을 정지함으로써 그 목적을 달성할 수 있을 때에는 허용되지 아니한다(제30조 제2항).

집행정지는 공공복리에 중대한 영향을 미칠 우려가 있을 때에는 허용되지 아니한다(제30조 제3항). 위원회는 집행정지를 결정한 후에 집행정지가 공공복리에 중대한 영향을 미치거나 그 정지사유가 없어진 경우에는 직권으로 또는 당사자의 신청에 의하여 집행정지 결정을 취소할 수 있다(제30조 제4항).

2. 임시처분

행정심판에는 행정소송과 달리 의무이행심판을 인정하고 있기 때문에, 그 실효성 확보를 위하여 민사소송법상 임시지위 가처분에 해당하는 임시처분을 도입하였다. 독일의 행정법원법과 재정법원법은 가명령 제도를 규정하고 있다.[7] 독일의 가명령규정은 민사소송법상의 가처분규정에 의지하여 성립되었는데, 그 과정에서 민사소송법상의 가처분이라는 용어 대신에 공법적인 용어로서 가명령이라는 용어가 선택되었다. 독일의 가명령은 형식적 확정력과 실체적 확정력(기판력)을 갖지만, 그

---

7) 독일 행정법원법 제123조 제1항은 "당사자의 신청에 의하여 법원은 소송이 제기되기 전이라도 현상의 변경으로 인하여 신청인의 권리의 시현이 좌절되거나 본질적으로 곤란하여지게 될 수 있는 위험이 존재하면 분쟁대상과 관련하여 가명령을 할 수 있다. 가명령은 분쟁있는 법률관계와 관련하여 임시적인 상태를 규율하기 위하여, 그리고 이와 같은 규율이 특히 계속적인 법률관계에 있어, 본질적인 불이익을 피하거나 급박한 강폭을 방지하거나 또는 다른 이유들로부터 필요하다고 보이면 허용된다"고 규정한다. 또한 독일행정법원법 제123조 제5항은 "본안소송에서 취소소송 이의의 나머지 소송을 통하여 구제될 수밖에 없는 경우에는 오직 가명령을 통하여 보호된다"고 규정한다. 독일재정법원법 제114조 제1항은 독일행정법원법 제123조 제1항과 동일한 규정을 갖고 있다.

실체적 확정력은 성질상 본안사건절차에 있어서의 판결의 그것과는 다른 것으로 본안사건재판의 유보 하에서만 존재하는 것이라 한다.[8]

행정심판위원회는 처분 또는 부작위가 위법·부당하다고 상당히 의심되는 경우로서 처분 또는 부작위 때문에 당사자가 받을 우려가 있는 중대한 불이익이나 당사자에게 생길 급박한 위험을 막기 위하여 임시지위를 정하여야 할 필요가 있는 경우에는 직권으로 또는 당사자의 신청에 의하여 임시처분을 결정할 수 있다(제31조 제1항). 임시처분은 집행정지로 목적을 달성할 수 있는 경우에는 허용되지 않는다(제31조 제3항). 행정심판위원회는 임시처분결정을 한 후에 임시처분이 공공복리에 중대한 영향을 미치거나 임시지위를 정하여야 할 필요가 없어진 경우 직권으로 또는 당사자의 신청에 의하여 임시처분결정을 취소할 수 있다(제31조 제2항, 제30조 제4항).

3. 행정심판 고지제도

행정청이 처분을 하는 경우 그 상대방에게 처분에 관하여 행정심판을 청구할 수 있는지 여부, 청구하는 경우에 심판청구절차·심판청구기간을 알려주어야 하며, 이해관계인으로부터 이러한 사항을 알려 줄 것을 요구받은 때에는 서면으로 알려주어야 한다(제58조). 고지는 이의신청(국세기본법 제66조; 주민등록법 제21조; 산림법 제60조; 광업법 제90조 등), 심사청구(국세기본법 제61조; 공무원연금법 제108조), 심판청구(국세기본법 제68조) 등 다른 법령에 의한 심판청구유형에도 요구된다는 것이 통설·판례이다.

행정청이 행정심판 고지를 하지 아니하거나 잘못 고지하여 청구인이 심판청구서를 다른 행정기관에 제출한 경우에는 그 행정기관은 그 심판청구서를 지체 없이 정당한 권한이 있는 피청구인에게 보내야 하고, 지체 없이 그 사실을 청구인에게 알려야 한다(제23조 제2항, 제3항). 행정청이 행정심판청구 기간을 법정심판청구기간보다 긴 기간으로 잘못 알린 경우 그 잘못 알린 기간에 심판청구가 있으면 그 행정심판은 법정청구기간 내에 청구된 것으로 본다(제27조 제5항).

행정소송의 경우에는 행정심판법 제27조 제5항이 적용되지 않기 때문에 당사자가 행정청으로부터 행정심판제기기간을 법정심판청구기간보다 긴 기간으로 잘못 통지받아 행정소송법상 법정 제소기간을 도과하였다고 하더라도 그것이 당사자가 책임질 수 없는 사유로 인한 것이라 할 수 없다는 것이 대법원의 입장이다(2000두6916).

---

8) 사법연수원, 「독일법(2012)」, 249-258면.

제 9 장 행정소송

제 1 절 서 설

　행정소송이란 행정법상의 법률관계에 관한 분쟁에 대하여 법원이 정식소송절차에 의하여 행하는 재판이다. 행정소송은 공법상 권리·의무관계에 대한 소송이므로 공법상의 법률관계가 아닌 사실관계에 대한 존부의 확인 또는 역사적 사실에 대한 확인 등은 행정쟁송의 대상이 되지 않는다. 또한 행정소송은 법적으로 보호받는 이익과 관련한 법률관계에 대한 분쟁과 관련해 이를 해결하고자 하는 것이지, 반사적 이익에 불과한 분쟁을 해결하는 제도가 아니다. 따라서 현행 행정소송법도 법률상 이익이 있는 자에게만 항고소송의 원고적격을 인정하고 있다. 행정소송법에서 규정하고 있는 항고소송은 취소소송, 무효등확인소송, 부작위위법확인소송 등 3종류가 있다. 이것을 법정항고소송이라 한다. 반면, 이러한 법정항고소송은 아니지만 행정청의 처분 등을 대상으로 하여 학설로 인정 여부가 논해지고 있는 항고소송들이 있는데 이를 무명항고소송으로 총칭하고 있다. 무명항고소송의 대표적인 것들로 적극적 형성소송, 의무이행소송, 예방적 부작위소송, (부)작위의무확인소송 등이 있다. 판례와 소송실무는 의무이행소송, 적극적 형성소송, 작위의무확인소송, 예방적 부작위소송 등 모든 무명항고소송을 인정하지 않고 있다.

제 2 절 취소소송의 소송요건

　행정소송법상 취소소송을 제기하려면 전심절차, 제소기간, 법원의 관할, 원고적격, 피고적격, 대상적격, 협의의 소의 이익 등을 갖추어야 한다.

1. 전심절차

행정심판의 전치란 처분에 대해 불복하기 위해 소를 제기하기 전 먼저 행정심판을 제기하여 처분의 시정을 구한 후 그 후에도 처분이 시정되지 않으면 비로소 소를 제기하는 절차를 말한다.[1] 여기서의 행정심판에는 행정심판법에 따른 행정심판은 물론 개별법이 정하고 있는 행정청의 심판도 포함된다. 현행 행정소송법 제18조 제1항에 따르면 행정심판은 원칙적으로 임의적인 절차이다. 예외적으로 국가공무원법 제16조, 교육공무원법 제53조, 지방공무원법 제20조의2, 국세기본법 제56조,[2] 관세법 제120조, 도로교통법 제142조(과태료처분과 통고처분은 제외), 선박안전법 제72조 등이 행정소송 제기 전에 필수적으로 행정심판을 거치도록 하고 있다(행정심판 전치주의). 그 밖에 노동위원회의 결정이나 특허청의 거절사정 등과 같이 원처분이 아니라 행정심판 재결만이 소송의 대상이 되는 사건에서도 행정심판을 거침이 불가피하나 이는 재결주의가 채택된 결과로서, 통상적인 필요적 전치주의 사건과는 구별된다.[3]

행정소송법 제18조는 부작위위법확인소송에는 준용되고 있으나 무효등확인소송에는 준용하고 있지 않고 있는바, 부작위위법확인소송의 경우 행정심판 전치주의가 적용되나, 무효등확인소송의 경우 행정심판 전치주의는 적용되지 않는다. 그러나 행정처분의 당연무효를 선언하는 의미에서 제기하는 취소소송의 경우에도 행정심판 전치주의가 적용되는 경우 행정심판절차를 거쳐야 한다는 것이 판례의 입장이다(87누219). 행정심판은 항고쟁송에 해당하므로 당사자소송에는 적용이 없다. 다만, 예비적 청구로 항고소송이 병합 제기된 경우에는 그 적용을 받는다.[4] 재결 자체의 고유한 위법이 있다는 이유로 제기하는 재결소송(제3자가 당사자가 받은 인용재결 그 자체 또는 이행명령재결에 따른 처분에 대해 소를 제기하는 경우 등 포함) 또는 재결

---

1) 행정소송을 제기함에 있어서 행정심판을 먼저 거치도록 한 것은 행정관청으로 하여금 그 행정처분을 다시 검토케 하여 시정할 수 있는 기회를 줌으로써 행정권의 자주성을 존중하고 아울러 소송사건의 폭주를 피함으로써 법원의 부담을 줄이고자 하는데 그 취지가 있다(87누704).

2) 국세기본법과 달리 지방세기본법상의 전치절차는 모두 임의적인 것이다.

3) 사법연수원, 행정구제법(2013), 140면.

4) 주위적 청구가 전심절차를 요하지 아니하는 당사자소송이더라도 병합 제기된 예비적 청구가 항고소송이라면 이에 대한 전심절차 등 제소의 적법요건을 갖추어야 한다(89누39).

주의에 따른 재결소송 등의 경우 이로써 처분청이 직접 시정할 기회를 갖게 된 것
이므로 이에 대해 또다시 행정심판을 전치하지 않고도 바로 취소소송을 제기할 수
있다.

　행정처분의 상대방이 아닌 제3자가 제기하는 취소소송의 경우에도 행정심판법
제27조 제3항 단서 소정의 행정심판을 처분이 있은 날로부터 180일 이내에 제기할
수 없었던 정당한 사유가 있는 경우에 해당하는 것으로 보는 등 행정심판 청구기간
에 특수성을 인정하는 것으로 족하고(96누14661). 행정심판전치주의 적용 자체를 부
정할 수는 없다는 것이 판례의 입장이다(88누5150).

　행정심판을 거쳤는지 여부는 소송요건이므로 직권조사사항이다. 그 충족에 대
한 판단시점에 관하여 판례는 당해 취소소송의 사실심변론종결시라는 입장이다(86
누29). 이는 사실심변론종결시까지 행정심판을 거칠 경우 소송요건상 하자의 치유
를 인정하겠다는 것이다. 판례는 부적법한 심판제기가 기각된 경우에는 심판을 전
치하지 않은 것으로 보고 있다(90누8091).

　행정심판의 청구인과 행정소송의 원고가 같은 인물이어야 하는가에 대해 일반
적인 견해는 원칙적으로는 동일인일 것을 요하지만 공동소송인 중 1인이 행정심판
을 거쳤을 경우(83누584), 동종사건에 대해 이미 행정심판의 기각결정이 있는 경우
(행정소송법 제18조 제3항 제1호), 심판청구인의 사망으로 상속인이 이를 수계하였을
경우 등에는 인적 동일성을 요하지 않는다고 본다. 행정심판의 공격방어방법과 행
정소송의 그것이 동일하여야 하는지 역시 문제되는데 이 경우에는 서로 관련성이
없다는 것이 통설과 판례이다.5)

　행정심판청구가 있은 날로부터 60일이 지나도 재결이 없는 때, 처분의 집행 또
는 절차의 속행으로 생길 중대한 손해를 예방하여야 할 긴급한 필요가 있는 때, 법
령의 규정에 의한 행정심판기관이 의결 또는 재결을 하지 못할 사유가 있는 때, 그
밖의 정당한 사유가 있는 때에는 행정심판의 재결을 거치지 아니하고 취소소송을
제기할 수 있다(행정소송법 제18조 제2항 제1호 내지 제4호).

　동종사건에 관하여 이미 행정심판의 기각재결이 있은 때,6) 서로 내용상 관련되

---

5) 항고소송에 있어서 원고는 전심절차에서 주장하지 아니한 공격방어방법을 소송절차에서 주장
　할 수 있고 법원은 이를 심리하여 행정처분의 적법 여부를 판단할 수 있는 것이므로, 원고가
　전심절차에서 주장하지 아니한 처분의 위법사유를 소송절차에서 새롭게 주장하였다고 하여
　다시 그 처분에 대하여 별도의 전심절차를 거쳐야 하는 것은 아니다(96누754).
6) 여기서 동종사건이라 함은 당해 사건은 물론 당해사건과 기본적인 점에서 동질성이 인정되는

는 처분 또는 같은 목적을 위하여 단계적으로 진행되는 처분 중 어느 하나가 이미 행정심판의 재결을 거친 때, 행정청이 사실심의 변론종결 후 소송의 대상인 처분을 변경하여 당해 변경된 처분에 관하여 소를 제기하는 때, 처분을 행한 행정청이 행정심판을 거칠 필요가 없다고 잘못 알린 때에는 행정심판을 제기함이 없이 취소소송을 제기할 수 있다(행정소송법 제18조 제3항 제1호 내지 제4호).

행정소송법 제22조 제1항에 따라 행정청이 소가 제기된 후 처분을 변경한 경우 당사자는 이에 대해 소변경을 청구할 수 있고, 이 경우 소변경이 되면 행정심판 전치의 경우 그 요건을 갖춘 것으로 본다(행정소송법 제22조 제3항).

2. 제소기간

행정소송법 제20조는 취소소송에 대하여 제소기간을 두고 있다. 제소기간이란 처분의 상대방 등이 당해 소송을 제기할 수 있는 기간을 말한다. 이는 소송요건으로서 법원의 직권조사사항이다. 필수적으로 행정심판절차를 거쳐야 하는 경우 제소기간의 기산일은 재결서 정본을 송달 받은 날부터 90일, 재결서의 정본은 송달받지 못한 경우에는 재결이 있은 날로부터 1년 내에 소를 제기하여야 한다. 행정심판 청구를 하지 않은 경우 제소기간은 처분등이 있음을 안 날로부터 90일, 처분이 있은 날로부터 1년이다. 이 두 기간 중 어느 것이나 먼저 도래한 기간 내에 제기하여야 하고, 어느 하나의 기간이라도 경과하면 제소기간은 종료한다.

"처분등이 있음을 안 날"이란 통지·공고 기타의 방법에 의하여 당해 처분의 존재를 현실적·구체적으로 안 날을 말한다. 판례는 처분을 기재한 서류가 당사자의 주소에 송달되어 사회통념상 처분이 있음을 당사자가 알 수 있는 상태에 놓여진 때에는 반증이 없는 한 그 처분이 있음을 알았다고 추정할 수 있다고 한다. 그러나 특정인에 대한 행정처분을 주소불명 등의 이유로 송달할 수 없어 관보·공보·게시판·일간신문 등에 공고한 경우에는, 공고가 효력을 발생하는 날에 상대방이 그 행정처분이 있음을 알았다고 볼 수는 없고, 상대방이 당해 처분이 있었다는 사실을 현실적으로 안 날에 그 처분이 있음을 알았다고 보아야 한다.

행정처분의 상대방이 아닌 제3자는 처분등이 있음을 안 날로부터 진행되는 제

사건을 가리킨다(92누8972). 한편, 판례는 해석상 수인에 대한 동일한 처분이 있는 경우 그중 일인이 행정심판을 받은 경우에 다른 수인 중 일인이 행정소송을 제기할 때도 동 규정을 유추 적용한다(83누584).

소기간의 제한은 받지 않는 것이 원칙이나, 행정처분이 있음을 알았을 때에는 그 때부터 90일 내에 소를 제기하여야 한다. 행정처분의 상대방이 아닌 제3자는 일반적으로 처분이 있는 것을 바로 알 수 없는 처지에 있으므로 처분이 있은 날로부터 180일이 경과하더라도 특별한 사유가 없는 한 행정심판법 제18조 제3항 단서 소정의 정당한 사유가 있는 것으로 보아 심판청구가 가능하나, 그 제3자가 어떤 경위로든 행정처분이 있음을 알았거나 쉽게 알 수 있는 등 같은 법 제18조 제1항 소정의 심판청구기간 내에 심판청구가 가능하였다는 사정이 있는 경우에는 그 때로부터 60일 이내에 심판청구를 하여야 하고, 이 경우 제3자가 그 청구기간을 지키지 못하였음에 정당한 사유가 있는지 여부는 문제가 되지 아니한다.

고시 또는 공고에 의한 행정처분(일반처분)의 경우에는 그 처분의 상대방이 불특정 다수인이고 그 처분의 효력이 불특정 다수인에게 일률적으로 적용되는 것이므로, 그 행정처분에 이해관계를 가지고 있는 자가 현실적으로 고시 또는 공고가 있었다는 사실을 알았는지 여부와 관계없이 고시가 효력을 발생한 날에 행정처분이 있음을 알았다고 보아야 한다.

90일의 기간은 불변기간으로 한다(제20조 제3항). 따라서 이 기간은 중단되거나 정지되지 않는다. 다만, 당사자가 책임질 수 없는 사유로 불변기간을 준수하지 못한 경우에는 민사소송법 제173조 제1항 본문의 규정에 의하여 그 사유가 없어진 날로부터 2주 내에 소송행위를 추완하는 것은 가능하다.

"처분이 있은 날"이란 처분이 외부로 표시되어 효력을 발생한 날을 뜻한다. 상대방이 있는 처분의 경우에는 상대방에게 도달하여야 한다. 그러나 처분이 있은 날로부터 1년이 경과하였더라도 정당한 사유가 있는 경우에는 상관없다(행정소송법 제20조 제2항 단서). 정당한 사유란 불확정 개념으로서 사회통념상 상당하다고 할 수 있는가에 의하여 판단하여야 한다. 또한 제3자효 행정행위에서의 처분의 직접상대방 아닌 제3자는 이러한 정당한 사유에 의하여 구제받을 수 있는 경우가 많을 것이다.

3. 관할

취소소송의 제1심 관할법원은 피고의 소재지를 관할하는 행정법원이다. 다만 중앙행정기관 또는 그 장이 피고인 경우에는 대법원 소재의 행정법원으로 한다(행정소송법 제9조). 행정법원이 설치되지 않은 지역에 있어서의 행정법원의 권한에 속하는 사건은 행정법원이 설치될 때까지 해당 지방법원의 본원과 춘천지방법원 강릉지원이 제1심 관할법원이다(법원조직법 부칙 제2조). 토지수용 기타 부동산 또는 특정한 장소에 관계되는 처분 등에 대한 취소소송은 그 부동산 또는 장소의 소재지를 관할하는 행정법원에도 취소소송을 제기할 수 있다(행정소송법 제9조 제2항). 2개 이상의 관할구역에 걸쳐 있는 때에는 어느 구역을 관할하는 법원도 관할권을 가진다. 사무소·영업소 소재지의 특별재판적 등 민사소송법이 정한 특별재판적에 관한 규정도 원칙적으로 행정사건에 준용된다 할 것이다. 따라서 근로복지공단 등 공법인을 피고로 한 행정소송에서 지점소재지 관할 법원도 그 지점의 업무에 관한 처분을 소송의 대상으로 하는 한, 관할을 가진다(93누18655).

행정사건은 원칙적으로 판사 3인으로 구성된 합의부에서 재판하여야 하는 합의사건이다(법원조직법 제7조 제3항). 다만 합의부가 단독판사가 재판할 것으로 결정한 사건에 대하여는 단독판사가 재판할 수 있다(법원조직법 제7조 제3항 단서). 개별법규 중 보안관찰법 제23조, 독점규제 및 공정거래에 관한 법률 제55조, 약관의 규제에 관한 법률 제30조의2, 하도급거래공정화에 관한 법률 제27조 등은 서울고등법원을 제1심으로 규정하여 2심제를 채택하고 있다.

가사소송법 제2조 제1항은 가사사건이 가정법원의 전속관할임을 명문으로 규정하고 있다. 반면 행정소송법은 행정사건이 행정법원의 전속관할이라고 명문으로 규정하고 있지 않다. 그러나 통설과 판례는 성질상 행정사건은 행정법원의 전속관할이라고 보고 있고, 그에 따라 행정사건을 민사법원이나 가정법원이 관할하는 것은 전속관할의 위반이고, 절대적 상고이유가 된다. 행정법원이 설치되어 있지 않아 지방법원 본원합의부가 행정사건을 취급하는 경우, 행정사건을 민사사건으로 접수하여 처리하였다 하더라도 이는 사무 분담의 문제일 뿐이고 관할위반의 문제는 아니다.

행정소송의 토지관할은 임의관할이고, 당사자의 합의에 의한 합의관할이나 변론관할이 인정되나, 이는 행정법원의 역할을 할 수 있는 지방법원 본원에 대한 것일 때만 가능한 것이고, 지방법원 지원(춘천지방법원 강릉지원 제외)은 합의지원이 아니므로 행정사건을 다룰 수 없고, 당연히 합의관할도 생길 수 없다.

4. 원고적격

(1) 당사자능력 · 당사자적격 · 원고적격

당사자능력이란 소송상 당사자가 될 수 있는 능력을 말하고 이는 민법상의 권

리능력에 대응하는 소송법상 개념이다. 당사자능력은 원고·피고·참가인이 소송의
주체가 될 수 있는 능력을 뜻한다. 권리의무의 주체는 당사자능력이 있다. 사람은
살아있는 동안 권리와 의무의 주체가 되고, 당연히 소송법상 당사자능력이 있다.
법인은 법에 의하여 권리능력이 인정되기 때문에 당사자능력이 있다. 국가는 시원
적 권리의 주체이다. 지방자치법 제3조 제1항은 "지방자치단체는 법인으로 한다"고
규정하고 있다.

당사자적격은 당사자가 소송목적이 되는 권리 또는 법률관계에 관하여 소송을
수행하고 본안판결을 받을 수 있는 자격이다. 이는 개별적이고 구체적인 사건에서
원고 또는 피고로서 소송을 수행할 수 있는 자격을 말한다. 이는 당연히 당사자능
력이 있음을 전제로 한 개념이다.

당사자적격을 가지는 원고에 한정하여 원고적격이 인정된다. 원고적격은 소송
에서 원고가 될 수 있는 자격을 말한다. 취소소송은 이와 관련해 행정소송법 제12
조 전문에서 "취소소송은 처분 등의 취소를 구할 법률상 이익 있는 자가 제기할 수
있다"라고 하여 원고적격에 관한 규정을 두고 있다.

자연인과 법인은 법률상 이익의 주체가 될 수 있다. 법인에는 사법인과 공법인
이 포함되고 지방자치단체도 공법인이기 때문에 자신의 일정한 권리가 침해될 경
우 원고적격을 가질 수 있다. 한편, 국가는 지방자치단체의 사무 중 자치사무의 경
우는 일정한 경우 법률상 이익을 가져 지방자치단체를 상대로 취소소송을 제기할
수 있으나, 기관위임사무와 관련해서는 국가나 지방자치단체나 같은 국가기관이기
때문에 동일한 행정부 내부의 일로 보아 취소소송 등이 불가할 것이다. 국가의 기
관은 권리능력 및 소송상 당사자능력이 없어 원칙적으로 원고적격을 갖지 못한다.
행정심판의 피청구인은 재결의 취지에 구속되어 그에 따른 처분의무를 부담하므로
이에 불복하여 항고소송을 제기할 수 없으므로 이와 관련하여 원고적격이 없다.

(2) 처분의 상대방이 아닌 제3자

제3자가 자신에게 내려진 처분이 아닌 타인의 처분(처분의 상대방에게 내려진 처
분)에 대해 소송을 제기할 경우 과연 제3자에게 법률상 이익을 인정하여 원고적격
을 긍정할 수 있는지가 문제된다. 이와 관련해 경원자소송, 경업자소송, 인인소송,
단체소송, 환경소송 등이 논의되고 있으며 주로 제3자효 있는 행정행위와 관련되어
있다.

대법원 1995. 6. 30. 선고 94누14230 판결은 "행정처분의 직접 상대방이 아닌 제3자라 하더라도 당해 행정처분으로 인하여 법률상 보호되는 이익을 침해당한 경우에는 그 처분의 무효확인을 구하는 행정소송을 제기하여 그 당부의 판단을 받을 자격이 있다 할 것이며, 여기에서 말하는 법률상 보호되는 이익이라 함은 당해 처분의 근거 법규 및 관련 법규에 의하여 보호되는 개별적·직접적·구체적 이익이 있는 경우를 말하고, 공익보호의 결과로 국민 일반이 공통적으로 가지는 일반적·간접적·추상적 이익이 생기는 경우에는 법률상 보호되는 이익이 있다고 할 수 없다"고 판시하고 있다.

(3) 법률상 이익

행정소송법 제12조 전문의 '취소를 구할 법률상 이익'에서 「법률상 이익」의 의미에 대해서 여러 견해가 대립하나,[7] 판례는 "법률상의 이익은 당해 처분의 근거 법률에 의하여 보호되는 직접적이고 구체적인 이익이 있는 경우를 말하고, 다만 공익보호의 결과로 국민 일반이 공통적으로 가지는 추상적, 평균적, 일반적 이익과 같이 간접적이거나 사실적, 경제적 이해관계를 가지는 데 불과한 경우는 여기에 포함되지 않는다"는 입장이다(97누12556).

법률상 이익의 존부를 판단하기 위해서는 어느 범위까지의 관련 법률을 검토해야 할 것인지에 대하여 당해 처분의 근거가 되는 법률의 규정과 취지만을 고려해야 한다는 견해, 근거법률 및 당해 처분과 관련된 관련법령까지도 고려해야 한다는 견해, 근거법령과 관련법령 및 이와 더불어 헌법상의 기본권 규정까지도 고려해야 한다는 견해가 주장되고 있으며, 판례의 주된 입장은 당해 처분의 근거법률을 고려해야 하는 것이 원칙이지만, 제3자가 처분을 다툴 경우에는 처분의 관련 법률까지 고려해야 한다는 입장이다.

반사적 이익이란 근거 법규가 오로지 공익의 실현만을 목적으로 하고 있어 행정 주체가 어떠한 작위 또는 부작위의 행위를 하여 사인에게 어떠한 간접적·반사적인

---

7) 법률상 이익이란 곧 권리를 말하고 따라서 권리가 침해된 자가 원고적격이 인정된다는 견해, 개인의 침해된 이익이 법률상 보호받을 필요가 있는 이익이라면 원고적격이 인정된다는 견해, 법상 보호되는 이익은 아니지만 행정쟁송을 통해 보호할 가치가 있다고 판단되는 경우에는 이러한 이익의 침해도 원고적격이 인정된다는 견해, 취소소송의 본질을 권리구제가 아닌 행정청의 적법성 보장으로 보고, 이에 대해 가장 이해관계를 많이 가지는 자가 원고적격을 가진다는 견해 등이 주장된다.

이익이 발생하여도 법규상으로 보호받지 못하는 사실상의 이익을 말한다. 법률상 이익과 반사적 이익은 근거법규가 공익만을 목적으로 하면 반사적 이익이고 근거법규에서 사익도 보호목적으로 가지고 있으면 법률상 이익으로 되는 차이가 있다.

(4) 경업자소송

경업자소송이란 서로 경쟁관계에 있는 사인들 사이에 일방에게 내려진 수익적 처분이 경쟁관계의 타방에게는 침익적 효과를 미쳐 이에 대해 그 시정을 구하고자 제3자가 처분의 직접상대방에게 내려진 처분을 다투는 소송을 말한다. 경업자소송의 종류로는 ① 기존업자의 신규업자에 대한 인허가 등 처분의 취소를 구하는 소송인 경업자 진입방어소송, ② 특정인에게 행해진 수익처분으로 인해 경쟁관계에서 불리한 경쟁상황에 이르게 된 제3자가 그와 같은 수익처분에 대해서 다투는 경업자 수익방어소송으로 구분할 수 있다. 경업자진입방어소송의 경우 학설은 대체로 기존 업자가 허가업자인 경우 그로 인해 경영상 얻는 이익은 반사적 이익이라고 하여 원고적격을 부인하는 반면, 기존업자가 특허기업인 경우 경영상의 이익은 법률상 이익이고 따라서 원고적격을 인정하는 것이 일반적인 견해이다. 이는 허가의 경우 일반적 금지를 해제하고 자연적 권리를 회복시켜 주는 것에 그치는 반면, 특허의 경우에는 상대방에게 특별한 권리를 수여하여 경영하게 함으로써 그로 인해 발생하는 경영권도 법률상 보호를 해주기 때문이다. 그러나 허가의 경우 이러한 구분은 절대적인 것은 아니고 예외적으로 사익보호성이 인정되는 경우 법률상 이익의 침해로 보아 원고적격이 인정되기도 한다. 판례는 허가의 경우 원칙적으로 반사적 이익으로 보고,[8] 특허의 경우 특별한 예외 없이 법률상 이익으로 본다.[9]

---

8) 원고에 대한 공중목욕장업 경영 허가는 경찰금지의 해제로 인한 영업자유의 회복이라고 볼 것이므로 이 영업의 자유는 법률(구 공중목욕장업법)이 직접 공중목욕장업 피허가자의 이익을 보호함을 목적으로 한 경우에 해당되는 것이 아니고 법률이 공중위생이라는 공공의 복리를 보호하는 결과로서 영업의 자유가 제한되므로 인하여 간접적으로 관계자인 영업자유의 제한이 해제된 피허가자에게 이익을 부여하게 되는 경우에 해당되는 것이고 거리의 제한과 같은 위의 시행세칙이나 도지사의 지시가 모두 무효인 이상 원고가 이 사건 허가처분에 의하여 목욕장업에 의한 이익이 사실상 감소된다 하여도 이 불이익은 본건 허가처분의 단순한 사실상의 반사적 결과에 불과하고 이로 말미암아 원고의 권리를 침해하는 것이라고는 할 수 없음으로 원고는 피고의 피고 보조참가인에 대한 이 사건 목욕장업허가처분에 대하여 그 취소를 소구할 수 있는 법률상 이익이 없다 할 것이다(63누101).

9) 구 여객자동차운수사업법 제6조 제1항 제1호에서 '사업계획이 당해 노선 또는 사업구역의 수송수요와 수송력공급에 적합할 것'을 여객자동차운송사업의 면허기준으로 정한 것은 여객자동차운송사업에 관한 질서를 확립하고 여객자동차운송사업의 종합적인 발달을 도모하여 공

행정청이 경쟁관계에 있는 기존업자에게 보조금 등 자금지원행정을 하는 경우 다른 경쟁업자는 그 수익적 처분을 다툴 수 있는지가 문제되는데(경업자수익방어소송), 이 경우 수익적 처분의 요건법규가 공익뿐만 아니라 경쟁관계에 있는 자의 사익도 보호하고 있다고 볼 수 있는 경우에만 경쟁자에게 원고적격이 인정될 수 있을 것이다. 다만, 이 경우 일반적으로 관련법규가 당해수익적 처분의 상대방이 아닌 제3자의 이익까지도 보호하고 있다고 보기는 어려우므로 제3자는 원고적격 인정이 어려울 것이다. 이 경우 제3자에게 참을 수 없는 불리한 경쟁상황을 야기하는 경우에는 헌법상의 기본권의 경우까지 법률상의 이익을 확대하여 경쟁의 자유, 직업의 자유를 침해하는 것으로 보아 원고적격을 인정해야 한다는 견해와 자유경쟁이라는 자유시장 원칙상 인정할 수 없다는 견해가 대립한다. 이에 대해 헌법재판소는 헌법상의 기본권인 경쟁의 자유를 법률상 이익으로 보고 원고적격을 인정한 사례가 있다.[10]

(5) 경원자소송

인·허가 등의 수익적 행정처분을 신청한 수인이 서로 경쟁관계에 있어서 일방에 대한 허가 등의 처분이 타방에 대한 불허가 등으로 귀결될 수밖에 없는 때(동일 대상지역에 대한 공유수면매립면허나 도로점용허가 혹은 일정지역에 있어서의 영업허가 등에 관하여 거리제한 규정이나 업소개수제한규정 등이 있는 경우를 그 예로 들 수 있다)를

공의 복리를 증진함과 동시에 업자 간의 경쟁으로 인한 경영의 불합리를 미리 방지하자는 데 그 목적이 있다 할 것이고, 한편 같은 법 제3조 제1항 제1호와 같은법 시행령 제3조 제1호, 같은법 시행규칙 제7조 제3항, 제4항 등의 각 규정을 종합하여 보면, 시내버스운송사업과 시외버스운송사업은 다 같이 운행계통을 정하고 여객을 운송하는 노선여객자동차운송사업에 속하므로, 위 두 운송사업이 면허기준, 준수하여야 할 사항, 중간경유지, 기점과 종점, 운행방법, 이용요금 등에서 달리 규율된다는 사정만으로 본질적인 차이가 있다고 할 수는 없으며, 시외버스운송사업계획변경인가처분으로 인하여 기존의 시내버스운송사업자의 노선 및 운행계통과 시외버스운송사업자들의 그것들이 일부 중복되게 되고 기존업자의 수익감소가 예상된다면, 기존의 시내버스운송사업자와 시외버스운송사업자들은 경업관계에 있는 것으로 봄이 상당하다 할 것이어서 기존의 시내버스운송사업자에게 시외버스운송사업계획변경인가처분의 취소를 구할 법률상의 이익이 있다(2001두4450).

10) 행정처분의 직접 상대방이 아닌 제3자라도 당해처분의 취소를 구할 법률상 이익이 있는 경우에는 행정소송을 제기할 수 있다. 이 사건에서 보건대, 설사 국세청장의 지정행위의 근거규범인 이 사건 조항들이 단지 공익만을 추구할 뿐 청구인 개인의 이익을 보호하려는 것이 아니라는 이유로 청구인에게 취소소송을 제기할 법률상 이익을 부정한다고 하더라도, 청구인의 기본권인 경쟁의 자유가 바로 행정청의 지정행위의 취소를 구할 법률상 이익이 된다 할 것이다(97헌마141).

경원자 관계라 한다. 경원자 관계에서 불인가 등을 받은 제3자는 처분의 상대방에게 발해진 행정처분에 대해 항고소송을 제기할 수도 있고(이를 특히 경원자소송이라고 함), 한편, 제3자 자신의 입장에서 볼 때 이를 불허가, 즉 거부로 보아 거부처분에 대한 항고소송을 제기할 수도 있다.

행정소송법 제12조는 '취소소송은 처분 등의 취소를 구할 법률상의 이익이 있는 자가 제기할 수 있다'고 규정하고 있는바, 인·허가 등의 수익적 행정처분을 신청한 수인이 서로 경쟁관계에 있어서 일방에 대한 허가 등의 처분이 타방에 대한 불허가 등으로 귀결될 수밖에 없는 때(이른바 경원관계에 있는 경우로서 동일대상지역에 대한 공유수면매립면허나 도로점용허가 혹은 일정지역에 있어서의 영업허가 등에 관하여 거리제한 규정이나 업소개수제한규정 등이 있는 경우를 그 예로 들 수 있다) 허가 등의 처분을 받지 못한 자는 비록 경원자에 대하여 이루어진 허가 등 처분의 상대방이 아니라 하더라도 당해 처분의 취소를 구할 당사자적격이 있다 할 것이고, 다만 구체적인 경우에 있어서 그 처분이 취소된다 하더라도 허가 등의 처분을 받지 못한 불이익이 회복된다고 볼 수 없을 때에는 당해 처분의 취소를 구할 정당한 이익이 없다고 할 것이다(91누13274).

(6) 인인소송

인인소송은 이웃하는 자들 사이에 특정인에게 주어지는 수익적 행정행위가 다른 타 주민들에게는 침익적 행정행위에 속하는 경우 타주민들이 특정인에게 주어진 수익적 행정행위 자체에 대해 항고소송을 제기하는 것을 말하며 주로 건축소송, 환경소송에서 많이 문제된다. 이 경우 타 주민들이 특정인에게 내려진 행정처분을 다툴 원고적격이 있는지가 문제된다. 인인소송에서 이웃주민의 원고적격 여부는 관련법규가 이웃주민의 사익도 보호하기 위한 목적이 인정되는지에 따라 결정된다.

행정처분의 직접 상대방이 아닌 자로서 그 처분에 의하여 자신의 환경상 이익이 침해받거나 침해받을 우려가 있다는 이유로 취소소송을 제기하는 제3자는, 자신의 환경상 이익이 그 처분의 근거 법규 또는 관련 법규에 의하여 개별적·직접적·구체적으로 보호되는 이익, 즉 법률상 보호되는 이익임을 입증하여야 원고적격이 인정되고, 다만 그 행정처분의 근거 법규 또는 관련 법규에 그 처분으로써 이루어지는 행위 등 사업으로 인하여 환경상 침해를 받으리라고 예상되는 영향권의 범위가 구체적으로 규정되어 있는 경우에는, 그 영향권 내의 주민들에 대하여는 당해

처분으로 인하여 직접적이고 중대한 환경피해를 입으리라고 예상할 수 있고, 이와
같은 환경상의 이익은 주민 개개인에 대하여 개별적으로 보호되는 직접적·구체적
이익으로서 그들에 대하여는 특단의 사정이 없는 한 환경상 이익에 대한 침해 또는
침해 우려가 있는 것으로 사실상 추정되어 법률상 보호되는 이익으로 인정됨으로
써 원고적격이 인정되며, 그 영향권 밖의 주민들은 당해 처분으로 인하여 그 처분
전과 비교하여 수인한도를 넘는 환경피해를 받거나 받을 우려가 있다는 자신의 환
경상 이익에 대한 침해 또는 침해 우려가 있음을 증명하여야만 법률상 보호되는 이
익으로 인정되어 원고적격이 인정된다(2006두14001).

5. 피고적격

취소소송은 다른 법률에 특별한 규정이 없는 한 그 처분 등을 행한 행정청을
피고로 한다(행정소송법 제13조 제1항 본문). 원래 피고적격은 권리능력이 있는 주체
가 되어야 하는데 그 기관에 불과한 행정청을 피고로 한 것은 순전히 행정소송 수
행상의 편의를 위한 것이다. 따라서 취소소송 등 항고소송 이외에 당사자소송 등
나머지 기타의 소송은 모두 소송상 당사자능력이 있는 자인 권리주체가 피고가 된
다. 여기서의 행정청은 소송의 대상인 행정처분을 그 자신의 명의로 행한 행정청을
의미한다. 따라서 독임제 행정청 외에 합의제 행정청도 피고가 될 수 있고, 재결이
항고소송의 대상이 된 경우에는 재결청이 피고가 되며, 지방의회도 지방의회의원에
대한 징계의결, 의장에 대한 불신임의결 등의 경우에는 행정청이 되기도 한다.[11]
반면, 조례에 대한 항고소송의 경우에는 공포권자인 지방자치단체장 또는 교육조례
의 경우에는 교육감이 행정청이 된다. 단순히 행정조직상의 행정청 이외에도 법령
에 의하여 행정권한의 위임 또는 위탁을 받은 행정기관, 공공단체 및 그 기관 또는
사인이 포함된다(법 제2조 제2항). 이를 기능적 의미의 행정청이라고 한다.[12] 행정권

---

11) 지방의회를 대표하고 의사를 정리하며 회의장 내의 질서를 유지하고 의회의 사무를 감독하며
    위원회에 출석하여 발언할 수 있는 등의 직무권한을 가지는 지방의회 의장에 대한 불신임의
    결은 의장으로서의 권한을 박탈하는 행정처분의 일종으로서 항고소송의 대상이 된다(94두
    23); 지방의회의 의장은 지방자치법 제43조, 제44조의 규정에 의하여 의회를 대표하고 의사를
    정리하며, 회의장 내의 질서를 유지하고 의회의 사무를 감독할 뿐만 아니라 위원회에 출석하
    여 발언할 수 있는 등의 직무권한을 가지는 것이므로, 지방의회의 의사를 결정공표하여 그 당
    선자에게 이와 같은 의장으로서의 직무권한을 부여하는 지방의회의 의장선거는 행정처분의
    일종으로서 항고소송의 대상이 된다(94누2602).
12) 지방자치법 및 조례의 관계 규정과 대행계약서의 내용 등을 종합하여 보면, 피고 공사는 서울
    특별시장으로부터 서울특별시가 사업시행자가 된 이 사건 택지개발사업지구 내에 거주하다

한의 위임 또는 위탁된 경우에는 그러한 위임 또는 위탁을 받아 처분을 행한 수임청 또는 수탁청이 피고가 된다. 그러나, 내부위임의 경우에는 원칙은 처분권한이 이전되지 않기 때문에 위임기관이 피고가 되지만 수임기관이 자신의 명의로 처분한 경우 수임기관이 피고가 된다.[13] 권한의 대리가 있는 경우에는 피대리청이 피고가 된다. 다만, 대리청이 현명을 하지 않고 자신의 이름으로 처분한 경우에는 역시

가 사업시행에 필요한 가옥을 제공함으로 인하여 생활의 근거를 상실하게 되는 이주자들에게 택지개발촉진법과 구 공공용지의 취득 및 손실보상에 관한 특례법 및 주택공급에 관한 규칙 등의 법령에 따라서 위 택지개발사업의 시행으로 조성된 토지를 분양하여 주거나 분양아파트 입주권을 부여하는 내용의 이주대책 수립권한을 포함한 택지개발사업에 따른 권한을 위임 또는 위탁받았다고 할 것이므로, 서울특별시가 사업시행자가 된 이 사건 택지개발사업과 관련하여 이주대책 대상자라고 주장하는 자들이 피고 공사 명의로 이루어진 이주대책에 관한 처분에 대한 취소소송을 제기함에 있어 정당한 피고는 피고 공사(에스에이치공사)가 된다고 할 것이다(2005두3776). 유료도로법 제3조 제1항은 유료도로의 통행료 징수권은 그 도로관리청에 있다고 규정하고 있고, 고속국도법 제5조는 고속국도의 관리청을 피고 건설교통부장관으로 규정하고 있으며, 한국도로공사법 제6조 제1항은 국가는 유료도로관리권을 피고 공사에 출자할 수 있다고 규정하고 있고, 구법 제2조 제3항은 유료도로관리권이라 함은 유료도로를 유지·관리하고 유료도로를 통행하거나 이용하는 자로부터 통행료 또는 점용료 등을 징수하는 권리를 말한다고 규정하고 있는바, 위에서 본 사실 및 관계 법령의 규정을 종합하면, 피고 공사(한국도로공사)는 국가로부터 유료도로 통행료 징수권이 포함된 유료도로관리권을 출자 받아 이 사건 구간의 통행료 징수권을 행사할 권한을 적법하게 가지게 되었고, 이에 따라 피고 공사가 이 사건 처분을 한 것이지 피고 장관이 이 사건 처분을 하였다고 볼 수 없으므로 이 사건 소 중 피고 장관을 상대로 한 부분은 부적법하다(2003두6641).

13) 항고소송은 행정청의 처분 등이나 부작위에 대하여 처분 등을 행한 행정청을 상대로 이를 제기할 수 있고 행정청에는 처분 등을 할 수 있는 권한이 있는 국가 또는 지방자치단체와 같은 행정기관뿐만 아니라 법령에 의하여 행정권한의 위임 또는 위탁을 받은 행정기관, 공공단체 및 그 기관 또는 사인이 포함되는바 특별한 법률에 근거를 두고 행정주체로서의 국가 또는 지방자치단체로부터 독립하여 특수한 존립목적을 부여받은 특수한 행정주체로서 국가의 특별한 감독하에 그 존립목적인 특정한 공공사무를 행하는 공법인인 특수행정조직 등이 이에 해당한다. 대한주택공사의 설립목적, 취급업무의 성질, 권한과 의무 및 택지개발사업의 성질과 내용 등에 비추어 같은 공사가 관계법령에 따른 사업을 시행하는 경우 법률상 부여받은 행정작용권한을 행사하는 것으로 보아야 할 것이므로 같은 공사가 시행한 택지개발사업 및 이에 따른 이주대책에 관한 처분은 항고소송의 대상이 된다(92누3618). 행정관청이 특정한 권한을 법률에 따라 다른 행정관청에 이관한 경우와 달리 내부적인 사무처리의 편의를 도모하기 위하여 그의 보조기관 또는 하급행정관청으로 하여금 그의 권한을 사실상 행하도록 하는 내부위임의 경우에는 수임관청이 그 위임된 바에 따라 위임관청의 이름으로 권한을 행사하였다면 그 처분청은 위임관청이므로 그 처분의 취소나 무효확인을 구하는 소송의 피고는 위임관청으로 삼아야 한다(91누520). 행정처분의 취소 또는 무효확인을 구하는 행정소송은 다른 법률에 특별한 규정이 없는 한 그 처분을 행한 행정청을 피고로 하여야 하며, 행정처분을 행할 적법한 권한있는 상급행정청으로부터 내부위임을 받은데 불과한 하급행정청이 권한없이 행정처분을 한 경우에도 실제로 그 처분을 행한 하급행정청을 피고로 할 것이지 그 상급행정청을 피고로 할 것은 아니다(89누4765).

대리청이 피고가 된다. 한편, 이 경우 판례는 대리청이 현명을 하지 않았지만 대리의 의사로 행정처분을 하였고, 상대방이 그 행정처분의 피대리행정청을 대리하여 한 것임을 알고 이를 받아들인 경우에는 피대리행정청이 피고가 되어야 한다고 판시하였다.[14]

처분 등이 있은 뒤 그 처분 등에 관계되는 권한이 다른 행정청에 승계된 때에는 이를 승계한 행정청이 피고가 된다(행정소송법 제13조 제1항 단서). 한편, 처분청이나 재결청이 없게 된 때에는 그 처분 등에 관한 사무가 귀속되는 국가 또는 공공단체를 피고로 한다(행정소송법 제13조 제2항).

국가공무원법에 의하면 대통령이 행한 징계처분, 기타 본인의 의사에 반하는 불리한 처분 등에 대해서는 행정소송의 피고는 소속장관이 된다(국가공무원법 제16조 제2항).

행정소송법 제14조는 원고가 피고를 잘못 지정한 때에는 법원은 원고의 신청에 의하여 결정으로써 피고의 경정을 허가할 수 있도록 하고 있다. 법원의 피고 경정 결정이 있은 때에는 새로운 피고에 대한 소송은 처음에 소를 제기한 때에 제기된 것으로 보며, 종전의 피고에 대한 소송은 취하된 것으로 본다. 행정소송법 제21조는 법원은 취소소송을 당해 처분 등에 관계되는 사무가 귀속하는 국가 또는 공공단체에 대한 당사자소송 또는 취소소송 외의 항고소송으로 변경하는 것이 상당하다고 인정할 때에는 청구의 기초에 변경이 없는 한 사실심의 변론종결시까지 원고의 신청에 의하여 결정으로써 소의 변경을 허가할 수 있다고 규정하고 있다.

6. 대상적격

(1) 의의

취소소송은 처분 등을 대상으로 한다. 다만, 재결취소소송의 경우에는 재결 자체에 고유한 위법이 있음을 이유로 하는 경우에 한한다(행정소송법 제19조). 이처럼

---

14) 대리권을 수여받은 데 불과하여 그 자신의 명의로는 행정처분을 할 권한이 없는 행정청의 경우 대리관계를 밝힘이 없이 그 자신의 명의로 행정처분을 하였다면 그에 대하여는 처분명의자인 당해 행정청이 항고소송의 피고가 되어야 하는 것이 원칙이지만, 비록 대리관계를 명시적으로 밝히지는 아니하였다 하더라도 처분명의자가 피대리 행정청 산하의 행정기관으로서 실제로 피대리 행정청으로부터 대리권한을 수여받아 피대리 행정청을 대리한다는 의사로 행정처분을 하였고 처분명의자는 물론 그 상대방도 그 행정처분이 피대리 행정청을 대리하여 한 것임을 알고서 이를 받아들인 예외적인 경우에는 피대리 행정청이 피고가 되어야 한다(2005부4).

취소소송의 대상을 대상적격이라 한다. 이는 소송요건 중 하나로 직권조사사항이다. 원처분주의란 취소소송의 대상을 원칙적으로 처분으로 하고, 재결은 그 자체에 고유한 위법이 있는 경우에만 예외적으로 대상으로 하는 것을 말하고, 재결주의란 취소소송의 대상을 원칙적으로 재결로 하고 재결소송에서 처분의 위법성까지 다툴 수 있도록 하는 것을 말한다. 우리나라 법제는 원칙적으로 원처분주의를 택하고 있다. 다만, 개별 법률에서 재결주의를 취하고 있는 경우도 있다.

(2) 처분에 대한 취소소송

"처분"이라 함은 '행정청이 행하는 구체적 사실에 관한 법집행으로서의 공권력의 행사 또는 그 거부와 그 밖에 이에 준하는 행정작용'을 말한다(행정소송법 제2조 제1항 제1호). 항고소송의 대상이 되는 행정처분은 행정청의 공법상 행위로서 특정 사항에 대하여 법규에 의한 권리의 설정 또는 의무의 부담을 명하거나, 기타 법률상 효과를 발생하게 하는 등 국민의 권리의무에 직접 관계가 있는 행위를 가리키는 것이고, 상대방 또는 기타 관계자들의 법률상 지위에 직접적인 영향을 미치지 않는 행위는 항고소송의 대상이 되는 행정처분이 아니다(2007두10198). 일반적인 행정조직법상의 행정청은 '행정주체의 의사를 결정·표시할 수 있는 권한을 가진 기관'으로 정의된다. 그런데 행정소송법의 행정청은 이러한 조직법상의 행정청 외에 기능적 의미의 행정청을 포함하고 있다. 이는 행정소송법 제2조 제2항에 '이 법을 적용함에 있어서 행정청에는 법령에 의하여 행정권한의 위임 또는 위탁을 받은 행정기관, 공공단체 및 그 기관 또는 사인이 포함된다'라고 규정하고 있기 때문이다. 따라서 공기업은 물론 사기업 및 사인이라 하여도 행정권한을 위임 또는 위탁받은 한도 내에서는 행정청이 된다. 처분은 구체적 사실에 대한 법집행이어야 한다. 일반적 추상적인 법령 또는 내규나 사업계획 등은 그 규율 대상이 제한되어 있다고 하더라도 행정소송 대상이 될 수 없다. 행정계획은 원칙적으로 항고소송의 대상이 되지 않지만, 행정계획 자체로써 특정인의 법률상 이익을 개별적·구체적으로 규제하는 효과가 있는 경우에는 항고소송의 대상이 된다. 또한 직무명령과 같은 행정기관의 내부적 행위나 법적 행위가 아닌 알선, 권고, 지도와 같은 사실행위는 처분에 해당하지 않는다.

공권력의 행사의 거부란 신청을 전제로 하는 처분과 관련해 행정청이 사인의 신청을 거절하는 것을 말한다. 거부가 처분이 되기 위한 요건으로 판례는 ① 신청한 행위가 공권력의 행사 또는 이에 준하는 행정작용일 것, ② 거부행위가 신청인의 법률관계에 어떤 변동을 일으키는 것일 것, ③ 원고에게 법규상·조리상 신청권이 있을 것을 요구한다. 이 때 법규상·조리상 신청권은 일반적·추상적으로 단순히 신청에 따른 응답을 받을 형식적 권리를 의미할 뿐이다.15) 법령상 일정기간이 지나면 거부로 간주되는 간주거부와 묵시적 거부도 거부에 포함되며, 신청인에 대해 직접 거부의 의사표시를 하지 않았어도 신청인이 정황상 거부로 알 수 있었다고 인정되면 거부처분으로 볼 수 있다.16) 한편, 반복된 거부처분의 경우 각각 독립하여 취소소송의 대상이 된다.17)

"그 밖에 이에 준하는 행정작용"은 권력적 사실행위, 일반처분, 처분적 법령, 사실상 강제력 있는 비권력적 사실행위, 행정지도, 행정조사 등 다양한 행정작용 중 구제의 필요성이 인정되고, 항고소송을 통한 구제가 실체 의미 있는 효과를 가지는지를 고려하여 구체적으로 법원이 판단할 사항이라 할 것이다.

(3) 재결에 대한 취소소송(재결소송)

재결소송이란 재결이 항고소송의 대상이 되는 소송을 말한다. 여기서의 재결이란 행정심판법상의 재결만을 의미하는 것이 아니라 이 외에도 기타 개별법령에서 행정청이 준사법기관으로서 처분 등에 대해 심판하는 것도 포함하는 개념이다. 원처분주의에 의하면 재결소송은 재결 자체에 고유한 위법이 있는 경우에만 가능하다. 반면, 재결주의에 의하면 재결소송은 원처분의 위법이 있는 경우에도 재결소송을 제기할 수 있다.

행정소송법 제19조는 취소소송은 행정청의 원처분을 대상으로 하되(원처분주

---

15) 거부처분의 처분성을 인정하기 위한 전제요건이 되는 신청권의 존부는 구체적 사건에서 신청인이 누구인가를 고려하지 않고 관계 법규의 해석에 의하여 일반 국민에게 그러한 신청권을 인정하고 있는가를 살펴 추상적으로 결정되는 것이고, 신청인이 그 신청에 따른 단순한 응답을 받을 권리를 넘어서 신청의 인용이라는 만족적 결과를 얻을 권리를 의미하는 것은 아니다(95누12460).

16) 검사 지원자 중 한정된 수의 임용대상자에 대한 임용 결정은 한편으로는 그 임용대상에서 제외한 자에 대한 임용거부결정이라는 양면성을 지니는 것이므로 임용대상자에 대한 임용의 의사표시는 동시에 임용대상에서 제외한 자에 대한 임용거부의 의사표시를 포함한 것으로 볼 수 있고, 이러한 임용 거부의 의사 표시는 본인에게 직접 고지되지 않았다고 하여도 본인이 이를 알았거나 알 수 있었을 때에 그 효력이 발생한 것으로 보아야 한다(90누5825).

17) 거부처분은 관할 행정청이 국민의 처분신청에 대하여 거절의 의사표시를 함으로써 성립되고, 그 이후 동일한 내용의 새로운 신청에 대하여 다시 거절의 의사표시를 한 경우에는 새로운 거부처분이 있는 것으로 보아야 할 것이다(2000두6084).

의), 다만 "재결 자체에 고유한 위법이 있음을 이유로 하는 경우"에 한하여 행정심판의 재결도 취소소송의 대상으로 삼을 수 있도록 규정하고 있으므로 재결취소소송의 경우 재결 자체에 고유한 위법이 있는지 여부를 심리할 것이고, 재결 자체에 고유한 위법이 없는 경우에는 원처분의 당부와는 상관없이 당해 재결취소소송은 이를 기각하여야 한다는 것이 판례의 기본입장이다.[18]

재결 자체의 고유한 위법이란 권한이 없는 행정기관이 재결을 하였거나, 법령에서 요구되는 형식 및 절차를 준수하지 못한 재결과 재결 내용의 위법을 말한다.[19]

심판청구가 적법함에도 불구하고 재결청이 이를 각하재결한 경우에는 재결 자체의 고유한 위법에 해당한다. 기각재결의 경우에는 당사자는 원처분의 하자에 대해 다시금 항고소송을 제기하는 것이 원칙이겠지만, 예외적으로 ① 심판청구의 범위가 아님에도 불구하고 처분권주의에 어긋나게 기각재결한 경우, ② 불이익변경금지원칙에 어긋나게 원처분보다 더 불이익하게 재결한 경우, ③ 위법 또는 부당하지만 공익상 이유로 사정재결한 경우 등에는 재결 자체의 고유한 위법에 해당하여 재결에 대해 항고소송을 제기할 수 있다.

인용재결의 경우는 주로 제3자효 있는 행정처분에서 문제된다. 즉, 제3자효 있는 행정처분과 관련해서 심판청구가 부적법함에도 불구하고 이를 각하재결을 하지 않고 인용재결을 한 경우, 또는 원처분 자체는 제3자에게 불리하지 않았으나 인용재결로 인해 비로소 제3자에게 불리하게 된 경우 등에는 제3자는 인용재결에 대해 항고소송을 제기할 수 있다. 이 경우 제3자효 있는 행정처분의 제3자가 제기하는 재결에 대한 소송이 행정소송법 제19조 본문상의 소송인지, 동조 단서상의 소송인지가 문제되는데,[20] 대법원 1998. 4. 24. 선고 97누17131 판결은 "원처분의 상대방

---

18) 재결소송을 하였으나 심리 결과 재결 자체의 고유한 위법이 없는 경우 이에 대해 법원이 각하판결을 할지 기각판결을 할지가 문제된다. 이는 '재결 자체의 고유한 위법'을 소송요건으로 볼지 아니면 본안요건으로 볼지의 문제이다. 판례는 이를 본안요건으로 보아 기각하여야 한다는 입장인 것이다(93누16901).

19) 대법원 1997. 9. 12. 선고 96누14661 판결은, "행정소송법 제19조에서 말하는 '재결 자체에 고유한 위법'이란 원처분에는 없고 재결에만 있는 재결청의 권한 또는 구성의 위법, 재결의 절차나 형식의 위법, 내용의 위법 등을 뜻하고, 그중 내용의 위법에는 위법·부당하게 인용재결을 한 경우가 해당한다"고 판시하여 재결 자체의 고유한 위법에 "내용의 위법"을 포함시키고 있으며 통설도 같은 입장이다(96누14661).

20) 이에 대하여 제3자가 제기하는 재결에 대한 소송은 재결 자체의 고유한 위법이 있는 경우에 해당하므로 행정소송법 제19조 단서에 따라 재결소송을 제기하는 것이라는 견해와 원처분의

이 아닌 제3자가 행정심판을 청구하여 재결청이 원처분을 취소하는 형성재결을 한 경우에 그 원처분의 상대방은 그 재결에 대하여 항고소송을 제기할 수밖에 없고, 이 경우 재결은 원처분과 내용을 달리 하는 것이어서 재결의 취소를 구하는 것은 원처분에 없는 재결 고유의 위법을 주장하는 것이 된다"고 판시하여 행정소송법 제19조 단서상의 소송이라고 보고 있다.

일부취소재결의 경우 일부취소재결을 소의 대상으로 할지 아니면 일부취소되고 남은 원처분을 소의 대상으로 할지에 대해 통설은 일부취소되고 남은 원처분이 소의 대상이 된다고 한다. 한편, 변경재결(수정재결)의 경우 항고소송의 대상이 원처분인지 또는 변경재결인지에 대해 학설은 변경(수정)된 원처분이 항고소송의 대상이 된다는 원처분설과 수정재결의 경우에는 수정재결이 원처분을 대체하는 완전히 다른 새로운 처분이 되는 것이므로 수정재결이 항고소송의 대상적격이 된다는 수정재결설이 대립한다. 대법원은 변경재결에 해당하는 사례에서도 원처분을 가지고 소를 제기해야 한다고 하여 원처분설을 취하고 있다.21)

취소재결의 경우에는 당해 취소재결 자체가 재결소송의 대상이 되고, 그 후 행정청이 취소사실을 통보하는 것은 단순한 사실의 통지에 불과해 소의 대상이 되지 않는다.22)

취소명령재결의 경우 재결이 소의 대상인지, 아니면 재결에 따라 취소한 처분

당사자의 입장에서는 재결이겠지만 제3자효 있는 행정행위의 상대방의 입장에서는 최초의 처분이므로 이는 원처분에 해당하고 따라서 제3자가 재결에 대해 제기하는 소송은 행정소송법 제19조 본문의 원처분소송이라는 견해가 주장된다.

21) 항고소송은 원칙적으로 당해 처분을 대상으로 하나, 당해 처분에 대한 재결 자체에 고유한 주체, 절차, 형식 또는 내용상의 위법이 있는 경우에 한하여 그 재결을 대상으로 할 수 있다고 해석되므로, 징계혐의자에 대한 감봉 1월의 징계처분을 견책으로 변경한 소청결정 중 그를 견책에 처한 조치는 재량권의 남용 또는 일탈로서 위법하다는 사유는 소청결정 자체에 고유한 위법을 주장하는 것으로 볼 수 없어 소청결정의 취소사유가 될 수 없다(93누5673).

22) 당해 재결과 같이 그 인용재결청인 문화체육부장관 스스로가 직접 당해 사업계획승인처분을 취소하는 형성적 재결을 한 경우에는 그 재결 외에 그에 따른 행정청의 별도의 처분이 있지 않기 때문에 재결 자체를 쟁송의 대상으로 할 수밖에 없다(96누10911). 당해 의약품제조품목허가처분취소재결은 보건복지부장관이 재결청의 지위에서 스스로 제약회사에 대한 위 의약품제조품목허가처분을 취소한 이른바 형성재결임이 명백하므로, 위 회사에 대한 의약품제조품목허가처분은 당해 취소재결에 의하여 당연히 취소·소멸되었고, 그 이후에 다시 위 허가처분을 취소한 당해 처분은 당해 취소재결의 당사자가 아니어서 그 재결이 있었음을 모르고 있는 위 회사에게 위 허가처분이 취소·소멸되었음을 확인하여 알려주는 의미의 사실 또는 관념의 통지에 불과할 뿐 위 허가처분을 취소·소멸시키는 새로운 형성적 행위가 아니므로 항고소송의 대상이 되는 처분이라고 할 수 없다(97누17131).

이 소의 대상인지가 문제되는데,23) 판례는 양자 모두 취소소송의 대상적격이 될 수 있다고 한다.24)

개별법령에서 재결주의를 취하고 있는 경우에는 재결주의에 따른 재결소송을 해야 한다. 예컨대, 감사원의 변상판정처분에 대한 불복절차, 중앙노동위원회의 재심판정에 대한 불복절차, 특허심판원의 심결에 대한 불복절차 등이 재결주의에 따른 재결소송에 해당한다.

일부이행명령재결(일부취소명령재결 또는 변경명령재결)이 있는 경우 변경명령재결에 따라 변경하는 처분이 새로운 처분이 되어 항고소송의 대상이며 제소기간도 변경처분을 안날로부터 90일 이내로 하여야 한다는 견해도 있으나, 판례는 이 경우 일부취소명령재결 또는 변경명령재결에 의해 행정청이 일부취소처분 또는 변경처분을 하면 그로 인해 수정된 원처분이 소의 대상이 된다고 하고 제소기간의 준수 여부도 변경처분이 아닌 변경된 당초처분을 기준으로 하여야 한다고 판시하였다.25)

(4) 과세경정처분 관련

과세관청은 과세처분에 잘못이 있는 경우에 당초처분을 시정하기 위한 경정처

---

23) 취소명령재결 그 자체가 소의 대상이 된다고 보는 재결설은 재결이 그대로 유지되는 상태에서는 그에 따른 처분만을 소의 대상으로 하여 취소하더라도 아무런 실익이 없다고 한다. 이와 반대로 취소처분설은 이 경우 취소명령재결에 따라 취소처분한 것이 소의 대상이 된다는 입장으로 취소명령재결이 있어도 그에 따른 행정청의 처분이 있기 전까지는 구체적·현실적으로 국민의 권리의무에 변동이 생긴 것이 아니라는 것을 그 근거로 주장한다. 판례는 취소명령재결 또는 그에 따른 취소처분 모두 독립된 행정처분이므로 양자 모두 취소소송의 대상적격이 될 수 있다는 견해를 따르고 있는 것으로 보인다.

24) 행정심판법 제37조 제1항의 규정에 의하면 재결은 피청구인인 행정청을 기속하는 효력을 가지므로 재결청이 취소심판의 청구가 이유 있다고 인정하여 처분청에게 처분을 취소할 것을 명하면 처분청으로서는 그 재결의 취지에 따라 처분을 취소하여야 하는 것이지만, 그렇다고 하여 그 재결의 취지에 따른 취소처분이 위법할 경우 그 취소처분의 상대방이 이를 항고소송으로 다툴 수 없는 것은 아니다. 또 위와 같은 취소처분의 상대방이 재결 자체의 효력을 다투는 별소를 제기하였고 그 소송에서 판결이 확정되지 아니하였다 하여 재결의 취지에 따른 취소처분의 취소를 구하는 항고소송사건을 심리하는 법원으로서는 그 청구의 당부를 판단할 수 없는 것이라고 할 수도 없다(92누15093).

25) 행정청이 식품위생법령에 따라 영업자에게 행정제재처분을 한 후 그 처분을 영업자에게 유리하게 변경하는 처분을 한 경우, 변경처분에 의하여 당초 처분은 소멸하는 것이 아니고 당초부터 유리하게 변경된 내용의 처분으로 존재하는 것이므로, 변경처분에 의하여 유리하게 변경된 내용의 행정제재가 위법하다 하여 그 취소를 구하는 경우 그 취소소송의 대상은 변경된 내용의 당초 처분이지 변경처분은 아니고, 제소기간의 준수 여부도 변경처분이 아닌 변경된 내용의 당초 처분을 기준으로 판단하여야 한다(2004두9302).

분을 할 수 있는데, 이러한 과세경정처분의 경우 당초처분과 경정처분 중 어느 것이 항고소송의 대상적격이 될 것인지에 대해서 견해가 대립하여 왔다.[26] 국세기본법 제22조의2는 이에 관한 규정을 두고 있다.[27]

　　감액경정처분의 경우 학설과 판례 모두 감액경정처분을 당초처분의 일부를 취소시킨 것으로 보고,[28] 감액된 당초처분이 취소소송의 대상이 되고, 제소기간준수 여부도 당초처분을 기준으로 판단하여야 한다는 입장이다.[29]

　　증액경정처분의 경우 원칙적으로 당초신고나 결정에 대한 불복기간의 경과 여부 등에 관계없이 증액경정처분만이 항고소송이 심판대상이라는 것은 다수설과 판례의 입장이다.[30]

---

26) 흡수설−당초처분은 경정처분에 흡수되어 소멸하고 경정처분만이 효력을 가지며 소송의 대상이 된다는 견해이다. 병존적 흡수설−당초처분의 효력이 그대로 존속하지만 경정처분만이 소송의 대상이 된다고 보는 견해이다. 역흡수설−경정처분은 당초처분에 흡수되어 경정처분에 의하여 수정된 당초의 처분이 소송의 대상이 된다고 보는 견해이다. 병존적 역흡수설−당초처분과 경정처분은 결합하여 일체로서 병존하나, 소송의 대상은 경정처분으로 수정된 당초처분이라는 견해이다. 병존설−두 처분은 독립된 처분으로 각기 별개의 소송대상이라는 견해이다.

27) 국세기본법 제22조의2(경정 등의 효력) ① 세법에 따라 당초 확정된 세액을 증가시키는 경정(更正)은 당초 확정된 세액에 관한 이 법 또는 세법에서 규정하는 권리·의무관계에 영향을 미치지 아니한다. ② 세법에 따라 당초 확정된 세액을 감소시키는 경정은 그 경정으로 감소되는 세액 외의 세액에 관한 이 법 또는 세법에서 규정하는 권리·의무관계에 영향을 미치지 아니한다.

28) 감액경정처분은 당초처분의 일부 취소로서의 성질을 가지고 있으므로, 당초처분에 취소사유인 하자가 있는 경우 그것이 처분 전체에 영향을 미치는 절차상 사유에 해당하는 등의 사정이 없는 한 당초처분 자체를 취소하고 새로운 과세처분을 하는 대신 하자가 있는 해당부분 세액을 감액하는 경정처분에 의해 당초처분의 하자를 시정할 수 있다(2003두2861).

29) 과세관청이 조세부과처분을 한 뒤에 그 불복절차과정에서 국세청장이나 국세심판소장으로부터 그 일부를 취소하도록 하는 결정을 받고 이에 따라 당초 부과처분의 일부를 취소, 감액하는 내용의 경정결정을 한 경우 위 경정처분은 당초 부과처분과 별개 독립의 과세처분이 아니라 그 실질은 당초 부과처분의 변경이고, 그에 의하여 세액의 일부 취소라는 납세자에게 유리한 효과를 가져오는 처분이라 할 것이므로 그 경정결정으로도 아직 취소되지 않고 남아 있는 부분이 위법하다고 하여 다투는 경우에는 항고소송의 대상이 되는 것은 당초의 부과처분 중 경정결정에 의하여 취소되지 않고 남은 부분이 된다 할 것이고, 경정결정이 항고소송의 대상이 되는 것은 아니라 할 것이므로, 이 경우 제소기간을 준수하였는지 여부도 당초처분을 기준으로 하여 판단하여야 할 것이다(91누391).

30) 과세표준과 세액을 증액하는 증액경정처분은 당초 납세의무자가 신고하거나 과세관청이 결정한 과세표준과 세액을 그대로 둔 채 탈루된 부분만을 추가로 확정하는 처분이 아니라 당초신고나 결정에서 확정된 과세표준과 세액을 포함하여 전체로서 하나의 과세표준과 세액을 다시 결정하는 것이므로, 당초신고나 결정에 대한 불복기간의 경과 여부 등에 관계없이 오직 증액경정처분만이 항고소송의 심판대상이 되는 점, 증액경정처분의 취소를 구하는 항고소송에서 증액경정처분의 위법 여부는 그 세액이 정당한 세액을 초과하는지 여부에 의하여 판단하여야

납세자는 소송계속 중에 청구취지를 변경하는 형식으로 증액경정처분의 취소를 구하는 경우의 제소기간의 준수 여부는 형식적인 청구취지의 변경 시가 아니라 증액경정처분에 대한 불복의 의사가 담긴 당초의 소 제기 시를 기준으로 판단하여야 한다.[31)]

증액경정처분은 당초 처분과 증액되는 부분을 포함하여 전체로서 하나의 과세표준과 세액을 다시 결정하는 것이어서 당초 처분은 증액경정처분에 흡수되어 독립된 존재가치를 상실하고 오직 증액경정처분만이 쟁송의 대상이 되어 납세의무자로서는 증액된 부분만이 아니라 당초 처분에서 확정된 과세표준과 세액에 대하여

하고 당초신고에 관한 과다신고사유나 과세관청의 증액경정사유는 증액경정처분의 위법성을 뒷받침하는 개개의 위법사유에 불과한 점, 경정청구나 부과처분에 대한 항고소송은 모두 정당한 과세표준과 세액의 존부를 정하고자 하는 동일한 목적을 가진 불복수단으로서 납세의무자로 하여금 과다신고사유에 대하여는 경정청구로써, 과세관청의 증액경정사유에 대하여는 항고소송으로써 각각 다투게 하는 것은 납세의무자의 권익보호나 소송경제에도 부합하지 않는 점 등에 비추어 보면, 납세의무자는 증액경정처분의 취소를 구하는 항고소송에서 과세관청의 증액경정사유뿐만 아니라 당초신고에 관한 과다신고사유도 함께 주장하여 다툴 수 있다고 할 것이다. 이와 달리 신고납세방식의 조세인 부가가치세에 관하여 매출액 등이 과다신고된 경우라도 납세의무자가 이를 다투기 위해서는 그 부분에 관하여 감액경정청구절차를 밟아야 하고 과세관청의 부과처분에 대한 취소소송에서는 과다신고사유를 주장할 수 없다는 취지로 판시한 대법원 2005. 11. 10. 선고 2004두9197 판결의 견해는 이와 저촉되는 범위에서 변경하기로 한다(2010두11733).

31) 당초의 과세처분에 존재하고 있다고 주장되는 위법사유가 증액경정처분에도 마찬가지로 존재하고 있어 당초의 과세처분이 위법하다고 판단되면 증액경정처분도 위법하다고 하지 않을 수 없는 경우라면, 당초의 과세처분에 대한 전심절차의 진행 중에 증액경정처분이 이루어졌음에도 불구하고 그대로 전심절차를 진행한 납세자의 행위 속에는 달리 특별한 사정이 없는 한 당초의 과세처분에 대한 심사청구 또는 심판청구를 통하여 당초의 과세처분을 흡수하고 있는 증액경정처분의 취소를 구하는 의사가 묵시적으로 포함되어 있다고 봄이 타당하다. 따라서 이러한 경우에는 설령 납세자가 당초의 과세처분에 대한 전심절차에서 청구의 취지나 이유를 변경하지 아니하였다고 하더라도 증액경정처분에 대한 별도의 전심절차를 거칠 필요 없이 당초 제기한 심사청구 또는 심판청구에 대한 결정의 통지를 받은 날부터 90일 이내에 증액경정처분의 취소를 구하는 행정소송을 제기할 수 있다고 할 것이다. 그리고 납세자가 이와 같은 과정을 거쳐 행정소송을 제기하면서 당초의 과세처분의 취소를 구하는 것으로 청구취지를 기재하였다 하더라도, 이는 잘못된 판단에 따라 소송의 대상에 관한 청구취지를 잘못 기재한 것이라 할 것이고, 그 제소에 이른 경위나 증액경정처분의 성질 등에 비추어 납세자의 진정한 의사는 증액경정처분에 흡수됨으로써 이미 독립된 존재가치를 상실한 당초의 과세처분이 아니라 증액경정처분 자체의 취소를 구하는 데에 있다고 보아야 할 것이다. 따라서 납세자는 그 소송계속 중에 청구취지를 변경하는 형식으로 증액경정처분의 취소를 구하는 것으로 청구취지를 바로잡을 수 있는 것이고, 이때 제소기간의 준수 여부는 형식적인 청구취지의 변경 시가 아니라 증액경정처분에 대한 불복의 의사가 담긴 당초의 소 제기 시를 기준으로 판단하여야 한다(2011두25005).

도 그 위법 여부를 다툴 수 있는 것이지만, 증액경정처분이 제척기간 도과 후에 이루어진 경우에는 증액부분만이 무효로 되고 제척기간 도과 전에 있었던 당초 처분은 유효한 것이므로, 납세의무자로서는 그와 같은 증액경정처분이 있었다는 이유만으로 당초 처분에 의하여 이미 확정되었던 부분에 대하여 다시 위법 여부를 다툴 수는 없다(2002두9971).

당초처분에 대한 소송 계속 중 증액경정처분이 있을 경우 당초처분은 경정처분에 흡수되어 소송의 대상이 될 수 없으므로, 청구취지를 변경하여 경정처분을 소송의 대상으로 하여야 하고, 만약 소변경을 하지 않으면 당초처분에 대한 소는 대상이 없어 부적법 각하된다. 판례는 이 경우, "재증액경정처분이 있었음에도 불구하고 당사자가 청구취지를 변경하지 아니하고 증액경정처분에 대하여만 변론하는 경우 법원으로서는 그 진의가 과연 무엇인지 석명을 구하여 소송관계를 명확히 하고 또 그에 대하여 변론을 하게 함으로써 당사자가 변론을 하지 않았던 문제로 전혀 뜻밖의 판결을 받는 일이 없도록 조처하여야 한다"고 판시하여 석명의무를 부과하고 있다(92누14441).

증액경정처분이 고지서의 부적법 송달 등으로 인해 송달이 안 된 경우 증액경정처분은 무효이고, 당초처분은 무효인 경정처분에 흡수·소멸되지 않고 독립하여 존속하고 그 처분의 당부에 관하여 별도로 다툴 수 있다. 판례도, "과세처분에 관한 납세고지서의 송달이 국세기본법 제8조 제1항의 규정에 위배되는 부적법한 것으로서 송달의 효력이 발생하지 아니하는 이상, 그 과세처분은 무효이다"라고 판시하고 있다(95누3909).

내부적으로 경정결정만 있고, 납세의무자에게 이를 통지하지 아니한 경우는 경정처분이 있다고 할 수 없고, 따라서 당초의 처분이 소송의 대상이 된다. 대법원도, "국세심판소의 결정에 따라 과세관청이 내부적으로 세액의 감액경정결정을 하였으나 납세의무자에게 아직 이를 통지하지 아니하였다면 과세처분취소소송의 대상은 경정 이전의 당초의 부과처분이 되는 것이다"라고 판시하였다(90누6903).

수차의 경정처분이 있는 경우 대법원은, "과세처분이 있은 후 이를 증액하는 경정처분이 있으면 당초 처분은 경정처분에 흡수되어 독립된 존재가치를 상실하여 소멸하는 것이고, 그 후 다시 이를 감액하는 재경정처분이 있으면 재경정처분은 위 증액경정처분과는 별개인 독립의 과세처분이 아니라 그 실질은 위 증액경정처분의 변경이고 그에 의하여 세액의 일부 취소라는 납세의무자에게 유리한 효과를 가져오는 처분이라 할 것이므로, 그 감액하는 재경정결정으로도 아직 취소되지 않고 남아 있는 부분이 위법하다 하여 다투는 경우 항고소송의 대상은 그 증액경정처분 중 감액재경정결정에 의하여 취소되지 않고 남은 부분이고, 감액재경정결정이 항고소송의 대상이 되는 것은 아니다. 이러한 법리는 국세심판소가 심판청구를 일부 인용하면서 정당한 세액을 명시하여 취소하지 아니하고 경정기준을 제시하여 당해 행정청으로 하여금 구체적인 과세표준과 세액을 결정하도록 함에 따라, 당해 행정청이 감액경정결정을 함에 있어 심판결정의 취지에 어긋나게 결정하거나 혹은 그 결정 자체에 위법사유가 존재하여 그에 대하여 별도의 쟁송수단을 인정하여야 할 특별한 사정이 없는 한 마찬가지로 적용된다"고 판시하였다(95누6328).

당초 과세처분과의 차액만을 추가 고지한 증액경정처분의 경우 대법원은 "과세표준과 세액을 증액하는 경정처분이 있은 경우 그 경정처분은 당초처분을 그대로 둔 채 당초처분에서의 과세표준과 세액을 초과하는 부분만을 추가 확정하려는 처분이 아니고, 재조사에 의하여 판명된 결과에 따라서 당초처분에서의 과세표준과 세액을 포함시켜 전체로서의 과세표준과 세액을 결정하는 것이므로, 증액경정처분이 되면 먼저 된 당초처분은 증액경정처분에 흡수되어 당연히 소멸하고 오직 경정처분만이 쟁송의 대상이 되는 것이고, 이는 증액경정 시에 당초 결정분과의 차액만을 추가로 고지한 경우에도 동일하다 할 것이며, 당초처분이 불복기간의 경과나 전심절차의 종결로 확정되었다 하여도 증액경정처분에 대한 소송절차에서 납세자는 증액경정처분으로 증액된 과세표준과 세액에 관한 부분만이 아니라 당초처분에 의하여 결정된 과세표준과 세액에 대하여도 그 위법 여부를 다툴 수 있으며 법원은 이를 심리·판단하여 위법한 때에는 취소를 할 수 있다"고 판시하였다(97누16329).

(5) 교원징계 관련

사립학교 교원의 경우 사립학교 재단법인으로부터 받은 징계는 원처분이 아니고 이는 단순히 민사소송 사안이며, 위 징계에 대해 교원지위향상을 위한 특별법 제7조에 의한 교원소청심사위원회에 재결을 요청하여 그로부터 재결을 받은 것이 바로 원처분이 된다. 따라서 위와 같은 재결에 대해 행정소송을 제기하거나 아니면 최초 사립재단으로부터 받은 징계에 대해서 민사소송을 제기하는 등 둘 중 하나를 선택할 수 있다. 공립학교 교원의 경우 관할 교육청으로부터 징계를 받게 되고 이것이 원처분에 해당하며 이에 대해 교원지위향상을 위한 특별법상의 교원소청심사위원회의 재결을 거쳐 원처분에 대해 행정소송을 제기하게 된다.

7. 협의의 소의 이익(권리보호의 필요)

협의의 소의 이익이라 함은 원고가 본안판결을 통해 얻을 수 있는 실제상의 이익 내지 법률상 이익을 실제적으로 보호할 필요성을 말하는 것으로 권리보호의 필요라고도 한다. 소를 제기하여 인용판결을 받더라도 실제적으로 보호받을 필요가 없는 경우에는 소를 유지할 이유가 없기 때문에 이를 소송요건으로 두어 법원의 심리부담의 가중을 막기 위해 둔 제도이다. 예컨대, "행정처분이 취소되면 그 처분은 취소로 인하여 그 효력이 상실되어 더 이상 존재하지 않는 것이고, 존재하지 않는 행정처분을 대상으로 한 취소소송은 소의 이익이 없어 부적법하다(2004두5317)"고 할 것이다.

광의의 소의 이익은 취소소송의 대상적격, 원고적격, 권리보호의 필요를 모두 합한 것을 말하고, 협의의 소의 이익은 이 중 권리보호의 필요만을 의미한다. 행정소송법 제12조 제2문[32]은 협의의 소의 이익(권리보호의 필요)을 규정한 것으로 보는 견해가 다수설이다.[33] 판례는 기본적으로 행정소송법 제12조 제2문의 "회복되는 법률상 이익"의 개념을 행정소송법 제12조 제1문의 "취소를 구할 법률상 이익"의 개념과 동일하게 파악하여 처분의 근거법률에 의하여 보호되는 직접적이고 구체적인 이익으로 본다. 최근 개인의 명예·신용 등 인격적 이익도 고려하여 협의의 소의 이익을 인정하는 판례도 있는 등 그 인정 범위를 넓혀가고 있다.

원상회복이 불가능한 경우(86누676), 처분의 효력이 소멸된 경우(93누3899), 소송보다 더 간소한 다른 구제방법이 있는 경우(92누17297), 국가시험에서 불합격처분 후 후에 합격한 경우 등 이익침해상황이 해소된 경우(93누6867), 소권 남용 또는 원고의 청구가 신의칙에 반하는 경우(92다51433) 등에는 원칙적으로 권리보호의 필요가 없다.

처분의 효력이 소멸된 경우에는 보호할 법률상 이익이 없기 때문에 원칙적으로 권리보호의 필요가 없다고 할 것이나, 예외적으로 처분의 효력이 소멸되었다 하더

---

32) 행정소송법 제12조(원고적격) "취소소송은 처분등의 취소를 구할 법률상의 이익이 있는 자가 제기할 수 있다. 처분의 효과가 기간의 경과, 처분등의 집행 그 밖의 사유로 인하여 소멸된 뒤에도 그 처분등의 취소로 인하여 회복되는 법률상 이익이 있는 자의 경우에도 또한 같다."
33) 이와 달리 행정소송법 제12조 제2문을 법문에 충실하게 원고적격에 관한 규정으로 보고, 협의의 소의 이익은 판례와 학설에 의해 인정되는 것으로 보는 견해도 주장된다.

라도 위법한 처분이 반복될 위험이 있거나(2006두19297) 또는 가중된 제재적 처분이
향후 예상될 경우(2000두3306 등)에는 회복해야 할 불가피한 이익이 있다는 것이 판
례이다.

제 3 절 취소소송의 소송참가 · 소변경 · 집행정지

1. 소송참가

행정소송법상의 소송참가로는 제3자의 소송참가(법 제16조)와 행정청의 소송참
가(법 제17조)가 있다. 행정소송법은 취소소송에서 위 규정들을 정하면서 이를 무효
등확인소송, 부작위위법확인소송, 당사자소송에 준용하고 있다.

법원은 다른 행정청을 소송에 참가시킬 필요가 있다고 인정할 때에는 당사자
또는 제3자의 신청 또는 직권에 의하여 결정으로써 그 제3자를 소송에 참가시킬 수
있다(행정소송법 제17조 제1항). 이를 행정청의 소송참가라 한다. 다른 행정청의 소송
참가를 규정한 이유는 취소판결의 효력이 다른 관계있는 행정청에게도 미치기 때
문이다. 특히 협력을 요하는 행정행위에 있어서 다른 행정청의 협력을 필요로 하는
경우에는 다른 행정청을 소송참가시켜 소송행위를 수행할 수 있도록 하는 것이 분
쟁의 일회적 해결을 위해 필요하다.

2. 소변경

법원은 취소소송을 당해 처분 등에 관계되는 사무가 귀속하는 국가 또는 공공
단체에 대한 당사자소송 또는 취소소송 외의 항고소송으로 변경하는 것이 상당하
다고 인정할 때에는 청구의 기초에 변경이 없는 한 사실심의 변론종결시까지 원고
의 신청에 의하여 결정으로써 소의 변경을 허가할 수 있다(행정소송법 제21조 제1항).
이를 소종류의 변경이라고 한다. 법원은 행정청이 소송의 대상인 처분을 소가 제기
된 후 변경한 때에는 원고의 신청에 의하여 결정으로써 청구의 취지 또는 원인의
변경을 허가할 수 있다(행정소송법 제22조 제1항). 이를 처분변경으로 인한 소변경이
라고 한다.

3. 집행정지제도

취소소송이 제기된 경우 처분 등이나 집행 또는 절차의 속행으로 인하여 생길

회복하기 어려운 손해를 예방하기 위하여 긴급한 필요가 있다고 인정될 때 본안이 계속되고 있는 법원은 당사자의 신청 또는 직권에 의하여 처분 등의 효력이나 집행 또는 절차의 속행의 전부 또는 일부를 결정할 수 있는바 이를 집행정지제도라 한다. 집행정지제도는 가처분과 비교해 볼 때 소극적 행위에 그쳐 소극적 의미의 가구제에 해당한다. 행정소송법은 원활한 행정 운용의 확보를 위해서 집행부정지제도를 원칙으로 하면서도 그로 인해 개인의 권리가 침해될 소지가 있는 경우 개인 권리확보차원에서 집행정지제도를 예외적으로 인정해 그 조화를 이루고 있다.

집행정지는 ① 본안이 계속 중일 것, ② 처분 등이 존재할 것, ③ 회복하기 어려운 손해를 예방하기 위한 것일 것, ④ 긴급한 필요가 있을 것, ⑤ 공공복리에 중대한 영향이 없을 것, ⑥ 본안청구의 이유 없음이 명백하지 않을 것을 요건으로 하고 있다(행정소송법 제23조 제2항). 회복하기 어려운 손해와 관련해 대법원은 특별한 사정이 없는 한 금전 보상이 가능한 경우에는 ③번 요건을 결여한 것으로 엄격해석하고 있다.[34] 한편, 기업의 경우 중대한 경영상 위기가 그 기준의 하나가 된다. 집행정지신청의 요건 중 '처분 등이 존재할 것'과 관련해 거부처분의 경우에도 집행정지가 인정될 수 있는지 문제가 되는데,[35] 판례는 부정하는 입장이다.[36]

---

34) 행정소송법 제23조 제2항 소정의 행정처분 등의 효력이나 집행을 정지하기 위한 요건으로서의 회복하기 어려운 손해라 함은 특별한 사정이 없는 한 금전으로 보상할 수 없는 손해로서 이는 금전보상이 불능인 경우뿐만 아니라 금전보상으로는 사회 관념상 행정처분을 받은 당사자가 참고 견딜 수 없거나 또는 참고 견디기가 현저히 곤란한 경우의 유형, 무형의 손해를 일컫는다고 할 것인바, 유흥접객영업허가의 취소처분으로 5,000여만원의 시설비를 회수하지 못하게 된다면 생계까지 위협받게 되는 결과가 초래될 수 있다는 등의 사정은 위 처분의 존속으로 당사자에게 금전으로 보상할 수 없는 손해가 생길 우려가 있는 경우라고 볼 수 없다(91두1).

35) 이에 대하여 집행정지결정에도 기속력이 인정되고 따라서 거부처분이 집행정지되면 행정청은 결정의 취지에 따라야 될 의무가 있으므로 결국 거부처분에 대한 집행정지의 실익이 있으므로 이를 긍정하는 견해와 집행정지는 신청 전의 상태를 그대로 지속시키는 것에 불과하고, 거부처분이 행하여지지 아니한 상태로 회복될 뿐 잠정적으로 당해 신청이 허가된 것으로 보거나 행정청이 신청에 따르는 처분을 하여야 할 의무가 생기게 하는 것도 아니므로 거부처분의 집행정지로는 허가신청의 거부로 인해 신청인에게 발생할 손해를 방지함에 있어서 아무런 신청의 이익이 없다는 이유로 부정하는 견해가 있다. 또한 원칙적으로는 부정설의 입장에 서면서도, 거부처분이라 하여도 집행정지의 신청의 실익이 있다고 볼 수 있는 경우, 즉 연장허가신청에 대한 거부처분이 있을 때까지 권리가 존속한다고 법에 특별규정이 있는 경우, 인허가 등에 붙여진 기간이 존속기간(효력소멸기간)이 아닌 갱신기간(조건의 존속기간)이라고 볼 수 있는 경우, 외국인 체류연장신청거부 등의 경우에는 거부처분에도 집행정지를 인정할 실익이 있으므로 허용된다는 견해(박균성)도 주장된다.

36) 허가신청에 대한 거부처분은 그 효력이 정지되더라도 그 처분이 없었던 것과 같은 상태를 만

한편, 행정소송법에 규정된 바 없는 '본안청구의 이유 없음이 명백하지 않을 것'을 집행정지의 추가적 요건으로 할 것인가에 대해서 판례는 집행정지신청은 본안청구의 인용가능성을 전제로 하는 것이므로, '본안청구의 이유 없음이 명백하지 않을 것'을 집행정지신청의 소극적 요건으로 보고 있다(94두23).

처분의 효력 정지는 처분의 집행 또는 절차의 속행을 정지함으로써 목적을 달성할 수 있는 경우에는 허용되지 아니한다(행정소송법 제23조 제2항 단서). 이는 집행정지에 비례의 원칙을 도입한 것으로 집행 또는 절차의 속행정지만으로 목적을 달성할 수 있는 경우에는 처분청의 의사를 존중하는 차원에서 그 효력 자체는 일단 유효한 것으로 유지해 두고자 하는 취지이다(200무35).

집행정지결정은 당사자인 행정청과 그 밖의 관계 행정청을 기속한다(행정소송법 제23조 6항, 제30조 제1항). 그러므로 행정청은 집행정지결정의 취지에 반하는 행정행위를 또다시 발령할 수는 없고 이를 위반하면 위법한 처분이 되어 중대명백한 하자이므로 무효사유로 보는 것이 통설이다. 집행정지결정 중 효력정지결정은 잠정적이기는 하지만 효력 그 자체를 정지시키는 것이기 때문에 그로 인해 당사자의 권리·의무에 변동이 발생하게 된다. 또한 제3자에게도 이러한 효력은 그대로 미친다(행정소송법 제29조 제2항, 제23조). 집행정지신청이 인용되면 정지결정의 효력기간은 집행정지결정시점부터 결정주문에서 정한 시기까지이며, 통상 주문에 결정종기가 없으면 본안판결이 확정될 때까지 존속한다.

집행정지의 결정이 확정된 후 집행정지가 공공복리에 중대한 영향을 미치거나 그 정지사유가 없어진 때에는 당사자의 신청 또는 직권에 의하여 결정으로써 집행정지의 결정을 취소할 수 있다(행정소송법 제24조 제1항). 집행정지의 결정 또는 기각의 결정에 대하여는 즉시항고할 수 있다. 이 경우 집행정지의 결정에 대한 즉시항고에는 결정의 집행을 정지하는 효력이 없다(행정소송법 제23조 제5항).

행정소송법 제8조에 의해 민사집행법을 준용하도록 되어 있고, 가처분을 배제하는 특별조항도 없으며, 국민의 권리구제의 만전을 기하기 위해서는 행정소송의

드는 것에 지나지 아니하는 것이고 그 이상으로 행정청에 대하여 어떠한 처분을 명하는 등 적극적인 상태를 만들어 내는 경우를 포함하지 아니하는 것이므로, 교도소장이 접견을 불허한 처분에 대하여 효력정지를 한다 하여도 이로 인하여 위 교도소장에게 접견의 허가를 명하는 것이 되는 것도 아니고 또 당연히 접견이 되는 것도 아니어서 접견허가거부처분에 의하여 생길 회복할 수 없는 손해를 피하는 데 아무런 보탬도 되지 아니하니 접견허가거부처분의 효력을 정지할 필요성이 없다(91두15).

경우에도 가처분을 긍정하여야 한다는 견해와 권력분립원칙에 비추어 볼 때 법원이 행정청으로 하여금 어떠한 명을 내린다는 것은 행정청의 권한을 침해할 소지가 많고, 현행법상으로는 의무이행소송 또는 예방적 부작위소송이 인정되지 않아 가처분의 본안소송도 존재하지 않는 것이어서 이를 인정할 수 없다는 견해가 대립한다. 판례는 부정설을 취하고 있다(92마54).

제 4 절   취소소송의 심리와 판결

1. 취소소송의 심리

(1) 행정소송법 제26조[직권심리]

행정소송법 제26조는 "법원은 필요하다고 인정할 때에는 직권으로 증거조사할 수 있고, 당사자가 주장하지 아니한 사실에 대하여도 판단할 수 있다"라고 규정하고 있는데 이와 관련해 변론주의보충설과 직권탐지주의설이 대립한다. 전자는 행정소송법 제26조에 대해 당사자가 주장하지 않은 사실은 심판의 대상이 되지 않고 당사자가 주장한 사실에 대해 예외적으로 법원이 직권으로 증거조사를 할 수 있다는 의미에서 변론주의를 보충하는 규정으로 해석한다. 이에 반해 후자는 행정소송의 목적이 권리구제 외에도 행정의 적법성 통제라는 공익적 목적이 있으므로 행정소송법 제26조를 직권탐지주의를 규정한 것으로 보고 우리나라의 행정소송법은 직권탐지주의가 원칙이라고 보는 견해이다. 판례는 "행정소송법 제26조가 규정하는 바는 행정소송의 특수성에서 연유하는 당사자주의, 변론주의에 대한 일부 예외규정일 뿐 법원이 아무런 제한 없이 당사자가 주장하지 아니한 사실을 판단할 수 있는 것은 아니고, 기록상 현출되어 있는 사항에 관하여서만 직권으로 증거조사를 하고 이를 기초로 하여 판단할 수 있을 따름이다"라고 판시하여, 행정소송에 있어서는 당사자가 주장하지 아니한 사실도 판단할 수 있지만, 기록상 그 자료가 현출된 경우에 한하는 것으로 극히 제한적으로 행정소송법 제26조를 적용하는 입장이다(92누17402).

(2) 행정심판기록제출명령

법원은 당사자의 신청이 있는 때에는 결정으로써 그 재결을 행한 행정청에 대하여 행정심판에 관한 기록의 제출을 명할 수 있으며, 이 경우 행정심판위원회는 지체 없이 당해 행정심판에 관한 기록을 법원에 제출하여야 한다(행정소송법 제25조

제1항, 제2항).

(3) 주장책임

행정소송에 있어서 특단의 사정이 있는 경우를 제외하면 당해 행정처분의 적법성에 관하여는 당해 처분청이 이를 주장·입증하여야 할 것이나, 행정소송에 있어서 직권주의가 가미되어 있다고 하여도 여전히 당사자주의, 변론주의를 그 기본 구조로 하는 이상 행정처분의 위법을 들어 그 취소를 청구함에 있어서는 직권조사사항을 제외하고는 그 위법된 구체적인 사실을 먼저 주장하여야 한다. 불복기간의 경과로 인한 불가쟁력의 발생은 기판력과는 상관없기 때문에 그 경우라도 당사자는 처분의 기초가 된 사실관계와 모순되는 주장을 할 수 있다. 즉 일반적으로 행정처분이나 행정심판 재결이 불복기간의 경과로 인하여 확정될 경우 그 확정력은, 그 처분으로 인하여 법률상 이익을 침해받은 자가 당해 처분이나 재결의 효력을 더 이상 다툴 수 없다는 의미일 뿐, 더 나아가 판결에 있어서와 같은 기판력이 인정되는 것은 아니어서 그 처분의 기초가 된 사실관계나 법률적 판단이 확정되고 당사자들이나 법원이 이에 기속되어 모순되는 주장이나 판단을 할 수 없게 되는 것은 아니다(2002두11288).

(4) 입증책임

행정소송에 있어 입증책임의 분배에 관하여 원고책임설은 행정행위에는 공정력이 있고 공정력에 의해 처분의 적법성까지 추정되므로 처분의 위법성에 대한 입증책임은 원고에게 있다고 주장하며, 피고책임설은 행정행위의 공정력은 처분의 적법성까지 추정되는 것이라고 볼 수 없고 단지 유효성까지만 추정되는 것이며 국가행위의 적법성은 국가가 담보하여야 하므로 국가에게 적법성에 대한 입증책임이 있다는 주장한다. 독자분배설은 행정소송의 입증책임은 행정소송의 특수성을 고려하여 독자적으로 정해져야 한다는 견해로 권리의 제한 또는 의무의 부과는 행정청이 적법성에 대한 입증책임을, 권리나 이익의 확장은 원고가 입증책임을 부담한다고 보아야 한다는 입장이다. 입증책임분배설은 입증책임의 분배는 특별한 사정이 없는 한 민사소송법상의 입증책임 분배의 원칙에 따라야 한다는 견해로 그중 민사소송법에서의 통설과 판례인 법률요건분류설을 주장한다. 법률요건분류설이란 당사자가 자기에게 유리한 법규의 요건사실의 존부에 대해 입증책임을 지는 것으로,

먼저 소송요건의 존부는 원고에게 유리하므로 원고가 입증책임이 있고, 다음으로 본안문제에서는 권리의 존재를 주장하는 자가 권리근거규정의 요건사실을, 권리의 존재를 다투는 상대방이 권리장애, 권리멸각, 권리행사저지사실을 입증해야 하는 것을 말한다.

판례는 "민사소송법의 규정이 준용되는 행정소송에 있어서 입증책임은 원칙적으로 민사소송의 일반원칙에 따라 당사자간에 분배되고 항고소송의 경우에는 그 특성에 따라 당해 처분의 적법을 주장하는 피고에게 그 적법사유에 대한 입증책임이 있다 할 것인바 피고가 주장하는 당해 처분의 적법성이 합리적으로 수긍할 수 있는 일응의 입증이 있는 경우에는 그 처분은 정당하다 할 것이며 이와 상반되는 주장과 입증은 그 상대방인 원고에게 그 책임이 돌아간다고 할 것이다"라고 판시하여 법률요건분류설을 취하고 있다(84누124).

구체적으로 살펴보면 소송요건은 원칙적으로 법원의 직권조사사항이지만 법원의 직권조사를 통해서도 그 존부가 불분명할 경우 그 존재는 원고에게 유리한 것이므로 최종적으로 원고에게 입증책임이 있다. 행정청은 자신의 처분의 근거로 삼은 법규의 요건사실에 대한 입증책임이 있다. 사인인 원고는 허가나 특허와 같이 수익적 행정의 경우에는 허가발령의 일반적 요건을 구비하였음에 대한 입증책임을 진다. 행정청의 처분을 저지하는 요건의 입증책임은 원고가 부담한다. 따라서 행정처분이 재량권의 한계를 벗어나 위법하다는 점도 권리행사저지사실에 해당하므로 그러한 처분의 효력을 다투는 자인 원고가 이에 대한 입증책임을 부담한다(87누861). 허가발령 등 수익적 행정에서 이를 저지하는 요건은 행정청이 입증책임이 있다.

(5) 위법판단의 기준시

처분 등이 이루어진 뒤에 당해 처분 등의 근거가 된 법령이 개정·폐지되거나 사실상태에 변동이 있는 경우, 법원은 어느 때를 위법판단의 기준시점으로 할 것인지 문제되는바, 판례는 처분당시의 법령과 사실상태를 기준으로 판단하여야 한다는 입장이다(2007두1811). 거부처분취소소송에서도 같다(2007두3930). 그러나 부작위위법확인소송의 경우 판결시를 기준으로 한다(89누4758). 위법판단의 기준시점에 대해 처분시를 기준으로 하는 이상 처분사유의 추가나 변경은 처분시까지 객관적으로 존재하던 사유이어야 하고, 처분 이후에 발생한 새로운 사실적 또는 법적 사유를 추가하거나 변경할 수 없다. 판례는 기본적 사실관계의 동일성이 인정되는 범위 내에서 처분사유의 추가 또는 변경이 가능하다는 입장이다(85누694). 처분 이후에 발생한 새로운 사실적 또는 법적 사유를 근거로 처분을 행한 행정청이 다시 처분을 할 경우 소송계속 중인 처분은 취소된 것이고, 이에 따라 해당 소송은 소의 이익을 상실하게 된다. 따라서 원고는 처분변경으로 인한 소의 변경을 신청할 수 있게 된다(행정소송법 제22조). 처분사유의 추가 또는 변경이 처분의 동일성을 상실한 경우도 마찬가지다.

(6) 처분사유의 추가 · 변경

처분사유의 추가 · 변경은 취소소송의 소송물의 범위 내에서만 가능하고 소송물이 본질적으로 변경되는 것이어서는 안 된다. 즉, 처분의 동일성이 인정되는 범위 내에서만 가능하다. 그러므로 처분사유의 추가 · 변경이 새로이 소송물을 추가 또는 변경하는 것이라면 이는 처분의 변경에 해당하여 처분변경으로 인한 소변경(행정소송법 제22조)을 이끄는 사유가 된다. 이러한 처분의 동일성이 인정되는 경우란 기본적 사실관계에서 동일성이 인정되는 경우를 의미한다는 것이 통설과 판례이다. 기본적 사실관계의 동일성 유무는 처분사유를 법률적으로 평가하기 이전의 구체적인 사실에 착안하여 그 기초가 되는 사회적 사실관계가 기본적인 점에서 동일한지 여부에 따라 결정된다(2004두4482). 처분의 법적 근거를 변경하였으나 그에 따른 기초적 사실관계는 동일한 경우 처분의 동일성이 인정된다. 허가기준에 맞지 않아 불허가한 후 구체적 불허가 사유를 제시하는 경우도 처분의 동일성이 인정된다. 개별적 처분사유와 중대한 공익상의 필요라는 사유 사이에는 처분의 동일성이 인정된다. 그러나 처분의 법적 근거를 변경하였지만 그에 따른 기초적 사실관계가 동일하지 않은 경우, 전혀 이질적인 내용의 처분 이유를 추가 · 변경하는 경우에는 처분의 동일성이 인정되지 않는다. 처분이유의 추가 · 변경은 변론종결시까지만 허용된다(98두16675).

2. 처분의 하자 판단

권한이 없는 행정청이 한 처분은 무효이다. 설치승인권한이 없는 행정청이 한 폐기물처리시설 설치승인처분은 당연무효이다(2002두10704). 이 때 처분권한의 유무는 직권조사사항이 아니다(96누570). 기관위임사무이어서 자치단체의 규칙으로 권

한을 재위임할 수 있을 뿐 자치단체의 조례로 재위임할 수 없는데도, 재위임한 조
례에 근거한 처분은 중대하지만 명백하지 않아 무효사유에 해당하지 않는다(94누
4615). 자치사무이어서 조례로 권한을 위임하야야 하고, 자치단체의 규칙으로 위임
할 수 없는데, 자치단체의 규칙으로 위임한 경우 그 규칙에 근거한 처분 역시 중대
하지만 명백하지 않아 무효사유에 해당하지 않는다(95누86690). 근거법규가 없는 침
해적 처분은 무효이다. 위헌으로 무효가 된 법률에 근거한 처분은 취소사유일 뿐이
다(92누9463). 위헌결정의 소급효는 이미 불가쟁력이 발생한 처분에 미치지 않는다
(2000다20144). 처분의 내용이 사회통념상 실현불가능한 경우 그 처분은 무효다(2005
두15151). 내용이 불명확한 처분도 무효다. 재결이나 판결의 기속력에 반한 처분은
무효다. 비례의 원칙, 평등의 원칙, 신의성실의 원칙(2002두1465) 등에 위반되는 처
분은 원칙적으로 취소사유가 있는 처분이지 당연무효는 아니다. 행정절차법 등 법
령상 정해진 청문절차, 협의절차, 사전통지절차, 의견제출기회부여 등의 절차를 거
치지 않는 처분은 취소사유가 있는 처분이지, 무효인 처분은 아니다. 그러나 법령
이 아닌 대외적구속력이 없는 행정규칙에 규정된 절차를 거치지 않은 경우에는 위
법하지 않아 취소사유가 있다고 할 수 없다(94누3414). 신청을 요하는 처분인데, 신
청 없이 행해진 처분은 무효이다(98두1895). 운전면허취소·정지 처분과 같이 문서
로 하도록 되어 있는 처분을 구두로 한 경우 무효이다(95누3909).

　　대집행의 계고, 대집행영장에 의한 통지, 대집행의 실행, 대집행에 요한 비용의
납부명령 등은 타인이 대신하여 행할 수 있는 행정의무의 이행을 의무자의 비용부
담하에 확보하고자 하는, 동일한 행정목적을 달성하기 위하여 단계적인 일련의 절
차로 연속하여 행하여지는 것으로서, 서로 결합하여 하나의 법률효과를 발생시키는
것이므로, 선행처분인 계고처분이 하자가 있는 위법한 처분이라면, 비록 그 하자가
중대하고도 명백한 것이 아니어서 당연무효의 처분이라고 볼 수 없고 행정소송으
로 효력이 다투어지지도 아니하여 이미 불가쟁력이 생겼으며, 후행처분인 대집행영
장발부통보처분 자체에는 아무런 하자가 없다고 하더라도, 후행처분인 대집행영장
발부통보처분의 취소를 청구하는 소송에서 청구원인으로 선행처분인 계고처분이
위법한 것이기 때문에 그 계고처분을 전제로 행하여진 대집행영장발부통보처분도
위법한 것이라는 주장을 할 수 있다(95누12507).

3. 취소판결의 효력

취소소송의 판결의 효력으로는 불가변력, 불가쟁력, 기판력, 기속력, 형성력, 간접강제력을 들 수 있다. 기속력, 형성력, 집행력은 행정소송에 특유한 효력이라 할 수 있다. 불가쟁력, 기판력, 기속력, 형성력, 간접강제력은 확정판결의 효력이다. 기속력, 형성력, 간접강제는 확정된 인용판결의 경우에만 인정되는 효력이다.

(1) 불가변력 · 불가쟁력

법원의 판결이 선고되면 선고법원은 자신의 판결 내용을 함부로 취소 · 변경할 수 없게 되는바, 이를 불가변력 또는 자박력이라 한다. 이는 선고법원에 대한 판결의 효력이다. 불가쟁력이란 소송당사자가 상소를 포기한 경우 또는 3심제를 모두 거쳐 대법원에서 최종 확정된 경우 또는 상소제기기간이 도과한 경우 등 판결이 확정되면 발생하는 것으로 당사자가 더 이상 판결의 내용에 대해 다툴 수 없게 되는 효력을 말한다. 이를 형식적 확정력이라고도 한다. 불가쟁력은 소송당사자에 대한 판결의 효력이다.

(2) 기판력

취소소송의 소송물의 의미에 대하여는 여러 견해가 주장되고 있지만,[37] 판례는 취소소송의 소송물을 처분의 취소원인이 되는 위법성 일반으로 보고 있다.[38] 판

---

[37] 취소소송의 소송물을 처분의 위법성 일반이라고 보는 견해는 분쟁의 일회적 해결과 법적 안정성 등을 근거로 한다. 이에 의하면 원고의 처분의 개개의 위법사유에 대한 주장은 단순한 공격방어방법에 지나지 않게 된다. 또한 취소소송에서의 기판력도 처분의 위법 또는 적법 일반에 대해 미치게 된다. 이 견해에 대하여는 재판에서 다투어지지 않은 위법사유에까지 모두 기판력이 미치게 되어 국민의 권리구제에 문제가 있다는 비판이 있다. 취소소송의 소송물을 처분의 개개의 위법사유라고 보는 견해는 당사자의 권리구제의 만전을 위하고, 기판력의 취지를 당사자가 재판에서 다투어진 것에 대해서만 후소에서 주장할 수 없도록 하는 것이라고 본다. 이에 의하면 원고가 처분의 개개의 위법사유를 추가 또는 변경하는 것은 소변경에 해당하게 되고, 취소소송에서의 기판력도 전소에서 다투어진 처분의 개개의 위법사유에만 미치게 된다. 그러나 이 견해에 의하면 분쟁의 일회적 해결 및 법적 안정성에 반하게 된다는 비판이 있다. 주관소송적 관점설은 소송물을 독립된 소송법적 관점에서 고찰하여 취소소송을 주관소송으로 보면서 소송물은 '처분 등이 위법하고 또한 그 처분을 통해 자신의 권리가 침해되었다는 원고의 법적 권리 주장 그 자체'로 본다. 이 견해에 대하여는 권리 침해는 원고적격의 문제에 불과하다는 비판이 있다. 생각건대, 분쟁의 일회적 해결을 위해서는 처분의 위법성 일반이라고 보는 견해가 타당하다고 볼 것이다.

례와 같이 소송물의 개념을 처분의 위법성 일반이라고 할 경우 기판력은 다음과 같이 작용하게 된다. 전소와 후소가 동일소송물일 경우 반복금지효가 적용되어 상대방은 비록 전소에서와는 다른 처분의 위법사유를 이유로 동일한 처분에 대해 후소를 제기해 이를 다투더라도 이는 동일소송물에 해당하여 소각하판결을 받게 된다.39) 전소에서 판단된 소송물이 후소에서 재판의 전제가 된 경우 이를 선결관계라 하고, 이 경우 모순금지효가 적용된다. 따라서 당해 처분이 전소인 취소소송에서 적법하다는 판단을 받은 경우 원고는 비록 후소인 국가배상청구소송에서 전소인 취소소송에서 주장하지 않은 처분의 다른 위법사유를 주장하여 후소에서 판단하기에 그 위법사유가 위법하다는 생각이 들어도 모순금지효로 인해 후소는 당해 처분이 위법하다는 판단을 할 수 없게 된다(99다55472).

(3) 기속력

취소소송의 인용판결은 그 사건에 관하여 당사자인 행정청과 그 밖의 관계 행정청을 기속한다(행정소송법 제30조 제1항). 즉, 행정청과 그 밖의 관계 행정청은 판결의 취지에 따라야 할 구속을 받으며, 이를 기속력이라 한다. 기속력은 확정된 인용판결의 경우에만 적용된다. 이러한 기속력은 무효등확인소송과 부작위위법확인소송에도 준용되고 있다(행정소송법 제38조 제1항, 제2항, 제30조).40) 취소판결이 확정되면 당해 행정청 및 관계행정청은 취소판결에서 확정된 것과 ① 동일한 법적 상황 및 사실관계에서, ② 동일당사자에게, ③ 동일한 사유로, ④ 동일한 내용의 재처분을 하는 것은 기속력에 반하여 금지된다. 처분청 및 관계행정청은 인용판결의 취지

---

38) 원래 과세처분이란 법률에 규정된 과세요건이 충족됨으로써 객관적, 추상적으로 성립한 조세채권의 내용을 구체적으로 확인하여 확정하는 절차로서, 과세처분취소소송의 소송물은 그 취소원인이 되는 위법성 일반이고 그 심판의 대상은 과세처분에 의하여 확인된 조세채무인 과세표준 및 세액의 객관적 존부이다(89누5386).

39) 취소판결의 기판력은 소송물로 된 행정처분의 위법성 존부에 관한 판단 그 자체에만 미치는 것이므로 전소와 후소가 그 소송물을 달리하는 경우에는 전소 확정판결의 기판력이 후소에 미치지 아니한다(95누5820).

40) 이러한 기속력을 기판력과 동일하게 보는 견해도 있고, 취소소송의 인용판결의 실효성을 확보하기 위하여 행정소송법이 특별히 규정한 효력이라고 보는 견해도 있다. 판례는 기속력과 기판력을 혼용해서 사용하고는 있다. 생각건대, 기속력은 당사자인 행정청와 관계 행정청에만 미치지만, 기판력은 당사자와 후소법원도 구속한다는 점, 기속력은 인용판결에만 미치지만, 기판력은 모든 확정판결에 미친다는 점, 기속력은 실체법적 효력이지만, 기판력은 소송법적 효력이라는 점 등에서 차이가 있으므로 행정소송법이 특별히 규정한 효력으로 보는 것이 타당하다할 것이다.

에 저촉되는 처분을 하여서는 아니 된다. 위법성 판단의 기준시점은 처분시이므로 기속력의 시적 범위는 처분시를 기준으로 처분시의 법적 상황 및 사실관계를 판단의 대상으로 한다. 따라서 처분시 이후에 법적 상황 및 사실관계가 변경된 경우에는 그 사유를 내세워 동일한 내용의 처분을 하여도 반복금지효 위반은 아니다. 기속력의 객관적 범위를 판결의 취지에 적시된 개개의 위법사유로 보는 판례에 따르면 판결의 취지에서 행정청이 그러한 위법사유를 근거로 또다시 동일한 내용의 처분을 하는 것을 금지한다는 것이므로 위법사유를 시정한 경우41)와 다른 사유를 근거로 처분하는 경우42)는 기속력 위반이 아니다.

판결에 의하여 취소되는 처분이 당사자의 신청을 거부하는 것을 내용으로 하는 경우에는 그 처분을 행한 행정청은 인용판결의 취지에 따라 다시 이전의 신청에 대한 처분을 하여야 할 적극적 작위의무가 있으며(행정소송법 제30조 제2항) 이는 신청에 따른 처분이 절차의 위법을 이유로 취소되는 경우에 준용한다(행정소송법 제30조 제3항). 이를 재처분의무라고 하며, 이는 의무이행소송이 인정되지 않는 현 행정소송법에서 신청인의 실질적인 권리구제를 도모하기 위한 규정이다. 행정처분의 적법 여부는 그 행정처분이 행하여진 때의 법령과 사실을 기준으로 하여 판단하는 것이므로 거부처분 후에 법령이 개정·시행된 경우에는 개정된 법령 및 허가기준을 새로운 사유로 들어 다시 이전의 신청에 대한 거부처분을 할 수 있으며 그러한 처분도 행정소송법 제30조 제2항에 규정된 재처분에 해당된다(97두22). 재처분은 판결주문 및 이유에 설시된 판결의 취지에 따를 것을 요구하고 있지 원고의 신청에 따를 것을 요구하는 것은 아니다. 따라서 판결의 취지에 따르기만 하였다면 위법사유를 시정한 경우43)와 다른 사유를 근거로 거부처분44)을 하는 경우는 기속력 위반이 아니다.

---

41) 기존의 위법사유를 수정·보완하여 동일한 내용의 처분을 하는 것은 반복금지효 위반이 아니다. 한편, 기존의 위법사유는 절차 또는 형식상의 하자도 포함하므로 행정청이 적법한 절차 또는 형식으로 시정하여 행한 동일한 내용의 처분은 기속력에 반하지 않는다. 대법원 1986. 11. 11. 선고 85누231 판결 "과세처분시 납세고지서에 과세표준, 세율, 세액의 산출근거 등이 누락되어 있어 이러한 절차 내지 형식의 위법을 이유로 과세처분을 취소하는 판결이 확정된 경우에 그 확정판결의 기판력은 확정판결에 적시된 절차 내지 형식의 위법사유에 한하여 미친다고 할 것이므로 과세처분권자가 그 확정판결에 적시된 위법사유를 보완하여 행한 새로운 과세처분은 확정판결에 의하여 취소된 종전의 과세처분과는 별개의 처분으로서 확정판결의 기판력에 저촉되는 것은 아니다."

42) 처분시에 존재한 개개의 위법사유와는 다른 사유를 근거로 동일한 내용을 처분하는 것은 반복금지효 위반이 아니다. 여기서의 다른 사유라 함은 기본적 사실관계에 있어서 동일성이 인정되지 아니하는 사유를 의미한다. 따라서 다른 사유라는 것이 기본적 사실관계의 동일성이 인정되는 범위 내의 사유에 해당하면 기속력에 위반되어 그에 근거한 재처분은 금지된다.

행정청이 행정소송법 제30조 제2항의 규정에 의한 재처분 의무를 이행하지 아니하는 때에는 제1심수소법원은 당사자의 신청에 의하여 결정으로써 상당한 기간을 정하고 행정청이 그 기간 내에 이행하지 아니하는 때에는 그 지연기간에 따라 일정한 배상을 할 것을 명하거나 즉시 손해배상을 할 것을 명할 수 있다(행정소송법 제34조 제1항).

기속력은 그 사건에 관하여 당사자인 행정청과 그 밖의 관계행정청을 기속한다. 기판력은 판결의 주문에만 미치지만, 기속력의 객관적 범위는 판결의 주문뿐만 아니라 그 전제가 되는 처분 등의 구체적 위법사유에 관한 판결 이유 중의 판단에 대해서도 인정된다.[45] 따라서 기속력 위반 여부를 검토함에 있어 '판결의 취지'를 살필 때는 주문과 그 전제로 판결이유에 설시된 요건사실의 인정 및 효력까지도 함께 판단하게 된다. 반면, 판결의 결론과는 직접 관계없는 방론이나 간접사실, 가정판단에는 미치지 않는다. 기속력의 객관적 범위는 처분의 동일성이 인정되는 범위에 미친다.[46]

기속력은 기판력과 같은 소송법적 효력이 아니라 실체법적 효력으로서 법원의

---

43) 기속력의 객관적 범위를 판결의 취지에 적시된 개개의 위법사유로 보는 판례에 따르면 종전 위법사유를 보완하여 원고 신청을 또다시 거부하더라도 이는 재처분의무 위반이 아니다. 한편, 이는 절차의 위법을 이유로 취소되는 경우에도 마찬가지로 재채분의무가 있어서 결국 '신청에 따른 처분이 절차의 위법을 이유로 취소되는 경우에도 재처분의무를 부과'한 행정소송법 제30조 제3항의 규정은 당연한 것을 규정한 주의규정에 불과하다. 행정소송법 제30조 제2항의 규정에 의하면 행정청의 거부처분을 취소하는 판결이 확정된 경우에는 그 처분을 행한 행정청이 판결의 취지에 따라 이전의 신청에 대하여 재처분할 의무가 있다고 할 것이나, 그 취소사유가 행정처분의 절차, 방법의 위법으로 인한 것이라면 그 처분 행정청은 그 확정판결의 취지에 따라 그 위법사유를 보완하여 다시 종전의 신청에 대한 거부처분을 할 수 있고, 그러한 처분도 위 조항에 규정된 재처분에 해당한다(2003두13045).
44) 판결의 취지에 설시된 종전 거부처분과는 다른 사유를 근거로 거부해도 재처분의무 위반이 아니다. 여기서의 다른 사유 역시 기본적 사실관계의 동일성이 인정되지 않는 사유를 의미한다.
45) 행정소송법 제30조 제1항에 의하여 인정되는 취소소송에서 처분 등을 취소하는 확정판결의 기속력은 주로 판결의 실효성 확보를 위하여 인정되는 효력으로서 판결의 주문뿐만 아니라 그 전제가 되는 처분 등의 구체적 위법사유에 관한 이유 중의 판단에 대하여도 인정된다(99두5238).
46) 재결의 기속력은 재결의 주문 및 그 전제가 된 요건사실의 인정과 판단, 즉 처분 등의 구체적 위법사유에 관한 판단에만 미친다고 할 것이고, 종전 처분이 재결에 의하여 취소되었다 하더라도 종전 처분시와는 다른 사유를 들어서 처분을 하는 것은 기속력에 저촉되지 않는다고 할 것이며, 여기에서 동일 사유인지 다른 사유인지는 종전 처분에 관하여 위법한 것으로 재결에서 판단된 사유와 기본적 사실관계에 있어 동일성이 인정되는 사유인지 여부에 따라 판단되어야 한다(2003두7705).

처분에 대한 위법성 판단 시점을 기준으로 그 당시에 존재했던 법적 상황 및 사실
관계를 토대로 기속력이 미치고, 그 시점 이후로 새로이 발생한 사정 변경 등에 대
해서는 위법성 판단시 고려되지 않은 사항이기 때문에 행정청이 그와 같이 사정 변
경에 따라 새로운 처분을 할 수 있으며, 그것이 비록 위법하다는 확정판결을 받은
당초 처분과 동일한 내용의 처분이 되더라도 이는 기속력 위반이 아니다. 따라서
기속력의 시간적 범위와 관련해 위법성 판단의 기준시점을 정하는 것이 필요하다.
판례는 처분시설을 따르고 있다. 이에 따르면 처분시까지 발생했던 법적·사실적 상
황은 기판력이 미치지만 그 이후에 발생한 사정변경은 기속력이 미치지 않는다.[47]

　　기속력에 반하여 한 행정청의 처분은 그 하자가 중대하고 명백하다고 하여서
무효사유가 된다.[48] 이를 단순히 취소사유에 불과하다고 볼 경우에는 당해 처분이
제기기간의 경과 등으로 형식적 확정력이 발생될 수 있어 행정소송법이 기속력을
인정한 취지에 반한다.

　취소소송의 청구인용판결이 확정되면 그로 인해 처분이 소급적으로 소멸함으
로써 당사자의 공법상 법률관계에 변동이 생긴다. 이를 형성력이라 한다. 형성력에
대한 명시적인 근거는 없지만 행정소송법 제29조 제1항의 '처분 등을 취소하는 확
정판결은 제3자에 대하여도 효력이 있다' 부분을 간접적인 법적 근거로 본다. 취소
판결이 있게 되면 처분시로 소급하여 처분의 효력이 소멸하게 된다. 따라서 취소된
처분을 전제로 형성된 또 다른 처분도 모두 법률상 원인을 상실하여 무효가 된
다.[49] 취소판결이 확정되면 별도로 행정청이 다시 처분을 취소한다거나 이를 통지
하는 등의 절차가 없어도 당연히 취소의 효과가 발생한다.[50]

---

47) 건축불허가처분을 취소하는 판결이 확정된 후 국토이용관리법시행령이 준농림지역 안에서의
　　행위제한에 관하여 지방자치단체의 조례로써 일정 지역에서 숙박업을 영위하기 위한 시설의
　　설치를 제한할 수 있도록 개정된 경우, 당해 지방자치 단체장이 위 처분 후에 개정된 신법령
　　에서 정한 사유를 들어 새로운 거부처분을 한 것이 행정소송법 제30조 제2항 소정의 확정판
　　결의 취지에 따라 이전의 신청에 대한 처분을 한 경우에 해당한다(97두22).
48) 어떠한 행정처분에 위법한 하자가 있다는 이유로 그 취소를 소구한 행정소송에서 그 행정처
　　분을 취소하는 판결이 선고되어 확정된 경우에 처분행정청이 그 행정소송의 사실심 변론종결
　　이전의 사유를 내세워 다시 확정판결에 저촉되는 행정처분을 하는 것은 확정판결의 기판력에
　　저촉되어 허용될 수 없는 것이고 이와 같은 행정처분은 그 하자가 명백하고 중대한 경우에 해
　　당되어 당연무효라 할 것이다(80누104).
49) 과세처분을 취소하는 판결이 확정되면 그 과세처분은 처분시에 소급하여 소멸하므로 그 뒤에
　　과세관청에서 그 과세처분을 경정하는 경정처분을 하였다면 이는 존재하지 않는 과세처분을
　　경정한 것으로서 그 하자가 중대하고 명백한 당연무효의 처분이다(88다카160960.
50) 행정처분을 취소한다는 확정판결이 있으면 그 취소판결의 형성력에 의하여 당해 행정처분의

　　행정소송법 제29조 제1항의 '처분 등을 취소하는 확정판결은 제3자에 대하여도 효력이 있다'라고 규정하고 있는데 이와 같이 소송에 관여하지 않은 제3자에게도 취소판결의 효력이 미치는 것을 제3자효라고 한다. 대세효라고도 한다. 이러한 대세효가 없다고 하면 취소판결에서 승소하여도 제3자에게 취소판결의 효력을 주장할 수 없게 되므로 이처럼 취소판결의 실효성을 확보하고, 승소자의 권리를 확실히 보호하며, 또한 취소판결의 행정상의 법률관계를 통일적으로 규율하고자 하는 것이 그 취지로 볼 수 있다. 판례는 취소판결의 제3자효의 의미에 대해 단순히 제3자가 그러한 판결의 효력을 용인하여야 함을 의미한다고 보고 있다.[51]

　　취소판결로 처분이 취소된 경우 그러한 처분에 근거한 법률관계의 효력은 어떻게 되는지가 문제되는데, 판례는 취소판결로 취소된 처분에 근거한 법률관계는 일단 그 효력은 유지하고, 다만 취소판결에 의해 형성되는 법률관계를 용인할 의무가 생긴다고 본다.[52]

　　취소나 취소통지 등의 별도의 절차를 요하지 아니하고 당연히 취소의 효과가 발생한다고 할 것이고 별도로 취소의 절차를 취할 필요는 없을 것이다(90누5443).

51) 행정처분을 취소하는 확정판결이 제3자에 대하여도 효력이 있다고 하더라도 일반적으로 판결의 효력은 주문에 포함한 것에 한하여 미치는 것이니 그 취소판결 자체의 효력으로써 그 행정처분을 기초로 하여 새로 형성된 제3자의 권리까지 당연히 그 행정처분 전의 상태로 환원되는 것이라고는 할 수 없고, 단지 취소판결의 존재와 취소판결에 의하여 형성되는 법률관계를 소송당사자가 아니었던 제3자라 할지라도 이를 용인하지 않으면 아니된다는 것을 의미하는 것에 불과하다 할 것이며, 따라서 취소판결의 확정으로 인하여 당해 행정처분을 기초로 새로 형성된 제3자의 권리관계에 변동을 초래하는 경우가 있다 하더라도 이는 취소판결 자체의 형성력에 기한 것이 아니라 취소판결의 위와 같은 의미에서의 제3자에 대한 효력의 반사적 효과로서 그 취소판결이 제3자의 권리관계에 대하여 그 변동을 초래할 수 있는 새로운 법률요건이 되는 까닭이라 할 것이다(83다카2022).

52) 환지계획변경처분으로 원고명의의 소유권이전등기가 경료되었으나 그 후 위 변경처분으로 인하여 불이익을 입게 된 소외인이 동 처분의 취소를 구하는 행정소송을 제기하여 승소판결을 받아 이를 근거로 원고명의의 소유권이전등기의 말소청구소송을 제기하여 동 소외인 승소판결이 확정됨에 따라 원고가 그 소유권상실의 손해를 입게 된 경우, 원고명의의 소유권이전등기는 위 취소판결 자체의 효력에 의하여 당연히 말소되는 것이 아니라 소외인이 위 취소판결의 존재를 법률요건으로 주장하여 원고에게 그 말소를 구하는 소송을 제기하여 승소의 확정판결을 얻어야 비로소 말소될 수 있는 것이며, 위 말소청구소송에서의 승패 또한 위 취소판결의 존재가 주장되었다는 한 가지 사실만으로 바로 판가름나는 것이라 할 수 없고 당사자의 주장 입증내용에 따라 달라질 여지가 있는 것이라 할 것이므로 원고는 위 말소청구의 소장부본을 송달받은 때가 아니라 위 말소청구의 소에서 원고패소가 확정됨으로써 비로소 그 손해를 알게 되었다고 봄이 상당하다(83다카2022).

(4) 간접강제

행정청이 제30조 제2항의 규정에 의한 재처분을 하지 아니하는 때에는 제1심 수소법원은 당사자의 신청에 의하여 결정으로써 상당한 기간을 정하고 행정청이 그 기간 내에 이행하지 아니하는 때에는 그 지연기간에 따라 일정한 배상을 할 것을 명하거나 즉시 손해배상을 할 것을 명할 수 있다(행정소송법 제34조 제1항). 이를 간접강제라 한다. 이는 취소소송의 승소확정 판결시에 인정되는 효력이다. 간접강제제도는 부작위위법확인소송에도 준용된다(행정소송법 제38조 제2항, 제34조 제1항). 다만, 무효확인소송의 경우에는 준용되고 있지 않은데 이에 대해 거부처분무효확인소송의 경우 행정소송법 제28조 제2항의 재처분의무를 준용하면서 간접강제를 준용하고 있지 않은 것은 입법의 불비로 보는 것이 다수설이다.

행정소송법 제34조 소정의 간접강제결정에 기한 배상금은 거부처분취소판결이 확정된 경우 그 처분을 행한 행정청으로 하여금 확정판결의 취지에 따른 재처분의무의 이행을 확실히 담보하기 위한 것으로서, 확정판결의 취지에 따른 재처분의무 내용의 불확정성과 그에 따른 재처분에의 해당 여부에 관한 쟁송으로 인하여 간접강제결정에서 정한 재처분의무의 기한 경과에 따른 배상금이 증가될 가능성이 자칫 행정청으로 하여금 인용처분을 강제하여 행정청의 재량권을 박탈하는 결과를 초래할 위험성이 있는 점 등을 감안하면, 이는 확정판결의 취지에 따른 재처분의 지연에 대한 제재나 손해배상이 아니고 재처분의 이행에 관한 심리적 강제수단에 불과한 것으로 보아야 한다. 따라서 특별한 사정이 없는 한 간접강제결정에서 정한 의무이행 기한이 경과한 후에라도 확정판결의 취지에 따른 재처분의 이행이 있으면 배상금을 추심함으로써 심리적 강제를 꾀할 목적이 상실되어 처분상대방이 더 이상 배상금을 추심하는 것은 허용되지 않는다(2002두2444).

4. 사정판결 · 일부취소판결

(1) 사정판결

사정판결이란 원고의 청구가 이유 있다고 인정하는 경우에도 처분 등을 취소하는 것이 현저히 공공복리에 적합하지 아니하다고 인정하는 때에는 법원은 원고의 청구를 기각하는 판결을 말한다(행정소송법 제28조 제1항). 사정판결제도는 원고의 청구가 이유 있음에도 불구하고 청구 기각판결을 하는 것이므로 이는 헌법상의 법치주의 원칙에 반하여 인정할 수 없지 않는가라는 문제가 있으나, 공익과 사익이

충돌할 때 그에 따른 비교형량을 통해 공익이 더 큰 경우 부득이하게 당사자에게는
손해배상청구 등의 가능성을 남겨둔 채 공익을 위해 원고 패소판결하는 것이므로
합헌이라고 본다. 따라서 사정판결제도는 예외적인 경우에만 인정되어야 할 것이
다. 사정판결의 요건은, ① 당해 처분의 위법성이 인정되고, ② 처분의 취소가 현저
히 공공복리에 적합하지 않아야 한다는 것이다. 현저히 공공복리에 적합하지 아니
한지 여부는 위법한 행정처분을 취소·변경하여야 할 필요와 그 취소·변경으로 인
하여 발생할 수 있는 공공복리에 반하는 사태 등을 비교·교량하여 판단하여야 한
다. 공공복리에 대한 부적합성 여부에 대한 판단의 기준시는 사실심변론종결시이
다. 사정판결은 당사자의 명백한 주장이 없는 경우에도 기록에 나타난 여러 사정을
기초로 직권으로 할 수 있다(2005두2506). 행정소송법에 의하면 사정판결은 취소소
송에서만 인정되고, 무효등확인소송이나 부작위위법확인소송의 경우에는 준용되지
않고 있다. 이와 관련해 부작위위법확인소송의 경우에는 적용되지 않음에 이설이
없으나, 무효등확인소송(또는 무효사유에 대해서 취소소송을 제기한 경우)에서 무효인
처분에 대해서도 사정판결이 인정될 수 있는지가 문제된다. 무효와 취소의 구별이
상대적이라는 점, 사정판결의 인정 여부는 공공복리 적합성에 따라 판단해야지 무
효 여부로 판단할 것은 아니라는 점, 무효인 경우에도 공익상의 사유로 기성사실을
존중할 필요가 있다는 점 등을 근거로 긍정하는 견해와 무효의 경우에는 법적 효력
자체가 없으므로 원고패소라 해서 처분을 유효하다고 할 수도 없는 노릇이고, 준용규
정도 없으므로 이를 부정하는 견해가 대립한다. 판례는 후자의 입장이다(95누5509).

(2) 일부취소판결

일부취소판결이라 함은 원고의 청구 중 일부만 인용하여 취소판결을 하는 것을
말한다. 일부취소판결의 가능성과 관련해 일부취소판결의 근거조항으로는 행정소
송법 제4조 제1호를 들 수 있다.[53] 판례는 법원이 새로운 내용의 행정처분을 직접

---

53) 행정소송법 제4조 제1호에서는 취소소송에 대해 '행정청의 위법한 처분 등을 취소 또는 변경
하는 소송'이라고 정의하였는데 이 중 '변경'의 의미 해석에 대해 일부취소설과 적극적 변경
설이 대립한다. 전자는 행정소송법 제4조 제1호의 변경은 일부취소를 의미한다는 견해로, 적
극적 형성판결 또는 의무이행소송은 권력분립원칙에 반하고 현행 행정소송법에 규정되어 있
지 않은 점, 단지 부작위위법확인소송만을 규정한 점 등을 근거로 적극적 변경으로 볼 수 없
다고 한다. 후자는 행정소송법 제4조 제1호의 변경은 적극적 의미의 변경을 의미한다는 견해
로, 권력분립주의도 실질적 의미의 권력분립주의로 해석하면 이에 상치되지 않고, 행정소송
법상의 법정항고소송은 예시적 조항에 불과해서 적극적 형성판결 또는 의무이행소송을 인정

할 수는 없으나 조세부과처분의 일부를 취소하는 것은 법원의 정당한 권한행사라고 판시하여 일부취소판결이 가능하다고 보고 있다(63누177). 일부취소판결이 가능하기 위해서는 먼저 ① 처분이 분리가능하거나 일부만의 특정이 가능하고, ② 일부에 대해서만 위법성이 인정되어야 하며, ③ 취소되고 남은 처분만으로도 의미가 있고, ④ 처분청의 명백한 의사에 반하지 않아야 한다. 판례는 처분의 분리가능성 또는 일부특정성이 있는 경우,[54] 기속행위인 금전부과처분에서 법원이 적법하게 부과금액을 산정할 수 있을 경우[55] 일부취소판결이 가능하다고 본다. 일부취소가 불가한 경우에는 전부취소를 하게 된다.

판례는 과징금부과처분, 영업정지처분 등 재량행위인 제재처분의 경우에는 재량권 등을 존중하여 전부취소를 한다.[56] 또한 기속행위인 금전부과처분에서 법원이 적법하게 부과금액을 산정할 수 없을 경우에도 전부취소를 한다(2002두11233).

해야만 국민의 권리구제에 만전을 기할 수 있다는 이유로 적극적 변경으로 해석한다. 판례는 일부취소설을 따르고 있다.

54) 외형상 하나의 행정처분이라 하더라도 가분성이 있거나 그 처분대상의 일부가 특정될 수 있다면 그 일부만의 취소도 가능하고 그 일부의 취소는 당해 취소부분에 관하여 효력이 생긴다고 할 것인바, 이는 한 사람이 여러 종류의 자동차 운전면허를 취득한 경우 그 각 운전면허를 취소하거나 그 운전면허의 효력을 정지함에 있어서도 마찬가지이다. 제1종 보통, 대형 및 특수 면허를 가지고 있는 자가 레이카크레인을 음주운전한 행위는 제1종 특수면허의 취소사유에 해당될 뿐 제1종 보통 및 대형 면허의 취소사유는 아니므로, 3종의 면허를 모두 취소한 처분 중 제1종 보통 및 대형 면허에 대한 부분은 이를 이유로 취소하면 될 것이나, 제1종 특수 면허에 대한 부분은 원고가 재량권의 일탈·남용하여 위법하다는 주장을 하고 있음에도, 원심이 그 점에 대하여 심리·판단하지 아니한 채 처분 전체를 취소한 조치는 위법하다(95누8850).

55) 판례는 조세부과처분, 개발부담금부과처분 등 금전부과처분에서 부과금 산정에 잘못이 있을 때 법원이 주어진 자료만으로 적법하게 부과금액을 산출할 수 있는 경우에는 일부취소판결을 한다. 개발부담금부과처분 취소소송에 있어 당사자가 제출한 자료에 의하여 적법하게 부과될 정당한 부과금액이 산출할 수 없을 경우에는 부과처분 전부를 취소할 수밖에 없으나, 그렇지 않은 경우에는 그 정당한 금액을 초과하는 부분만 취소하여야 한다(2002두11233).

56) 행정청이 영업정지 처분을 함에 있어서 그 정지 기간을 어느 정도로 정할 것인지는 행정청의 재량권에 속하는 사항인 것이며 다만 그것이 공익의 원칙이나 평등의 원칙 또는 비례의 원칙 등에 위반하여 재량권의 한계를 벗어난 재량권 남용에 해당하는 경우에만 위법한 처분으로서 사법심사의 대상이 되는 것이다. 그러므로 법원으로서는 영업정지처분이 재량권 남용이라고 판단될 때에는 위법한 처분으로서 그 처분의 취소를 명할 수 있을 따름이고 재량권의 한계 내에서 어느 정도가 적정한 영업정지기간인지를 가리는 일은 사법심사의 범위를 벗어나는 것이며 그 권한 밖의 일이라고 하겠으니, 이 사건 영업정지처분 중 적정한 영업정지기간을 초과하는 부분만 취소하지 아니하고 전부를 취소한 것은 이유의 모순이라는 논지도 받아들일 수 없다(81누375).

제 5 절   무효등확인소송 · 부작위위법확인소송 · 당사자소송

1. 무효등확인소송

무효등확인소송은 처분 등의 존재 또는 유효 여부를 주장하는 행정청의 태도에 맞서 다투는 항고소송으로 행정청의 처분 등의 효력 유무 또는 존재 여부를 확인하는 소송이다(행정소송법 제4조 제2호). 무효등확인소송에는 처분 등의 유효확인소송, 처분 등의 무효확인소송, 처분 등의 존재확인소송, 처분 등의 부존재확인소송, 처분 등의 실효확인소송 등이 있다. 한편, 판례는 취소소송을 제기하였으나 무효사유인 경우 무효확인을 구하는 취지의 취소소송으로 보고 이를 허용하고 있으며 이 경우 취소소송의 소송요건을 구비할 것을 요구하고 있다. 무효등확인소송의 대상적격은 취소소송의 경우와 동일하게 행소법 제2조 제1호의 '처분 등'이다. 무효등확인소송은 처분 등의 효력유무 또는 존재 여부의 확인을 구할 법률상 이익 있는 자가 제기할 수 있다(행정소송법 제35조). 여기서의 법률상 이익 있는 자의 의미는 취소소송의 경우와 동일하게 '당해 처분의 근거법률에 의하여 보호되는 직접적이고 구체적인 이익'을 말한다(2000두2136). 또한 협의의 권리보호의 필요가 있어야 하는데, 이는 취소소송의 협의의 권리보호의 필요에 대한 의미와 동일하다.[57] 행정소송법 제35조에서 '확인을 구할 법률상 이익'이라고 하는 것과 관련해 이 규정이 민사소송에서의 '즉시확정의 법률상 이익'을 포함하는 것으로 보아, 확인소송의 경우에도 확인소송의 보충성이 권리보호의 필요로서 요구되는지가 문제된다. 학설은 대립하나,[58]

---

[57] 대법원 1991. 6. 28. 선고 90누9346 판결 "공무원면직처분무효확인의 소의 원고들이 상고심 심리종결일 현재 이미 공무원법상의 정년을 초과하였거나 사망하여 면직된 경우에는 원고들은 면직처분이 무효확인된다 하더라도 공무원으로서의 신분을 다시 회복할 수 없고, 면직으로 인한 퇴직기간을 재직기간으로 인정받지 못함으로써 받게 된 퇴직급여 등에 있어서의 과거의 불이익은 면직처분으로 인한 급료, 명예침해 등의 민사상 손해배상청구소송에서 그 전제로서 면직처분의 무효를 주장하여 구제받을 수 있는 것이므로 독립한 소로써 면직처분의 무효확인을 받는 것이 원고들의 권리 또는 법률상의 지위에 현존하는 불안, 위험을 제거하는 데 필요하고도 적절한 것이라고 할 수 없어, 원고들의 위 무효확인의 소는 확인의 이익이 없다"; 대법원 1993. 6. 8. 선고 91누11544 판결 "건축허가처분이 당연무효라 하더라도 허가처분을 받은 자가 원심변론종결 전에 건축공사를 완료하고 준공검사필증까지 교부받았다면 건축허가처분의 무효확인을 받아 건물의 건립을 저지할 수 있는 단계는 지났다고 할 것이므로 허가처분의 무효확인을 소구할 법률상 이익이 없다."

[58] 필요설은 무효등확인소송도 그 본질이 확인소송인 만큼 민사소송에서의 '확인의 이익'을 필요로 하며, 따라서 무효확인소송보다 더 본말색원적인 구제수단이 있으면 그를 택해야 하며 중

판례는 불요설의 입장이다(2007두6342). 무효등확인소송은 행정심판 전치주의의 적용 및 제소기간의 적용이 없다.

본안판단과 관련해 소송의 심리범위, 심리방법 등 취소소송과 크게 다를 바 없다. 다만, 입증책임과 관련해 판례는 원고에게 그 행정처분의 무효인 사유를 주장 및 입증할 책임이 있다고 한다(99두11851). 행정처분의 당연무효를 구하는 소송에 있어서 그 무효를 구하는 사람에게 그 행정처분에 존재하는 하자가 중대하고 명백하다는 것을 주장 입증할 책임이 있다(82누154).

무효등확인소송의 판결의 효력은 취소소송의 경우와 동일하다. 따라서 제3자효 및 판결의 기속력 등이 모두 인정되고, 다만, 간접강제의 준용이 없다. 무효등확인소송에는 사정판결이 허용되지 않는다(84누380).

하자 있는 행정처분을 놓고 이를 무효로 볼 것인지 아니면 단순히 취소할 수 있는 처분으로 볼 것인지는 동일한 사실관계를 토대로 한 법률적 평가의 문제에 불과하고, 행정처분의 무효확인을 구하는 소에는 특단의 사정이 없는 한 그 취소를 구하는 취지도 포함되어 있다고 보아야 하는 점 등에 비추어 볼 때, 동일한 행정처분에 대하여 무효확인의 소를 제기하였다가 그 후 그 처분의 취소를 구하는 소를 추가적으로 병합한 경우, 주된 청구인 무효확인의 소가 적법한 제소기간 내에 제기되었다면 추가로 병합된 취소청구의 소도 적법하게 제기된 것으로 봄이 상당하다(2005두3554).

2. 부작위위법확인소송

부작위위법확인소송이란 행정청의 부작위가 위법하다는 것을 확인하는 소송을 말한다. 여기서, 부작위란 '행정청이 당사자의 신청에 대하여 상당한 기간 내에 일정한 처분을 하여야 할 법률상 의무가 있음에도 불구하고 이를 하지 아니하는 것'을 말한다(행정소송법 제2조 제1항 제1호). 부작위위법확인소송은 확인소송에 속한다.

신청을 전제로 하는 쌍방적 행정행위에서 국민의 신청에 대해 행정청이 거부

도반단적인 확인을 구하는 것은 권리보호의 이익이 없다고 본다. 이에 반해 불요설은 무효등확인소송도 취소소송과 같이 항고소송이고, 따라서 권리보호의 필요에 대한 개념을 취소소송에서의 법률상 이익과 달리 볼 이유가 없으며, 무효등확인소송에서도 기속력이 준용되어 무효확인판결 자체로도 판결의 실효성 확보가 가능하므로 민사소송에서와 같이 확인소송의 보충성은 필요하지 않다고 한다.

또는 부작위하는 경우 이에 대해 국민의 권리구제를 위해서는 가장 확실한 보장책이 적극적 형성소송 또는 의무이행소송이겠지만 이를 인정시 권력분립주의와의 마찰이 있을 수 있어 이를 완화해서 인정하고자 하는 것이 바로 부작위가 위법함을 확인하는 부작위위법확인소송이다.

　　행정소송법 제2조 제1항 제2호에 의하면, "부작위라 함은 행정청이 당사자의 신청에 대하여 상당한 기간 내에 일정한 처분을 하여야 할 법률상 의무가 있음에도 불구하고 이를 하지 아니한 것을 말한다"라고 규정되어 있다. 이에 의할 때 부작위의 성립요건으로는 ① 당사자의 신청이 있을 것, ② 행정청에 일정한 처분을 할 법률상 의무가 있을 것, ③ 상당한 기간이 경과하도록 행정청이 아무런 처분도 하지 않을 것 등이 해당한다.

　　신청의 대상은 행정소송법 제2조 제1항 제1호의 처분을 의미한다. 따라서 행소법상의 처분 개념에 해당하지 아니하는 비권력적 사실행위(관념의 통지 또는 확인행위 등) 등에 대한 신청은 그 요건을 결하게 된다.59)

　　부작위위법확인의 소에 있어 당사자가 행정청에 대하여 어떠한 행정행위를 하여 줄 것을 요구할 수 있는 법규상 또는 조리상 권리를 갖고 있지 아니한 경우에는 원고적격이 없거나 항고소송의 대상인 위법한 부작위가 있다고 볼 수 없어 그 부작위위법확인의 소는 부적법하다(97누17568).60)

　　부작위위법확인소송은 처분의 신청을 한 자로서 부작위의 위법확인을 구할 법률상 이익이 있는 자만이 제기할 수 있다 할 것이며 이를 통하여 구하는 행정청의 응답행위는 행정소송법 제2조 제1항 제1호 소정의 처분에 관한 것이라야 하므로 당사자가 행정청에 대하여 어떠한 행정행위를 하여 줄 것을 신청하지 아니하였거나

---

59) 형사본안사건에서 무죄가 선고되어 확정되었다면 형사소송법 제332조 규정에 따라 검사가 압수물을 제출자나 소유자 기타 권리자에게 환부하여야 할 의무가 당연히 발생한 것이고, 권리자의 환부신청에 대한 검사의 환부결정 등 어떤 처분에 의하여 비로소 환부의무가 발생하는 것은 아니므로 압수가 해제된 것으로 간주된 압수물에 대하여 피압수자나 기타 권리자가 민사소송으로 그 반환을 구함은 별론으로 하고 검사가 피압수자의 압수물 환부신청에 대하여 아무런 결정이나 통지도 하지 아니하고 있다고 하더라도 그와 같은 부작위는 현행 행정소송법상의 부작위위법확인소송의 대상이 되지 아니한다(94누14018).

60) 판례가 요구하는 법규상·조리상 신청권의 성질에 대하여 이를 원고의 신청에 대한 일반적·추상적인 단순응답요구권(형식적 신청권)으로 보아 대상적격의 요건에 해당한다고 보는 견해(김연태)와 행정소송법 제2조 제1항 제2호에 의해 부작위의 개념이 명확하게 제시가 되어 있는 이상 그에 의해 대상적격을 파악하면 족하고, 그와 같은 부작위의 개념에서 신청권에 대해서는 따로 언급이 없으므로 새로운 요건을 추가하면 안 되고, 신청권의 존부는 원고적격의 문제, 즉 법률상 이익 여부로 보아야 한다는 견해(홍정선)가 주장된다.

신청을 하였더라도 당사자가 행정청에 대하여 그러한 행정행위를 하여 줄 것을 요구할 수 있는 법규상 또는 조리상 권리를 갖고 있지 아니하든지 또는 행정청이 당사자의 신청에 대하여 거부처분을 한 경우에는 원고적격이 없거나 항고소송의 대상인 위법한 부작위가 있다고 볼 수 없어 그 부작위위법확인의 소는 부적법하다(92누17099).

상당한 기간과 관련하여 행정절차법에 따라 공표된 처리기간 내 처분을 하지 않은 경우 바로 상당한 기간이 경과하였다고 볼 수 있는지가 문제되나, 행정절차법상의 처리기간은 주의적·선언적 규정으로 보아야 할 것이므로 이를 위반하였다 하여 바로 상당한 기간을 도과하였다고 보기는 어려울 것이다.

행정소송법상 취소소송이나 부작위위법확인소송에 있어서는 당해 행정처분 또는 부작위의 직접상대방이 아닌 제3자라 하더라도 그 처분의 취소 또는 부작위위법확인을 받을 법률상의 이익이 있는 경우에는 원고적격이 인정되나 여기서 말하는 법률상의 이익은 그 처분 또는 부작위의 근거법률에 의하여 보호되는 직접적이고 구체적인 이익을 말하고, 간접적이거나 사실적, 경제적 관계를 가지는 데 불과한 경우는 포함되지 않는다(88누8135).

부작위위법확인의 소는 행정청이 국민의 법규상 또는 조리상의 권리에 기한 신청에 대하여 상당한 기간 내에 그 신청을 인용하는 적극적 처분 또는 각하하거나 기각하는 등의 소극적 처분을 하여야 할 법률상의 응답의무가 있음에도 불구하고 이를 하지 아니하는 경우, 판결(사실심의 구두변론 종결)시를 기준으로 그 부작위의 위법을 확인함으로써 행정청의 응답을 신속하게 하여 부작위 내지 무응답이라고 하는 소극적인 위법상태를 제거하는 것을 목적으로 하는 것이고, 나아가 당해 판결의 구속력에 의하여 행정청에게 처분 등을 하게하고 다시 당해 처분 등에 대하여 불복이 있는 때에는 그 처분 등을 다투게 함으로써 최종적으로는 국민의 권리이익을 보호하려는 제도이므로, 소제기의 전후를 통하여 판결 시까지 행정청이 그 신청에 대하여 적극 또는 소극의 처분을 함으로써 부작위상태가 해소된 때에는 소의 이익을 상실하게 되어 당해 소는 각하를 면할 수가 없는 것이다(89누4758).

부작위위법확인의 소의 경우 당사자의 신청이 있은 이후 당사자에게 생긴 사정의 변화로 인하여 위 부작위가 위법하다는 확인을 받는다고 하더라도 종국적으로 침해되거나 방해받은 권리와 이익을 보호·구제받는 것이 불가능하게 되었다면 그 부작위가 위법하다는 확인을 구할 이익은 없다(2000두4750).

제소기간에 대해 부작위위법확인소송은 취소소송의 제소기간 규정(행소법 제20조)을 준용하고 있다. 이에 대해 부작위위법확인소송이 행정심판을 전치한 경우에는 위 규정이 적용됨에는 의문이 없지만, 그렇지 않은 경우 부작위위법확인소송은 외관상 아무런 명시적 처분이 없어 제소기간을 정할 수 없으므로 제소기간의 적용을 받지 않는다 할 것이다.

부작위위법확인소송의 경우 본안판단과 관련해 어디까지를 심리의 범위로 할 것인지가 문제된다. 절차적 심리설은 의무이행소송을 규정하지 않고 부작위위법확인소송의 제정만으로 그친 입법 취지 등을 고려하여 법원은 행정청의 소극적 위법상태, 즉 응답의무 위반 여부만 확인하면 된다고 보는 견해이다. 특정처분의무의 실체적 내용까지 심사하면 의무이행소송으로 변질될 우려가 있다고 본다. 이에 반해 실체적 심리설은 부작위위법확인소송의 본안판단은 특정처분의무가 있음에도 불구하고 이에 대해 부작위한 위법성뿐만 아니라 특정처분의 신청에 대한 내용이 이유 있는 것인지도 심리하여 그에 대한 행정청의 처리방향까지도 제시하여야 한다는 견해이다. 그리하여 인용판결이 나왔을 경우 판결이유에 '특정처분의 신청대로 처분할 의무'를 설시하여 행정청으로 하여금 특정처분에 대한 재처분의무를 이행하게 함으로써 국민의 권리구제에 만전을 기할 수 있게 된다고 한다. 대법원은 절차적 심리설을 취하고 있다.[61]

부작위위법확인소송은 이미 행해진 특정 처분의 당부를 문제 삼는 것이 아니라 아무런 처분도 하지 않고 있음이 위법하다는 것을 확인하는 것이므로 사실심 변론종결시를 기준으로 그때까지도 아무런 처분을 하지 않고 있으면 위법하다 할 것이어서 위법성 판단의 기준시는 판결시(사실심 변론종결시)로 보는 것이 통설·판례다(89누4758).

부작위위법확인소송의 경우도 취소소송과 같이 각하판결, 인용판결, 기각판결이 있다. 다만, 사정판결은 준용되지 않는다. 형성력을 제외한 나머지 대부분의 효

---

61) 부작위위법확인의 소는 행정청이 국민의 법규상 또는 조리상의 권리에 기한 신청에 대하여 상당한 기간 내에 그 신청을 인용하는 적극적 처분 또는 각하하거나 기각하는 등의 소극적 처분을 하여야 할 법률상의 응답의무가 있음에도 불구하고 이를 하지 아니하는 경우, 판결(사실심의 구두변론 종결)시를 기준으로 그 부작위의 위법을 확인함으로써 행정청의 응답을 신속하게 하여 부작위 내지 무응답이라고 하는 소극적인 위법상태를 제거하는 것을 목적으로 하는 것이고, 나아가 당해 판결의 구속력에 의하여 행정청에게 처분 등을 하게하고 다시 당해 처분 등에 대하여 불복이 있는 때에는 그 처분 등을 다투게 함으로써 최종적으로는 국민의 권리이익을 보호하려는 제도이다(89누4758).

력이 부작위위법확인소송의 판결에도 인정된다. 즉, 불가쟁력, 불가변력, 기판력, 기속력, 제3자효, 간접강제 등이 인정된다. 확정된 부작위위법확인판결에 대한 기속력은 행정청의 판결의 취지에 따른 재처분의무이다(행정소송법 제30조 제2항, 38조 제2항). 그런데 부작위위법확인소송에서 인용판결의 기속력으로서의 재처분의무의 내용에 대해서는 견해가 대립하고 있으나,[62] 위에서 본 바와 같이 판례는 부작위의 위법을 확인함으로써 행정청의 응답을 신속하게 하여 부작위 내지 무응답이라고 하는 소극적인 위법상태를 제거하는 것을 목적으로 하는 것이고, 나아가 당해 판결의 구속력에 의하여 행정청에게 처분 등을 하게 하는 것까지는 인용판결의 기속력으로 보고 있다(89누4758)

3. 당사자소송

당사자소송이란 행정청의 처분 등을 원인으로 하는 법률관계에 관한 소송 그밖에 공법상의 법률관계에 관한 소송으로서 그 법률관계의 한쪽 당사자를 피고로 하는 소송을 말한다(행정소송법 제3조 제2호). 당사자소송은 공법상의 법률관계를 대상으로 하는 점에서 사법상의 법률관계를 대상으로 하는 민사소송과 다르다. 당사자 소송은 실질적 당사자소송과 형식적 당사자소송으로 구별된다. 한편, 소송물의 내용에 따라 이행소송과 확인소송으로 구별할 수도 있다.

무효등확인소송은 행정행위의 공정력이 인정되지 않는 무효를 선언하는 판결이므로 당사자소송과 양립가능한 관계이다. 따라서 무효확인소송을 제기하든지 또는 당사자소송을 제기하든지 양자 모두 가능하다. 예컨대, 공무원이 부당하게 파면당한 경우 이에 대해 파면처분무효확인소송 또는 공무원지위확인소송을 제기할 수

---

[62] 응답의무설은 부작위위법확인판결은 부작위 자체가 위법함을 확인하는 것일 뿐이므로 재처분의무의 내용은 이러한 위법성을 시정하기 위한 행정청의 가부간의 응답의무이며, 행정소송법 제2조 제1항 제2호의 부작위의 성립요건으로 말하는 '일정한 처분을 하여야 할 법률상 의무' 와 관련하여 일정한 처분이란 특정내용의 처분을 말하는 것이 아니라 신청에 대한 가부의 응답을 말한다고 보아야 하고, 본안판단에서도 심리의 범위는 단순히 응답의무 위반 여부만을 확인하는 절차적 심리에 그침을 근거로 재처분의무도 단순히 응답의무로 보고 있다. 특정처분의무설은 부작위위법확인소송의 본안판단에서는 부작위의 위법성을 판단하기 위해서는 행정청의 처분을 구할 실체법적 권리의 당부 여부를 심사하는 것이고, 행정소송법 제2조 제1항 제2호의 일정한 처분이라 함은 '신청에 따른 처분을 하여줄 의무'를 말하며, 부작위위법확인소송의 기속력을 응답의무로 이해하면 처분청이 다시 거부처분을 하는 것이 가능하다는 것인데, 이 경우 그 거부처분에 대해 다시 취소소송을 제기하여야 하므로 비효율적이고 소송경제에도 반하므로 부작위위법확인소송 인용판결에 실질적 기속력을 인정하는 것이 타당하다고 한다.

있고, 과세처분이 무효인 경우, 이에 대해 무효확인소송을 제기할 수도 있고, 당사자소송으로서 조세채무부존재확인소송 또는 공법상의 부당이득반환청구소송을 제기할 수도 있는 것이다.

실질적 당사자소송은 본래적 의미의 당사자소송으로 대등당사자 사이의 공법상 법률관계에 대한 소송을 말한다. 무효인 과세처분에 대해 이미 세금을 납부한 경우 제기하는 조세과오납금반환청구소송, 적법한 처분 등으로 손실을 입은 경우 제기하는 손실보상청구소송, 공무원의 지위·신분 확인소송, 공법상의 금전지급청구소송(연금지급청구 등), 공법상 계약에 관련된 소송 등이 있을 수 있다.

형식적 당사자소송은 실질적으로는 처분을 다투는 것이지만 형식적으로는 처분으로 인해 발생한 법률관계를 다투는 것으로, 이 경우 행정청이 아닌 법률관계의 일방당사자를 피고로 하는 소송을 말한다. 당사자들의 관심이 처분 그 자체가 아니고 그 처분으로 인해 발생한 법률관계에 있는 경우 법률관계 그 자체를 다투게 함으로써 소송경제를 이루고 신속한 권리구제를 도모하고자 하는 것이다. 예컨대, 보상금증감소송과 관련해 원칙은 토지수용위원회의 보상금 결정에 대한 수용재결을 소로써 취소하고 위원회가 새로운 보상금을 결정하면 다시 이에 대해 불만족하면 또다시 수용재결에 대한 취소소송을 제기함으로써 취소해야 하는데 이러한 과정은 당사자에게 전혀 도움이 되지 못할 뿐만 아니라 무용한 소송을 반복하는 것에 불과하기 때문에 이 경우 법원이 직접 다툼의 대상인 법률관계를 스스로 결정할 수 있도록 하는 것이다. 형식적 당사자소송을 인정한 개별법상의 예로는 공익목적을 위한 토지의 취득 및 보상에 관한 법률 제85조 제2항의 보상금증감청구소송을 들 수 있다. 보상금증감청구소송은 실질적으로는 관할토지수요위원회의 수용재결을 다투면서 형식적으로는 사업시행자를 피고로 하기 때문이다. 이 외에도 특허법 제133조 제1항에 따르면 특허무효심판 등에서 특허처분을 다투면서 피고는 동법 제187조에 의해 청구인 또는 피청구인을 피고로 하여야 한다고 규정하여 이를 형식적 당사자소송의 예로 볼 수 있다.

당사자소송의 당사자는 권리주체를 가진 국가, 지방자치단체, 공공단체, 사인 등이 당사자적격이 있다. 따라서 이 경우 행정청은 권리주체가 아니고 단순히 기관에 불과하기 때문에 피고적격이 없다. 한편, 국가가 당사자인 경우에는 국가를 당사자로 하는 소송에 관한 법률 제2조에 따라 법무부장관이 국가를 대표한다. 당사자소송의 판결의 종류 역시 각하판결, 인용판결, 기각판결로 구분된다. 다만, 사정판결에 대한 준용은 없다. 한편, 자박력, 확정력, 기속력이 모두 적용된다. 다만, 취소판결의 제3자효(행정소송법 제29조), 재처분의무(행정소송법 제30조 제2항, 제3항)는 적용이 없다.

제1절 위헌법률심판

위헌법률심판이란 법률이 헌법에 합치하는가의 여부를 심판하여 위반된다고 판단되는 경우에 그 효력을 상실케 하는 헌법재판이다. 법률이 헌법에 위반되는 여부가 재판의 전제가 된 때에는 당해 사건을 담당하는 법원은 직권 또는 당사자의 신청에 의한 결정으로 헌법재판소에 위헌법률심판을 제청한다. 심판대상이 되는 법률은 국회가 제정한 형식적 의미의 법률 외에도 법률과 동일한 효력을 가지는 대통령긴급명령, 조약과 일반적으로 승인된 국제법규를 포함한다고 해석된다. 위헌법률심판의 제청은 각급 법원이 독립적으로 할 수 있으나 대법원을 거쳐야 한다. 당사자의 위헌심판제청 신청은 사건 및 당사자, 위헌이라고 해석되는 법률 또는 법률의 조항, 위헌이라고 해석되는 이유, 기타 필요한 사항을 기재한 신청서를 법원에 제출하여야 한다. 법원의 제청결정이나 제청신청 기각결정에 대하여는 어느 당사자도 항고할 수 없다. 법원이 위헌법률심판을 헌법재판소에 제청한 때에는 당해 소송사건의 재판은 헌법재판소의 종국결정이 있을 때까지 정지된다. 다만, 법원이 긴급하다고 인정하는 경우에는 종국재판 외의 소송절차를 진행할 수 있다. 위헌심판제청이 이유 있을 때에는 헌법재판소는 심판의 대상이 된 법률 또는 법률조항이 위헌임을 선언하는 결정을 선고한다. 다만, 법률조항의 위헌결정으로 인하여 당해 법률

---

* 1988년 헌법재판소가 설립된 후 2018. 11. 30.까지 접수된 총 35,473건의 사건 중 헌법소원심판(위헌심사형 포함)은 34,409건, 위헌법률심판은 956건, 권한쟁의심판은 104건, 탄핵심판은 2건, 정당해산심판은 2건이다.

전부를 시행할 수 없다고 인정될 때에는 그 전부에 대하여 위헌결정을 할 수 있다. 법률의 내용에 따라서는 단순 위헌 결정 외에 헌법불합치, 한정위헌, 한정합헌 등의 결정도 할 수 있다. 헌법재판소는 결정일부터 14일 이내에 결정서 정본을 제청법원에 송달하여야 한다. 위헌으로 결정된 법률 또는 법률조항은 그 결정이 있는 날부터 효력을 상실한다. 다만, 형벌에 관한 법률 또는 법률조항은 소급하여 그 효력을 상실하되 해당 법률 또는 법률의 조항에 대하여 종전에 합헌으로 결정한 사건이 있는 경우에는 그 결정이 있는 날의 다음날로 소급하여 효력을 상실한다. 위헌으로 결정된 법률 또는 법률의 조항에 의하여 유죄의 확정판결을 받은 자는 재심을 청구할 수 있다. 헌법재판소의 법률에 대한 위헌결정은 법원 기타 국가기관 및 지방자치단체를 기속한다.

제2절 헌법소원심판

1. 권리구제형 헌법소원

공권력의 행사 또는 불행사로 인하여 헌법상 보장된 기본권을 침해받은 자는 법원의 재판을 제외하고는 헌법재판소에 헌법소원심판을 청구할 수 있다. 다만, 다른 법률에 구제절차가 있는 경우에는 그 절차를 모두 거친 후가 아니면 청구할 수 없다. 국회의 입법권도 공권력 중의 하나이므로, 법률 그 자체가 직접적으로 기본권을 침해하고 있는 경우나 국회가 당연히 입법하여야 할 사항을 입법하지 않음으로써 기본권을 침해하고 있는 경우도 헌법소원의 대상이 된다. 권리구제형 헌법소원심판은 그 사유가 있음을 안 날부터 90일 이내에, 그 사유가 있은 날부터 1년 이내에 청구하여야 한다. 다른 법률에 의한 구제절차를 거친 경우에는 그 최종결정의 통지를 받은 날부터 30일 이내에 청구하여야 한다. 청구인, 침해된 권리, 침해의 원인이 되는 공권력의 행사 또는 불행사, 청구의 이유, 기타 필요한 사항을 기재한 청구서를 헌법재판소에 제출하여야 한다. 권리구제형 헌법소원심판에 있어서 심판청구가 이유있는 때에는 헌법재판소는 침해된 기본권과 침해의 원인이 된 공권력의 행사 또는 불행사를 특정하고, 그 공권력의 행사를 취소하거나 그 불행사가 위헌임을 확인하는 결정을 선고한다. 이 경우에 헌법재판소는 그 공권력의 행사 또는 불행사가 위헌인 법률 또는 법률조항에 기인한 것이라고 인정될 때에는 당해 법률 또는 법률조항이 위헌임을 선언할 수 있다. 권리구제형 헌법소원심판에 있어서 헌법재판소의 인용결정은 모든 국가기관과 지방자치단체를 기속한다. 특히 공권력의 불행사에 대하여 헌법재판소가 헌법소원을 인용하는 결정을 한 때에는 피청구인은 그 결정의 취지에 따라 새로운 처분을 하여야 한다.

2. 위헌심사형 헌법소원

법률이 헌법에 위반되는 여부가 소송사건에서 재판의 전제가 되어 당사자가 법원에 그 법률의 위헌심판제청을 신청하였으나 그 신청이 기각된 때에는 헌법재판소에 헌법소원심판을 청구할 수 있다. 이 경우 그 당사자는 당해 사건의 소송 절차에서 동일한 사유를 이유로 다시 위헌여부 심판의 제청을 신청할 수 없다. 위헌법률심판의 제청신청이 기각된 날부터 30일 이내에 하여야 한다. 청구인, 전제가 되는 소송사건 및 당사자, 위헌이라고 해석되는 법률 또는 법률의 조항, 위헌이라고 해석되는 이유, 기타 필요한 사항을 기재한 청구서를 헌법재판소에 제출하여야 한다. 위헌심사형 헌법소원에 있어서 심판청구가 이유있는 때에는 헌법재판소는 심판의 대상이 된 법률 또는 법률조항이 위헌임을 선언하는 결정을 선고한다. 다만, 법률조항의 위헌결정으로 인하여 당해 법률 전부를 시행할 수 없다고 인정하는 때에는 그 법률 전부에 대하여 위헌결정을 할 수 있다. 헌법재판소의 인용결정은 법원을 포함한 모든 국가기관과 지방자치단체를 기속한다. 위헌으로 결정된 법률 또는 법률조항은 그 결정이 있는 날부터 효력을 상실한다. 다만, 형벌에 관한 법률 또는 법률조항은 소급하여 그 효력을 상실하되 해당 법률 또는 법률의 조항에 대하여 종전에 합헌으로 결정한 사건이 있는 경우에는 그 결정이 있는 날의 다음날로 소급하여 효력을 상실한다. 인용된 경우 관련된 소송사건이 이미 확정된 때에는 당사자는 민사·형사·행정 등 사건의 종류를 불문하고 재심을 청구할 수 있다. 또한 형벌법규에 대한 위헌결정은 소급효가 있으므로 그 헌법소원과 관련이 없는 형사사건일지라도 위헌으로 결정된 법률 또는 법률조항에 근거한 유죄의 확정판결에 대하여는 재심을 청구할 수 있다.

제 3 절   탄핵심판

탄핵심판은 형벌 또는 징계절차로는 처벌하기 곤란한 정부 고위직 또는 특수직 공무원의 위법행위에 대한 헌법상 파면제도이다. 대통령, 국무총리, 국무위원, 행정각부의 장, 헌법재판소 재판관, 법관, 중앙선거관리위원회 위원, 감사원장, 감사위원 기타 법률이 규정하는 공무원이 직무를 수행함에 있어서 헌법이나 법률을 위반하면 국회는 탄핵의 소추를 의결할 수 있다. 탄핵소추의 의결이 있는 때에는 국회의장은 지체없이 소추의결서 정본을 소추위원인 국회법제사법위원장에게 송달하고, 소추위원은 그 정본을 헌법재판소에 제출하여 심판을 청구한다. 탄핵소추의 의결을 받은 자는 헌법재판소의 심판이 있을 때까지 그 권한행사가 정지된다. 탄핵심판청구가 이유있는 때에는 헌법재판소는 당해 공직에서 파면하는 결정을 선고한다.

제 4 절 정당해산심판

정당의 목적이나 활동이 민주적 기본질서에 위배될 때에는 정부는 국무회의의 심의를 거쳐 헌법재판소에 정당해산심판을 청구할 수 있다. 정당해산심판청구에는 해산을 요구하는 정당의 표시와 청구의 이유를 기재한 청구서를 헌법재판소에 제출하여야 한다. 헌법재판소가 정당해산심판의 청구를 받은 때에는 그 사실을 국회와 중앙선거관리위원회에 통지하고 그 청구서의 등본을 피청구인에게 송달하여야 한다. 정당해산심판청구가 이유있는 때에는 헌법재판소는 정당의 해산을 명하는 결정을 선고한다. 정당의 해산을 명하는 결정이 선고된 때에는 그 정당은 해산된다. 헌법재판소의 정당해산결정은 단순한 확인적 효력이 아니라 형성적 효력을 갖는다. 정당의 해산을 명하는 헌법재판소의 결정은 중앙선거관리위원회가 정당법에 따라 집행한다. 중앙선거관리위원회는 그 정당의 등록을 말소하고 지체없이 그 뜻을 공고하여야 한다. 해산된 정당의 재산은 국고에 귀속하며, 그 정당의 강령 또는 기본정책과 동일 또는 유사한 대체정당을 새로 만들지 못함은 물론, 다른 어느 정당도 해산된 정당과 같은 명칭을 사용하지 못한다.

제 5 절 권한쟁의심판

국가기관 및 지방자치단체 상호간의 권한의 존부 또는 범위에 관한 다툼을 해결하기 위하여 헌법재판소는 기관간의 권한쟁의심판권을 가지고 있다. 권한쟁의심판의 종류에는 국회, 정부, 법원 및 중앙선거관리위원회 상호간의 권한쟁의, 정부와 특별시·광역시 또는 도 간의 권한쟁의, 정부와 시·군 또는 지방자치단체인 구(자치

구) 간의 권한쟁의, 지방자치단체 상호간의 권한쟁의심판, 특별시·광역시 또는 도
상호간의 권한쟁의, 시·군 또는 자치구 상호간의 권한쟁의, 특별시·광역시 또는
도와 시·군 또는 자치구 간의 권한쟁의가 있다.

제 2 부

민 사 법

제 1 장   보전처분

제 1 절   서 설

민사집행법 제4편은 보전처분 표제 아래 가압류(민사집행법 제276조), 다툼의 대상에 관한 가처분(민가집행법 제300조 제1항), 임시의 지위를 정하는 가처분(민사집행법 제300조 제2항)을 규정하고 있다. 보전처분(가압류·가처분)은 보전처분절차(가압류·가처분결정에 이르는 재판절차)와 보전처분집행절차(가압류·가처분결정의 집행절차)로 구성된다. 민사집행법상 가압류와 가처분 외에 특수한 보전처분으로 ① 채무자 회생및 파산에 관한 법률의 가압류·가처분 그 밖의 보전처분, 다른 절차의 중지명령, 회생채권과 회생담보권에 기한 강제집행 등의 포괄적 금지명령, 파산선고 전의 보전처분, ② 가사소송법상의 사전처분, ③ 민사조정법상 조정 전의 처분, ④ 부동산등기법상 가등기가처분, ⑤ 상법상 주식회사 이사의 직무집행정지·직무대행선임자가처분 등이 있다.

민사집행법상 보전처분은 민사에 관한 본안소송 중이거나 본안소송에 앞서 본안재판 지연으로 인하여 생길 위험·손해를 방지하기 위하여 간이·신속하게 잠정적으로 현상을 동결하거나 임시적 법률관계를 형성하는 것을 목적으로 한다. 본안소송을 제기하려거나 진행 중인 자는 법원으로부터 보전처분결정을 받아 그 집행을 하여 둠으로써 후일 본안 판결을 얻은 후 그 판결의 집행을 매우 용이하게 할 수있는 것이다. 보전처분은 확정판결의 집행보전을 위한 것으로 본안소송과 별도 절차에 의하여 가압류 등기와 같은 잠정적인 처분을 하는 것이며, 본안소송에 의하여얻을 수 있는 권리 범위를 초과하는 처분을 할 수 없다. 보전처분은 판결이 아닌 결정으로 하도록 되어 있으며, 주장에 대한 소명으로 충분하다. 또한 집행문 없이 결정문만으로 집행이 가능하다. 보전처분절차는 원칙적으로 채무자가 알 수 없는 상태에서 비밀리에 심리되고 발령하며 그 결정문을 채무자에게 송달하기 전에 미리 집행에 착수한다.

본안소송에서는 소를 제기한 사람을 원고로, 상대방을 피고라 부르지만, 보전처분절차에서는 가압류·가처분 신청인을 채권자, 상대방을 채무자라고 부른다. 다만 보전처분 취소사건에서는 취소신청인을 신청인으로, 그 상대방을 피신청인이라 한다. 보전소송 역시 본안소송과 마찬가지로 당사자능력과 소송능력이 있어야 하는데, 소송능력이 없는 경우 법정대리인이나 법정대리인이 선임한 소송대리인의 대리에 의해 소송할 수 있다. 본안소송에서 소송대리권을 가지는 자는 보전소송의 대리권도 가지기 때문에, 본안소송 위임장 사본을 제출하는 경우에는 별도의 소송위임장을 제출할 필요는 없다. 보전처분 신청 당시 상대방이 이미 사망한 경우 그 보전처분신청은 부적법한 것으로 당연무효이다.

제 2 절   가압류

1. 가압류의 신청

가압류는 금전채권이나 금전으로 환산할 수 있는 채권에 대하여 동산 또는 부동산에 대한 강제집행을 보전하기 위하여 할 수 있다(가압류의 피보전권리). 채권에 조건이 붙어 있는 것이거나 기한이 차지 아니한 것인 경우에도 가압류를 할 수 있다. 장래 발생할 채권이나 조건부 채권은 현재 그 권리의 특정이 가능하고 가까운 장래에 발생할 것임이 상당 정도 기대되는 경우 가압류 대상이 된다. 가압류신청이 사망자를 상대로 한 것이면 사망자 명의의 그 가압류결정은 무효이다. 신청 당시 생존하고 있던 채무자가 결정 직전에 사망하였거나 수계절차를 밟음이 없이 채무자명의의 결정이 이루어진 경우 그 가압류 결정이 유효하다.

가압류는 가압류할 물건이 있는 곳을 관할하는 지방법원이나 본안의 관할법원이 관할한다. 가정법원 전속관할인 다류가사소송사건(이혼시 위자료 청구권)·마류가사비송사건(부양료청구권, 재산분할청구권)이 본안인 경우 가압류·가처분의 관할도 가정법원 전속관할이지만, 민사집행법상 규정이 그대로 준용된다. 할부계약에 관한 소송, 방문판매·전화권유판매·다단계판매·통신판매 관련 소송은 제소당시 매수인 또는 소비자의 주소를 관할하는 지방법원의 전속관할이므로,[1] 가압류·가처분의 관할도 이에 따른다.

가압류신청에는 청구채권의 표시, 그 청구채권이 일정한 금액이 아닌 때에는 금전으로 환산한 금액가압류의 이유가 될 사실의 표시를 적어야 한다. 청구채권과 가압류의 이유는 소명하여야 한다. 소명은 즉시 조사할 수 있는 증거에 의하여야 하므로, 증거신청한 당일 조사를 마칠 수 있는 증거방법이 아닌 증인신청·문서제출명령·문서송부촉탁·감정신청 등은 허용될 수 없다.

가압류신청은 서면으로 한다. 가압류신청서에 붙여야 하는 인지액은 1만원이다. 실무상 채권자는 부동산가압류·유체동산가압류·채권가압류 세 가지로 구분하여 동일채권을 위하여 동일 채무자 소유자의 부동산·유체동산·채권을 각 목적재산으로 하여 신청하고 있으며, 법원도 별개 사건으로 취급하고 있다. 미등기부동산을 목적재산으로 가압류를 신청하는 경우 즉시 채무자명의로 등기할 수 있다는 것을 증명할 서류를 가압류신청서에 붙여야 한다. 미등기 건물인 경우에는 그 건물이 채무자의 소유임을 증명할 서류, 그 건물의 지번·구조·면적을 증명할 서류 및 그 건물에 관한 건축허가 또는 건축신고를 증명할 서류를 신청서에 붙여야 한다. 미등기부동산에 대하여 가압류결정이 내려지면, 집행법원은 미등기부동산에 대한 가압류등기를 촉탁하고, 이 때 등기관이 직권으로 당해 부동산에 대한 소유권보존등기를 먼저 경료하고 나서 가압류결정에 대한 기입등기를 한다.

가압류신청은 채권자대위권에 기한 대위신청이 가능하다. 본안소송에서 소송대리권을 갖는 경우 보전소송에서도 대리권을 갖는다. 따라서 본안소송 위임장사본을 제출하면 족하고, 따로 가압류신청에 관한 위임장을 제출할 필요가 없다.

2. 가압류신청에 대한 재판

가압류신청에 대한 재판은 변론 없이 할 수 있다. 청구채권이나 가압류의 이유를 소명하지 아니한 때에도 가압류로 생길 수 있는 채무자의 손해에 대하여 법원이 정한 담보를 제공한 때에는 법원은 가압류를 명할 수 있다. 청구채권과 가압류의 이유를 소명한 때에도 법원은 담보를 제공하게 하고 가압류를 명할 수 있다. 담보를 제공한 때에는 그 담보의 제공과 담보제공의 방법을 가압류명령에 적어야 한다.

---

1) 할부거래에 관한 법률 제16조; 방문판매 등에 관한 법률 제46조; 전자상거래 등에서의 소비자 보호에 관한 법률 제36조.

또한 가압류명령에는 가압류의 집행을 정지시키거나 집행한 가압류를 취소시키기 위하여 채무자가 공탁할 금액을 적어야 한다. 가압류신청에 대한 재판은 결정으로 한다. 채권자는 가압류신청을 기각하거나 각하하는 결정에 대하여 즉시항고를 할 수 있다. 담보를 제공하게 하는 재판, 가압류신청을 기각하거나 각하하는 재판, 즉시항고를 기각하거나 각하하는 재판은 채무자에게 고지할 필요가 없다.

3. 가압류결정에 대한 채무자의 이의신청

채무자는 가압류결정에 대하여 이의를 신청할 수 있다. 이의신청에는 가압류의 취소나 변경을 신청하는 이유를 밝혀야 한다. 이의신청은 가압류의 집행을 정지하지 아니한다. 가압류신청의 소송대리인은 이의신청절차에서 소송대리인 지위를 그대로 유지한다. 이의신청이 있는 때에는 법원은 변론기일 또는 당사자 쌍방이 참여할 수 있는 심문기일을 정하고 당사자에게 이를 통지하여야 한다. 이의신청에 대한 재판은 결정으로 한다.

4. 가압류결정에 대한 채무자의 취소신청

(1) 제소명령에 의한 취소신청

가압류법원은 채무자의 신청에 따라 변론 없이 채권자에게 상당한 기간 이내에 본안의 소를 제기하여 이를 증명하는 서류를 제출하거나 이미 소를 제기하였으면 소송계속사실을 증명하는 서류를 제출하도록 명하여야 한다. 본안의 소를 제기하여야 할 상당한 기간은 2주 이상으로 정하여야 한다. 채권자가 위 기간 이내에 소를 제기하였다는 서류를 제출하지 아니한 때에는 법원은 채무자의 신청에 따라 결정으로 가압류를 취소하여야 한다. 소를 제기하였다는 서류를 제출한 뒤에 본안의 소가 취하되거나 각하된 경우에는 그 서류를 제출하지 아니한 것으로 본다. 제소명령기간 도과에 의한 가압류취소 결정에 대하여는 즉시항고를 할 수 있지만, 이 때 즉시항고는 집행을 정지시키는 효력이 없다.

(2) 사정변경 등에 의한 취소신청

채무자는 ① 가압류이유가 소멸되거나 그 밖에 사정이 바뀐 때, 또는 ② 법원이 정한 담보를 제공한 때, 또는 ③ 가압류가 집행된 뒤에 3년간 본안의 소를 제기하지 아니한 때에는 가압류가 인가된 뒤에도 그 취소를 신청할 수 있다. 특히 가압

류가 집행된 뒤에 3년간 본안의 소를 제기하지 아니한 때에 해당하는 경우에는 이
해관계인도 가압류의 취소를 신청할 수 있다.

5. 가압류집행과 가압류집행취소신청

(1) 가압류집행

　가압류의 집행에 대하여는 다른 규정이 있는 경우를 제외하고는 원칙적으로 강
제집행에 관한 규정을 준용한다. 가압류에 대한 재판이 있은 뒤에 채권자나 채무자
의 승계가 이루어진 경우에 가압류의 재판을 집행하려면 (승계)집행문을 덧붙여야
한다. 가압류에 대한 재판의 집행은 채권자에게 재판을 고지한 날부터 2주를 넘긴
때에는 하지 못한다. 가압류집행은 채무자에게 재판을 송달하기 전에도 할 수 있다.
보전처분 명령이 성립하면 채권자에게 고지함과 동시에 집행력이 발생한다. 따라서
채권자의 집행신청을 기다리지 않고 법원은 집행에 착수한다. 보전처분에는 따로
집행문 부여가 없다. 다만 당사자의 승계가 있을 경우에 한해 승계집행문이 필요하
다. 실무상 집행착수 전에는 채무자에게 재판서 정본을 송달하지 않는 것을 원칙으
로 하고 있다. 부동산에 대한 가압류의 집행은 가압류재판에 관한 사항을 등기부에
기입하여야 한다. 동산에 대한 가압류의 집행은 압류와 같은 원칙에 따라야 한다.[2]
채권가압류의 집행법원은 가압류명령을 한 법원으로 한다. 채권의 가압류에는 제3
채무자에 대하여 채무자에게 지급하여서는 아니 된다는 명령만을 하여야 한다.[3]
　집행기간은 집행이 가능한 때부터 진행한다. 즉시 집행이 가능한 보전처분(가

---

[2] 유체동산의 가압류집행은 별도로 집행관에게 집행위임을 하여야 한다.

[3] 대법원 1999. 2. 9. 선고 98다42615 판결 "소유권이전등기청구권에 대한 압류나 가압류는 채
권에 대한 것이지 등기청구권의 목적물인 부동산에 대한 것이 아니고, 채무자와 제3채무자에
게 그 결정을 송달하는 외에 현행법상 등기부에 이를 공시하는 방법이 없는 것으로서, 당해
채권자와 채무자 및 제3채무자 사이에만 효력이 있을 뿐 압류나 가압류와 관계가 없는 제3자
에 대하여는 압류나 가압류의 처분금지적 효력을 주장할 수 없게 되므로, 소유권이전등기청
구권의 압류나 가압류는 청구권의 목적물인 부동산 자체의 처분을 금지하는 대물적 효력은
없고, 또한 채권에 대한 가압류가 있더라도 이는 채무자가 제3채무자로부터 현실로 급부를
추심하는 것만을 금지하는 것이므로 채무자는 제3채무자를 상대로 그 이행을 구하는 소송을
제기할 수 있고 법원은 가압류가 되어 있음을 이유로 이를 배척할 수는 없는 것이지만, 소유
권이전등기를 명하는 판결은 의사의 진술을 명하는 판결로서 이것이 확정되면 채무자는 일방
적으로 이전등기를 신청할 수 있고 제3채무자는 이를 저지할 방법이 없게 되므로 위와 같이
볼 수는 없고 이와 같은 경우에는 가압류의 해제를 조건으로 하지 않는 한 법원은 이를 인용
하여서는 안되는 것이며, 가처분이 있는 경우도 이와 마찬가지로 그 가처분의 해제를 조건으
로 하여야만 소유권이전등기절차의 이행을 명할 수 있다."

압류, 부동산점유이전금지가처분 등)은 채권자에게 그 재판을 고지한 날부터 집행기간이 진행한다. 2주 안에 집행하여야 한다는 것은 2주 안에 집행에 착수하여야 한다는 것을 의미한다. 집행 착수 이후 절차는 집행기간 경과 후에 이루어져도 무관하다. 유체동산 집행의 경우는 집행관이 압류할 재산을 찾기 위하여 채무자의 가옥, 사무실, 창고 그 밖의 장소에 대한 수색에 나아가면 집행의 착수가 있다고 본다. 부동산가압류의 경우는 등기촉탁서를 발송하면 착수가 있다고 본다. 어음, 수표, 그 밖에 배서로 이전할 수 있는 증권으로서 배서가 금지된 증권채권의 가압류는 집행관이 그 증권의 점유를 개시한 때가 집행의 착수시기이다.

　가압류한 금전은 공탁하여야 한다. 가압류물은 현금화를 하지 못한다. 다만, 가압류물을 즉시 매각하지 아니하면 값이 크게 떨어질 염려가 있거나 그 보관에 지나치게 많은 비용이 드는 경우에는 집행관은 그 물건을 매각하여 매각대금을 공탁하여야 한다.

　제3채무자가 가압류 집행된 금전채권액을 공탁한 경우에는 그 가압류의 효력은 그 청구채권액에 해당하는 공탁금액에 대한 채무자의 출급청구권에 대하여 존속한다.

(2) 가압류집행취소신청
1) 채권자의 가압류집행취소신청
　채권자는 보전처분의 집행상태가 계속되고 있는 한 언제든지 그 집행취소를 신청할 수 있다.

　채권자의 집행해제신청 또는 집행신청취하라고도 한다. 채권자는 채무자의 동의없이 집행취소를 신청할 수 있고, 채권자의 집행취소신청에 의한 법원의 집행취소결정에 대하여 채무자가 항고할 수도 없다. 부동산·채권 가압류의 경우 법원에, 동산가압류는 집행을 담당한 집행관에게 취소신청서를 제출한다.

2) 채무자의 해방금액공탁을 이유로 한 가압류집행취소신청
　채무자가 가압류명령에 정한 금액을 공탁한 때에는 법원은 결정으로 집행한 가압류를 취소하여야 한다. 이때 취소결정에 대하여는 즉시항고를 할 수 있으며, 민사집행법 제17조 제2항[4]의 규정을 준용하지 아니한다. 해방금액공탁을 이유로 가

---

4) 민사집행법 제17조(취소결정의 효력) ① 집행절차를 취소하는 결정, 집행절차를 취소한 집행관의 처분에 대한 이의신청을 기각·각하하는 결정 또는 집행관에게 집행절차의 취소를 명하

압류집행이 취소되더라도 가압류명령 그 자체의 효력이 소멸되는 것이 아니므로 가압류결정에 대한 제소기간도과나 사정변경에 의한 취소신청에 의한 가압류·가처분 결정의 취소와는 전혀 다른 것이다. 가압류해방금액은 채무자가 입을 수 있는 손해를 담보하는 취지의 이른바 소송상의 담보와는 달리 가압류의 목적물에 갈음하는 것으로서, 금전에 의한 공탁만이 허용되고, 유가증권에 의한 공탁은 그 유가증권이 실질적 통용가치가 있는 것이라고 하더라도 허용되지 않는다. 집행이 취소되면 해방공탁금은 가압류 목적물에 갈음하기 때문에 가압류채권자에게 해방공탁금에 대한 우선변제권이 인정되지 않고, 가압류채권자는 채무자가 가지는 해방공탁금회수청구권을 가압류한 채권자와 같은 지위에 있게 된다. 그러나 가압류채무자에게 해방공탁금의 용도로 금원을 대여하여 가압류집행을 취소할 수 있도록 한 자는 특별한 사정이 없는 한 가압류 채권자에 대한 관계에서 가압류해방공탁금회수청구권에 대하여 위 대여금채권에 의한 압류 또는 가압류의 효력을 주장할 수는 없다.

3) 가압류 신청취하 등을 이유로 한 가압류집행취소신청

실무상 가압류신청의 취하 또는 취하간주가 되었을 때 채무자는 가압류신청 취하서 또는 취하증명서를 제출하여 가압류집행취소신청을 하고 있다. 이 때 부동산가압류 또는 채권가압류의 경우에는 법원이 별도의 집행취소결정 없이 곧바로 집행취소절차를 밟지만, 유체동산 가압류의 경우 집행관이 별도의 집행해제신청을 받아 집행취소절차에 착수한다.

6. 가압류집행의 효력

가압류명령이 집행되면 채무자는 가압류명령의 목적물을 매매, 증여, 담보물권의 설정 기타 일체의 처분을 하여서는 안 된다. 그러나 가압류의 목적은 장차 목적물을 현금화하여 그로부터 금전적 만족을 얻자는 데 있는 것뿐이므로, 그러한 목적달성에 필요한 범위를 넘어서까지 채무자의 처분행위를 막을 필요는 없다. 따라서 가압류채무자가 가압류의 처분금지적 효력에 반하여 일정한 처분을 한 경우 그들 사이의 거래는 전적으로 유효하고, 다만 가압류채권자에 대해서만 그 거래의 유효를 주장할 수 없다. 가압류가 취소되거나, 가압류결정이 무효로 밝혀진 경우 당연히 채무자와 제3취득자 사이의 거래행위는 전적으로 유효하다. 가압류 목적물에 대

는 결정에 대하여는 즉시항고를 할 수 있다.
② 제1항의 결정은 확정되어야 효력을 가진다.

하여 강제집행이 가능하며, 이 경우 가압류채권자는 배당요구를 하지 않아도 당연히 배당받을 권리가 있다. 첫 경매개시결정 기입등기 후에 부동산을 가압류한 채권자는 배당요구를 하여야 한다. 체납처분은 재판상의 가압류 또는 가처분으로 인하여 그 집행에 영향을 받지 않는다.

　　가압류와 가처분은 그 내용이 서로 모순·저촉되지 한 경합이 가능하지만, 그 내용이 모순·저촉되는 경우에는 그 효력의 우열은 부동산의 경우 집행의 선후에 의한다.

　　등기공무원이 법원으로부터 동일한 부동산에 관한 가압류등기 촉탁서와 처분금지가처분등기 촉탁서를 동시에 받았다면 양 등기에 대하여 동일 접수번호와 순위번호를 기재하여 처리하여야 하고 그 등기의 순위는 동일하다고 할 것이며, 이와 같이 동일한 부동산에 관하여 동일 순위로 등기된 가압류와 처분금지가처분의 효력은 그 당해 채권자 상호간에 한해서는 처분금지적 효력을 서로 주장할 수 없다. 따라서 가압류권자가 승소판결을 받아 이를 채무명의로 하여 강제경매를 신청하더라도 그 전에 가처분권자 명의로 소유권이 경료된 경우 그 소유권이전등기의 효력을 부정할 수는 없으므로 결국 가압류권자가 승소판결을 얻어 진행한 강제경매신청은 타인 소유 부동산에 대한 경매신청이어서 부적법하다.

　　부동산에 가압류등기가 경료되면 채무자가 당해 부동산에 관한 처분행위를 하더라도 이로써 가압류채권자에게 대항할 수 없게 되는데, 여기서 처분행위란 당해 부동산을 양도하거나 이에 대해 용익물권, 담보물권 등을 설정하는 행위를 말하고 특별한 사정이 없는 한 점유의 이전과 같은 사실행위는 이에 해당하지 않는다. 부동산에 경매개시결정의 기입등기가 경료되어 압류의 효력이 발생한 후에 채무자가 제3자에게 당해 부동산의 점유를 이전함으로써 그로 하여금 유치권을 취득하게 하는 경우 그와 같은 점유의 이전은 처분행위에 해당하지만, 부동산에 가압류등기가 경료되어 있을 뿐 현실적인 매각절차가 이루어지지 않고 있는 상황하에서는 채무자의 점유이전으로 인하여 제3자가 유치권을 취득하게 된다고 하더라도 이를 처분행위로 볼 수 없다.

　　소유권이전등기청구권의 가압류는 등기청구권의 목적물인 부동산 자체의 처분을 금지하는 대물적 효력은 없고 채무자가 제3채무자에게서 현실로 급부를 추심하는 것을 금지하는 것뿐이므로 채무자는 제3채무자를 상대로 이행을 구하는 소송을 제기할 수 있고 법원은 가압류가 되어 있음을 이유로 이를 배척할 수 없으나, 소유권이전등기를 명하는 판결은 의사의 진술을 명하는 판결이어서 이것이 확정되면 채무자는 일방적으로 이전등기를 신청할 수 있고 제3채무자는 이를 저지할 방법이 없으므로, 가압류의 해제를 조건으로 하지 않는 한 법원은 이를 인용하여서는 안 되며, 가처분이 있는 경우에도 이와 마찬가지이다.

압류·가압류 후의 처분행위 등은 그 처분행위에 선행하는 압류·가압류채권자에 대하여만 대항할 수 없고 당해 처분행위의 후에 압류·가압류한 자 및 집행개시후 배당요구 등의 형태로 집행절차에 참가해 들어온 타 채권자 등에 대하여는 그 처분행위 효력을 대항할 수 있다는 것이 판례의 확립된 태도이다. 이에 따르면 가압류등기가 경료된 후 저당권을 취득한 경우에는 가압류권자와 저당권자는 동순위로 배당을 받고, 가압류등기 후 저당권이 되고, 이후 다시 가압류등기가 경료되거나 일반채권자의 배당요구가 있는 경우에는 먼저 각 채권액에 안분하여 배당액을 산정한 후, 저당권자는 선순위 가압류권자에게 우선변제권을 주장할 수 없으므로 안분비례에 의한 평등배당을 받은 후 후순위 가압류권자나 일반채권자에 대하여는 저당권자로서 우선변제권을 주장하여 후순위 가압류권자나 일반채권자가 받을 배당액으로부터 자기의 채권을 만족시킬 때까지 흡수한다.

채권에 대한 가압류는 제3채무자에 대하여 채무자에게의 지급 금지를 명하는 것이므로 채권을 소멸 또는 감소시키는 등의 행위는 할 수 없고 그와 같은 행위로 채권자에게 대항할 수 없는 것이지만, 채권의 발생원인인 법률관계에 대한 채무자의 처분까지도 구속하는 효력은 없다 할 것이므로 채무자와 제3채무자가 아무런 합리적 이유 없이 채권의 소멸만을 목적으로 계약관계를 합의해제한다는 등의 특별한 경우를 제외하고는, 제3채무자는 채권에 대한 가압류가 있은 후라고 하더라도 채권의 발생원인인 법률관계를 합의해제하고 이로 인하여 가압류채권이 소멸되었다는 사유를 들어 가압류채권자에 대항할 수 있다.

7. 본압류로의 이행

가압류채권자가 본안소송에서 승소판결을 얻어 집행권원을 취득한 경우 가압류는 본압류로 이행한다. 부동산의 경우 경매개시결정을 새로 신청하여야 하고, 채권의 경우에는 가압류에서 본압류로 이전하는 명령을 추심명령 또는 전부명령과 동시에 신청한다. 유체동산의 경우에는 집행관은 본집행의 신청을 받으면 그 물건의 보관장소에 가서 목적물을 점검한 후 채무자에게 본압류를 집행한다는 뜻을 고지하고 가압류의 표시는 그대로 둔 채 덧붙여 본압류의 표시를 붙인다. 가압류의 표시를 그대로 두는 것은 나중에 본압류만이 효력을 상실하게 될 때를 대비하는 것이다.

제3절 가처분

1. 다툼의 대상에 대한 가처분

(1) 다툼의 대상에 대한 가처분의 목적, 방법, 관할

다툼의 대상에 관한 가처분은 현상이 바뀌면 당사자가 권리를 실행하지 못하거나 이를 실행하는 것이 매우 곤란할 염려가 있을 경우에 한다. 법원은 신청목적을 이루는 데 필요한 처분을 직권으로 정한다. 가처분으로 보관인을 정하거나, 상대방에게 어떠한 행위를 하거나 하지 말도록, 또는 급여를 지급하도록 명할 수 있다. 가처분으로 부동산의 양도나 저당을 금지한 때에는 부동산가압류에 관한 규정을 준용하여 등기부에 그 금지한 사실을 기입하게 하여야 한다. 가처분의 재판은 본안의 관할법원 또는 다툼의 대상이 있는 곳을 관할하는 지방법원이 관할한다.

1) 부동산처분금지가처분

목적물의 처분을 가처분으로 금지하여 두면 그 이후 채무자가 제3자에게 소유권을 이전하더라도 그 제3자는 가처분권자에게 대항할 수 없게 된다. 부동산 가압류와 마찬가지로 가처분법원이 집행법원이 되어 등기소에 가처분등기의 촉탁을 하여, 등기부에 처분금지사실을 기입하게 한다. 가처분 신청시에 집행신청도 한 것으로 보기 때문에 채권자는 가처분신청 외에 따로 집행신청을 하지 않는다. 등기부상 1필지 내의 특정된 일부토지에 대한 소유권이전등기청구권을 보전하기 위해서는 바로 분할등기가 될 수 있다는 등 특별한 사정이 없으면 그 1필지 토지 전부에 대하여 가처분을 할 수밖에 없다.

토지소유자가 자신의 토지 지상에 존재하는 건축물에 대하여 철거를 구하고자 하는 경우에는 건물명도, 건물철거, 토지인도가 필요하다. 따라서 건물과 토지에 대한 점유이전금지가처분과 동시에 건물에 대한 처분금지가처분도 필요하다. 건물에 대한 점유이전 금지만으로는 건물의 처분을 막을 수 없기 때문이다. 철거소송 및 가처분의 상대방은 등기가 된 건물은 등기부상 소유권자이겠지만, 미등기 건물의 경우에는 건물에 대하여 법률상·사실상 처분을 할 수 있는 지위에 있는 자라 할 것이므로, 등기명의는 없다 하더라도 본건 건물을 매수하여 현재 점유함으로 법률상으로나 사실상으로도 관리와 처분을 할 수 있는 자를 상대로 건물철거를 청구하거나 처분금지가처분을 신청할 수 있다.

2) 점유이전금지가처분

우리 민사소송법은 당사자 승계주의를 취하고 있어 변론종결 전의 승계인에게 판결의 효력이 미치지 아니하므로 인도청구의 본안소송 중 목적물의 점유가 이전되면 그대로 본안소송에서 패소할 수밖에 없고, 따라서 새로이 제3자를 상대로 소송을 제기하거나 제3자에게 소송을 인수시켜 소송을 유지할 수밖에 없다. 그러나 점유이전금지가처분 후에는 채무자가 제3자에게 점유를 이전하더라도 그 제3자는 가처분권자에게 대항할 수 없다. 가처분권자는 채무자를 상대로 인도청구소송을 통해 얻은 집행권원으로 제3채무자에 대하여 승계집행문을 받아 인도집행을 할 수 있다.

3) 지식재산권에 대한 가처분

지식재산권에 대한 가처분은 산업재산권(특허권, 실용신안권, 디자인권, 상표권) 그 밖에 이에 준하는 권리(저작권, 출판권 등)에 대한 이전등록청구권 또는 말소등록청구권을 피보전권리로 한다. 부동산 가처분의 경우와 같이 발령법원이 집행법원이 되어 법원사무관 등의 명의로 지체 없이 산업재산권의 경우에는 특허청장에게, 저작권 등의 경우에는 문화체육관광부장관에게 가처분기입등록의 촉탁을 한다.

4) 채권의 추심 및 처분금지 가처분

채권이 존부에 관한 다툼이 있을 때 채무자는 채권자로부터 그 이행의 청구를 받아도 이를 거절할 수 있기 때문에 채무자가 채권자를 상대로 자기에 대한 채권의 추심을 금지하는 가처분을 할 필요는 없다. 그러나 그 채권이 통정허위표시에 의해 성립되었다고 할 때에는 그 채권이 선의의 제3자에게 양도되면 대항할 수 없는 경우가 생기므로 채권자로 하여금 제3자에게 이를 처분할 수 없도록 금지할 필요가 있다. 채권의 양도에 다툼이 있는 경우 양수인이 채권을 양수한 권리를 보전하기 위해서는 원래의 채권자를 채무자로 하여 채권의 추심을 금지함과 동시에 그 채권이 다시 제3자에게 처분되는 것을 금지하는 가처분을 받을 필요가 있다. 또한 채권이 이중으로 양도되어 두 사람의 양수인 사이에서 채권의 귀속에 대한 분쟁이 생긴 경우에 어느 한 쪽이 다른 쪽에 대하여 채권의 추심을 금지할 필요도 있다. 이러한 채권추심 및 처분금지 가처분은 채권가압류와 마찬가지로 가처분발령법원이 집행법원이 되며, 따로 집행신청을 할 필요가 없다.

(2) 가압류절차의 준용

가처분절차에는 그에 대한 별도의 규정이 있는 경우를 제외하고는 가압류절차에 관한 규정을 원칙적으로 준용한다.

(3) 다툼의 대상에 대한 가처분집행의 효력

1) 처분금지가처분의 효력

처분금지가처분결정만으로는 구속력이 없고, 처분금지가처분 등기가 행하여진 후 제3취득자가 가처분채권자에게 대항할 수 없는 효력이 발생한다. 가처분채권자가 가처분 위반행위의 효력을 부정할 수 있는 시기는 본안소송에서 승소확정판결을 받거나 이와 동일시할 수 있는 사정이 발생한 때이며, 단순히 가처분채권자인 지위만으로. 가처분채권자의 지위만으로는 가처분채무자로부터 목적부동산의 소유권이전등기를 경료받은 제3자에 대하여 말소등기를 청구하는 등 위법한 처분행위의 효력을 부인할 수 없다. 따라서 가처분채권자의 권리가 본안에서 확정될 때까지는 가처분등기 후의 처분행위라도 등기가 허용됨은 물론이고, 임대된 경우에는 임차인에게 차임의 지급을 청구할 수 있으며, 타인의 강제집행에 대하여 제3자이의의 소를 제기할 수 있으며, 제3취득자의 채권자도 제3취득자를 채무자로 하여 목적부동산에 대하여 강제집행이나 보전처분을 할 수 있다. 가처분에 의한 처분금지의 효력은 가처분채권자의 권리를 침해하는 한도에서만 생긴다. 저당권 또는 임차권 설정등기청구권을 피보전권리로 한 처분금지가처분 후에 행하여진 소유권이전행위는 저당권, 임차권의 존재를 인정한 채로 제3취득자에게 소유권이 넘어가는 것이므로, 그 소유권이전등기는 위 가처분에 위배되지 않아 유효하다.

가처분등기 후에 어떤 경로로 그 피보전권리를 실현하는 내용의 등기가 경료된 경우, 그 등기는 완전히 유효하다. 부동산이 甲 → 乙 → 丙 순으로 순차 양도된 경우, 丙이 乙을 대위하여 乙이 甲에 대하여 가지는 소유권이전등기청구권을 보전하기 위하여 甲을 상대로 부동산에 대한 처분금지가처분결정을 받아 집행한 후에 甲이 乙에게 소유권이전등기를 경료하더라고 가처분에 위배되는 것이 아니므로 유효하며, 乙 명의의 등기에 터잡아 丙이 아닌 丁 명의로 경료된 소유권이전등기도 유효하다. 위 가처분은 丙의 乙에 대한 소유권이전등기청구권을 보전하기 위하여 甲이 乙 이외의 자에게 소유권의 이전등 처분행위를 하지 못하게 하는 데에 그 목적이 있는 것으로서 그 피보전권리는 乙의 甲에 대한 소유권이전등기청구권이고, 丙

의 乙에 대한 소유권이전등기청구권까지 포함하는 것은 아닐 뿐만 아니라, 그 가처분결정에서 제3자에 대한 처분을 금지하였다고 하여도 그 제3자 중에는 乙을 포함되지 않기 때문이다. 반면에 부동산이 甲 → 乙 → 丙 → 丁 순으로 순차 매도된 경우에 丁이 丙, 乙을 순차 대위하여 甲을 상대로 처분금지가처분을 하였는데 甲으로부터 丙 앞으로 중간생략의 소유권이전등기가 경료된 경우 이 등기는 처분금지가처분에 위배되어 丁에게 대항할 수 없다.5)

지명채권이 양도되어 제3자에 대하여 대항요건까지 갖춘 후 양도인의 채권자가 양수인을 상대로 상해행위 취소로 인한 원상회복청구권을 피보전권리로 하여 그 피양수채권에 대한 처분금지가 처분을 발령받은 경우에, 위 가처분채권자가 본안소송으로 제기한 사해행위취소소송에서 승소 확정된 후 그에 기하여 채무자에게 그 채권이 원상회복되는 때뿐만 아니라 양수인이 임의로 양도인에게 그 채권을 반환하거나 양도인의 다른 채권자가 양수인을 상대로 제기한 사해행위취소소송의 결과에 따라 원상회복의무에 이행으로서 그 채권을 반환하더라도, 이는 위 가처분채권자의 피보전권리인 채권자취소권에 의한 원상회복청구권을 침해하는 것이 아니라 채권자취소권의 목적을 실현시키는 것과 동일한 결과가 되어 오히려 그 피보전권리에 부합하는 것이므로 위 가처분의 처분금지효력에 저촉된다고 할 수 없다.6)

2) 점유이전금지가처분의 효력

통상의 점유이전금지가처분은 가처분집행 당시의 목적물의 현상을 본집행시까지 그대로 유지함을 목적으로 하여 그 목적물의 점유이전과 현상의 변경을 금지하는 것에 불과하여, 이러한 가처분결정에도 불구하고 점유가 이전되었을 때에는 가처분채무자는 가처분채권자에 대한 관계에서 여전히 그 점유자의 지위에 있는 것으로 취급되는 것일 뿐 가처분집행만으로 소유자의 의한 목적물의 처분을 금지 또는 제한하는 것은 아니다. 따라서 점유이전금지가처분의 대상이 된 목적물의 소유자가 그 의사에 기하여 가처분채무자에게 직접점유를 하게 한 경우에는 그 점유에

---

5) 대법원 1998. 2. 13. 선고 97다47897 판결.
6) 대법원 2006. 8. 24. 선고 2004다23127 판결; 대법원 2008. 3. 27. 선고 2007다85157 판결 "채권자가 수익자를 상대로 사해행위취소로 인한 원상회복을 위하여 소유권이전등기 말소등기청구권을 피보전권리로 하여 그 목적부동산에 대한 처분금지가처분을 발령받은 경우, 그 후 수익자가 계약의 해제 또는 해지 등의 사유로 채무자에게 그 부동산을 반환하는 것은 가처분채권자의 피보전권리인 채권자취소권에 의한 원상회복청구권을 침해하는 것이 아니라 오히려 그 피보전권리에 부합하는 것이므로 위 가처분의 처분금지 효력에 저촉된다고 할 수 없다."

관한 현상을 고정시키는 것만으로 소유권이 침해되거나 침해될 우려가 있다고 할
수 없고, 소유자의 간접점유권이 침해되는 것도 아니므로 간접점유자에 불과한 소
유자는 직접점유자를 가처분채무자로 하는 점유이전금지가처분의 집행에 대하여
제3자이의의 소를 제기할 수 없다.

(4) 특별사정에 의한 가처분의 취소

특별한 사정이 있는 때에는 담보를 제공하게 하고 가처분을 취소할 수 있다.
민사집행법은 담보를 제공하고 취소를 구할 수 있는 가압류의 경우와 같이 특수한
사정이 인정되는 가처분의 경우 채무자로 하여금 담보를 제공하게 하고 가처분 취
소를 신청할 수 있도록 하고 있다. 이 취소제도는 계쟁물 가처분과 임시지위를 정
하기 위한 가처분에 모두에 적용된다. 특별사정이란 가처분으로 보전되는 피보전권
리가 '금전적 보상에 의하여 종국적으로 만족을 얻을 수 있는 것이라는 사정'과 '채
무자가 가처분에 의하여 통상 입는 손해보다 훨씬 큰 손해를 입게 될 사정' 두 가지
를 의미한다. 둘 중 하나만 충족되면 특별사정에 해당한다는 것이 통설·판례이
다.[7] 금전보상이 가능한가의 여부는 장래 본안소송에 있어서의 청구의 내용, 당해
가처분의 목적 등 모든 사정을 참작하여 사회통념에 따라 객관적으로 판단하여야
할 것이다. 장래 본안소송에서 피보전권리의 침해로 인하여 입게 되는 가처분 채권
자의 손해액의 산정이나 입증이 불가능하거나 현저히 곤란한 경우에는 실질적으로
금전보상이 불가능하다고 보아야 한다. 금전채권을 피보전권리로 하는 처분금지가
처분은 당연히 금전적 보상에 의해 종국적 만족을 얻는 경우에 해당한다. 공사대금
채권을 원인으로 한 유치권을 피보전권리로 하는 출입금지가처분, 사해행위취소에
의한 소유권이전등기말소청구권을 피보전권리로 하는 처분금지가처분의 경우 금전
적 보상에 의한 종국적 만족이 가능한 경우로 볼 수 있다.

(5) 원상회복재판

가처분을 명한 재판에 기초하여 채권자가 물건을 인도받거나, 금전을 지급받거
나 또는 물건을 사용·보관하고 있는 경우에는, 법원은 가처분을 취소하는 재판에
서 채무자의 신청에 따라 채권자에 대하여 그 물건이나 금전을 반환하도록 명할 수

---

[7] 김상원·정지형, 「가압류·가처분」, 한국사법행정학회, 230면; 대법원 1997. 3. 14. 선고 96다
21188 판결.

있다. 원상회복의 범위는 채권자에게 인도되었던 물건이나 금전에 국한되고, 별도로 손해배상의무의 존부에 관하여 판단할 수는 없다. 원상회복 재판은 가처분 취소결정에 부수하여 이루어지므로 가집행선고 없이 즉시 집행력을 가진다.

2. 임시지위를 정하기 위한 가처분

(1) 임시지위를 정하기 위한 가처분의 목적

가처분은 다툼이 있는 권리관계에 대하여 임시의 지위를 정하기 위하여도 할 수 있다. 이 경우 가처분은 특히 계속하는 권리관계에 끼칠 현저한 손해를 피하거나 급박한 위험을 막기 위하여, 또는 그 밖의 필요한 이유가 있을 경우에 하여야 한다. 임시지위를 정하기 위한 가처분은 가압류 또는 다툼의 대상에 관한 가처분과 달리 단순히 현상을 동결하는 것이 아니라 새로운 법률관계를 형성하는 보전처분이며, 따라서 보전하고자 하는 권리 또는 법률관계의 종류를 묻지 않는다.

영업금지가처분, 통행금지가처분, 공사금지가처분[8]과 같이 채무자의 적극적 행위를 금지하는 가처분이나 공사방해금지가처분,[9] 점유사용방해금지가처분과 같이 채무자에게 채권자의 행위에 대한 수인의무를 명하는 가처분은 단순히 부작위의무만을 명할 뿐이므로 채무자에게 가처분의 내용을 고지함으로써 족하고 원칙적으로 집행이라는 관념이 존재하지 않는다. 다만 반복적·계속적 부작위를 명하는 가처분에서 채무자가 의무위반을 할 때에는 대체집행 또는 간접강제의 방법에 의하여 그 의무의 이행을 강제할 수 있다. 가처분은 소급효가 없으므로 이미 발생한 결과를 제거할 수는 없다.

부동산 인도,[10] 건물 철거, 수목 수거 등을 명하는 가처분은 직접 가처분 목적물을 인도하게 하거나 이미 존재하는 상태를 제거하는 것이 내용이므로 채무자에게 가처분의 내용을 고지한 후, 채무자가 의무를 이행하지 않으면 대체집행에 의해 의무이행을 강제한다.

금전지급채무의 존부 또는 금전지급채무를 수반하는 법률관계(고용, 부양 등)의

---

8) 주문 "채무자는 별지 목록 기재 건물에 관하여 증축, 개축 그 밖의 공사를 하여서는 안 된다."
9) 주문 "채무자는 별지 목록 기재 건물에 대한 점유를 풀고 이를 채권자가 위임하는 집행관에게 인도하여야 한다. 채무자는 채권자가 위 건물 중 별지 도면 표시 ①, ②, ③, ④, ①의 각 점을 순차로 연결한 선내 ㉮ 층계부분을 수리하는 것을 방해하여서는 안 된다. 집행관은 채권자가 위 수리공사를 함을 허용하고 채무자에 대하여 위 공사를 방해하지 않는 범위 내에서 위 건물의 사용을 허용하여야 한다. 집행관은 위 취지를 적당한 방법으로 공지하여야 한다."
10) 주문 "채무자는 채권자에게 2014. 11. 11.까지 별지 목록 기재 부동산을 임시로 인도하라."

존부에 관한 다툼이 있고, 소송을 통한 법률관계의 확정 전에 금전채무의 일부 또는 전부를 지급받지 못하면 채권자에게 현저한 손해가 발생할 염려가 있는 경우 임시로 금전의 지급을 명하는 가처분이 가능하다. 예컨대 교통사고 등으로 인한 손해배상청구권이 있을 때에 가처분을 통하여 우선 급하게 요구되는 치료비의 지급을 구할 수 있다.11) 또 해고무효확인소송 과정에서 생계유지에 필요한 생활비의 지급을 가처분으로 구할 수 있는 것이다. 채무자가 이러한 내용의 가처분재판을 송달받고서도 기간 내에 임의지급을 하지 않으면 가처분재판을 집행권원으로 하여 집행기간(2주) 안에 금전채권의 강제집행방법에 의하여 집행할 수 있다. 정기지급형의 경우에 집행기간은 매 지급일부터 2주라고 보아야 하고, 집행기간이 도과된 부분은 집행하지 못한다.

법원사무관등은 법원이 법인의 대표자 그 밖의 임원으로 등기된 사람에 대하여 직무의 집행을 정지하거나 그 직무를 대행할 사람을 선임하는 가처분12)을 하거나 그 가처분을 변경 · 취소한 때에는, 법인의 주사무소 및 분사무소 또는 본점 및 지점이 있는 곳의 등기소에 그 등기를 촉탁하여야 한다. 다만, 이 사항이 등기하여야 할 사항이 아닌 경우에는 그러하지 아니하다.

단체의 대표 · 이사장 · 이사 등이 단체의 업무에 관하여 위법행위 및 정관위배 행위 등을 하였다는 이유로 그 해임을 청구하는 소송이 본안소송인 경우 그러한 소송은 형성의 소에 해당하므로, 제기할 법적 근거가 있는 경우13)에만 직무집행정지 가처분을 신청할 수 있고, 본안소송을 제기할 수 있는 법적 근거가 없는 경우에는 직무집행정지 가처분은 허용되지 않는다.14)

---

11) 주문 "채무자는 채권자에게 2014. 11. 11.부터 2015. 6. 6.까지 매월 25일에 금500,000원씩을 임시로 지급하라."

12) 주문 "채권자의 ＊＊주식회사에 대한 주주총회결의취소사건의 본안판결 확정시까지 채무자 안재인은 위 회사의 대표이사 및 이사의 직무를, 채무자 문원순은 위 회사의 이사의 직무를 각각 집행하여서는 안 된다. 위 직무집행정지기간 중 다음 사람을 직무대행자로 선임한다. 이사 겸 대표이사 직무대행자 변호사 김용석 이사 직무대행자 변호사 강지만"

13) 상법상 주식회사에 대해서는 그 임원의 의무와 임무위배 임원의 손해배상책임, 임무위배 임원에 대한 해임청구권과 이를 근거로 한 직무집행금지가처분에 관해서 규정되어 있다. 그러나 법인격이 없는 종중, 상가번영회, 조합 등은 임원들의 임무와 임무 위배에 대한 규정이 없는 경우가 많다.

14) 대법원 2001. 1. 16. 선고 2000다45020 판결. 형성의 소를 구할 법적 근거가 없는 경우 직무집행정지가처분 신청권도 인정될 수 없다는 판례의 확고한 법리에 대하여 권성 외 4, 「가처분의 연구」, 박영사(1994), 393면은 "이러한 견해를 관철하게 되면 일단 적법한 절차에 의하여 선임된 대표자나 임원은 그 후 어떠한 직무상의 과오나 부정이 있다 하더라도 단체의 내부절차

이사직무집행정지가처분에 있어서 피신청인이 될 수 있는 사람은 당해 이사이고, 회사에게는 피신청인적격이 없다. 단체의 대표자에 대해 직무집행정지 및 직무대행자선임 가처분이 내려지면, 그 대표자는 일체의 직무집행에서 배제되고 직무를 대행하게 되므로, 대표자를 선축한 결의의 무효 또는 부존재 확인을 구하는 소송에서 그 단체를 대표할 자도, 직무집행을 정지당한 대표자가 아니라 대표자 직무대행자로 보아야 한다. 직무가 정지된 대표이사가 정지기간 중에 체결한 계약은 절대적으로 무효이고, 가처분신청을 취하하여도 그 효력은 장래를 향하여 소멸할 뿐이므로 무효인 계약이 다시 효력을 가질 수 없다.

직무집행정지 등 가처분이 발령되면 통상의 가처분과 같이 가처분채권자와 채무자에게 송달하여야 하고, 직무대행자를 선임한 경우에는 선임된 직무대행자에 대하여도 송달 그 밖의 상당한 방법으로 그 사실을 고지하여야 한다. 법인 등 단체는 당사자가 아니므로 송달할 필요가 없다. 민법상의 이사에 대한 직무집행정지·직무대행자선임가처분은 민법 제52조의2,[15) 제60조의 2에, 주식회사의 이사에 대한 직무집행정지·직무대행자선임가처분은 상법 제407조[16)·제408조에 그 집행방법을 정하고 있다. 이 등기는 가처분법원의 법원사무관 등이 법인의 주사무소 및 분사무소 또는 본점 및 지점이 있는 곳의 등기소에 촉탁하여 집행한다. 직무집행정지 및 직무대행자선임 가처분 집행이 가지는 효력과 제3자에 대한 대항력은 가처분의 등기가 된 경료된 시점에 발생한다. 민법 제54조 제1항은 법인의 이사에 대한 직무집행정지 등 가처분은 등기 후가 아니면 제3자에게 대항하지 못한다고 규정하고 있으므로 가처분 등기를 하지 않으면 선의·악의 구분없이 제3자에게 대항할 수 없다.

에 의하여 해임되지 않는 한 그 임기만료시까지 직무를 계속 수행할 수 있게 된다. 더구나 그 대표자 등이 단체의 다수세력에 속하거나 주도권을 쥐고 있는 실력자 그룹에 속하는 경우에는 내부절차에 의한 해임이라는 것이 사실상 불가능하다. 따라서 이러한 단체에 있어 소수의 단체원 또는 소외된 단체원들이 법원에 호소하여 직무집행정지가처분을 받아 낼 수 없다고 한다면 그들은 대표자의 중대한 과오로 인한 손해로부터 자신들의 권익을 보호할 법적 수단이 없게 된다. 이것은 분명히 정의관념에 어긋나고 법원에 대한 국민의 기대를 저버리는 것이다"라고 비판한다.

15) 민법 제52조의2: "이사의 직무집행을 정지하거나 직무대행자를 선임하는 가처분을 하거나 그 가처분을 변경·취소하는 경우에는 주사무소와 분사무소가 있는 곳의 등기소에서 이를 등기하여야 한다."

16) 상법 제407조 제1항: "이사선임결의의 무효나 취소 또는 이사해임의 소가 제기된 경우에는 법원은 당사자의 신청에 의하여 가처분으로써 이사의 직무집행을 정지할 수 있고 또는 직무대행자를 선임할 수 있다. 급박한 사정이 있는 때에는 본안 소송의 제기 전에도 그 처분을 할 수 있다."

상법 제37조 제1항은 등기할 사항인 회사의 이사, 사원, 감사, 청산인 등에 대한 직무집행정지 등 가처분은 등기하지 아니하면 선의의 제3자에게 대항하지 못하고, 같은 조 제2항은 등기한 후라도 제3자가 정당한 사유로 인하여 이를 알지 못한 때에는 대항하지 못한다고 규정하고 있으므로 이에 따라야 한다.

(2) 원칙적 변론기일

임시지위를 정하기 위한 가처분 재판에는 변론기일 또는 채무자가 참석할 수 있는 심문기일을 열어야 한다. 다만, 그 기일을 열어 심리하면 가처분의 목적을 달성할 수 없는 사정이 있는 때에는 그러하지 아니하다.

(3) 임시지위를 정하기 위한 가처분의 집행과 간접강제

일정한 작위를 명하는 가처분의 경우에 그 작위가 대체적인 경우에는 대체집행[17]에 의하고, 부대체적인 경우에는 간접강제[18]에 의하게 된다. 이 때 대체집행신청이나 간접강제신청에 대한 인용재판이 있을 때부터 2주의 집행기간이 진행되는 것이 아니라, 가처분재판의 고지일로부터 집행기간인 2주 안에 대체집행 또는 간접강제 신청을 하여야 한다는 것을 의미한다. 가처분에서 명하는 부대체적 작위의무가 일정 기간 계속되는 경우라면, 채무자의 태도에 비추어 작위의무의 불이행으로 인하여 간접강제가 필요한 것으로 인정되는 시점부터 2주의 집행기간이 진행한다. 부대체적 작위채무의 이행을 명하는 가처분결정과 함께 그 의무위반에 대한 간접강제결정이 동시에 이루어진 경우에는 간접강제결정 자체가 독립된 집행권원이 되고 간접강제결정에 기초하여 배상금을 현실적으로 집행하는 절차는 간접강제절차와 독립된 별개의 금전채권에 기초한 집행절차이므로, 그 간접강제결정에 기한 강제집행은 반드시 가처분결정이 송달된 날로부터 2주 이내에 할 필요는 없다. 이 경우 간접강제의 집행을 위해서 간접강제결정의 정본에 집행문을 받아야 한다. 집행을 따로 요하지 않는 단순부작위를 명하는 가처분의 경우에는 원칙적으로 집행기간의 문제가 생기지 않으나, 채무자가 명령위반행위를 하면 제거 또는 방지를 구할 수 있는바,[19] 그 명령위반 행위시로부터 그 제거나 방지를 위한 신청의 집행기간이

---

17) 민사집행법 제260조.
18) 민사집행법 제261조.
19) 민사집행법 제260조; 민법 제389조 제3항.

개시된다. 다만, 채무자가 가처분 재판이 고지되기 전부터 가처분 재판에서 명한 부작위에 위반되는 행위를 계속하고 있는 경우라면, 그 가처분결정이 채권자에게 고지된 날부터 집행기간이 기산된다.

(4) 집행정지

소송물인 권리 또는 법률관계가 이행되는 것과 같은 내용의 가처분을 명한 재판에 대하여 이의신청이 있는 경우에, 이의신청으로 주장한 사유가 법률상 정당한 사유가 있다고 인정되고 주장사실에 대한 소명이 있으며, 그 집행에 의하여 회복할 수 없는 손해가 생길 위험이 있다는 사정에 대한 소명이 있는 때에는, 법원은 당사자의 신청에 따라 담보를 제공하게 하거나 담보를 제공하게 하지 아니하고 가처분의 집행을 정지하도록 명할 수 있고, 담보를 제공하게 하고 집행한 처분을 취소하도록 명할 수 있다. 이 때 소명은 보증금을 공탁하거나 주장이 진실함을 선서하는 방법으로 대신할 수 없다. 재판기록이 원심법원에 있는 때에는 원심법원이 위 재판을 한다. 법원은 이의신청에 대한 결정에서 위 가처분 집행정지명령 또는 집행한 처분의 취소명령을 인가 · 변경 또는 취소하여야 한다. 집행정지와 관련한 위 재판에 대하여는 불복할 수 없다.

부동산철거단행 가처분, 점포인도단행 가처분, 회계장부의 열람 · 등사 가처분, 임금지급 가처분과 같이 이행소송을 본안으로 하는 이행적 가처분에 대하여 집행정지가 가능하다. 그러나 경업금지 가처분, 통행방해금지 가처분, 이사직무집행정지 가처분 등 형성적 가처분에 대하여도 집행정지가 허용될 것인지는 확실하지 않다.[20]

3. 다른 보전절차 및 강제집행절차와의 경합관계

여러 개의 가처분이 경합하는 경우 개별 가처분의 내용이 서로 모순 · 저촉되지 않는 범위 내에서 경합한다. 수개의 가처분이 서로 모순 · 저촉되는지 여부는 당사자, 피보전권리, 보전의 필요성, 주문, 신청취지 등을 종합적으로 고려하여 판단하여야 한다. 선행 가처분과 내용이 서로 저촉되는 후행가처분을 받아 사실상 선행가처분을 폐지 또는 변경하거나 그 집행을 배제되는 결과는 허용될 수 없다. 가압류와 가처분은 그 내용이 서로 모순 · 저촉되지 않는 한 경합이 가능하다. 부동산에 대

---

20) 사법연수원, 보전소송(2012), 178면.

한 가압류와 가처분은 집행의 선후에 의하여 결정된다. 등기관이 동일한 부동산에 관한 가압류등기 촉탁서와 처분금지가처분등기 촉탁서를 동시에 받아 같은 접수번호와 순위번호를 부여한 결과 동일한 부동산에 관하여 동일 순위로 등기된 가압류와 처분금지가처분이 경합하게 된 경우에는 당해 채권자 상호간에는 상호간에 있어서 처분금지적 효력을 주장할 수 없다.

제 4 절 부당한 보전처분에 대한 손해배상청구

민사집행법에 의한 구제절차 외에 부당한 보전처분이 불법행위에 해당하는 경우 손해배상청구를 통한 채무자의 구제도 가능하다. 보전처분은 그 집행 후에 채권자가 본안소송에서 패소확정되었다면 특별한 반증이 없는 한 채권자에게 고의 또는 과실이 있다고 추정되고, 따라서 부당한 집행으로 인한 손해를 배상할 책임이 있다(2006다84874).

가압류신청에서 채권액보다 지나치게 과다한 금액을 주장하여 그 청구금액대로 가압류결정이 된 경우, 본안판결에서 피보전권리가 없는 것으로 확인된 범위 내에서는 가압류채권자의 고의·과실이 추정되며, 부당한 보전처분으로 인하여 그 채권금을 제때에 지급받지 못함으로써 발생하는 통상의 손해액은 그 채권금에 대한 민법 소정의 연5%의 비율에 의한 지연이자 상당액이고, 채무자가 실제로 부당하게 가압류된 금원을 활용하여 얻을 수 있었던 금융상의 이익이나 공탁한 돈을 조달하기 위한 금융상의 이자 상당액은 특별손해로서 채권자가 이를 알았거나 알 수 있었을 경우에 한하여 배상책임이 있다(98다3757).

가압류채무자가 가압류 이후 가압류청구금액을 공탁하고 그 집행취소판결을 받았다면, 가압류채무자는 적어도 가압류집행으로 인하여 공탁금에 대한 민사법정이율인 연5% 상당의 이자와 공탁금이율 상당 이자의 차액 상당의 손해를 입었다고 보아야 한다(95다34095,34101).

부당한 채권가압류의 집행이 있었다 하더라도 그 집행기간 동안 기한의 미도래나 조건의 불성취 등의 사유로 인해 가압류채무자가 제3채무자로부터 채권을 바로 지급받을 수 없는 사정이 있었다면 가압류채무자가 부당한 채권가압류의 집행으로 인하여 어떤 손해를 입었다고 할 수는 없다(2006다10408).

부동산의 등기청구권을 보전하기 위한 처분금지가처분이 부당하게 집행되었다

하더라도 그 가처분의 존재로 인하여 처분기회를 상실하였거나 그 대가를 제때 지급받지 못하는 불이익이 당해 부동산을 보유하면서 얻는 점용이익을 초과하지 않는 한 손해가 발생하였다고 보기 어렵고, 설사 점용이익을 초과하는 불이익을 입어 손해가 발생하였다고 하더라도 그 손해는 특별손해로 보아야 한다(2000다58132).

 분양할 목적으로 신축한 연립주택이 부당한 가처분으로 인하여 처분이 제한된 경우와 같이 채무자가 목적물을 사용·수익하지 않는 경우에는 처분이 지연된 기간 동안 입은 손해 중 적어도 부동산의 처분대금에 대한 법정이율에 따른 이자 상당의 금액은 통상손해에 속한다(2001다26774).

제 2 장   민사소송법

제 1 절 서 론

1. 민사소송의 의의

민사소송이란 사인(私人) 간의 사법(私法)상 분쟁을 해결하기 위하여 국가조직
인 법원이 운영하는 소송절차에 관한 제도를 의미한다. 개인의 사적소유권을 보장
하고 그를 기반으로 하는 시장경제를 운용하는 현대 문명국가는 로마제국 이래로
이어져온 민사소송절차를 국가가 운영하고 있다. 현대 문명국가의 시민들은 사적
폭력이 아니라 국가가 마련한 소송절차를 통하여 개인 간의 분쟁을 해결하여야만
한다. 민사소송을 통하여 판결문을 획득한 개인만이 국가가 독점하는 강제력을 빌
릴 수 있고, 그에 의해서만 상대방의 의무를 합법적으로 강제할 수 있다. 우리나라
민사소송법은 1960년 4월 4일 법률 제547호로 제정되어 같은 해 7월 1일부터 시행
되었다. 그 전 시기에는 1912년 조선민사령과 1945년 미군정법령 제21호에 의하여
일본민사소송법이 시행되었다. 조선시대에는 1395년 편찬된 경제6전, 1865년 대전
회통 등 법전이 있었고, 소송에 관한 법규들은 육전 체제로 이루어져 있는 법전 중
에 산재하여 있었다. 소송은 형사소송인 獄訟과 민사소송인 詞訟으로 구분되어 있
었고, 詞訟類聚, 大典詞訟類聚 등 실무지침서가 널리 활용되었다. 민사소송인 詞訟
은 원고(元告)와 원척(元隻)으로 나눈 양 당사자가 평등하게 변론에 참여하여 진행되
었다. 오늘날 소장과 같은 소지(所持)를 원고가 접수하면 "피고를 데려오라"는 관청
의 처분(題音, 題辭)을 내리고, 원고가 직접 피고를 데려와 재판장에 출두시켜야 했

다. 전체적으로 변론과 증거조사를 포함한 전체 소송절차의 체계나 민사소송의 건수는 오늘날과 비교하여 별 차이가 없다. 소송의 대상은 주로 노비와 토지에 관한 것이었다. 조선 초기에 고려시대 소송의 지나친 범람이 지적된 것으로 보아 고려의 소송제도도 조선과 큰 차이는 없는 것으로 보여진다.

2. 민사소송을 지배하는 법원리

(1) 민사소송의 이상과 신의성실의 원칙

민사소송법 제1조는 민사소송의 이상과 신의성실의 원칙이란 표제 아래 제1항 "법원은 소송절차가 공정하고 신속하며 경제적으로 진행되도록 노력하여야 한다" 제2항 "당사자와 소송관계인은 신의에 따라 성실하게 소송을 수행하여야 한다"고 규정하고 있다. 신의칙에 위반한 소의 제기는 권리보호이익이 없으므로 부적법 각하하고, 신의칙에 위반하는 소송행위는 무효이다. 신의칙위반의 소송행위를 간과하고 내려진 판결은 당연무효라고 할 수 없다. 판결의 확정 전에는 상소로 다툴 수 있고, 확정 후에는 재심으로 다툴 수 있다 할 것이다. 확정판결에 집행문이 부여되어 집행까지 나아간 경우에는 확정판결에 의한 권리라고 하더라도 신의에 좇아 성실히 행사되어야 하고 그 판결에 기한 집행이 권리남용이 되는 경우에는 허용되지 않는 것이므로 집행채무자는 청구이의의 소에 의하여 그 집행의 배제를 구할 수 있다 (2004다17436). 집행이 종료된 후에는 손해배상이나 부당이득반환으로 다투어야 할 것이다.

(2) 당사자대등주의

소송과정에서 당사자에게 대등한 공격·방어의 기회를 주어야 한다는 원칙을 뜻한다. 쌍방심리주의, 무기대등의 원칙이라고도 표현한다. 변론기일을 당사자 모두에게 알리고, 양 당사자가 기일에 출석하여 공평한 변론의 기회를 부여받아야 정상적인 민사소송이라 할 수 있다.

(3) 공개주의

변론, 증거조사, 판결 등 민사소송의 과정은 원칙적으로 공개되어야 한다는 것을 공개주의라 한다. 민사소송법 제153조는 변론조서의 형식적 기재사항을 규정하고 있는데, 동조 제5호는 "변론의 공개 여부와 공개하지 아니한 경우에는 그 이유"

라고 규정하고 있다. 즉 변론의 공개 여부는 변론조서의 필수적 기재사항인 것이다. 법원조직법 제57조 제1항 단서는 국가의 안전보장, 안녕질서 또는 선량한 풍속을 해칠 염려가 있는 경우에는 결정으로 공개하지 아니할 수 있다고 규정하고 있다.

(4) 직접주의
민사소송법 제204조(직접주의) ① 판결은 기본이 되는 변론에 관여한 법관이 하여야 한다.

② 법관이 바뀐 경우에 당사자는 종전의 변론결과를 진술하여야 한다.

③ 단독사건의 판사가 바뀐 경우에 종전에 신문한 증인에 대하여 당사자가 다시 신문신청을 한 때에는 법원은 그 신문을 하여야 한다. 합의부 법관의 반수 이상이 바뀐 경우에도 또한 같다.

(5) 처분권주의
민사소송법 제203조(처분권주의) 법원은 당사자가 신청하지 아니한 사항에 대하여는 판결하지 못한다.

(6) 변론주의(주장책임과 증명책임)
변론주의는 민사소송법에 근거조문이 없다. 변론주의(辯論主義)란 재판의 기초가 되는 사실의 주장과 그에 대한 증거의 수집·제출을 당사자에게 맡긴다는 것을 의미한다. 사실과 증거의 수집 및 제출에 대한 책임이 당사자에게 있으므로, 당사자가 수집하여 변론에서 제출한 소송자료만이 재판의 기초가 되어야 한다. 그러나 소송자료의 가치에 대한 평가나 재판에 적용되는 법률 및 경험법칙의 적용 및 해석은 법원의 업무이고, 이에 대한 당사자의 주장은 법원을 구속하지 않는다.

변론주의에 전적으로 의존할 경우 당사자 사이의 능력 차이에서 발생하는 문제점이 있을 수밖에 없는데, 변론주의를 핑계로 재판의 적정을 도모하지 않는 것은 국가가 비용을 들여 민사소송제도를 둔 취지에 정면으로 반하는 것이므로 민사소송법은 법원의 석명권(제136조), 변호사 선임명령(제144조), 보충적인 직권증거조사(제292조) 등 방법을 동원하여 재판의 적정을 도모한다.

변론주의하에서 당사자가 분쟁의 중요한 사실관계를 주장하지 않으면 자기에게 이익되는 법률판단을 받지 못하는 당사자의 위험 내지 불이익을 주장책임이라고 한다. 변론주의하에서 법원은 당사자가 변론에서 제출한 것에 한하여 판결의 기초로 할 수 있으므로 당사자가 변론에서 주장하지 아니하면 법원은 알고 있는 사실도 존재하지 않는 것으로 다루어야 한다. 따라서 이러한 주장책임은 변론주의에만 특유한 제도이다. 한편, 행정소송법 제26조는 보충적으로 직권탐지주의를 규정하고 있기 때문에 그 한도 내에서는 주장책임이 완화될 수 있다. 변론주의가 인정되는 범위 내에서는 중요 사실관계의 주장이 있어야 비로소 소송자료가 마련되고 입증의 문제도 생긴다. 따라서 주장책임은 논리적, 시간적으로 입증책임에 선행하는 관계에 있다. 또한 양자는 그 분배원칙에 있어서도 일치하고 있다. 즉, 주장책임의 대상 및 범위는 원칙적으로 입증책임의 그것과 일치한다.

주장책임은 원칙적으로 독자적인 규정을 갖지 않고 입증책임에 관한 규정에 의해 보충되며 입증책임의 규정에 따라 결정된다. 따라서 주장책임에 관하여도 입증책임에 상응하는 학설의 대립이 있으나 통설인 법률요건분류설에 따르면 권리주장자가 권리근거규정의 요건사실에 대해 주장책임을 지며, 권리주장의 상대방은 권리장애, 권리멸각, 권리저지 규정의 요건사실에 대해 주장책임을 진다. 행정소송에 있어서는 특단의 사정이 있는 경우를 제외하면 당해 행정처분의 적법성에 관하여는 당해 처분청이 이를 주장·입증하여야 할 것이나, 행정소송에 있어서 직권주의가 가미되어 있다고 하여도 여전히 당사자주의, 변론주의를 그 기본 구조로 하는 이상 행정처분의 위법을 들어 그 취소를 청구함에 있어서는 직권조사사항을 제외하고는 그 위법된 구체적인 사실을 먼저 주장하여야 한다(98두20162).

(7) 석명의무

민사소송법 제136조(석명권·구문권 등) ① 재판장은 소송관계를 분명하게 하기 위하여 당사자에게 사실상 또는 법률상 사항에 대하여 질문할 수 있고, 증명을 하도록 촉구할 수 있다.
② 합의부원은 재판장에게 알리고 제1항의 행위를 할 수 있다.
③ 당사자는 필요한 경우 재판장에게 상대방에 대하여 설명을 요구하여 줄 것을 요청할 수 있다.
④ 법원은 당사자가 간과하였음이 분명하다고 인정되는 법률상 사항에 관하여 당사자에게 의견을 진술할 기회를 주어야 한다.

석명권(釋明權)은 민사소송법이 사건의 진상을 명확하게 하기 위하여 재판장에게 부여된 권한으로 이를 통하여 법원은 당사자에게 법률적·사실적인 사항에 대하여 설명할 수 있는 기회를 주고 입증을 촉구할 수 있다. 대법원판례는 판결에 영향을 미칠 만한 당사자의 중요한 사실상 주장에 불명 부정 모순 등 불명료한 점이 있을 때에는 사실심 재판관은 당해 당사자로 하여금 이에 대한 석명을 시켜야 할 의무가 있다고 일관하여 판시하여 왔다. 재판장의 석명권 행사는 원칙적으로 변론주의를 보충하는 것으로 활용되어야 한다. 따라서 소극적 석명이 원칙이며, 소송관계가 불분명하지 않은 상황에서 민사소송법 제136조 제4항이 규정한 범위를 벗어나는 당사자가 생각하지 못한 쟁점의 부각이나 증거의 제출을 의도한 적극적 석명은 원칙적으로 허용되지 않는다 할 것이다.

대법원 1987. 12. 22. 선고 85다카2453 판결 "이 사건 건물의 철거로 인하여 원고가 입은 손해는 적법한 절차에 의하여 이 사건 건물이 철거될 때까지 권원 없이 이 사건 대지를 점유한 채 이를 사용·수익할 수 있는 이익과 그 파괴된 건물 잔재의 회수, 이익 정도의 금액에 한정된다 할 것인데, 원고로부터 이러한 손해액에 관하여 아무런 주장입증이 없으므로 원고의 청구를 받아들일 수 없다고 판시하고 있다. 그러나 불법행위로 인하여 손해가 발생한 사실이 인정되는 경우에는 법원은 손해액에 관한 당사자의 주장과 입증이 미흡하더라도 적극적으로 석명권을 행사하여 입증을 촉구하여야 하고 경우에 따라서는 직권으로라도 손해액을 심리 판단하여야 한다고 함이 당원의 견해인바, 원심이 피고의 불법행위로 인한 손해발생 사실을 확정하고서도 그 손해액에 대한 심리를 다하지 아니하고 원고의 청구를 배척한 조처는 심리를 다하지 아니하여 판결결과에 영향을 미친 위법을 저질렀다 아니할 수 없는 것이다."

대법원 1995. 7. 11. 선고 94다34265 전원합의체 판결 "토지임대인이 그 임차인에 대하여 지상물철거 및 그 부지의 인도를 청구한 데 대하여 임차인이 적법한 지상물매수청구권을 행사하게 되면 임대인과 임차인 사이에는 그 지상물에 관한 매매가 성립하게 되므로 임대인의 청구는 이를 그대로 받아들일 수 없게 된다. 이 경우에 법원으로서는 임대인이 종전의 청구를 계속 유지할 것인지, 아니면 대금 지급과 상환으로 지상물의 명도를 청구할 의사가 있는 것인지(예비적으로라도)를 석명하고 임대인이 그 석명에 응하여 소를 변경한 때에는 지상물명도의 판결을 함으로써 분쟁의 1회적 해결을 꾀하여야 한다고 봄이 상당하다. 법원이 이러한 점을 석명하지 아니한 채 토지임대인의 청구를 기각하고 만다면, 또다시 지상물명도 청구의 소를 제기하지 않으면 안되게 되어 쌍방 당사자에게 다같이 불리한 결과를 안겨줄 수밖에 없으므로 소송경제상으로도 매우 불합리하다고 하지 않을 수 없다. 그러므로 이와는 달리 이러한 경우에도 법원에게 위와 같은 점을 석명하여 심리하지 아니한 것이 위법이 아니라는 취지의 당원 1972. 5. 23. 선고 72다341 판결은 이로써 이를 변경하기로 한다."

대법원 1998. 5. 12. 선고 96다47913 판결 "원상회복의 대상인 토지에 관하여 근저당권설정등기가 경료되고, 소유권이전등기가 경료되었다면, 특별한 사정이 없는 한, 피고들의 토지에 관한 원물반환의무는 이행불능으로 되었고 이로써 원고는 토지의 이행불능 당시의 가액의 반환채권을 가지게 되었다고 할 것이므로, 위와 같은 가액반환채권이 발생한 이상, 원심법원으로서는 위 이행불능 당시의 토지의 가액에 관한 원고의 주장(원고가 '대상'이라는 용어를 쓰고 있기는 하지만 그 전체적인 취지는 이행불능 당시의 가액의 반환을 구하고 있는 것으로 보인다)과 입증이 미흡하더라도 적극적으로 석명권을 행사하여 주장을 정리함과 함께 입증을 촉구하여야 하고 경우에 따라서는 직권으로라도 그 가액을 심리·판단하여야 할 것이다. 그럼에도 불구하고 원심이 이러한 조치를 취하지 아니한 채 위 판시와 같은 이유만으로 원고의 주장을 배척한 것은 심리를 다하지 아니하여 판결 결과에 영향을 미친 잘못이 있다고 할 것이고, 이 점을 지적하는 논지는 이유 있다."

(8) 자유심증주의와 입증책임(증명책임)의 분배
민사소송법 제202조(자유심증주의) 법원은 변론 전체의 취지와 증거조사의 결과를 참작하여 자유로운 심증으로 사회정의와 형평의 이념에 입각하여 논리와 경험의 법칙에 따라 사실주장이 진실한지 아닌지를 판단한다.

자유심증주의는 증거조사로 얻은 증거자료를 어느 정도까지 주요사실의 인정에 반영할 것인가 하는 증거력 평가를 법관의 자유에 맡기는 것이다. 그러나 자유심증주의가 증거조사 결과를 벗어난 법관의 자의적인 판단까지 허용하는 것은 아니고, 법관은 어디까지나 주어진 증거조사의 결과에 기초한 논리와 경험법칙에 따라야 한다. 증거조사의 결과에 대한 법관의 확신은 일체의 의심조차 생기지 않는 자연과학적 확신이 아니라 경험법칙상 고도의 개연성이 있다고 인정되는 수준의 확신이면 족하다.

입증책임(증명책임)에 관한 민사소송법 규정은 없다. 민사소송은 소송당사자가 주장하는 법률효과를 발생시키는 법률이 정하는 요건에 대한 법원의 판단을 의미한다. 입증책임이란 소송상 어느 사실관계의 존부가 확정되지 않을 때 당해 사실이 존재하지 않는 것으로 취급되어 법률판단을 받게 되는 당사자 일방이 위험 또는 불이익을 받는 것을 말한다. 이러한 입증책임은 변론주의뿐만 아니라 직권탐지주의에서도 의미를 갖는다. 민사소송에서의 입증책임은 바로 법률이 정하는 요건의 근거가 되는 사실을 증명할 소송당사자의 책임을 뜻하는 것이다. A가 B를 상대로 대여금의 반환을 구하는 소송을 제기한 경우 A에게 B가 돈을 빌려갔다는 사실에 대한 입증책임이 있다. A가 입증을 하지 못하면, A는 소송에서 패소한다. 그런데 B가 돈을 빌렸는데 갚았다고 주장하는 경우 돈을 갚았다는 사실에 대한 입증책임은 B에게 있고, B가 이를 입증하지 못하면 B는 패소하고, A가 승소한다.

입증책임은 법원이 심리를 끝낸 다음에 문제되는 것이다. 즉 재판 과정에서 소송당사자는 자신에게 유리한 증거를 제출하여야 하고, 법원이 심리에 부족하다고 판단하지 않으면 입증책임의 부담 문제는 등장할 필요가 없는 것이다. 민사소송에서 입증책임이 있는 자가 입증을 하지 못하면 그로 인한 불이익은 그가 져야 하므로, 민사소송에서 누가 입증책임을 지느냐는 매우 중요한 것이다. 이를 '입증책임의 분배'의 문제라 한다. 통설과 판례는 법률요건분류설에 따라 입증책임을 분배한다.[1] 법률의 규정을 권리근거규정(계약의 성립), 권리장애규정(계약의 무효사유), 권리멸각규정(변제·공탁·소멸시효완성), 권리저지규정(기한·정지조건·동시이행항변권)으로 나누고 그에 따라 입증책임을 분배하는 것이 법률요건분류설이다. 법률요건은 일정한 법률효과 발생을 목적으로 하는데, 법률효과는 권리 측면에서 보면 권리의 발생·행사·저지·소멸로 작동하고, 동시에 의무 측면에서는 의무의 발생·이행·저지·소멸로 작동한다. 법률요건분류설에 따르면 권리관계의 발생·행사·저지·소멸

---

1) 행정소송에서도 법률요건분류설에 의한다. 대법원 1984. 7. 24. 선고 84누124 판결 "민사소송법의 규정이 준용되는 행정소송에 있어서 입증책임은 원칙적으로 민사소송의 일반원칙에 따라 당사자간에 분배되고 항고소송의 경우에는 그 특성에 따라 당해 처분의 적법을 주장하는 피고에게 그 적법사유에 대한 입증책임이 있다 할 것인바, 피고가 주장하는 당해 처분의 적법성이 합리적으로 수긍할 수 있는 일응의 입증이 있는 경우에는 그 처분은 정당하다 할 것이며 이와 상반되는 주장과 입증은 그 상대방인 원고에게 그 책임이 돌아간다고 할 것이다."

의 법률효과를 주장하는 사람은 이것을 직접 규정하는 법률의 요건사실에 대한 입증책임을 진다. 법률요건분류설은 당사자가 자기에게 유리한 법규의 요건사실의 존부에 대해 입증책임을 지는 것으로, 소송요건의 존부는 원고에게 유리하므로 원고에게 입증책임이 있고,[2] 다음으로 본안문제에서는 권리의 존재를 주장하는 자가 권리근거규정의 요건사실을, 권리의 존재를 다투는 상대방이 권리장애, 권리멸각, 권리행사저지사실을 입증해야 하는 것을 말한다. 법률 규정의 但書조항이나 법류규정에 이어진 別項에서 정한 법률효과를 다투는 자가 입증책임을 진다.

추정(推定) 규정이 있는 때에는 그 추정을 깨려는 자가 추정되는 사실의 반대사실에 대한 입증책임이 있다. 점유계속의 추정(민법 제198조), 점유의 적법추정(민법 제200조), 구분소유물의 공유추정(민법 제215조 제1항), 경계표의 공유추정(민법 제239조), 조합 업무집행자의 대리권추정(민법 제709조), 부부 공유재산의 추정(민법 제830조 제2항), 부의 친생자추정(민법 제844조) 등이 그 예이다.

자동차손해배상보상법 제3조는 가해자가 과실없음을 입증하도록 하고 있는데, 이를 민법 제750조 일반불법행위책임의 경우 피해자가 가해자의 고의 · 과실을 입증하여야 하는 것과 대조하여 입증책임의 전환이라 한다.

제 2 절   민사소송절차

1. 소장의 제출과 소장심사

분쟁의 해결을 구하는 원고가 '소장'이라는 서면을 작성하여 '법원'에 신청하는 것을 '소의 제기'라고 한다. 소장에는 당사자와 법정대리인, 청구의 취지와 원인을 적어야 한다. 소장이 법원에 접수되면 제1심 소송절차가 시작된다. '소의 제기'가 있으면 소송요건을 충족하는지의 심사가 이루어지고, 소송요건 심사를 통과할 경우 '변론절차'에 돌입하게 된다. 변론 절차에서 당사자들은 서로 주장과 입증을 하게 되고, 더 이상 주장과 입증을 할 필요가 없을 단계에 이르면 법원은 판결을 선고한다.

법원은 직권으로 민사소송을 개시할 수 없으며, 언제나 원고가 소장을 접수하여야 개시된다. 소장이 제출되면 법원은 사건기록을 제조하여 특정 재판부에 배당을 한다. 소장접수를 담당하는 법원공무원은 당사자 · 관할 · 인지 등을 형식적으로 조사

---

2) 소송요건은 원칙적으로 법원의 직권조사사항이지만 법원의 직권조사를 통해서도 그 존부가 불분명할 경우 그 존재는 원고에게 유리한 것이므로 최종적으로 원고에게 입증책임이 있다.

한다. 소장의 적법 여부를 정식으로 판단하는 것은 재판장이다. 재판장은 소장이 필수적 기재사항을 갖추고 있는지와 소장에 소정의 인지가 첨부되어 있는지를 조사한다. 심사 결과 소장에 흠이 있으면 재판장은 상당한 기간을 정하여 보정을 명한다. 원고가 보정기간 내에 보정을 하지 않으면 재판장은 명령으로 소장을 각하한다.

재판장은 소장을 심사하면서 필요하다고 인정하는 경우에는 원고에게 청구하는 이유에 대응하는 증거방법을 구체적으로 적어 내도록 명할 수 있으며, 원고가 소장에 인용한 서증(書證)의 등본 또는 사본을 붙이지 아니한 경우에는 이를 제출하도록 명할 수 있다.

2. 소장부본의 송달

소장에 흠이 없는 경우 법원은 피고에게 소장부본을 송달한다. 소장부본을 송달할 수 없는 경우에는 주소를 보정하게 하고 이를 위반한 때에는 소장을 각하한다(제255조). 송달은 법원이 직권으로 한다. 송달은 우편 또는 집행관에 의한다. 해당 사건에 출석한 사람에게는 법원사무관 등이 직접 송달할 수 있다.

송달은 받을 사람의 주소·거소·영업소·사무소에서 한다. 위와 같은 장소를 알지 못하거나 그 장소에서 송달할 수 없는 때에는 송달받을 사람이 고용·위임 그 밖에 법률상 행위로 취업하고 있는 다른 사람의 주소·거소·영업소·사무소(근무장소)에서 송달할 수 있다. 송달받을 사람의 주소나 근무장소가 국내에 없거나 알 수 없는 때에는 그를 만나는 장소에서 송달할 수 있다. 주소나 근무장소가 있는 사람의 경우에도 송달받기를 거부하지 아니하면 만나는 장소에서 송달할 수 있다. 교도소·구치소 또는 국가경찰관서의 유치장에 체포·구속 또는 유치(留置)된 사람에게 할 송달은 교도소·구치소 또는 국가경찰관서의 장에게 한다. 당사자의 신청이 있는 때에는 공휴일 또는 해뜨기 전이나 해진 뒤에 집행관에 의하여 송달할 수 있다. 외국에서 하여야 하는 송달은 재판장이 그 나라에 주재하는 대한민국의 대사·공사·영사 또는 그 나라의 관할 공공기관에 촉탁한다(민사소송법 제191조).

당사자의 주소·거소·영업소·사무소·근무장소를 알 수 없는 경우 또는 외국에서 하여야 할 송달에 관하여 위 민사소송법 제191조의 규정에 따를 수 없거나 이에 따라도 효력이 없을 것으로 인정되는 경우에는 재판장은 직권으로 또는 당사자의 신청에 따라 공시송달을 명할 수 있다. 공시송달은 법원사무관 등이 송달할 서류를 보관하고 그 사유를 법원게시판에 게시하여야 한다. 첫 공시송달은 법원게시판에 게시한 날부터 2주가 지나야 효력이 생긴다. 다만, 같은 당사자에게 하는 그 뒤의 공시송달은 실시한 다음 날부터 효력이 생긴다. 외국에서 할 송달에 대한 공시송달의 경우에는 2주가 아니라 2월이 지나야 효력이 생긴다.

3. 소제기의 효과

(1) 소송계속

소가 제기되면 원·피고 사이에 소송이 법원에서 있게 되는 소송계속 상태가 발생한다. 이러한 소송계속은 보전처분절차나 집행절차 또는 증거보전절차나 중재절차에는 발생하지 않으며 오로지 판결절차에서만 고유하게 발생하는 것이다. 다만 제소전화해절차나 독촉절차는 당사자의 소제기신청이나 채무자의 이의신청이 있게 되면, 당사자가 최초로 화해신청을 하거나 지급명령을 신청한 때에 소를 제기한 것으로 간주되므로, 이 두 경우에는 소송계속의 효과가 소급하여 인정된다. 소송계속은 피고에게 소장이 송달된 때부터 인정된다. 소송계속은 소의 취하·취하간주 또는 각하, 판결의 확정, 이행권고결정의 확정, 화해권고결정의 확정, 화해조서의 작성, 청구의 포기·인낙조서의 작성 등으로 소송이 끝날 때에 소멸된다. 당사자가 소송계속이 있다고 주장하며 기일지정을 신청한 경우, 소송계속이 없다고 인정되면 소송종료선언을 하고, 소송계속이 있다고 인정되면 변론을 속행하여야 한다.

(2) 시효의 중단 등

소제기에 의하여 소멸시효가 중단되며(민법 제168조), 법률상 기간준수의 효과(민법 제204조 제3항, 제205조 제2항, 제206조 제2항 등)가 발생한다. 시효중단이나 법률상 기간준수의 효력은 소의 취하·각하로 소급하여 소멸되지만, 6월 이내에 소의 제기, 파산절차참가, 압류·가압류·가처분을 하면 최초의 소를 제기한 때에 중단된 것으로 본다.[3]

선의 점유자의 악의의 간주(민법 제197조 제2항), 어음법상 상환청구권의 소멸시효 기산점(어음법 제70조 제3항) 등은 피고에게 소장이 송달된 때에 생긴다. 소장에 기재된 계약의 취소·해제는 민법 제111조 제1항 도달주의의 원칙에 따라 피고에게 소장이 송달된 때에 효과가 발생한다. 이는 소장을 이용한 계약을 취소 또는 해제하겠다는 의사를 표시한 것이지, 소제기 자체의 효과와는 무관한 것이다. 따라서

---

3) 민법 제170조.

제소된 소가 취하 또는 각하되더라도 취소·해제에 관한 의사표시가 피고에게 도달하였다는 사실은 그대로 존속한다.

시효를 주장하는 자가 원고가 되어 소를 제기한 경우에 있어서, 피고가 응소행위를 하였다고 하여 바로 시효중단의 효과가 발생하는 것은 아니고, 변론주의 원칙상 시효중단의 효과를 원하는 피고로서는 당해 소송 또는 다른 소송에서의 응소행위로서 시효가 중단되었다고 주장하지 않으면 아니 되고, 피고가 변론에서 시효중단의 주장 또는 이러한 취지가 포함되었다고 볼 만한 주장을 하지 아니하는 한, 피고의 응소행위가 있었다는 사정만으로 당연히 시효중단의 효력이 발생한다고 할 수는 없는 것이나, 응소행위로 인한 시효중단의 주장은 취득시효가 완성된 후라도 사실심 변론종결 전에는 언제든지 할 수 있다.

(3) 지연손해금에 관한 법정이율

금전채무의 이행을 명하는 판결을 선고할 경우 소장송달 다음 날부터의 지연손해금의 법정이율은 연12%이다. 그러나 채무자가 이행의무의 존부와 범위를 다툴 만한 이유가 있는 때에는 사실심의 판결선고 다음 날부터 연12%의 이율을 적용한다.

4. 답변서제출

소장부본을 송달 받은 피고는 30일 이내에 답변서를 제출하여야 한다. 공시송달로 받은 경우에는 그렇지 않다. 법원은 소장부본을 송달할 때에 30일 내에 답변서를 제출하여야 한다는 취지를 피고에게 알려야 한다. 피고가 답변서를 제출하면 법원은 답변서의 부본을 원고에게 송달하여야 한다.

답변서는 원고가 소를 제기하여 주장한 내용에 대하여 피고의 신청 및 답변을 밝히는 최초의 준비서면에 해당하기 때문에 준비서면의 형식을 그대로 사용하나 답변서에는 다른 준비서면과 달리 청구취지에 대한 답변을 기재한다. 답변서에는 피고가 어떠한 판결을 구하는지 그 결론과 이유를 기재하고, 소장에 기재된 개개 사실에 대한 인정 여부, 항변사실과 이를 뒷받침하는 구체적 사실 및 증거방법을 기재하며, 중요한 서증의 사본을 첨부하여야 한다(민사소송규칙 제65조 제1항, 제2항). 피항소인 또는 피상고인이 항소이유서 또는 상고이유서에 대하여 제출하는 최초의 준비서면도 답변서로서 제1심 답변서에 준하여 작성한다.

관할위반에 의한 소의 이송을 구하는 본안 전 답변을 하는 경우에는 그러한 소송이송신청은 직권촉구의 의미밖에 없고, 법원이 이송신청을 거부하여도 이에 대해 항소할 수 없으므로 청구취지에 대한 답변으로서 "이 사건을 ○○○ 법원으로 이송한다"라고 기재하면 족하다.[4] 전속관할의 위반이 아닌 이상 본안에 관하여 변론하거나 준비절차에 관한 변론을 하는 경우 변론관할이 생긴다(제30조). 원고의 소에 대하여 소송요건의 흠결을 들어 소 각하의 신청을 답변서에서 할 경우 답변서에 청구취지에 대한 답변으로 "이 사건 소를 각하한다"라고 쓰고, 본안의 답변으로 청구기각을 구하는 경우 "「원고의 청구를 기각한다」는 판결을 구한다"라고 쓴다. 피고가 원고의 청구를 그대로 받아들여 청구 인낙을 하고 그 취지가 조서에 기재되면 확정판결과 같은 효력이 있다. 청구 인낙은 피고가 변론기일 또는 준비절차 기일에 직접 출석하여 진술을 하는 것이 원칙이나 답변서나 준비서면에 그 의사를 기재하고 인증을 받으면 출석하지 않아도 법원이 그 사항을 진술한 것으로 간주하면 청구 인낙이 성립한다(제148조 제2항).

피고가 30일 이내에 답변서를 제출하지 않거나 답변서를 제출하였더라도 원고의 주장사실을 모두 자백하는 취지이고 따로 항변을 하지 아니한 때에는 법원은 원고가 소장에서 주장한 사실을 피고가 자백한 것으로 보아 변론 없이 선고기일을 지정하여 무변론 판결을 할 수 있다(제256조, 제257조).

피고에게 공시송달로 소장 부본을 송달한 경우(제256조 제1항 단서), 소송요건 등 직권으로 조사할 사항이 있는 경우(제257조 제1항 단서), 행정소송·가사소송과 같이 직권주의 요소가 강한 성질에 비추어 무변론판결이 적합하지 않은 경우 등에는 제1회 변론기일과 선고기일을 일괄 지정하여 통지할 수 있다.

피고가 답변서 기타의 준비서면을 제출하지 아니하고 기일에 출석하지 아니하면 자백한 것으로 간주되어 피고 패소판결을 받을 수가 있고(제150조 제3항), 합의사건에서는 답변서나 준비서면에 기재하지 아니한 사항은 상대방이 출석하지 않은 변론기일에서는 진술할 수 없다(제276조). 답변서를 미리 제출하여 두면 변론기일에 피고가 출석하지 아니하더라도 이를 진술 간주하고 원고에게 변론을 명할 수 있고(제148조), 본안에 관한 답변서나 준비서면이 제출된 후 원고가 소를 취하하고자 하는 경우에는 피고의 동의를 얻어야 하므로(제266조), 피고는 그 소송을 통하여 유리한 판결을 받을 기회를 가지게 된다.[5]

---

4) 사법연수원, 「민사실무 I」, 사법연수원 출판부(2012), 130면.
5) 사법연수원, 「민사실무 I」, 사법연수원 출판부(2012), 128-129면.

5. 변론기일의 지정, 변론준비절차

피고가 답변서를 제출하면 재판장은 바로 사건을 검토하여 가능한 최단 기간 안의 날로 제1회 변론기일을 지정하여야 한다(민사소송규칙 제69조 제2항).

재판장은 변론기일을 정하기 전에 변론이 효율적이고 집중적으로 실시될 수 있도록 당사자의 주장과 증거를 정리하는 변론준비절차를 열 수 있다. 반소 등으로 사건이 복잡하게 되는 특별한 사정이 있는 때에는 변론기일을 연 뒤에도 사건을 변론준비절차에 부칠 수 있다. 변론준비기일에 제출하지 아니한 공격방어방법은 원칙적으로 변론에서 제출할 수 없다. 그러나 ① 그 제출로 인하여 소송을 현저히 지연시키지 아니하는 때, ② 중대한 과실 없이 변론준비절차에서 제출하지 못하였다는 것을 소명한 때, ③ 법원이 직권으로 조사할 사항인 때 중 어느 하나에 해당하는 경우에는 변론에서 제출할 수 있다.

변론준비절차에 회부하는 경우 준비서면 제출에 관한 공방의 횟수는 원칙적으로 원고측 1회, 피고측 1회로 한다.[6] 법원은 변론준비절차를 마친 경우에는 첫 변론기일을 거친 뒤 바로 변론을 종결할 수 있도록 하여야 하며, 당사자는 이에 협력하여야 한다. 당사자는 변론준비기일을 마친 뒤의 변론기일에서 변론준비기일의 결과를 진술하여야 하며, 법원은 변론기일에 변론준비절차에서 정리된 결과에 따라서 바로 증거조사를 하여야 한다.

6. 변론

당사자는 소송에 대하여 법원에서 변론하여야 한다. 다만, 결정으로 완결할 사건에 대하여는 법원이 변론을 열 것인지 아닌지를 정한다. 변론은 재판장(합의부의 재판장 또는 단독판사를 말한다)이 지휘한다. 재판장은 발언을 허가하거나 그의 명령에 따르지 아니하는 사람의 발언을 금지할 수 있다. 변론기일은 공개법정에서 재판장이 사건번호(예컨대, 2014가합5698호 양수금 사건)와 당사자의 이름을 부름으로써 시작된다.

변론은 집중되어야 하며, 당사자는 변론을 서면으로 준비하여야 한다. 준비서면은 그것에 적힌 사항에 대하여 상대방이 준비하는 데 필요한 기간을 두고 제출하여야 하며, 법원은 상대방에게 그 부본을 송달하여야 한다.

---

6) 대법원 2009. 12. 30. 재판예규 제1292호 사건관리방식에 관한 예규(재일 2001-2).

준비서면에는 ① 당사자의 성명·명칭 또는 상호와 주소, ② 대리인의 성명과 주소, ③ 사건의 표시, ④ 공격 또는 방어의 방법, ⑤ 상대방의 청구와 공격 또는 방어의 방법에 대한 진술, ⑥ 덧붙인 서류의 표시, ⑦ 작성한 날짜, ⑧ 법원의 표시를 적고, 당사자 또는 대리인이 기명날인 또는 서명한다.

증거를 신청할 때에는 증명할 사실을 표시하여야 한다. 증거의 신청과 조사는 변론기일 전에도 할 수 있다. 법원은 당사자가 신청한 증거를 필요하지 아니하다고 인정한 때에는 조사하지 아니할 수 있다. 다만, 그것이 당사자가 주장하는 사실에 대한 유일한 증거인 때에는 그러하지 아니하다. 법원은 당사자가 신청한 증거에 의하여 심증을 얻을 수 없거나, 그 밖에 필요하다고 인정한 때에는 직권으로 증거조사를 할 수 있다. 법원에서 당사자가 자백한 사실과 현저한 사실은 증명을 필요로 하지 아니한다. 다만, 진실에 어긋나는 자백은 그것이 착오로 말미암은 것임을 증명한 때에는 취소할 수 있다.

법원사무관 등은 변론기일에 참여하여 기일마다 조서를 작성하여야 한다. 조서에는 변론의 요지를 적되, 특히 화해, 청구의 포기·인낙, 소의 취하와 자백, 증인·감정인의 선서와 진술, 검증의 결과, 재판장이 적도록 명한 사항과 당사자의 청구에 따라 적는 것을 허락한 사항, 서면으로 작성되지 아니한 재판, 재판의 선고에 관한 사항을 분명히 하여야 한다.

7. 화해권고결정

법원은 소송의 정도와 관계없이 화해를 권고하거나, 수명법관 또는 수탁판사로 하여금 권고하게 할 수 있다. 이때 법원·수명법관 또는 수탁판사는 당사자 본인이나 그 법정대리인의 출석을 명할 수 있다. 법원·수명법관 또는 수탁판사는 소송에 계속중인 사건에 대하여 직권으로 당사자의 이익, 그 밖의 모든 사정을 참작하여 청구의 취지에 어긋나지 아니하는 범위 안에서 사건의 공평한 해결을 위한 화해권고결정을 할 수 있다.

당사자는 화해권고결정에 대하여 그 조서 또는 결정서의 정본을 송달받은 날부터 2주 이내에 이의를 신청할 수 있다. 다만, 그 정본이 송달되기 전에도 이의를 신청할 수 있다. 2주의 이의신청기간은 불변기간이다. 2주의 기간 이내에 이의신청이 없는 경우, 이의신청에 대한 각하결정이 확정된 경우, 당사자가 이의신청을 취하하거나 이의신청권을 포기한 경우에는 화해권고결정은 재판상 화해와 같은 효력을 가진다.

8. 당사자에 의한 소송의 종료(소의 취하, 청구의 포기와 인낙, 소송상 화해)

원고는 소가 제기된 후 판결이 확정되기 전까지 자신이 제기한 소의 일부 또는 전부를 철회하여 소의 제기가 없었던 상태로 할 수 있다. 이미 피고가 응소한 경우에는 피고의 동의가 있어야 취하의 효력이 발생한다. 본안에 관한 법원의 인용판결이나 기각 판결이 있고 난 후에 취하를 한 경우에는 같은 사건을 다시 제소할 수 없다.

청구의 포기는 원고가 소송상 청구했던 자기의 청구가 이유 없음을 법원에 진술하는 것을 말한다. 청구의 인낙은 원고의 청구가 이유 있음을 스스로 인정하는 의사표시를 법원에 하는 것을 말한다. 이러한 의사표시를 조서에 기록하면 확정판결과 같다.

소송 진행 도중 당사자가 서로 양보하고 소송을 종료하기로 합의한 후 그 합의 사실을 법원에 알릴 경우 이를 조서에 기록하면 이 조서는 확정판결과 동일하다.

9. 법원에 의한 소송의 종료(판결의 선고)

법원은 증거조사를 하여 이것을 가지고 판결을 내릴 수 있거나 그 이상 증거조사를 하더라도 무의미하다고 여길 때에는 변론을 종결하고 판결을 선고한다. 재판장으로부터 교부받은 판결문을 법원사무관 등은 당사자에게 송달한다. 판결은 상소를 제기할 수 있는 기간 중이거나 또는 그 기간 이내에 적법한 상소제기가 있을 때에는 확정되지 아니한다.

법원은 사건을 완결하는 재판에서 직권으로 그 심급의 소송비용 전부에 대하여 재판하여야 한다. 다만, 사정에 따라 사건의 일부나 중간의 다툼에 관한 재판에서 그 비용에 대한 재판을 할 수 있다. 상급법원이 본안의 재판을 바꾸는 경우 또는 사건을 환송받거나 이송받은 법원이 그 사건을 완결하는 재판을 하는 경우에는 소송의 총비용에 대하여 재판하여야 한다. 소송을 대리한 변호사에게 당사자가 지급하였거나 지급할 보수는 대법원규칙이 정하는 금액의 범위 안에서 소송비용으로 인정한다. 여러 변호사가 소송을 대리하였더라도 한 변호사가 대리한 것으로 본다.

재산권의 청구에 관한 판결은 가집행(假執行)의 선고를 붙이지 아니할 상당한 이유가 없는 한 직권으로 담보를 제공하거나, 제공하지 아니하고 가집행을 할 수 있다는 것을 선고하여야 한다. 다만, 어음금·수표금 청구에 관한 판결에는 담보를 제공하게 하지 아니하고 가집행의 선고를 하여야 한다. 가집행 선고는 판결주문에 적어야 한다.

판결의 선고와 동시에 판결을 한 법원도 이를 철회하거나 그 내용을 변경할 수 없다. 판결은 일반적으로 상소기간인 2주가 지나거나 상소를 취하하거나 상소권을 포기하면 확정된다. 대법원 판결은 더 이상 불복수단이 없기 때문에 선고와 동시에 확정된다.

판결이 확정되면 당사자는 판결의 내용과 상반되는 주장을 하기 위하여 다시 소송을 제기할 수 없고, 법원도 확정판결과 배치되는 내용의 판단을 할 수 없다. 사실심변론종결시까지 존재했으나 제출하지 않았던 공격방어방법(사실과 증거)은 원칙적으로 당사자가 그 존재를 알고 있었는지, 모르고 있었는지 묻지 않고 後訴에서 제출할 수 없다.

10. 상소

(1) 상소불가분의 원칙

상소가 제기되면 원재판의 확정이 차단된다(제498조). 당해 사건은 상급심으로 이심되어 계속된다. 이러한 확정차단과 이심의 효력은 상소인의 불복범위와 상관없이 원판결 전부에 대하여 생긴다. 이를 상소불가분의 원칙이라 한다.

상소인이 불복하지 않은 패소부분에 관해서도 확정은 차단되고 이심되므로, 상소심에서 청구의 확장이 가능하고, 피상소인이 부대상소를 하면 심리의 범위가 확장된다.

원재판의 일부에 대해서만 불복하고 나머지 부분에 대해서는 상소권의 포기 내지 불상소합의를 한 경우에는 불복하지 않은 부분은 가분적으로 확정된다. 통상공동소송의 경우 불복하지 않은 공동소송인에 대한 부분은 이심되지 않고 확정된다. 그러나 필수적 공동소송이나 독립당사자참가 등의 경우에는 상소불가분의 원칙이 적용된다.

(2) 항소

항소란 제1심 종국판결에 대하여 불복하여 상급법원에 다시 판결을 구하는 상소를 말한다(제390조). 항소를 신청하는 소송당사자를 항소인, 그 상대방을 피항소인이라 한다. 항소는 판결서가 송달된 날부터 2주 이내에 하여야 한다. 다만, 판결서 송달 전에도 할 수 있다(제396조 제1항). 항소장은 제1심법원에 제출해야 한다(제397조 제1항).

항소는 항소심의 종국판결이 있기 전에 취하할 수 있다(제393조 제1항). 소취하는 소 자체를 취하하는 것이고, 항소취하는 항소만 취하하는 것을 말한다. 항소취하를 하더라도 제1심판결에는 영향이 없다. 항소의 일부취하는 상소불가분의 원칙에 따라 허용되지 않는다.

● 부대항소: 부대항소란 항소인이 항소심에서 심판의 범위를 확장할 수 있는 것에 대응하여 피항소인이 항소심절차에서 자기에게 유리하도록 항소심의 심판범위를 확장시키는 신청을 말한다. 피항소인의 부대항소가 있으면 항소인의 항소에는 불이익변경금지의 원칙이 당연히 적용되지 않는다. 피항소인은 항소권이 소멸된 뒤에도 변론이 종결될 때까지 부대항소(附帶抗訴)를 할 수 있다(제403조). 부대항소는 항소가 취하되거나 부적법하여 각하된 때에는 그 효력을 잃는다. 다만, 항소기간 이내에 한 부대항소는 독립된 항소로 본다(제404조). 부대항소에는 항소에 관한 규정을 적용한다(제405조).

● 불이익변경 금지의 원칙: 항소심은 당사자가 불복한 범위 내에서 심판하여야 한다(제407조 제1항). 따라서 항소가 배척되더라도 항소인은 제1심보다 불리한 판결을 받지 않는다. 이를 불이익변경금지의 원칙이라 한다. 항소인이 불복하지 않은 부분에서 유리한 판결도 금지된다. 제1심의 각하판결에 대하여 원고가 항소한 경우에 항소심이 1심의 소가 적법하지만, 원고의 청구를 기각을 할 사안이라고 판단하더라도 청구기각판결은 할 수 없고, 항소기각을 해야 한다는 것이 판례의 입장이다(93다3721).

(3) 상고

상고란 종국판결에 대한 법률심에의 상소를 뜻한다. 상고는 고등법원이 선고한 종국판결과 지방법원 합의부가 제2심으로서 선고한 종국판결에 대하여 할 수 있다(제422조 제1항). 그러나 비약상고의 합의가 있는 때에는 제1심 판결에 대해서도 상고할 수 있다(제442조 제2항). 상고심은 스스로 사실인정을 하는 것이 아니라 원심의 사실인정을 기초로 법령의 해석이나 적용면에서 심사를 한다(제432조). 소송요건이나 상소요건 등 직권조사사항에 대하여는 새로운 주장이나 입증이 가능하다. 상고심판결은 선고와 동시에 확정된다. 상고남용의 방지를 위해 상고심절차에 관한 특례법은 상고이유가 있더라도 일정한 심리속행사유가 없으면 본안심리를 속행하지 않고 상고기각판결을 하도록 하고 있다. 심리속행사유는 직권조사사항이다. 상고기록을 송부받은 날부터 4개월 안에 속행사유의 존부여부를 심사해야 한다.

상고는 판결서를 송달받은 날부터 2주 이내에 상고장을 원심법원에 제출함으로써 한다(제425조, 제396조, 제397조). 상고인은 상고심 사무관등으로부터 기록접수의 통지를 받은 날부터 20일 이내에 상고이유서를 제출하여야 한다(제427조). 상고인이 상고이유서를 제출하지 않으면, 상고법원은 변론 없이 상고기각판결을 해야 한다(제429조).

피상고인은 원판결을 자기에게 유리하게 변경하도록 상고인의 상고이유서 제출기간까지 부대상고할 수 있다. 부대상고에는 부대항소의 규정이 준용된다(제425조, 제403조). 그러나 상고심은 법률심이므로 전부승소한 자는 부대상고를 할 수 없다.

상고는 판결에 영향을 미친 헌법·법률·명령 또는 규칙의 위반이 있다는 것을 이유로 드는 때에만 할 수 있다(제423조). 이를 일반적 상고이유라 한다. 일반적 상고이유와 달리 판결의 결과에 영향이 없더라도 상고이유가 되는 경우가 있는데 이를 절대적 상고이유라고 한다.[7]

(4) 항고

항고는 판결 이외의 재판인 결정이나 명령에 대한 불복절차이다. 통상항고는 항고제기기간에 제한이 없는 것으로, 항고의 이익이 있는 한 언제든지 할 수 있다. 즉시항고는 1주일 내에 제기하여야 하며(제444조), 즉시항고를 할 수 있다는 법률의 규정이 있어야 가능하다. 즉시항고에는 집행정지의 효력이 있다(제447조).

제1심의 결정이나 명령에 대하여 항고를 한 결과, 그에 대한 항고법원의 결정,

---

7) 제424조(절대적 상고이유) ① 판결에 다음 각호 가운데 어느 하나의 사유가 있는 때에는 상고에 정당한 이유가 있는 것으로 한다.
  1. 법률에 따라 판결법원을 구성하지 아니한 때
  2. 법률에 따라 판결에 관여할 수 없는 판사가 판결에 관여한 때
  3. 전속관할에 관한 규정에 어긋난 때
  4. 법정대리권·소송대리권 또는 대리인의 소송행위에 대한 특별한 권한의 수여에 흠이 있는 때
  5. 변론을 공개하는 규정에 어긋난 때
  6. 판결의 이유를 밝히지 아니하거나 이유에 모순이 있는 때
  ② 제60조 또는 제97조의 규정에 따라 추인한 때에는 제1항 제4호의 규정을 적용하지 아니한다.

고등법원이나 항소법원의 결정·명령에 대한 항고를 재항고라 한다. 최초의 항고에는 항소에 관한 규정이, 재항고에는 상고에 관한 규정이 준용된다(제443조).

수명법관이나 수탁판사의 재판에 불복하는 당사자는 수소법원에 이의신청을 할 수 있는데, 이 이의신청에 대한 재판에 대한 항고를 준항고라고 한다(제441조).

불복신청을 할 수 없는 결정이나 명령에 대하여 헌법위반 등 일정한 사유가 있을 때에 대법원에 할 수 있는 항고를 특별항고라 한다(제449조 제1항).

11. 간이소송절차

(1) 소액사건심판절차(이행권고결정)

소송목적의 값이 3,000만원을 초과하지 아니하는 금전 기타 대체물이나 유가증권의 일정한 수량의 지급을 목적으로 하는 사건을 소액사건이라 한다(소액사건심판규칙 제1조의2). 소액사건은 지방법원이나 지원의 단독판사가 관할하지만, 시·군법원 관할구역 안의 사건은 시·군법원판사가 관할한다(법원조직법 제7조 제4항, 제33조, 제34조). 소액사건심판법은 소액사건의 제1심에만 적용된다.

청구의 확장으로 3,000만원을 초과하면 관할지방법원으로 이송하여야 한다(소액사건심판규칙 제1조의2, 제34조 제1항). 간이한 절차로 빠르게 처리할 수 없는 사건의 경우 민사소송법 제34조 제2항에 의하여 지방법원 합의부로 이송할 수 있다(74마71).

소액사건심판법은 결정에 의한 이행권고제도를 도입하였다. 법원은 소액사건이 제기되었을 때에 원고가 낸 소장부본을 첨부하여 피고에게 원고의 청구 취지대로 이행할 것을 권고하는 취지의 결정을 하는데, 이를 이행권고결정이라 한다(소액사건심판법 제5조의3 제1항), 이행권고결정등본을 송달받은 피고가 2주 이내에 서면에 의한 이의신청을 하지 않으면 이행권고결정은 확정되고, 확정시 확정판결과 같은 효력을 갖는다. 이 때 법원사무관 등은 결정서 정본을 원고에게 송달하여야 한다. 확정된 이행권고결정은 조건성취나 승계집행문이 문제되는 경우를 제외하고 집행문을 부여받을 필요 없이 강제집행으로 나아갈 수 있다.

(2) 독촉절차(지급명령)

민사소송법은 독촉절차에 대하여 규정하고 있다. 금전, 그 밖에 대체물이나 유가증권의 일정한 수량의 지급을 목적으로 하는 청구에 대하여 법원은 채권자의 신청에 따라 지급명령을 할 수 있다(제462조). 독촉절차는 대한민국에서 공시송달 외의 방법으로 송달할 수 있는 경우에 한한다(제462조 단서). 그러나 은행 등은 대여금 등 채권 지급명령 신청시 공시송달로 진행할 수 있다(소송촉진 등에 관한 법률 제20조의2). 채무자가 지급명령을 송달받은 날부터 2주 이내에 이의신청을 한 때에는 지급명령은 그 범위 안에서 효력을 잃는다(제470조 제1항). 채무자가 이의신청을 하면 통상소송절차로 넘어간다. 이때 지급명령을 신청한 때에 소가 제기된 것으로 본다. 지급명령에 대하여 이의신청이 없거나, 이의신청을 취하하거나, 각하결정이 확정된 때에는 지급명령은 확정판결과 같은 효력이 있다(제474조).

제 3 절 민사소송의 유형

1. 이행의 소

특정인에 대하여 금전지급 의무, 물건인도 의무, 작위 또는 부작위 의무 등의 이행를 구하는 소를 말한다. 금전지급 소송, 등기이전·말소 소송, 명도·인도·퇴거·철거 소송, 공사중지·통행금지·영업금지 소송 등이 현재 실무에서 운용되고 있는 이행소송의 대표적인 모습니다. 이행의 소를 제기하고 그 소송절차에서 법원에 의해 내려지는 이행판결만이 국가의 강제력을 동원하여 강제집행에 이용될 수 있다. 이행기가 도래한 경우뿐만 아니라 특별한 경우 미리 이행할 필요가 있는 경우에도 소를 제기할 수 있다(제251조).

(1) 금전지급을 구하는 소

소장의 청구취지에 "피고는 원고에게 5,000,000원을 지급하라"라고 적는다. 소장의 청구취지는 판결의 주문에 대응하는 것으로 소장의 필수적 기재사항이다. 2인 이상의 피고에 대하여 금전 지급을 청구할 때에는 피고 사이에 중첩관계가 없을 때는 '각', 중첩관계가 있을 때는 '공동하여', '합동하여' 표시하여 피고들 상호관계와 채무의 범위를 확정하여야 한다. 단순히 "피고들은 원고에게 5,000,000원을 지급하라"라고 적을 경우 청구금액을 피고별로 균분하여 지급을 구한 것이 된다.

(2) 물건의 인도를 구하는 소

1) 종류물 인도

소장의 청구취지에 "피고는 원고에게 백미(2016년산 부안산, 상등품) 100가마(가마당 80㎏들이)를 인도하라"라고 쓴다. 종류물의 인도를 구하는 경우 품명, 수량, 품질, 종별 등을 특정하지 않으면 청구취지에 따른 판결을 받고서 강제집행이 불가능한 경우가 발생할 수 있다.

2) 특정물 인도

소장의 청구취지에 "피고는 원고에게 **도 **시 **동 453−25 대 300㎡(또는 별지 목록 기재 자동차 1대)를 인도하라"라고 쓴다. 토지는 지적 공부에 따라 소재지, 지번, 지목, 지적으로 특정하고, 건물은 실제의 상황에 따라 소재지, 지번, 건물의 구조, 층수, 용도, 건축 면적으로 특정하며, 토지나 건물의 일부를 목적으로 할 때는 도면을 첨부하여 축척, 방위, 거리, 구조 등을 표시함으로써 특정한다.

3) 부동산 퇴거, 철거, 인도

소장의 청구취지에 "원고에게, 피고 갑은 별지 제1목록 기재 건물 중 별지 도면 표시 1, 2, 3, 4, 5, 1의 각 점을 차례로 연결한 선내 (가)부분 48㎡에서 퇴거하고, 피고 을은 위 건물을 철거하고, 별지 제2목록 기재 토지를 인도하라"라고 쓴다. 건물을 철거하려면 불법점유자를 퇴거시켜야 한다. 퇴거의 집행은 채무자와 그가 점유하고 있는 물건을 반출함으로써 집행한다. 건물 철거의무에는 퇴거 의무도 포함된 것으로 보므로 철거를 구하면서 그 의무자에게 별도로 퇴거를 구할 이유는 없으나, 건물 철거 의무자와 건물의 점유자가 다른 경우 퇴거에 대한 집행권원이 없으면 철거 집행을 할 수 없다.

(3) 의사의 진술에 갈음하는 판결을 구하는 소

1) 등기에 관한 의사의 진술을 갈음하는 판결을 구하는 소

소장의 청구취지에 "피고는 원고에게 ***도 **시 **동 453−25 대 300㎡에 관하여 2020. 4. 2. 매매를 원인으로 한 소유권이전등기절차를 이행하라"라고 쓴다. 우리 민법과 민사집행법은 피고에게 일정한 의사의 진술을 명하는 판결을 통해 특정물의 소유권 이전에 대한 이행을 강제집행할 수 있도록 고안되어 있고, 부동산등기법은 이 판결을 가지고 단독등기를 할 수 있도록 규정하고 있다. 의사의 진술을 명하는 판결이 확정된 때 의사의 진술이 있는 것으로 본다(민사집행법 제264조). 등

기를 명하는 판결이 확정된 후 등기의무자가 임의로 등기의무를 이행하면 그 판결은 실효되며, 그 후 다시 위 판결에 기하여 마친 등기는 실효된 집행권원에 기한 것으로 무효이다(89다카10552).

광업권, 특허권, 실용신안권, 디자인권, 상표권, 자동차, 건설기계, 항공기 등의 경우 "등기" 대신 "등록"을 소장의 청구취지에 쓴다.

등기권리자가 그의 등기신청권 행사를 지제하고 있는 경우에는 등기의무자는 등기권리자를 피고로 하여 등기를 신청할 것을 명하는 확정판결을 받고 이 판결에 기하여 등기의무자 단독으로 등기를 신청할 수 있다.[8] 이 때 소장의 청구취지는 "피고는 원고로부터 ***도 **시 **동 453-25 대 300㎡에 관하여 2012. 4. 2. 매매를 원인으로 한 소유권이전등기절차를 인수하라"이다.

2) 채권양도에 관한 의사의 진술을 갈음하는 판결을 구하는 소

소장의 청구취지에 "피고는 소외 김덕진(801214-1548545, 주소: **시 **구 **동 265)에게, 별지 목록 기재 채권을 2020. 7. 7. 원고에게 양도하였다는 취지의 통지를 하라"라고 쓴다. 채권양도에 관하여 의사의 진술을 명하는 것은 양수인이 양도인을 상대로 양도의 대항요건인 통지를 채무자에게 하도록 訴求한 경우에 하는 것이 보통이며, 채권양도 통지와 같이 의사 진술의 상대방이 원고가 아닌 제3자인 경우에는 판결의 확정만으로 양도통지의 효력이 생기는 것이 아니라, 판결 확정 후 원고가 스스로 위 판결과 그 확정증명을 제3자인 채무자에게 송부 또는 제시함으로써 비로소 양도통지의 효력이 생긴다.[9]

3) 재산권의 명의변경에 관한 의사의 진술을 갈음하는 판결을 구하는 소

소장의 청구취지에 "피고는 원고에게 별지 목록 기재 부동산에 관하여 2020. 11. 15. 매매를 원인으로 한 **아파트 수분양자대장상의 수분양자명의변경절차를 이행하라"라고 쓴다. 아파트 수분양자명의변경, 건축주명의변경, 토지피공급자명의변경, 주주명부상 명의개서 등의 경우 대법원판례는 명의변경을 구하는 소권을 허용하고 있다. 그러나 행정관청의 허가나 특허 명의에 관하여 해당 법률에서 양도를 허용하는 규정이나 명의변경절차를 규정하지 않은 경우에는 이러한 명의변경에 관한 의사진술을 갈음하는 판결을 구하는 소권은 인정될 수 없다(2001다53622).

---

8) 대법원 2001. 2. 9. 선고 2000다60708 판결.
9) 사법연수원, 「민사실무Ⅱ」, 사법연수원 출판부(2013), 107면.

(4) 장래의 의무이행를 구하는 소

1) 장래에 이행기가 도래하는 금전지급을 구하는 소

소장의 청구취지에 "피고는 원고에게 2020. 4. 23.부터 별지 목록 기재 건물의 인도 완료일까지 월500,000원의 비율에 의한 금원을 지급하라"라고 쓴다.

2) 가압류·가처분의 해제를 조건으로 하는 소유권이전등기절차이행을 구하는 소

소장의 청구취지에 "피고는 별지 목록 기재 건물에 관하여 원고와 소외 김덕수 사이의 **지방법원 2020. 6. 7.자 2016카합123 소유권이전등기청구권 가압류결정에 의한 집행이 해제되면 원고에게 2019. 9. 4. 매매를 원인으로 한 소유권이전등기절차를 이행하라"라고 쓴다.

3) 장래의 부작위의무의 이행을 구하는 소

소장의 청구취지에 "피고는 별지 목록 기재 대지 중 별지 도면 표시 1, 2, 3, 4, 1의 각 점을 차례로 연결한 선내 (가) 부분 80㎡에 대한 원고의 통행을 방해하는 일체의 행위를 하여서는 아니 된다.", "피고는 **시 **동 274 토지 위에 건축 중인 오피스텔의 축조공사를 중지하고 이를 속행하여서는 아니 된다"라고 쓴다.

(5) 피고의 선이행이나 동시이행을 구하는 소

1) 선이행판결을 구하는 경우

소장의 청구취지에 "피고는 원고로부터 500,000,000원을 지급받은 다음 원고에게 별지 목록 기개 부동산에 관하여 **지방법원 2020. 10. 25. 접수 제145874호로 마친 근저당권설정등기의 말소등기절차를 이행하라"라고 쓴다.

2) 동시이행판결을 구하는 경우

소장의 청구취지에 "피고는 원고로부터 200,000,000원을 지급받음과 동시에 원고에게 별지 목록 기재 건물을 인도하라"라고 쓴다.

(6) 토지거래허가신청 협력의무의 이행을 구하는 소

소장의 청구취지에 "피고는 원고에게, 원고와 피고 사이에 2020. 5. 7. 체결한 별지 목록 기재 토지의 매매계약에 관하여 토지거래허가 신청절차를 이행하라"라고 쓴다.

2. 확인의 소

자기의 권리 또는 법률상의 지위에 현존하는 위험이 있고, 이 위험을 제거하는 데 확인판결을 받는 것이 가장 유효적절한 수단인 경우에 한하여 채무부존재 확인, 소유권존재 확인, 사실혼관계 존재 확인 등과 같이 어떤 권리나 법률관계의 존부에 대한 확인의 소를 제기할 수 있다. 권리 또는 법률관계가 아닌 사실관계는 확인의 소 대상이 될 수 없다. 다만 증서의 진정성립 여부는 사실관계이지만 예외적으로 증서진부확인의 소를 제기할 수 있다(제250조). 확인청구는 원고가 피고와의 사이에 다툼이 있는 권리 또는 법률관계에 관하여 법원에 대하여 그 존재 또는 부존재의 확정 선언을 구하는 것이므로 청구취지를 선언적인 형태인 '확인한다'라고 기재한다. 확인의 소송 결과 법원에 의해 내려지는 확인판결은 원고가 주장한 법률관계의 존재에 관하여 기판력이 생기지만, 그를 이용하여 강제집행에 나아갈 수 없다. 확인의 소는 확인의 이익이 있을 경우에만 제기할 수 있다. 건축물대장이 생성되지 않은 건물에 대하여 소유권보존등기를 마칠 목적으로 제기한 소유권확인청구의 소는 당사자의 법률상 지위의 불안 제거에 별다른 실효성이 없는 것으로 확인의 이익이 없다. 그러나 보존등기 신청인으로서는 등기부, 토지(임야)대장상 소유자로 등기 또는 등록되어 있는 자가 있는 경우에는 그 명의자를 상대로 한 소송에서 당해 부동산이 보존등기신청인의 소유임을 확인하는 내용의 확정판결을 받으면 소유권보존등기를 신청할 수 있고, 국가를 상대로 한 토지소유권확인청구는 어느 토지가 미등기이고, 토지대장이나 임야대장 상에 등록명의자가 없거나 등록명의자가 누구인지 알 수 없을 때와 그 밖에 국가가 등록명의자인 제3자의 소유를 부인하면서 계속 국가 소유를 주장하는 등 특별한 사정이 있는 경우에 한하여 그 확인의 이익이 인정된다(93다5774).

(1) 일반적인 확인의 소

소장의 청구취지에 "원고 김덕수와 피고 대한민국 사이에서 **도 **시 **동 255 전 50㎡가 원고 김덕수의 소유임을 확인한다", "원고의 피고에 대한 2020. 6. 6. 금전소비대차 계약에 기한 금30,000,000원 및 이에 대한 이자 채무는 존재하지 아니함을 확인한다", "피고의 2020. 4. 23. 임시주주총회에서 ***를 이사에서 해임하고 ***을 이사로 선임한 결의는 무효임을 확인한다", "원고를 매도인, 피고를 매수인으로 하여 2016. 3. 9. 작성된 별지 내용의 매매계약서는 진정하게 성립된 것이 아님을 확인한다", "소외 ***가 2019. 8. 5. **지방법원 2019금제12547호로 공탁한 100,000,000원에 대한 공탁금출급청구권이 원고에게 있음을 확인한다"라고 쓴다.

(2) 집행문 부여의 소

집행문 부여의 소는 확인의 소에 해당한다. 채권자가 집행문을 부여받기 위하여 증명서로 조건의 이행, 승계 또는 집행력이 미치는 사유(민사집행법 제30조 제2항, 제31조 제1항, 제25조 제1항)를 증명하여야 할 필요가 있는 경우에, 이를 증명서로써 증명할 수 없는 때에는 채권자는 채무자를 상대로 소를 제기하여 그 판결에 따라 집행문을 받을 수 있다(민사집행법 제33조). 이 소는 집행문을 내어 줄 것을 신청하여 거절된 때에도 제기할 수 있고, 아예 집행문을 신청하지 않고 직접 이 소를 제기할 수도 있다. 다만, 수통 부여, 재도 부여 신청을 하여 거절된 경우에는 이 소를 제기할 여지가 없고, 거절처분에 대한 이의신청으로 다투어야 한다.[10] 집행당사자의 동일성이 명확하지 아니하거나 승계사실이 분명하지 아니한 경우에는 집행문부여의 소를 제기하지 않고 승계인을 상대로 별소를 제기할 수 있다.[11] 집행문부여의 소의 원고는 채권자이고, 피고는 채무자이다. 집행문 부여기관은 피고가 아니다. 집행문 부여의 소는 일반 판결절차와 마찬가지로 변론을 거쳐 심리하며 모든 증거방법을 제출할 수 있다. 집행문 부여의 소 판결이 확정되면 채권자는 그 정본을 붙여 집행문을 내어 줄 것을 신청할 수 있다. 이 경우 재판장 명령을 기다릴 필요가 없다. 판결에 대하여 집행문을 부여하기 위해서는 그 판결의 집행력이 유효하게 발생하고 존재할 것을 요건으로 한다. 따라서 집행력이 발생하지 않는 당연무효의 판결에 대하여는 집행문을 부여할 수 없고, 이러한 법리는 민사집행법 제33조에 의하여 집행문부여의 소를 제기한 경우에도 마찬가지로 적용된다.

3. 형성의 소

법률에서 특정한 권리 또는 법률관계의 변동을 구하는 내용의 소를 제기할 수 있다고 규정한 경우(예컨대 친자관계의 발생을 내용으로 하는 인지청구, 혼인관계의 소멸을 내용으로 하는 이혼청구 등) 형성의 소를 제기할 수 있다. 형성의 소는 법률에 소권

---

10) 사법연수원, 「민사집행법」, 사법연수원 출판부(2012), 74면.
11) 대법원 1994. 5. 10. 선고 93다53955 판결.

을 규정한 경우에만 제기할 수 있으므로 부동산을 분배하기로 한 당사자 간 화해계약이 체결되었다 하더라도 법원에 경매를 하여 대금을 분할해줄 것을 요구하는 소를 제기할 수 없는 것이다. 근거규정 없이 제기된 형성의 소는 부적법하여 각하하여야 한다(92다35462). 형성의 소에는 경계확정의소, 공유물분할의 소, 사해행위취소의 소, 재판상 이혼의 소,12) 주주총회결의취소의 소,13) 청구이의의 소, 제3자이의의 소, 배당이의의 소 등이 있다.

(1) 토지경계확정의 소

토지경계 확정의 소는 인접한 토지의 경계가 사실상 불분명하여 다툼이 있는 경우에 재판에 의하여 그 경계를 확정하여 줄 것을 구하는 소송이다. 경계확정의 소는 1필지의 토지와 1필지의 토지와의 경계, 즉 지번과 지번 간의 공적인 경계에 관하여 분쟁이 발생한 경우 그 공적인 경계를 비송적으로 확정하고자 하는 형식적 형성소송으로 경계확정의 소의 대상이 되는 경계라고 하는 것은 지번과 지번 간의 공적 경계만을 의미한다. 공적으로 설정 인증된 경계선이라 함은 지적공부에 등록되어 특정되는 단위 토지의 공부상 구획선으로, 도해지적에 있어서는 지적공부에 그려진 일 필지의 구획선을 말하고, 수치지적에 있어서는 수치지적부에 등록된 좌표의 연결을 의미한다. 경계확정의 소의 목적 및 법적 성격상 사적자치가 허용되는 소유권의 범위를 확정하기 위하여 그 소를 제기하는 것은 허용되지 않는다. 토지경계확정의 소는 건물의 경계를 정하는 것은 건물 소유권의 범위를 확정하는 소유권확인소송에 의하여야 할 뿐 경계확정의 소의 대상이 되지 못한다(96다36517).

소장의 청구취지에 "별지 목록 기재 부동산 중 원고 소유의 별지 도면 표시 1, 2, 3, 4, 5, 6, 7, 1의 각 점을 순차로 연결한 선내 '가', '나' 부분 89.5㎡와 피고 소유의 별지 도면 표시 3, 30, 26, 15, 4, 3의 각 점을 순차로 연결한 선내 '다' 부분 52.8㎡와의 경계는 별지 도면 표시 3, 4의 각 점을 직선으로 연결한 선으로 확정한다"라고 쓴다.

---

12) 소장의 청구취지에 "원고와 피고는 이혼한다"라고 쓴다.
13) 소장의 청구취지에 "피고의 2016. 5. 6. 임시주주총회에서 김덕수를 이사로 선임한 결의를 취소한다"라고 쓴다.

(2) 공유물분할의 소

공유물분할의 소는 필수적 공동소송으로 원고를 제외한 공유자 전원을 피고로 하여야만 한다. 구분소유적 공유자, 공동명의수탁자 사이에서는 공유물분할의 소가 허용되지 않는다. 공유물인 토지를 현물분할함에 있어서는 위치, 토지면적, 토질, 이용상황, 환경 등을 종합 고려하여 합리적으로 나눔으로써 분할된 각 부분의 지분 비율상의 교환가치가 같도록 분할하여야 한다(99다6746).

현물분할의 경우 소장의 청구취지에 "별지 목록 기재 대지 중 별지 도면 표시 1, 2, 5, 6, 1의 각 점을 차례로 연결한 선내 (가) 부분 80㎡를 원고의 소유로, 같은 도면 표시 2, 3, 4, 5, 2의 각 점을 순차 연결한 선내 (나)부분을 피고의 소유로 분할한다"라고 쓴다.

경매에 의한 분할의 경우 소장의 청구취지에 "별지 목록 기재 부동산을 경매에 부쳐 그 대금에서 경매비용을 공제한 나머지 금액을 원고에게 5분의2, 피고에게 5분의3의 각 비율로 배당한다"라고 쓴다.

(3) 사해행위취소의 소

채권자취소권은 채권자를 해함을 알면서 행한 채무자의 법률행위를 취소하고, 채무자의 재산을 회복하는 권리로 민법 제406조가 규정하고 있다. 채무자회생 및 파산에 관한 법률이 규정하고 있는 부인권과 본질이 같다. 채권자취소권은 반드시 재판상 행사하여야 하는데, 이를 사해행위취소소송이라 한다. 사해행위취소소송은 원고는 채권자이며, 피고는 수익자 또는 전득자이다. 판결의 기판력은 소송당사자 사이에서만 생기므로 채권자와 피고인 수익자 또는 전득자 사이에서만 생긴다.

소장의 청구취지에 "1. 피고와 소외 *** 사이의 별지 목록 기재 부동산에 관하여 2015. 2. 5. 체결된 매매계약을 취소한다. 2. 피고는 소외 ***에게 위 부동산에 관하여 **지방법원 2015. 2. 10. 접수 제12458호로 마친 소유권이전등기의 말소등기 절차를 이행하라"라고 쓴다. 그러나 저당권이 설정되어 있는 부동산에 관하여 사해행위가 이루어진 경우에 그 사해행위는 저당권이 피담보채무액을 공제한 잔액의 범위 내에서만 성립하는 것이고, 따라서 그 잔액 범위에서만 계약을 취소하고, 가액반환을 구할 수 있다. 이때 소장의 청구취지에 "1. 피고와 소외 *** 사이에 별지 목록 기재 부동산에 관하여 2020. 3. 6. 체결된 매매계약을 30,000,000원의 한도 내에서 취소한다. 2. 피고는 원고에게 30,000,000원 및 이에 대한 이 판결 확정일 다음 날부터 다 갚는 날까지 연 5%의 비율에 의한 금원을 지급하라"라고 쓴다.

사해행위취소소송은 채권자가 취소원인을 안 날로부터 1년, 법률행위 있은 날로부터 5년 내에 제기하여야 한다(민법 제406조 제2항). 여러 명의 채권자가 동시 또는 시기를 달리하여 사해행위취소소송을 제기하는 경우 이들 소는 중복제소에 해당하지 않는다. 사해행위취소소송은 가액반환을 포함하더라도, 전체가 이행소송이 아니라 형성소송이므로 사해행위취소 부분과 가액반환 모두에 대해 가집행선고가 허용되지 않는다.

(4) 청구이의의 소

청구이의의 소는 집행권원의 성립절차와 집행절차를 분리하고 있는 제도에서 실체적 권리상태를 제대로 반영하지 않는 집행권원의 집행력을 배제하여 집행을 막는 구제방법이다.[14] 채무자가 판결에 따라 확정된 청구에 관하여 이의하려면 제1심 판결법원에 청구에 관한 이의의 소를 제기하여야 한다(민사집행법 제44조 제1항). 청구이의의 소는 그 이유가 변론이 종결된 뒤(변론 없이 한 판결의 경우에는 판결이 선고된 뒤)에 생긴 것이어야 한다(민사집행법 제44조 제2항). 이 소는 강제집행을 계속하여 진행하는 데에는 영향을 미치지 아니한다(민사집행법 제46조 제1항). 이의를 주장한 사유가 법률상 정당한 이유가 있다고 인정되고, 사실에 대한 소명이 있을 때에는 수소법원은 당사자의 신청에 따라 판결이 있을 때까지 담보를 제공하게 하거나 담보를 제공하게 하지 아니하고 강제집행을 정지하도록 명할 수 있으며, 담보를 제공하게 하고 그 집행을 계속하도록 명하거나 실시한 집행처분을 취소하도록 명할 수 있다(민사집행법 제46조 제2항). 이의이유가 여러 가지인 때에는 동시에 주장하여야 한다.

판결이 집행권원인 경우 소장의 청구취지에 "피고의 원고에 대한 서울지방법원 2020. 8. 4. 선고 2015가단2458 판결에 기한 강제집행을 불허한다"라고 쓴다. 집행증서가 집행권원인 경우 소장의 청구취지에 "피고의 원고에 대한 **지방검찰청 소속 공증인 갑이 2020. 4. 6. 작성한 2015년 증서 제2345호 금전소비대차계약 공정증서에 기초한 강제집행을 불허한다"라고 쓴다.

청구 이의의 이유에는 변제, 대물변제, 경개, 소멸시효 완성, 면제, 포기, 상계, 공탁, 화해, 채무자의 책임 없는 사유로 발생한 이행불능, 청구권의 양도, 청구권에

---

14) 사법연수원, 「민사집행법」, 사법연수원 출판부(2011), 91면.

대한 전부명령의 확정, 면책적 채무인수, 부집행의 합의, 한정승인, 권리남용 등이 대표적이다. 확정판결과 달리 기판력이 없는 집행증서, 확정된 지급명령, 확정된 이행권고결정의 경우에는 사회질서 위반, 대리권의 흠, 불공정 법률행위 등 사유도 이의이유가 된다. 채무자의 의사의 진술을 구하는 소송은 판결이 확정되면, 채무자가 의사를 진술한 것과 동일한 효력이 발생하는 것이므로 강제집행은 이로써 완료되는 것이고 집행기관에 의한 별도의 집행절차가 필요한 것이 아니므로, 집행절차가 계속됨을 전제로 하여 그 채무명의가 가지는 집행력의 배제를 구하는 청구이의의 소는 허용될 수 없다. 항소심 계속 중에 가집행 선고 있는 판결에 의하여 지급한 것은 변론종결 후 변제에 해당하므로, 청구이의의 이유가 된다.

(5) 제3자이의의 소

제3자가 강제집행의 목적물에 대하여 소유권이 있다고 주장하거나 목적물의 양도나 인도를 막을 수 있는 권리가 있다고 주장하는 때에는 채권자를 상대로 그 강제집행에 대한 이의의 소를 제기할 수 있다. 다만, 채무자가 그 이의를 다투는 때에는 채무자를 공동피고로 할 수 있다(제48조 제1항). 제3자이의의 소는 집행법원이 관할한다. 다만, 소송물이 단독판사의 관할에 속하지 아니할 때에는 집행법원이 있는 곳을 관할하는 지방법원의 합의부가 이를 관할한다(제48조 제2항).

판결에 의한 경매의 경우 소장의 청구취지에 "피고가 소외 ***에 대한 **주지방법원 2020. 11. 12. 선고 2014가합1547 판결의 집행력 있는 정본에 기초하여 2021. 1. 21. 별지 목록 기재 물건에 대하여 한 강제집행을 불허한다"라고 쓴다. 담보권실행을 위한 경매의 경우 소장의 청구취지에 "피고가 별지 제1목록 기재 부동산에 관한 **지방법원 **등기소 2020. 1. 5. 접수 제1245호로 마친 근저당권설정등기에 기하여 2022. 5. 4. 별지 제2목록 기재 부동산에 대하여 한 담보권실행을 위한 경매를 불허한다"라고 쓴다.

(6) 배당이의의 소

집행력 있는 집행권원의 정본을 가지지 아니한 채권자(가압류채권자를 제외한다)에 대하여 이의한 채무자와 다른 채권자에 대하여 이의한 채권자는 배당이의의 소를 제기하여야 한다(민사집행법 제154조 제1항). 집행력 있는 집행권원의 정본을 가진 채권자에 대하여 이의한 채무자는 청구이의의 소를 제기하여야 한다(민사집행법 제

154조 제2항). 배당이의의 소에서 원고적격이 있는 사람은 적법하게 배당이의를 한 채무자 또는 채권자이다. 채무자는 배당기일에 출석하지 않아도 서면으로 이의가 허용되므로, 서면으로 이의한 이상 원고적격이 인정된다. 그러나 채권자는 반드시 배당기일에 출석하여 배당이의를 하여야만 원고적격이 인정된다. 이의한 채권자나 채무자가 배당기일부터 1주 이내에 집행법원에 대하여 위 배당이의의 소를 제기한 사실을 증명하는 서류를 제출하지 아니한 때 또는 위 청구이의의 소를 제기한 사실을 증명하는 서류와 그 소에 관한 집행정지재판의 정본을 제출하지 아니한 때에는 이의가 취하된 것으로 본다(민사집행법 제154조 제3항).

배당이의의 소는 배당을 실시한 집행법원이 속한 지방법원의 관할로 한다. 다만, 소송물이 단독판사의 관할에 속하지 아니할 경우에는 지방법원의 합의부가 이를 관할한다(민사집행법 제156조 제1항). 여러 개의 배당이의의 소가 제기된 경우에 한 개의 소를 합의부가 관할하는 때에는 그 밖의 소도 함께 관할한다(민사집행법 제156조 제2항). 배당이의의 소에 대한 판결에서는 배당액에 대한 다툼이 있는 부분에 관하여 배당을 받을 채권자와 그 액수를 정하여야 한다. 이를 정하는 것이 적당하지 아니하다고 인정한 때에는 판결에서 배당표를 다시 만들고 다른 배당절차를 밟도록 명하여야 한다(민사집행법 제157조). 배당이의한 사람이 배당이의의 소의 첫 변론기일에 출석하지 아니한 때에는 소를 취하한 것으로 본다(민사집행법 제158조). 배당이의의 소에서 첫 변론준비기일에 출석한 원고라 하더라도 첫 변론기일에 불출석하면 제158조에 따라서 소를 취하한 것으로 본다.[15]

소장의 청구취지에 "＊＊지방법원 2020타경1547호 부동산강제경매 사건에 관하여 위 법원이 2020. 2. 4. 작성한 배당표 중 피고에 대한 배당액 20,000,000원을 10,000,000원으로, 원고에 대한 배당액 5,000,000원을 10,000,000원으로 경정한다"라고 쓴다.

(7) 재심의 소

재심은 확정된 종국판결에 민사소송법이 정한 사유에 해당하는 중대한 흠이 있는 경우에 그 판결의 취소와 사건의 재심판을 구하는 소이다. 그 성질은 형성의 소이다. 재심은 재심을 제기할 판결을 한 법원의 전속관할로 한다(제453조 제1항). 심급을 달리하는 법원이 같은 사건에 대하여 내린 판결에 대한 재심의 소는 상급법원

---

15) 대법원 2007. 10. 25. 선고 2007다34876 판결.

이 관할한다. 다만, 항소심판결과 상고심판결에 각각 독립된 재심사유가 있는 때에는 그러하지 아니하다(제453조 제2항). 대법원의 환송판결은 종국판결이지만, 재심의 대상이 되지 않는다. 종국판결에 대한 재심의 소는 민사소송법 제451조 소정의 사유가 있은 때에 한하여 허용되는 것이고, 재심원고가 주장하는 사유가 이에 해당하지 않으면 재심의 소를 각하하여야 한다.

원고승소판결에 대한 재심을 구하는 경우 소장의 청구취지에 "1. 귀원이 2020가합1258 소유권이전등기청구사건에 관하여 2020. 5. 21. 선고한 판결은 이를 취소한다. 2. 원고(재심피고)의 청구를 기각한다"라고 쓴다. 원고패소판결에 대한 재심을 구하는 경우 소장의 청구취지에 "1. 재심대상판결을 취소한다. 2. 1심 판결 중 원고(재심원고) 패소 부분을 취소한다. 3. 원고(재심원고)에게, 피고(재심피고)는 별지 목록 기재 건물을 명도하라"라고 쓴다. 준재심의 경우 소장의 청구취지에 "1. 서울지방법원 2020가단1548 건물명도사건에 관하여 2015. 3. 20. 작성된 화해조서를 취소한다. 2. 원고(준재심 피고)의 청구를 기각한다"라고 쓴다.

4. 채권자대위소송

채권자대위권은 채권자가 자기의 채권을 보전하기 위하여 채무자에게 속하는 권리를 채무자를 대위하여 행사할 수 있는 권리로 민법 제404조가 규정하고 있다. 프랑스민법에서 간접소권이라고 하는 것을 우리 민법이 도입한 것이다. 등기청구권의 대위행사, 물권적 청구권의 대위행사, 보전처분의 대위행사 등 민사법 전 분야 걸쳐 활발하게 활용되고 있다. 채권자대위소송은 채권자가 채무자의 소를 수행하는 것이 본질이다. 즉 간접소권에 의한 소송인 것이다. 채권자 대위권은 채권자취소권과 달리 반드시 재판상 행사할 필요는 없지만, 대부분 소송의 형태로 행사된다. 채권자대위소송은 채권자가 소송담당자이며, 채무자가 채권자대위소송이 있음을 알게 된 때에는 대위소송 판결의 기판력은 채무자에게 미친다. 채권자대위소송은 채무자에게 이행할 것으로 청구하는 것이나, 금전의 지급이나 물건의 인도를 청구할 경우 원고인 채권자에게 직접 이행할 것을 구할 수 있다(93다59502). 피보전채권이 인정되지 않으면 당사자적격이 없게 되어 대위소송은 각하된다. 대위소송에서 제3채무자는 채무자가 채권자에 대하여 가지는 소멸시효완성의 항변으로 채권자에게 대항할 수 없다(96다47142).

대위에 의한 부동산등기를 청구하는 경우 소장의 청구취지에 "별지 목록 기재 부동산에 관하여, 가. 피고 갑에게, 피고 을은 전주지방법원 2013. 3. 4. 접수 제4567호로 마친 소유권이전등기의, 피고 을·병은 같은 법원 2010. 1. 5. 접수 제3456호로 마친 소유권이전등기의, 피고 정은 같은 법원 2008. 3. 26. 접수 제2347호로 마친 소유권이전등기의 각 말소등기절차를 이행하고, 나. 피고 갑은 원고에게 2013. 1. 18. 매매를 원인으로 한 소유권이전등기절차를 이행하라"라고 쓴다. 무효인 등기가 행해진 경우 진정명의회복을 위하여 말소등기를 명하는 대신 무효등기의 명의인으로부터 진정한 권리자 앞으로 직접 이전등기를 명하는 것이 가능하다는 것이 판례이다. 이 경우 소장의 청구취지에 "피고는 원고에게 별지 목록 기재 부동산에 관하여 진정명의회복을 원인으로 한 소유권이전등기절차를 이행하라"라고 쓴다.

제4절 소송요건

1. 소송요건의 개념

소가 법원에서 적법한 것으로 취급되어 본안판결을 받기 위한 사항을 소송요건이라 한다. 이는 국가의 재판권행사를 효율적으로 운영하기 위해서 소송요건사항을 먼저 심리한 다음 이 사항에 흠이 없을 때에만 본안심리를 하기 위한 것이다. 소송요건은 당사자를 위한 것이 아니라 법원을 위한 것으로 소송요건에 흠이 생기면 본안에 관한 심리를 거절하여 법원의 노고를 덜 수 있도록 한 것이다.[16] 피고가 원고의 소송에 소송요건상 흠이 있다고 다투는 것을 본안전 항변이라고 한다. 소송요건에 흠이 있는 경우 법원은 보정을 명할 수 있다. 법원의 보정명령에 당사자가 응하지 않으면 법원은 소를 각하할 수 있다. 이를 소송판결이라 한다. 다만 임의관할 위반의 경우에는 소송판결을 하지 않고 관할권이 있는 법원으로 이송하여야 하고, 병합된 소송에서 병합 요건을 갖추지 못한 경우 독립된 소로 취급하여야 한다. 소송요건에 흠이 있는데 이를 간과하고 본안판결이 내려진 경우 이는 상소에 의하여 취소할 수 있다. 소송요건을 갖추고 있는데도 잘못 판단하여 각하판결을 한 경우 상소를 제기할 수 있고, 상소가 이유 있으면 원심판결을 취소하고 사건을 원심에 환송하여야 한다.

---

16) 강현중, 「민사소송법강의」, 박영사(2013), 24면.

2. 법원에 관한 소송요건

(1) 우리나라 법원의 재판권이 인정될 것

국제사법 제2조는 국제재판관할에 관하여 제1항 "법원은 당사자 또는 분쟁이 된 사안이 대한민국과 실질적 관련이 있는 경우에 국제재판관할권을 가진다. 이 경우 법원은 실질적 관련의 유무를 판단함에 있어 국제재판관할 배분의 이념에 부합하는 합리적인 원칙에 따라야 한다", 제2항 "법원은 국내법의 관할 규정을 참작하여 국제재판관할권의 유무를 판단하되, 제1항의 규정의 취지에 비추어 국제재판관할의 특수성을 충분히 고려하여야 한다"고 규정한다.

(2) 법원이 관할권을 가질 것

대법원을 비롯하여 고등법원, 지방법원, 가정법원, 지원, 시·군법원 등 여러 종류의 법원들이 모두 민사재판권을 가지고 있기 때문에 구체적 사건에서 어느 법원이 소송을 맡아 재판권을 행사할지를 정하여야 하는데, 이를 관할이라고 한다. 소송과 관련한 인적·물적 관련 지점을 기준으로 같은 종류의 법원 사이에 어느 법원이 재판권을 가지는가를 정하는데, 이를 토지관할이라고 한다.

민사소송법은 토지관할을 재판적이라고 표현한다. 소(訴)는 피고의 보통재판적이 있는 곳의 법원이 관할한다. 사람의 보통재판적은 그의 주소에 따라 정한다. 다만, 대한민국에 주소가 없거나 주소를 알 수 없는 경우에는 거소에 따라 정하고, 거소가 일정하지 아니하거나 거소도 알 수 없으면 마지막 주소에 따라 정한다. 법인, 그 밖의 사단 또는 재단의 보통재판적은 이들의 주된 사무소 또는 영업소가 있는 곳에 따라 정하고, 사무소와 영업소가 없는 경우에는 주된 업무담당자의 주소에 따라 정한다. 국가의 보통재판적은 그 소송에서 국가를 대표하는 관청 또는 대법원이 있는 곳으로 한다.[17] 사무소 또는 영업소에 계속하여 근무하는 사람에 대하여 소를 제기하는 경우에는 그 사무소 또는 영업소가 있는 곳을 관할하는 법원에 제기할 수 있다. 사무소 또는 영업소가 있는 사람에 대하여 그 사무소 또는 영업소의 업무와 관련이 있는 소를 제기하는 경우에는 그 사무소 또는 영업소가 있는 곳의 법원에

---

17) 민사소송에서 국가를 대표하는 관청은 법무부장관이다. 법무부가 있는 수원지방법원이 국가의 보통재판적이나 대법원이 있는 곳의 지방법원 본원에서도 소를 제기할 수 있으므로 서울에 있는 지방법원도 국가에 대한 관할권을 가진다.

제기할 수 있다. 회사, 그 밖의 사단이 사원에 대하여 소를 제기하거나 사원이 다른 사원에 대하여 소를 제기하는 경우에는 그 소가 사원의 자격으로 말미암은 것이면 회사, 그 밖의 사단의 보통재판적이 있는 곳의 법원에 소를 제기할 수 있다. 재산권에 관한 소를 제기하는 경우에는 거소지 또는 의무이행지의 법원에 제기할 수 있다.[18]

3. 당사자에 관한 소송요건

(1) 당사자가 확정될 것

당사자는 소장에 기재된 표시 및 청구의 내용과 원인 사실을 종합하여 확정하여야 하는 것이며, 당사자표시 변경은 당사자로 표시된 자의 동일성이 인정되는 범위 내에서 그 표시만을 변경하는 경우에 한하여 허용되는 것이다(85누953). 소송당사자가 누구인가는 소장에 기재된 표시 및 청구의 내용과 원인사실 등 소장의 전 취지를 합리적으로 해석하여 확정하여야 하고, 비록 소장의 당사자 표시가 착오로 잘못 기재되었음에도 소송 계속 중 당사자표시정정이 이루어지지 않아 잘못 기재된 당사자를 표시한 본안판결이 선고·확정된 경우라 하더라도 그 확정판결을 당연 무효라고 볼 수 없을뿐더러, 그 확정판결의 효력은 잘못 기재된 당사자와 동일성이 인정되는 범위 내에서 위와 같이 적법하게 확정된 당사자에 대하여 미친다고 보아야 한다. 원고가 사망 사실을 모르고 사망자를 피고로 표시하여 소를 제기한 경우에, 청구의 내용과 원인사실, 당해 소송을 통하여 분쟁을 실질적으로 해결하려는 원고의 소제기 목적 내지는 사망 사실을 안 이후의 원고의 피고 표시 정정신청 등 여러 사정을 종합하여 볼 때 사망자의 상속인이 처음부터 실질적인 피고이고 다만 그 표시를 잘못한 것으로 인정된다면, 사망자의 상속인으로 피고의 표시를 정정할 수 있다(2005마425). 회사가 외형상으로는 법인의 형식을 갖추고 있으나 법인의 형태를 빌리고 있는 것에 지나지 아니하고 실질적으로는 완전히 그 법인격의 배후에 있는 사람의 개인기업에 불과하거나, 그것이 배후자에 대한 법률적용을 회피하기 위한 수단으로 함부로 이용되는 경우에는, 비록 외견상으로는 회사의 행위라 할지

---

18) 계약상 의무, 불법행위·부당이득·사무관리 등 의무의 각 이행을 청구하는 소송은 모두 그 의무이행지에서 소를 제기할 수 있다. 물권적 청구권 역시 그 의무이행지에서 소송을 제기할 수 있다. 특정물 인도청구 이외의 채무는 특약이 없는 한 지참채무(민법 제467조 제2항 상법 제56조)가 원칙이기 때문에, 원고가 되는 채권자의 주소지나 영업소가 있는 곳이 관할법원이 될 수 있다.

라도 회사와 그 배후자가 별개의 인격체임을 내세워 회사에게만 그로 인한 법적 효과가 귀속됨을 주장하면서 배후자의 책임을 부정하는 것은 신의성실의 원칙에 위배되는 법인격의 남용으로서 심히 정의와 형평에 반하여 허용될 수 없고, 따라서 회사는 물론 그 배후자인 타인에 대하여도 회사의 행위에 관한 책임을 물을 수 있다고 보아야 한다(2007다90982). 갑 회사와 을 회사가 기업의 형태·내용이 실질적으로 동일하고, 갑 회사는 을 회사의 채무를 면탈할 목적으로 설립된 것으로서 갑 회사가 을 회사의 채권자에 대하여 을 회사와는 별개의 법인격을 가지는 회사라는 주장을 하는 것이 신의성실의 원칙에 반하거나 법인격을 남용하는 것으로 인정되는 경우에도, 권리관계의 공권적인 확정 및 그 신속·확실한 실현을 도모하기 위하여 절차의 명확·안정을 중시하는 소송절차 및 강제집행절차에 있어서는 그 절차의 성격상 을 회사에 대한 판결의 기판력 및 집행력의 범위를 갑 회사에까지 확장하는 것은 허용되지 아니한다(93다44531).

(2) 당사자능력, 당사자적격, 소송능력을 구비할 것

당사자능력은 원고·피고·참가인이 소송의 주체가 될 수 있는 능력을 뜻한다. 권리의무의 주체는 당사자능력이 있다. 사람은 살아있는 동안 권리와 의무의 주체가 되고, 당연히 소송법상 당사자능력이 있다. 법인은 법에 의하여 권리능력이 인정되기 때문에 당사자능력이 있다. 국가나 지방자치단체는 권리능력이 있다. 법인이 아닌 사단이나 재단은 대표자 또는 관리인이 있는 경우에는 그 사단이나 재단의 이름으로 당사자가 될 수 있다(2010다97044). 민법상 조합은 당사자능력이 없다. 따라서 조합의 이름으로 원고나 피고가 될 수 없다. 조합채무는 조합원 각자의 채무이므로 조합채권자는 직접 조합원을 상대로 소를 제기하여 조합원 개인재산에 관하여 집행할 수 있다. 이 때 민법 제711조·제712조가 적용되어 각 조합원의 지분에 비례하거나 균분하여 책임을 물을 수 있을 따름이다. 그러나 조합채무가 조합원 전원을 위하여 상행위가 되는 경우에는 상법 제57조 제1항이 적용되어 조합원들은 조합채권자에 대하여 연대책임을 지게 된다(92다30405).

당사자적격은 당사자가 소송목적이 되는 권리 또는 법률관계에 관하여 소송을 수행하고 본안판결을 받을 수 있는 자격을 뜻하는 것으로, 이러한 자격을 가지는 원고에 한정하여 원고적격이 인정된다. 이행의 소에서는 이행청구권이 있다고 주장하는 원고가 피고를 특정하여 소를 제기하는 대부분의 경우 원고적격이 인정된다.19) 확인의 소에서는 확인의 이익을 가지는 자만이 원고가 될 수 있다. 형성의 소의 경우 법률에 원고와 피고가 획일적으로 정해져 있다. 고유필수적 공동소송의 경우에는 공동소송인이 되어야 할 사람 모두가 당사자가 되어야만 소의 제기가 가능하다. 그 가운데 한 사람이라도 빠지면 당사자적격에 흠이 생긴다.

　소송능력이란 당사자가 소송을 수행하는 데 필요한 능력을 뜻한다. 민법상 행위능력자는 모두 소송능력자이다. 미성년자와 제한능력자(한정치산자·금치산자)는 법정대리인에 의하여서만 소송행위를 할 수 있다. 다만, 미성년자 또는 제한능력자(한정치산자)가 독립하여 법률행위를 할 수 있는 경우에는 그러하지 아니하다. 법정대리인이 상대방의 소제기 또는 상소에 관하여 소송행위를 하는 경우에는 친족회로부터 특별한 권한을 받을 필요가 없다. 법정대리인이 소의 취하, 화해, 청구의 포기·인낙 또는 독립당사자참가소송에서의 탈퇴를 하기 위하여서는 특별한 권한을 받아야 한다. 외국인은 그의 본국법에 따르면 소송능력이 없는 경우라도 대한민국의 법률에 따라 소송능력이 있는 경우에는 소송능력이 있는 것으로 본다. 법정대리권이 있는 사실 또는 소송행위를 위한 권한을 받은 사실은 서면으로 증명하여야 한다. 선정당사자를 선정하고 바꾸는 경우에도 권한을 받은 사실을 서면으로 증명하여야 한다. 권한을 받은 사실에 관한 서면은 소송기록에 붙여야 한다. 소송능력·법정대리권 또는 소송행위에 필요한 권한의 수여에 흠이 있는 경우에는 법원은 기간을 정하여 이를 보정하도록 명하여야 하며, 만일 보정하는 것이 지연됨으로써 손해가 생길 염려가 있는 경우에는 법원은 보정하기 전의 당사자 또는 법정대리인으로 하여금 일시적으로 소송행위를 하게 할 수 있다. 소송능력, 법정대리권 또는 소송행위에 필요한 권한의 수여에 흠이 있는 사람이 소송행위를 한 뒤에 보정된 당사자나 법정대리인이 이를 추인한 경우에는, 그 소송행위는 이를 한 때에 소급하여 효력이 생긴다.

---

19) 등기의무자, 즉 등기부상의 형식상 그 등기에 의하여 권리를 상실하거나 기타 불이익을 받을 자(등기명의인이거나 그 포괄승계인)가 아닌 자를 상대로 한 등기의 말소절차이행을 구하는 소는 당사자적격이 없는 자를 상대로 한 부적법한 소라고 할 것이며, 한편 부동산의 합유자 중 일부가 사망한 경우 합유자 사이에 특별한 약정이 없는 한 사망한 합유자의 상속인은 합유자로서의 지위를 승계하는 것이 아니므로 해당 부동산은 잔존합유자가 2인 이상일 경우에는 잔존합유자의 합유로 귀속되고 잔존합유자가 1인인 경우에는 잔존합유자의 단독소유로 귀속된다 할 것이다(93다39225). 채권에 대한 압류 및 추심명령이 있으면 제3채무자에 대한 이행의 소는 추심채권자만이 제기할 수 있고 채무자는 피압류채권에 대한 이행소송을 제기할 당사자적격을 상실한다(99다23888).

공동의 이해관계를 가진 여러 사람이 그 가운데에서 모두를 위하여 당사자가 될 한 사람 또는 여러 사람을 선정하거나 이를 바꿀 수 있다. 이를 선정당사자라 한다. 선정당사자가 받은 판결은 선정자에게 그 효력이 미친다. 선정당사자가 이행판결을 받았을 때에는 선정자를 위해 또는 선정자에 대해 강제집행할 수 있는데, 이때 반드시 승계집행문이 필요하다.[20] 소송이 법원에 계속된 뒤 선정당사자를 바꾼 때에는 그 전의 당사자는 당연히 소송에서 탈퇴한 것으로 본다. 선정된 여러 당사자 가운데 죽거나 그 자격을 잃은 사람이 있는 경우에는 다른 당사자가 모두를 위하여 소송행위를 한다. 선정당사자와 소송 도중 선정자가 별소를 제기할 경우 상대방은 중복제소를 주장하여 소각하를 구할 수 있다.

우리나라는 민사소송에 있어 변호사강제주의를 채택하고 있지 않다. 당사자는 언제나 어느 심급에서나 직접 소송을 수행할 수 있다. 그러나 다른 사람에게 소송대리를 위임하고자 하는 경우에는 반드시 변호사에게 하여야 한다.[21]

4. 소송상 청구에 관한 소송요건

(1) 소의 이익이 있을 것

당사자가 민사소송제도를 이용하려면 소의 이익이 있어야 한다. 소의 이익이 없으면 본안판결을 받을 수 없다. 중복소송금지에 해당하는 경우, 종국판결선고 이후 소를 취하한 경우, 소를 제기하지 않겠다는 특약을 한 경우, 중재합의, 소취하계약 또는 상소권포기계약을 한 경우 등에 제기된 소는 소의 이익이 없다. 소송비용확정절차에 의하지 않고 제기한 소송비용확정의 소, 외국판결이나 중재판정이 있는 경우에 집행판결을 구하지 않고 제기한 이행의 소, 집행비용액확정결정신청신청에 의하지 않고 집행비용지급의 이행을 구하는 소, 원심판결에 불복을 상소로 하지 않고, 별소로 제기한 경우, 이미 승소확정판결을 받은 경우 그에 기하여 강제집행신청을 할 수 있는데, 판결원본이 멸실되거나 시효중단을 구하는 등의 사정이 없음에도 다시 같은 내용의 소송을 제기한 경우 등에는 소의 이익이 없다. 법원조직법 제2

---

20) 민사집행법 제31조.
21) 단독판사가 심리·재판하는 사건에서 당사자의 배우자 또는 4촌 이내의 친족으로서 당사자와의 생활관계에 비추어 상당하다고 인정되거나 당사자와의 고용 그 밖에 이에 준하는 계약관계를 맺고 그 사건에 관한 통상의 사무를 처리·보존하는 사람으로서 그 사람이 담당하는 사무와 사건의 내용 등에 비추어 상당하다고 인정되는 경우에 서면으로 신청하여 법원의 허가를 받으면 변호사가 아니더라도 소송대리인이 될 수 있다. 소액사건의 제1심에서는 당사자의 배우자, 직계혈적, 형제자매는 법원이 허가 없이도 소송대리인이 될 수 있다.

조 제1항은 "법원은 헌법에 특별한 규정이 있는 경우를 제외한 일체의 법률상 쟁송을 심판하고, 이 법과 다른 법률에 의하여 법원에 속하는 권한을 가진다"고 규정하고 있다.

(2) 소송상 청구가 특정될 것

1) 개념

소송상의 청구는 원고가 법원에 판결을 구하는 청구로서 법원의 본안판단 대상이 되는 실체법상의 법률관계를 말한다. 소송상의 청구는 본안판결의 주문에서 판단하여야 할 최소기본단위이므로 반드시 특정되어야만 법원의 심판대상이 된다. 소송상의 청구를 특정하는 기준은 소장의 청구취지이다. 그러나 이행을 구하는 소와 가족관계에 관한 형성을 구하는 소는 소장의 청구원인까지 구체적으로 감안하여야만 특정할 수 있다. 소송은 그 시작부터 끝날 때까지 소송상의 청구를 중심으로 전개된다. 토지 및 사물관할의 유무, 중복소송금지의 기준, 기판력의 객관적 범위 등은 모두 소송상의 청구를 기준으로 판단한다.

2) 이행을 구하는 소

가. 특정물 인도의 소   원고는 피고를 상대로 특정물을 인도하겠다는 계약상 의무를 원인으로 특정물의 인도를 구할 수 있다. 원고는 자신의 소유권 또는 점유권에 기하여 피고를 상대로 특정물의 인도를 구할 수도 있다. 민법 제208조는 점유권에 기한 소와 본권에 기한 소는 서로 영향을 미치지 않는다고 규정하고 있다. 소장의 청구취지만 보아서는 계약상 의무의 이행을 구하는 것인지, 소유권에 기한 목적물의 반환청구를 구하는 소를 제기한 것인지, 점유권에 기한 점유의 회복을 구하는 소를 제기한 것인지 알 수 없다. 따라서 소장의 청구원인까지 읽어보아야 소송상의 청구를 분명하게 특정할 수 있다.

나. 금전 그 밖에 대체물의 일정수량의 지급을 구하는 소   소장의 청구취지만 볼 경우 피고는 원고에게 금1억 원을 지급하라는 소장의 청구취지만으로는 무엇을 원인으로 한 것인지 알 수 없다. 따라서 소장의 청구원인을 읽어보아 계약상 금전 지급의무의 이행을 구하는 것인지, 채무불이행에 기한 원상회복 또는 손해배상을 구하는 것인지, 불법행위를 원인으로 한 손해배상을 구하는 것인지, 부당이득의 반환을 구하는 것인지, 기타 법률의 규정에 기한 손해배상책임을 구하는 것인지를 파악하여 소송상 청구를 특정할 수밖에 없다.

3) 확인을 구하는 소

원고가 피고를 상대로 채무가 존재하지 않는다는 점에 대한 확인을 구하는 소, 피고는 원고에게 소유권이전등기절차를 이행할 의무가 존재한다는 점에 대한 확인을 구하는 소, 원고와 피고 사이에는 임대차계약을 체결한 사실이 있다는 점에 대한 확인을 구하는 소와 같이 권리 또는 법률관계의 확인을 구하는 소의 경우에는 소장의 청구취지만 읽어 보아도 소송상 청구의 내용을 확실하게 알 수 있다. 따라서 확인의 소의 경우에는 소송상의 청구를 특정하기 위하여 소장의 청구원인까지 읽어볼 필요는 없다.

4) 법률관계의 형성을 구하는 소

가. 주주총회결의취소의 소   주주총회결의취소의 소에 있어서 개별적 결의취소의 사유는 공격방법에 불과하고, 주주총회의 결의의 취소를 구하는 것 자체가 소송상의 청구이다. 소송상의 청구를 특정하기 위하여 결의취소의 구체적 사유를 알 필요는 없다.

나. 가족관계에 관한 소   이혼사유마다 이혼소송이 별개로 성립하는 것으로 보아야 하기 때문에 어떠한 사유를 근거로 한 이혼청구인지를 파악하기 위해서는 소장의 청구원인까지 읽어보아야 할 것이다.

(3) 중복제소금지에 반하지 않을 것

민사소송법 제259조는 법원에 계속되어 있는 사건에 대하여 당사자가 다시 소를 제기하지 못하게 하고 있다. 이는 같은 사건에 대하여 법원이 다른 결론을 내리는 것을 방지하기 위한 것이다.

채권자가 제3채무자를 상대로 대위소송을 진행하고 있는 중에 채무자가 같은 내용의 소를 제기한 경우, 채무자가 제3채무자를 상대로 직접 소송을 진행하고 있는 중에 채권자가 같은 내용을 소를 채권자대위권에 기하여 제기한 경우, 대위소송이 진행 중인데, 또 다른 채권자가 같은 내용의 대위소송을 제기한 경우 모두 중복제소금지원칙에 반한다. 그러나 채권자취소소송의 경우에는 각 채권자가 채무자의 권리를 대위하여 행사하는 것이 아니라 자기의 권리인 채권자취소권을 행사하는 것이므로 중복제소금지원칙과는 무관하다.

전 소송에서 불법행위를 원인으로 치료비청구를 하면서 일부만을 특정하여 청구하고 그 이외의 부분은 별도소송으로 청구하겠다는 취지를 명시적으로 유보한 때에는 그 전 소송의 소송물은 그 청구한 일부의 치료비에 한정되는 것이고 전 소송에서 한 판결의 기판력은 유보한 나머지 부분의 치료비에까지는 미치지 아니한다 할 것이므로 전 소송의 계속 중에 동일한 불법행위를 원인으로 유보한 나머지 치료비청구를 별도소송으로 제기하였다 하더라도 중복제소에 해당하지 아니한다(84다552).

(4) 전소(前訴) 기판력에 저촉되지 않을 것

당사자가 같은 사건에 관한 소송에서 앞의 판결 내용과 다른 주장을 하거나 법원이 다른 판결을 내릴 수 없도록 하기 위하여 확정판결에 대하여 인정되는 것이 기판력이다. 확정판결은 주문에 포함된 것에 한하여 기판력을 가진다. 상계를 주장한 청구가 성립되는지 아닌지의 판단은 상계하자고 대항한 액수에 한하여 기판력을 가진다.

확정판결은 당사자, 변론을 종결한 뒤의 승계인(변론 없이 한 판결의 경우에는 판결을 선고한 뒤의 승계인) 또는 그를 위하여 청구의 목적물을 소지한 사람에 대하여 효력이 미친다.[22] 당사자가 변론을 종결할 때(변론 없이 한 판결의 경우에는 판결을 선고할 때)까지 승계사실을 진술하지 아니한 때에는 변론을 종결한 뒤(변론 없이 한 판결의 경우에는 판결을 선고한 뒤)에 승계한 것으로 추정한다. 다른 사람을 위하여 원고나 피고가 된 사람에 대한 확정판결은 그 다른 사람에 대하여도 효력이 미친다.

기판력 있는 재판에서 확정된 법률관계에 대하여 모순되는 결과를 초래하는 공격방어방법으로서 표준시 이전에 제출할 수 있었던 것은 후소에서 이를 판단의 자료로 삼을 수 없다. 즉 기판력은 그 소송의 변론종결 전에 있어서 주장할 수 있었던

---

22) 전소의 소송물이 대세적 효력이 있는 물권적 청구권인 경우 즉 원인무효를 이유로 소유권이전등기의 말소를 명하는 판결인 경우 변론종결 후에 그 목적물에 관한 소유권이전등기를 마친 자나 근저당권설정등기를 마친 자, 경락취득자(대법원 1975. 12. 9. 선고 75다746 판결) 등은 "변론종결 후 승계인"에 해당하여 기판력이 미친다. 그러나 전소의 소송물이 채권적 청구권인 소유권이전등기청구권인 경우에는 전소의 변론종결 후에 그 목적물에 관한 소유권이전등기를 넘겨받은 사람은 변론종결 후의 승계인에 해당하지 아니한다(대법원 2003. 5. 13. 선고 2002다64148 판결). 이러한 법리는 화해권고결정이 확정된 후 그 목적물에 관하여 소유권등기를 이전받은 사람에 관하여도 다를 바 없다고 할 것이다. 한편 소유권에 기한 물권적 방해배제청구로서 소유권등기의 말소를 구하는 소송이나 진정명의 회복을 원인으로 한 소유권이전등기절차의 이행을 구하는 소송 중에 그 소송물에 대하여 화해권고결정이 확정되면 상대방은 여전히 물권적인 방해배제의무를 지는 것이고, 화해권고결정에 창설적 효력이 있다고 하여 그 청구권의 법적 성질이 채권적 청구권으로 바뀌지 아니한다(대법원 2012. 5. 10. 선고 2010다2558 판결).

모든 공격 및 방어방법에 미치는 것이다. 그러나 단순한 공격방어방법이 아닌 상계권(66다780)과 지상물매수청구권(95다42195)의 행사는 기판력과 상관없다.

판례는 청구원인에 의하여 특정되는 실체법상의 권리 또는 법률관계의 주장을 소송물로 본다. 판례에 따르면 원고가 전소에서 승소판결을 받아 확정된 경우, 다시 동일한 소를 제기하면 소의 이익이 없으므로 각하된다. 다만 판결원본이 멸실되었거나 시효중단을 위하여 재차 소송을 할 수밖에 없는 경우에는 각하할 수 없고 본안판결을 하여야 한다. 원고가 전소에서 패소판결을 받았고, 그 판결이 확정되었음에도 같은 내용의 소를 다시 제기한 경우에는 법원은 전소의 승소판결 내용과 다른 내용으로 판단할 수 없으므로 기각판결을 하여야 한다.

소유권이전등기절차를 명하는 확정판결에 의하여 소유권이전등기가 마쳐진 경우에 다시 원인무효임을 내세워 그 말소등기절차의 이행을 청구함은 확정된 이전등기청구권을 부인하는 것이어서 기판력에 저촉된다(86다카1958). 소유권이전등기가 원인무효라는 이유로 그 말소등기청구를 인용한 판결이 확정되었어도 그 확정판결의 기판력은 그 소송물이었던 말소등기청구권의 존부에만 미치는 것이고 그 기본인 부동산의 소유권 자체의 존부에 관하여는 미치지 아니한다(97다22904). 소유권이전등기말소청구소송에서 패소확정판결을 받았다면 그 기판력은 그 후 제기된 진정명의회복을 원인으로 한 소유권이전등기청구소송에도 미친다(99다37894). 판결이 확정되면 법원이나 당사자는 확정판결에 반하는 판단이나 주장을 할 수 없는 것이나, 이러한 확정판결의 효력은 그 표준시인 사실심 변론종결시를 기준으로 하여 발생하는 것이므로, 그 이후에 새로운 사유가 발생한 경우까지 전소의 확정판결의 기판력이 미치는 것은 아니며, 이와 같이 변론종결 이후에 발생한 새로운 사유는 원칙적으로 사실자료에 그치는 것으로, 법률의 변경, 판례의 변경 혹은 판결의 기초가 된 행정처분의 변경은 그에 포함되지 아니한다(98다7001). 전소에서 정지조건 미성취를 이유로 청구가 기각되었다 하더라도 변론종결 후에 그 조건이 성취되었다면, 이는 변론종결 후의 취소권이나 해제권 행사의 경우와는 달리 동일한 청구에 대하여 다시 소를 제기할 수 있다(2000다50909).

5. 특별한 형태의 소송이 요구하는 요건

(1) 청구의 병합·변경

1) 소의 객관적 병합

소의 객관적 병합이란 원고의 피고에 대한 여러 개의 청구를 하나의 소송절차에서 심판할 수 있도록 합치는 것을 뜻한다. 여러 개 청구를 병합해서 소를 제기하거나, 소송 진행 중에 변합할 수 있다. 병합된 여러 개의 청구는 같은 소송절차에서 심판한다. 기일은 모든 청구에 공통되며 변론과 증거조사도 공통적으로 실시한다. 병합된 청구 중 어느 하나에 대하여 판단이 누락되면 추가판결을 하여야 한다. 단순병합은 변론의 분리 및 일부 판결이 가능하지만, 선택적으로 병합된 여러 개의 청구는 하나의 소송절차에서 불가분적으로 결합되었기 때문에 변론을 분리하거나 일부 판결을 할 수 없다. 또한 양립할 수 없는 여러 개의 청구가 병합된 경우에는 오로지 예비적 병합의 방법에 의해서만 심판하여야 하기 때문에 변론을 분리하거나 일부 판결을 하여서는 안 된다. 전부판결의 일부에 대하여 상소하면 상소심의 대상은 상소한 부분뿐이지만 이심과 확정차단의 효력은 청구 전부에 생긴다. 이를 상소불가분의 원칙이라고 한다.

행정소송과 가사소송을 병합하는 것처럼 본안판단의 기준이 전혀 다른 청구들을 무리하게 병합할 이유가 없다. 행정소송법상 취소소송에 민사소송을 병합하는 것은 허용되지 않지만 행정청의 취소처분과 관련한 손해배상청구, 부당이득반환, 원상회복청구는 병합이 허용된다.[23]

가사소송법 제2조 제1항 소정의 나류 가사소송사건과 마류 가사비송사건은 통상의 민사사건과는 다른 종류의 소송절차에 따르는 것이므로, 원칙적으로 위와 같은 가사사건에 관한 소송에서 통상의 민사사건에 속하는 청구를 병합할 수는 없다 (2004므1378).

---

23) 행정소송법 제10조(관련청구소송의 이송 및 병합) ① 취소소송과 다음 각 호의 1에 해당하는 소송(관련청구소송)이 각각 다른 법원에 계속되고 있는 경우에 관련청구소송이 계속된 법원이 상당하다고 인정하는 때에는 당사자의 신청 또는 직권에 의하여 이를 취소소송이 계속된 법원으로 이송할 수 있다.
1. 당해 처분등과 관련되는 손해배상·부당이득반환·원상회복등 청구소송
2. 당해 처분등과 관련되는 취소소송
② 취소소송에는 사실심의 변론종결시까지 관련청구소송을 병합하거나 피고외의 자를 상대로 한 관련청구소송을 취소소송이 계속된 법원에 병합하여 제기할 수 있다.

청구의 선택적 병합이란 원고가 양립할 수 있는 수개의 경합적 청구권에 기하여 동일 취지의 급부를 구하거나 양립할 수 있는 수개의 형성권에 기하여 동일한 형성적 효과를 구하는 경우에 그 어느 한 청구가 인용될 것을 해제조건으로 하여 수개의 청구에 관한 심판을 구하는 병합 형태이므로 논리적으로 양립할 수 없는 수개의 청구는 성질상 선택적 병합으로 동일 소송절차 내에서 동시에 심판될 수 없는 것이고 이러한 수개의 청구가 동일 소송절차 내에서 모순 없이 심리되기 위해서는 그 청구 간에 주위적 · 예비적인 관계가 있을 것을 요한다고 할 것인바, 피고 명의의 각 등기가 원인무효임을 이유로 그 말소를 구하는 청구와 그 등기가 유효한 명의신탁등기이나 신탁이 해지되었음을 이유로 소유권이전등기를 구하는 청구는 서로 양립할 수 없는 관계에 있으므로 이들 청구에 대하여는 선택적 병합에 의한 병합심리를 할 수 없다(81다카1120).

논리적으로 전혀 관계가 없어 순수하게 단순병합으로 구하여야 할 수개의 청구를 선택적 또는 예비적 청구로 병합하여 청구하는 것은 부적법하여 허용되지 않는다. 따라서 원고가 그와 같은 형태로 소를 제기한 경우 제1심법원이 본안에 관하여 심리 · 판단하기 위해서는 소송지휘권을 적절히 행사하여 이를 단순병합 청구로 보정하게 하는 등의 조치를 취하여야 하는바, 법원이 이러한 조치를 취함이 없이 본안판결을 하면서 그중 하나의 청구에 대하여만 심리 · 판단하여 이를 인용하고 나머지 청구에 대한 심리 · 판단을 모두 생략하는 내용의 판결을 하였다 하더라도 그로 인하여 청구의 병합 형태가 선택적 또는 예비적 병합 관계로 바뀔 수는 없으므로, 이러한 판결에 대하여 피고만이 항소한 경우 제1심법원이 심리 · 판단하여 인용한 청구만이 항소심으로 이심될 뿐, 나머지 심리 · 판단하지 않은 청구는 여전히 제1심에 남아 있게 된다. 원심이 이와 같이 제1심에서 이심되지 않은 청구를 그 심판범위에서 제외한 것은 정당하고, 한편 원심이 제1심에서 이심되지도 않은 부분에 관하여 제1심에서 추가판결을 받도록 하는 등의 소송지휘권을 행사하여 청구를 병합시킬 의무가 있다고 할 수는 없다(2009다10898).

2) 청구의 변경

원고는 청구의 기초가 바뀌지 아니하는 한도 안에서 변론을 종결할 때(변론 없이 한 판결의 경우에는 판결을 선고할 때)까지 청구의 취지 또는 원인을 바꿀 수 있다. 이를 청구의 변경이라 한다. 청구취지의 변경은 서면으로 신청하여야 하며, 그 서면은 상대방에게 송달하여야 한다. 소액사건의 경우 서면이 아닌 말로 청구의 변경이 가능하다. 청구원인의 변경은 소액사건이 아니더라도 언제나 말로 변경할 수 있다. 청구를 변경하는 서면이 송달되면 새로운 청구에 관한 소송계속은 청구를 변경하는 서면이 송달된 시점부터 생긴다. 시효중단, 법률기간의 준수 효과는 청구변경에 관한 서면을 제출할 때에 생긴다. 법원은 청구의 취지 또는 원인의 변경이 옳지 아니하다고 판단되면, 직권 또는 상대방 신청에 따라 원고의 청구변경을 불허하는 결정을 하여야 한다. 소장에서 심판을 구하는 대상이 불분명하여 이를 명확하게 하기 위하여 청구취지를 정정하거나 보충하는 것은 소장의 정정에 해당하고, 청구의 변경이 아니다. 또한 단순히 청구를 이유 있게 하는 사실의 추가나 변경하는 것 역시 공격방법의 추가나 변경에 불과한 것으로 청구의 변경이 아니다. 사해행위취소청구에서 채권자가 피보전채권을 추가 또는 교환하는 것은 공격방법의 변경에 해당한다(2001다13532). 청구의 감축은 소의 일부 취하에 해당하기 때문에 피고의 동의를 받아야 한다.

(2) 반소

피고는 소송절차를 현저히 지연시키지 아니하는 경우에만 변론을 종결할 때까지 본소가 계속된 법원에 반소를 제기할 수 있다. 다만, 소송의 목적이 된 청구가 다른 법원의 관할에 전속되지 아니하고 본소의 청구 또는 방어의 방법과 서로 관련이 있어야 한다. 반소에는 본소청구기각 이상의 적극적 내용이 포함되어야 한다(2005다40709). 반소장에는 본소피고를 반소원고라고 표시하고, 본소원고를 반소피고라 표시한다. 본소가 단독사건인 경우에 피고가 반소로 합의사건에 속하는 청구를 한 때에는 법원은 직권 또는 당사자의 신청에 따른 결정으로 본소와 반소를 합의부에 이송하여야 한다. 반소는 본소에 관한 규정을 따른다. 본소가 취하된 때에는 피고는 원고의 동의 없이 반소를 취하할 수 있다.

(3) 다수당사자소송
1) 통상의 공동소송

통상의 공동소송이란 개별적으로 해결되어도 무방한 여러 사건을 하나의 소송으로 해결하는 것을 말한다. 소송목적이 되는 권리나 의무가 여러 사람에게 공통되거나 사실상 또는 법률상 같은 원인으로 말미암아 생긴 경우에는 그 여러 사람이 공동소송인으로서 당사자가 될 수 있다. 소송목적이 되는 권리나 의무가 같은 종류의 것이고, 사실상 또는 법률상 같은 종류의 원인으로 말미암은 것인 경우에도 또한 같다. 이러한 통상의 공동소송에서는 공동소송인은 각자 독립하여 소송물을 처분할 권리가 있기 때문에 개별적으로 소송수행이 가능하다. 따라서 비록 하나의 소송절차에서 동시에 소송이 진행된다 할지라도 공동소송인 가운데 한 사람의 소송행위 또는 이에 대한 상대방의 소송행위와 공동소송인 가운데 한 사람에 관한 사항은 다른 공동소송인에게 영향을 미치지 않는다(공동소송인 독립의 원칙).

2) 필수적 공동소송

가. 고유필수적 공동소송   소송목적이 공동소송인 모두에게 합일적으로 확정되어야 할 공동소송의 경우(필수적 공동소송)에 공동소송인 가운데 한 사람의 소송행위는 모두의 이익을 위하여서만 효력을 가진다. 필수적 공동소송에서 공동소송인 가운데 한 사람에 대한 상대방의 소송행위는 공동소송인 모두에게 효력이 미친다. 필수적 공동소송에서 공동소송인 가운데 한 사람에게 소송절차를 중단 또는 중지하여야 할 이유가 있는 경우 그 중단 또는 중지는 모두에게 효력이 미친다. 법원은 필수적 공동소송인 가운데 일부가 누락된 경우에는 제1심의 변론을 종결할 때까지 원고의 신청에 따라 결정으로 원고 또는 피고를 추가하도록 허가할 수 있다. 다만, 원고의 추가는 추가될 사람의 동의를 받은 경우에만 허가할 수 있다.

친자관계 부존재확인의 소는 생존하고 있는 부모 및 자를 공동피고로 하여 그들 간에 합일적으로 확정하여야 할 필요적 공동소송이다(70므1). 이해관계있는 제3자가 친생자관계부존재확인을 구하는 심판청구에 있어서는 친·자 쌍방이 피심판청구인의 적격이 있다 할 것이므로 친·자 쌍방이 다 생존하고 있는 경우에는 필요적 공동소송의 경우에 해당된다(83즈2).

상속재산의 협의분할은 공동상속인 간의 일종의 계약으로서 공동상속인 전원이 참여하여야 하고 일부상속인만으로 한 협의분할은 무효이다. 따라서 상속재산 협의분할을 소송으로 구하는 경우 그 소송은 필수적 공동소송이다. 또한 공동상속인이 다른 공동상속인을 상대로 어떤 재산이 상속재산임의 확인을 구하는 소는 이른바 고유필수적 공동소송이라고 할 것이고, 고유필수적 공동소송에서는 원고들 일부의 소 취하 또는 피고들 일부에 대한 소 취하는 특별한 사정이 없는 한 그 효력이 생기지 않는다. 그러나 공동상속재산의 지분에 관한 지분권존재확인을 구하는 소송은 필수적 공동소송이 아니라 통상의 공동소송이다(2008다96963,96970).

집합건물법 제24조 제3항 소정의 관리인 해임의 소는 관리단과 관리인 사이의 법률관계의 해소를 목적으로 하는 형성의 소이므로 그 법률관계의 당사자인 관리단과 관리인 모두를 공동피고로 하여야 하는 고유필수적 공동소송에 해당한다고할 것이다(2011다1323).

총유재산에 관한 소송은 법인 아닌 사단이 그 명의로 사원총회의 결의를 거쳐하거나 또는 그 구성원 전원이 당사자가 되어 필수적 공동소송의 형태로 할 수 있을 뿐 그 사단의 구성원은 설령 그가 사단의 대표자라거나 사원총회의 결의를 거쳤다 하더라도 그 소송의 당사자가 될 수 없고, 이러한 법리는 총유재산의 보존행위로서 소를 제기하는 경우에도 마찬가지라 할 것이다(2004다44971).

1심판결 선고 사망하였음이 기록에 편철된 호적등본기재에 비추어 명백하므로그 사망 당시는 소송대리인이 있어 소송중단의 효과가 발생하지 아니하였다고 하여도 1심판결이 송달됨과 동시에 공동소송인 전원에 대하여 중단의 효과가 발생하였다고 보아야 할 것이다. 적법한 수계절차를 거치지 않은 이상 소송절차를 진행할수 없는 것임에도 불구하고, 1심판결 선고 후 위 망인의 이름으로 소송대리인이 선임되고 그 소송대리인이 항소를 제기하여 원심에서의 소송절차가 진행된 결과 원심판결이 선고된 사실이 명백하므로, 결국 원심판결은 소송절차의 중단 중에 이루어진 판결로서 위법한 것이다(83다카850).

토지의 경계는 토지 소유권의 범위와 한계를 정하는 중요한 사항으로서, 그 경계와 관련되는 인접 토지의 소유자 전원 사이에서 합일적으로 확정될 필요가 있으므로, 인접하는 토지의 한편 또는 양편이 여러 사람의 공유에 속하는 경우에, 그 경계의 확정을 구하는 소송은, 관련된 공유자 전원이 공동하여서만 제소하고 상대방도 관련된 공유자 전원이 공동으로서만 제소될 것을 요건으로 하는 고유필요적 공동소송이라고 해석함이 상당하다(2000다24207).

나. 유사필수적 공동소송　　　고유필수적 공동소송과 달리 공동소송소인들이반드시 소송을 공동으로 수행할 필요가 없으나 일단 공동소송으로 수행하는 경우에는 판결의 효력이 공동소송인 모두에게 합일적으로 확정되어야 하는 경우의 공동소송을 유사필수적 공동소송이라 한다. 회사합병무효의 소, 회사설립무효·취소의 소, 주주총회 결의취소의 소, 주주총회결의 무효 및 부존재확인의 소는 그 판결의 효력이 대세적이므로, 이러한 형태의 소는 일단 공동소송으로 진행되면 그 판결의 내용이 같아야 한다.

3) 소송참가

가. 보조참가   소송결과에 이해관계가 있는 제3자는 한쪽 당사자를 돕기 위하여 법원에 계속중인 소송에 참가할 수 있다. 다만, 소송절차를 현저하게 지연시키는 경우에는 그러하지 아니하다. 참가신청은 참가의 취지와 이유를 밝혀 참가하고자 하는 소송이 계속된 법원에 제기하여야 한다. 서면으로 참가를 신청한 경우에는 법원은 그 서면을 양쪽 당사자에게 송달하여야 한다. 참가신청은 참가인으로서 할 수 있는 소송행위와 동시에 할 수 있다. 당사자가 참가에 대하여 이의를 신청한 때에는 참가인은 참가의 이유를 소명하여야 하며, 법원은 참가를 허가할 것인지 아닌지를 결정하여야 한다. 법원은 직권으로 참가인에게 참가의 이유를 소명하도록 명할 수 있으며, 참가의 이유가 있다고 인정되지 아니하는 때에는 참가를 허가하지 아니하는 결정을 하여야 한다. 당사자가 참가에 대하여 이의를 신청하지 아니한 채 변론하거나 변론준비기일에서 진술을 한 경우에는 이의를 신청할 권리를 잃는다. 참가인은 그의 참가에 대한 이의신청이 있는 경우라도 참가를 허가하지 아니하는 결정이 확정될 때까지 소송행위를 할 수 있다. 당사자가 참가인의 소송행위를 원용한 경우에는 참가를 허가하지 아니하는 결정이 확정되어도 그 소송행위는 효력을 가진다. 참가인은 소송에 관하여 공격·방어·이의·상소, 그 밖의 모든 소송행위를 할 수 있다. 다만, 참가할 때의 소송의 진행 정도에 따라할 수 없는 소송행위는 그러하지 아니하다. 참가인의 소송행위가 피참가인의 소송행위에 어긋나는 경우에는 그 참가인의 소송행위는 효력을 가지지 아니한다. 참가인이 참가한 재판이 참가인이 소송행위를 할 수 없거나, 그 소송행위가 효력을 가지지 아니하는 때, 피참가인이 참가인의 소송행위를 방해한 때, 피참가인이 참가인이 할 수 없는 소송행위를 고의나 과실로 하지 아니한 때 중 어느 하나에 해당하지 아니하면 그 재판의 효력은 참가인에게도 미친다.

나. 독립당사자참가   소송목적의 전부나 일부가 자기의 권리라고 주장하거나, 소송결과에 따라 권리가 침해된다고 주장하는 제3자는 당사자의 양쪽 또는 한쪽을 상대방으로 하여 당사자로서 소송에 참가할 수 있다(독립당사자참가). 자기의 권리를 주장하기 위하여 소송에 독립당사자참가를 한 사람이 있는 경우 그가 참가하기 전의 원고나 피고는 상대방의 승낙을 받아 소송에서 탈퇴할 수 있다. 다만, 판결은 탈퇴한 당사자에 대하여도 그 효력이 미친다. 소송이 법원에 계속되어 있는 동안에 제3자가 소송목적인 권리 또는 의무의 전부나 일부를 승계하였다고 주장하

며 소송에 참가한 경우 그 참가는 소송이 법원에 처음 계속된 때에 소급하여 시효의 중단 또는 법률상 기간준수의 효력이 생긴다.

다. 공동소송참가   소송이 법원에 계속되어 있는 동안에 제3자가 소송목적인 권리 또는 의무의 전부나 일부를 승계한 때에는 법원은 당사자의 신청에 따라 그 제3자로 하여금 소송을 인수하게 할 수 있다.

소송목적이 한쪽 당사자와 제3자에게 합일적으로 확정되어야 할 경우 그 제3자는 공동소송인으로 소송에 참가할 수 있다(공동소송참가).

4) 소송고지

소송이 법원에 계속된 때에는 당사자는 참가할 수 있는 제3자에게 소송고지(訴訟告知)를 할 수 있다. 소송고지를 받은 사람은 다시 소송고지를 할 수 있다. 소송고지를 위하여서는 그 이유와 소송의 진행 정도를 적은 서면을 법원에 제출하여야 하며, 그 서면은 상대방에게 송달되어야 한다. 소송고지를 받은 사람이 참가하지 아니한 경우라도 민사소송법 제77조의 규정을 적용할 때에는 참가할 수 있었을 때에 참가한 것으로 본다. 즉 당사자가 패소한 때에 제3자에게 담보책임을 물을 수 있는 경우 또는 구상청구를 받을 우려가 있는 경우에, 그 제3자에게 소송고지를 하면 제3자가 소송에 참가하지 아니하더라도 후일 전 소송의 판단에 위반되는 주장과 항변을 봉쇄할 수 있는 이익이 있는 것이다. 매수인이 제3자로부터 목적물의 소유권을 주장하는 소를 제기당하였을 때 매도인에게 이를 고지하면, 패소한 후매도인에게 청구한 손해배상에 대하여 매도인은 그 물건이 자기의 소유물이었다고 주장할 수 없게 된다. 이와 같이 고지는 피고지자에게 소송참가의 기회를 주고, 고지자측으로는 패소하여도 뒷날 피고지자와의 사이에 소송수행상의 책임을 논하지 않는 이익이 있다. 피고지자가 참가신청을 한 경우에 상대방은 이의할 수 있으나 고지자는 이의할 수 없다. 소송고지를 하면 실체법상 시효중단의 효력과 재판상 최고의 효과가 있다.

제 5 절 공격방어방법과 증거

소송당사자가 소송 과정에서 법률상의 주장, 사실상의 주장, 입증을 하는 것을 통틀어 공격방어방법이라 한다. A가 B를 상대로 소유권이전등기소송을 제기한 경우, A가 B의 소유권이전등기절차 이행의무를 입증하기 위해 매매계약서를 제출하는 것은 공격방법의 제출이고, B가 매매계약이 기망에 의해 체결된 것으로 무효라고 주장하면서 관련 형사사건기록의 사본을 제출하는 것은 방어방법의 제출이다. A가 B의 방어방법의 제출에 대하여 다시 부인·재항변하는 것은 공격방법이다. B가 A의 부인·재항변에 대하여 부인·재재항변하는 것은 방어방법이다. 공격 또는 방어의 방법은 소송의 정도에 따라 적절한 시기에 제출하여야 한다(적시제출주의, 제146조). 당사자가 적시제출주의를 어기고 고의 또는 중대한 과실로 공격 또는 방어방법을 뒤늦게 제출함으로써 소송의 완결을 지연시키게 하는 것으로 인정할 때에는 법원은 직권으로 또는 상대방의 신청에 따라 결정으로 이를 각하할 수 있다(제149조 제1항).

소송상 청구를 이유 있게 하거나 배척하게 하기 위해 그 전제가 되는 법률상태 또는 권리관계의 존부에 대해서 하는 주장을 법률상의 주장이라 한다. 즉 법적 삼단논법의 대전제인 법률의 적용과 해석에 대한 주장을 법률상 주장이라 하는 것이다. A가 B를 상대로 소유물반환을 구하는 소송을 제기한 경우 A가 소송에서 민법 제213조 소유물반환청구권에 기하여 물건의 반환을 구하는 것을 법률상의 주장이라 한다. 이에 대하여 B가 민법 제213조가 정한 "물건을 점유할 권리가 있는 때에는 반환을 거부할 수 있다"는 규정을 주장하는 것 역시 법률상의 주장이다.

사실상의 주장이란 법률효과를 발생시키는 주요사실이나 간접사실을 내세우는 주장을 뜻한다. 이는 법적 삼단논법의 소전제에 해당하는 사실의 존부에 관한 것이다. 외부적 사실은 물론 고의·과실, 선의·악의 같은 심리에 대한 주장도 포함한다. 공격방어방법을 좁게 해석하면 사실상의 주장만을 의미한다. A가 B를 상대로 소유물반환을 구하는 소송을 제기한 경우 A가 소송에서 민법 제213조 소유물반환청구권에 기하여 물건의 반환을 구하는 것을 법률상의 주장이고, 그 근거 사실로서 자신이 물건의 소유자라고 주장하는 것이 사실상의 주장이다. B가 민법 제213조가 정한 "물건을 점유할 권리가 있는 때에는 반환을 거부할 수 있다"는 규정을 주장하는 것은 법률상의 주장인데, 그 근거사실로 B가 A와의 적법한 임대차계약이 체결되었다는 사실과, 그 임대차 계약 기간이 남아있다는 사실을 주장하는 것이 사실상의 주장이다.

사실상의 주장에 대한 상대방의 대응은 "아니다"라는 否認, "모른다"라는 不知, "맞다"라는 自白, 아무 말도 하지 않는 沈黙, 사실상 주장을 배척하기 위하여 권리의 발생을 방해하거나 소멸시키는 사실을 주장하는 抗辯[24]이 있다. 상대방이 자백하면 사실상의 주장은 입증이 필요없고, 부인하면 입증이 필요하다. 부인에는 아무런 설명없이 처음부터 "아니다"라는 진술만 하는 직접부인과 사실상의 주장과 논리적으로 양립할 수 없는 사실을 주장하는 간접부인이 있다. A의 대여금반환주장에 대하여 B가 공사대금으로 받은 것이지 대여금으로 받은 것이 "아니다"라고 주장하는 것이 간접부인이다. B가 돈을 빌린 것은 인정하나, 변제하였다고 주장하거나 A·B 사이의 통정허위표시에 해당하여 소비대차계약 자체가 무효라고 주장하는 것은 항변이다. A는 소비대차계약 사실을 입증해야 한다. B가 항변한 경우 소비대차계약의 존재에 대한 자백이 전제되므로 A는 이를 입증할 필요가 없고, B는 항변한 내용에 대하여 입증해야 한다.

입증(증명)은 사실상의 주장을 상대방이 부정하는 경우 이를 증명하기 위한 소송행위를 뜻한다. 입증을 위하여 증거신청을 한다. 증거신청은 법원에 대하여 특정한 증거방법의 조사를 신청하는 것이다. 증거방법에는 증인신문, 감정, 서증, 검증, 당사자신문이 있다.

증거는 법관에게 주장사실의 진위에 관하여 확신을 주는 자료를 뜻한다. 증거에는 사람이 증거방법인 인증과 그 외의 증거방법인 물증이 있다. 인증에는 증인, 감정인, 당사자본인 등이 있으며, 물증에는 문서와 검증물 등이 있다. 법관이 증거방법을 조사한 결과는 증거자료라 한다. 증인의 증언, 감정인의 감정의견, 당사자본인의 진실, 문서의 기재내용, 검증의 결과, 공공기관 그 밖의 단체의 조사보고 등이 증거자료이다. 어떠한 유형물이 증거조사의 대상이 될 수 있는 자격을 증거능력이라 한다. 증명력이라는 증거자료가 구체적인 요증 사실의 증명에 도움이 되는 정도를 뜻한다.

직접증거란 법률요건에 해당하는 사실을 증명하는 증거를 말하고, 간접증거는 직접증거의 존재를 추인할 수 있는 간접사실이나 직접증거의 증명력에 영향을 미치는 보조사실을 증명하는 증거를 뜻한다. 소비대차계약의 존재를 증명하는 차용증은 직접증거이고, 과실을 추인할 수 있는 운전자의 과속에 대한 증언이 간접증거이다.

본증은 당사자가 자기에게 입증책임이 있는 사실을 증명하기 위하여 제출하는 증거를 말하고, 반증이란 상대방이 입증책임을 지는 사실을 부정하기 위해 제출하

---

24) 관할위반의 항변, 소송계속의 항변, 기판력의 항변 등 소송요건에 관한 본안 전 항변은 소의 각하를 법원에 신청하는 것이다. 이는 사실상의 주장에서 다루어지는 본안에서의 항변과 무관하다. 본안 전 항변은 본안에서의 항변과 달리 법원의 직권발동을 촉구하는 의미를 가질 뿐이다.

는 증거이다. 본증은 법관에게 확신을 줄 정도일 것을 요하지만, 반증은 법관에게 요증사실의 존재에 대한 의심을 품게하는 정도로 족하다. 반증과 반대사실의 증거는 구분해야 한다. 법률상 추정의 경우 그 충정되는 사실을 다투고자 하는 자가 반대사실의 증거를 제출하여야 하는데, 이는 반증이 아니라 본증이다.

요건사실을 직접 증명할 증거가 없는 경우에 요건사실의 존재를 추정하게 하는 간접사실을 증명하여 요건 사실에 관한 일응의 추정이 성립된 경우, 그러한 간접사실과 양립되는 별개의 간접사실을 본증으로서 제출하여 일응의 추정을 막는 증명을 간접반증이라 한다. 간접반증은 반증이 아니라 본증에 해당한다.

증명은 요증사실에 관하여 법관이 확신을 가지는 정도에 이르는 고도의 개연성을 있는 상태를 입증하는 것이고, 소명은 법관이 그럴 수 있겠다는 정도의 일응의 추정에 이르게 하는 입증을 말한다. 소명은 즉시 조사할 수 있는 증거에 의하여야 한다(제299조 제1항).

일정한 시간과 장소에 따라 특정이 가능한 말 그대로의 사실, 인간의 경험을 통하여 얻은 사물에 대한 경험법칙, 외국의 법률·지방자치단체의 조례·규칙, 관습법, 사실인 관습 등은 그 존재를 주장하는 자가 입증하여야 한다. 이를 요증사실이라 한다. 경험법칙에는 전문적·학술적 지식에 속하는 것(평균여명에 관한 간이생명표), 고도의 개연성이 인정되는 경험법칙(정형적 사상경과) 등이 포함된다. 이러한 경험법칙들 중 많은 것들이 법관으로서는 알 수 없는 경우가 충분히 발생하므로 그에 대한 입증을 요구하는 것이다. 법원에서 당사자가 자백한 사실과 현저한 사실은 증명을 필요로 하지 아니한다. 다만, 진실에 어긋나는 자백은 그것이 착오로 말미암은 것임을 증명한 때에는 취소할 수 있다(불요증사실, 제288조). 여기서 자백은 구체적인 사실에 대한 재판상 자백만을 말하는 것이다. 어떤 사실에 대하여 재판 외에서 자백을 하였고, 그것을 소송에서 상대방이 원용하더라도 그것만으로 불요증사실로 되는 것이 아니다. 재판상 자백은 변론기일 또는 변론준비기일에 당사자에 의하여 행하여지는 진술로서 상대방 당사자의 주장과 일치하는 자기에게 불리한 사실의 진술을 말하는 것이고, 소송물의 전제문제가 되는 권리관계나 법률효과를 인정하는 진술은 권리자백으로서 법원을 기속하는 것도 아니며, 상대방의 동의 없이 자유로이 철회할 수 있다. 당사자가 변론에서 상대방이 주장하는 사실을 명백히 다투지 아니한 때에는 그 사실을 자백한 것으로 본다. 다만, 변론 전체의 취지로 보아 그 사실에 대하여 다툰 것으로 인정되는 경우에는 그러하지 아니하다(자백간주, 제

150조 제1항).

증거를 신청할 때에는 증명할 사실을 표시하여야 한다. 증거의 신청과 조사는 변론기일 전에도 할 수 있다. 법원은 당사자가 신청한 증거를 필요하지 아니하다고 인정한 때에는 조사하지 아니할 수 있다. 다만, 그것이 당사자가 주장하는 사실에 대한 유일한 증거인 때에는 그러하지 아니하다. 법원은 당사자가 신청한 증거에 의하여 심증을 얻을 수 없거나, 그 밖에 필요하다고 인정한 때에는 직권으로 증거조사를 할 수 있다. 증인신문과 당사자신문은 당사자의 주장과 증거를 정리한 뒤 집중적으로 하여야 한다. 증거조사는 당사자가 기일에 출석하지 아니한 때에도 할 수 있다. 법원은 필요하다고 인정할 때에는 법원 밖에서 증거조사를 할 수 있다. 법원은 공공기관·학교, 그 밖의 단체·개인 또는 외국의 공공기관에게 그 업무에 속하는 사항에 관하여 필요한 조사 또는 보관중인 문서의 등본·사본의 송부를 촉탁할 수 있다.

법원은 미리 증거조사를 하지 아니하면 그 증거를 사용하기 곤란할 사정이 있다고 인정한 때에는 당사자의 신청에 따라 증거조사를 할 수 있다. 이를 증거보전 신청이라 한다. 증거보전의 신청은 소를 제기한 뒤에는 그 증거를 사용할 심급의 법원에 하여야 한다. 소를 제기하기 전에는 신문을 받을 사람이나 문서를 가진 사람의 거소 또는 검증하고자 하는 목적물이 있는 곳을 관할하는 지방법원에 하여야 한다. 급박한 경우에는 소를 제기한 뒤에도 증거보전의 신청을 할 수 있다. 증거보전의 신청에는 상대방의 표시, 증명할 사실, 보전하고자 하는 증거, 증거보전의 사유를 밝혀야 한다. 증거보전의 사유는 소명하여야 한다. 법원은 필요하다고 인정한 때에는 소송이 계속된 중에 직권으로 증거보전을 결정할 수 있다. 증거보전의 결정에 대하여는 불복할 수 없다.

법원은 특별한 규정이 없으면 누구든지 증인으로 신문할 수 있다. 증인은 그 증언이 자기나 증인의 친족 또는 이러한 관계에 있었던 사람, 증인의 후견인 또는 증인의 후견을 받는 사람 가운데 어느 하나에 해당하는 사람이 공소제기되거나 유죄판결을 받을 염려가 있는 사항 또는 자기나 그들에게 치욕이 될 사항에 관한 것인 때에는 이를 거부할 수 있다. 재판장은 증인에게 신문에 앞서 선서를 하게 하여야 한다. 다만, 특별한 사유가 있는 때에는 신문한 뒤에 선서를 하게 할 수 있다. 재판장은 선서에 앞서 증인에게 선서의 취지를 밝히고, 위증의 벌에 대하여 경고하여야 한다. 재판장은 일반적으로 당사자들의 증인신문이 끝난 뒤에 증인신문을 하지만, 이와 상관없이 언제든지 증인신문을 할 수 있으며, 그 순서를 바꿀 수도 있다. 재판장은 필요하다고 인정한 때에는 증인 서로의 대질을 명할 수 있다. 재판장은 필요하다고 인정한 때에는 증인에게 문자를 손수 쓰게 하거나 그 밖의 필요한 행위를 하게 할 수 있다. 증인은 서류에 의하여 진술하지 못한다. 다만, 재판장이 허가하면 그러하지 아니하다.

감정에는 증인신문규정을 준용한다. 감정에 필요한 학식과 경험이 있는 사람은 감정할 의무를 진다. 감정인이 성실하게 감정할 수 없는 사정이 있는 때에 당사자는 그를 기피할 수 있다. 법원이 필요하다고 인정하는 경우에는 공공기관·학교, 그 밖에 상당한 설비가 있는 단체 또는 외국의 공공기관에 감정을 촉탁할 수 있다.

당사자가 서증(書證)을 신청하고자 하는 때에는 문서를 제출하는 방식 또는 문서를 가진 사람에게 그것을 제출하도록 명할 것을 신청하는 방식으로 한다. 법원에 문서를 제출하거나 보낼 때에는 원본, 정본 또는 인증이 있는 등본으로 하여야 한다. 법원은 필요하다고 인정하는 때에는 원본을 제출하도록 명하거나 이를 보내도록 촉탁할 수 있다. 법원은 당사자로 하여금 그 인용한 문서의 등본 또는 초본을 제출하게 할 수 있다. 당사자가 소송에서 인용한 문서를 가지고 있는 때, 신청자가 문서를 가지고 있는 사람에게 그것을 넘겨 달라고 하거나 보겠다고 요구할 수 있는 사법상의 권리를 가지고 있는 때, 문서가 신청자의 이익을 위하여 작성되었거나, 신청자와 문서를 가지고 있는 사람 사이의 법률관계에 관하여 작성된 것인 때 등 경우에는 문서를 가지고 있는 사람은 그 제출을 거부하지 못한다. 법원은 문서제출신청에 정당한 이유가 있다고 인정한 때에는 결정으로 문서를 가진 사람에게 그 제출을 명할 수 있다. 당사자가 상대방의 사용을 방해할 목적으로 제출의무가 있는 문서를 훼손하여 버리거나 이를 사용할 수 없게 한 때에는, 법원은 그 문서의 기재에 대한 상대방의 주장을 진실한 것으로 인정할 수 있다. 서증의 신청은 문서를 가지고 있는 사람에게 그 문서를 보내도록 촉탁할 것을 신청함으로써도 할 수 있다 (문서송부촉탁).

문서의 작성방식과 취지에 의하여 공무원이 직무상 작성한 것으로 인정한 때에는 이를 진정한 공문서로 추정한다(공문서의 진정의 추정). 공문서가 진정한지 의심스러운 때에는 법원은 직권으로 해당 공공기관에 조회할 수 있다. 사문서는 그것이 진정한 것임을 증명하여야 한다. 사문서는 본인 또는 대리인의 서명이나 날인 또는 무인(拇印)이 있는 때에는 진정한 것으로 추정한다(사문서의 진정의 추정). 문서가 진정하게 성립된 것인지 어떤지는 필적 또는 인영(印影)을 대조하여 증명할 수 있다. 대조하는 데에 적당한 필적이 없는 때에는 법원은 상대방에게 그 문자를 손수 쓰도록 명할 수 있다. 상대방이 정당한 이유 없이 이러한 명령에 따르지 아니한 때에는 법원은 문서의 진정 여부에 관한 확인신청자의 주장을 진실한 것으로 인정할 수 있다. 필치(筆致)를 바꾸어 손수 쓴 때에도 또한 같다. 대조하는 데에 제공된 서류는 그 원본·등본 또는 초본을 조서에 붙여야 한다.

당사자가 검증을 신청하고자 하는 때에는 검증의 목적을 표시하여 신청하여야 한다. 수명법관 또는 수탁판사는 검증에 필요하다고 인정할 때에는 감정을 명하거나 증인을 신문할 수 있다.

법원은 직권으로 또는 당사자의 신청에 따라 당사자 본인을 신문할 수 있다. 이 경우 당사자에게 선서를 하게 하여야 한다. 재판장은 필요하다고 인정한 때에 당사자 서로의 대질 또는 당사자와 증인의 대질을 명할 수 있다. 당사자가 정당한 사유 없이 출석하지 아니하거나 선서 또는 진술을 거부한 때에는 법원은 신문사항에 관한 상대방의 주장을 진실한 것으로 인정할 수 있다. 당사자를 신문한 때에는 선서의 유무와 진술 내용을 조서에 적어야 한다. 소송에서 당사자를 대표하는 법정대리인에 대한 신문도 당사자신문에 관한 규정이 준용된다. 당사자신문에는 증인신문에 관한 규정들이 준용된다.

민사소송법 제374조는 사진, 녹음테이프, 비디오테이프, 컴퓨터용자기디스크 등 신종매체에 관하여 감정, 서증, 검증에 관한 민사소송법 규정에 준하여 대법원규칙으로 정하도록 하고 있다. 컴퓨터용 자기디스크·광디스크, 그 밖에 이와 비슷한 정보저장매체에 기억된 문자정보를 증거자료로 하는 경우에는 읽을 수 있도록 출력한 문서를 제출할 수 있다(민사소송규칙 제120 제1항). 자기디스크 등에 기억된 문자정보를 증거로 하는 경우에 증거조사를 신청한 당사자는 법원이 명하거나 상대방이 요구한 때에는 자기디스크 등에 입력한 사람과 입력한 일시, 출력한 사람과 출력한 일시를 밝혀야 한다(같은 조 제2항). 자기디스크 등에 기억된 정보가 도면·사진 등에 관한 것인 때에는 제1항과 제2항의 규정을 준용한다(같은 조 제3항). 녹음·녹화테이프, 컴퓨터용 자기디스크·광디스크, 그 밖에 이와 비슷한 방법으로 음성이나 영상을 녹음 또는 녹화하여 재생할 수 있는 매체에 대한 증거조사를 신청하는 때에는 음성이나 영상이 녹음 등이 된 사람, 녹음 등을 한 사람 및 녹음 등을 한 일시·장소를 밝혀야 한다(민사소송규칙 제121조 제1항). 녹음테이프 등에 대한 증거조사는 녹음테이프 등을 재생하여 검증하는 방법으로 한다(같은 조 제2항). 녹음테이프 등에 대한 증거조사를 신청한 당사자는 법원이 명하거나 상대방이 요구한 때에는 녹음테이프 등의 녹취서, 그 밖에 그 내용을 설명하는 서면을 제출하여야 한다(같은 조 제3항). 도면·사진, 그 밖에 정보를 담기 위하여 만들어진 물건으로서 문서가 아닌 증거의 조사에 관하여는 특별한 규정이 없으면 감정, 서증 및 검증의 규정을 준용한다(민사소송규칙 제122조).

제3장 민 법

제1절 법원(法源)

　민법 제1조는 民事에 관하여 法律에 규정이 없으면 慣習法[1])에 의하고 慣習法이 없으면 條理에 의한다고 규정하고 있다. 여기서 民事는 司法的 판단을 전제로 한 민사사건, 민사소송사건의 준말이다. 여기서 법률이라 함은 국회가 제정한 법률, 명령, 규칙, 자치법, 국제법 등을 통칭한다. 국제사법 제1조에 의하여 준거법으로 적용되는 외국법 역시 法源이다.

---

1) 관습법이란 사회의 거듭된 관행으로 생성한 사회생활규범이 사회의 법적 확신과 인식에 의하여 법적 규범으로 승인·강행되기에 이른 것을 말하고, 그러한 관습법은 법원(법원)으로서 법령에 저촉되지 아니하는 한 법칙으로서의 효력이 있는 것이고, 또 사회의 거듭된 관행으로 생성한 어떤 사회생활규범이 법적 규범으로 승인되기에 이르렀다고 하기 위해서는 헌법을 최상위 규범으로 하는 전체 법질서에 반하지 아니하는 것으로서 정당성과 합리성이 있다고 인정될 수 있는 것이어야 하고, 그렇지 아니한 사회생활규범은 비록 그것이 사회의 거듭된 관행으로 생성된 것이라고 할지라도 이를 법적 규범으로 삼아 관습법으로서의 효력을 인정할 수 없다. 사회의 거듭된 관행으로 생성된 사회생활규범이 관습법으로 승인되었다고 하더라도 사회 구성원들이 그러한 관행의 법적 구속력에 대하여 확신을 갖지 않게 되었다거나, 사회를 지배하는 기본적 이념이나 사회질서의 변화로 인하여 그러한 관습법을 적용하여야 할 시점에 있어서의 전체 법질서에 부합하지 않게 되었다면 그러한 관습법은 법적 규범으로서의 효력이 부정될 수밖에 없다(2002다1178).

제 2 절   민법의 기본원리

1. 신의성실의 원칙

민법 제2조 제1항은 "권리의 행사와 의무의 이행은 신의에 좇아 성실히 하여야 한다"고 규정한다. 이를 신의성실의 원칙이라 한다. 신의성실의 원칙에 위배된다는 이유로 상대방의 권리행사를 부정하거나 자신의 의무이행을 거절하기 위해서는 상대방이 자신에게 그와 같은 신의를 공여하였다거나 객관적으로 보아 자신이 그러한 신의를 가지는 것이 정당한 상태에 있어야 하고, 이러한 자신의 신의에 반하여 상대방이 권리를 행사하거나 자신에게 의무의 이행을 강제하는 것이 정의 관념에 비추어 용인될 수 없는 정도의 상태에 이르러야 한다(2012다81401).

2. 권리남용금지의 원칙

민법 제2조 제2항은 "권리는 남용하지 못한다"고 규정하고 있다. 일본민법 제1조 제3항은 "권리의 남용은 이를 허용하지 않는다"고 규정하고 있다. 판례는 권리의 행사가 주관적으로 오직 상대방에게 고통을 주고 손해를 입히려는 데 있을 뿐 이를 행사하는 사람에게는 아무런 이익이 없고, 객관적으로 사회질서에 위반된다고 볼 수 있으면 그 권리의 행사는 권리남용으로서 허용되지 않는데, 권리행사가 상대방에게 고통이나 손해를 주기 위한 것이라는 주관적 요건은 권리자의 정당한 이익을 결여한 권리행사로 보여지는 객관적인 사정에 의하여 추인할 수 있다고 한다(2012다20819). 판례는 "중혼 성립 후 10여 년 동안 혼인취소청구권을 행사하지 아니하였다 하여 권리가 소멸되었다고 할 수 없으나 그 행사가 권리남용에 해당한다"고 판시하여 가족법에도 권리남용금지원칙을 적용하고 있다(92므907).

건물을 철거하여 그 부지를 인도받는다 하더라도 그 면적이 0.3 평방미터에 불과한데 2층 건물의 일부를 철거할 경우 그 잔존건물의 효용이 크게 감소되리라고 보여지는 사정 아래에서는 권리남용의 법리에 비추어 철거청구가 떳떳한 권리행사라고는 보여지지 않는다(93다4366).

근로자가 사직원의 작성·제출이 자신이 아닌 그의 형에 의하여 이루어졌음을 이유로 의원면직의 무효확인을 구하는 사안에서, 근로자의 형이 사직원을 제출하게 된 경위 및 근로자가 아무런 이의 없이 퇴직금을 수령한 점 등 제반 사정에 비추어 볼 때, 의원면직일로부터 5년여가 경과한 후에 위와 같은 소를 제기하는 것은 신의칙 내지 금반언의 원칙에 반하는 것으로서 부적법하다(2005다45827).

경매를 통하여 토지를 취득한 자가 그 지상 건물의 철거와 토지의 인도를 구하는 사안에서, 건물의 철거로 인한 권리행사자의 이익보다 건물 소유자의 손해가 현저히 크고 사회경제적으로도 큰 손실이 될 것으로 보이기는 하나, 건물소유자가 위 건물에 대한 권리를 인수할 당시 그 철거가능성을 알았다고 보이는 점, 토지에 대한 투자가치가 있어 건물 철거 등의 청구가 권리행사자에게 아무런 이익이 없다거나 오직 상대방에게 손해를 입히려는 것이라고 보기 어려운 점 등에 비추어, 권리남용에 해당하지 않는다(2009다58173).

3. 사정변경의 원칙

민법 제557조는 "증여계약 후에 증여자의 재산상태가 현저히 변경되고 그 이행으로 인하여 생계에 중대한 영향을 미칠 경우에는 증여자는 증여를 해제할 수 있다"고 규정하고 있고, 민법 제628조는 "임대물에 대한 공과부담의 증감 기타 경제사정의 변동으로 인하여 약정한 차임이 상당하지 아니하게 된 때에는 당사자는 장래에 대한 차임의 증감을 청구할 수 있다"고 규정하고 있다. 이들 규정들은 사정변경 원칙에 근거한 규정들이다. 민법은 일반적으로 사정변경의 원칙을 규정하고 있지는 않지만, 통설과 판례는 민법 제2조 신의칙에서 사정변경의 원칙이 파생되어 나오는 것으로 본다. 대법원판례는 사정변경으로 인한 계약해제는 계약성립 당시 당사자가 예견할 수 없었던 현저한 사정의 변경이 발생하였고 그러한 사정의 변경이 해제권을 취득하는 당사자에게 책임 없는 사유로 생긴 것으로서, 계약내용대로의 구속력을 인정한다면 신의칙에 현저히 반하는 결과가 생기는 경우에 계약준수 원칙의 예외로서 인정되는 것이라고 한다. 사정변경에서 사정이란 계약의 기초가 되었던 객관적인 사정이고, 일방당사자의 주관적 또는 개인적인 사정이 아니라고 한다. 계약의 성립에 기초가 되지 아니한 사정이 그 후 변경되어 일방당사자가 계약 당시 의도한 계약목적을 달성할 수 없게 됨으로써 손해를 입게 되었다 하더라도 특별한 사정이 없는 한 그 계약내용의 효력을 그대로 유지하는 것이 신의칙에 반한다고 볼 수 없다고 한다(2004다31302). 판례의 기본입장은 계약성립시의 목적물에 대한 대금이 계약이행기에 폭등하여 목적물과 목적물의 가격이 현저하게 균형을 잃을지라고 매도인은 사정변경을 이유로 매매계약을 해제할 수 없다는 것이다. 그러나 계속적 보증계약의 경우에 있어서는 채무자의 자산상태가 현저하게 약화되거나 채무자의 지위 또는 신분에 현저한 변화가 생긴 경우에는 보증인의 이익을 보호하기 위하여 보증인에게 사정변경을 이유로 한 해지권을 인정하고 있다(89다카1381). 다만 계속적인 보증계약이라 할지라도 채무액이 확정적인 경우에 있어서는 판례는 사정변경의 원칙을 적용하지 않고 있다(90다15501).

4. 실효의 원칙

실효의 원칙은 민법에 규정이 없고 판례법이 확립한 법원리다. 실효의 원칙이란 권리자가 장기간에 걸쳐 그 권리를 행사하지 아니하여 새삼스럽게 그 권리를 행사하는 것이 신의성실의 원칙에 위반되어 허용되지 않는다는 법원리이다. 상대방이 더 이상 권리자가 그 권리를 행사하지 아니할 것으로 믿을 만한 정당한 사유가 있는 경우, 지체된 권리행사에 대하여 상대방은 그의 권리행사에 대하여 실효의 항변으로 대항할 수 있다.

지방자치단체가 그 행정재산인 토지를 매도하였더라도 그 후 공용폐지가 되었다면 지방자치단체가 위 토지에 관하여 소유권이전등기의 말소등기절차이행을 구하는 것은 그 재산을 회수하여 공공의 용에 사용하려는 데 그 목적이 있는 것도 아니며 한편 매도인인 지방자치단체는 특단의 사정이 없는 한 매매행위 당시에 동 토지가 행정재산임을 알고 있었다고 보아야 할 것이고 매수인들로서도 동 처분행위가 적법하다고 믿어 동 매매계약을 체결하였을 것이므로 처분행위 후 20년 가까이 경과하고 공용폐지까지 된 이제와서 당해 토지가 매매당시에 행정재산임을 내세워 무효라고 주장하는 것은 신의칙에 반하는 권리행사에 해당되어 허용될 수 없다(86다카204).

원고가 이 사건 의원면직처분이 무효인 것임을 알고서도 2년 4개월 남짓한 동안이나 그 처분이 무효인 것이라고 주장하여 자신의 권리를 행사한 바 없다는 점을 함께 고려하여 보면, 원고가 이 사건 의원면직처분으로 면직된 때로부터 12년 이상이 경과된 후에 새삼스럽게 그 처분의 무효를 이유로 피고와의 사이에 고용관계가 있다고 주장하여 이 사건과 같은 소를 제기하는 것은, 실효의 원칙에 비추어 허용될 수 없는 것이라고 볼 여지가 없지 아니하다(91다30118).

해제의 의사표시가 있은 무렵을 기준으로 볼 때 무려 1년 4개월가량 전에 발생한 해제권을 장기간 행사하지 아니하고 오히려 매매계약이 여전히 유효함을 전제로 잔존채무의 이행을 최고함에 따라 상대방으로서는 그 해제권이 더 이상 행사되지 아니할 것으로 신뢰하였고 또 매매계약상의 매매대금 자체는 거의 전부가 지급된 점 등에 비추어 보면 그와 같이 신뢰한 데에는 정당한 사유도 있었다고 봄이 상당하다면, 그 후 새삼스럽게 그 해제권을 행사한다는 것은 신의성실의 원칙에 반하여 허용되지 아니한다 할 것이므로, 이제 와서 매매계약을 해제하기 위해서는 다시 이행제공을 하면서 최고를 할 필요가 있다(94다12234).

인지청구권은 본인의 일신전속적인 신분관계상의 권리로서 포기할 수도 없으며 포기하였더라도 그 효력이 발생할 수 없는 것이고, 이와 같이 인지청구권의 포기가 허용되지 않는 이상 거기에 실효의 법리가 적용될 여지도 없다. 인지청구권의 행사가 상속재산에 대한 이해관계에서 비롯되었다 하더라도 정당한 신분관계를 확정하기 위해서라면 신의칙에 반하는 것이라 하여 막을 수 없다(2001므1353).

토지소유자가 그 점유자에 대하여 부당이득반환청구권을 장기간 적극적으로 행사하지 아니하였다는 사정만으로는 부당이득반환청구권이 이른바 실효의 원칙에 따라 소멸하였다고 볼 수 없다(2001다60019).

제 3 절 권리능력

1. 자연인

사람이 언제부터 권리능력을 가지고 또 언제 권리능력을 잃는 것인가에 대하여 민법 제3조가 정하고 있다. 민법 제3조는 "사람은 생존한 동안 권리와 의무의 주체가 된다"고 규정한다. 민법 제3조는 대한민국 국민은 평등하게 권리능력을 갖고 있음을 선언하고 있다. 이를 권리능력평등의 원칙이라 표현하기도 한다. 대한민국 건국 전 조선에서는 같은 지역에서 나서 자란 피부색도 같고 사용하는 언어도 같은 사람을 牛馬처럼 사고, 팔고, 상속하였다. 전쟁포로나 다른 대륙에서 노예상이 붙잡아 온 사람을 노예로 한 것이 아니고 같은 동네에서 함께 자란 같은 언어를 사용하는 사람을 매매하고 상속한 나라가 조선이었다. 조선의 법전인 경국대전 호전 牛馬매매의 조항에서 노비매매를 다루고 있다. 조선은 세계적으로도 그 예를 잘 찾기 어려운 장기간에 걸쳐 자국민을 매매하고 상속하였던 농경국가였다. 고려의 노비는 인구의 10% 내외였는데, 조선의 노비는 전체 인구의 40%에 육박하였다고 한다. 오직 양반만이 조선에서 법이 인정하는 유일한 권리능력자였다. 이 점에서 모든 국민이 나면서부터 죽을 때까지 권리능력자임을 법률로 인정한 민법 제3조는 매우 큰 법적 의미가 있다. 민법 제3조는 자연인은 출생과 동시에 권리능력을 가진다고 규정한 것이다.

통설은 태아가 모체로부터 완전히 노출된 순간부터 출생하는 것으로 본다. 출생신고와는 관계없이 출생한 사실만으로 권리능력을 얻지만, 일반적으로 출생의 여부 및 출생의 시기는 가족등록부상 기재에 의해 증명된다. 가족등록부에 기재된 사실은 진실에 부합하는 것으로 추정된다. 그 기재사실에 반하는 증거에 의하여 그 추정은 번복될 수 있다(78다1670,1671).

태아는 아직 모체에 있는 존재이므로 권리의 주체가 아니다. 다만 민법은 태아의 보호를 위하여 불법행위에 기한 손해배상의 청구(제762조), 상속(제1000조 제3항), 대습상속(제1001조), 유증(제1064조), 사인증여(제562조)의 경우에 이미 출생한 것으로 본다. 따라서 태아가 살아서 출생하여 실제 모체에서 분리되어 권리능력을 가지게 되면, 출생시기가 문제되는 사안의 경우 소급하여 권리능력을 인정받게 된다(정지조건설).2) 예컨대, 피상속인이 배우자, 태아, 직계존속을 남기고 사망한 경우 우선 배우자와 직계존속이 상속하고, 태아가 출생하면 배우자와 직계존속은 출생한 子에게 상속을 회복시켜 주어야 한다. 민법은 태아를 위한 법정대리인제도를 두고 있지 않다. 입법론으로 태아의 권리보존을 위하여 법정대리인과 유사한 지위를 갖는 자를 인정하고, 가정법원의 엄격한 감독을 받도록 하는 태아재산관리제도를 두자는 견해가 있다.3)

민법에 규정은 없지만 아직 受胎되지 않은 者에 대하여 일정한 권리를 취득할 수 있게 할 필요가 있다. 독일민법은 제3자를 위한 계약에 있어서 수익자(제331조 제2항), 상속에 있어서 후위상속인으로의 지정(제2101조 제1항, 제2106조 제2항), 유증을 받을 자로의 지정(제2162조, 제2178조)의 경우에 일정한 권리를 취득할 수 있는 것으로 규정하고 있고, 독일의 판례는 저당권은 아직 수태되지 아니한 자를 위하여도 등기할 수 있는 것으로 본다.4)

권리능력은 사망과 동시에 소멸한다. 사망 시점부터 상속 및 유언의 효력발생,

---

2) 대법원 1976. 9. 14. 선고 76다1365 판결. 해제조건설을 취하는 통설은 태아에게 법정대리인 제도를 유추적용할 수 있다고 본다. 다만 그 권한은 권리를 보존·관리하는 데 그치는 것으로 본다.

3) 고상룡,「민법총칙 제3판」, 법문사(2003), 81면.

4) 양삼승,「民法注解(1)」, 박영사(1992), 255면.

잔존배우자의 재혼, 보험수취권, 연금권 등의 문제가 발생하기 때문에 언제를 기준으로 사망한 것으로 볼 것이냐는 매우 중요한 문제이다. 이에 대하여 민법은 전혀 규정을 두고 있지 않다. 심장정지설은 호흡정지, 맥박정지, 동공확산을 중요한 징후로 보면서 심장의 기능이 회복불가능한 정도로 정지된 때 사망한 것으로 본다. 뇌사설은 장기이식의 필요성을 감안하여 심장이 정지한 시기가 아니라 뇌사상태에 빠지면 호흡을 하고 심장이 뛰어도 사망한 것으로 본다. 장기 등 이식에 관한 법률 제21조 제1항은 "뇌사자가 이 법에 따른 장기 등의 적출로 사망한 경우에는 뇌사의 원인이 된 질병 또는 행위로 인하여 사망한 것으로 본다"고 하고, 제2항은 "뇌사자의 사망시간은 뇌사판정위원회가 뇌사판정을 한 시각으로 한다"고 규정한다. 따라서 장기 등 이식에 관한 법률이 사망시기를 규정하고 있는 것은 아니다. 사망시기를 명백하게 규정한 법률은 없다. 뇌사설은 장기 등 이식에 관한 법률에 중요한 근거를 제공하는 견해이기는 하나, 장기이식은 예외적 상황인 것이고, 민법은 일반적 상황에 대처해야 하는 법이기 때문에 민법의 해석에 있어서는 심장정지설이 타당하다. 사람이 사망한 경우 신고의무자는 1개월 이내에 사망신고를 하여야 한다. 사망 사실은 가족관계등록부에 기재되는데(가족관계등록법 제84조, 제16조), 이는 사실상 추정의 효력을 가질 뿐이다(97스4).

민법은 2인 이상이 동일한 危難으로 사망한 경우, 동시에 사망한 것으로 推定한다(제30조). '추정한다'고 규정하고 있으므로 反證으로 추정을 뒤집을 수 있다. 복수의 사람이 각기 다른 위난으로 비슷한 시기에 사망하였는데 누가 먼저 사망하였는지 증명하기가 곤란한 경우에도 민법 제30조를 유추하여 동시에 사망한 것으로 볼 것이다.

가족관계등록법 제87조는 인정사망 규정을 두고 있다. 이는 항공기추락, 선박침몰, 전쟁, 지진, 화재, 홍수 등으로 인한 제반사정에 비추어 사망이 확실하다고 인정되는 경우, 사체를 찾지 못하여 사망의 사실을 확인할 수 없다 하더라도 이를 조사한 관공서의 사망보고에 기하여 가족등록부에 사망을 기재하는 제도다. 인정사망에 있어서는 가족등록부의 사망기재는 사실상 추정력이 있는 것에 불과하다. 인정사망보고는 사망자의 사체를 발견할 수 없는 경우로서 사망자에 대한 진단서는 물론 검안서나 기타 사망사실을 증명할 만한 서면의 첨부가 불가능하기 때문에 관공서가 작성한 사망보고서(공문서)의 진실성을 담보로 하여 가족등록부에 사망을 기재하는 제도이다(87다카2954). 강태성 교수는 통설이 인정사망의 근거라고 주장하는 가족관계등록법 제87조 본문은 일정한 사망자가 있는 경우에 이를 조사한 관공서도 사망신고를 할 수 있도록 한 것에 지나지 않기 때문에 인정사망의 근거가 될 수 없으며, 인정사망을 인정하기 위해서는 별도의 입법이 필요하다고 주장한다.[5]

부재선고에 관한 특별조치법(부재선고법)은 대한민국의 군사분계선 이북(以北) 지역에서 그 이남(以南) 지역으로 옮겨 새로 가족관계등록을 창설한 사람 중 군사분계선 이북 지역의 잔류자(殘留者)에 대한 부재선고(不在宣告)의 절차에 관한 특례를 규정하고 있다. 법원은 잔류자임이 분명한 사람에 대하여는 가족이나 검사의 청구에 의하여 부재선고를 하여야 한다(부재선고법 제3조). 부재선고를 받은 사람은 가족관계등록부를 폐쇄한다. 이 경우 민법 제997조의 적용 및 혼인에 관하여는 실종선고를 받은 것으로 본다(동법 제4조).

2. 법인

법인은 법률의 규정에 의함이 아니면 성립하지 못한다. 학술, 종교, 자선, 기예, 사교 기타 영리아닌 사업을 목적으로 하는 사단 또는 재단은 주무관청의 허가를 얻어 이를 법인으로 할 수 있다. 법인은 그 주된 사무소의 소재지에서 설립등기를 함으로써 성립한다. 법인은 법률의 규정에 좇아 정관으로 정한 목적의 범위 내에서 권리와 의무의 주체가 된다.

법인은 이사 기타 대표자가 그 직무에 관하여 타인에게 가한 손해를 배상할 책임이 있다. 이사 기타 대표자는 이로 인하여 자기의 손해배상책임을 면하지 못한다. 법인의 목적범위외의 행위로 인하여 타인에게 손해를 가한 때에는 그 사항의 의결에 찬성하거나 그 의결을 집행한 사원, 이사 및 기타 대표자가 연대하여 배상하여야 한다.

법인의 주소는 그 주된 사무소의 소재지에 있는 것으로 한다. 법인의 사무는 주무관청이 검사·감독한다. 법인이 목적 이외의 사업을 하거나 설립허가의 조건에 위반하거나 기타 공익을 해하는 행위를 한 때에는 주무관청은 그 허가를 취소할 수 있다. 영리를 목적으로 하는 사단은 상사회사설립의 조건에 좇아 이를 법인으로 할 수 있으며, 이 경우의 사단에는 상사회사에 관한 규정을 준용한다.

사단법인의 설립자는 목적, 명칭, 사무소 소재지, 자산에 관한 규정, 이사의 임면에 관한 규정, 사원자격의 득실에 관한 규정, 존립시기나 해산사유를 정하는 때

---

5) 강태성, 「민법총칙 제6판」, 대명출판사(2016), 223면.

에는 그 시기 또는 사유 등 사항을 기재한 정관을 작성하여 기명날인하여야 한다. 이사의 대표권에 대한 제한은 이를 정관에 기재하지 아니하면 그 효력이 없다. 사단법인의 정관은 총사원 3분의 2 이상의 동의가 있는 때에 한하여 이를 변경할 수 있다. 그러나 정수에 관하여 정관에 다른 규정이 있는 때에는 그 규정에 의한다. 정관의 변경은 주무관청의 허가를 얻지 아니하면 그 효력이 없다.

재단법인의 설립자는 일정한 재산을 출연하고 정관을 작성하여 기명날인하여야 한다. 재단법인의 설립자가 그 명칭, 사무소소재지 또는 이사임면의 방법을 정하지 아니하고 사망한 때에는 이해관계인 또는 검사의 청구에 의하여 법원이 이를 정한다. 재단법인의 정관은 그 변경방법을 정관에 정한 때에 한하여 변경할 수 있다. 재단법인의 목적달성 또는 그 재산의 보전을 위하여 적당한 때에는 전항의 규정에 불구하고 명칭 또는 사무소의 소재지를 변경할 수 있다. 재단법인의 목적을 달성할 수 없는 때에는 설립자나 이사는 주무관청의 허가를 얻어 설립의 취지를 참작하여 그 목적 기타 정관의 규정을 변경할 수 있다. 생전처분으로 재단법인을 설립하는 때에는 증여에 관한 규정을 준용한다. 유언으로 재단법인을 설립하는 때에는 유증에 관한 규정을 준용한다. 생전처분으로 재단법인을 설립하는 때에는 출연재산은 법인이 성립된 때로부터 법인의 재산이 된다. 유언으로 재단법인을 설립하는 때에는 출연재산은 유언의 효력이 발생한 때로부터 법인에 귀속한 것으로 본다.

민법은 설립등기를 갖춘 법인에게만 권리능력을 부여한다. 등기를 갖추지 않은 비법인사단과 조합은 민법상 권리능력을 갖지 못한다. 상법 제169조와 제170조는 그 본질이 조합인 합명회사와 합자회사를 법인으로 본다. 농업협동조합이나 중소기업협동조합은 조합이라는 명칭을 사용하지만 그 근거법률에 의하여 설립된 사단법인이다. 사단과 조합의 구분이 법인을 결정하는 것이 아니고 법률이 어떤 단체에 관하여 '법인으로 한다'는 명문 규정을 두어야 그 단체가 법인이 되는 것이다. 조합은 협동조합기본법에 따라 간편하게 법인격을 취득할 길이 열려 있다. 협동조합기본법 제4조 제1항은 '협동조합등은 법인으로 한다'고 규정하고 있다. 법인격을 가지려는 조합은 협동조합기본법 제15조에 따라 시·도지사에게 설립신고를 하여야 한다. 법인의 소유방식은 자연인과 마찬가지로 단독소유와 지분적 단독소유인 공유이다. 설립등기를 하지 않아 법인이 아닌 사단의 소유방식은 총유이다. 사단의 실질이 없는 조합의 소유방식은 합유이다. 민법은 단체의 세 형태를 마련하고, 각각의 소유 형태로, 단독소유, 총유, 합유를 두고 있다.

3. 비법인사단 · 비법인재단

사단 · 재단의 실질을 가지고 있지만, 설립등기 등 법인설립절차를 밟고 있지 않아 민법상 권리능력이 인정되지 않는 사단 · 재단을 비법인사단 · 비법인재단이라 한다. 민법 제275조는 권리능력 없는 사단이라고 표현하지 않고, 법인이 아닌 사단이라고 표현한다. 민사소송법 제52조는 법인이 아닌 사단 · 재단에 당사자능력을 부여하여 언제든지 그 단체의 명의로 민사소송절차를 이용할 수 있도록 하고 있다. 국세기본법 제13조 제1항은 법인 아닌 사단 · 재단을 법인으로 보아 납세의무의 주체로 규정한다. 지방세법 제75조 제1항도 법인격 없는 사단 · 재단을 법인으로 보아 납세의무의 주체로 규정하고 있다.

판례는 비법인사단에 대하여 사단으로서의 실체를 갖추고 그 대표자 또는 관리인을 통하여 사회적 활동이나 거래를 하는 경우(97다18547)라고 설명하고, 비법인재단에 대하여는 일정한 재산을 중심으로 하여 사실상 사회생활상의 하나의 단위를 이루는 조직을 가지는 경우로 법률상 특수한 사회적 작용을 담당하는 독자적 존재(63다856)라고 설명한다. 민법은 조합의 소유형태로 따로 합유를 규정하고 있는 관계로 조합에 관한 규정을 비법인사단에 적용할 여지가 없다. 따라서 법인격을 전제로 하는 주무관청의 설립허가, 설립등기 등 관련 규정을 제외한 사단법인의 규정을 비법인사단에 유추적용할 수밖에 없다. 통설과 판례는 법인격을 전제로 하지 않는 민법규정들은 비법인사단과 비법인재단에 유추적용된다는 입장이다. 비법인사단에는 종중, 교회, 전통사찰의 보존 및 관리에 관한 법률이 적용되지 않는 일반사찰, 아파트 입주자대표회의, 아파트 부녀회, 불교신도회, 어촌계, 집합상가 · 오피스텔 관리단이 있다. 특별한 약정이 없는 한 계(契)는 비법인사단이 아니고 조합이다.

비법인재단의 소유 형태에 대하여 민법에 규정이 없다. 판례에 의하면 전통사찰은 비법인재단이고, 물건인 전통사찰의 소유권은 비법인재단인 전통사찰 자체에 귀속된다(91다9336).

민사소송법 제52조는 '법인이 아닌 사단이나 재단은 대표자 또는 관리인이 있는 경우에는 그 사단이나 재단의 이름으로 당사자가 될 수 있다'고 규정하고 있다. 따라서 비법인사단 · 비법인재단은 그 사단 또는 재단의 명의로 소를 제기할 수 있다(2004다44971).

법인격 없는 사단의 사원이 집합체로서 물건을 소유할 때에는 총유(總有)로 한다(제275조). 이 규정은 제278조에 의하여 '소유권 이외의 재산권에 준용'되므로, 권리능력 없는 사단은 채권·채무를 비롯하여 각종의 재산권도 이를 준총유(準總有)하게 된다.

부동산등기법 제30조 제1항은 종중, 문중, 그 밖에 대표자나 관리인이 있는 법인 아닌 사단이나 재단에 속하는 부동산의 등기에 관하여는 그 사단이나 재단을 등기권리자 또는 등기의무자로 한다고 규정하여 비법인사단·비법인재단 명의로 부동산등기를 하는 것을 허용하고 있다. 등기신청은 비법인사단·비법인재단의 명의로 그 대표자나 관리인이 한다(부동산등기법 제30조 제2항). 따라서 비법인사단의 경우 부동산을 내부적으로 총유하는 것이지만, 외부적으로는 비법인사단 명의로 등기할 수 있다. 비법인사단의 명의가 아닌 대표자의 명의로 등기하게 되면 일종의 명의신탁이 되는 것이다. 비법인사단에 대한 집행권원으로 비법인사단 명의의 부동산에 대하여 강제집행할 수 있다.

비법인사단은 어떻게 동산을 점유할 것인가. 대표자가 점유를 하면 그것을 비법인사단의 점유로 볼 것이다. 비법인사단은 어떻게 은행에 예금을 할 것인가. 대표자가 비법인사단의 대표자임을 부기하여 개인 자격으로 예금을 할 것이다. 이러한 결론은 비법인재단의 경우에도 같다. 비법인재단 역시 공시방법이 없는 재산권의 경우 그 소유는 비법인재단 자체에 귀속되는 것이지만, 비법인재단 명의로 소유할 수 있는 방법이 없는 이상 대표자의 점유를 비법인재단의 점유로 볼 것이고, 예금의 경우 비법인재단의 대표자임을 부기하는 방식을 취할 것이다.

비법인사단의 채무는 비법인사단의 구성원들이 준총유한다(제278조). 비법인사단이 준총유하는 재산으로만 비법인사단 채무를 변제할 뿐이고, 비법인사단 구성원 개인재산으로 비법인사단의 채무를 책임질 필요가 없다는 것이 대법원판례의 일관된 입장이다(92다2131). 비법인사단 대표의 직무에 관한 불법행위로 인한 손해배상책임은 민법 제35조 제1항을 유추적용하여 대표자 개인도 책임을 질 것이나, 비법인사단 구성원은 책임지지 않는다. 비법인사단과 거래하는 상대방은 비법인사단 구성원은 비법인사단의 채무에 대해 책임을 지지 않는다는 점을 명확히 인식해야 한다.

조합과 비법인사단의 구별 기준은 일반적으로 단체성의 강약이다. 조합은 2인 이상이 상호간에 금전 기타 재산 또는 노무를 출자하여 공동사업을 경영할 것을 약정하는 계약관계에 의하여 성립하므로 어느 정도 단체성에서 오는 제약을 받게 되는 것이지만 구성원의 개인성이 강하게 드러나는 인적 결합체이다. 비법인사단은 구성원의 개인성과는 별개로 권리·의무의 주체가 될 수 있는 독자적 존재로서의 단체적 조직을 가지는 특성이 있다. 어떤 단체가 고유의 목적을 가지고 사단적 성격을 가지는 규약을 만들어 이에 근거하여 의사결정기관 및 집행기관인 대표자를 두는 등의 조직을 갖추고 있고, 기관의 의결이나 업무집행방법이 다수결의 원칙에 의하여 행하여지며, 구성원의 가입, 탈퇴 등으로 인한 변경에 관계없이 단체 그 자체가 존속되고, 그 조직에 의하여 대표의 방법, 총회나 이사회 등의 운영, 자본의 구성, 재산의 관리 기타 단체로서의 주요사항이 확정되어 있는 경우에는 비법인사단으로서의 실체를 가진다. 민사소송법 제48조가 비법인사단의 당사자능력을 인정하는 것은 법인이 아닌 사단이나 재단이라도 사단 또는 재단으로서의 실체를 갖추고 대표자 또는 관리인을 통하여 사회적 활동이나 거래를 하는 경우에는, 그로 인하여 발생하는 분쟁은 그 단체의 이름으로 당사자가 되어 소송을 통하여 해결하게 하고자 함에 있다 할 것이므로 여기서 말하는 사단이라 함은 일정한 목적을 위하여 조직된 다수인의 결합체로서 대외적으로 사단을 대표할 기관에 관한 정함이 있는 단체를 말한다고 할 것이다. 종중 또는 문중과 같이 특별한 조직행위 없이도 자연적으로 성립하는 예외적인 사단이 아닌 한, 비법인 사단이 성립하려면 사단으로서의 실체를 갖추는 조직행위가 있어야 한다. 만일 어떤 단체가 외형상 목적, 명칭, 사무소 및 대표자를 정하고 있다고 할지라도 사단의 실체를 인정할 만한 조직, 그 재정적 기초, 총회의 운영, 재산의 관리 기타 단체로서의 활동에 관한 증명이 없는 이상 이를 법인이 아닌 사단으로 볼 수 없다. 사단으로서의 실체를 갖추는 조직행위가 사단을 조직하여 그 구성원으로 되는 것을 목적으로 하는 구성원들의 의사의 합치에 기한 것이어야 한다(99다4504).

제 4 절 의사능력, 책임능력

1. 의사능력

민법에 의사능력에 관한 규정은 없다. 독일민법6)과 스위스민법은 절대적 행위무능력자의 의사표시를 무효화하는 의사무능력제도를 규정하고 있다. 프랑스민법과 일본민법은 의사무능력제도를 채택하고 있지 않다. 통설은 의사무능력제도를 인

---

6) 독일민법 제828조는 "만 7세 미만의 어린이는 절대적 책임무능력자이며 만 7세 이상 만 18세 미만의 미성년자는 행위 당시에 판단력이 없었을 때에는 책임지지 않는다"고 규정한다.

정하자고 한다. 통설은 독일민법과 같은 규정은 없지만 해석으로 의사능력이 없는
자를 의사무능력자라 하고, 그 자의 의사무능력을 근거로 그 자의 법률행위는 절대
적 무효로 취급해야 한다고 주장한다. 의사무능력자에 해당하는 경우로 유아, 만취
자, 백치 등을 든다.[7] 통설에 따르면 의사능력은 자기 행위의 결과를 인식·판단하
여 정상적인 의사결정을 할 수 있는 판단능력이다. 의사능력이 있는지의 여부를 판
단하는 기준은 통상인이다.[8] 의사능력이 없는 자의 행위가 무효라는 것은 의사무
능력자를 보호하기 위한 것이다. 통설은 상대방을 포함하여 누구나 무효를 주장할
수 있다고 한다(절대적 무효설). 대법원판례[9]는 의사능력이라는 개념을 인정하고,
의사능력이 없는 자의 법률행위를 무효라고 한다.

2. 책임능력

민법은 적법행위인 법률행위에 필요한 자격을 행위능력이라 하고, 위법행위인
불법행위에 필요한 자격을 책임능력이라 한다. 민법 제753조와 제754조 표제는 책
임능력이라는 개념을 사용한다. 책임능력이란 불법행위를 함에 있어서, 자기의 행
위가 위법하고 그로 인한 행위결과를 변식할 수 있는 능력이다. 불법행위법(제750
조)은 과실책임주의를 취하고 있기 때문에 책임능력을 당연히 요한다. 책임능력 유

---

7) 이영준, 「민법총칙 전정판」, 박영사(1997), 792면.
8) 곽윤직, 「민법총칙 신정판」, 박영사(1989), 150면.
9) 대법원 2006. 9. 22. 선고 2006다29358 판결 "의사능력이란 자신의 행위의 의미나 결과를 정
상적인 인식력과 예기력을 바탕으로 합리적으로 판단할 수 있는 정신적 능력 내지는 지능을
말하는바, 특히 어떤 법률행위가 그 일상적인 의미만을 이해하여서는 알기 어려운 특별한 법
률적인 의미나 효과가 부여되어 있는 경우 의사능력이 인정되기 위해서는 그 행위의 일상적
인 의미뿐만 아니라 법률적인 의미나 효과에 대하여도 이해할 수 있을 것을 요한다고 보아야
하고, 의사능력의 유무는 구체적인 법률행위와 관련하여 개별적으로 판단되어야 할 것이다.
기록에 의하면 피고는 연대보증계약 당시 이미 정신지체장애 3급의 판정을 받은 장애인으로
서, 2005.10경 실시된 피고에 대한 정신감정 결과 위 피고의 지능지수는 58에 불과하고, 읽기
는 가능하나 쓰기는 이름 및 주소 외에는 불가능하며, 기초적인 지식도 제대로 습득하지 못하
였고, 간단한 계산능력이나 단순한 주의력도 결여되어 있으며, 사회적 이해력 및 상황의 파악
능력도 손상되어 있어, 보증이나 대출의 의미를 제대로 이해할 수 없다는 진단을 받은 사실을
인정할 수 있는바, 위 연대보증계약 체결 당시의 위 피고의 지능지수 및 사회적 성숙도도 위
정신감정 당시와 비슷하였을 것으로 보이는 점에다가, 장애인복지법상 지능지수 70 이하의
사람을 정신지체인으로서 보호의 대상으로 삼고 있는 점, 위 연대보증계약에 기하여 부담하
게 되는 채무액이 2,000만원이 넘어 결코 소액이라고 할 수 없는 점 등을 보태어 보면, 위 피
고가 위 연대보증계약 당시 그 계약의 법률적 의미와 효과를 이해할 수 있는 의사능력을 갖추
고 있었다고는 볼 수 없고, 따라서 이러한 계약은 의사능력을 흠결한 상태에서 체결된 것으로
서 무효라고 보아야 할 것이다."

무 결정은 개별적인 경우에 있어서 실질적으로 판단한다. 책임능력이 없는 자(책임무능력자)는 위법행위를 하더라도 불법행위가 성립하지 않고, 따라서 손해배상책임이 없다. 다만 그 감독자가 그 손해를 배상할 책임이 있다. 그러나 감독자도 감독의무를 태만히 하지 않음을 증명한 때에는 손해배상책임이 없다(제755조 제1항). 행위능력은 획일적 기준에 의해서 부여되지만, 책임능력은 사안에 따라 다르게 판단될 수 있다. 행위능력은 만 19세에 일률적으로 취득한다. 그러나 책임능력은 사안에 따라 만 12세 정도부터 인정된다. 대법원판례는 13세 정도의 어린이의 정신능력을 요구하고 있다(68다2406). 책임능력은 자연인에게만 해당하고, 법인과는 무관하다.

제 5 절 제한능력자제도

1. 행위능력, 제한능력자

민법은 행위능력에 대하여 적극적으로 규정하고 있지 않다. 행위능력이라 함은 단독으로 법률행위를 할 수 있는 능력을 말한다. 의사능력이 단순한 판단능력임에 반해, 행위능력은 보다 고차원적인 거래상 계산능력이다. 이러한 행위능력을 제한적으로 가지는 자를 민법은 제한능력자라 한다. 민법은 적극적으로 행위능력자를 규정하지 않고, 소극적으로 제한능력자를 규정하고 있다. 민법은 일정 연령에 도달한 자연인은 원칙적으로 행위능력이 있다는 것을 당연한 전제로 하고, 후견이 필요한 경우에 한해 법원의 판결에 의하여 후견인을 선임하는 방식을 취하고 있다. 민법이 제한능력자제도 등 행위능력과 관련하여 둔 규정들은 모두 강행규정이고, 원칙적으로 재산상의 법률행위에 한해 적용된다. 무주물선점, 유실물습득, 첨부 등과 같은 사실행위와 가족법상 행위에는 적용되지 않는다. 개인의 의사를 존중하는 신분행위를 함에 있어서는 의사능력으로 충분하기 때문에, 민법총칙상의 제한능력 관련 규정은 신분행위에는 적용하기 어렵다. 정신능력이 피성년후견인이나 피한정후견인에 해당할지라도 아직 성년후견개시 또는 한정후견개시의 심판을 받지 않은 경우에는 제한능력자에 관한 규정을 유추적용할 수 없다(92다6433).

2. 미성년자

사람은 19세로 성년에 이르게 된다(제4조). 19세에 이르지 않은 자는 미성년자이다. 민법은 성년자에게 완전한 행위능력이 있는 것으로 보나, 미성년자가 법정대리인의 동의없이 한 행위는 취소할 수 있는 것으로 정하고 있다. 미성년자가 혼인을 한 때에는 성년에 달한 것으로 본다(제826조의2, 성년의제). 혼인성립과 동시에 미성년자의 행위능력이 인정된다. 혼인적령은 만18세이다(제807조). 미성년자의 법률행위는 법정대리인(친권자 또는 친권자가 없을 때에는 후견인)이 대리하여 해 주거나, 미성년자 자신이 법률행위를 할 때에는 법정대리인의 동의를 얻어야 한다(제5조 제1항 본문). 법정대리인은 미성년자가 아직 법률행위를 하기 전에는 동의를 취소할 수 있다(제7조).[10] 미성년자의 법률행위에 법정대리인의 동의를 요하도록 하는 민법규정은 강행규정이다.

　　법정대리인의 동의 없이 미성년자가 단독으로 한 법률행위는 취소할 수 있다(제5조 제2항). 취소된 법률행위는 처음부터 무효로 본다(제141조). 그러나 미성년자가 권리만을 얻거나 의무만을 면하는 행위는 법정대리인의 동의가 필요 없다(제5조 제1항 단서). 법정대리인이 범위를 정하여 처분을 허락한 재산은 미성년자가 임의로 처분할 수 있다(제6조). 법정대리인은 미성년자가 아직 법률행위를 하기 전에는 처분의 허락을 취소할 수 있다(제7조). 사용목적을 정하여 처분을 허락한 재산도 그 목적과 상관없이 미성년자가 임의로 처분할 수 있다고 볼 것이다(통설). 제한능력자 제도의 목적에 반할 정도로 포괄적인 처분을 허락하는 것은 금지된다고 할 것이다(통설). 특정 재산에 대해 범위를 정해 처분을 허락한 경우에는 법정대리인의 대리권은 그대로 존속한다. 이 경우(민법 제6조)에는 법정대리인의 동의가 있어 법률행위를 할 수 있는 경우와 마찬가지로 미성년자의 소송능력은 인정되지 않는다. 미성년자가 법정대리인으로부터 허락을 얻은 특정영업에 관하여는 성년자와 동일한 행위능력이 있다(제8조 제1항). 여기서 영업은 널리 영리목적으로 하는 독립적·계속적 사업을 뜻한다(통설). 법정대리인은 위 영업에 대한 허락을 취소 또는 제한할 수 있다. 그러나 선의의 제3자에게 대항할 수 없다(제8조 제2항). 여기서 영업 허락의 취소는 철회를 의미한다. 미성년후견인이 친권자가 허락한 영업을 취소하거나 제한하는 경우에는 미성년후견감독인이 있으면 그의 동의를 받아야 한다(제945조 제3호). 상업의 허락을 취소하거나 제한하는 경우 지체없이 상업등기를 말소하거나 변경등기를 하여야 하고(상법 제40조), 말소등기나 변경등기가 있기 전에는 선의의 제3자

---

10) 여기서 동의 취소는 동의의 철회를 의미한다. 동의의 철회는 미성년자나 그 상대방에게 해야 한다. 동의의 철회를 미성년자에게만 한 경우 그것을 가지고 선의의 제3자에게 대항할 수 없다(통설).

에게 대항하지 못한다(상법 제37조). 법정대리인이 미성년자에게 영업을 허락한 경우 그 범위에서 법정대리인의 대리권은 그 범위에서 소멸한다. 이 경우(민법 제8조)와 미성년자가 근로계약을 체결하거나 임금을 청구하는 경우(근로기준법 제67조 제1항, 제68조)에는 그 범위 내에서 소송능력이 인정된다(민사소송법 제55조 단서).

　　친권을 행사하는 부 또는 모는 미성년자인 자의 법정대리인이 된다(제911조). 부모는 미성년자인 자의 친권자가 된다. 양자의 경우에는 양부모가 친권자가 된다. 친권은 부모가 혼인중인 때에는 부모가 공동으로 행사한다. 그러나 부모의 의견이 일치하지 않는 경우에는 당사자의 청구에 의하여 가정법원이 이를 정한다. 부모의 일방이 친권을 행사할 수 없을 때에는 다른 일방이 이를 행사한다(제909조). 미성년자에게 친권자가 없거나 친권자가 법률행위의 대리권과 재산관리권을 행사할 수 없는 경우에는 미성년후견인을 두어야 한다(제928조). 미성년후견인의 수는 한 명으로 한다(제930조). 후견인은 피후견인의 법정대리인이 된다(제938조). 친권자와 미성년자인 자 또는 수인의 자 사이의 이해상반행위(제921조 제1항), 후견감독인이 있지 아니한 경우에 있어서 미성년후견인과 미성년자 사이의 이해상반행위, 성년후견인과 피성년후견인 사이의 이해상반행위(제949조의3)에는 친권자 내지 후견인이 법원에 그 자의 특별대리인의 선임을 청구하여야 한다(제921조 제1항, 제949조의3; 가사소송법 제2조 제1항 제2호 가목 16). 친권자가 미성년자와 이행상반되는 행위를 특별대리인에 의하지 않고 한 경우에는 특별한 사정이 없는 한 그 행위는 무효이다. 대리인은 행위능력자임을 요하지 않는다(제117조). 따라서 미성년자, 피성년후견인도 타인의 대리인 지위에서 유효한 법률행위를 할 수 있다. 취소할 수 있는 법률행위는 제한능력자, 착오로 인하거나 사기·강박에 의하여 의사표시를 한 자, 그의 대리인 또는 승계인만이 취소할 수 있다(제140조). 따라서 미성년자도 단독으로 법정대리인의 동의 없이 한 법률행위를 취소할 수 있다. 반면 추인은 취소의 원인이 소멸된 후에 하여야 하므로, 제한능력자는 능력자가 된 후에야 추인할 수 있다(제144조 제1항). 따라서 미성년자는 추인할 수 없다.

　　유언에 관하여는 제5조, 제10조, 제13조가 적용되지 않는다(제1062조). 17세에 달한 미성년자는 단독으로 유언할 수 있다(제1061조). 피성년후견인은 의사능력이 회복된 때에만 유언을 할 수 있다(제1063조). 미성년자는 법정대리인의 동의 없이 독자적으로 임금을 청구할 수 있다(근로기준법 제68조). 미성년자는 임금청구소송에서 소송능력을 가진다. 친권자 또는 후견인은 미성년자의 근로계약체결을 대리할 수 없다(근로기준법 제67조 제1항). 미성년자가 토지매매행위를 부인하고 있는 이상, 미성년자가 그 법정대리인의 동의를 얻었다는 점에 대한 증명책임은 미성년자에게 없고, 그 행위의 효력을 주장하는 상대방에게 있다.

3. 피성년후견인

가정법원은 질병, 장애, 노령, 그 밖의 사유로 인한 정신적 제약으로 사무를 처리할 능력이 지속적으로 결여된 사람에 대하여 본인, 배우자, 4촌 이내의 친족, 미성년후견인, 미성년후견감독인, 한정후견인, 한정후견감독인, 특정후견인, 특정후견감독인, 검사 또는 지방자치단체의 장의 청구에 의하여 성년후견개시의 심판을 한다(제9조 제1항).

피성년후견인의 법률행위는 취소할 수 있다(제10조 제1항). 가정법원은 취소할 수 없는 피성년후견인의 법률행위의 범위를 정할 수 있다(제10조 제2항).[11] 일용품의 구입 등 일상생활에 필요하고 그 대가가 과도하지 아니한 법률행위는 성년후견인이 취소할 수 없다(제10조 제4항).[12] 피성년후견인은 소송무능력자이므로 법정대리인에 의해서만 소송행위를 할 수 있다(민사소송법 제55조 제1항 본문).

성년후견이 개시되면 피성년후견인은 원칙적으로 성년후견인의 대리를 통해서 법률행위를 하여야 하며, 설령 성년후견인의 동의를 받아 한 행위라도 취소할 수 있다. 즉 성년후견인은 피성년후견인의 법률행위에 대한 동의권은 없고, 대리권(제938조 제1항)과 취소권(제140조)을 가질 뿐이다. 피성년후견인은 약혼, 혼인, 협의이혼, 인지, 입양, 협의파양 등의 친족법상 행위의 경우에는 성년후견인의 동의를 얻어 스스로 할 수 있다. 가정법원의 성년후견개시심판이 있는 경우에는 그 심판을 받은 사람의 성년후견인을 두어야 한다(제929조).[13]

4. 피한정후견인

가정법원은 질병, 장애, 노령, 그 밖의 사유로 인한 정신적 제약으로 사무를 처리할 능력이 부족한 사람에 대하여 본인, 배우자, 4촌 이내의 친족, 미성년후견인,

---

11) 이 경우(민법 제10조 제2항) 그 범위 내에서 피성년후견인의 소송능력이 인정된다(민사소송법 제55조 제1항 제2호).
12) 이 경우(민법 제10조 제4항)에는 피성년후견인의 소송능력이 인정된다고 볼 수 없다.
13) 가정법원이 성년후견 개시의 심판을 할 경우에는 피성년후견인이 될 사람의 정신상태에 관하여 의사에게 감정을 시켜야 한다(가사소송법 제45조의2 제1항 본문).

미성년후견감독인, 성년후견인, 성년후견감독인, 특정후견인, 특정후견감독인, 검사 또는 지방자치단체의 장의 청구에 의하여 한정후견개시의 심판을 한다(제12조 제1항). 가정법원은 한정후견개시의 심판을 할 때 본인의 의사를 고려해야 한다(제12조 제2항).

한정후견인의 동의가 필요한 법률행위를 피한정후견인이 한정후견인의 동의 없이 하였을 때에는 그 법률행위를 취소할 수 있다. 다만, 일용품의 구입 등 일상생활에 필요하고 그 대가가 과도하지 아니한 법률행위에 대하여는 그러하지 아니하다(제13조 제4항). 피한정후견인은 독립하여 법률행위를 할 수 없는 경우가 아닌 한 소송능력이 인정된다(민사소송법 제55조 단서). 한정후견의 심판이 있었다는 사실만으로 행위능력이 제한되는 것이 아니라, 가정법원이 일정 법률행위를 함에 있어서 한정후견인의 동의를 받도록 정하는 심판을 하는 경우에 한하여 그 범위에서 행위능력이 제한되므로 그 범위 내에서만 소송능력이 제한된다. 한정후견개시 심판에서 한정후견인에게 특정 영역의 재산관리에 관한 법정대리권을 부여한 경우 그와 관련한 소송대리권도 부여한 것으로 볼 것이다. 가정법원의 한정후견개시의 심판이 있는 경우에는 그 심판을 받은 사람의 한정후견인을 두어야 한다(제959조의2).

5. 피특정후견인

가정법원은 질병, 장애, 노령, 그 밖의 사유로 인한 정신적 제약으로 일시적 후원 또는 특정한 사무에 관한 후원이 필요한 사람에 대하여 본인, 배우자, 4촌 이내의 친족, 미성년후견인, 미성년후견감독인, 검사 또는 지방자치단체의 장의 청구에 의하여 특정후견의 심판을 한다(제14조의2 제1항). 특정후견은 본인의 의사에 반하여 할 수 없다(제14조의2 제2항). 피특정후견인은 1회적·특정적으로 보호를 받는 점에서 지속적·포괄적으로 보호를 받는 피성년후견인·피한정후견인과 차이가 있다. 민법이 개정을 통해 새롭게 도입한 제도이다. 특정후견도 후견등기부에 공시된다. 특정후견의 심판을 하는 경우에는 특정후견의 기간 또는 사무의 범위를 정하여야 한다(제14조의2 제3항). 특정후견은 1회적·특정적 보호제도이므로 후견의 개시와 종료를 별도로 심판할 필요가 없으며, 그 후견으로 처리되어야 할 사무의 성질에 의하여 그 존속기간이 정해진다.

6. 제한능력자와 거래한 상대방의 보호

제한능력자가 단독으로 한 행위는 언제 취소될지 모르고, 그 취소의 효과는 소급효가 있기 때문에 상대방과 제3자는 불확정한 상태에 놓이게 된다(유동적 유효). 법률행위가 취소되면 법률행위가 소급적으로 무효가 되고, 부당이득을 반환하여야 하는데, 제한능력자는 선의·악의를 불문하고 이익이 현존하는 한도에서만 반환의무를 부담하므로(제141조 단서), 거래상대방은 이로 인한 피해를 피할 수 없게 된다. 이러한 제한능력자와 거래한 상대방 보호를 위하여 민법은 여러 규정을 두고 있다.

제한능력자의 상대방은 제한능력자가 능력자가 된 후에 그에게 1개월 이상의 기간을 정하여 그 취소할 수 있는 행위를 추인할 것인지 여부의 확답을 촉구할 수 있다(확답촉구권, 제15조 제1항 전문). 능력자로 된 사람이 그 기간 내에 확답을 발송하지 아니하면 그 행위를 추인한 것으로 본다(제15조 제1항 후문). 제한능력자가 아직 능력자가 되지 못한 경우에는 그의 법정대리인에게 추인 여부를 촉구할 수 있고, 법정대리인이 그 정하여진 기간 내에 확답을 발송하지 아니한 경우에는 그 행위를 추인한 것으로 본다(제15조 제2항). 특별한 절차가 필요한 행위는 그 정하여진 기간 내에 그 절차를 밟은 확답을 발송하지 아니하면 취소한 것으로 본다(제15조 제3항).

제한능력자가 맺은 계약은 추인이 있을 때까지 상대방이 그 의사표시를 철회할 수 있다(철회권). 다만, 상대방이 계약 당시에 제한능력자임을 알았을 경우에는 그러하지 아니하다(제16조 제1항).

제한능력자의 단독행위는 추인이 있을 때까지 상대방이 거절할 수 있다(거절권, 제16조 제2항). 상대방의 철회나 거절의 의사표시는 제한능력자에게도 할 수 있다(제16조 제3항).

제한능력자가 속임수로써 자기를 능력자로 믿게 한 경우에는 그 행위를 취소할 수 없다(제17조 제1항). 미성년자나 피한정후견인이 속임수로써 법정대리인의 동의가 있는 것으로 믿게 한 경우에도 그 행위를 취소할 수 없다(제17조 제2항). 민법 제17조에 이른바 '무능력자가 사술로써 능력자로 믿게 한 때'에 있어서의 속임수를 쓴 것이라 함은 적극적으로 사기수단을 쓴 것을 말하는 것이고 단순히 자기가 능력자라 詐言함은 사술을 쓴 것이라고 할 수 없다. 미성년자와 계약을 체결한 상대방이 미성년자의 취소권을 배제하기 위하여 민법 제17조 소정의 미성년자가 속임수

를 썼다고 주장하는 때에는 그 주장자인 상대방측에 그에 대한 증명책임이 있다(71
다2045).

제 6 절   주소, 부재, 실종

1. 주소

주소란 사람이 생활의 근거로 삼는 장소이다. 자연인은 성명과 주소에 의하여
특정된다. 특히 민사소송에서 중요한 것이 당사자 특정과 관할이다. 동일한 성과
이름을 가진 사람이 유독 많은 우리나라에서 주소는 당사자 특정과 관할결정에서
중요한 역할을 한다. 또한 법인의 명칭과 주소 역시 법인의 정관과 설립등기에 의
하여 핵심사항으로 다루어진다. 많은 법률은 주소를 법률관계의 기준으로 삼는다.
예컨대, 주소는 부재자 및 실종의 표준(제22조, 제27조), 법인사무소의 소재지(제36
조), 채무의 이행지(제467조), 상속의 개시지(제998조), 어음행위의 장소(어음법 제2조
제3항), 재판관할결정의 표준(민사소송법 제2조; 가사소송법 제13조, 제22조, 제26조, 제30
조; 비송사건처차법 제33조, 제72조; 채무자회생파산법 제3조), 민사소송법에 있어서의
부가기간을 정하는 표준(민사소송법 제172조 제2항), 국제사법상의 준거법결정표준(국
제사법 제3조 제2항), 주민등록대상자의 요건(주민등록법 제6조 제1항), 징세의 기준(국
세기본법 제8조; 국세징수법 제12조; 소득세법 제9조), 선거권의 기준(공직선거 및 선거부
정방지법 제15조, 제16조), 귀화허가의 요건(국적법 제5조 내지 제7조)이다.

민법은 "생활의 근거되는 곳을 주소로 한다"(제18조 제1항)고 규정한다. 또한 민
법은 "주소는 동시에 두 곳 이상 있을 수 있다"(제18조 제2항)고 규정한다. 민법은
국내에 주소가 없는 자에 대하여는 국내에 있는 거소를 주소로 본다고 규정하고 있
다(제20조). 대법원판례는 "민법 제18조 제1항은 생활의 근거되는 곳을 주소로 한다
고 규정하였는데, 생활의 근거되는 곳이란 생활관계의 중심적 장소를 말하고, 이는
국내에서 생계를 같이하는 가족 및 국내에 소재하는 자산의 유무 등 생활관계의 객
관적 사실에 따라 판정하여야 한다"고 판시한 바 있다.

주소를 알 수 없으면 거소를 주소로 본다(제19조). 거소는 계속적으로 거주는
하고 있지만 定住 내지 定着하려는 의사가 없는 장소를 말한다. 국내에 주소가 없는
자에 대하여는 국내에 있는 거소를 주소로 본다(제20조). 그러나 섭외적 법률관계에
관해서는 국제사법 기타 준거법을 정하는 법률이 외국의 주소지법을 적용한다고

규정하는 경우에는 국내의 거소를 주소로 보지 않고 어디까지나 외국에 둔 주소가 그 기준이 된다. 거소보다 더 장소적 관계가 희박한 곳을 현재지라 한다. 민법상 거소 개념에 현재지가 포함된다는 견해가 통설이다. 그러나 민사소송법 제2조의 거소는 현재지를 포함하지 않는다. 어느 행위에 있어서 가주소를 정한 때에는 그 행위에 관하여는 이를 주소로 본다(제21조). 가주소는 생활의 실질도 없고, 정주의사와 무관하게 정해지는 것이므로 주소가 아니다. 당사자가 주소에 갈음하기로 편의상 정한 장소이다. 국세기본법 제8조 제1항은 세법이 규정하는 서류는 그 명의인의 주소·거소·영업소 또는 사무소에 송달하도록 규정하고 있는데, 여기의 주소에는 민법 제21조 소정의 가주소 또는 그 명의인의 의사에 따라 전입신고된 주민등록지도 포함된다.

주민등록은 주민등록법에 의하여 주민의 거주관계를 공증하는 것이다. 주소와 직접 관계는 없다. 그러나 민법의 주소를 판단하는 데 가장 중요한 근거가 된다. 반증이 없는 이상 주민등록지가 주소로 추정된다. 주택임차권의 대항요건은 민법상 주소가 아니라 주민등록법상 주소가 기준이다(주택임대차보호법 제3조 제1항).[14] 주민등록법은 주민을 등록하게 함으로써 주민의 거주관계 등 인구의 동태를 항상 명확하게 파악하여 주민생활의 편익을 증진시키고 행정사무를 적정하게 처리하도록 하는 것을 목적으로 한다(주민등록법 제1조). 시장·군수 또는 구청장은 30일 이상 거주할 목적으로 그 관할 구역에 주소나 거소를 가진 주민을 주민등록법에 따라 등록하여야 한다(동법 제6조 제1항). 시장·군수 또는 구청장은 주민등록사항을 기록하기 위하여 전산정보처리조직으로 개인별 및 세대별 주민등록표와 세대별 주민등록표 색인부를 작성하고 기록·관리·보존하여야 한다(동법 제7조 제1항). 시장·군수 또는 구청장은 주민에게 개인별로 고유한 등록번호(주민등록번호)를 부여하여야 한다(동법 제7조의2 제1항). 공법관계에서는 주민등록법에 따른 주민등록을 원칙적인 주소로 한다(주민등록법 제23조 제1항). 주민등록지를 공법 관계에서의 주소로 하는 경우에 신고의무자가 신거주지에 전입신고를 하면 신거주지에서의 주민등록이 전입신고일에 된 것으로 본다(주민등록법 제23조 제2항).

가족관계의 등록 등에 관한 법률(가족관계등록법)은 국민의 출생·혼인·사망 등

---

14) 주택임대차보호법 제3조(대항력 등) ① 임대차는 그 등기(登記)가 없는 경우에도 임차인(賃借人)이 주택의 인도(引渡)와 주민등록을 마친 때에는 그 다음 날부터 제3자에 대하여 효력이 생긴다. 이 경우 전입신고를 한 때에 주민등록이 된 것으로 본다.

가족관계의 발생 및 변동사항에 관한 등록과 그 증명에 관한 사항을 규정함을 목적으로 한다(가족관계등록법 제1조). 가족관계의 발생 및 변동사항에 관한 등록과 그 증명에 관한 사무는 대법원이 관장한다(동법 제2조). 가족관계등록부는 전산정보처리조직에 의하여 입력·처리된 가족관계 등록사항에 관한 전산정보자료를 등록기준지에 따라 개인별로 구분하여 작성한다(동법 제9조 제1항). 출생 또는 그 밖의 사유로 처음으로 등록을 하는 경우에는 등록기준지를 정하여 신고하여야 한다(동법 제10조 제1항). 등록기준지는 당사자가 자유롭게 정한다.15) 따라서 등록기준지는 민법상 주소와 아무런 관련이 없다. 등록기준지는 재산관계 및 친족관계에 아무런 영향을 미칠 수 없다.

2. 부재

부재자란 종래의 주소나 거소를 떠난 자로서, 당분간 돌아올 가능성이 없어서 그의 재산을 관리해야 할 필요가 있는 자를 말한다. 반드시 생사불명 또는 행방불명이어야 하는 것은 아니다. 부재자에 관하여는 민법은 두 단계 조치를 취한다. 먼저 부재자가 돌아올 것으로 보고, 그가 남긴 재산이 관리 없이 방치되는 것을 막기 위해 재산관리를 위한 처분을 한다. 부재자가 오랫동안 생사가 불분명할 때에는 그 다음 단계로 실종선고를 하여 부재자를 사망한 것으로 보아 그의 신분관계와 재산관계를 정리한다. 법의 부재자에 관한 규정은 그 성질상 자연인에 한하여 적용된다. 부재자에게 친권자 또는 후견인 등 법정대리인 혹은 그가 선임한 임의대리인 등이 있다면, 이들이 부재자의 재산을 관리할 것이므로 민법이 관여할 이유가 없다. 민법이 부재자의 재산관리에 관하여 관여하는 경우는 부재자에게 법정 재산관리인이나 임의 재산관리인이 없는 경우이다(제22조).

---

15) 가족관계등록규칙 제4조(등록기준지의 결정) ① 법 시행과 동시에 최초로 등록부를 작성하는 경우, 종전 호적이 존재하는 사람은 종전 호적의 본적을 등록기준지로 한다.
　② 제1항에 해당되지 않는 사람에 대해서 법 제10조 제1항에 따라 처음 정하는 등록기준지는 다음 각 호에 따른다. 1. 당사자가 자유롭게 정하는 등록기준지, 2. 출생의 경우에 부 또는 모의 특별한 의사표시가 없는 때에는, 자녀가 따르는 성과 본을 가진부 또는 모의 등록기준지, 3. 외국인이 국적취득 또는 귀화한 경우에 그 사람이 정한 등록기준지, 4. 국적을 회복한 경우에 국적회복자가 정한 등록기준지, 5. 가족관계등록창설의 경우에 제1호의 의사표시가 없는 때에는 가족관계등록창설하고자 하는 사람이 신고한 주민등록지, 6. 부 또는 모가 외국인인 경우에 제1호의 의사표시가 없는 때에는 대한민국 국민인 부 또는 모의 등록기준지
　③ 당사자는 등록기준지를 자유롭게 변경할 수 있다. 이 경우, 새롭게 변경하고자 하는 등록기준지 시·읍·면의 장에게 변경신고를 하여야 한다.

재산관리인이 있는 경우에도 부재자가 장기간 돌아오지 않을 경우 재산관리인은 부재자가 사망한 것으로 예상하고, 관리재산을 처분하거나 임의로 소비할 수 있다. 민법은 이러한 경우를 대비하고 있다. 즉 부재자가 재산관리인을 정한 경우에 부재자의 생사가 분명하지 아니한 때에는 법원은 재산관리인, 이해관계인[16] 또는 검사의 청구에 의하여 재산관리인을 개임할 수 있고(제23조), 이해관계인이나 검사의 청구가 있는 때에는 법원은 부재자가 정한 재산관리인에게 관리할 재산목록을 작성하게 하거나 부재자의 재산을 보존하기 위하여 필요한 처분을 명할 수 있다(제24조 제3항). 그 비용은 부재자의 재산으로 지급한다(제24조 제4항).

3. 실종

실종선고란 생사불명인 채 장기간을 경과하여 돌아올 가망성이 없는 자에 대하여 이해관계자나 검사가 가정법원에 청구하여, 가정법원의 선고에 의해서 사망한 것으로 보는 제도이다(제25조). 법원의 실종선고에 의하여 권리능력은 소멸한 것으로 본다. 오랫동안 주소나 거소를 떠나서 행방을 알 수 없거나 특별한 위난을 당한 후 합리적인 기간 내에 생사판명이 되지 않는 경우에는 그 생사가 판명될 때까지 그 사람이 살아 있는 것으로 추정하여 무작정 기다리는 것보다는 사망한 것으로 간주하는 것이 재산상·신분상 법률관계를 간명하게 처리할 수 있다. 민법은 일정한 조건하에 법원이 실종선고를 하고, 일정 기간를 표준으로 해서 사망과 동일한 법률효과가 생기게 하고 있다. 이때 실종선고를 받은 사람을 실종자라 한다.

법원은 ① 부재자의 생사가 5년간 분명하지 아니한 때, ② 전지에 임한 자, 침몰한 선박 중에 있던 자, 추락한 항공기 중에 있던 자 기타 사망의 원인이 될 위난을 당한 자의 생사가 전쟁종지 후 또는 선박의 침몰, 항공기의 추락 기타 위난이 종료한 후 1년간 분명하지 아니한 때에는 이해관계인이나 검사의 청구에 의하여 실종선고를 하여야 한다. 실종선고를 받은 자는 위 기간이 만료한 때에 사망한 것으로 본다.

A가 여행 중 탑승한 항공기가 2015년 3월 1일에 추락하였고, 그 후 A는 생사불명인 상태에서 2018년 4월 1일 배우자인 B가 A에 대한 실종선고를 받은 경우, A는 2015년 3월 1일 실종된 상태에서 그 후 1년이 경과한 날부터 사망한 것으로 간주된

---

16) 이해관계인이란 부재자의 재산이 관리되지 못하고 방치되는 상태에 있는 사실에 대하여 법률상 이해관계를 가진 자로서, 즉 부재자 재산보전에 법률상 정당한 이익을 갖는 자를 말한다. 부재자의 추정상속인, 배우자, 부양청구권을 갖는 친족, 채권자, 수증자, 공동채무자, 보증인 등이 대표적이다.

다. A의 사망일은 2016년 3월 1일이다.

실종자의 생존한 사실 또는 위 사망으로 보는 시점과 다른 시기에 사망한 사실의 증명이 있으면 법원은 본인, 이해관계인 또는 검사의 청구에 의하여 실종선고를 취소하여야 한다. 그러나 실종선고 후 그 취소 전에 선의로 한 행위의 효력에 영향을 미치지 아니한다. 실종선고의 취소가 있을 때에 실종의 선고를 직접원인으로 하여 재산을 취득한 자가 선의인 경우에는 그 받은 이익이 현존하는 한도에서 반환할 의무가 있고 악의인 경우에는 그 받은 이익에 이자를 붙여서 반환하고 손해가 있으면 이를 배상하여야 한다.

실종선고와 유사한 제도로 가족관계등록법 제87조의 인정사망이 있다. 이는 항공기추락, 선박침몰, 전쟁, 지진, 화재, 홍수 등으로 인한 제반사정에 비추어 사망이 확실하다고 인정되는 경우, 사체를 찾지 못하여 사망의 사실을 확인할 수 없다 하더라도 이를 조사한 관공서의 사망보고에 기하여 가족등록부에 사망을 기재하는 제도다. 인정사망에 있어서는 가족등록부 사망기재는 사실상 추정력이 있음에 반하여, 실종선고의 경우에는 실종선고의 취소재판이 확정되기 전에는 실종선고의 효력을 부인할 수 없다. 즉 실종선고는 실종기간이 만료된 때에 사망한 것으로 간주되는 효과가 있다는 점에서, 추정적 효력에 그치는 인정사망과 다르다. 인정사망보고는 사망자의 사체를 발견할 수 없는 경우로서 사망자에 대한 진단서는 물론 검안서나 기타 사망사실을 증명할 만한 서면의 첨부가 불가능하기 때문에 관공서가 작성한 사망보고서(공문서)의 진실성을 담보로 하여 가족등록부에 사망을 기재하는 제도이다.

제 7 절 물 건

민법상 물건(物件)은 유체물(有體物) 및 전기(電氣) 기타 관리할 수 있는 자연력(自然力)을 말한다(제98조). 민법상 물건이 되기 위해서는 신체 또는 신체의 일부가 아닌 외계(外界)의 일부이어야 하며, 한 물건의 구성부분이 아닌 독립성을 가져야 한다. 의치나 의족의 경우 인체에 부착된 것은 물건이 아니다. 하지만 모발이나 혈액이 인체와 분리되면 물건이다. 민법은 자연력에 관하여만 관리할 수 있는 것이어야 한다고 규정하고 있지만, 유체물의 경우도 관리할 수 있는 것만 물건이라 할 것이다. 동물의 경우도 물건이다. 동물보호법, 실험동물에 관한 법률, 야생동식물보호법에 의한 특별한 취급을 받을 뿐이다.[17] 독일민법 제90조a는 동물은 물건이 아니라고는 하지만 물건에 대한 규정들을 동물에 준용하고 있다. 바다는 행정처분에 의하여 그 일부를 구획하여 어업권의 객체가 되는 것이 가능하다(수산업법 제15조 이하). 사람의 유체·유골도 물건이다.[18] 정보나 지식의 경우도 물건의 개념에 포함시켜야 한다는 입법론이 제기되고 있다. 소유자를 달리하는 수개의 물건이 결합하여 하나의 합성물이 되는 경우에는 첨부의 법리에 따라 소유권의 변동이 일어난다. 집합물의 경우 공장 및 광업재단저당법에 의하여 하나의 물건으로 인정되는 경우가 있다. 대법원판례는 특정성이 있는 집합물을 하나의 물건으로 취급하여 그에 대한 양도담보가 가능하다는 입장이다. 즉 점포 내 상품이나 원자재, 양어장의 물고기 등을 특정하여 양도담보의 목적으로 할 수 있다.[19]

　　민법은 토지 및 그 정착물은 부동산으로 파악하며, 부동산 이외의 물건은 동산으로 본다(제99조). 토지의 소유권은 정당한 이익 있는 범위 내에서 토지의 상하에 미친다(제201조). 토지의 정착물 중 건물은 독립된 물건(부동산)이다. 건물 외 기타의 정착물은 토지의 구성부분으로 취급된다.

　　토지는 인위적으로 구획된 일정범위의 지면에 사회관념상 정당한 이익이 있는 범위 내에서의 상하를 포함하는 것으로서, 토지의 개수는 지적법에 의한 지적공부상의 필수, 분계선에 의하여 결정되는 것이고, 어떤 토지가 지적공부상 1필의 토지로 등록되면 그 지적공부상의 경계가 현실의 경계와 다르다 하더라도 다른 특별한 사정이 없는 한 그 경계는 지적공부상의 등록, 즉 지적도상의 경계에 의하여 특정되는 것이므로 이러한 의미에서 토지의 경계는 공적으로 설정 인증된 것이고, 단순히 사적관계에 있어서의 소유권의 한계선과는 그 본질을 달리하는 것으로서, 경계확정소송의 대상이 되는 '경계'란 공적으로 설정 인증된 지번과 지번과의 경계선을 가리키는 것이고, 사적인 소유권의 경계선을 가리키는 것은 아니다(96다36517).

　　건물은 토지로부터 완전히 독립된 별개의 부동산이다. 건물은 최소한의 기둥과 지붕 그리고 주벽이 있어야 한다(86누173). 건물은 일정한 면적, 공간의 이용을 위하

---

17) 강태성, 「민법총칙 제6판」, 대명출판사(2016), 400면.
18) 대법원 2008. 11. 20 선고 2007다27670 판결 "사람의 유체·유골은 매장·관리·제사·공양의 대상이 될 수 있는 유체물로서, 분묘에 안치되어 있는 선조의 유체·유골은 민법 제1008조의3 소정의 제사용 재산인 분묘와 함께 그 제사주재자에게 승계되고, 피상속인 자신의 유체·유골 역시 위 제사용 재산에 준하여 그 제사주재자에게 승계된다."
19) 대법원 1990. 12. 26. 선고 88다카20224 판결.

여 지상, 지하에 건설된 구조물을 말하는 것으로서, 건물의 개수는 토지와 달리 공부상의 등록에 의하여 결정되는 것이 아니라 사회통념 또는 거래관념에 따라 물리적 구조, 거래 또는 이용의 목적물로서 관찰한 건물의 상태 등 객관적 사정과 건축한 자 또는 소유자의 의사 등 주관적 사정을 참작하여 결정되는 것이고, 그 경계 또한 사회통념상 독립한 건물로 인정되는 건물 사이의 현실의 경계에 의하여 특정되는 것이므로, 이러한 의미에서 건물의 경계는 공적으로 설정 인증된 것이 아니고 단순히 사적관계에 있어서의 소유권의 한계선에 불과함을 알 수 있고, 따라서 사적 자치의 영역에 속하는 건물 소유권의 범위를 확정하기 위해서는 소유권확인소송에 의하여야 할 것이고, 공법상 경계를 확정하는 경계확정소송에 의할 수는 없다(96다36517).

입목에 관한 법률에 의해 입목등기부에 소유권보존등기를 한 것을 입목이라 한다(입목에 관한 법률 제2조). 등기된 입목은 입목에 관한 법률에 의하여 토지로부터 완전히 독립된 별개의 부동산으로 다루어진다. 등기되어 있지 않은 수목의 집단, 개개의 수목, 미분리과실, 농작물도 명인방법(새끼를 치거나 수피를 깎은 후 제3자가 소유자를 알아볼 수 있도록 표시하는 것)에 의하여 토지와 독립하여 물건으로 거래의 대상이 될 수 있다.

토지와 건물은 부동산등기라는 공시제도를 가지고 있다. 항공기, 선박, 자동차 등은 등기나 등록으로 권리관계를 공시한다는 점에서 오늘날 부동산과 질적 차이가 없다. 강제집행에서도 부동산과 차이가 없다. 등기·등록이 된 선박이나 자동차에 대한 선의취득은 불가능하다.

물건의 소유자가 그 물건의 상용에 공하기 위하여 자기소유인 다른 물건을 이에 부속하게 한 때에는 그 부속물은 종물이다(제100조 제1항). 종물은 주물의 처분에 따른다(제100조 제2항). 부속된 두 물건을 일체화하는 것이 그 이용가치를 그대로 유지하게 하여 결국 경제적 효용을 높여주기 때문이다. 종물은 주물의 처분에 따른다는 민법 규정은 임의규정이다. 특약으로 주물이나 종물만 처분할 수 있다. 종물만 대상으로 하는 강제집행은 불가능하다는 것이 통설이다.

종물이 되려면 먼저, 주물과 종물 모두 법률상 독립된 물건이어야 한다. 주물의 일부나 구성부분은 종물이 될 수 없다. 주물과 종물 모두 동일한 소유자에게 속하여야 한다. 그러나 독일민법과 스위스민법은 동일소유자임을 요구하지 않는다. 종물은 독립한 물건이면 되고 반드시 동산일 필요는 없다. 종물이 주물의 상용에 공

하는 것이어야 한다. 일시적으로 주물의 경제적 효용을 다하게 하는 작용만 할 경
우 종물이 아니다. 종물에는 주물에 부속시킨 것으로 인정할 만한 장소적 관계가
있어야 한다. 배와 노, 주택과 별채는 주물과 종물의 관계에 있다. 주물의 효용에
관계가 없는 주택과 텔레비전은 주물과 종물이 아니다. 주택의 창문은 구성부분이
지 종물이 아니다. 당사자는 반대의 특약을 할 수 있다. 이러한 원리는 주된 권리와
종된 권리(원금채권과 이자채권, 구분건물과 대지사용권)에도 적용된다. 저당권의 효력
은 저당부동산에 부합된 물건과 종물에 미친다. 그러나 법률에 특별한 규정 또는
설정행위에 다른 약정이 있으면 그러하지 아니하다(제358조). 저당권설정 당시의 종
물뿐만 아니라 설정 후에 새로 생긴 종물에도 저당권의 효력이 미친다(통설). 통설
과 판례(84다카1131)는 물건과 권리, 권리와 권리에도 주종관계에 있는 경우 민법 제
100조 제2항을 유추적용할 수 있다는 입장이다. 예컨대, 건물과 그 대지이용권(임차
권 또는 약정지상권), 원본채권과 이자채권의 경우가 그렇다.

　물건의 용법에 의하여 수취하는 산출물을 천연과실이라 한다(제101조 제1항). 물
건의 용법에 의하여라 함은 원물의 경제적 용도에 따른다는 의미이다. 산출물은 자
연적으로 생산되는 것(과수의 열매, 우유, 달걀, 가축의 새끼)과 인공적으로 수취되는
것(광물, 석재, 토사)을 모두 의미한다. 천연과실은 그 원물로부터 분리하는 때에 이
를 수취할 권리자에게 속한다(제102조 제1항). 원물의 소유자, 원물의 선의점유자(제
201조), 지상권자(제279조), 전세권자(제303조), 목적물인도 전의 매도인(제587조), 사
용차주(제609조), 임차인(제618조), 친권자(제923조), 유증의 수증자(제1079조)는 천연
과실의 수취권자이다. 유치권자(제323조)와 질권자(제343조)에 대하여도 수취권을 인
정하는 것이 통설이다. 그러나 이태재 교수는 유치권자와 질권자는 과실의 소유권
이 아니라 유치권과 질권을 취득하여 그에 기하여 우선변제받는 것이라 한다.[20] 과
실을 취득하는 결과에 차이가 없으나 그 의미를 정확히 하는 것이 옳다. 과실수취
권자가 경합되는 경우에 그 순위를 어떻게 하느냐에 관하여 민법에 규정이 없으나
그 성질상 먼저 선의점유자를 최우선순위로 하고, 제한물권자, 친권자, 수증자, 매
도인의 순위로 하며 소유자는 최후순위자로 보아야 할 것이다.[21]

　물건의 사용대가로 받는 금전 기타의 물건은 법정과실이라 한다(제101조 제2항).

---

20) 이태재, 「민법총칙」, 법문사(1978), 202면; 양창수, "민법 제102조에 의한 천연과실의 귀속",
　　저스티스 제83호, 한국법학원(2005), 83면.
21) 이태재, 전게서, 202면.

금전차용에 따른 이자, 토지사용에 따른 지료, 건물사용에 따른 차임 등이 법정과
실이다. 권리의 사용대가로 받는 것은 법정과실에 포함되지 않는다. 원물이든 과실
이든 전부 물건이어야 한다. 따라서 노동의 대가나 주식배당금은 민법상의 과실이
아니다. 법정과실은 수취할 권리의 존속기간일수의 비율로 취득한다(제102조 제2항).
상가의 소유주가 바뀌었을 때는 임차인으로부터 받을 차임은 그 권리의 존속기간
에 따라 日數計算으로 분배한다. 제102조는 임의규정으로 이와 다른 내용의 약정은
얼마든지 가능하다. 사용이익이란 물건을 현실적으로 사용하여 얻은 이익이다. 이
것은 당사자 사이에 사용대가를 지급하여야 할 법률관계가 존재하지 않는 경우에
특히 그 의미를 가진다. 예컨대, 타인의 토지를 무단으로 점유하여 사용하는 경우,
임차기간이 만료한 후에도 계속 사용하는 경우 등이 그에 해당한다. 사용이익은 과
실과 그 실질이 같기 때문에 과실에 준해 취급한다.

제 8 절   계약의 무효와 취소

1. 계약의 기본적 유효요건

계약당사자가 권리능력·의사능력·행위능력을 갖추고, 계약 내용이 확정이 되
어 있거나 장래 확정될 수 있어야 한다. 또한 계약내용이 실현가능하여야 하며, 적
법성과 사회적 타당성을 갖추어야 한다.

계약 내용(목적)은 확정되어 있거나 장래 일정한 기준에 의해 확정이 가능한 것
이어야 한다. 이에 대한 민법 규정은 없다. 막연하게 사겠다는 의사와 팔겠다는 의
사만 표현된 계약은 확정이 전혀 되어 있지 않은 것으로 무효이다. 계약 일방당사
자가 임의로 계약상 의무를 이행하지 않을 경우 강제이행을 구할 수밖에 없다. 계
약상 권리나 법률의 규정에 의한 권리나 결국 임의이행이 되지 않을시 강제이행을
청구하여야 한다. 청구취지가 특정이 되어 있지 않은 소는 판결을 받아도 강제집행
을 할 수 없어 각하처분을 받게 된다. 따라서 계약상 의무는 그 이행기까지 확정될
수 있는 것이어야 한다. 계약 내용의 확정은 계약의 해석문제이고, 따라서 당사자
의 표시된 의사만으로는 확정이 어려운 경우 당사자의 의도, 거래관행(사실인 관습),
임의법규, 신의칙, 조리에 의하여 확정하여야 한다.

대법원 1997. 1. 24. 선고 96다26176 판결 "매매계약에 있어서 그 목적물

과 대금은 반드시 계약체결 당시에 구체적으로 특정될 필요는 없고 이를 사후에라
도 구체적으로 특정할 수 있는 방법과 기준이 정해져 있으면 족하다. 매매계약의
목적물을 '진해시 경화동 747의 77, 754의 6, 781의 15 등 3필지 및 그 외에 같은 동
소재 소외 망 장순남 소유 부동산 전부'라고 표시하여 매매계약의 목적물 중 특정
된 3필지를 제외한 나머지 부동산이 토지인지 건물인지, 토지라면 그 필지, 지번,
지목, 면적, 건물이라면 그 소재지, 구조, 면적 등 어떠한 부동산인지를 알 수 있는
표시가 전혀 되어 있지 않고 계약 당시 당사자들도 어떠한 부동산이 몇 개나 존재
하고 있는지조차 알지 못한 상태에서 이루어져서 계약일로부터 17년 남짓 지난 후
에야 그 소재가 파악될 정도인 경우, 그 목적물 중 특정된 3필지를 제외한 나머지
부동산에 대한 매매는 그 목적물의 표시가 너무 추상적이어서 매매계약 이후에 이
를 구체적으로 특정할 수 있는 방법과 기준이 정해져 있다고 볼 수 없어 매매계약
이 성립되었다고 볼 수 없다."

계약의 내용은 실현가능해야 한다. 민법 제535조 제1항은 "목적이 불능한 계약
을 체결할 때에 그 불능을 알았거나 알 수 있었을 자는 상대방이 그 계약의 유효를
믿었음으로 인하여 받은 손해를 배상하여야 한다"고 규정하고 있다. 이는 원시적
실현 불가능한 급부를 내용으로 하는 계약은 무효라는 법리를 전제하고 있는 것이
다. 계약 내용이 원시적으로 실현 불가능한 경우 그 법률행위는 무효이다.[22] 계약
내용 중 일부만 불능인 경우에는 민법 제137조에 의하여 원칙적으로 전부 무효이나
그 불능부분이 없더라도 계약체결을 하였을 것이라고 인정될 때에는 나머지 부분
은 그대로 유효하다고 볼 것이다.

계약은 국가의 법질서가 인정하는 한도 내에서 성립하고 그에 따르는 법적 효력
을 가진다. 강행법규에 위반하는 계약은 무효이다. 계약 구속력은 모든 계약에 대
하여 발생하는 것이 아니라, 그 내용이 법질서에 부합하는 계약에 한하여 발생하는
것이다. 민법 제105조는 "법률행위의 당사자가 법령 중의 선량한 풍속 기타 사회질
서에 관계없는 규정과 다른 의사를 표시한 때에는 그 의사에 의한다"고 규정함으로

---

22) 대법원 1994. 10. 25. 선고 94다18232 판결 "의약품제조 및 도매업, 의약품 원료 조분판매, 의
약품 수입판매 등을 목적으로 하는 주식회사는 농지매매계약을 체결하였다고 하더라도 농지
개혁법 또는 농지임대차관리법상 농지매매증명을 발급받을 수가 없어 결과적으로 농지의 소
유권을 취득할 수 없으므로, 농지의 매도인이 매매계약에 따라 그 매수인에 대하여 부담하
는 소유권이전등기의무는 원시적으로 이행불능이라고 하여야 할 것이고, 따라서 원시적
불능인 급부를 목적으로 하는 농지의 매매계약은 채권계약으로서도 무효이다."

써, 법률행위가 임의규정에 반할 수 있다는 것을 규정하고, 동시에 선량한 풍속 기타 사회질서와 관계가 없는 임의규정이 아니라 선량한 풍속 기타 사회질서와 관계가 있는 강행법규에는 반할 수 없다는 것을 규정하고 있다. 강행규정은 사적자치의 한계인 것이다. 민법 가운데 권리능력, 실종선고, 행위능력, 법인제도 등 민법총칙 규정, 소유권, 점유제도, 상린관계, 지상권 등 물권법 규정, 소비대차 내지 임대차에 있어서 차주나 임차인 보호 규정 등 채권법 규정, 친족법 규정, 상속법 규정은 강행규정이다. 집합건물법, 주택임대차보호법, 가등기담보법 등의 많은 민사특별법이 강행규정으로 이루어져 있다. 이러한 私法상 강행규정에 위반한 계약은 무효이다. 私法상 효력이 부인되는 강행규정과 달리 행정상 목적을 위하여 일정한 행위를 금지 또는 제한하는 공법규정을 단속규정이라 한다. 이러한 공법상 단속규정에는 사법상 효력까지 무효로 하는 규정과 사법상 효력은 그대로 유효로 하고 형사처벌이나 과태료 등 행정제재만 부과하는 것으로 끝나는 규정 두 가지 형태가 있다. 판례는 公法상 강행규정을 민법의 임의법규에 대응하는 의미의 私法상 강행규정과 따로 구별하지 않고 사용한다. 판례는 私法상 효력을 부정하는 효력규정이라는 의미로 강행규정이라는 용어를 사용한다.

대법원 2007. 12. 20. 선고 2005다32159 전원합의체 판결 "구 부동산중개업법 등 관련 법령에 정한 한도를 초과한 중개수수료 약정에 의한 경제적 이익이 귀속되는 것을 방지하여야 할 필요가 있으므로, 부동산 중개수수료에 관한 위와 같은 규정들은 중개수수료 약정 중 소정의 한도를 초과하는 부분에 대한 사법상의 효력을 제한하는 이른바 강행법규에 해당하고, 따라서 구 부동산중개업법 등 관련 법령에서 정한 한도를 초과하는 부동산 중개수수료 약정은 그 한도를 초과하는 범위 내에서 무효이다."

대법원 2003. 4. 22. 선고 2003다2390,2406 판결 "의료인이나 의료법인 등이 아닌 자가 의료기관을 개설하여 운영하는 행위는 형사처벌의 대상이 되는 범죄행위에 해당할 뿐 아니라, 거기에 따를 수 있는 국민보건상의 위험성에 비추어 사회통념상으로 도저히 용인될 수 없을 정도로 반사회성을 띠고 있다는 점, 위와 같은 위반행위에 대하여 단순히 형사 처벌하는 것만으로는 의료법의 실효를 거둘 수 없다고 보이는 점 등을 종합하여 보면, 위 규정은 의료인이나 의료법인 등이 아닌 자가 의료기관을 개설하여 운영하는 경우에 초래될 국민 보건위생상의 중대한

위험을 방지하기 위하여 제정된 이른바 강행법규에 속하는 것으로서 이에 위반하
여 이루어진 약정은 무효라고 할 것이다."

　　대법원 1996. 8. 23. 선고 94다38199 판결 "증권회사 또는 그 임·직원의
부당권유행위를 금지하는 증권거래법 제52조 제1호는 공정한 증권거래질서의 확보
를 위하여 제정된 강행법규로서 이에 위배되는 주식거래에 관한 투자수익보장약정
은 무효이고, 투자수익보장이 강행법규에 위반되어 무효인 이상 증권회사의 지점장
에게 그와 같은 약정을 체결할 권한이 수여되었는지의 여부에 불구하고 그 약정은
여전히 무효이므로 표견대리의 법리가 준용될 여지가 없다. 일임매매의 제한에 관
한 증권거래법 제107조는 고객을 보호하기 위한 규정으로서 증권거래에 관한 절차
를 규정하여 거래질서를 확립하려는 데 그 목적이 있는 것이므로, 고객에 의하여
매매를 위임하는 의사표시가 된 것임이 분명한 이상 그 사법상 효력을 부인할 이유
가 없고, 그 효력을 부인할 경우 거래 상대방과의 사이에서 법적 안정성을 심히 해
하게 되는 부당한 결과가 초래되므로, 일임매매에 관한 증권거래법 제107조 위반의
약정도 사법상으로는 유효하다."

2. 계약의 해석

　　계약의 해석은 계약의 내용을 확정하는 작업이다. 계약의 해석에는 자연적 해
석, 규범적 해석, 보충적 해석이 있다. 당사자가 일치하여 어떤 표시행위를 같은 뜻
으로 이해하고 있으면 그 의미 그대로 효력을 인정하는 해석을 자연적 해석이라 한
다.23) 그 일치 여부가 불확실한 경우 표시행위의 객관적·규범적 의미를 밝히는 작
업을 규범적 해석이라 한다.24) 계약에 흠결이 발견되는 경우 그 흠결을 보충하는

---

23) 대법원 1993. 10. 26. 선고 93다2629,2636(병합) 판결 "부동산의 매매계약에 있어 쌍방당사자
　　가 모두 특정의 甲 토지를 계약의 목적물로 삼았으나 그 목적물의 지번 등에 관하여 착오를
　　일으켜 계약을 체결함에 있어서는 계약서상 그 목적물을 甲 토지와는 별개인 乙 토지로 표
　　시하였다 하여도 甲 토지에 관하여 이를 매매의 목적물로 한다는 쌍방당사자의 의사합치가
　　있은 이상 위 매매계약은 甲 토지에 관하여 성립한 것으로 보아야 할 것이고 乙 토지에 관
　　하여 매매계약이 체결된 것으로 보아서는 안 될 것이며, 만일 乙 토지에 관하여 위 매매계
　　약을 원인으로 하여 매수인 명의로 소유권이전등기가 경료되었다면 이는 원인이 없이 경료
　　된 것으로서 무효이다."
24) 대법원 1999. 11. 26. 선고 99다43486 판결 "법률행위의 해석은 당사자가 그 표시행위에 부여
　　한 객관적인 의미를 명백하게 확정하는 것으로서 문언에 구애받는 것은 아니지만 어디까지나
　　당사자의 내심적 의사의 여하에 관계없이 그 문언의 내용에 의하여 당사자가 그 표시행위에
　　부여한 객관적 의미를 합리적으로 해석하여야 하는 것이고, 당사자가 표시한 문언에 의하여
　　그 객관적인 의미가 명확하게 드러나지 않는 경우에는 그 문언의 내용과 그 법률행위가 이루

방법으로 해석하는 것을 보충적 해석이라 한다.[25) 보충적 해석은 당사자의 가정적 의사가 무엇인지 알기 어려울 경우에도 행하여져야 하기 때문에 의사의 해석이 아니라 객관적 법의 해석에 해당한다.

계약 해석의 기준에 대하여 민법은 별도의 규정을 두고 있지 않다. 민법 제106조(사실인 관습)는 "법령 중의 선량한 풍속 기타 사회질서에 관계없는 규정과 다른 관습이 있는 경우에 당사자의 의사가 명확하지 아니한 때에는 그 관습에 의한다"고 규정하고 있다. 이에 의하면 의사표시가 불완전하고 명료하지 않는 경우에는 당사자의 목적, 사실인 관습, 임의규정(법령중의 선량한 풍속 기타 사회질서에 관계없는 규정) 순서에 따라 의사표시를 해석해야 하는 것이다. 여기서 사실인 관습은 거래관행을 의미하며, 그것은 계약 해석의 기준이다.[26) 판례는 사실인 관습은 경험칙이고, 그 판단은 당사자의 주장이나 증명에 구애됨이 없이 법관이 직권으로 판단할 수 있다는 입장이다(76다983). 다만 사실인 관습의 존재는 당사자가 주장·증명할 수밖에 없다고 한다(80다3231). 당사자가 사실인 관습의 존재를 알고 있을 필요는 없다(통설).

계약 해석과 관련하여 문제되는 것으로 처분문서의 해석 문제와 타인 명의로 계약을 체결한 경우의 계약당사자 확정 문제가 있다.

처분문서란 매매계약서와 같이 증명하고자 하는 처분행위가 문서에 의해 행해진 경우 그 문서를 말한다. 처분문서의 진정성립이 인정되면 법원은 그 기재 내용을 부인할 만한 분명하고도 수긍할 수 있는 반증이 없는 한 원칙적으로 그 처분문서에 기재되어 있는 문언대로의 의사표시의 존재와 내용을 인정하여야 하고, 당사

어진 동기 및 경위, 당사자가 그 법률행위에 의하여 달성하려는 목적과 진정한 의사, 거래의 관행 등을 종합적으로 고려하여 사회정의와 형평의 이념에 맞도록 논리와 경험의 법칙, 그리고 사회일반의 상식과 거래의 통념에 따라 합리적으로 해석하여야 한다."

25) 대법원 2006. 11. 23. 선고 2005다13288 판결 "계약당사자 쌍방이 계약의 전제나 기초가 되는 사항에 관하여 같은 내용으로 착오가 있고 이로 인하여 그에 관한 구체적 약정을 하지 아니하였다면, 당사자가 그러한 착오가 없을 때에 약정하였을 것으로 보이는 내용으로 당사자의 의사를 보충하여 계약을 해석할 수 있는바, 여기서 보충되는 당사자의 의사는 당사자의 실제 의사 또는 주관적 의사가 아니라 계약의 목적, 거래관행, 적용법규, 신의칙 등에 비추어 객관적으로 추인되는 정당한 이익조정 의사를 말한다."

26) 이호정, '임의규정, 관습법과 사실인 관습', 서울대학교 법학 통권101호(1996), 28면: "독일 민법 제157조는 '계약은 거래관행을 고려하여 신의성실이 요구하는 바에 따라 해석되어야 한다'고 규정하여 거래관행을 계약해석의 기준으로 명시하고 있는데, 이 거래관행이라고 하는 것은 우리 민법에 있어서는 제106조의 사실인 관습에 해당한다. 우리 민법의 해석으로서도 사실인 관습은 법률행위의 해석단계에서 임의규정에 우선하여 법률행위해석의 기준으로 된다고 해석하여야 할 것이다."

자 사이에 계약의 해석을 둘러싸고 이견이 있어 처분문서에 나타난 당사자의 의사해석이 문제되는 경우에는 그 문언의 내용, 그러한 약정이 이루어진 동기와 경위, 그 약정에 의하여 달성하려는 목적, 당사자의 진정한 의사 등을 종합적으로 고찰하여 논리와 경험칙에 따라 합리적으로 해석하여야 한다. 이것이 처분문서에 나타난 당사자 의사의 해석방법이다. 판례는 특히 당사자 일방이 주장하는 계약의 내용이 상대방에게 중대한 책임을 부과하거나 그가 보유하는 소유권 등 권리의 중요한 부분을 침해 내지 제한하게 되는 경우에는 문언의 내용을 더욱 엄격하게 해석하여야 한다는 입장이다(2014다14115).

타인의 이름을 임의로 사용하여 계약을 체결한 경우에는 누가 그 계약의 당사자인가를 먼저 확정하여야 한다. 행위자 또는 명의인 가운데 누구를 당사자로 할 것인지에 관하여 행위자와 상대방의 의사가 일치한 경우에는 그 일치하는 의사대로 행위자의 행위 또는 명의자의 행위로서 확정하여야 한다. 그러나 일치하는 의사를 확정할 수 없을 경우에는 계약의 성질, 내용, 체결 경위 및 계약체결을 전후한 구체적인 제반 사정을 토대로 상대방이 합리적인 인간이라면 행위자와 명의자 중 누구를 계약 당사자로 이해할 것인가에 의하여 당사자를 결정하고, 이에 터잡아 계약의 성립 여부와 효력을 판단함이 상당하다. 상대방과의 사이에 계약 체결의 행위를 하는 사람이 다른 사람 행세를 하여 그 타인의 이름을 사용하여 계약서 기타 계약에 관련된 서면 등이 작성되었다고 하더라도, 행위자와 상대방이 모두 행위자 자신이 계약의 당사자라고 이해한 경우, 또는 그렇지 아니하다고 하더라도 상대방의 입장에서 합리적으로 평가할 때 행위자 자신이 계약의 당사자가 된다고 보는 경우에는, 행위자가 계약의 당사자가 되고 그 계약의 효과는 행위자에게 귀속된다(2013다52622).

판례법이 확립한 의사표시 해석의 한 방법으로 예문해석이란 것이 있다. 대법원은 "처분문서의 기재 내용이 부동문자로 인쇄되어 있다면 인쇄된 예문에 지나지 아니하여 그 기재를 합의의 내용이라고 볼 수 없는 경우도 있으므로 처분문서라 하여 곧바로 당사자의 합의의 내용이라고 단정할 수는 없고 구체적 사안에 따라 당사자의 의사를 고려하여 그 계약 내용의 의미를 파악하고 그것이 예문에 불과한 것인지의 여부를 판단하여야 할 것"이라고 한다(91다21954).

약관의 해석과 관련하여 법원은 수정해석을 하고 있다. 수정해석이란 어느 약관이 신의칙 또는 약관규제법에 반하여 무효로 되는 경우 그 효력을 유지하는 범위

내로 축소해석하는 것을 말한다(효력유지적 축소).[27)]

3. 무효인 계약

(1) 사회질서에 반하는 내용의 계약(민법 제103조)

민법 제103조는 "선량한 풍속 기타 사회질서에 위반한 사항을 내용으로 하는 법률행위는 무효로 한다"고 규정한다. 이는 강행법규가 존재하지 않아 형식적으로 위법하지 않더라도 그 법률행위가 선량한 풍속 기타 사회질서에 위반하면 그 법률행위는 무효로 된다는 것이다(2015다200111). 선량한 풍속은 사회의 일반적인 도덕관념을, 사회질서는 국가와 사회의 공공질서를 말한다. 사적 자치도 결국 국가의 법질서의 테두리 안에서의 자유이다. 따라서 이러한 사회질서의 관념은 불법행위의 위법성을 결정하는 기준이 됨과 동시에 법률행위의 효력을 제한하는 표준이다. 민법 제103조에 의하여 무효로 되는 반사회질서행위는 법률행위의 목적인 권리의무의 내용이 선량한 풍속 기타 사회질서에 위반되는 경우뿐 아니라 그 내용 자체는 반사회질서적인 것이 아니라고 하여도 법률적으로 이를 강제하거나 법률행위에 반사회질서적인 조건 또는 금전적 대가가 결부됨으로써 반사회질서적 성질을 띠게 되는 경우 및 표시되거나 상대방에게 알려진 법률행위의 동기가 반사회질서적인 경우를 포함한다.

부동산의 이중매매가 그 매수인이 매도인의 배임행위에 적극 가담함으로써 이루어진 때에는 반사회적 법률행위로서 무효다(70다2038). 매도인은 제2매매계약의 무효를 주장하며 제2매수인에 대하여 부당이득반환청구에 의한 소유권이전등기의 말소 또는 소유권이전등기절차의 이행을 구할 수 없다. 부동산의 이중매매가 반사회적 법률행위로서 무효라고 하더라도 등기하지 않은 제1매수인은 아직 소유권자는 아니다. 판례는 제1매수인이 직접 제2매수인에 대하여 그 명의의 소유권이전등기의 말소를 청구할 수는 없지만 매도인을 대위하여 소유권이전등기의 말소를 구할 수 있다고 한다(80다565). 판례는 제1매수인은 제2매수인을 상대로 매도인과 제2매수인 사이의 매매계약의 취소를 구하는 채권자취소권을 행사할 수 없다고 한다(98다56690). 제2매수인으로부터 제3자에게 소유권이 이전된 경우 전득자는 무권리자로부터 소유권을 취득한 것이 되고, 전득자명의의 등기는 전득자가 선의이든 악의이든 원인무효로서 말소되어야 한다(79다942).

---

27) 이은영, 「약관규제법」, 박영사(1994), 369면.

법률행위가 사회질서 위반으로 무효가 되는 경우 원칙적으로 그 법률행위로 권리를 취득한 자는 그 이행을 소구할 수 없고, 이를 이행한 자는 불법원인급여에 해당하여 반환을 구할 수 없다(79다483). 판례는 민법 제746조의 불법은 선량한 풍속 기타 사회질서에 위반하는 것을 말하며, 단순히 강행법규에 위반하는 것은 제746조의 불법에 포함되지 않는다는 입장이다(2010다57626). 강행법규에 위반되는 급부의 반환청구를 금지하면 법률이 강행법규에 의해 금지하려는 결과가 사실상 행해지도록 방치하는 것이 되어 강행법규의 취지가 몰각되기 때문이다. 따라서 단순한 강행법규위반에 해당하는 강제집행을 면하기 위한 타인명의로의 소유권이전등기(93다61307)나 명의신탁(2003다41722)의 경우 불법원인급여가 아니므로 부당이득반환청구가 가능하다.

(2) 불공정한 계약(민법 제104조)

민법 제104는 "당사자의 궁박, 경솔 또는 무경험으로 인하여 현저하게 공정을 잃은 법률행위는 무효로 한다"고 규정한다. 불공정 법률행위란 상대방의 궁박·경솔·무경험, 즉 비정상적인 상태에 편승하여 자기의 급부에 비하여 현저하게 균형을 잃은 반대급부를 하게 하여 부당한 재산적 이익을 얻는 행위 또는 경제적 대가성이 성립요건으로 되어 있는 유상계약에 있어서 그 대가성을 현저하게 잃은 행위로서의 폭리행위를 뜻한다. 피해 당사자가 궁박, 경솔 또는 무경험의 상태에 있었다고 하더라도 그 상대방 당사자에게 위와 같은 피해 당사자측의 사정을 알면서 이를 이용하려는 의사, 즉 폭리행위의 악의가 없었다면 불공정한 법률행위는 성립되지 않는다(91다5907). 민법 제104조는 대가관계가 없는 증여계약에는 적용되지 않는다 할 것이다. 경매의 경우에도 마찬가지로 적용되지 않는다. 급부와 반대급부 사이에 현저한 불균형의 존재 여부의 판단 시기는 법률행위 당시이다(2010다42075). 대리인에 의한 법률행위에 있어 경솔·무경험은 대리인을 기준으로 판단하고, 궁박은 본인을 기준으로 판단한다. 불공정한 법률행위로서 무효라는 주장의 증명책임은 이를 주장하는 피해자에게 있다. 불공정한 법률행위로서 무효인 경우에는 추인에 의해서도 유효로 되지 않는다(94다10900). 불공정한 법률행위로서 무효라는 주장 속에 민법 제103조 반사회적 법률행위로서 무효라는 주장이 포함되어 있는지의 여부를 석명하지 않은 것이 석명의무 위반은 아니다(96다47951). 불공정한 법률행위로서 무효라는 주장에는 착오에 기한 의사표시로서 취소를 구한다는 취지가 포함되어 있다고 볼 수 없다(93다19962).

(3) 진의 아닌 의사표시에 의한 계약

진의 아닌 의사표시란 본래 의도와 다르게 하는 의사표시를 말한다. 임대인이 임차인과의 건물임대차관계를 종료할 생각이 전혀 없음에도 임대료를 올릴 생각으로 가게에서 나가라고 말하거나 피용자가 회사를 그만둘 생각이 전혀 없음에도 대체인력이 없고 회사의 사정이 급박함을 이용하여 자신의 급여를 올릴 의도로 회사를 그만두겠다고 사용자에게 말하는 것을 진의 아닌 의사표시라 한다. 의사표시는 표의자가 진의 아님을 알고 한 것이라도 그 효력이 있다(유효, 제107조 제1항 본문). 그러나 상대방이 표의자의 진의 아님을 알았거나 알 수 있었을 경우에는 무효로 한다(제107조 제1항 단서). 진의 아닌 의사표시의 무효는 선의의 제3자에게 대항할 수 없다(제107조 제2항). 행위자의 의사가 어떻든 간에 법질서는 일단 표시된 대로 효력을 인정할 수밖에 없다. 진의 아닌 의사표시에 있어서의 진의란 특정한 내용의 의사표시를 하고자 하는 표의자의 생각을 말하는 것이지 표의자가 진정으로 마음 속에서 바라는 사항을 뜻하는 것은 아니므로 표의자가 의사표시의 내용을 진정으로 마음 속에서 바라지는 아니하였다고 하더라도 당시의 상황에서는 그것이 최선이라고 판단하여 그 의사표시를 하였을 경우에는 이를 내심의 효과의사가 결여된 진의 아닌 의사표시라고 할 수 없다(2000다51919).

(4) 통정허위표시에 의한 계약

상대방과 통정한 허의의 의사표시는 무효로 한다(제108조 제1항). 통정허위표시의 무효는 선의의 제3자에게 대항하지 못한다(제108조 제2항). 통정허위표시란 상대방과 짜고 하는 진의 아닌 의사표시를 말한다. 통정허위표시는 실재와 다른 허위의 외관을 만드는 행위다. 채무자가 채권자의 강제집행을 면탈하기 위하여 허위로 매매계약을 체결하고 소유권을 이전하거나 가짜 채무를 근거로 근저당권을 설정하는 경우가 대표적이다. 당사자가 합의하에 가짜 의사표시를 한 것이므로 그 당사자 간에는 통정허위표시는 언제나 무효이다. 그러나 그 사정을 알 수 없는 선의의 제3자에게 그 무효로 대항할 수 없음은 당연하다. 여기서 선의의 제3자는 통정허위표시를 기초로 하여 새로운 이해관계를 맺은 자를 뜻한다. 가장매매의 매수인으로부터 물건을 매수한 자, 가장매매의 매수인으로부터 저당권을 설정받은 자, 가장저당권

설정행위에 기한 저당권 실행으로 부동산을 경락받은 자가 선의의 제3자이다. 통정허위표시에 의하여 매수인으로부터 부동산의 권리를 취득한 제3자는 선의로 추정되므로 제3자가 악의라는 사실의 주장증명책임은 그 무효를 주장하는 자에게 있다. 통정허위표시의 상대방이 다수인 경우 상대방 모두와 통정하여야 하며, 그렇지 않은 경우 유효하다. 선의의 제3자에 해당하기 위해서 무과실이어야 하는 것은 아니다. 본인의 진의를 절대적으로 앞세우는 가족법상 행위에서는 허위표시가 언제나 무효이다. 선의의 제3자 보호에 관한 제108조 제2항은 가족관계에는 적용되지 않는다.

특별한 사정없이 없이 동거하는 부부간에 있어 남편이 처에게 토지를 매도하고 그 소유권이전등기까지 경료한다 함은 이례에 속하는 일로서 가장매매라고 추정하는 것이 경험칙에 비추어 타당하다(78다226). 채무자의 법률행위가 통정허위표시인 경우에도 채권자취소권의 대상이 되고, 한편 채권자취소권의 대상으로 된 채무자의 법률행위라도 통정허위표시의 요건을 갖춘 경우에는 무효이다(97다50985). 보증인이 주채무자의 기망행위에 의하여 주채무가 있는 것으로 믿고 주채무자와 보증계약을 체결한 다음 그에 따라 보증채무자로서 그 채무까지 이행한 경우, 그 보증인은 주채무자에 대한 구상권 취득에 관하여 법률상의 이해관계를 가지게 되었고 그 구상권 취득에는 보증의 부종성으로 인하여 주채무가 유효하게 존재할 것을 필요로 한다는 이유로 결국 그 보증인은 주채무자의 채권자에 대한 채무 부담행위라는 허위표시에 기초하여 구상권 취득에 관한 법률상 이해관계를 가지게 되었다고 보아 민법 제108조 제2항 소정의 '제3자'에 해당한다(99다51258). 임대차는 임차인으로 하여금 목적물을 사용·수익하게 하는 것이 계약의 기본 내용이므로, 채권자가 주택임대차보호법상의 대항력을 취득하는 방법으로 기존 채권을 우선변제받을 목적으로 주택임대차계약의 형식을 빌려 기존 채권을 임대차보증금으로 하기로 하고 주택의 인도와 주민등록을 마침으로써 주택임대차로서의 대항력을 취득한 것처럼 외관을 만들었을 뿐 실제 주택을 주거용으로 사용·수익할 목적을 갖지 아니한 계약은 주택임대차계약으로서는 통정허위표시에 해당되어 무효라고 할 것이므로 이에 주택임대차보호법이 정하고 있는 대항력을 부여할 수는 없다(2000다24184). 파산자가 상대방과 통정한 허위의 의사표시를 통하여 가장채권을 보유하고 있다가 파산이 선고된 경우 그 가장채권도 일단 파산재단에 속하게 되고, 파산선고에 따라 파산자와는 독립한 지위에서 파산채권자 전체의 공동의 이익을 위하여 직무를 행하게 된 파산관재인은 그 허위표시에 따라 외형상 형성된 법률관계를 토대로 실질적으로 새로운 법률상 이해관계를 가지게 된 민법 제108조 제2항의 제3자에 해당하고, 그 선의·악의도 파산관재인 개인의 선의·악의를 기준으로 할 수는 없고, 총파산채권자를 기준으로 하여 파산채권자 모두가 악의로 되지 않는 한 파산관재인은 선의의 제3자라고 할 수밖에 없다. 그리고 이와 같이 파산관재인이 제3자로서의 지위도 가지는 점 등에 비추어, 특별한 사정이 없는 한 파산관재인은 사기에 의한 의사표시에 따라 외형상 형성된 법률관계를 토대로 실질적으로 새로운 법률상 이해관계를 가지게 된 민법 제110조 제3항의 제3자에 해당하고, 파산채권자 모두가 악의로 되지 않는 한 파산관재인은 선의의 제3자라고 할 수밖에 없다(2009다96083).

4. 취소할 수 있는 계약

(1) 계약 내용의 중요부분에 착오가 있는 계약

착오란 표의자가 자신의 내심의 의사와 표시의 내용이 일치하지 않음을 모르는 경우를 말한다.[28] 민법 제109조 제1항은 "의사표시는 법률행위의 내용의 중요부분에 착오가 있는 때에는 취소할 수 있다. 그러나 그 착오가 표의자의 중대한 과실로 인한 때에는 취소하지 못한다"고 규정하고, 제2항은 "전항의 의사표시의 취소는 선의의 제3자에게 대항하지 못한다"고 규정하고 있다. 민법은 법률행위 내용의 중요부분에 관한 착오만 착오로 다루고 있다. 부동산매매에 있어서 시가에 관한 착오는 그 부동산을 매매하려는 의사를 결정함에 있어 그 동기의 착오에 불과할 뿐 법률행위의 중요부분에 관한 착오라고 할 수 없는 것이다(92다29337). 법률행위 내용의 중요 부분에 착오가 있다고 하기 위해서는 표의자에 의하여 추구된 목적을 고려하여 합리적으로 판단하여 볼 때 표시와 의사의 불일치가 객관적으로 현저하여야 한다. 법률행위 내용의 중요 부분에 착오가 있는 때에는 그 의사표시를 취소할 수 있으나 그 착오가 표의자의 중대한 과실로 인한 때에는 취소하지 못하는 것인바, 여기서 중대한 과실이라 함은 표의자의 직업, 행위의 종류, 목적 등에 비추어 보통 요구되는 주의를 현저히 결여한 것을 의미한다. 착오로 인하여 표의자가 경제적인 불이익을 입은 바가 없는 경우에는 법률행위 내용의 중요 부분의 착오가 아니라는 것이 판례의 입장이다(98다47924).

착오의 유형에는 오기와 같이 표시행위 자체를 잘못하여 의사와 표시가 불일치하는 표시상의 착오, 표의자가 자기가 표시하려는 바를 표시하였지만, 그 표시의

---

28) 대법원 1967. 6. 27. 선고 67다793 판결.

의미를 오해한 내용(의미)의 착오, 동기의 착오가 있다. 동기의 착오가 법률행위의 내용의 중요 부분의 착오에 해당함을 이유로 표의자가 법률행위를 취소하려면 그 동기를 당해 의사표시의 내용으로 삼을 것을 상대방에게 표시하고 의사표시의 해석상 법률행위의 내용으로 되어 있다고 인정되면 충분하고 당사자들 사이에 별도로 그 동기를 의사표시의 내용으로 삼기로 하는 합의까지 이루어질 필요는 없지만, 그 법률행위의 내용의 착오는 보통 일반인이 표의자의 입장에 섰더라면 그와 같은 의사표시를 하지 아니하였으리라고 여겨질 정도로 그 착오가 중요한 부분에 관한 것이어야 할 것이다. 다만 그 착오가 표의자의 중대한 과실로 인한 때에는 취소하지 못한다. 여기서 중대한 과실이라 함은 표의자의 직업, 행위의 종류, 목적 등에 비추어 보통 요구되는 주의를 현저히 결여하는 것을 의미한다. 하나의 법률행위의 일부분에만 취소사유가 있다고 하더라도 그 법률행위가 가분적이거나 그 목적물의 일부가 특정될 수 있다면, 그 나머지 부분이라도 이를 유지하려는 당사자의 가정적 의사가 인정되는 경우 그 일부만의 취소도 가능하다 할 것이고, 그 일부의 취소는 법률행위의 일부에 관하여 효력이 생긴다. 동기의 착오를 상대방이 부정한 방법으로 유발한 경우(87다카1271)나 동기가 상대방측으로부터 제공된 경우(80다2475)에는 중요부분의 착오에 해당한다.

의사표시에 착오가 있다고 하려면 법률행위를 할 당시에 실제로 없는 사실을 있는 사실로 잘못 깨닫거나 아니면 실제로 있는 사실을 없는 것으로 잘못 생각하듯이 표의자의 인식과 그 대조사실이 어긋나는 경우라야 하므로, 표의자가 행위를 할 당시 장래에 있을 어떤 사항의 발생이 미필적임을 알아 그 발생을 예기한 데 지나지 않는 경우는 표의자의 심리상태에 인식과 대조의 불일치가 있다고 할 수 없어 이를 착오로 다룰 수는 없다(2012다65317).

착오로 의사표시의 취소가 행해지면 법률행위는 처음부터 무효인 것으로 간주된다. 기망행위를 이유로 계약을 해제하였다가 후에 매매계약을 무효라고 주장하는 경우에 착오를 이유로 취소하였다는 취지로 볼 수 있고, 이 점은 법원이 석명하여야 한다(66다1289). 취소 전 법률행위는 당연히 유효하다. 취소 전까지 법률관계가 불안정할 수밖에 없으므로 민법 제146조는 취소권을 추인할 수 있는 날부터 3년 내에, 법률행위를 한 날로부터 10년 내에 행사하여야 한다고 규정하고 있다. 추인은 취소권을 포기한다는 의사표시다.

민법 제535조는 원시적 불능인 계약에만 계약체결상의 과실책임을 이유로 신뢰이익배상을 인정하고 있지만, 그 취지가 계약체결행위가 있어 그를 신뢰한 상대방이 뜻밖의 계약좌절로 말미암아 손해를 입는 경우 그를 전보시켜 주는 데 있는한, 통설은 그 적용범위를 확대하여 경과실 있는 표의자에게 착오 취소의 주장을 허용하고 그 대신에 계약체결상의 과실에 의하여 상대방에 대한 신뢰이익의 배상을 인정할 것을 주장한다.

토지의 매매계약서에 매수인의 매수목적, 즉 건물건축의 목적으로 매수한다는 내용이 표시되지 않았다고 하여도 매도인이 그러한 매수인의 매수목적을 알면서 건축이 가능한 것처럼 가장하여 이를 오신한 매수인과의 사이에 매매계약이 성립된 것이라면 위와 같은 매도인의 행위는 사기죄의 구성요건인 기망행위에 해당한다. 기망행위로 인하여 법률행위의 중요부분에 관하여 착오를 일으킨 경우뿐만 아니라 법률행위의 내용으로 표시되지 아니한 의사결정의 동기에 관하여 착오를 일으킨 경우에도 표의자는 그 법률행위를 사기에 의한 의사표시로서 취소할 수 있다(85도167).

시가 산업기지개발사업을 실시하기 위해 토지를 취득함에 있어 일부가 그 사업대상토지에 편입된 토지는 무조건 잔여지를 포함한 전체 토지를 협의매수하기로 하여 지주들에게는 잔여지가 발생한 사실 등을 알리지 아니한 채 전체 토지에 대한 손실보상협의요청서를 발송하고 매수협의를 진행함에 따라 지주들이 그 소유 토지 전부가 사업대상에 편입된 것 등으로 잘못 판단하고 시의 협의매수에 응한 경우 그 의사표시의 동기에 착오가 있었음을 이유로 취소할 수 있다(90다카27440).

매도인이 매수인의 중도금 지급채무불이행을 이유로 매매계약을 적법하게 해제한 후라도 매수인으로서는 상대방이 한 계약해제의 효과로서 발생하는 손해배상책임을 지거나 매매계약에 따른 계약금의 반환을 받을 수 없는 불이익을 면하기 위하여 착오를 이유로 한 취소권을 행사하여 위 매매계약 전체를 무효로 돌리게 할수 있다(91다11308).

매매대상 토지 중 20~30평가량만 도로에 편입될 것이라는 중개인의 말을 믿고 주택 신축을 위하여 토지를 매수하였고 그와 같은 사정이 계약 체결 과정에서 현출되어 매도인도 이를 알고 있었는데 실제로는 전체 면적의 약 30%에 해당하는 197평이 도로에 편입된 경우, 동기의 착오를 이유로 매매계약을 취소할 수 있다(2000다12259).

(2) 사기·강박에 의한 계약

사기나 강박에 의한 의사표시로 체결된 계약은 취소할 수 있다(제110조 제1항). 그러나 상대방 있는 의사표시에 관하여 제3자가 사기나 강박을 행한 경우에는 상대방이 그 사실을 알았거나 알 수 있었을 경우에 한하여 그 의사표시를 취소할 수 있다(제110조 제2항). 사기·강박에 의한 의사표시의 취소는 선의의 제3자에게 대항하지 못한다(제110조 제3항). 사기에 의한 의사표시가 성립하려면, 기망행위자에게 고의가 있어야 한다. 표의자를 기망하여 착오에 빠지게 하려는 고의와 다시 그 착오에 기하여 표의자로 하여금 의사표시를 하게 하려는 고의가 필요하다. 법률행위 내용의 중요부분에 착오가 없더라도 기망을 당한 표의자는 보호된다. 단순한 침묵은 원칙적으로는 기망행위가 아니나 침묵된 사정에 관하여 행위자에게 설명의무가 있는 경우에는 기망행위가 된다. 설명의무는 위임계약과 같은 계약관계로부터 발생할 수 있다. 그 밖에 신의성실의 원칙 및 거래관념에 의하여 통지가 필요하고 따라서 구체적인 경우의 사정에 비추어 상대방이 통지를 기대할 수 있는 때에만 설명의무가 존재한다고 할 것이다. 설명의무의 존재 유무는 계약의 유형과 개별 사정에 따라 달라진다. 강박에 의한 의사표시라고 하려면 상대방이 불법으로 어떤 해악을 고지함으로 말미암아 공포를 느끼고 의사표시를 한 것이어야 하는바, 여기서 어떤 해악을 고지하는 강박행위가 위법하다고 하기 위해서는 강박행위 당시의 거래관념과 제반 사정에 비추어 해악의 고지로써 추구하는 이익이 정당하지 아니하거나 강박의 수단으로 상대방에게 고지하는 해악의 내용이 법질서에 위배된 경우 또는 어떤 해악의 고지가 거래관념상 그 해악의 고지로써 추구하는 이익의 달성을 위한 수단으로 부적당한 경우 등에 해당하여야 한다(2009다72643). 공포심이 강박행위에 의하여 새로 발생한 경우뿐만 아니라, 이미 발생하여 있는 공포심을 유지·강화시키는 경우도 강박에 의한 의사표시에 해당한다. 표의자가 공포심을 일으킨 데 대하여 과실이 있어도 상관없으며, 보통사람이라면 공포심을 일으키지 않을 강박행위라 할지라도, 표의자가 공포심을 일으켰으면 인과관계가 인정된다. 강박에 의한 법률행위가 하자 있는 의사표시로서 취소되는 것에 그치지 않고 나아가 무효로 되기 위해서는, 강박의 정도가 단순한 불법적 해악의 고지로 상대방으로 하여금 공포를 느끼도록 하는 정도가 아니고, 의사표시자로 하여금 의사결정을 스스로 할 수 있는 여지를 완전히 박탈한 상태에서 의사표시가 이루어져 단지 법률행위의 외형만이 만들어진 것에 불과한 정도이어야 한다(2002다56031).

　　매도인의 기망행위를 이유로 매매계약을 취소한 경우 부당이득반환의무가 발생한다. 그 반환범위는 민법 제748조에 따른다. 민법 제110조 제3항의 '선의의 제3자'에서 선의는 의사표시가 사기 또는 강박에 의한 것임을 모르는 것을 뜻하고, 제3자는 사기 · 강박에 의한 의사표시의 당사자와 그 포괄승계인 이외의 자 가운데서 그 의사표시를 기초로 하여 새로운 이해관계를 맺은 자를 가리킨다. 사기에 의한 의사표시를 취소한 이후에 비로소 새로운 이해관계를 가지게 된 제3자도 민법 제110조 제3항 소정의 제3자에 해당한다. 제3자라는 주장과 증명은 취소의 효과를 부인하는 제3자가 하여야 한다.

　　우리 사회의 통념상으로는 공동묘지가 주거환경과 친한 시설이 아니어서 분양계약의 체결 여부 및 가격에 상당한 영향을 미치는 요인일 뿐만 아니라 대규모 공동묘지를 가까이에서 조망할 수 있는 곳에 아파트단지가 들어선다는 것은 통상 예상하기 어렵다는 점 등을 감안할 때 아파트 분양자는 아파트단지 인근에 공동묘지가 조성되어 있는 사실을 수분양자에게 고지할 신의칙상의 의무를 부담한다. 이러한 사실을 분양자가 고지하지 않은 것은 부작위에 의한 기망행위에 해당하므로, 사기를 이유로 분양계약을 취소하고, 분양대금의 반환을 청구할 수 있고, 또한 사기에 의한 불법행위를 이유로 손해배상을 청구할 수도 있다(2005다5812).

제 9 절 대 리

1. 의의

　　代理라 함은 代理人이 本人에 갈음하여 의사표시를 하거나 상대방의 의사표시를 수령함으로써, 本人이 직접 그 의사표시의 法律效果를 취득하는 제도이다(제114조). A는 C로부터 주택을 매수하면서 B를 대리인으로 하여 C와 매매계약을 체결할 수 있다. 이때 매수인의 권리와 의무는 대리인인 B가 아니라 A에게 귀속한다. 이를 대리제도라 한다. 대리제도를 통하여 개인의 활동 범위는 무한히 확장될 수 있다. 대리는 적법한 민사행위를 위한 제도이므로 불법행위에 대리제도가 이용될 수는 없다. 또한 혼인이나 이혼과 같이 본인의 의사가 절대적으로 확인되어야 하는 경우에도 대리제도가 이용될 수 없다.

2. 법정대리인

법률의 규정에 의하여 대리권한이 발생하는 경우(미성년자의 친권자)와 법원의 선임에 의하여 대리권한이 발생하는 경우(부재자재산관리인)를 법정대리인이라고 한다. 통설은 임의대리의 기능은 사적 자치의 확장이고, 법정대리의 기능은 사적 자치의 보충이라 한다. 민법이 법정대리인을 두어 행위능력에 제한이 있는 개인의 능력을 보충한다는 것이다. 친권자와 후견인은 민법 제920조, 제948조, 제949조에 의하여 제한능력자를 대신하여 재산상 법률행위를 할 권한을 가진다. 유언집행자는 민법 제1101조에 의하여 유증 목적 재산 관리 및 기타 유언 집행에 필요한 행위를 할 권한을 가진다. 부재자 재산관리인과 상속재산관리인은 민법 제25조, 제1023조 제2항, 제1044조 제2항, 제1047조 제2항, 제1053조 제2항에 따라 보존·이용·개량 행위를 할 권한을 가진다.

3. 수권행위

본인이 대리인에게 대리권한을 授與하면 대리인은 본인을 대리하여 상대방과 법률행위를 할 수 있다. 대리권한의 수여에 의하여 대리인이 된 자를 대리인이라 한다. 대리권한의 수여를 민법은 수권행위라 한다(제128조).

4. 대리권한

대리의 범위가 명확하지 않을 때에는 대리인은 재산의 처분행위는 하지 못하며, 재산의 현상을 유지하는 보존행위와 대리의 목적인 물건이나 권리의 성질을 변하게 하지 않는 범위에서 수익을 올리는 이용행위 또는 사용가치나 교환가치를 증가시키는 개량행위만 할 수 있다(제118조).

대리인이 한편으로는 본인을 대리하고, 다른 한편으로는 자기 자신의 자격으로, 자기 혼자서 본인·대리인 사이의 계약을 체결하는 자기계약은 금지된다. 또한 대리인이 한편으로는 본인을 대리하고, 한편으로는 상대방을 대리하여 자기만으로써 雙方의 계약을 맺는 쌍방대리도 원칙적으로 금지된다. 그러나 이는 본인의 이익을 보호하기 위한 것이므로 본인이 미리 허락을 한 때에는 자기계약이나 쌍방대리 모두 가능하다(제124조). 자기계약이나 쌍방대리는 단순한 결제에 불과한 채무의 이행인 경우에 허용된다. 그러나 새로운 이해관계를 생기게 하는 대물변제나 경개 또는 기한이 도래하지 않은 채무의 이행에는 자기계약이나 쌍방대리가 허용되지 않는다. 허용되지 않는 자기계약 또는 쌍방대리는 무권대리가 된다. 그러나 본인의 추인이 있으면 유효로 된다.

복수의 대리인이 공동으로만 대리할 수 있게 하는 경우를 공동대리라 한다. 복수의 대리인이 있는 경우에 그것이 공동으로만 대리할 수 있는 공동대리인지 아니면 각자가 자유롭게 본인을 대리하는 각자 단독대리인 것인지가 대리권한의 수여행위에서 정해진 바 없다면 대리인들은 각자 단독으로 본인을 대리하는 것이 원칙이다(제119조).

본인 또는 대리인이 사망하거나, 대리인에게 성년후견이 개시되거나 대리인이 파산한 경우 권한이 소멸한다(제127조). 대리인의 대리권한은 그 원인된 법률관계의 종료에 의하여 소멸한다(제128조 전단). 하지만 본인이 원인된 법률관계가 종료된 이후에도 대리권한을 그대로 존속시키고자 한다면 그것은 가능하다. 원인된 법률관계의 존속 중에도 언제든지 본인은 대리권한의 수여(수권행위)를 철회할 수 있다(제128조 후단).

수여된 대리권한의 범위에 맞추어 본인을 위한 것임을 표시한 대리행위의 효과는 직접 본인에게 생긴다(제114조). 그러나 대리인의 불법행위의 효과는 본인에게 귀속되는 것은 아니다. 대리인의 불법행위로 인한 손해배상책임은 대리인에 관하여만 발생한다. 다만 본인이 대리인과 사용자·피용자 관계에 있는 경우에는 사용자로서 불법행위책임을 지는 경우가 발생할 수는 있다(제756조).

대리인이 외형적으로는 대리권한의 범위 내에서 대리행위를 하였지만 그 행위가 오로지 자기나 제3자의 이익을 꾀할 목적으로 행해진 경우에도 본인이 그러한 대리행위에 대하여 책임을 져야 하는지가 문제된다. 이를 대리권의 남용 문제라 한다. 이에 관해 대법원 판례는 "대리인의 진의가 본인의 이익이나 의사에 반하여 자기 또는 제3자의 이익을 위한 배임적인 것임을 그 상대방이 알거나 알 수 있었을 경우에는 민법 제107조 제1항 단서의 유추해석상 그 대리인의 행위는 본인의 대리행위로 성립할 수 없다 하겠으므로 본인은 대리인의 행위에 대하여 아무런 책임이 없다 할 것이며 이때 그 상대방이 대리인의 표시의사가 진의아님을 알거나 알 수 있었는가의 여부는 표의자인 대리인과 상대방 사이에 있었던 의사표시의 형성과정과 그 내용 및 그로 인하여 나타나는 효과 등을 객관적인 사정에 따라 합리적으로 판단하여야 할 것"이라는 입장이다.

5. 대리행위

대리행위라고 하는 것은 대리인과 상대방과의 관계에서 대리인이 대리인으로서 하는 법률행위를 뜻한다. 보통의 거래에서는 거래로 발생하는 효과는 행위자에게 귀속한다. 그런데 대리의 경우 법률행위의 효과가 행위를 한 대리인이 아니라 본인에게 귀속한다. 상대방은 이를 알 수 없다. 따라서 대리인이 대리행위를 할 때에는 반드시 '본인을 위한 것임'을 표시하여야 한다(제114조). 또한 대리인으로서 의사표시를 수령하는 경우에는 그 표의자 쪽에서 '본인을 위한 것임'을 표시하여야 한다. 이를 현명주의라 한다. '나는 본인인 A의 대리인입니다'라고 말하거나 계약서 등 서명에 표시하여야 한다. 그렇다고 반드시 본인의 이름을 명시하라는 것은 아니고 대리행위가 행해진 당시의 모든 사정을 감안할 때 거래행위의 효과가 대리인이 아닌 본인에게라는 것을 알 수 있기만 하면 족하다. 대리인이 현명주의의 원칙을 취하지 않고 대리행위를 한 경우, 대리인이 자신을 위하여 그 의사표시를 한 것으로 본다(제115조). 이 경우 대리인 자신이 책임을 져야 한다. 따라서 대리인은 착오를 주장할 수 없다. 하지만 상대방이 대리인으로서 한 것임을 알았거나 알 수 있었을 때에는 대리행위의 효력이 그대로 발생한다(제115조 단서).

상행위에는 현명주의의 원칙이 적용되지 않는다. 상법 제48조는 "상행위의 대리인이 본인을 위한 것임을 표시하지 아니하여도 그 행위는 본인에 대하여 효력이 있다. 그러나 상대방이 본인을 위한 것임을 알지 못한 때에는 대리인에 대하여도 이행의 청구를 할 수 있다"고 규정하고 있다.

계약이 적법한 대리인에 의하여 체결된 경우에 대리인은 다른 특별한 사정이 없는 한 본인을 위하여 계약상 급부를 변제로서 수령할 권한도 가진다. 그리고 대리인이 그 권한에 기하여 계약상 급부를 수령한 경우에, 그 법률효과는 계약 자체에서와 마찬가지로 직접 본인에게 귀속되고 대리인에게 돌아가지 아니한다. 따라서 계약상 채무의 불이행을 이유로 계약이 상대방 당사자에 의하여 유효하게 해제되었다면, 해제로 인한 원상회복의무는 대리인이 아니라 계약의 당사자인 본인이 부담한다. 이는 본인이 대리인으로부터 그 수령한 급부를 현실적으로 인도받지 못하였다거나 해제의 원인이 된 계약상 채무의 불이행에 관하여 대리인에게 책임 있는 사유가 있다고 하여도 다른 특별한 사정이 없는 한 마찬가지라고 할 것이다(2011다30871).

A가 대리인 C를 통하여 B로부터 토지를 매입한 사안에서 B가 기망행위를 하였

음이 원인이 되어 A가 계약을 취소하고자 하는 경우에 계약의 취소권은 A에게 귀속하지만, 기망행위에 의한 계약체결인지 아닌지의 여부는 대리인인 C를 기준으로 판단하여야 한다. 그러나 특정한 법률행위를 위임한 경우에 대리인이 본인의 지시를 좇아 그 행위를 한 때에는 본인은 자기가 안 사정 또는 과실로 인하여 알지 못한 사정에 관하여 대리인의 不知를 주장하지 못한다(제116조).

대리인은 행위능력자임을 요하지 않는다(제117조). 따라서 행위능력자가 아닌 사람을 대리인으로 이용한 본인은 대리인이 제한능력자라는 이유로 대리행위를 취소할 수 없다. 민법은 제한능력자가 법정대리인이 되는 것을 금지하는 규정을 두고 있다(제937조, 제964조).

6. 무권대리

대리권한이 없이 대리행위를 하는 것을 무권대리라 한다. 원칙적으로 무권대리는 본인이 사후에 이를 대리행위로 인정해 주지 않는 한 본인에 대해 효력이 없다. 그러나 실생활에서 위임장 대신 도장이나 인감증명서를 맡겨 대리권을 수여하는 경우가 많기 때문에 민법에서는 본인이 대리권을 주지 않았다 하더라도 마치 대리권이 있는 것과 같은 외관이 존재하고, 본인이 그러한 외관의 형성에 관여하였다든지 그 밖에 본인이 책임져야 할 사정이 있는 경우에, 대리행위로서의 효력을 인정하여 본인에게 그 책임을 지운다. 이를 표견대리라 한다. 표견대리로 볼 사정이 없는 경우의 무권대리를 협의의 무권대리라 한다. 민법은 협의의 무권대리의 법률효과를 계약과 단독행위로 나누어 규정한다. 협의의 무권대리는 무권대리인과 본인과의 사이에 특별한 관계가 없다. 따라서 거래의 안전을 위하여 본인을 희생시키는 것은 부당하다.

무권대리인 계약은 원칙적으로 무효이나 만일 본인이 추인하면 본인에 대하여 효력이 생긴다(제130조). 무권대리라 하여 반드시 본인에게 불리한 것은 아니기 때문이다. 이 경우 본인의 추인은 취소할 수 있는 법률행위의 추인과는 달리 무효도 유효도 아닌 무권대리행위의 효력을 본인 자신에게 직접 발생시키는 것을 목적으로 하는 의사표시이며, 상대방 또는 무권대리인의 동의를 필요로 하지 않는 본인의 단독행위이다. 재판 외에서 할 수도 있고 재판상으로 할 수도 있다. 추인의 방식에 관하여는 아무런 제한도 없지만 명시 또는 묵시의 의사표시가 있어야 하며 다만 본인이 무권대리행위의 사실을 알고 이의를 하지 않는 것만으로는 추인이라고 볼 수 없다.

  무권대리 행위의 묵시적 추인은 무권대리 행위가 있은 후 본인의 행위에 대한 법률행위의 해석 문제라 할 것이다. 추인 여부는 본인의 자유다. 본인은 추인 거절권이 있다. 본인이 추인을 거절하면 본인에게 효과가 발생하지 않는다는 사실이 확정된다. 추인의 의사표시는 무권대리인의 상대방 또는 무권대리인의 어느 편에 대하여 하더라도 무방하지만, 무권대리인에게 대하여 하는 추인은 상대방이 추인의 사실을 알기까지는 이에 대하여 그 추인의 효과를 주장할 수 없다(제132조).

  본인이 추인을 하면 다른 의사표시가 없는 한, 무권대리행위는 계약시에 소급하여 그 효력이 생긴다(제133조 본문). 여기서 '다른 의사표시'는 본인과 상대방 사이의 계약이어야 한다고 해석된다. 그러나 추인의 소급효에 의하여 제3자의 권리를 해하지 못한다(제133조 단서). 무권대리행위가 행하여진 후에, 그 무권대리행위가 추인될 때까지 사이에 취득한 제3자의 권리를 추인의 소급효에 의하여 상실시키는 것은 부당하기 때문이다. 여기서 제3자의 권리는 무권대리행위시부터 추인까지의 사이에 제3자가 취득한 권리 기타 법적 지위로서 계약상대방의 법적 지위와 양립할 수 없는 것을 말하는데, 제3자의 권리가 배타적 효력을 가지는 것이라면 당연히 추인의 소급효로부터 보호되는 것이나 배타적 효력을 가지는 것이 아니라면 상대방의 권리와 제3자의 권리 사이의 우열은 소유권이전의 경우 부동산등기나 동산인도, 채권양도의 경우 통지나 승낙을 누가 먼저 갖추었는지의 여부로 결정될 것이다.

  무권대리인 A가 본인 B를 상속한 경우, 즉 무권대리인 A는 상속개시 후 본인의 지위도 겸하게 되는데, 상속개시와 동시에 무권대리행위는 존재하지 않게 되어 이미 무권대리인이 아니게 된 A는 본인의 지위에서 추인의 대상이 없어진 관계로 추인거절을 할 수 없다고 볼 것이다. 무권대리인 A가 사망하여 본인 B가 A의 채권채무를 상속한 경우에는 A는 당연히 추인을 거절할 수 있다 할 것이다. 다만 무권대리인 A가 제135조에 따른 책임을 지게 된 경우에는 B는 그 책임도 함께 상속할 것이다.

  대리권없는 자가 타인의 대리인으로 한 계약은 본인이 이를 추인하지 아니하면 본인에 대하여 효력이 없다(제130조). 따라서 무권대리행위의 상대방은 본인의 추인 또는 추인의 거절이 있을 때까지는 불확정한 상태에 놓이게 된다. 민법은 이러한 불안정한 상태에 놓이게 된 상대방을 보호하기 위하여 상대방에게 최고권과 철회권을 인정하고 있다. 제한능력자 상대방을 보호하기 위하여 그 상대방에게 최고권과 철회권·거절권을 인정하는 것과 마찬가지라 할 것이다.

상대방은 본인에 대하여 상당한 기간을 정하여 그 기간 내에 무권대리행위를 추인하겠느냐의 여부의 확답을 최고할 수 있다(제131조). 이 최고권의 성질은 무능력자의 상대방이 가지는 최고권과 동일하다. 만일 본인이 그 기간 내에 확답을 '발하지 아니한 때'에는 추인을 거절한 것으로 보게 되며 무권대리행위는 무효로 확정된다. 민법은 이 경우 상대방 보호를 위해 도달주의가 아니라 발신주의를 채택하고 있다.

계약당시에 무권대리인에게 대리권이 없는 것을 알지 못하였던 상대방은 본인의 추인이 있을 때까지 본인이나 무권대리인에게 대하여 무권대리행위의 의사표시는 철회할 수 있다(제134조). 이 철회에 의하여 본인은 무권대리행위를 추인할 수 없게 되며 무효로 확정된다. 그러나 계약 당시에 상대방이 대리권이 없는 것을 알았을 때에는 철회권이 없다. 즉 이 철회권은 선의의 상대방에게만 인정되는 것이다. 대리권이 없다는 것을 이미 알고 있는 악의의 상대방은 본인의 추인이 없는 한 불확정상태에 놓이게 된다는 사실을 이미 알고 있었으므로 보호할 필요가 없다.

협의의 무권대리의 경우 상대방은 본인에게 자신의 손해를 물을 수 없으므로 대리인에게 그 책임을 묻는 수밖에 없다. 민법 제135조는 다른 자의 대리인으로서 계약을 맺은 자가 그 대리권을 증명하지 못하고 또 본인의 추인을 받지 못한 경우에는 그는 상대방의 선택에 따라 계약을 이행할 책임 또는 손해를 배상할 책임이 있도록 규정하고 있다. 다만 대리인으로서 계약을 맺은 자에게 대리권이 없다는 사실을 상대방이 알았거나 알 수 있었을 때 또는 대리인으로서 계약을 맺은 사람이 제한능력자일 때에는 그렇지 않다.

대리인이라고 말하는 자에게 대리권한이 없다는 것을 상대방이 증명할 필요는 없다. 무권대리인이 대리권한이 있다는 것을 증명해야 한다. 상대방이 무권대리인에게 대리권 없음을 알지 못하고, 또한 알지 못하는 데 과실이 없어야 한다는 것은 상대방이 선의·무과실이어야 한다는 것을 뜻한다. 상대방이 대리권 없음을 알았거나 알지 못한 데 과실이 있었다는 것에 대한 증명책임, 즉 상대방의 악의에 대한 증명책임은 무권대리인에게 있다. 무권대리인의 과실의 유무는 문제되지 않는다는 것이 통설이다. 즉 통설은 무권대리인의 책임을 무과실책임이라 한다. 제한능력자라고 하더라도 법정대리인 등의 동의를 얻어서 무권대리행위를 할 때에는 책임이 있다고 할 것이다.

무권대리인의 손해배상책임의 범위에 관하여는 통설은 이행에 갈음하는 손해의 배상, 즉 이행이익의 배상이라고 보고 있다.

상대방이 없는 단독행위는 절대적 무효이다. 본인이 추인하더라도 효과가 생기지 않는다. 예컨대 상속의 승인 또는 포기(제1019조) 등의 무권대리는 무효이다. 본인의 추인권을 인정한다면 본인의 자의에 따라 무권대리행위의 효과가 일방적으로 좌우되기 때문이다.

상대방이 있는 단독행위도 원칙적으로 무효이지만, 예외적으로 상대방이 대리인이라 칭하는 자의 대리권 없는 행위에 동의하거나 또는 그 대리권을 다투지 아니한 때에는 계약의 경우와 동일한 효과가 생긴다(제136조 전단). 다투지 아니한 이유는 묻지 않는다. 예컨대 무권대리인이 본인을 위하여 계약을 해제한 경우에, 상대방이 대리권이 없다고 다투지 아니한 때에는 계약의 무권대리의 경우와 마찬가지로 취급하여 본인이 추인하면 본인에 대하여 그 효력이 생긴다. 수동대리의 경우 무권대리인의 동의를 얻어 행위를 한 때에만 계약에 있어서와 동일한 효과가 생긴다(제 136조 후단). 상대방의 단독행위에 대하여 동의도 하지 않은 무권대리인에게 무거운 책임을 지우는 것은 부당하기 때문이다.

7. 표견대리

제3자에 대하여 타인에게 대리권을 수여함을 표시한 자는 그 대리권의 범위 내에서 행한 그 타인과 그 제3자 간의 법률행위에 대하여 책임이 있다. 그러나 제3자가 대리권 없음을 알았거나 알 수 있었을 때에는 그러하지 아니하다(제125조). 민법 제125조에서 '타인에게 대리권을 수여함을 표시'한 경우로는, 타인에게 실제로는 대리권을 수여하지 않았지만 위임장이나 기타의 방법으로 마치 대리권을 준 것처럼 표시하였거나, 제3자가 보기에는 대리권이 있는 것처럼 본인의 인장을 대외적으로 사용하게 하거나, 대리권한이 있는 것처럼 자칭하고 다니는 것을 본인이 묵인하는 경우 또는 타인으로 하여금 자신의 명의를 사용할 수 있도록 허락하거나 묵인한 경우를 들 수 있다. 상대방이 제3자가 대리권 없음을 알았거나 알 수 있었을 것이라는 주장·증명책임은 본인에게 있다.

대리인이 그 권한 외의 법률행위를 한 경우에 제3자가 그 권한이 있다고 믿을 만한 정당한 사유가 있는 때에는 본인은 그 행위에 대하여 책임이 있다(제126조). 권한을 넘은 표견대리는 일정한 범위 내의 대리권만을 수여받은 대리인이 그 대리권한의 범위를 넘은 법률행위를 했을 때 성립한다. 예컨대 인감증명서를 발급받아오라고 다른 사람에게 인감도장을 맡긴 경우 그에게 인감증명을 발급받을 대리권을 수여한 것으로 볼 수 있다. 그가 이를 가지고 다른 거래행위를 했다면 표견대리가 성립할 수 있다. 제126조의 '정당한 사유'란 대리행위의 상대방이 대리행위 당시 대리인에게 대리권이 있었다고 믿었고, 그렇게 믿은 데 관하여 과실이 없는 것을 말한다(선의·무과실). 정당한 사유에 대한 증명책임은 제126조 표견대리의 효력을 주장하는 상대방에게 있다. 제126조 표견대리의 효력은 임의대리인은 물론 법정대리인에게도 적용된다. 판례는 친족회의 동의를 필요로 하는 경우와 부부 사이의 가사대리권에 관하여 제126조 표견대리를 인정하고 있다. 민법 제126조에서 말하는 권한을 넘은 표견대리는 현재에 대리권을 가진 자가, 그 권한을 넘은 경우에 성립하는 것이다. 현재에 아무런 대리권도 가지지 아니한 자가, 본인을 위하여 한 어떤 대리행위가 과거에 이미 가졌던 대리권을 넘은 경우에까지 성립하는 것은 아니다.

대리권의 소멸은 선의의 제3자에게 대항하지 못한다. 그러나 제3자가 과실로 인하여 그 사실을 알지 못한 때에는 그러하지 아니하다(제129조). 상대방인 제3자는 대리권이 존속하는 것으로 믿고, 또 그렇게 믿는 데 과실이 없어야 한다(선의·무과실). 본인에게 제3자의 악의 또는 과실이 있음에 대한 증명책임이 있다. 제129조는 임의대리인의 대리권 소멸뿐만 아니라 법정대리인의 대리권 소멸의 경우에도 적용된다. 과거에 가졌던 대리권이 소멸되어 민법 제129조에 의하여 표견대리로 인정되는 경우에, 그 표견대리의 권한을 넘는 대리행위가 있을 때에는 민법 제126조에 의한 표견대리가 성립할 수 있다.

표견대리가 성립하면, 표견대리행위의 법률효과가 본인에게 귀속된다. 이때 본인은 계약이행책임을 지는 것이므로 과실상계의 법리를 유추적용하여 책임을 경감할 수 없다. 표견대리가 성립한다 하더라도 유권대리가 되는 것은 아니다. 따라서 무권대리의 추인과 상대방의 최고권·철회권 규정은 그대로 적용된다. 표견대리를 주장하여 계약의 이행을 선택할 것인지, 철회권을 주장하여 계약을 유지하지 않을 것인지는 상대방의 선택의 문제이다.

제10절 무효와 취소

1. 무효

민법상 무효라 함은 성립된 법률행위가 효력을 갖지 못하는 것을 말한다. 따라서 무효인 법률행위는 누구의 주장을 기다리지 않고도, 또 누구에 대하여도 처음부터 효력이 없는 것이다. 민법상 법률행위가 무효로 되는 경우로는, ① 상대방이 표의자의 진의 아님을 알았거나 알 수 있었을 비진의의사표시(제107조), ② 허위표시(제108조), ③ 반사회질서의 법률행위(제103조), ④ 반사회질서의 조건이 있는 법률행위, 이미 성취된 해제조건이 있는 법률행위, 원시적 불능의 정지조건이 있는 법률행위(제151조), ⑤ 불공정한 법률행위(제104조), ⑥ 무권대리행위(제130조)가 있다.

무효는 원칙적으로 누구에 의하여서나 누구에 대해서도 언제나 주장할 수 있는 절대적 무효이다(의사무능력자의 행위·반사회적 법률행위). 상대적 무효란 선의의 제3자에게 주장할 수 없는 허위표시의 무효와 같이 무효를 주장할 수 있는 상대방이 제한되어 있는 경우이다. 회사설립의 무효(상법 제184조)와 회사합병의 무효(상법 제236조)는 재판에 의하여 무효의 선고가 있어야 무효로 인정된다. 이와 달리 소에 의한 절차를 필요로 하지 않고 당연히 인정되는 무효를 당연무효라고 한다. 재판상 무효의 경우 원고적격과 제소기간이 제한되어 있으므로 취소와 실질이 같다(통설).

법률행위가 무효이면 당사자가 무효행위를 통하여 발생시키고자 의욕한 법률효과는 발생하지 않는다. 따라서 계약의 경우 그 계약에 기한 채권·채무가 발생하지 않는다. 무효인 법률행위에 기하여 아직 이행이 행하여지지 아니한 경우에는 그 이행청구권이 발생하지 않는다. 이미 이행이 행하여진 경우에는 그것이 원물로 남아 있으면 소유권에 기한 반환청구를 하고(이 경우 제201조 내지 제203조가 적용), 원물이 없거나 반환불능인 경우에는 그 가액의 부당이득반환청구를 하게 된다. 그러나 불법원인급여의 경우에는 반환청구가 인정되지 않는다(제746조).

법률행위는 일부에만 무효의 원인이 있어도 전부가 무효인 것이 원칙이다. 다만 일부에만 무효의 원인이 있는데, 당사자가 무효부분이 없더라도 법률행위를 하였으리라고 인정될 경우에는 나머지 부분을 유효로 한다(제137조). 민법 제137조 단서에서 말하는 "그 무효부분이 없더라도 법률행위를 하였을 것이라고 인정될 때"를 판단하는 기준은 당사자의 실재하는 의사가 아니라 법률행위의 일부분이 무효임을

법률행위 당시에 알았다면 당사자 쌍방이 이에 대비하여 의욕하였을 가정적 의사
이다(95다38875). 민법 제137조는 임의규정으로서 의사자치의 원칙이 지배하는 영역
에서 적용된다고 할 것이므로, 법률행위의 일부가 강행법규인 효력규정에 위반되어
무효가 되는 경우 그 부분의 무효가 나머지 부분의 유효·무효에 영향을 미치는가
의 여부를 판단함에 있어서는 개별 법령이 일부무효의 효력에 관한 규정을 두고 있
는 경우에는 그에 따라야 하고, 그러한 규정이 없다면 원칙적으로 민법 제137조가
적용될 것이나 당해 효력규정 및 그 효력규정을 둔 법의 입법 취지를 고려하여 볼
때 나머지 부분을 무효로 한다면 당해 효력규정 및 그 법의 취지에 명백히 반하는
결과가 초래되는 경우에는 나머지 부분까지 무효가 된다고 할 수 없다. 약관규제법
제16조는 약관조항이 동법에 의하여 무효가 되더라도 원칙적으로 나머지 부분으로
유효하게 존속한다고 규정하고 있다.

　　법률행위가 당사자가 원래 의욕한 법률효과를 발생시키는 요건은 미비하지만
다른 법률효과를 발생시키는 요건을 구비하고, 당사자도 원래 의욕한 법률효과가
발생될 수 없음을 알았다면 그 다른 법률효과를 의욕하였을 것이라는 점이 인정되
는 경우에는, 그 다른 법률효과가 발생한다(제138조). 이를 무효행위의 전환이라 한
다.[29] 무효행위 전환의 효과는 다른 법률행위의 성립이며 이는 이미 무효행위 시점
에 성립된 것으로 의제되는 것이다. 민법 제138조는 당사자의 약정으로 적용을 배
제할 수 있는 임의규정이다. 민법은 방식 결여로 비밀증서에 의한 유언이 자필증서
방식을 갖춘 경우 그에 의한 유언의 효력을 인정하거나(제1071조), 연착 승낙 또는
변경을 가한 승낙을 새로운 청약으로 보는(제530조 및 제534조) 경우 단독행위의 전
환을 인정하고 있다.

　　매매계약이 약정된 매매대금의 과다로 말미암아 민법 제104조에서 정하는 '불
공정한 법률행위'에 해당하여 무효인 경우에도 무효행위의 전환에 관한 민법 제138
조가 적용될 수 있다. 따라서 당사자 쌍방이 위와 같은 무효를 알았더라면 대금을
다른 액으로 정하여 매매계약에 합의하였을 것이라고 예외적으로 인정되는 경우에
는, 그 대금액을 내용으로 하는 매매계약이 유효하게 성립한다. 이때 당사자의 의
사는 매매계약이 무효임을 계약 당시에 알았다면 의욕하였을 가정적 효과의사로서,

---

[29] 판례는 혼인 외의 출생자를 혼인중의 출생자로 출생신고를 한 경우에는 그 신고를 친생자출
　　생신고로서는 무효지만 인지신고로서는 효력을 인정하고(71다1983), 타인의 子를 자기의 子
　　로서 출생신고한 경우 입양의 효력을 인정한다(88누9305).

당사자 본인이 계약 체결시와 같은 구체적 사정 아래 있다고 상정하는 경우에 거래 관행을 고려하여 신의성실의 원칙에 비추어 결단하였을 바를 의미한다(2009다50308).

임금은 법령 또는 단체협약에 특별한 규정이 있는 경우를 제외하고는 통화로 직접 근로자에게 전액을 지급하여야 한다(근로기준법 제43조 제1항). 따라서 사용자가 근로자의 임금 지급에 갈음하여 사용자가 제3자에 대하여 가지는 채권을 근로자에게 양도하기로 하는 약정은 전부 무효임이 원칙이다. 다만 당사자 쌍방이 위와 같은 무효를 알았더라면 임금의 지급에 갈음하는 것이 아니라 지급을 위하여 채권을 양도하는 것을 의욕하였으리라고 인정될 때에는 무효행위 전환의 법리(제138조)에 따라 그 채권양도 약정은 '임금의 지급을 위하여 한 것'으로서 효력을 가질 수 있다(2011다101308).

무효인 법률행위를 유효화하려는 의사표시를 내용으로 하는 법률행위를 무효행위의 추인이라 한다. 민법 제139조는 "무효인 법률행위는 추인하여도 그 효력이 생기지 아니한다. 그러나 당사자가 그 무효임을 알고 추인한 때에는 새로운 법률행위로 본다"고 규정한다.[30] 예컨대 통정허위표시는 확정적으로 무효인 것이나, 당사자가 추인을 하면 그때부터 새로운 매매계약이 되는 것이다. 그러나 반사회질서의 법률행위나 불공정한 법률행위처럼 계속 무효로 남아야 하는 경우 무효행위의 추인은 불가능하다. 무효행위의 추인은 새로운 법률행위를 한 것으로 간주되므로 소급효가 없다. 무효인 가등기를 유효한 등기로 전용키로 한 약정은 그 때부터 유효하고 이로써 위 가등기가 소급하여 유효한 등기로 전환될 수 없다(91다26546). 무효행위의 추인에는 그 추인자가 무효 사실을 알고 있음이 전제로 되어 있다. 무효임을 모르는 당사자의 행위나 용태에서는 묵시적 추인이 인정되지 않는다. 노동조합이나 근로자들이 단체협약 체결 당시 그때 시행중이던 보수규정이 유효하다고 여기고 있었던 사실만으로 무효인 종전의 보수규정의 개정을 추인하였다고 볼 수는 없다(91다46922). 공동상속인 중 1인이 권한 없이 다른 상속인들의 상속지분을 처분하여 제3자 명의로 소유권이전등기가 되었는데도 정당한 상속지분권자인 상속인이 제3자를 상대로 말소등기청구소송을 제기하지 않았다거나 소제기 후 취하하였다

---

[30] 민법은 무효행위의 추인과 관련하여 무권대리행위(제130조), 무효행위(제139조)를 규정하고 있다. 민법 제130조는 미확정무효행위에 대한 것이고, 민법 제139조는 확정무효행위에 대한 것이다.

하여 권한없이 한 처분행위를 묵시적 또는 명시적으로 추인하였다고 볼 수 없다(92다21425).

우리 민법에 명문 규정은 없지만, 통설과 판례(92다15550)는 제3자의 권리를 해하지 않는 한도에서 권리자의 추인으로 인하여 권한 없는 자의 처분행위도 소급하여 유효하게 된다는 점을 인정하고 있다. 권리자가 권리를 잃은 것은 자신의 추인에서 비롯한 것이므로 권리자는 무권리자에 대하여 권리의 상실에 대한 손해배상청구를 할 수 없다. 추인을 하지 않은 경우 진정한 권리자는 자신의 소유권에 기하여 무권리자로부터 소유권이전등기를 경료한 제3자를 상대로 소유권이전등기 말소를 구하거나 목적물을 인도받은 제3자를 상대로 자신에게 목적물을 인도할 것을 청구할 수 있다.

토지거래허가와 관련하여 판례법이 확립한 유동적 무효라는 개념이 있다(90다12243). 국토이용관리법상의 규제구역 내의 '토지 등의 거래계약' 허가에 관한 관계규정의 내용과 그 입법취지에 비추어 볼 때 토지의 소유권 등 권리를 이전 또는 설정하는 내용의 거래계약은 관할관청의 허가를 받아야만 그 효력이 발생하고 허가를 받기 전에는 물권적 효력도 발생하지 아니하여 무효라고 보아야 할 것인바, 다만 허가를 받기 전의 거래계약이 처음부터 허가를 배제하거나 잠탈하는 내용의 계약일 경우에는 확정적으로 무효로서 유효화될 여지가 없으나 이와 달리 허가받을 것을 전제로 한 거래계약일 경우에는 허가를 받을 때까지는 법률상 미완성의 법률행위로서 소유권 등 권리의 이전 또는 설정에 관한 거래의 효력이 전혀 발생하지 않음은 위의 확정적 효력의 경우와 다를 바 없지만, 일단 허가를 받으면 그 계약은 소급하여 유효한 계약이 되고 이와 달리 불허가가 된 때에는 무효로 확정되므로 허가를 받기까지는 유동적 무효의 상태에 있다. 허가받기 전의 상태에서는 거래계약의 채권적 효력도 전혀 발생하지 않으므로 권리의 이전 또는 설정에 관한 어떠한 내용의 이행청구도 할 수 없다. 규제지역 내의 토지에 대하여 거래계약이 체결된 경우에 계약을 체결한 당사자 사이에 있어서는 그 계약이 효력 있는 것으로 완성될 수 있도록 서로 협력할 의무가 있음이 당연하므로, 계약의 쌍방 당사자는 공동으로 관할관청의 허가를 신청할 의무가 있고, 이러한 의무에 위배하여 허가신청절차에 협력하지 않는 당사자에 대하여 상대방은 협력의무의 이행을 구하는 이행의 소를 제기할 수 있다. 매매계약 체결 당시 일정한 기간 안에 토지거래허가를 받기로 약정하였다고 하더라도, 그 약정된 기간 내에 토지거래허가를 받지 못할 경우 계약해

제 등의 절차 없이 곧바로 매매계약을 무효로 하기로 약정한 취지라는 등의 특별한 사정이 없는 한, 이를 쌍무계약에서 이행기를 정한 것과 달리 볼 것이 아니므로 위 약정기간이 경과하였다는 사정만으로 곧바로 매매계약이 확정적으로 무효가 되지 않는다. 토지거래허가를 받지 않아 유동적 무효상태에 있는 거래계약에 관하여 사기 또는 강박에 의한 계약의 취소는 가능하지만, 채무불이행을 이유로 한 손해배상청구, 약정된 위약금 지급청구, 계약금 등의 부당이득반환청구 모두 허용되지 않는다. 유동적 무효 상태에서는 그 계약 내용에 따라 이행할 의무가 없으므로 본래의 이행기가 경과하더라도 계약을 해제할 수 없다. 그러나 유동적 무효 상태에서도 민법 제565조 제1항에 따라 매도인이 계약금 배액을 상환함으로써 적법하게 계약을 해제할 수 있고, 당사자 사이에 별개의 약정으로 매매대금이 그 지급기일에 지급되지 아니하는 경우 자동적으로 해제하기로 하는 약정을 한 경우 그 약정에 의한 계약해제가 가능하다. 계약금만 주고받은 상태에서 토지거래허가를 받은 경우 토지거래허가 신청행위와 협력행위는 계약의 이행 착수로 볼 수 없으므로 매도인은 계약금배액을 상환하고 계약을 해제할 수 있다. 유동적 무효 상태에서는 대금지급의무를 소유권이전등기의무에 선이행하기로 하는 약정이 있는 경우에도 소유권이전등기청구나 토지인도청구를 할 수 없다. 토지거래계약에 관한 허가를 받을 것을 조건으로 한 소유권이전등기청구권을 피보전권리로 한 부동산처분금지가처분신청은 허용되지 않는다. 토지거래계약에 관한 허가를 받을 것을 조건으로 한 소유권이전등기청구권을 보전하기 위한 가등기 청구나 이 가등기청구권을 피보전권리로 한 처분금지가처분신청도 허용되지 않는다. 그러나 토지거래허가신청절차청구권을 피보전권리로 하여 매매목적물의 처분을 금하는 가처분신청은 가능하다. 토지거래허가를 받지 아니하여 유동적 무효 상태에 있는 계약이라고 하더라도 일단 거래허가신청을 하여 불허되었다면 특별한 사정이 없는 한 불허가된 때로부터 그 거래계약은 확정적으로 무효로 되었다고 할 것이지만, 그 불허가의 취지가 미비된 요건의 보정을 명하는 데에 있고 그러한 흠결된 요건을 보정하는 것이 객관적으로 불가능하지도 아니한 경우라면 그 불허가로 인하여 거래계약이 확정적으로 무효가 되는 것은 아니다. 매수인과 매도인 사이의 토지거래규제구역 내에 있는 토지에 대한 매매계약이 관할관청의 허가 없이 체결된 것이라고 하더라도, 매수인은 매도인에 대한 토지거래허가신청절차의 협력의무의 이행청구권을 보전하기 위하여 매도인을 대위하여 제3자 명의의 소유권이전등기의 말소등기절차이행을 구할 수 있다. 제3자가 토지거래허가를 받기 전의 토지 매매계약상 매수인 지위를 인수하는 경우와 달리 매도인 지위를 인수하는 경우에는 최초매도인과 매수인 사이의 매매계약에 대하여 관할 관청의 허가가 있어야만 매도인 지위의 인수에 관한 합의의 효력이 발생한다고 볼 것은 아니다.

2. 취소

취소라고 함은 흠이 있어도 법률행위가 일단 유효하게 성립하고 다만 후에 특정인(취소권자)이 그 흠을 주장하여 취소한 경우에만 소급하여 무효가 되는 것을 말한다. 법률행위는 취소하기까지는 유효이다. 민법 제140조 이하에서 규정하는 취소는 법률행위가 취소될 수 있는 경우로는 ① 제한능력자의 행위(제5조, 제10조, 제12조), ② 착오에 의한 의사표시(제109조), ③ 사기 · 강박에 의한 의사표시(제110조)에 적용된다. 거래를 전제로 하는 당사자의 제한능력 또는 의사표시의 결함을 이유로 하는 경우가 아닌 실종선고의 취소(제29조), 법인설립허가의 취소(제38조), 가족법상 취소, 사해행위취소(제406조)에는 적용되지 않는다.

법률행위의 취소는 취소권자가 상대방에 대하여 취소의 의사표시를 하면 이미 발생하고 있는 법률행위의 효력이 처음부터 무효였던 것으로 간주되는 것을 말한다. 이러한 법률행위를 취소할 수 있는 지위를 취소권이라 한다. 민법상 취소권은 그 자체로 법률행위를 취소한다라는 판결을 구할 수는 없다. 즉 민법상 취소권은 취소의 소를 제기할 수 있는 권리가 아니다. 이 점에서 채권자취소권이나 채무자회생법상 부인권과 다르다. 취소권은 법률행위의 취소를 위한 소송 외 또는 소송에서의 의사표시일 뿐이다. 소송으로 구할 수 있는 것은 취소권행사로 인하여 생긴 부당이득반환청구나 손해배상청구이다. 해제권 · 해지권도 같다.

민법 제140조는 취소권자로 제한능력자, 착오로 인하거나 사기 · 강박에 의하여 의사표시를 한 자, 그의 대리인 또는 승계인을 규정한다. 승계인 중 포괄승계인이 아닌 특정승계인의 경우는 취소권만의 승계는 인정할 수 없으므로, 취소할 수 있는 행위에 의해 취득한 권리를 승계하여야 한다. 제한능력자는 법정대리인의 동의가 없더라도 단독으로 법률행위를 취소할 수 있다. 법정대리인은 민법상 대리제도로 볼 필요가 없다. 법정대리인은 법정대리인을 규정하고 있는 개별제도의 한 내용이다. 따라서 법정대리인은 제한능력자의 취소권을 대리행사라는 것이 아니라 자신의 고유한 취소권을 행사하는 것이다. 민법상 대리제도를 이용하는 경우, 즉 임의대리인은 취소권에 관한 본인의 수권행위가 필요하다. 취소할 수 있는 법률행위를 한 자의 채권자도 그 취소권을 채권자대위권에 기하여 대위행사할 수 있다.

취소할 수 있는 법률행위의 상대방이 확정한 경우에는 그 취소는 그 상대방에 대한 의사표시로 하여야 한다(제142조). 법률행위의 취소는 상대방에 대한 의사표시로 한다. 미성년자가 매도한 부동산을 제3자가 다시 매수한 경우 미성년자는 취소권 행사를 자기로부터 매수한 자를 상대로 하여야 하고, 제3자를 상대로 하여서는 안 된다. 취소의 의사표시는 특별히 재판상 행하여짐이 요구되는 경우 외에는 특정한 방식이 요구되는 것이 아니다. 취소의 의사가 상대방에 의하여 인식될 수 있다면 어떠한 방법에 의하더라도 무방하다. 법률행위의 취소를 당연한 전제로 한 소송상의 이행청구나 이를 전제로 한 이행거절 가운데에는 취소의 의사표시가 포함되어 있다고 볼 수 있다.

취소된 법률행위는 처음부터 무효인 것으로 본다(제141조). 당사자의 제한능력을 이유로 하는 취소는 모든 제3자에게 그 무효를 주장할 수 있다(절대적 무효). 그러나 착오·사기·강박에 의한 취소는 선의의 제3자에게 대항할 수 없다(상대적 무효). 법률행위가 취소되면 그 법률행위는 소급하여 무효가 된다. 따라서 취소된 법률행위를 원인으로 하는 채무가 이행되지 않은 경우에는 이행할 필요가 없고, 이미 이행된 채무는 법률상 원인 없이 급부된 것으로 되어 부당이득으로 반환되어야 한다(제741조). 이 경우 선의의 수익자는 그 받은 이익이 현존하는 한도 내에서 반환의무를 부담한다. 악의의 수익자는 받은 이익에 이자를 붙여 반환하여야 하고, 손해가 있으면 이를 배상하여야 한다(제748조). 제한능력자는 그 행위로 인하여 받은 이익이 현존하는 한도에서 상환(償還)할 책임이 있다(제141조 단서). 따라서 제한능력자는 악의의 경우에도 현존이익만 반환하면 된다. 여기서 받은 이익이 현존하는 한도라 함은 취소되는 행위에 의해 사실상 얻은 이익이 그대로 있거나 또는 그것이 변형되어 잔존하고 있는 것을 말한다. 따라서 소비한 경우 이익은 현존하지 않지만, 생활비에 충당하는 등 필요한 비용에 사용한 경우 다른 재산의 소비를 면하게 된 것이므로 그 한도에서 현존하는 이익으로 본다. 제141조 단서는 의사무능력을 이유로 법률행위가 무효로 되는 경우에도 유추 적용된다. 금전 또는 금전과 유사한 대체물인 경우 이익의 현존은 추정된다. 금전 외의 경우에는 반환청구권자가 이익이 현존함을 증명하여야 한다.

제한능력자, 착오로 인하거나 사기·강박에 의하여 의사표시를 한 자, 그의 대리인 또는 승계인은 취소할 수 있는 법률행위는 추인할 수 있고 추인 후에는 취소하지 못한다(제143조). 추인은 취소의 원인이 소멸된 후에 하여야만 효력이 있다(제144조 제1항). 그러나 법정대리인 또는 후견인이 추인하는 경우에는 그렇지 않다(제144조 제2항).

추인은 취소할 수 있는 행위를 취소하지 않을 것으로 하는 취소권의 포기이다. 취소권자는 문제의 법률행위가 취소할 수 있다는 것을 알고 있어야 한다. 따라서 추인을 할 것인가, 취소를 할 것인가를 판단할 수 있는 상태가 요구된다. 즉 제한능력자가 능력자가 된 후에 착오·사기·강박에 의한 의사표시는 그 상태를 벗어난 후가 아니면 추인할 수 없는 것이다. 그러나 법정대리인이 추인하는 경우에는 이러한 제한이 없다. 추인은 추인권자가 취소할 수 있는 법률행위의 상대방에 대한 의사표시로 한다(제143조 제2항). 추인은 취소권을 가지는 자가 취소원인이 종료한 후에 취소할 수 있는 행위임을 알고서 추인의 의사표시를 하거나 법정추인사유에 해당하는 행위를 행할 때에만 법률행위의 효력을 유효로 확정시키는 효력이 발생한다.

취소할 수 있는 법률행위에 관하여 추인할 수 있는 후에 ① 전부나 일부의 이행, ② 이행의 청구, ③ 경개, ④ 담보의 제공, ⑤ 취소할 수 있는 행위로 취득한 권리의 전부나 일부의 양도, ⑥ 강제집행의 사유가 있으면 추인한 것으로 본다(법정추인). 그러나 이의를 보류한 때에는 그러하지 아니하다(제145조). 법정추인은 취소권자의 추인의사를 묻지 않고, 법률의 규정에 의하여 취소권을 배제하는 것이다. 기능면에서 법정추인은 민법이 말하는 추인(제143조, 제144조)보다는 취소권의 행사기간을 제한하는 제도(제146조)의 일종이다.

취소권은 추인할 수 있는 날로부터 3년 내에 법률행위를 한 날로부터 10년 내에 행사하여야 한다(제146조). 취소할 수 있는 법률행위의 상대방을 불안정한 상태에서 벗어나게 하여 법률관계를 안정시키기 위한 것이다. 통설·판례는 취소권은 형성권이기 때문에 불행사의 사실상태나 중단이 있을 수 없다는 이유로 이 기간을 단기소멸시효제도가 아닌 제척기간으로 본다. 판례는 제146조에 규정된 취소권의 존속기간은 제척기간이라고 보아야 할 것이지만, 제척기간 내에 소를 제기하는 방법으로 권리를 재판상 행사하여야만 되는 것은 아니고, 재판 외에서 의사표시를 하는 방법으로도 권리를 행사할 수 있다고 한다. 통설은 제척기간을 재판 외의 권리행사는 포함하지 않는 출소기간으로 본다. 그러나 제척기간 내에 소를 제기하여야 한다고 한다면, 민법 제142조가 취소권을 상대방에 대한 의사표시로 행사한다고 하는 것과 배치된다. 따라서 법률이 특히 재판상의 권리행사를 요구(제406조, 제847조 제1항)하지 않는 한, 원칙적으로 재판 외의 행사만으로 족하다.31)

　　제한능력자나 사기 또는 강박에 의한 의사표시를 한 자가 추인하는 경우에 그 추인할 수 있는 날이란 제144조의 취소 원인 종료일이다. 즉 그 제한능력이나 기망 내지 외포 상황으로부터 벗어난 날이다. 의사의 하자나 흠결과 무관한 추인권자의 추인의 경우에는 추인을 객관적으로 실제로 할 수 있는 날이다. '추인할 수 있는 날로부터 3년'과 '법률행위를 한 날로부터 10년' 중 먼저 만료하는 것이 있으면 취소권은 소멸한다. 법정대리인의 취소권은 법정대리인이 제한능력자의 법률행위를 안 때로부터 계산하여야 할 것이다. 위 기간 내에 취소권을 행사하면, 그 효과로서 원상회복청구권이나 부당이득반환청구권이 생기게 된다. 이러한 청구권은 언제까지 존속하느냐가 문제된다. 법률관계를 빨리 확정시키려고 하는 취지에 비추어 볼 때 제146조에 규정된 기간은 이러한 청구권의 존속기간도 함께 규정한 것이라고 보아야 한다는 견해도 있을 수 있지만, 취소권을 행사한 때로부터 취소권행사의 효과로서 발생한 원상회복청구권이나 부당이득반환청구권은 일반채권과 같이 민법 제162조 소정의 10년의 소멸시효 기간이 진행된다고 볼 것이다(90다13420).

　　불가분의 법률행위를 일부 취소하더라도 취소의 효력은 생기지 않는다. 그러나 법률행위의 일부와 잔여 부분이 가분인 경우에 일부분에만 취소사유가 있는 경우 그 일부만 취소하고, 잔여 부분의 유효를 인정하는 것은 가능하다(일부취소). 가분적 법률행위의 일부가 취소된 경우, 그 부분은 소급하여 무효가 되므로, 일부무효와 같은 문제로 다루면 족하다.

제11절 조건과 기한

　　법률행위를 할 때, 자유롭게 그 효력의 발생과 소멸을 장래의 일정한 사실에 의존하게 할 수 있다. 그 장래의 일정한 사실에는 발생하는 것이 불확실한 경우인 '조건'과 확실한 경우인 '기한'이 있다. 법률행위의 효력의 발생에 관한 조건을 정지조건(停止條件), 효력의 소멸에 관한 조건을 해제조건(解除條件)이라 한다. 지상건물 철거를 조건으로 하는 대지매매계약은 정지조건이다. 금연을 조건으로 하는 증여는 해제조건이다. 법인설립행위에 있어서의 주무관청의 허가(제32조), 유언의 효력발생

---

31) 김증한·김학동. 「민법총칙 제9판」, 박영사(1996), 515면.

에 있어서 유언자의 사망(제1073조) 등은 법률이 직접 그 효력발생을 위한 조건 또는 사실을 규정하는 것으로 본래의 조건이라 할 수 없다. 선량한 풍속 기타 사회질서에 위반한 조건은 불법조건으로 불법조건이 붙어 있는 법률행위는 무효로 한다(제151조 제1항). 여컨대, 부부관계를 종료를 해제조건으로 하는 증여계약은 그 조건만 무효인 것이 아니라 증여계약 자체가 무효이다.

조건부 법률행위가 성립한 경우에 당사자는 장래 조건의 성취로 일정한 이익을 얻게 될 기대를 가지게 되는데, 이러한 기대를 조건부 권리라 한다. 민법은 조건부 권리에 관해 그 규정(제148, 제149조)을 두고, 이를 기한부 권리에 준용한다. 조건 있는 법률행위의 당사자는 조건의 성부가 미정한 동안에 조건의 성취로 인하여 생길 상대방의 이익을 해하지 못한다(제148조). 조건의 성취가 미정한 권리의무는 일반규정에 의하여 처분·상속·보존 또는 담보로 할 수 있다(제149조). 조건부법률행위에 있어서는 그 효력이 조건의 성취 또는 불성취에 달려 있다. 따라서 조건의 성취로 인하여 불이익을 받을 당사자가 신의성실에 반하여 조건의 성취를 방해한 때에는, 상대방은 그 조건이 성취한 것으로 주장할 수 있다(제150조 제1항). 조건의 성취로 인하여 이익을 받을 당사자가 신의성실에 반하여 조건을 성취시킨 때에는, 상대방은 그 조건이 성취하지 아니한 것으로 주장할 수 있다(제150조 제2항). 의제되는 시점은 이러한 신의성실에 반하는 행위가 없었더라면 조건이 성취되었으리라고 추산되는 시점이다. 조건부 법률행위도 법률행위인 이상 무효인 부관을 붙인다면 전체 법률행위도 무효이다. 부관이 붙은 법률행위에 있어서 부관에 표시된 사실이 발생하지 아니하면 채무를 이행하지 아니하여도 된다고 보는 것이 상당한 경우에는 조건으로 보아야 하고, 표시된 사실이 발생한 때에는 물론이고 반대로 발생하지 아니하는 것이 확정된 때에도 그 채무를 이행하여야 한다고 보는 것이 상당한 경우에는 표시된 사실의 발생 여부가 확정되는 것을 불확정기한으로 정한 것으로 보아야 한다. 이미 부담하고 있는 채무의 변제에 관하여 일정한 사실이 부관으로 붙여진 경우에는 특별한 사정이 없는 한 그것은 변제기를 유예한 것으로서 그 사실이 발생한 때 또는 발생하지 아니하는 것으로 확정된 때에 기한이 도래한다.

기한은 장래의 확실한 사실을 내용으로 한다는 점에서 조건과 다르다. 기한은 시기(始期)와 종기(終期)로 나누어진다. '오는 1월 1일부터'와 같이 기한의 도래로 법률행위의 효력이 발생하는 기한이 시기이다. '오는 6월 말일까지'와 같이 기한의 도래로 법률행위의 효력이 소멸하는 기한이 종기이다. 효과가 즉시 생겨야 하는 혼인·이혼·입양·파양 등의 신분행위에는 시기를 붙일 수 없다. 소급효가 있는 취소나 상계에는 시기를 붙이지 못한다. 다만 조건과 달리 어음행위에 시기를 붙이는 것은 허용되며, 단독행위라고 할지라도 상대편을 해할 염려가 없는 경우에는 기한을 붙일 수 있다고 본다. 도래시기를 확정하지 않고, 첫 눈이 내릴 때부터와 같이 도래시기가 확정되지 않은 기한을 불확정기한이라 한다. 기한의 효력에는 성질상 소급효가 있을 수 없다. 시기 있는 법률행위는 기한이 도래한 때부터 그 효력이 생긴다(제152조 제1항). 종기 있는 법률행위는 기한이 도래한 때부터 그 효력을 잃는다(제152조 제2항). 기한의 내용이 되는 사실이 실현되는 것을 기한의 도래라 한다. 기한의 본질상 시기든 종기든 소급효가 없다.

기한이 있는 법률행위의 당사자는 상대편의 기한의 이익을 해하지 못한다(제148조, 제154조). 기한이 도래하지 않은 권리·의무는 일반규정에 의해 처분, 상속, 보존 또는 담보로 할 수 있다(제149조, 제154조). 기한은 채무자의 이익을 위한 것으로 추정한다(제153조 제1항). 기한의 이익을 갖는 자는 그 이익을 포기할 수 있다. 그러나 상대방의 이익을 해하지 못한다(제153조 제2항). 기한의 이익이라 함은 기한이 존재함으로써 받는 이익, 즉 시기 또는 종기가 도래하지 아니함으로써 당사자가 받는 이익을 말한다. 이러한 기한의 이익은 무상임치처럼 채권자만 기한의 이익을 갖는 경우, 무이자 소비대차처럼 채무자만 기한의 이익을 갖는 경우, 이자부 소비대차처럼 채권자와 채무자가 모두 기한의 이익을 갖는 경우가 있다. 이자부 소비대차처럼 채권자와 채무자 모두 기한의 이익이 있는 경우 채무자는 변제기까지의 이자를 지급하고 변제기 전에 변제할 수 있다. 기한의 이익은 채무자에 의한 담보의 감소·손상·멸실, 채무자의 담보제공의무의 불이행(제388조), 채무자의 파산선고(채무자 회생 및 파산에 관한 법률 제425조)에 의해 박탈된다. 이를 법정 기한의 이익 상실이라 한다.

제12절 기 간

기간은 어느 시점에서 어느 시점까지 사이의 시기를 말한다. 이와 달리 기일은 특정 날짜를 말한다. 기간은 다른 법률사실과 결합하여 법률요건으로 되는 수가 많다(예컨대, 성년·실종기간·기한·시효). 민법은 기간의 계산방법에 관한 규정을 두고 있다. 그러나 법령, 재판상 처분, 당사자 간 특약이 달리 정한 바가 있으면 그에 따른다

(제155조). 민법이 정하고 있는 기간 제도는 私法關係와 公法關係 모두에 적용된다.

기간을 시, 분, 초로 정한 때에는 즉시로부터 기산한다(제156조). 오전 10시 30분부터 10시간이라고 한다면 오후 8시 30분이 만료점이다.

기간을 日, 週, 月, 年으로 정한 때에는 기간의 초일은 산입하지 않는다. 그러나 기간이 오전 0시로부터 시작되는 경우와 연령계산의 경우에는 초일을 산입한다(제157조, 제158조).

기간을 日, 週, 月, 年으로 정한 때에는 기간말일의 종료로 기간이 만료한다(제159조). 즉 기간말일 오후 12시가 만료점이다.

日을 단위로 하는 경우에는 기산일로부터 일수를 센다. 月·年을 단위로 하는 경우에는 日로 환산하지 않고 역(曆)에 따라 계산한다. 즉 年의 平潤, 月의 大小를 따르지 않고 한결같이 1개년 또는 1개월 단위로 균등히 계산한다(제160조 제1항). 기간의 초일이 공휴일이라 하더라도 기간은 초일부터 기산한다. 공휴일에는 국경일 및 일요일뿐만 아니라 임시공휴일도 포함한다.

週, 月 또는 年의 처음으로부터 기간을 기산하지 아니하는 때에는 최후의 週, 月 또는 年에서 그 기산일에 해당한 날의 전일로 기간이 만료한다(제160조 제2항). 月 또는 年으로 정한 경우에 최종의 月에 해당일이 없는 때에는 그 월의 말일로 기간이 만료한다(제160조 제3항). 기간의 말일이 토요일 또는 공휴일에 해당한 때에는 기간은 그 익일로 만료한다(제161조). 그러나 기간의 초일이 공휴일인 것은 영향을 미치지 않는다.

민법상 기간의 계산방법은 일정한 기산일부터 소급하여 과거에 역산되는 기간에도 준용된다. 사단법인 사원총회일이 3월 15일이라고 한다면, 14일이 기산점이되어 그날로부터 역으로 7일간이 되는 3월 8일이 말일이 되고, 그날의 오전 0시에 기간이 만료한다. 따라서 늦어도 3월 7일 오후 12시 이전에 총회 소집통지서가 발송되어야 한다.

제13절   취득시효. 제척기간, 소멸시효

1. 취득시효

취득시효제도가 적용되는 주된 권리는 소유권이다. 민법 제294조는 계속되고 표현된 지역권에 한하여 부동산취득시효 규정을 준용하고 있다. 지상권은 판례가 인정하고 있다.[32] 점유권, 유치권은 점유라는 사실 자체를 전제로 성립하는 것이므로 취득시효와 무관하다. 저당권은 저당권설정계약이 있어야 성립하고 점유가 필요 없는 권리이므로 취득시효와 무관하다. 전세권·질권도 취득시효 대상이라는 견해[33]도 있다. 행정목적을 위하여 공용되는 행정재산은 공용폐지가 되지 않는 한 취득시효의 대상이 아니다. 일반재산은 취득시효의 대상이나 취득시효 완성 후 행정재산으로 된 경우에는 시효완성을 이유로 소유권이전등기를 청구할 수 없다(96다10782).

민법은 부동산소유권의 시효취득(제245조), 동산소유권의 시효취득(제246조), 소유권 이외의 재산권의 시효취득(제248조)을 규정하고 있다. 취득시효에 의한 소유권 취득의 효력은 점유를 개시한 때에 소급한다(제257조 제1항). 소멸시효 중단에 관한 규정은 취득시효에 준용된다(제257조 제2항). 부동산의 경우 20년간 소유의 의사로 평온·공연하게 부동산을 점유하는 자는 등기함으로써 그 소유권을 취득한다(제245조 제1항). 소유의 의사는 점유 개시 당시 존재하면 족하다. 악의의 무단점유자는 취득시효에 의한 소유권취득이 불가능하다. 부동산의 소유자로 등기한 자가 10년간 소유의 의사로 평온, 공연하게 선의이며 과실없이 그 부동산을 점유한 때에는 소유권을 취득한다(제245조 제2항). 적법·유효한 등기일 필요는 없고 무효인 등기를 마친 자도 등기부취득시효에 의하여 소유권을 취득할 수 있다(93다23367). 점유취득시효가 완성되면 시효취득자는 취득시효완성을 원인으로 한 소유권이전등기청구권을 시효완성 당시의 소유자를 상대로 등기청구권을 가진다. 시효기간 만료 후에 그 부동산의 소유권이 제3자에게 이전된 경우에는 그 제3자에 대하여 시효완성을 주장할 수 없다. 시효취득자가 등기청구권을 행사하여 자기명의로 소유권이전등기를 경료하기 전 제3자가 원소유자에 대하여 저당권등기를 경료한 경우 시효취득자는 제3자에 대항할 수 없다(2005다75910). 시효취득의 목적물은 타인의 부동산임을 요하지 않고 자기 소유의 부동산이라도 시효취득의 목적물이 될 수 있다(2001다17572). 시효기간만료 후 이해관계 있는 제3자가 있는 경우에는 시효이익을 주장하는 자는 임

---

32) 재산상속인은 상속 개시된 때부터 피상속인의 재산에 관한 포괄적 권리의무를 승계하는 것이므로 부동산의 지상권자로 등기된 자가 그 부동산을 지상권자로서 평온공연하게 선의이며 과실없이 점유하다가 지상권취득시효 완성 전에 사망하여 그 지상권설정등기와 점유권이 재산상속인에게 이전된 경우에는 피상속인과 상속인의 등기 및 점유기간을 합산하여 10년이 넘을 때 지상권의 등기부취득시효기간이 완성된다(87다카2587).

33) 곽윤직, 「물권법 신정판」, 박영사(1995), 329면.

의로 그 시효기산점을 선택할 수 없다. 민법 제199조에 의하면 점유자의 승계인은 자기의 점유만을 주장하거나 자기의 점유와 전점유자의 점유를 아울러 주장할 수 있는바, 여기에서 말하는 전점유자라는 것은 직전의 전점유자만을 가리키는 것이 아니라 현점유자에 앞서는 모든 전점유자를 말하며 그 전점유자가 수인인 경우에는 임의로 선택한 특정의 전점유자 이하의 점유를 아울러 주장할 수 있다. 점유자가 자기의 전점유자의 점유를 주장할 때 그 직전 점유자의 점유를 주장하거나, 그 전점유자의 것을 아울러 주장하는 것은 그 주장하는 사람의 임의에 속하나, 이 경우에도 그 점유시초를 전점유자의 점유기간 중의 임의시점을 택하여 주장할 수 없다.

　토지에 대한 점유로 인한 취득시효 완성 당시 미등기로 남아 있던 토지에 관하여 소유권을 가지고 있던 자가 취득시효 완성 후에 그 명의로 소유권보존등기를 마쳤다 하더라도 소유자에 변경이 있다고 볼 수 없으며, 그러한 등기명의자로부터 상속을 원인으로 소유권이전등기를 마친 자가 있다 하여도 취득시효 완성을 주장할 수 있는 시점에서 역산하여 취득시효 기간이 경과되면 그에게 취득시효 완성을 주장할 수 있다. 점유시효취득 대상인 미등기 토지에 대하여 소유자의 상속인 명의로 소유권이전등기 등에 관한 특별조치법에 따른 소유권보존등기가 마쳐졌다 하여도 이는 시효취득에 영향을 미치는 소유자 변경에 해당하지 아니한다(97다44089).

　부동산에 관한 취득시효가 완성된 후 취득시효를 주장하거나 이로 인한 소유권이전등기청구를 하기 이전에는 등기명의인인 부동산 소유자로서는 특별한 사정이 없는 한 시효취득사실을 알 수 없는 것이므로 이를 제3자에게 처분하였다 하더라도 불법행위가 성립할 수 없다 할 것이나, 시효취득을 주장하는 권리자가 취득시효를 주장하면서 소유권이전등기청구소송을 제기하여 그에 관한 입증까지 마쳤다면 부동산 소유자로서는 시효취득사실을 알 수 있다 할 것이고 이러한 경우에 부동산 소유자가 부동산을 제3자에게 처분하여 소유권이전등기를 넘겨줌으로써 취득시효완성을 원인으로 한 소유권이전등기의무가 이행불능에 빠짐으로써 시효취득을 주장하는 자가 손해를 입었다면 불법행위를 구성한다고 할 것이며, 부동산을 취득한 제3자가 부동산 소유자의 이와 같은 불법행위에 적극 가담하였다면 이는 사회질서에 반하는 행위로서 무효이다(92다47892).

　동산의 경우 10년간 소유의 의사로 평온·공연하게 동산을 점유한 자는 그 소유권을 취득한다(제246조 제1항). 이때 점유가 선의이며 과실없이 개시된 경우에는 5년을 경과함으로써 그 소유권을 취득한다(제246조 제2항). 동산에 관하여는 선의취득이 적용되기 때문에, 취득시효에 의한 소유권취득은 선의취득이 적용되지 않는 경우에 의미를 가진다.

2. 제척기간

민법 제162조는 "채권은 10년간 행사하지 아니하면 소멸시효가 완성한다"고 규정한다. 그런데 민법 제146조는 "취소권은 추인할 수 있는 날로부터 3년 내에, 법률행위를 한 날로부터 10년 내에 행사하여야 한다"고 규정한다. 이와 같이 소멸시효제도는 '시효로 인하여' 또는 '소멸시효가 완성한다'고 하여 시효 또는 소멸시효라는 용어가 법조문에 등장한다. 그러나 민법은 제척기간이라는 용어를 사용하지 않는다. 민법상 권리행사기간은 '…년 내에 권리를 행사하여야 한다'는 식으로만 표현될 뿐이다. 제척기간이란 단어는 판례와 학설만 사용하고 있다. 권리의 행사기한을 정하고 있는 민법 개별 규정들이 각각 규정하고 있는 권리들은 개별적으로 다른 성질을 가지고 있다. 판례도 제척기간이라는 용어를 권리의 행사기간에 두루 사용하지만, 그 기간이 출소기간인지, 재판외 권리행사도 가능한 것인지에 대하여는 개별적으로 정하고 있다.

제척기간은 권리자로 하여금 당해 권리를 신속하게 행사하도록 함으로써 법률관계를 조속히 확정시키려는 데 그 제도의 취지가 있다. 형성권은 물론 청구권의 경우에도 그 행사기간이 제척기간인 경우가 있다. 법률이 따로 기간에 대하여 정한 바가 없는 경우 제척기간은 10년이다. 시효취득의 목적물은 타인의 부동산임을 요하지 않고 자기 소유의 부동산이라도 시효취득의 목적물이 될 수 있다(2001다17572). 제척기간을 경과하면 권리가 소멸한다. 기산점은 권리가 발생한 때이다. 다른 약정을 한 경우에도 제척기간은 당초 권리의 발생일로부터 10년간의 기간이 경과되면 만료된다(94다22682). 제척기간에는 기간의 중단이 없다(2000다26425). 불변기간이 아니어서 그 기간을 지난 후에는 당사자가 책임질 수 없는 사유로 그 기간을 준수하지 못하였더라도 추후에 보완될 수 없다(2003스32). 제척기간에 대하여는 당사자의 주장이 필요없고, 법원이 직권으로 고려하여야 한다.

제척기간이 법률로 정하여져 있는 경우가 있다. 여기에는 기간 내에 재판상 행사하여야 한다고 규정하고 있는 경우와 그렇지 않은 경우가 있다. 채권자취소권에 관한 민법 제406조 제2항, 친생부인의 소에 관한 민법 제847조, 상속회복청구권에 관한 민법 제999조 등은 법률로 소를 제기할 수 있다고 규정하고 있다. 따라서 법률에 따라 소를 제기하여야 한다. 소를 제기하여야 한다는 표현이 없이 제척기간만 규정하는 권리도 반드시 소의 제기라는 재판상 권리행사만 가능한 것으로 볼 것인지 문제된다. 이에 대하여 제척기간은 출소기간을 의미하므로 반드시 그 기간 내에 소를 제기하여야 한다는 견해가 있다.[34] 재판외 권리행사로도 충분하다고 볼 경우 권리자가 권리를 행사는 결과 발생할 권리는 일반의 소멸시효에 걸리게 되어 권리관계를 속히 확정하려는 취지를 살리지 못하게 된다는 것을 근거로 한다. 이와 달리 소의 제기를 요구하는 표현이 법조문에 없는 한 원칙적으로 재판외 권리행사로 충분하다는 견해가 있다.[35] 이 견해는 제척기간을 출소기간으로 보는 그러한 제한은 법률의 근거없는 제한으로, 제척기간 내에 소를 제기하여야 한다고 한다면, 예컨대 제142조가 취소권은 상대방에 대한 의사표시로 하여야 한다고 한 것과 배치된다고 한다. 제척기간에 소멸시효의 정지규정(제179조 내지 제182조)이 유추적용되는 것인지는 견해가 대립한다. 독일민법 제124조 제2항과 같은 준용규정이 없으므로 유추적용할 수 없다는 것이 다수설이다. 제척기간의 중단을 인정하지 않는 판례도 같은 입장이라 볼 것이다.

3. 소멸시효

소멸시효제도는 권리를 행사할 수 있는 자가 자신의 권리를 행사할 수 있는 데도 불구하고 권리를 행사하지 않은 상태에서 일정기간이 지난 후에서야 비로소 권리를 행사할 경우 상대방이 진실한 상태가 무엇인지를 따지지 않고 그 권리의 소멸을 소송에서나 소송 외에서 주장할 수 있는 제도를 말한다.

민법이 소멸시효에 걸리는 권리로 규정하는 것은 채권과 소유권 이외의 재산권이다. 민법은 소멸시효가 걸리는 것은 재산권에 한정하고 있다. 따라서 재산권이 아닌 가족법상 권리는 소멸시효의 적용을 받지 않는다. 소유권은 소멸시효에 걸리지 않는다. 소유권에 기초한 물권적 청구권(제213조 이하)도 소멸시효에 걸리지 않는다. 부동산을 인도받아 사용·수익중인 미등기매수인의 등기청구권은 소멸시효에 걸리지 않는다(76다148). 점유권은 점유라는 사실 자체이므로 소멸시효와 무관하다. 유치권(제320조), 상린관계상의 권리(제216조 이하), 공유물분할청구권(제268조)은 점유라는 사실상태 또는 상린토지나 공유토지의 존재라는 법률상태에 기초하여 성립

---

34) 김상용, 「민법총칙 전정판」, 화산미디어(2009), 689면.
35) 김증한·김학동, 「민법총칙 9판」, 박영사(1995), 515면.

하고 소멸하는 권리이므로 소멸시효와 무관하다.

채권은 10년간 행사하지 않으면 소멸시효가 완성한다. 상행위로 생긴 채권(상사채권)의 소멸시효는 5년이다. 채권에 부수하는 채권자대위권, 채권자취소권은 채권과 함께 소멸한다. 계속적 계약에 기한 채권은 급부제공이 계속되는 동안 소멸시효가 진행되지 않는다. 채무불이행에 기한 손해배상청구권은 그 기초가 되는 채권에 따라 소멸한다. 민법은 채권 중 단기소멸시효에 걸리는 것들을 따로 규정한다. 노무제공을 목적으로 하는 채권은 많은 경우 3년의 단기소멸시효에 걸리며 그에 대한 보수 및 임금에 관한 채권은 1년의 단기소멸시효에 걸리는 경우가 많다. 그러나 단기소멸시효에 걸리는 채권이라 하더라도 판결 등에 의하여 확정된 채권의 소멸시효는 10년이다.

채권 및 소유권 이외의 재산권은 20년간 행사하지 않으면 소멸시효가 완성된다. 제한물권에 기한 물권적 청구권은 제한물권과 그 운명을 같이한다고 볼 것이다. 제한물권이 소멸하면 제한물권에 기한 물권적 청구권도 함께 소멸한다. 전세권의 존속기간은 10년을 넘을 수 없다(제312조 제1항). 존속기간이 10년을 넘지 못하는 전세권은 20년의 소멸시효에 걸리는 일이 없다. 지상권의 존속기간을 계약으로 정하지 아니한 때에는 그 기간이 제280조 제1항에 따라 30년, 15년, 5년으로 된다(제281조 제1항). 이에 따라 30년인 지상권은 20년의 소멸시효에 걸릴 수도 있다는 것이다. 지역권은 민법 제162조 제2항에 의해 20년의 소멸시효에 걸린다. 담보물권 중 질권과 저당권은 피담보채권이 소멸하면 소멸하고, 피담보채권이 존재하는 한 담보물권만 소멸시효로 소멸할 수 없다. 유치권은 점유가 유지되면 존재하고 점유를 상실하면 소멸하기 때문에 소멸시효와 무관하다. 담보물권은 소멸시효와 무관하다.

[3년의 단기소멸시효에 걸리는 채권(제163조)]
1. 이자, 부양료, 급료, 사용료 기타 1년 이내의 기간으로 정한 금전 또는 물건의 지급을 목적으로 한 채권
2. 의사, 조산사, 간호사 및 약사의 치료, 근로 및 조제에 관한 채권
3. 도급받은 자, 기사 기타 공사의 설계 또는 감독에 종사하는 자의 공사에 관한 채권
4. 변호사, 변리사, 공증인, 공인회계사 및 법무사에 대한 직무상 보관한 서류의 반환을 청구하는 채권

5. 변호사, 변리사, 공증인, 공인회계사 및 법무사의 직무에 관한 채권

6. 생산자 및 상인이 판매한 생산물 및 상품의 대가

7. 수공업자 및 제조자의 업무에 관한 채권

[1년 단기소멸시효(164조)]

1. 여관, 음식점, 대석, 오락장의 숙박료, 음식료, 대석료, 입장료, 소비물의 대
   가 및 체당금의 채권

2. 의복, 침구, 장구 기타 동산의 사용료의 채권

3. 노역인, 연예인의 임금 및 그에 공급한 물건의 대금채권

4. 학생 및 수업자의 교육, 의식 및 유숙에 관한 교주, 숙주, 교사의 채권

판결에 의하여 확정된 채권은 단기의 소멸시효에 해당한 것이라도 그 소멸시효
는 10년으로 한다(제165조 제1항). 파산절차에 의하여 확정된 채권 및 재판상의 화
해, 조정 기타 판결과 동일한 효력이 있는 것에 의하여 확정된 채권도 같다(제165조
제2항). 판결확정 당시에 변제기가 도래하지 아니한 채권에는 위 규정들이 적용하지
아니한다(제165조 제3항).

권리의 불행사라는 사실상태가 소멸시효의 완성 시점에 다가가는 과정을 소멸
시효의 진행이라 한다. 소멸시효의 진행을 방해하는 것에 중단과 정지가 있다. 중
단은 소멸시효가 진행하는 도중에 권리자가 청구를 하거나 의무자가 의무를 승인
하여 소멸시효의 기초가 유지되지 않는 사정이 발생하여 더 이상 소멸시효를 진행
시킬 이유가 없어진 경우를 말한다. 즉 권리의 불행사라는 사실상태에 부딪히는 일
정한 사실이 발생하면 소멸시효의 진행은 중단되고, 이미 경과한 시효기간의 효력
은 소멸되는 것이다. 소멸시효가 중단되면 그 때부터 소멸시효는 새로이 다시 진행
하게 된다. 중단과 달리 정지란 시효가 완성될 무렵에 권리자가 중단행위를 할 수
없거나 극히 곤란한 사정이 있는 경우 시효의 완성을 일정 기간 유예하는 것을 말
한다.

소멸시효중단 사유는 변론주의의 대상이어서 당사자의 주장이 없으면 법원이
직권으로 판단할 수 없다. 시효중단 사유의 주장·증명책임은 시효완성을 다투는
당사자가 진다. 주장책임의 정도는 시효가 중단되었다는 명시적인 주장을 필요로
하는 것은 아니고 중단사유에 속하는 사실(청구, 압류·가압류·가처분, 승인)만 주장하
면 주장책임을 다한 것으로 본다. 소멸시효의 중단사유에는 ① 청구, ② 압류 또는

가압류, 가처분, ③ 승인이 있다(제168조). 청구라 함은 권리자가 시효로 인하여 이익을 얻을 자에 대하여 자신의 권리를 주장하는 재판상 및 재판외의 행위를 총칭하는 말이다. 민법은 시효중단의 효력을 발생시키는 청구의 유형으로 재판상 청구(제170조), 파산절차참가(제171조), 지급명령(제172조), 화해를 위한 소환과 임의출석(제173조), 최고(제174조) 5가지를 규정하고 있다. 재판상 청구는 소를 제기하는 것을 말한다. 소장을 법원에 제출할 때 시효중단의 효력이 발생한다(민사소송법 제265조). 이미 사망한 자를 피고로 하여 제기된 소와 같이 소제기에 하자가 중대한 경우 시효중단효력은 생기지 않는다. 소송이 각하되거나 기각 또는 취하된 경우에는 시효중단의 효력이 없다(제170조 제1항). 다만 위와 같은 사유가 발생하여도 다시 6월내에 재판상의 청구, 파산절차참가, 압류·가압류·가처분을 하면 시효는 최초의 재판상 청구로 인하여 중단된 것으로 본다(제170조 제2항). 재판상의 청구로 인하여 중단한 시효는 재판이 확정된 때로부터 새로이 진행한다. 소멸시효가 중단되면 그 때까지 경과한 시효기간은 그 효력을 잃게 되고, 중단사유가 종료한 때부터 새로이 소멸시효가 진행한다(제178조 제1항). 재판상의 청구로 인하여 중단된 시효는 재판이 확정된 때부터 새로이 시효가 진행한다(제178조 제2항). 압류의 경우에는 그 절차가 종료한 때부터, 승인은 그 통지가 상대방에게 도달한 때부터 시효가 새로 진행한다. 시효중단은 원칙적으로 당사자 및 그 승계인 사이에만 효력이 생긴다(제169조). 여기서 승계인이라 함은 시효중단에 관여한 당사자로부터 중단의 효과를 받는 권리를 그 중단효과 발생 이후에 승계한 자를 의미하는 것으로 포괄승계인은 물론 특정승계인도 포함된다. 물상보증인의 재산에 대해 압류한 경우에 이를 채무자에게 통지하면 채무자에 대해서도 시효가 중단된다(제176조). 어느 연대채무자에 대한 이행청구는 다른 연대채무자에게도 효력이 있다(제416조). 주채무자에 대한 시효 중단은 보증인에게도 미친다(제440조). 주채무자에 대한 시효중단사유가 압류·가압류·가처분이라고 하더라도 이를 보증인에게 통지하여야 비로소 시효중단의 효력이 발생하는 것은 아니다.

소멸시효기간이 만료하려면 민법이 정하고 있는 정지사유가 없어야 한다. 시효가 만료될 무렵에 이르러 권리자가 시효를 중단시키는 것이 불가능하거나 또는 극히 곤란한 사정(정지사유)이 발생한 경우에는 시효 완성이 유예된다. 그 정지사유가 끝난 뒤에 전체 시효기간이 새로 진행하는 것이 아니라 유예기간이 지난 뒤에 시효는 완성된다는 점에서 소멸시효의 중단과 다르다. 소멸시효의 기간만료 전 6개월 내에 제한능력자에게 법정대리인이 없는 경우에는 그가 능력자가 되거나 법정대리인이 취임한 때부터 6개월 내에는 시효가 완성되지 아니한다(제179조). 재산을 관리하는 아버지, 어머니 또는 후견인에 대한 제한능력자의 권리는 그가 능력자가 되거나 후임 법정대리인이 취임한 때부터 6개월 내에는 소멸시효가 완성되지 아니한다(제180조 제1항). 부부 중 한쪽이 다른 쪽에 대하여 가지는 권리는 혼인관계가 종료된 때부터 6개월 내에는 소멸시효가 완성되지 아니한다(제180조 제2항). 혼인관계의 종료에는 배우자 일방의 사망이나 혼인의 취소도 포함된다고 볼 것이다. 민법 상속재산에 속한 권리나 상속재산에 대한 권리는 상속인의 확정, 관리인의 선임 또는 파산선고가 있는 때로부터 6월내에는 소멸시효가 완성하지 아니한다(제181조). 천재 기타 사변으로 인하여 소멸시효를 중단할 수 없을 때에는 그 사유가 종료한 때로부터 1월 내에는 시효가 완성하지 아니한다(민법 제182조).

소멸시효 완성의 효과는 기산일에 소급하여 효력이 생긴다(제167조). 소멸시효의 완성으로 권리가 소멸하는 시기는 시효기간이 만료한 때이지만, 그 효과는 시효기간의 開始時에 소급한다. 소멸시효로 채무를 면하게 되면 기산일 이후 이자는 지급할 필요가 없게 된다. 시효가 완성된 채권이 그 완성 전에 상계할 수 있었던 것이면 그 채권자는 상계로 채권자에게 대항할 수 있다(제495조). 주된 권리의 소멸시효는 종된 권리에도 효력이 미친다(제183조). 원본채권이 시효로 소멸하면, 시효가 완성되지 않은 이자채권도 시효로 소멸하게 된다. 소멸시효 완성의 이익은 시효기간이 완성하기 전에 미리 포기하지 못한다(제184조 제1항). 채권자가 채무자를 압박하여 미리 소멸시효의 이익을 포기하지 못하도록 하기 위한 규정이다.

소멸시효는 법률행위에 의하여 이를 배제, 연장, 가중할 수 없으나, 이를 단축 또는 감경할 수 있다(제184조 제2항). 따라서 특정한 채무의 이행을 청구할 수 있는 기간을 제한하고 그 기간을 도과할 경우 채무가 소멸하도록 하는 약정은 민법 또는 상법에 의한 소멸시효기간을 단축하는 약정으로서 특별한 사정이 없는 한 민법 제184조 제2항에 의하여 유효하다.

소멸시효 완성 후에는 소멸시효의 이익을 자유롭게 포기할 수 있다(제184조 제1항 반대해석). 소멸시효 완성 이익의 포기 역시 소급효가 있다. 시효이익을 받을 채무자는 소멸시효가 완성된 후 시효이익을 포기할 수 있고, 이것은 시효의 완성으로 인한 법적인 이익을 받지 않겠다고 하는 의사표시이다. 그리고 그러한 시효이익 포기의 의사표시가 존재하는지의 판단은 표시된 행위 내지 의사표시의 내용과 동기 및 경위, 당사자가 의사표시 등에 의하여 달성하려고 하는 목적과 진정한 의도 등을 종합적으로 고찰하여 사회정의와 형평의 이념에 맞도록 논리와 경험의 법칙, 그리고 사회일반의 상식에 따라 객관적이고 합리적으로 이루어져야 한다(2011다21556).

시효완성 후 소멸시효 중단사유에 해당하는 채무의 승인이 있었다 하더라도 그것만으로는 곧바로 소멸시효 이익의 포기라는 의사표시가 있었다고 단정할 수 없다. 시효이익 포기의 의사표시의 상대방은 진정한 권리자이다. 포기의 효력은 포기한다는 의사표시가 상대방에게 도달할 때 발생한다. 포기의 의사표시는 묵시적으로도 가능하다. 채무자가 소멸시효 완성 후 채무를 일부 변제한 때에는 그 액수에 관하여 다툼이 없는 한 그 채무 전체를 묵시적으로 승인한 것으로 보아야 하고, 이 경우 시효완성의 사실을 알고 그 이익을 포기한 것으로 추정된다. 소멸시효 이익의 포기는 가분채무의 일부에 대하여도 가능하다. 포기할 수 있는 자가 여러 사람인 경우 그중 1인의 포기는 그에게만 효력이 생긴다. 근저당권부 채권의 채무자가 그 채권의 시효완성 후에 채권자에게 승인하여 시효이익을 포기한 경우 그 포기는 저당부동산의 제3취득자에게는 효력이 없다. 시효이익 포기의 의사표시를 할 수 있는 자는 시효완성의 이익을 받을 당사자 또는 대리인에 한정되기 때문에, 제3자가 하는 시효이익 포기의 의사표시는 시효완성의 이익을 받을 자에 대한 관계에서 아무 효력이 없다. 주채무자가 시효이익을 포기하더라도 보증인이나 물상보증인에게는 포기의 효과가 미치지 않는다. 소멸시효가 완성되어 보증채무가 소멸된 상태에서 보증인이 보증채무를 이행하거나 승인하였다고 하더라도, 주채무자가 아닌 보증인의 행위에 의하여 주채무에 대한 소멸시효 이익의 포기 효과가 발생하지는 않기 때문에 보증인은 여전히 주채무의 시효소멸을 이유로 보증채무의 소멸을 주장할 수 있다. 채무자가 소멸시효 완성 후에 한 소멸시효이익의 포기행위는 채권자취소권의 대상인 사해행위가 될 수 있다.

제14절 물권제도

통설에 물권은 물건을 직접 지배해서 이익을 얻는 배타적 권리라고 한다. 그러나 통설이 말하는 물권의 개념 정의는 소유권에 관한 것이고, 물권에 관한 것은 아니다. 개념 정의는 정직해야 한다. 물권은 민법 물권편에 규정된 점유권, 소유권,

지상권, 지역권, 전세권, 유치권, 질권, 저당권을 총괄하여 표현한 것에 불과하고, 물건과 관계되는 권리라는 것 외에는 고유 내용은 없다. 즉 물권은 민법전을 물권편과 채권편으로 구성하기 위해 만든 고유 내용 없는 법전상 용어에 불과한 것이다. 민법 물권편은 위 개별 물권들에 공통으로 적용되는 물권법정주의(제185조), 물권의 변동(제196조 내지 제190조), 혼동(제191조)을 총칙으로 따로 묶어 규정하고 있다.

1필의 토지의 일부는 분필절차를 밟기 전에는 양도하거나 제한물권을 설정할 수 없다(87다카1093). 1동의 건물의 각 부분이 구조상·이용상 독립성을 가지고, 소유자의 구분행위가 있으면 그 부분에 대한 구분소유권이 인정된다. 소유자의 구분행위는 처분권자의 구분의사가 객관적으로 외부에 표시되면 인정되고, 집합건축물대장에 구분건물로 등록되거나 구분건물로 등기부에 등기될 필요는 없다. 그러나 구분등기가 되어야 처분할 수 있다.

민법 제185조는 물권은 법률 또는 관습법에 의하는 외에는 임의로 창설할 수 없다고 규정하고 있다. 이를 물권법정주의라 한다. 일본을 제외한 독일, 프랑스, 스위스, 미국 어떤 선진국도 이러한 규정을 둔 바가 없다. 오늘날 관습법에 의한 새로운 물권의 창설은 인정되기 어렵고, 판례법에 의한 새로운 물권의 창설은 지속적으로 필요하다. 우리나라 관습법상 인정하는 분묘기지권, 관습법상 법정지상권 등은 객관적 조사결과 그러한 관습은 우리나라에 존재한 적이 없음이 모두 밝혀졌고, 모두 필요에 의해 판례법에 의해 만들어진 것이다. 담보지상권이나 건물철거소송에서 인정되는 사실상 소유권 등도 판례법이 필요에 의해 인정하는 새로운 형태의 물권들이다. 대법원판례는 온천에 관한 권리는 관습법상 물권이 아니라고 하였다(69다1239). 사인의 토지에 대한 관습상 통행권은 인정될 수 없다고 하였다(2001다64165). 미등기무허가건물 양수인 지위가 소유권에 준하는 관습상 물권이라는 주장을 받아들이지 않았다(94다53006).

1. 부동산물권변동

물권변동은 물권의 발생, 변경, 소멸을 뜻한다. 물권의 발생에는 절대적 발생(취득)과 상대적 발생(취득)이 있다. 절대적 발생은 원시취득으로서 건물의 신축에 의한 소유권의 취득, 무주물선점에 의한 점유권의 취득(제252조), 부합(제256조, 제257조), 혼화(제258조), 가공(제259조), 유실물습득(제253조), 매장물발견(제254조), 취득시효(제245조, 제248조), 선의취득(제249조, 제251조) 등이 있고 민법 이외의 법률이 규정하는 것으로는 공용수용, 몰수(형법 제48조) 등이 있다. 상대적 발생은 타인의 물권에 기초하여 취득하는 승계취득이 있다. 승계취득에는 이전적 승계와 설정적 승계가 있다. 이전적 승계는 소유권의 이전, 지상권이나 저당권의 양도 등이 있고, 설정적 승계는 전전세권의 설정, 질권의 설정 등이 있다.

민법은 물권변동을 법률행위에 의한 물권변동과 법률의 규정에 의한 물권변동으로 나누어 규정하고 있다. 법률행위(계약, 유언 등)에 의한 부동산물권변동은 등기(登記)하여야 효력이 발생한다(제186조).

우리나라와 일본을 제외한 독일, 프랑스, 미국 등 선진국은 부동산거래의 진실성 확보를 위하여 강제적으로 행해지는 부동산소유권이전 합의에 대한 공증작성행위를 한다(공증주의 채택). 독일은 이를 Auflassung이라 하고 물권행위라 부른다. 우리나라와 일본의 실무에는 매매계약서에 대한 공증이 존재하지 않아 물권행위가 존재하지 않지만(비공증주의 채택), 다수의 학자들은 우리나라 부동산거래현실에도 물권행위가 존재한다고 믿는다. 물권변동을 목적으로 하는 의사표시를 요소로 하는 법률행위가 물권행위라는 견해도 있고(곽윤직, 송덕수). 물권변동을 목적으로 하는 당사자 간의 물권적 의사표시와 이에 의한 등기를 구성요소로 하는 법률행위를 물권행위라는 견해도 있고(이영준, 고상룡), 당사자의 부동산등기신청행위가 물권행위라는 견해도(윤진수) 있다. 그러나 우리나라 부동산매매실무에서는 부동산공인중개사에 의한 부동산매매계약체결과 법무사 또는 변호사에 위임하여 행해지는 부동산등기신청만 존재하고, 선진국의 진실한 권리자임을 거래 과정에서 확인하는 부동산매매계약 공증행위(물권행위)가 존재하지 않는다. 우리나라 부동산거래과정에서는 선진국의 부동산매매계약공증에 해당하는 진실성 확보 장치가 전혀 존재하지 않으며, 매도인의 서류위조 등에 의한 사기거래 위험은 모두 매수인의 책임이다. 독일, 프랑스, 미국 등 선진국의 부동산 거래에서의 공신력은 공증인의 공증에 대한 것이며, 공증인의 공증사실을 단순히 기재한 것에 불과한 부동산등기에 대한 것이 아니다. 당사자 간 체결된 부동산매매계약의 결과를 공증 없이 그대로 기입하는 우리나라 부동산등기에 대한 공신력은 당연히 존재할 수 없는 것이기 때문에, 우리나라에서 부동산등기를 믿고 매수하였다고 하여도 그 매수인이 법적으로 보호되지 않는 것은 당연한 이치이다.

상속,36) 공용징수,37) 판결,38) 경매39) 기타 법률의 규정에 의한 부동산물권변동

---

36) 상속의 경우 피상속인의 사망시에 소유권이 이전된다. 포괄유증도 상속과 같으나, 특정유증의

은 등기를 하지 않아도 그 효력이 발생하지만, 등기를 하지 않으면 처분하지 못한다(제187조). 부동산의 점유취득시효 완성으로 소유권을 취득하기 위해서는 등기를 하여야만 한다(제245조 제1항).

부동산등기에는 토지등기와 건물등기가 있다. 등기기록은 표제부·갑구·을구로 이루어져 있다. 갑구에는 소유권에 관한 사항을, 을구에는 소유권 이외의 권리(저당권, 전세권, 지상권 등)에 관한 사항이 기록된다. 보존등기는 미등기 부동산에 관하여 그 소유자의 신청으로 행해지는 소유권 등기로 등기기록이 새로 만들어진다. 보존등기로 등기기록이 만들어지고 난 후 소유권이 이전되면 소유권이전등기를 그 등기기록의 갑구에 기입하고, 저당권이 설정되면 저당권설정등기를 그 등기기록의 을구에 기입한다. 변제로 저당권이 소멸하면 저당권설정등기의 말소등기를 기입한다. 건물이 멸실되면 멸실등기를 하고 등기기록은 폐쇄된다. 등기신청은 등기권리자와 등기의무자가 공동으로 하는 것이 원칙이다. 미등기 부동산의 소유권보존등기나 판결에 의한 등기신청은 단독으로 한다. 등기신청에 대하여 등기관은 형식적으로만 심사할 수 있기 때문에 형식적 요건만 갖추고 있으면 실질적 등기원인에 하자가 있더라도 등기를 하여야 한다(90마772). 형식적 심사의 기준시점은 등기신청 시점이 아니라 등기부에 기입하는 시점이다(87마820). 부동산매수인은 등기신청에 협력하지 않는 매도인을 상대로 등기청구권을 갖는다. 등기를 하지 않는 매수인을 상대로 매도인은 등기인수청구권을 갖는다. 판례는 등기청구권을 채권적 청구권이라한다. 부동산매매계약서에는 매도인의 등기이전의무를 규정하고 있으므로 매수인의 매도인에 대한 등기청구권은 채권적 청구권임이 당연하다. 판례는 매수인이 목적물인 부동산을 인도받아 사용·수익하는 경우 매수인의 등기청구권은 소멸시효에 걸리지 않는다는 입장이다(76다148). 등기를 하지 않고 사용·수익 중인 부동산을 매수인이 타인에게 처분하여 점유를 상실한 경우에도 매수인의 등기청구권의 소멸

경우에는 포괄유증과 달리 유증을 받은 자가 유증의 이행을 청구할 수 있는 채권을 취득할 뿐이다(대법원 2003. 5. 27. 선고 2000다73445 판결). 상속과 포괄유증의 경우 상속인과 수증자가 단독으로 등기를 신청한다(부동산등기법 제23조 제3항).

37) 공익사업을 위하여 사인의 토지를 광업법, 도로법, 도시 및 주거환경정비법 등 법률에 근거하여 강제로 취득하는 것을 의미한다. 수용절차에 관하여는 공익사업을 위한 토지등의 취득 및 보상에 관한 법률이 규정하고 있다.

38) 여기서 판결은 공유물분할판결과 상속재산분할판결과 같은 형성판결만을 의미하며, 이행판결과 확인판결은 포함되지 않는다. 판결확정시에 소유권이 이전된다.

39) 민사집행법에 의한 경매와 국세징수법에 의한 공매만을 의미한다. 매각대금을 다 낸 때 소유권이 이전된다.

시효는 진행되지 않는다(98다32175). 점유취득시효완성으로 생기는 등기청구권의 경우 점유가 계속되는 한 소멸시효가 진행되지 않는다(93다34866).

같은 부동산에 관하여 등기한 여러 권리의 순위는 법률에 다른 규정이 없으면 등기한 순서에 따른다(부동산등기법 제4조 제1항). 판례법은 어떤 등기가 있으면 그에 대응하는 실체적 권리관계가 존재하는 것으로 추정한다(등기의 추정력, 79다741등).

과세를 위한 공적 장부가 대장이다. 대장에는 토지대장, 임야대장, 일반건축물대장, 집합건축물대장이 있다. 소유권보전등기는 대장의 기재를 기초로 만들어진다. 부동산의 물체적 상황에 대하여는 대장을 기초로 등기를 하고(부동산등기법 제29조 제11호), 권리의 변동에 관하여는 등기부의 기재를 기초로 대장을 정리한다(공간정보구축법 제84조; 건축물대장규칙 제19조).

동산에 관한 물권의 양도는 그 동산을 인도하여야 효력이 생긴다(제188조 제1항). 양수인이 이미 그 동산을 점유한 때에는 당사자의 의사표시만으로 그 효력이 생긴다(제188조 제2항, 간이인도). 동산에 관한 물권을 양도하는 경우에 당사자의 계약으로 양도인이 그 동산의 점유를 계속하는 때에는 양수인이 인도받은 것으로 본다(제189조, 점유개정). 제3자가 점유하고 있는 동산에 관한 물권을 양도하는 경우에는 양도인이 그 제3자에 대한 반환청구권을 양수인에게 양도함으로써 동산을 인도한 것으로 본다(제190조, 목적물반환청구권의 양도).

물권변동은 제3자에게 미치는 영향이 크므로, 거래의 안전을 위하여 물권변동을 외부에서 인식할 수 있는 일정한 표상으로서 공시방법을 갖추도록 한다. 이를 공시의 원칙이라고 한다. 동산물권은 점유 또는 인도, 부동산물권은 등기를 공시방법으로 한다. 공시된 내용이 진실한 법률관계와 다를 때 거래의 안전을 위하여 그 공시방법을 신뢰하고 거래한 자를 보호한다는 원칙을 공신의 원칙이라고 한다. 동산물권에는 공신의 원칙이 인정되나 부동산물권에는 공신의 원칙이 인정되지 않는다.

민법은 물권의 소멸에 대하여 혼동만을 규정하고 있다. 학설은 그 외에 물건의 멸실, 제한물권에 대한 소멸시효의 완성, 물권의 포기 등을 물권의 소멸사유로 들고 있다. 동일한 물건에 대한 소유권과 다른 물권이 동일한 사람에게 귀속한 때에는 다른 물권은 소멸한다(제191조 본문, 혼동). 그러나 그 물권이 제3자의 권리의 목적이 된 때에는 소멸하지 아니한다(제191조 제1항 단서). 소유권 이외의 물권과 그를 목적으로 하는 다른 권리가 동일한 사람에게 귀속한 경우도 같다(제191조 제2항). 그러나 점유권에 관하여는 이를 적용하지 아니한다(제191조 제3항).

2. 점유권

민법은 점유라는 사실 자체를 점유권이라는 권리로 보호하고 있다. 물건을 사실상 지배하는 자는 점유권이 있다(제192조 제1항). 점유자가 물건에 대한 사실상의 지배를 상실한 때에는 점유권이 소멸한다. 그러나 제204조[40]의 규정에 의하여 점유를 회수한 때에는 그러하지 아니하다. 점유권은 상속인에 이전한다. 소유자가 물건을 점유할 때는 소유자가 점유할 권리인 본권(소유권)과 점유권을 모두 가진다. 그러나 소유자가 물건을 도난당한 경우 도둑은 점유권을 가지지만 점유할 권리(본권, 소유권)가 없고, 소유자는 점유권은 없고, 점유할 권리(본권, 소유권)만 있다.

물건에 대한 점유란 사회관념상 어떤 사람의 사실적 지배에 있다고 보여지는 객관적 관계를 말하는 것으로서 사실상의 지배가 있다고 하기 위해서는 반드시 물건을 물리적·현실적으로 지배하는 것만을 의미하는 것이 아니고, 물건과 사람과의 시간적·공간적 관계와 본권관계, 타인 지배의 배제 가능성 등을 고려하여 사회관념에 따라 합목적적으로 판단하여야 한다. 점유의 이전이나 점유의 계속은 반드시 물리적이고 현실적인 지배를 요한다고 볼 것은 아니고 관리나 이용의 이전이 있으면 인도가 있었다고 보아야 하고, 소유권을 양도하는 경우라면 그에 대한 지배권도 넘겨지는 것이 거래에 있어서 통상적인 형태라고 할 것이며, 점유의 계속은 추정되는 것이고, 부동산 전부에 대한 이전등기를 마치고 인도받았다면 특별한 사정이 없는 한 그 부동산 전부에 대한 인도와 점유가 있었다고 보아야 한다(96다19512).

지상권, 전세권, 질권, 사용대차, 임대차, 임치 기타의 관계로 타인으로 하여금 물건을 점유하게 한 자는 간접으로 점유권이 있다(간접점유권, 제194조). 임대인은 간접점유권이 있고, 임차인은 (직접)점유권이 있다. 가사상, 영업상 기타 유사한 관계에 의하여 타인의 지시를 받아 물건에 대한 사실상의 지배를 하는 때에는 그 타인만을 점유자로 한다(점유보조자, 제195조). 점유보조자는 점유권이 없고, 점유주만 점유권이 있다.

소유의 의사를 가지고 하는 점유를 자주점유라 하고, 그렇지 않은 경우를 타주

---

40) 민법 제204조(점유의 회수) ① 점유자가 점유의 침탈을 당한 때에는 그 물건의 반환 및 손해의 배상을 청구할 수 있다.
② 전항의 청구권은 침탈자의 특별승계인에 대하여는 행사하지 못한다. 그러나 승계인이 악의인 때에는 그러하지 아니하다.
③ 제1항의 청구권은 침탈을 당한 날로부터 1년 내에 행사하여야 한다.

점유라 한다. 소유의 의사 유무는 점유취득시를 기준으로 한다. 점유자는 소유의 의사로 점유한 것(자주점유)으로 추정한다(제197조 제1항). 타주점유를 주장하는 상대방에게 타주점유에 대한 증명책임이 있다. 타인소유 부동산에 대한 악의의 무단점유가 증명된 경우 자주점유 추정은 깨진다(95다28625). 부동산을 타인에게 매도하여 그 인도의무를 지고 있는 매도인의 점유는 특별한 사정이 없는 한 타주점유로 변경된다(92다2006). 타주점유가 자주점유로 전환되려면 타주점유자가 새로운 권원에 기하여 소유의 의사를 가지고 점유를 시작하거나 또는 자기에게 점유를 하게 한 자(간접점유자)에 대하여 소유의 의사를 표시하여야 한다(81다195). 상속은 새로운 점유취득원인은 아니고, 피상속인의 점유가 그대로 승계된 것이다(97다40100).

자기에게 점유할 권리가 있다고 믿고 하는 점유를 선의점유라 하고, 그러한 권리가 없음을 알았거나 그 권리의 유무에 관하여 의심하면서 하는 점유를 악의점유라 한다. 점유자는 선의로 점유하는 것으로 추정한다(제197조 제1항). 그러나 선의점유자가 본권에 관한 소송에서 패소한 경우에는 그 소가 제기된 때부터 악의의 점유자로 본다(제197조 제2항). 여기서 본권에 관한 소란 소유권에 기하여 제기된 일체의 소송(소유물반환청구, 타인토지에 소유권등기가 되어 있는 자에 대한 등기말소청구, 불법점유자에 대한 점유기간 동안의 부당이득반환청구 등)을 말한다. 패소한 때란 종국판결에 의하여 패소로 확정된 것을 말한다.

점유자는 소유의 의사로 평온하고 공연하게 선의로 점유하는 것으로 추정한다(제197조 제1항). 무과실은 추정되지 않으므로 무과실을 주장하는 자가 증명책임을 진다. 전후 두 시점에 점유한 사실이 있는 때에는 그 점유는 계속한 것으로 추정한다(제198조). 점유자의 승계인은 자기의 점유만을 주장하거나 자기의 점유와 전점유자의 점유를 아울러 주장할 수 있다. 전점유자의 점유를 아울러 주장하는 경우에는 그 하자도 계승한다. 전후 양 시점의 점유자가 다른 경우에도 점유의 승계가 증명되는 한 점유계속이 추정된다(96다24279). 점유자가 점유물에 대하여 행사하는 권리는 적법하게 보유한 것으로 추정한다(제200조).

타인의 동산을 평온(平穩)·공연(公然)하게 양수한 자가 선의·무과실로 그 동산을 점유한 경우에는 양도인이 정당한 소유자가 아닐지라도 즉시 그 동산의 소유권을 취득한다(선의취득, 동산점유에 대한 공신력인정, 제249조). 선박·자동차·항공기 등과 같이 등기·등록으로 공시되는 동산이나 물건이 아닌 입주권관 같은 권리는 선의취득의 대상이 아니다. 지시채권, 무기명채권에 관하여는 민법 제514조와 제524

조가 적용되어, 양도인에게 권리가 없음을 알았거나 중대한 과실로 알지 못한 경우에는 선의취득을 할 수 없다. 주권(상법 제359조)이나 수표(수표법 제21조)도 같다. 저당권의 실행으로 부동산이 경매된 경우 그 부동산에 부합된 물건이 타인의 소유인 경우 저당권 효력이 그 부합물에 미칠 수 없어 낙찰인이 당연히 부합물에 대한 소유권을 취득할 수는 없고, 선의취득의 요건을 갖추어야만 선의취득으로 소유권을 취득할 수 있다(2007다36933·36940). 양수인의 선의·무과실은 법률행위 당시뿐만 아니라 인도받을 때까지도 유지되어야 한다. 선의취득이 인정되려면 양수인이 현실의 인도나 간이인도를 받아 점유를 취득해야 한다. 점유개정에 의한 선의취득은 인정되지 않는다(63다775). 양도인이 제3자에 대한 반환청구권을 양수인에게 양도하고 지명채권양도의 대항요건을 갖추었을 때 동산의 선의취득에 필요한 점유의 취득요건을 충족한다(97다48906).

선의의 점유자는 점유물의 과실을 취득한다. 악의의 점유자 또는 폭력·은비(隱秘)에 의한 점유자는 수취한 과실을 반환하여야 하며 소비하였거나 과실로 인하여 훼손 또는 수취하지 못한 경우에는 그 과실의 대가를 보상하여야 한다(제201조). 여기서 선의의 점유자라 함은 과실수취권을 가지는 본권(소유권, 지상권, 전세권, 임차권 등)을 가지고 있다고 잘못 믿고 있는 점유자를 가리키며, 과실수취권이 없는 본권(질권, 유치권 등)을 가지고 있다고 믿는 자는 포함하지 않는다(69다1234). 선의의 점유자가 되려면 권원이 있다고 오신할 만한 근거가 있어야만 한다(80다2587). 여기서 과실에는 천연과실은 물론 사용이익도 포함된다. 타인의 건물을 점유·사용한 경우 그에 따른 이득을 선의 점유자는 반환할 필요가 없다(95다44290).

점유물이 점유자의 책임있는 사유로 인하여 멸실 또는 훼손한 때에는 악의의 점유자는 그 손해의 전부를 배상하여야 하며 선의의 점유자는 이익이 현존하는 한도에서 배상하여야 한다. 소유의 의사가 없는 점유자는 선의인 경우에도 손해의 전부를 배상하여야 한다(제202조).

점유자가 점유물을 반환할 때에는 회복자에 대하여 점유물을 보존하기 위하여 지출한 금액 기타 필요비의 상환을 청구할 수 있다. 그러나 점유자가 과실을 취득한 경우에는 통상의 필요비는 청구하지 못한다(점유자의 필요비상환청구권, 제203조 제1항). 필요비는 보존비, 수선비, 사육비, 세금, 공과금 등이다. 점유자의 필요비상환청구권은 점유자가 회복자로부터 점유물의 반환을 청구받거나 회복자에게 점유물을 반환한 때에 비로소 행사할 수 있는 상태가 되고 이행기가 도래한다(94다4592).

점유자가 점유물을 개량하기 위하여 지출한 금액 기타 유익비에 관하여는 그 가액의 증가가 현존한 경우에 한하여 회복자의 선택에 좇아 그 지출금액이나 증가액의 상환을 청구할 수 있다(점유자의 유익비상환청구권, 제203조 제2항). 실제 지출금액 및 현존 증가액에 관한 증명책임은 모두 유익비의 상환을 구하는 점유자에게 있다(2018다206707). 필요비나 유익비나 모두 유치권에 의하여 보호된다.

점유자가 점유의 침탈을 당한 때에는 그 물건의 반환 및 손해의 배상을 청구할 수 있다. 침탈자의 특별승계인에 대하여는 물건의 반환 및 손해의 배상을 청구할 수 없으나, 그 승계인이 악의인 때에는 반환 및 손해의 배상을 청구할 수 있다. 반환청구권 및 손해배상청구권은 침탈을 당한 날로부터 1년 내에 행사하여야 한다(점유물반환청구권, 제204조). 침탈 여부는 직접점유자를 기준으로 판단한다. 따라서 직접점유자가 임의로 물건을 타인에게 인도한 경우에는 그 인도가 간접점유자의 의사에 반하더라도 점유침탈이 아니다(92다5300). 침탈당한 점유의 종류를 묻지 않는다. 악의의 점유나 권원 없는 점유라도 무방하다. 점유물반환청구권자는 점유를 빼앗긴 자이다. 자주점유·타주점유인가, 직접점유·간접점유인가를 묻지 않는다. 반환청구권의 상대방은 점유의 침탈자 및 그의 포괄승계인이다. 특정승계인에 대하여는 원칙적으로 반환을 구할 수 없다. 특정승계인이 악의인 경우에는 예외적으로 반환청구를 구할 수 있다(제204조 제2항). 1년 내에 행사하여야 한다는 것의 의미는 1년 내에 소를 제기하여야 한다는 뜻이다(2001다8097).

점유자가 점유의 방해를 받은 때에는 그 방해의 제거 및 손해의 배상을 청구할 수 있다. 이는 방해가 종료한 날로부터 1년 내에 행사하여야 한다. 공사로 인하여 점유의 방해를 받은 경우에는 공사착수 후 1년을 경과하거나 그 공사가 완성한 때에는 방해의 제거를 청구하지 못한다(점유물방해제거청구권, 제205조).

점유자가 점유의 방해를 받을 염려가 있는 때에는 그 방해의 예방 또는 손해배상의 담보를 청구할 수 있다. 공사로 인하여 점유의 방해를 받을 염려가 있는 경우에는 공사착수 후 1년을 경과하거나 그 공사가 완성한 때에는 방해의 예방 또는 손해배상의 담보를 청구하지 못한다(점유물방해예방청구권, 제206조).

점유보호청구권은 간접점유자도 행사할 수 있다. 점유자가 점유의 침탈을 당한 경우에 간접점유자는 그 물건을 점유자에게 반환할 것을 청구할 수 있고 점유자가 그 물건의 반환을 받을 수 없거나 이를 원하지 아니하는 때에는 자기에게 반환할 것을 청구할 수 있다(제207조 제2항).

점유권에 기인한 소와 본권에 기인한 소는 서로 영향을 미치지 아니한다. 점유권에 기인한 소는 본권에 관한 이유로 재판하지 못한다(제208조).

점유자는 그 점유를 부정히 침탈 또는 방해하는 행위에 대하여 자력으로써 이를 방위할 수 있다(자력구제권). 점유물이 침탈되었을 경우에 부동산일 때에는 점유자는 침탈 후 즉시 가해자를 배제하여 이를 탈환할 수 있고 동산일 때에는 점유자는 현장에서 또는 추적하여 가해자로부터 이를 탈환할 수 있다(제209조).

점유권에 관한 민법 규정은 재산권을 사실상 행사하는 경우에 준용한다(준점유, 제210조). 여기서 재산권은 특허권, 상표권, 어업권, 광업권 등을 의미한다.

3. 소유권

소유자는 법률의 범위 내에서 그 소유물을 사용, 수익, 처분할 권리가 있다(제211조). 토지의 소유권은 정당한 이익이 있는 범위 내에서 토지의 상하에 미친다(제212조).

소유자는 그 소유에 속한 물건을 점유한 자에 대하여 반환을 청구할 수 있다. 그러나 점유자가 그 물건을 점유할 권리가 있는 때에는 반환을 거부할 수 있다(소유물반환청구권, 제213조). 여기서 소유자는 법률상의 소유자여야 한다. 따라서 부동산 매수인이 이 권리를 행사하려면 소유권이전등기를 하였어야 한다(69다1485), 아직 소유권을 취득하지 못한 매수인은 매도인을 대위하여 반환청구를 할 수 있을 뿐이다(73다114).

거래 상대방이 배임행위를 유인·교사하거나 배임행위의 전 과정에 관여하는 등 배임행위에 적극 가담하는 경우에는 실행행위자와 체결한 계약이 반사회적 법률행위에 해당하여 무효로 될 수 있고, 선량한 풍속 기타 사회질서에 위반한 사항을 내용으로 하는 법률행위의 무효는 이를 주장할 이익이 있는 자는 누구든지 무효를 주장할 수 있다. 따라서 반사회질서 법률행위를 원인으로 하여 부동산에 관한 소유권이전등기를 마쳤더라도 그 등기는 원인무효로서 말소될 운명에 있으므로 등기명의자가 소유권에 기한 물권적 청구권을 행사하는 경우에, 권리행사의 상대방은 법률행위의 무효를 항변으로서 주장할 수 있다(2015다11281).

임대인이 임대차계약종료로 인한 원상회복으로서 임차물의 반환을 구하는 경우에 있어 임차인이 직접점유자가 아님을 자백한 것일 뿐, 간접점유자가 아닌 것까지 자백한 취지가 아니라면 임차인이 임차목적물을 직접점유하지 않는다는 이유로 그 반환을 거부할 수는 없다(90다19695).

건물에 관한 소유권보존등기가 당해 건물의 객관적·물리적 현황을 공시하는 등기로서 효력이 있는지의 여부는, 등기부에 표시된 소재, 지번, 종류, 구조와 면적 등이 실제 건물과 간에 사회통념상 동일성이 인정될 정도로 합치되는지의 여부에 따라 결정된다. 건물이 증축된 경우에 증축 부분의 기존 건물에의 부합 여부는 증축 부분이 기존 건물에 부착된 물리적 구조뿐만 아니라, 그 용도와 기능면에서 기존 건물과 독립한 경제적 효용을 가지고 거래상 별개의 소유권의 객체가 될 수 있는지의 여부 및 증축하여 이를 소유하는 자의 의사 등을 종합하여 판단하여야 한다. 독립된 부동산으로서의 건물이라고 함은 최소한의 기둥과 지붕 그리고 주벽이 이루어지면 법률상 건물이라고 할 수 있다. 미등기 무허가건물의 양수인이라 할지라도 그 소유권이전등기를 경료받지 않는 한 건물에 대한 소유권을 취득할 수 없고, 그러한 건물의 취득자에게 소유권에 준하는 관습상의 물권이 있다고 볼 수 없다. 소유권에 기하여 미등기 무허가건물의 반환을 구하는 청구취지 속에는 점유권에 기한 반환청구권을 행사한다는 취지가 당연히 포함되어 있다고 볼 수는 없고, 소유권에 기한 반환청구만을 하고 있음이 명백한 이상 법원에 점유권에 기한 반환청구도 구하는지의 여부를 석명할 의무가 있는 것은 아니다(94다53006).

소유자는 소유권을 방해하는 자에 대하여 방해의 제거를 청구할 수 있고 소유권을 방해할 염려 있는 행위를 하는 자에 대하여 그 예방이나 손해배상의 담보를 청구할 수 있다(소유물방해제거·예방청구권, 제214조). 과거에 소유자로서 방해를 받았더라도 소유권을 상실한 자는 방해배제청구를 할 수 없다(68다725). 미등기 무허가건물의 양수인은 소유권이전등기를 마치지 않는 한 소유권에 기한 방해제거청구를 할 수 없다(2016다214483,214490). 현재 방해하고 있는 자가 상대방이다. 타인의 토지에 불법으로 건축을 한 경우 철거청구의 상대방은 원칙적으로 건물등기의 명의자인 소유자이나, 그 건물을 매수하여 점유하고 있는 자가 소유권이전등기를 하지 않았지만 그 건물에 대하여 법률상 또는 사실상 처분을 할 수 있는 지위에 있는 경우 대지소유자는 사실상 처분권이 있는 그 자를 상대로 철거청구를 할 수 있다(66다2228).

소유권에 기한 방해배제청구권에 있어서 '방해'라 함은 현재에도 지속되고 있는 침해를 의미하고, 법익 침해가 과거에 일어나서 이미 종결된 경우에 해당하는 '손해'의 개념과는 다르다 할 것이어서, 소유권에 기한 방해배제청구권은 방해결과의 제거를 내용으로 하는 것이 되어서는 아니 되며(이는 손해배상의 영역에 해당한다 할 것이다) 현재 계속되고 있는 방해의 원인을 제거하는 것을 내용으로 한다. 쓰레기 매립으로 조성한 토지에 소유권자가 매립에 동의하지 않은 쓰레기가 매립되어 있다 하더라도 이는 과거의 위법한 매립공사로 인하여 생긴 결과로서 소유권자가 입은 손해에 해당한다 할 것일 뿐, 그 쓰레기가 현재 소유권에 대하여 별도의 침해를 지속하고 있다고 볼 수 없다는 이유로 소유권에 기한 방해배제청구권을 행사할 수 없다(2003다5917).

토지 소유자가 자신 소유의 토지 위에 공작물을 설치한 행위가 인근 건물의 소유자에 대한 관계에서 권리남용에 해당하고, 그로 인하여 인근 건물 소유자의 건물 사용수익이 실질적으로 침해되는 결과를 초래하였다면, 인근 건물 소유자는 건물 소유권에 기한 방해제거청구권을 행사하여 토지 소유자를 상대로 공작물의 철거를 구할 수 있다(2014다42967).

소유자가 자신의 소유권에 기하여 실체관계에 부합하지 아니하는 등기의 명의인을 상대로 그 등기말소나 진정명의회복 등을 청구하는 경우에, 그 권리는 물권적 청구권으로서의 방해배제청구권(제214조)의 성질을 가진다. 그러므로 소유자가 그 후에 소유권을 상실함으로써 이제 등기말소 등을 청구할 수 없게 되었다면, 이를 위와 같은 청구권의 실현이 객관적으로 불능이 되었다고 파악하여 등기말소 등 의무자에 대하여 그 권리의 이행불능을 이유로 민법 제390조상의 손해배상청구권을 가진다고 말할 수 없다. 위 법규정에서 정하는 채무불이행을 이유로 하는 손해배상청구권은 계약 또는 법률에 기하여 이미 성립하여 있는 채권관계에서 본래의 채권이 동일성을 유지하면서 그 내용이 확장되거나 변경된 것으로서 발생한다. 그러나 위와 같은 등기말소청구권 등의 물권적 청구권은 그 권리자인 소유자가 소유권을 상실하면 이제 그 발생의 기반이 아예 없게 되어 더 이상 그 존재 자체가 인정되지 아니하는 것이다. 이러한 법리는 선행소송에서 소유권보존등기의 말소등기청구가 확정되었다고 하더라도 그 청구권의 법적 성질이 채권적 청구권으로 바뀌지 아니하므로 마찬가지이다(2010다28604).

수인이 한 채의 건물을 구분하여 각각 그 일부분을 소유한 때에는 건물과 그 부속물 중 공용하는 부분은 그의 공유로 추정한다. 공용부분의 보존에 관한 비용 기타의 부담은 각자의 소유부분의 가액에 비례하여 분담한다(건물의 구분소유, 제215조). 건물의 구분소유에 대하여 상세히 규정하고 있는 특별법이 집합건물의 소유 및 관리에 관한 법률(집합건물법)이다. 구분소유권의 목적인 건물부분이 전유부분이다(집합건물법 제2조 제3호). 전유부분이 되려면 구조상·이용상 다른 부분과 구분되는 독립성이 있어야 한다. 전유부분에 대하여 성립하는 소유권이 구분소유권이다. 공용부분은 전유부분 외 건물부분인 지붕·복도·지하주차장 등이다. 공용부분의 지분은 전유부분의 면적 비율에 따른다. 공용지분의 지분은 전유부분의 처분에 따르며, 전유부분과 분리하여 처분할 수 없다(집합건물법 제13조). 구분소유자는 일종의 건물소유자로서 건물의 대지를 이용할 권리를 가진다. 이를 대지권이라 한다. 집합건물법은 구분소유자의 대지사용권을 원칙적으로 그의 전유부분의 처분에 따르게 하고 있고, 전유부분과 분리하여 처분할 수 없도록 하고 있다(집합건물법 제20조). 고용부분의 보존행위는 각 구분소유자가 할 수 있으나, 공용부분의 변경에 관하여는 구분소유자 및 의결권의 각 4분의 3 이상의 다수에 의한 집회 결의로 결정하여야 한다(집합건물법 제15조 제1항).

　　1동의 건물에 대하여 구분소유가 성립하기 위해서는 객관적·물리적인 측면에서 1동의 건물이 존재하고, 구분된 건물부분이 구조상·이용상 독립성을 갖추어야 할 뿐 아니라, 1동의 건물 중 물리적으로 구획된 건물부분을 각각 구분소유권의 객체로 하려는 구분행위가 있어야 한다. 여기서 구분행위는 건물의 물리적 형질에 변경을 가함이 없이 법률관념상 건물의 특정 부분을 구분하여 별개의 소유권의 객체로 하려는 일종의 법률행위로서, 시기나 방식에 특별한 제한이 있는 것은 아니고 처분권자의 구분의사가 객관적으로 외부에 표시되면 인정된다. 따라서 집합건물이 아닌 일반건물로 등기된 기존의 건물이 구분건물로 변경등기되기 전이라도, 구분된 건물부분이 구조상·이용상 독립성을 갖추고 건물을 구분건물로 하겠다는 처분권자의 구분의사가 객관적으로 외부에 표시되는 구분행위가 있으면 구분소유권이 성립한다. 그리고 일반건물로 등기되었던 기존의 건물에 관하여 실제로 건축물대장의 전환등록절차를 거쳐 구분건물로 변경등기까지 마쳐진 경우라면 특별한 사정이 없는 한 전환등록 시점에는 구분행위가 있었던 것으로 봄이 타당하다. 그러나 처분권자의 구분의사는 객관적으로 외부에 표시되어야 할 뿐만 아니라, 건축법 등은 구분소유의 대상이 되는 것을 전제로 하는 공동주택과 그 대상이 되지 않는 것을 전제로 하는 다가구주택을 비롯한 단독주택을 엄격히 구분하여 규율하고 있고(건축법 제2조 제2항, 건축법 시행령 제3조의5 [별표 1], 주택법 제2조 제2호 등 참조), 이에 따라 등록·등기되어 공시된 내용과 다른 법률관계를 인정할 경우 거래의 안전을 해칠 우려가 크다는 점 등에 비추어 볼 때, 단독주택 등을 주용도로 하여 일반건물로 등록·등기된 기존의 건물에 관하여 건축물대장의 전환등록절차나 구분건물로의 변경등기가 마쳐지지 아니한 상태에서 구분행위의 존재를 인정하는 데에는 매우 신중하여야 한다(2016다1854,1861).

구분건물의 대지사용권은 전유부분 및 공용부분과 분리처분이 가능한 규약이나 공정증서가 없는 때에는 전유부분과 종속적 일체불가분성이 인정되어 전유부분에 대한 경매개시결정과 압류의 효력이 당연히 종물 내지 종된 권리인 대지사용권에도 미치며, 그와 같은 내용의 규약이나 공정증서가 있는 때에는 종속적 일체불가분성이 배제되어 전유부분에 대한 경매개시결정과 압류의 효력이 대지사용권에는 미치지 아니한다. 구분건물에 대한 경매에 있어서 비록 경매신청서에 대지사용권에 대한 아무런 표시가 없는 경우에도 집행법원으로서는 대지사용권이 있는지, 그 전유부분 및 공용부분과 분리처분이 가능한 규약이나 공정증서가 있는지 등에 관하여 집달관에게 현황조사명령을 하는 때에 이를 조사하도록 지시하는 한편, 그 스스로도 관련자를 심문하는 등의 가능한 방법으로 필요한 자료를 수집하여야 하고, 그 결과 전유부분과 불가분적인 일체로서 경매의 대상이 되어야 할 대지사용권의 존재가 밝혀진 때에는 이를 경매 목적물의 일부로서 경매 평가에 포함시켜 최저입찰가격을 정하여야 할 뿐만 아니라, 입찰기일의 공고와 입찰물건명세서의 작성에 있어서도 그 존재를 표시하여야 할 것이나, 그렇지 않고 대지사용권이 존재하지 아니하거나 존재하더라도 규약이나 공정증서로써 전유부분에 대한 처분상의 일체성이 배제되어 있는 경우에는 특별한 사정이 없는 한 전유부분 및 공용부분에 대하여만 경매절차를 진행하여야 한다. 대지사용권이 존재함에도 그에 대한 경매신청이 없다는 이유로 집행법원이 대지사용권의 존부 등에 관하여 조사를 함이 없이 전유부분 및 공용부분에 대하여만 경매절차를 진행한 경우에 있어서도, 대지사용권에 대하여 분리 처분이 가능한 규약이나 공정증서가 없는 때에는 전유부분에 대한 경매개시결정 및 압류의 효력이 그 대지사용권에도 미치므로 일괄경매를 할 필요가 없고, 그와 같은 내용의 규약이나 공정증서가 있는 때에는 전유부분에 대한 경매개시결정 및 압류의 효력이 대지사용권에는 미치지 아니하고 그 대지사용권이 경매 목적물에서 제외되어 일괄경매의 요건을 충족하지 아니하므로 일괄경매를 할 수가 없으므로, 구분건물의 대지사용권이 존재한다고 하더라도 그에 대한 경매신청이 없었던 이상 집행법원이 이를 그 전유부분 및 공용부분과 일괄경매를 하지 아니하였다

하여 그러한 사유만으로 경매절차에 하자가 있다고 할 수 없다(97마814).

　토지소유자는 경계나 그 근방에서 담 또는 건물을 축조하거나 수선하기 위하여 필요한 범위 내에서 이웃 토지의 사용을 청구할 수 있다. 그러나 이웃 사람의 승낙이 없으면 그 주거에 들어가지 못한다. 인지사용으로 이웃 사람이 손해를 받은 때에는 보상을 청구할 수 있다(인지사용청구권, 제216조). 토지소유자는 매연, 열기체, 액체, 음향, 진동 기타 이에 유사한 것으로 이웃 토지의 사용을 방해하거나 이웃 거주자의 생활에 고통을 주지 아니하도록 적당한 조처를 할 의무가 있다. 이웃 거주자는 이웃 토지의 통상의 용도에 적당한 것인 때에는 위 사태에 대하여 인용할 의무가 있다(생활방해금지의무, 제217조). 토지소유자는 타인의 토지를 통과하지 아니하면 필요한 수도, 소수(疏水)관, 가스관, 전선 등을 시설할 수 없거나 과다한 비용을 요하는 경우에는 타인의 토지를 통과하여 이를 시설할 수 있다. 그러나 이로 인한 손해가 가장 적은 장소와 방법을 선택하여 이를 시설할 것이며 타토지의 소유자의 요청에 의하여 손해를 보상하여야 한다(수도 등 시설권, 제218조).

　어느 토지와 공로 사이에 그 토지의 용도에 필요한 통로가 없는 경우에 그 토지소유자는 주위의 토지를 통행 또는 통로로 하지 아니하면 공로에 출입할 수 없거나 과다한 비용을 요하는 때에는 그 주위의 토지를 통행할 수 있고 필요한 경우에는 통로를 개설할 수 있다. 그러나 이로 인한 손해가 가장 적은 장소와 방법을 선택하여야 한다. 통행권자는 통행지소유자의 손해를 보상하여야 한다. 토지소유자가 그 토지의 일부를 양도한 경우나 토지의 분할로 인하여 공로에 통하지 못하는 토지가 생긴 경우에는 그 토지소유자는 공로에 출입하기 위하여 다른 분할자의 토지를 통행할 수 있다. 이 경우에는 보상의 의무가 없다(주위토지통행권, 제219조, 제220조).

　인접하여 토지를 소유한 자는 공동비용으로 통상의 경계표나 담을 설치할 수 있다. 비용은 쌍방이 절반하여 부담한다. 그러나 측량비용은 토지의 면적에 비례하여 부담한다. 경계에 설치된 경계표, 담, 구거 등은 상린자의 공유로 추정한다. 그러나 경계표, 담, 구거 등이 상린자일방의 단독비용으로 설치되었거나 담이 건물의 일부인 경우에는 그러하지 아니하다(경계표·담의 설치권, 제237조). 인접지의 수목가지가 경계를 넘은 때에는 그 소유자에 대하여 가지의 제거를 청구할 수 있다. 가지 제거 청구에 응하지 아니한 때에는 청구자가 그 가지를 제거할 수 있다. 인접지의 수목뿌리가 경계를 넘은 때에는 임의로 제거할 수 있다(나뭇가지·나무부리 제거권, 제240조 제3항). 토지소유자는 인접지의 지반이 붕괴할 정도로 자기의 토지를 심굴

하지 못한다. 그러나 충분한 방어공사를 한 때에는 그러하지 아니하다(토지 깊이파기 금지의무, 제241조). 건물을 축조함에는 특별한 관습이 없으면 경계로부터 반미터 이상의 거리를 두어야 한다. 인접지소유자는 이를 위반한 자에 대하여 건물의 변경이나 철거를 청구할 수 있다. 그러나 건축에 착수한 후 1년을 경과하거나 건물이 완성된 후에는 손해배상만을 청구할 수 있다(건물 축조시 경계와 거리를 둘 의무, 제242조). 경계로부터 2미터 이내의 거리에서 이웃 주택의 내부를 관망할 수 있는 창이나 마루를 설치하는 경우에는 적당한 차면시설을 하여야 한다(가림시설 설치의무, 제243조). 우물을 파거나 용수, 하수 또는 오물 등을 저치할 지하시설을 하는 때에는 경계로부터 2미터 이상의 거리를 두어야 하며 저수지, 구거 또는 지하실공사에는 경계로부터 그 깊이의 반 이상의 거리를 두어야 한다. 지하시설 공사를 할 경우에는 토사가 무너지거나 하수 또는 더러운 액체가 이웃에 흐르지 않도록 할 적당한 조치를 해야 한다(지하시설 등에 대한 제한, 제244조).

　　무주의 동산을 소유의 의사로 점유한 자는 그 소유권을 취득한다. 무주의 부동산은 국유로 한다. 야생하는 동물은 무주물로 하고 사양하는 야생동물도 다시 야생 상태로 돌아가면 무주물로 한다(무주물선점, 제255조). 유실물은 법률에 정한 바에 의하여 공고한 후 6개월 내에 그 소유자가 권리를 주장하지 아니하면 습득자가 그 소유권을 취득한다(유실물습득, 제253조). 유실물법 제6조는 습득자가 습득일로부터 7일 이내에 습득물을 경찰서에 제출하지 않으면 습득물의 소유권을 취득할 권리를 상실한다고 규정하고 있다. 또한 유실물법 제14조는 습득자가 유실물의 소유권을 취득한 날부터 3개월 이내에 그 물건을 경찰서에서 찾아가지 않으면 소유권을 상실한다고 규정하고 있다. 유실물법 제4조는 유실물의 소유자는 습득자에게 유실물 가액의 5-20% 범위 내에서 보상금을 지급하도록 규정하고 있다. 매장물은 법률에 정한 바에 의하여 공고한 후 1년 내에 그 소유자가 권리를 주장하지 아니하면 발견자가 그 소유권을 취득한다. 그러나 타인의 토지 기타 물건으로부터 발견한 매장물은 그 토지 기타 물건의 소유자와 발견자가 절반하여 취득한다(매장물발견, 제254조). 학술, 기예 또는 고고의 중요한 재료가 되는 물건은 국유로 한다. 이러한 물건의 습득자, 발견자 및 매장물이 발견된 토지 기타 물건의 소유자는 국가에 대하여 적당한 보상을 청구할 수 있다(제255조).

　　부동산의 소유자는 그 부동산에 부합한 물건의 소유권을 취득한다. 그러나 타인의 권원에 의하여 부속된 것은 그러하지 아니하다(부동산부합, 제256조).[41] 동산과 동산이 부합하여 훼손하지 아니하면 분리할 수 없거나 그 분리에 과다한 비용을 요할 경우에는 그 합성물의 소유권은 주된 동산의 소유자에게 속한다. 부합한 동산의 주종을 구별할 수 없는 때에는 동산의 소유자는 부합당시의 가액의 비율로 합성물을 공유한다(동산부합, 제257조). 동산과 동산이 혼화하여 식별할 수 없는 경우도 같다(혼화, 제258조). 타인의 동산에 가공한 때에는 그 물건의 소유권은 원재료의 소유자에게 속한다. 그러나 가공으로 인한 가액의 증가가 원재료의 가액보다 현저히 다액인 때에는 가공자의 소유로 한다. 가공자가 재료의 일부를 제공하였을 때에는 그 재료의 가액은 증가액에 더하여 소유자의 귀속을 정한다(가공, 제259조). 부합·혼화·가공에 의하여 동산의 소유권이 소멸한 때에는 그 동산을 목적으로 한 다른 권리도 소멸한다. 동산의 소유자가 합성물, 혼화물 또는 가공물의 단독소유자가 된 때에는 그 동산을 목적으로 한 다른 권리는 합성물, 혼화물 또는 가공물에 존속하고 그 공유자가 된 때에는 그 지분에 존속한다(제260조). 부합·혼화·가공으로 인하여 손해를 받은 자는 부당이득에 관한 규정에 의하여 보상을 청구할 수 있다(제261조).

　　지상권자는 타인의 토지에 건물 기타 공작물이나 수목을 소유하기 위하여 그 토지를 사용하는 권리가 있으므로(제279조), 지상권설정등기가 경료되면 토지의 사용·수익권은 지상권자에게 있고, 지상권을 설정한 토지소유자는 지상권이 존속하는 한 토지를 사용·수익할 수 없다. 따라서 지상권을 설정한 토지소유자로부터 토지를 이용할 수 있는 권리를 취득하였다고 하더라도 지상권이 존속하는 한 이와 같은 권리는 원칙적으로 민법 제256조 단서가 정한 '권원'에 해당하지 아니한다. 금융기관이 대출금 채권의 담보를 위하여 토지에 저당권과 함께 지료 없는 지상권을 설정하면서 채무자 등의 사용·수익권을 배제하지 않은 경우, 지상권은 저당권이 실행될 때까지 제3자가 용익권을 취득하거나 목적 토지의 담보가치를 하락시키는 침해행위를 하는 것을 배제함으로써 저당 부동산의 담보가치를 확보하는 데에 목적이 있으므로, 토지소유자는 저당 부동산의 담보가치를 하락시킬 우려가 있는 등의 특별한 사정이 없는 한 토지를 사용·수익할 수 있다고 보아야 한다. 따라서 그러한

41) 민법 제256조는 부동산의 소유자는 그 부동산에 부합한 물건의 소유권을 취득한다. 그러나 타인의 권원에 의하여 부속된 것은 그러하지 아니한다라고 규정하고 있는데 위 규정단서에서 말하는 「권원」이라 함은 지상권, 전세권, 임차권 등과 같이 타인의 부동산에 자기의 동산을 부속시켜서 그 부동산을 이용할 수 있는 권리를 뜻한다 할 것이므로 그와 같은 권원이 없는 자가 토지소유자의 승낙을 받음이 없이 그 임차인의 승낙만을 받아 그 부동산 위에 나무를 심었다면 특별한 사정이 없는 한 토지소유자에 대하여 그 나무의 소유권을 주장할 수 없다고 하여야 할 것이다(88다카9067).

토지소유자로부터 토지를 사용·수익할 수 있는 권리를 취득하였다면 이러한 권리는 민법 제256조 단서가 정한 '권원'에 해당한다고 볼 수 있다(2015다69907).

물건이 지분에 의하여 수인의 소유로 된 때에는 공유로 한다. 공유자의 지분은 균등한 것으로 추정한다(공유, 제262조). 공유자는 그 지분을 처분할 수 있고 공유물 전부를 지분의 비율로 사용, 수익할 수 있다(제263조). 공유자는 다른 공유자의 동의없이 공유물을 처분하거나 변경하지 못한다(제264조). 공유물의 관리에 관한 사항은 공유자의 지분의 과반수로써 결정한다. 그러나 보존행위는 각자가 할 수 있다(제265조).

공유물 사용·수익·관리에 관한 특약은 그 특정승계인에 대하여도 승계된다. 특약 후 공유자에 변경이 있고, 특약을 변경할 만한 사정이 있는 경우에는 공유자의 지분의 과반수의 결정으로 기존 특약을 변경할 수 있다(2005다1827). 공유물에 관한 특약이 지분권자의 사용·수익권을 사실상 포기하는 등으로 공유지분권의 본질적 부분을 침해하는 경우에는 특정승계인이 그러한 사실을 알고도 공유지분권을 취득하였다는 등의 특별한 사정이 없는 한 특정승계인에게 당연히 승계된다고 볼 수 없다(2009다51294).

공유자는 그 지분의 비율로 공유물의 관리비용 기타 의무를 부담한다. 공유자가 1년 이상 위 의무이행을 지체한 때에는 다른 공유자는 상당한 가액으로 지분을 매수할 수 있다(제266조). 이 매수청구권을 행사함에 있어서는 먼저 매수대상이 되는 지분 전부의 매매대금을 제공하여야 한다(92다25656).

공유자가 그 지분을 포기하거나 상속인 없이 사망한 때에는 그 지분은 다른 공유자에게 각 지분의 비율로 귀속한다(제267조). 공유자는 공유물의 분할을 청구할 수 있다. 그러나 5년 내의 기간으로 분할하지 아니할 것을 약정할 수 있다. 공유분할금지 계약을 갱신한 때에는 그 기간은 갱신한 날로부터 5년을 넘지 못한다(제268조). 분할의 방법에 관하여 협의가 성립되지 아니한 때에는 공유자는 법원에 그 분할을 청구할 수 있다(제269조 제1항). 현물로 분할할 수 없거나 분할로 인하여 현저히 그 가액이 감손될 염려가 있는 때에는 법원은 물건의 경매를 명할 수 있다(제269조 제2항). 공유자는 다른 공유자가 분할로 인하여 취득한 물건에 대하여 그 지분의 비율로 매도인과 동일한 담보책임이 있다.

법률의 규정 또는 계약에 의하여 수인이 조합체로서 물건을 소유하는 때에는 합유로 한다. 합유자의 권리는 합유물 전부에 미친다(합유, 제271조). 부동산 전매차익만을 목적으로 한 공동매수의 경우 공동매수인들 사이는 공유관계일 뿐이고, 공동사업을 경영할 목적이 인정되지 않기 때문에 민법상 조합관계에 있다고 할 수 없다(2003다60778). 합유물을 처분 또는 변경함에는 합유자 전원의 동의가 있어야 한다. 그러나 보존행위는 각자가 할 수 있다(제272조). 합유자는 전원의 동의없이 합유물에 대한 지분을 처분하지 못한다(제273조 제1항). 합유자 전원의 동의가 없이 한 합유지분매매는 무효이다(69다22). 합유자는 합유물의 분할을 청구하지 못한다(제273조 제2항). 합유는 조합체의 해산 또는 합유물의 양도로 인하여 종료한다. 이 경우의 합유물 분할에 관하여는 공유물의 분할에 관한 규정을 준용한다(제274조).

법인이 아닌 사단의 사원이 집합체로서 물건을 소유할 때에는 총유로 한다(총유, 제275조). 총유에 관하여는 사단의 정관 기타 계약에 달리 정한 바가 없는 경우에는 총유물의 관리 및 처분은 사원총회의 결의에 의하며, 각 사원은 정관 기타의 규약에 좇아 총유물을 사용·수익할 수 있다(제276조). 총유물에 관한 사원의 권리의무는 사원의 지위를 취득·상실함으로써 취득·상실된다(제277조).

소유권 이외의 재산권을 다수가 공동으로 가지는 경우를 준공동소유라 한다. 이에 관해서는 공동소유에 관한 민법규정을 준용한다(제278조).

부동산에 관한 소유권 그 밖의 물권을 보유한 자가 타인과의 사이에서 대내적으로는 실권리자가 물권을 보유하나 그 등기를 타인의 명의로 하는 약정을 명의신탁약정이라 한다. 명의신탁이 된 재산의 소유관계는 신탁자와 수탁자 사이에서는 소유권이 그대로 신탁자에게 있지만, 대외관계 또는 제3자에 대한 관계에서는 소유권이 수탁자에게 이전·귀속된다. 따라서 수탁자가 신탁자의 승낙없이 신탁재산을 처분할 때에는 제3취득자는 선의·악의를 불문하고 적법하게 소유권을 취득한다. 1995년 3월 '부동산 실권리자명의 등기에 관한 법률'이 법률 제4944호로 제정되어 종중이 보유한 부동산에 관한 물권을 종중 외의 자의 명의로 등기한 경우와 배우자 명의로 부동산에 관한 물권을 등기한 경우를 제외한 명의신탁약정의 효력을 무효로 하고 있다.

2인 이상이 하나의 부동산을 위치와 면적을 특정하여 구분하여 소유하기로 약정하면서 공유등기를 한 경우를 구분소유적 공유관계라 한다. 판례는 이러한 구분소유 공유약정을 상호명의신탁이라고 설명하면서 유효하게 취급한다(2008다44313).

4. 용익물권

(1) 지상권

지상권은 타인의 토지에 건물, 기타의 공작물이나 수목(樹木)을 소유하기 위하여 그 토지를 사용할 수 있는 물권이다(제279조). 지상권설정계약에 의하는 경우 지상권설정등기를 해야 지상권을 취득한다. 그러나 법정지상권과 관습상 분묘기지권의 경우 등기 없이 취득한다. 지상권은 타인의 1필의 토지 일부에도 설정할 수 있다(부동산등기법 제69조 제6호). 공작물이라 함은 지상공작물뿐만 아니라 지하공작물도 포함된다. 수목은 식림의 대상이 되는 식물을 말하며, 경작의 대상이 되는 식물(벼, 보리, 야채, 과수, 뽕나무 등)은 포함된다는 것이 오늘날 통설이다. 분묘기지권과 같은 관습법상 지상권 또는 법정지상권도 있으나, 일반적으로 당사자 간 계약에 의하여 지상권이 설정된다. 지상권의 존속기간은 석조(石造)ㆍ석회조ㆍ연와조(煉瓦造) 또는 이와 유사한 견고한 건물이나 수목의 소유를 목적으로 하는 때에는 30년, 기타의 건물은 15년, 건물 이외의 공작물인 경우에는 5년이다. 이보다 단축한 기간을 정한 때에는 위의 기간까지 연장하며, 계약으로 존속기간을 정하지 아니한 때에는 위 최단존속기간으로 한다. 지상권자는 지상권을 양도하거나 그 존속기간 내에서 그 토지를 임대할 수 있고, 지상권에 저당권을 설정할 수 있다. 지상권이 소멸한 경우에 건물 기타 공작물이나 수목이 현존한 때에는 지상권자는 계약의 갱신을 청구할 수 있다. 지상권설정자가 계약의 갱신을 원하지 아니하는 때에는 지상권자는 상당한 가액으로 전항의 공작물이나 수목의 매수를 청구할 수 있다. 지상권이 소멸한 때에는 지상권자는 건물 기타 공작물이나 수목을 수거하여 토지를 원상에 회복하여야 한다. 이 경우에 지상권설정자가 상당한 가액을 제공하여 그 공작물이나 수목의 매수를 청구한 때에는 지상권자는 정당한 이유없이 이를 거절하지 못한다. 지료가 토지에 관한 조세 기타 부담의 증감이나 지가의 변동으로 인하여 상당하지 아니하게 된 때에는 당사자는 그 증감을 청구할 수 있다. 지상권자가 2년 이상의 지료를 지급하지 아니한 때에는 지상권설정자는 지상권의 소멸을 청구할 수 있다. 지상권이 저당권의 목적인 때 또는 그 토지에 있는 건물, 수목이 저당권의 목적이 된 때에는 지상권소멸 청구는 저당권자에게 통지한 후 상당한 기간이 경과함으로써 그 효력이 생긴다. 법정지상권은 법률의 규정에 의한 물권변동의 경우로 등기하지 않아도 발생하며, 법정지상권의 발생에 관한 규정은 강행규정으로서 당사자의 특약에 의하여도 그 발생을 배제할 수 없다. 법정지상권의 일반적 효력은 설정계약에 의한 지상권과 같으므로 존속기간 등은 특별한 규정이 없는 한 일반지상권에 준한다. 지료는 당사자의 협의가 성립되지 않으면 법원이 결정한다.

지하 또는 지상의 공간은 상하의 범위를 정하여 건물 기타 공작물을 소유하기 위한 지상권의 목적으로 할 수 있다(구분지상권, 제289조의2). 이 경우 설정행위로써 지상권의 행사를 위하여 토지의 사용을 제한할 수 있다. 구분지상권은 제3자가 토지를 사용·수익할 권리를 가진 때에도 그 권리자 및 그 권리를 목적으로 하는 권리를 가진 자 전원의 승낙이 있으면 이를 설정할 수 있다. 이 경우 토지를 사용·수익할 권리를 가진 제3자는 그 지상권의 행사를 방해하여서는 아니 된다. 지상권의 존속기간과 지상권소멸 청구권 등은 구분지상권에 준용된다(제290조 제2항).

현재 민법의 지상권제도는 원래 목적으로는 거의 이용되고 있지 않다. 토지임대차계약이 타인의 토지를 이용하는 데 주로 이용되고 있다. 그러나 금융기관에서 대출실행시 근저당권 설정과 함께 지상권을 설정하고 있고, 판례법은 이를 물권법정주의의 위반으로 보지 않고 있다. 이를 담보지상권이라 한다. 담보지상권을 설정하는 이유는 근저당권 설정 이후 당사자들이 담보 목적 토지 위에 용익권을 설정하거나 건물 등을 축조·설치하여 토지의 원래 담보가치를 떨어뜨리는 것을 막기 위해서이다. 판례는 담보지상권의 목적이 토지의 사용이 아니라 대출채권의 담보에 있는 것이므로 피담보채권이 변제나 소멸시효완성으로 소멸한 경우 담보지상권도 피담보채권에 따라 소멸한다는 입장이다(2011다6342).

법정지상권은 법률의 규정에 의하여 당연히 인정되는 지상권을 말한다. 우리나라 민법은 토지와 건물을 별개의 부동산으로 취급한다. 그 결과 토지와 그 토지 위의 건물이 각각 다른 자에게 귀속하면서도 그 건물을 위한 토지의 사용·수익권이 존재하지 않는 경우가 있게 된다. 이러한 경우에 토지와 건물 사이의 결합관계를 유지하기 위한 제도가 필요한데 그것이 법정지상권이다. 건물에만 전세권을 설정하였는데 그 후 토지소유자가 변경된 경우(제305조), 토지와 건물이 동일인 소유인 상태에서 양쪽 또는 어느 한쪽에 저당권이 설정되었는데 그 후 저당물의 경매로 토지와 건물의 소유자가 다르게 된 경우(366조), 토지와 건물이 동일인 소유인 상태에서 양쪽 또는 어느 한쪽에 가등기담보권이나 양도담보권이 설정되었는데 그 후 가등기담보권이나 양도담보권의 실행으로 토지와 건물의 소유자가 다르게 된 경우(가등기담보 등에 관한 법률 제10조), 입목의 경매나 그 밖의 사유로 토지와 입목의 소유자가 다르게 된 경우(입목에 관한 법률 제6조)에 법정지상권이 성립한다. 판례법은 관습상 법정지상권과 분묘기지권을 인정한다. 관습상 법정지상권은 동일인의 소유이던 토지와 그 지상건물이 매매 기타 원인으로 인하여 각각 소유자를 달리하게 되었으나 그 건물을 철거한다는 등의 특약이 없으면 건물 소유자로 하여금 토지를 계속 사용하게 하려는 것이 당사자의 의사라고 보아 인정되는 것이다. 토지의 점유·사용에 관하여 당사자 사이에 약정이 있는 것으로 볼 수 있거나 토지 소유자가 건물의 처분권까지 함께 취득한 경우에는 관습상의 법정지상권은 인정되지 않는다. 미등기건물을 그 대지와 함께 매도하였다면 비록 매수인에게 그 대지에 관하여만 소유권이전등기가 경료되고 건물에 관하여는 등기가 경료되지 아니하여 형식적으로 대지와 건물이 그 소유 명의자를 달리하게 되었다 하더라도 매도인에게 관습상의 법정지상권은 인정되지 않는다(2002다9660). 공유지상에 공유자의 1인 또는 수인 소유의 건물이 있을 경우 위 공유지의 분할로 그 대지와 지상건물이 소유자를 달리하게 될 때(73다353), 원고와 피고가 1필지의 대지를 구분소유적으로 공유하고 피고가 자기 몫의 대지 위에 건물을 신축하여 점유하던 중 위 대지의 피고지분만을 원고가 경락 취득한 경우(89다카24094)에 법정지상권이 인정된다. 그러나 구분소유적 공유관계에 있는 자가 자신의 특정 소유가 아닌 부분에 건물을 신축한 경우(93다49871), 대지와 건물이 한 사람에게 매도되었으나 대지만 소유권이전등기를 경료한 경우(98다4798), 원래 동일인에게의 소유권 귀속이 원인무효로 이루어졌다가 그 원인이 무효임이 밝혀져 그 등기가 말소됨으로써 건물과 토지의 소유자가 달라지게 된 경우(98다64189)에는 법정지상권이 성립하지 않는다.

대법원판례에 의하면 분묘기지권은 토지소유자의 승낙을 얻어 분묘를 설치한 경우, 토지 소유자의 승낙을 받지 않았더라도 분묘를 설치하고 20년 동안 평온·공연하게 점유함으로써 시효로 인하여 취득한 경우, 자기 소유의 토지에 분묘를 설치한 자가 분묘에 관해서는 별도의 특약이 없이 토지만을 타인에게 처분한 경우 가운데 한 가지 요건만 갖추면 성립한다. 평장되어 있거나 암장되어 있어 객관적으로 인식할 수 있는 외형을 갖추고 있지 않은 경우에는 분묘기지권은 인정되지 않는다(91다18040). 분묘기지권은 종손이나 종중 등 분묘를 실제 수호·관리하는 분묘소유자가 취득한다(99다14006). 분묘기지권은 상속은 되나 양도는 허용되지 않는다. 분묘기지권의 범위는 그 분묘의 기지뿐 아니라 분묘의 설치 목적인 분묘의 수호 및 제사에 필요한 범위 안에서 분묘기지 주변의 공지(空地)를 포함한 지역에까지 미치는 것으로 본다(97다3657). 기존 분묘에만 인정되고, 새로 만드는 것은 어떤 경우에도 허용되지 않는다. 부부 일방의 기존 분묘에 다른 일방을 단분하거나 쌍분형태로 합장하는 것도 당연히 허용되지 않는다(95다29086). 같은 임야 내에 기존 분묘를 이동하는 것도 허용되지 않는다(2007다16885). 특별한 사정이 없는 경우에는 권리자가 분묘의 수호와 봉사를 계속하는 한 그 분묘가 존속하고 있는 동안은 분묘기지권이 존속한다. 분묘기지권을 시효취득한 경우에 관하여 지료를 지급할 필요가 없다(94다37912).

(2) 지역권

지역권은 자기 토지의 편익을 위하여 남의 토지를 통행한다든가, 남의 토지로부터 물을 끌어오거나 남의 토지에 관망을 방해하는 공작물 등을 건조하지 못하게 하는 것과 같이, 일정한 목적을 위하여 남의 토지를 자기의 토지의 편익에 이용하는 것을 내용으로 하는 물권이다. 편익을 얻는 토지를 '요역지(要役地)'라고 하고, 편익을 제공하는 토지를 '승역지(承役地)'라고 한다. 지역권자는 일정한 목적을 위하여 타인의 토지를 자기토지의 편익에 이용하는 권리가 있다. 지역권은 요역지소유권에 부종하여 이전하며 또는 요역지에 대한 소유권 이외의 권리의 목적이 된다. 그러나 다른 약정이 있는 때에는 그 약정에 의한다. 지역권은 요역지와 분리하여 양도하거나 다른 권리의 목적으로 하지 못한다. 토지공유자의 1인은 지분에 관하여 그 토지를 위한 지역권 또는 그 토지가 부담한 지역권을 소멸하게 하지 못한다. 토지의 분할이나 토지의 일부양도의 경우에는 지역권은 요역지의 각 부분을 위하여 또는 그 승역지의 각 부분에 존속한다. 그러나 지역권이 토지의 일부분에만 관한 것인 때에는 다른 부분에 대하여는 그러하지 아니하다. 공유자의 1인이 지역권을 취득한 때에는 다른 공유자도 이를 취득한다. 점유로 인한 지역권취득기간의 중단은 지역권을 행사하는 모든 공유자에 대한 사유가 아니면 그 효력이 없다. 요역지가 수인의 공유인 경우에 그 1인에 의한 지역권소멸시효의 중단 또는 정지는 다른 공유자를 위하여 효력이 있다. 승역지의 소유자는 지역권의 행사를 방해하지 아니하는 범위 내에서 지역권자가 지역권의 행사를 위하여 승역지에 설치한 공작물을 사용할 수 있다. 이 경우 승역지의 소유자는 수익 정도의 비율로 공작물의 설치, 보존의 비용을 분담하여야 한다.

(3) 전세권

전세권은 전세금을 지급하고 타인의 부동산을 일정기간 그 용도에 따라 사용·수익한 후, 그 부동산을 반환하고 전세금의 반환을 받는 권리를 말한다(제303조 제1항). 주택이나 상가건물을 다액의 전세금을 주고 빌려 사용하는 경우 전세권등기를 하면 민법 물권편의 물권 전세가 되는 것이고, 전세권등기를 하지 않으면 민법 채권편 전형계약 중 임대차 규정이 적용되는 채권 전세가 된다. 주택에 대한 민법 채권편 전세는 '주택임대차보호법'에 의한 보호를 받는다. 상가에 대한 민법 채권편 전세는 '상가건물임대차보호법'에 의한 보호를 받는다. 현재 민법 물권편 전세는 전세금이 고액인 경우 극히 예외적으로 이용되고 있을 뿐이다. 전세권은 다른 담보권과 마찬가지로 전세권자와 전세권설정자 및 제3자 사이에 합의가 있으면 그 전세권자의 명의를 제3자로 하는 것도 가능하므로, 임대차계약에 바탕을 두고 이에 기한 임차보증금반환채권을 담보할 목적으로 임대인, 임차인 및 제3자 사이의 합의에 따라 제3자 명의로 경료된 전세권설정등기는 유효하다(2003다12311). 전세권 존속기간이 시작되기 전에 마친 전세권설정등기도 유효한 것으로 추정되고, 전세권은 등기부상 기록된 전세권설정등기의 존속기간과 상관없이 등기된 순서에 따라 순위가 정해진다(2017마1093). 전세권은 전세금을 지급하고 타인의 부동산을 그 용도에 따라 사용·수익하는 권리로서 전세금의 지급이 없으면 전세권은 성립하지 아니하는 등으로 전세금은 전세권과 분리될 수 없는 요소일 뿐 아니라, 전세권에 있어서는 그 설정행위에서 금지하지 아니하는 한 전세권자는 전세권 자체를 처분하여 전세금으로 지출한 자본을 회수할 수 있도록 되어 있으므로 전세권이 존속하는 동안은 전세권을 존속시키기로 하면서 전세금반환채권만을 전세권과 분리하여 확정적으로 양도하는 것은 허용되지 않는 것이며, 다만 전세권 존속 중에는 장래에 그 전세권이 소멸하는 경우에 전세금 반환채권이 발생하는 것을 조건으로 그 장래의 조건부 채권을 양도할 수 있을 뿐이라 할 것이다(2001다69122). 전세권설정등기를 마친 민법상의 전세권은 그 성질상 용익물권적 성격과 담보물권적 성격을 겸비한 것으로서, 전세권의 존속기간이 만료되면 전세권의 용익물권적 권능은 전세권설정등기의 말소 없이도 당연히 소멸하고 단지 전세금반환채권을 담보하는 담보물권적 권능의 범위 내에서 전세금의 반환시까지 그 전세권설정등기의 효력이 존속하고 있다 할 것인데, 이와 같이 존속기간의 경과로서 본래의 용익물권적 권능이 소멸하고 담보물권적 권능만 남은 전세권에 대해서도 그 피담보채권인 전세금반환채권과 함께 제3자에게 이를 양도할 수 있다 할 것이지만 이 경우에는 민법 제450조 제2항 소정의 확정일자 있는 증서에 의한 채권양도절차를 거치지 않는 한 위 전세금반환채권의 압류·전부 채권자 등 제3자에게 위 전세보증금반환채권의 양도사실로써 대항할 수 없다(2003다35659).

농경지는 전세권의 목적으로 하지 못한다(제303조 제2항). 전세권의 존속기간은 10년을 넘지 못한다. 당사자의 약정기간이 10년을 넘는 때에는 이를 10년으로 단축하며, 그 기간을 갱신한 때에는 갱신한 날로부터 10년을 넘지 못한다(제312조). 토지 위에 있는 건물에 전세권을 설정한 때에는 전세권의 효력은 그 건물의 소유를 목적으로 한 지상권 또는 임차권에 미친다. 이 경우, 전세권 설정자는 전세권자의 동의 없이 지상권 또는 임차권을 소멸하게 하는 행위를 하지 못한다(제304조). 대지와 건물이 동일한 소유자에 속한 경우에 건물에 전세권을 설정한 때에는, 그 대지소유권의 특별승계인은 전세권 설정자에 대하여 지상권을 설정한 것으로 본다(법정지상권). 그러나 지료는 당사자의 청구에 의하여 법원이 정한다. 이 경우, 대지소유자는 타인에게 그 대지를 임대하거나 이를 목적으로 한 지상권 또는 전세권을 설정하지 못한다(제303조). 전세권자는 전세권을 타인에게 양도 또는 담보로 제공할 수 있고, 그 존속기간 내에서 타인에게 전전세 또는 임대할 수 있다. 그러나 특약으로 전세계약시에 이를 금지한 때에는 그러하지 아니하다(제306조). 전세권 양수인은 전세권 설정자에 대하여 전세권 양도인과 동일한 권리의무가 있고, 전세권의 목적물을 전전세 또는 임대한 경우에는 전세권자는 전전세 또는 임대하지 아니하였을 때 면할 수 있는 불가항력으로 인한 손해에 대하여 그 책임을 진다(제307조, 제308조). 전세권자는 목적물의 현상을 유지하고, 그 통상의 관리에 속하는 수선을 하여야 할 의무를 지나, 목적물을 개량하기 위하여 지출한 금액이나 기타 유익비에 관하여는 그 가액의 증가가 현존한 경우에 한하여, 소유자의 선택에 따라 그 지출액이나 증가액의 상환을 청구할 수 있다(제309조, 제310조). 전세권자가 전세계약 또는 그 목적물의 성질에 의하여 정하여진 용법으로 이를 사용·수익하지 아니한 경우에는 전세권 설정자가 전세권의 소멸을 청구할 수 있고, 원상회복 또는 손해배상을 청구할 수 있다(제311조). 전세권의 존속기간을 약정하지 아니한 때에는 각 당사자는 언제든지 상대방에 대하여 전세권의 소멸을 통고할 수 있고, 상대방이 이 통고를 받은 날부터 6월이 경과하면 전세권은 소멸한다(제313조). 전세권의 목적물의 전부 또는 일부가 불가항력으로 인하여 멸실된 때에는 그 멸실된 부분의 전세권은 소멸하고, 전세

권자가 그 잔존부분으로 전세권의 목적을 달성할 수 없는 때에는 전세권 전부의 소
멸을 통고하고 전세금의 반환을 청구할 수 있다(제314조). 전세권의 목적물의 전부
또는 일부가 전세권자에 책임 있는 사유로 인하여 멸실된 때에는 전세권자는 손해
배상책임을 진다. 전세권 설정자는 전세금으로써 손해배상에 충당하고 잉여가 있으
면 반환하며, 부족이 있으면 다시 청구할 수 있다(제315조). 전세권의 존속기간이 만
료한 때에는 전세권자는 목적물을 원상회복하여야 하며, 목적물에 부속시킨 물건은
수거할 수 있다. 그러나 전세권 설정자가 그 부속물의 매수를 청구한 때에는 정당
한 이유 없이 거절하지 못하는 반면에, 그 부속물건이 전세권 설정자의 동의를 얻
어 부속시킨 것인 때에는 전세권자는 전세권 설정자에 대하여 그 부속물의 매수를
청구할 수 있다. 그 부속물이 전세권설정자로부터 매수한 것인 때에도 같다(제316
조). 전세권이 소멸한 때에 목적물 인도 및 전세권 설정등기의 말소등기에 필요한
서류의 교부와 전세금반환은 서로 동시이행의 관계에 있고, 전세권 설정자가 전세
금의 반환을 지체한 때에는 전세권자는 경매법에 따라 전세권의 목적물의 경매를
청구할 수 있고(제317조, 제318조), 그 경매대금으로부터 우선변제를 받을 수 있다(제
303조 제1항).

5. 담보물권

(1) 유치권

유치권은 타인의 물건이나 유가증권을 점유한 자가 그 물건이나 유가증권에 관
하여 생긴 채권을 가지고 있는 경우, 그 채권을 변제받을 때까지 그 물건이나 유가
증권을 유치할 수 있는 권리를 말한다(제320조 제1항). 시계를 수리한 자는 수리비를
받을 때까지 시계를 유치할 수 있다. 임차인은 필요비나 유익비를 상환받을 때까지
임차한 물건을 유치할 수 있다. 법률에 정한 요건을 갖추면 법률에 의해 당연히 성
립하는 물권으로 점유라는 사실에 절대적으로 의존하기 때문에 부동산등기를 할
수 없고, 필요도 없다. 점유가 절대적 성립요건이자 존속요건이다. 그러나 점유를
일시 상실하였다가 다시 같은 물건을 점유하게 된 경우 점유 상실 당시 유치권을
포기하였다는 특별한 사정이 없는 한 유치권을 취득한다(2004다50853,50860). 점유가
불법행위로 인한 경우에 유치권은 인정되지 않는다(제320조 제2항). 상법은 상사유
치권을 규정하고 있다. 효력은 민법의 유치권과 같지만 피담보채권과 목적물 사이
의 견련관계를 요구하지 않고, 채권의 성립과 물건의 점유취득이 당사자 사이의 상

행위로 생긴 것이면 족하다. 민법상 유치권이 성립하려면 목적물이 타인의 물건 또는 유가증권이어야 하고, 피담보채권이 목적물과 견련관계가 있어야 하며, 채권이 변제기에 있어야 하고, 유치권자가 목적물을 점유하고 있어야 하며, 당사자 사이에 유치권의 발생을 배제하는 특약이 없어야 한다. 유치권자는 단순한 인도거절권이 아니라 목적물을 점유할 수 있는 물권이므로, 채무자에게만 행사할 수 있는 것이 아니라 물건의 소유자, 물건의 양수인, 경락인에 대해서도 행사할 수 있다.

민법 제320조 제1항에서 '그 물건에 관하여 생긴 채권'은 유치권 제도 본래의 취지인 공평의 원칙에 특별히 반하지 않는 한 채권이 목적물 자체로부터 발생한 경우는 물론이고 채권이 목적물의 반환청구권과 동일한 법률관계나 사실관계로부터 발생한 경우도 포함하고, 한편 민법 제321조는 "유치권자는 채권 전부의 변제를 받을 때까지 유치물 전부에 대하여 그 권리를 행사할 수 있다"고 규정하고 있으므로, 유치물은 그 각 부분으로써 피담보채권의 전부를 담보하며, 이와 같은 유치권의 불가분성은 그 목적물이 분할 가능하거나 수개의 물건인 경우에도 적용된다(2005다16942).[42]

유치권의 성립요건인 유치권자의 점유는 직접점유이든 간접점유이든 관계없지만, 유치권자는 채무자의 승낙이 없는 이상 그 목적물을 타에 임대할 수 있는 처분권한이 없으므로, 유치권자의 그러한 임대행위는 소유자의 처분권한을 침해하는 것으로서 소유자에게 그 임대의 효력을 주장할 수 없고, 따라서 소유자의 동의 없이 유치권자로부터 유치권의 목적물을 임차한 자의 점유는 경락인의 부동산인도명령에 대하여 대항할 수 있는 권원에 기한 것이라고 볼 수 없다(2002마3516).

건물철거는 그 소유권의 종국적 처분에 해당하는 사실행위이므로 원칙으로는 그 소유자에게만 그 철거처분권이 있으나 미등기건물을 그 소유권의 원시취득자로부터 양도받아 점유 중에 있는 자는 비록 소유권취득등기를 하지 못하였다고 하더라도 그 권리의 범위 내에서는 점유중인 건물을 법률상 또는 사실상 처분할 수 있는 지위에 있으므로 그 건물의 존재로 불법점유를 당하고 있는 토지소유자는 위와 같은 건물점유자에게 그 철거를 구할 수 있다. 미등기건물을 그 소유권의 원시취득자로부터 양도받아 점유중에 있는 자가 건물의 원시취득자에게 그 건물에 관한 유

---

42) 다세대주택의 창호 등의 공사를 완성한 하수급인이 공사대금채권 잔액을 변제받기 위하여 위 다세대주택 중 한 세대를 점유하여 유치권을 행사하는 경우, 그 유치권은 위 한 세대에 대하여 시행한 공사대금만이 아니라 다세대주택 전체에 대하여 시행한 공사대금채권의 잔액 전부를 피담보채권으로 하여 성립한다고 본 사례.

치권이 있다고 하더라도 그 건물의 존재와 점유가 토지소유자에게 불법행위가 되고 있다면 그 유치권으로 토지소유자에게 대항할 수 없다(87다카3073).

수급인의 공사대금채권이 도급인의 하자보수청구권 내지 하자보수에 갈음한 손해배상채권 등과 동시이행의 관계에 있는 점 및 피담보채권의 변제기 도래를 유치권의 성립요건으로 규정한 취지 등에 비추어 보면, 건물신축 도급계약에서 수급인이 공사를 완성하였더라도, 신축된 건물에 하자가 있고 그 하자 및 손해에 상응하는 금액이 공사잔대금액 이상이어서, 도급인이 수급인에 대한 하자보수청구권 내지 하자보수에 갈음한 손해배상채권 등에 기하여 수급인의 공사잔대금 채권 전부에 대하여 동시이행의 항변을 한 때에는, 공사잔대금 채권의 변제기가 도래하지 아니한 경우와 마찬가지로 수급인은 도급인에 대하여 하자보수의무나 하자보수에 갈음한 손해배상의무 등에 관한 이행의 제공을 하지 아니한 이상 공사잔대금 채권에 기한 유치권을 행사할 수 없다고 보아야 한다(2013다30653).

유치권자는 채권의 변제를 받기 위하여 유치물을 경매할 수 있다. 정당한 이유 있는 때에는 유치권자는 감정인의 평가에 의하여 유치물로 직접 변제에 충당할 것을 법원에 청구할 수 있다. 이 경우에는 유치권자는 미리 채무자에게 통지하여야 한다(제322조). 유치권자는 우선변제권은 없으나, 경락인 등이 목적물을 인도받으려면 유치권자에게 변제하여야 하므로(민사집행법 제91조) 사실상 우선변제를 받는 결과가 된다. 유치권자는 별제권(別除權)을 가진다(채무자 회생 및 파산에 관한 법률 제411조). 유치권자는 유치물의 과실을 수취하여 다른 채권보다 먼저 채권의 변제에 충당할 수 있는 과실수취권이 있다(제323조). 과실이 금전이 아닌 때에는 경매하여야 한다. 과실은 먼저 채권의 이자에 충당하고 그 잉여가 있으면 원본에 충당한다.

유치권자는 선량한 관리자의 주의로 유치물을 점유하여야 한다. 유치권자는 유치물의 보존에 필요한 사용을 제외하고 채무자의 승낙없이 유치물의 사용, 대여 또는 담보제공을 하지 못한다. 유치권자가 채무자의 승낙없이 사용, 대여 또는 담보제공을 한 경우 채무자는 유치권의 소멸을 청구할 수 있다(제324조). 유치권자가 유치물에 관하여 필요비를 지출한 때에는 소유자에게 그 상환을 청구할 수 있다. 유치권자가 유치물에 관하여 유익비를 지출한 때에는 그 가액의 증가가 현존한 경우에 한하여 소유자의 선택에 좇아 그 지출한 금액이나 증가액의 상환을 청구할 수 있다. 그러나 법원은 소유자의 청구에 의하여 상당한 상환기간을 허여할 수 있다(제325조). 유치권의 행사는 채권의 소멸시효의 진행에 영향을 미치지 아니한다(제326

조). 채무자는 상당한 담보를 제공하고 유치권의 소멸을 청구할 수 있다(제327조). 소유자도 상당한 담보를 제공하고 유치권의 소멸을 청구할 수 있다. 소멸청구를 위하여 제공해야 하는 담보는 유치물의 가격이 채권액에 비하여 과다한 경우에는 채권액 상당의 가치가 있는 것이면 충분하다(2001다59866). 물적 담보, 인적 담보 모두 가능하다. 유치권은 점유의 상실로 인하여 소멸한다(제328조). 점유물반환청구권의 행사로 점유를 회복한 경우 유치권은 소멸하지 않는다(2011다72189).

(2) 질권

질권은 담보물건을 채무의 변제가 있을 때까지 유치함으로써 채무의 변제를 간접적으로 강제하는 동시에, 변제가 없는 때에는 그 질물로부터 우선적으로 변제를 받는 약정담보물권이다(제329조, 제345조). 질권의 대상은 동산과 양도할 수 있는 권리(채권·주식·특허권 등)이다. 부동산에는 저당권만을 설정할 수 있다. 전당포에 대하여는 전당포영업법이 적용된다. 질권에는 동산질권과 권리질권이 있다. 질권은 질권설정계약과 목적물인 동산의 인도로 성립한다. 질권자는 피담보채권의 채권자에 한하나, 질권설정자는 채무자 외에 제3자도 무방하다. 그러한 제3자를 물상보증인이라 한다. 물상보증인은 채권자에 대하여 채무를 부담하지 않지만, 자기 재산 위에 질권·저당권·가등기담보·양도담보 등을 설정한 자로서 채무자의 변제가 없으면 자기 재산에 설정된 담보물권의 실행으로 소유권을 상실하게 되는 자이다. 민법은 질권에 관하여는 소유권에 관한 물권적 청구권을 준용하는 규정을 두고 있지 않다. 통설은 점유보호청구권만으로 질권자의 보호가 불충분하기 때문에 질권자에게도 물권적 청구권이 인정된다고 해석한다.

동산질권자는 채권의 담보로 채무자 또는 제3자가 제공한 동산을 점유하고, 그 동산에 대하여 다른 채권자보다 우선변제를 받을 권리를 가진다. 질권의 설정은 질권자에게 목적물을 인도함으로써 효력이 생긴다(제330조). 현실인도, 간이인도, 반환청구권의 양도는 가능하나, 점유개정에 의한 질권설정은 허용되지 않는다. 즉 질권자는 설정자로 하여금 질물의 점유를 하게 하지 못한다(제332조). 질권은 양도할 수 없는 물건을 목적으로 하지 못한다(제331조). 수개의 채권을 담보하기 위하여 동일한 동산에 수개의 질권을 설정한 때에는 그 순위는 설정의 선후에 의한다.

질권은 원본, 이자, 위약금, 질권실행의 비용, 질물보존의 비용 및 채무불이행 또는 질물의 하자로 인한 손해배상의 채권을 담보한다. 그러나 다른 약정이 있는 때에는 그 약정에 의한다(제334조). 질권자는 위 채권의 변제를 받을 때까지 질물을 유치할 수 있다. 그러나 자기보다 우선권이 있는 채권자에게 대항하지 못한다.

질권자는 질물에 의하여 변제를 받지 못한 부분의 채권에 한하여 채무자의 다른 재산으로부터 변제를 받을 수 있다. 다만 질물보다 먼저 다른 재산에 관한 배당이 실시되는 경우에는 질권자는 채권 전액을 가지고 배당에 참가할 수 있고, 이 경우 다른 채권자는 질권자에게 그 배당금액의 공탁을 청구할 수 있다(제340조).

질권자는 권리의 범위 내에서 자기의 책임으로 질물을 전질할 수 있다. 전질에는 질권설정자의 승낙 없이 질권자 자신의 책임으로 하는 책임전질(제336조)과 질권설정자의 승낙을 얻어서 하는 승낙전질이 있다(제343조, 제342조 제2항). 책임전질은 채권과 질권이 함께 질권의 대상이 된다. 승낙전질은 질물 위에 새 질권을 설정하는 것이다.

질권자는 질물을 유치할 권리와 함께, 채무자가 기한 내에 변제하지 않을 때에는 질물로부터 우선변제를 받을 권리를 가진다. 우선변제를 받으려면 원칙적으로 민사소송법에 따라 경매하여 그 매각대금으로부터 우선변제를 받아야 한다(제338조 제1항). 그러나 정당한 이유가 있는 경우에는 감정인의 평가에 의하여 질물을 직접 변제에 충당할 것을 법원에 청구할 수 있고(간이변제충당), 이 경우 질권자는 미리 채무자의 질권설정자에게 통지해야 한다(338조 제2항).

토지임대인이 임대차에 관한 채권에 의하여 임차토지에 부속되거나 임차토지의 사용의 편익에 제공된 임차인 소유의 동산이나 그 토지에서 생긴 과실을 압류한 경우(제648조), 건물이나 그 밖의 공작물의 임대인이 임대차에 관한 채권에 의하여 그 건물이나 그 밖의 공작물에 부속된 임차인 소유의 동산을 압류한 경우(제650), 법정동산질권이 성립한다. 이러한 법정동산물권에는 동산질권 규정이 적용된다.

변제기 전의 계약으로 변제에 갈음하여 질물의 소유권을 질권자에게 취득하게 하거나, 법률에 정한 방법에 의하지 아니하고 질물을 처분할 것을 약정하는 유질계약은 금지된다(제339조). 변제기 후 또는 상행위로 생긴 채무를 담보하는 질권 및 전당포 영업에서는 유질이 허용된다.

권리질권은 동산 이외의 재산권을 대상으로 하는 질권이다. 그러나 양도성을 가지는 재산권이지만, 지상권·전세권·부동산임차권 등 부동산의 사용·수익을 목적으로 하는 권리는 질권의 대상으로 할 수 없다(제345조).

권리질권의 설정은 법률에 다른 규정이 없으면 그 권리의 양도에 관한 방법에 의하여야 한다. 채권을 질권의 목적으로 하는 경우에 채권증서가 있는 때에는 질권의 설정은 그 증서를 질권자에게 교부함으로써 그 효력이 생긴다. 저당권으로 담보한 채권을 질권의 목적으로 한 때에는 그 저당권등기에 질권의 부기등기를 하여야 그 효력이 저당권에 미친다. 지명채권을 목적으로 한 질권의 설정은 설정자가 제3채무자에게 질권설정의 사실을 통지하거나 제3채무자가 이를 승낙하지 않으면 이로써 제3채무자 기타 제3자에게 대항하지 못한다. 지시채권을 질권의 목적으로 한 질권의 설정은 증서에 배서하여 질권자에게 교부함으로써 그 효력이 생긴다. 무기명채권을 목적으로 한 질권의 설정은 증서를 질권자에게 교부함으로써 그 효력이 생긴다.

질권자는 채권증서를 점유하고 변제가 있을 때까지 이를 유치할 수 있다(제355조, 제335조). 질권설정자는 질권자의 동의 없이 질권의 대상이 된 권리를 소멸시키거나 질권자의 이익을 해치는 변경을 할 수 없다(제352조). 질권설정자는 질권자의 동의없이 채무자에 대하여 채권추심, 변제수령, 면제, 상계, 이율감축 등을 할 수 없다.

질권자는 입질채권을 직접 청구할 수 있다(제355조 제1항). 입질채권의 목적물이 금전인 때에는 질권자는 자기채권의 한도에서 직접 청구할 수 있다. 입질채권의 변제기가 질권자의 채권의 변제기보다 먼저 도래한 때에는 질권자는 제3채무자에 대하여 그 변제금액의 공탁을 청구할 수 있다. 이 경우에 질권은 그 공탁금에 존재한다. 입질채권의 목적물이 금전 이외의 물건인 때에는 질권자는 그 변제를 받은 물건에 대하여 질권을 행사할 수 있다. 질권자는 입질채권으로부터 이자를 수취하여 이를 우선변제에 충당할 수 있다. 질권자는 직접청구 외에 민사집행법이 정한 집행방법(채권의 추심·전부 및 현금화)에 의하여 질권을 실행할 수 있다(제354조).

민법 제352조가 질권설정자는 질권자의 동의 없이 질권의 목적된 권리를 소멸하게 하거나 질권자의 이익을 해하는 변경을 할 수 없다고 규정한 것은 질권자가 질권의 목적인 채권의 교환가치에 대하여 가지는 배타적 지배권능을 보호하기 위한 것이므로, 질권설정자와 제3채무자가 질권의 목적된 권리를 소멸하게 하는 행위를 하였다고 하더라도 이는 질권자에 대한 관계에 있어 무효일 뿐이어서 특별한 사정이 없는 한 질권자 아닌 제3자가 그 무효의 주장을 할 수는 없다(97다35375).

질권의 목적인 채권의 양도행위는 민법 제352조 소정의 질권자의 이익을 해하는 변경에 해당되지 않으므로 질권자의 동의를 요하지 아니한다(2003다55059).

　　금전채권의 질권자가 민법 제353조 제1항, 제2항에 의하여 자기채권의 범위 내에서 직접청구권을 행사하는 경우 질권자는 질권설정자의 대리인과 같은 지위에서 입질채권을 추심하여 자기채권의 변제에 충당하고 그 한도에서 질권설정자에 의한 변제가 있었던 것으로 보므로, 위 범위 내에서는 제3채무자의 질권자에 대한 금전 지급으로써 제3채무자의 질권설정자에 대한 급부가 이루어질 뿐만 아니라 질권설정자의 질권자에 대한 급부도 이루어진다. 이러한 경우 입질채권의 발생원인인 계약관계에 무효 등의 흠이 있어 입질채권이 부존재한다고 하더라도 제3채무자는 특별한 사정이 없는 한 상대방 계약당사자인 질권설정자에 대하여 부당이득반환을 구할 수 있을 뿐이고 질권자를 상대로 직접 부당이득반환을 구할 수 없다. 이와 달리 제3채무자가 질권자를 상대로 직접 부당이득반환청구를 할 수 있다고 보면 자기책임하에 체결된 계약에 따른 위험을 제3자인 질권자에게 전가하는 것이 되어 계약법의 원리에 반하는 결과를 초래할 뿐만 아니라 질권자가 질권설정자에 대하여 가지는 항변권 등을 침해하게 되어 부당하기 때문이다. 그 반면에 질권자가 제3채무자로부터 자기채권을 초과하여 금전을 지급받은 경우 초과 지급 부분에 관하여는 제3채무자의 질권설정자에 대한 급부와 질권설정자의 질권자에 대한 급부가 있다고 볼 수 없으므로, 제3채무자는 특별한 사정이 없는 한 질권자를 상대로 초과 지급 부분에 관하여 부당이득반환을 구할 수 있지만, 부당이득반환청구의 상대방이 되는 수익자는 실질적으로 그 이익이 귀속된 주체이어야 하는데, 질권자가 초과 지급 부분을 질권설정자에게 그대로 반환한 경우에는 초과 지급 부분에 관하여 질권설정자가 실질적 이익을 받은 것이지 질권자로서는 실질적 이익이 없다고 할 것이므로, 제3채무자는 질권자를 상대로 초과 지급 부분에 관하여 부당이득반환을 구할 수 없다(2012다92258).

　　제3채무자가 질권설정 사실을 승낙한 후 질권설정계약이 합의해지된 경우 질권설정자가 해지를 이유로 제3채무자에게 원래의 채권으로 대항하려면 질권자가 제3채무자에게 해지 사실을 통지하여야 하고, 만일 질권자가 제3채무자에게 질권설정계약의 해지 사실을 통지하였다면, 설사 아직 해지가 되지 아니하였다고 하더라도 선의인 제3채무자는 질권설정자에게 대항할 수 있는 사유로 질권자에게 대항할 수 있다고 봄이 타당하다. 그리고 위와 같은 해지 통지가 있었다면 해지 사실은 추정되고, 그렇다면 해지 통지를 믿은 제3채무자의 선의 또한 추정된다고 볼 것이어서 제3채무자가 악의라는 점은 선의를 다투는 질권자가 증명할 책임이 있다. 그리고 위와 같은 해지 사실의 통지는 질권자가 질권설정계약이 해제되었다는 사실을 제3채무자에게 알리는 이른바 관념의 통지로서, 통지는 제3채무자에게 도달됨으로써 효력이 발생하고, 통지에 특별한 방식이 필요하지는 않다(2013다76192).[43]

(3) 저당권

채권자가 채무자 또는 제3자로부터 점유를 옮기지 않고 그 채권의 담보로 제공된 부동산에 대하여 일반 채권자에 우선하여 변제를 받을 수 있는 권리이다(제356조). 저당권은 질권과 달라서 목적물을 유치하지 않고 저당권설정자가 저당목적물을 계속 사용·수익한다. 저당권의 성립요건은 저당권설정계약과 저당권설정등기이다. 저당권으로 담보한 채권이 시효의 완성 기타 사유로 인하여 소멸한 때에는 저당권도 소멸한다(부종성). 저당권은 피담보채권의 이전에 따라 이전되고, 피담보채권 위에 부담이 설정되면 그 부담에 복종한다(수반성). 자당권의 담보물이 멸실·훼손·공용징수된 경우 담보물에 갈음하는 금전이나 그 밖의 물건에도 저당권이 존속한다(물상대위성). 저당권은 피담보채권의 전부를 변제받을 때까지 담보물의 전부에 효력이 미친다(불가분성). 민법은 부동산·지상권·전세권을 저당권의 대상으로 한다. 특별법에 의하여 입목등기가 마쳐진 입목, 광업권, 어업권, 소형선박, 자동차, 항공기, 건설기계, 공장재단, 광업재단은 등기·등록으로 공시가 되고, 개별법에 의하여 저당권의 대상이 된다. 토지임대인이 변제기가 지난 최후 2년의 임료채권에 의하여 임차토지 위에 있는 임차인 소유의 건물을 압류한 경우에는 저당권과 동일한 효력이 있다(제649조).

하나의 목적물에 2개 이상의 저당권이 설정되면 설정등기의 전후에 의하여 순위가 붙여지고, 1번저당·2번저당으로 부른다. 1번 저당이 변재 등으로 소멸되면 2번 저당이 승격하여 1번 저당이 된다(순위승진의 원칙). 저당권자는 동일채무자에 대

---

43) 제3채무자인 갑 은행이 을 주식회사와 병 주식회사 사이의 예금채권에 대한 질권설정을 승낙하였는데, 질권자인 을 회사가 갑 은행 지점에 모사전송의 방법으로 질권해제통지서를 전송하였고 갑 은행 직원이 질권해제통지서를 받은 직후 질권설정자인 병 회사에 예금채권을 변제한 사안에서, 질권해제통지서에 통지의 상대방이 기재되어 있지 않았더라도 문서의 형식이나 기재 내용, 수신처 등에 비추어 통지의 상대방은 갑 은행이라고 볼 수밖에 없고, 을 회사가 질권해제통지서를 모사전송의 방법으로 갑 은행에 전송함으로써 질권설정계약 해지의 통지는 갑 은행에 도달하여 효력이 발생하였다고 할 것이므로, 아직 을 회사와 병 회사 사이에 합의해지가 되지 아니한 경우에도 선의인 갑 은행으로서는 병 회사에 대한 변제를 을 회사에도 유효하다고 주장할 수 있다고 한 사례.

한 다른 채권자를 위하여 자기의 저당권을 포기하거나 양도할 수 있다. 포기하면 우선권이 없어지고 양도하면 양수인이 저당권자가 된다. 저당권자는 피담보채무의 미변제시 저당물을 경매하여 그 대금에서 피담보채무의 우선변제를 받는다. 저당권은 그 담보할 채무의 최고액만을 정하고 채무의 확정을 장래에 보류하여 이를 설정할 수 있다(근저당). 근저당의 경우에는 그 확정될 때까지의 채무의 소멸 또는 이전은 저당권에 영향을 미치지 않으며, 채무의 이자는 최고액 중에 산입한 것으로 본다(제357조). 확정된 채권액이 최고액을 넘는 경우에 채무자인 근저당권설정자는 최고액만을 변제하고 근저당권의 소멸을 청구할 수 없다(2010다3681). 포괄근저당은 채권발생의 기초가 되는 계속적 거래관계, 즉 기본계약에 의해 발생하는 채권뿐만 아니라 당사자 사이에서 발생하는 현재 및 장래의 일체의 채권을 최고액까지 담보하는 것을 내용으로 하는 근저당권을 말한다. 판례는 포괄근저당권의 유효성을 인정하고 있다.

저당권의 효력은 저당부동산에 부합된 물건과 종물에 미친다. 그러나 법률에 특별한 규정 또는 설정행위에 다른 약정이 있으면 그러하지 아니하다(제358조). 저당권의 효력은 저당부동산에 대한 압류가 있은 후에 저당권설정자가 그 부동산으로부터 수취한 과실 또는 수취할 수 있는 과실에 미친다. 그러나 저당권자가 그 부동산에 대한 소유권, 지상권 또는 전세권을 취득한 제3자에 대하여는 압류한 사실을 통지한 후가 아니면 이로써 대항하지 못한다(제359조). 저당권은 원본, 이자, 위약금, 채무불이행으로 인한 손해배상 및 저당권의 실행비용을 담보한다. 그러나 지연배상에 대하여는 원본의 이행기일을 경과한 후의 1년분에 한하여 저당권을 행사할 수 있다(제360조). 저당권은 그 담보한 채권과 분리하여 타인에게 양도하거나 다른 채권의 담보로 하지 못한다(제361조). 저당권설정자의 책임 있는 사유로 인하여 저당물의 가액이 현저히 감소된 때에는 저당권자는 저당권설정자에 대하여 그 원상회복 또는 상당한 담보제공을 청구할 수 있다. 저당권자는 그 채권의 변제를 받기 위하여 저당물의 경매를 청구할 수 있다. 저당물의 소유권을 취득한 제3자도 경매인이 될 수 있다. 저당권의 침해가 있는 때에는 저당권자는 저당권에 기하여 방해제거나 방해예방을 청구할 수 있다. 저당부동산에 대하여 소유권, 지상권 또는 전세권을 취득한 제3자는 저당권자에게 그 부동산으로 담보된 채권을 변제하고 저당권의 소멸을 청구할 수 있다(제364조). 토지를 목적으로 저당권을 설정한 후 그 설정자가 그 토지에 건물을 축조한 때에는 저당권자는 토지와 함께 그 건물에 대하여도 경매를 청구할 수 있다. 그러나 그 건물의 경매대가에 대하여는 우선변제를 받을 권리가 없다(제365조). 저당물의 경매로 인하여 토지와 그 지상건물이 다른 소유자에 속한 경우에는 토지소유자는 건물소유자에 대하여 지상권을 설정한 것으로 본다. 그러나 지료는 당사자의 청구에 의하여 법원이 이를 정한다. 저당물의 제3취득자가 그 부동산의 보존·개량을 위하여 필요비 또는 유익비를 지출한 때에는 저당물의 경매대가에서 우선상환을 받을 수 있다(제367조). 동일한 채권의 담보로 수개의 부동산에 저당권을 설정한 경우에 그 부동산의 경매대가를 동시에 배당하는 때에는 각 부동산의 경매대가에 비례하여 그 채권의 분담을 정한다. 공동저당부동산 중 일부의 경매대가를 먼저 배당하는 경우에는 그 대가에서 그 채권 전부의 변제를 받을 수 있다. 이 경우에 그 경매한 부동산의 차순위저당권자는 선순위저당권자가 다른 부동산의 경매대가에서 변제를 받을 수 있는 금액의 한도에서 선순위자를 대위하여 저당권을 행사할 수 있다(공동저당, 제368조).

근저당권은 채권담보를 위한 것이므로 원칙적으로 채권자와 근저당권자는 동일인이 되어야 하지만, 제3자를 근저당권 명의인으로 하는 근저당권을 설정하는 경우 그 점에 대하여 채권자와 채무자 및 제3자 사이에 합의가 있고, 채권양도, 제3자를 위한 계약, 불가분적 채권관계의 형성 등 방법으로 채권이 그 제3자에게 실질적으로 귀속되었다고 볼 수 있는 특별한 사정이 있는 경우에는 제3자 명의의 근저당권설정등기도 유효하다고 보아야 할 것이고, 한편 부동산을 매수한 자가 소유권이전등기를 마치지 아니한 상태에서 매도인인 소유자의 승낙 아래 매수 부동산을 타에 담보로 제공하면서 당사자 사이의 합의로 편의상 매수인 대신 등기부상 소유자인 매도인을 채무자로 하여 마친 근저당권설정등기는 실제 채무자인 매수인의 근저당권자에 대한 채무를 담보하는 것으로서 유효하다고 볼 것인바, 위 양자의 형태가 결합된 근저당권이라 하여도 그 자체만으로는 부종성의 관점에서 근저당권이 무효라고 보아야 할 어떤 질적인 차이를 가져오는 것은 아니라 할 것이다. 그리고 매매잔대금 채무를 지고 있는 부동산 매수인이 매도인과 사이에 소유권이전등기를 경료하지 아니한 상태에서 그 부동산을 담보로 하여 대출받는 돈으로 매매잔대금을 지급하기로 약정하는 한편, 매매잔대금의 지급을 위하여 당좌수표를 발행·교부하고 이를 담보하기 위하여 그 부동산에 제1순위 근저당권을 설정하되, 그 구체적 방안으로서 채권자인 매도인과 채무자인 매수인 및 매도인이 지정하는 제3자 사이의 합의 아래 근저당권자를 제3자로, 채무자를 매도인으로 하기로 하고, 이를 위하여 매도인이 제3자로부터 매매잔대금 상당액을 차용하는 내용의 차용금증서를 작성·교부하였다면, 매도인이 매매잔대금 채권의 이전 없이 단순히 명의만을 제3자에게 신탁한 것으로 볼 것은 아니고, 채무자인 매수인의 승낙 아래 매매잔대금 채권이 제3자에게 이전되었다고 보는 것이 일련의 과정에 나타난 당사자들의 진정한 의사에 부합하는 해석일 것이므로, 제3자 명의의 근저당권설정등기는 그 피담보채무가 엄연히 존재하고 있어 그 원인이 없거나 부종성에 반하는 무효의 등기라고 볼 수 없다(99다48948).

피담보채권이 소멸하면 저당권은 그 부종성에 의하여 당연히 소멸하게 되므로, 그 말소등기가 경료되기 전에 그 저당권부채권을 가압류하고 압류 및 전부명령을 받아 저당권 이전의 부기등기를 경료한 자라 할지라도, 그 가압류 이전에 그 저당권의 피담보채권이 소멸된 이상, 그 근저당권을 취득할 수 없고, 실체관계에 부합하지 않는 그 근저당권 설정등기를 말소할 의무를 부담한다(2002다27910).

근저당권은 그 담보할 채무의 최고액만을 정하고, 채무의 확정을 장래에 보류하여 설정하는 저당권으로서, 계속적인 거래관계로부터 발생하는 다수의 불특정채권을 장래의 결산기에서 일정한 한도까지 담보하기 위한 목적으로 설정되는 담보권이므로, 근저당권설정행위와는 별도로 근저당권의 피담보채권을 성립시키는 법률행위가 있어야 하고, 근저당권의 성립 당시 근저당권의 피담보채권을 성립시키는 법률행위가 있었는지 여부에 대한 입증책임은 그 존재를 주장하는 측에 있다. 한편, 근저당권이 있는 채권이 압류되는 경우, 근저당권설정등기에 부기등기의 방법으로 그 피담보채권의 압류사실을 기입등기하는 목적은 근저당권의 피담보채권이 압류되면 담보물권의 수반성에 의하여 종된 권리인 근저당권에도 압류의 효력이 미치게 되어 피담보채권의 압류를 공시하기 위한 것이므로, 만일 근저당권의 피담보채권이 존재하지 않는다면 그 압류명령은 무효라고 할 것이고, 근저당권을 말소하는 경우에 압류권자는 등기상 이해관계 있는 제3자로서 근저당권의 말소에 대한 승낙의 의사표시를 하여야 할 의무가 있다(2009다72070).

저당권이 설정된 전세권의 존속기간이 만료된 경우에 저당권자는 민법 제370조, 제342조 및 민사집행법 제273조에 의하여 저당권의 목적물인 전세권에 갈음하여 존속하는 것으로 볼 수 있는 전세금반환채권에 대하여 압류 및 추심명령 또는 전부명령을 받는 등의 방법으로 권리를 행사하여 전세권설정자에 대해 전세금의 지급을 구할 수 있고(98다31301), 저당목적물의 변형물인 금전 기타 물건에 대하여

제3 장 민 법 369

일반 채권자가 물상대위권을 행사하려는 저당채권자보다 단순히 먼저 압류나 가압류의 집행을 함에 지나지 않은 경우에는 저당권자는 그 전은 물론 그 후에도 목적채권에 대하여 물상대위권을 행사하여 일반 채권자보다 우선변제를 받을 수가 있으며(94다25728), 위와 같이 전세권부 근저당권자가 우선권 있는 채권에 기하여 전부명령을 받은 경우에는 형식상 압류가 경합되었다 하더라도 그 전부명령은 유효하다(2008다65396).

전세권을 목적으로 한 저당권이 설정된 경우, 전세권의 존속기간이 만료되면 전세권의 용익물권적 권능이 소멸하기 때문에 더 이상 전세권 자체에 대하여 저당권을 실행할 수 없게 되고, 저당권자는 저당권의 목적물인 전세권에 갈음하여 존속하는 것으로 볼 수 있는 전세금반환채권에 대하여 압류 및 추심명령 또는 전부명령을 받거나 제3자가 전세금반환채권에 대하여 실시한 강제집행절차에서 배당요구를 하는 등의 방법으로 물상대위권을 행사하여 전세금의 지급을 구하여야 한다. 전세권저당권자가 위와 같은 방법으로 전세금반환채권에 대하여 물상대위권을 행사한 경우, 종전 저당권의 효력은 물상대위의 목적이 된 전세금반환채권에 존속하여 저당권자가 전세금반환채권으로부터 다른 일반채권자보다 우선변제를 받을 권리가 있으므로, 설령 전세금반환채권이 압류된 때에 전세권설정자가 전세권자에 대하여 반대채권을 가지고 있고 반대채권과 전세금반환채권이 상계적상에 있다고 하더라도 그러한 사정만으로 전세권설정자가 전세권저당권자에게 상계로써 대항할 수는 없다. 그러나 전세금반환채권은 전세권이 성립하였을 때부터 이미 발생이 예정되어 있다고 볼 수 있으므로, 전세권저당권이 설정된 때에 이미 전세권설정자가 전세권자에 대하여 반대채권을 가지고 있고 반대채권의 변제기가 장래 발생할 전세금반환채권의 변제기와 동시에 또는 그보다 먼저 도래하는 경우와 같이 전세권설정자에게 합리적 기대 이익을 인정할 수 있는 경우에는 특별한 사정이 없는 한 전세권설정자는 반대채권을 자동채권으로 하여 전세금반환채권과 상계함으로써 전세권저당권자에게 대항할 수 있다(2013다91672).

민사집행법상 경매절차에 있어 근저당권설정자와 채무자가 동일한 경우에 근저당권의 채권최고액은 민사집행법 제148조에 따라 배당받을 채권자나 저당목적 부동산의 제3취득자에 대한 우선변제권의 한도로서의 의미를 갖는 것에 불과하고, 그 부동산으로써는 그 최고액 범위 내의 채권에 한하여서만 변제를 받을 수 있다는 이른바 책임의 한도라고까지는 볼 수 없다. 그러므로 민사집행법 제148조에 따라

배당받을 채권자나 제3취득자가 없는 한 근저당권자의 채권액이 근저당권의 채권
최고액을 초과하는 경우에 매각대금 중 그 최고액을 초과하는 금액이 있더라도 이
는 근저당권설정자에게 반환할 것은 아니고 근저당권자의 채권최고액을 초과하는
채무의 변제에 충당하여야 한다(2008다4001).

(4) 양도담보

민법에 없는 제도이지만 관행적으로 이용되는 제도이다. 양도담보는 담보물의
소유권 그 자체를 채권자에게 이전하고, 일정한 기간 내에 채무자가 변제하지 않으면
채권자는 그 목적물로부터 우선변제를 받게 되지만, 변제하면 그 소유권을 다시 채
무자에게 반환하는 담보제도이다. 양도담보의 법적 성질에 대하여는 소유권을 신탁
적으로 이전한 것으로 보는 신탁적 소유권이전설과 소유권은 여전히 채무자에게
있고 채권자는 다만 양도담보권이라는 일종의 담보권을 가지는 것에 불과하다는
담보물권설이 대립한다. 양도담보의 종류로는 담보목적물을 매각하고 일정기간 내
에 채무자가 채권자에게 매매대금을 반환하면 목적물을 찾아 갈 수 있는 것으로 약
정하는 매매담보와 채권자와 채무자가 소비대차계약을 하고 채무자가 소비대차에
서 생긴 채무의 담보로서 물건의 소유권을 채권자에게 이전하는 협의의 양도담보
가 있다.

제15절 채권 · 채무, 금전채무 · 비금전채무, 특정물채무 · 종류채무, 선택채권

채권은 채권자가 채무자에 대하여 채무를 청구할 수 있는 권리라고 설명된다.
이러한 개념 정의는 구체적이지 않고 너무나 막연한 것이다. 민법은 물권과 채권이
라는 용어로 법전을 구성하고 있다. 그런데 물권과 채권이라는 용어는 그 자체에
법적 분쟁 해결에 의미가 있는 고유한 내용은 없다. 독일은 채권이라는 용어를 사
용하지 않고, 채무와 청구권이라는 용어만 사용한다. 현재 통설은 물권에 대한 개
념정의를 소유권 개념에서 차용하고, 채권에 대한 개념정의를 청구권 개념에서 그
대로 차용하고 있으면서도 그 문제점에 대한 반성이 전혀 없다. 법률행위, 물권, 채
권 이러한 용어들이 민법을 쓸데없이 난해하고 추상적으로 만드는 가장 주요한 원
인이다. 민법 개정을 통하여 법률행위는 민사행위로, 물권 · 채권 개념과 물권 · 채권
이분론을 조속히 폐기하여야만 올바른 법전이 될 수 있음을 늘 명심해야 한다. 이러

한 문제의식을 가지고 민법이 사용하는 물권과 채권이라는 용어를 사용해야 한다.

계약은 계약당사자가 상대방에게 가지는 권리와 상대방에게 이행해야 할 채무로 구성된다. 그런데 법률에서 채무의 발생을 규정하고 있는 경우, 채무의 이행을 청구할 수 있는 상대방은 채권을 가진다. 즉 계약 또는 법률에 의하여 채권과 채무는 동시에 발생하는 것이다. 채권은 그 자체로 쓸모가 있는 구체적 내용이 있는 용어가 아니므로, 독일과 같이 채무라는 용어를 중심으로 민법 채권편을 이해해야 한다. 채무에는 특정물채무·종류채무, 금전채무·비금전채무가 있다. 민법은 채무가 아니라 채권이라는 용어로 표현을 한다. 민법은 특정물채권, 종류채권, 금전채권, 이자채권, 선택채권 5가지를 규정한다.

금전채무는 일정한 액수의 금전을 지급할 것을 목적으로 하는 채무이다. 금전 자체가 지급대상이므로 목적물의 특정이나 이행불능의 문제는 생기지 않으며, 오직 이행지체의 문제만 생긴다. 채무자의 고의·과실이나 실손해의 유무에 관계없이 채무자가 금전채무를 이행지체한 때에는 지연이자를 지급해야 한다.[44] 금전채무 불이행의 손해배상액의 약정이율이 법정이율보다 낮은 경우 약정이율이 아니라 법정이율에 따라 지연손해금을 정해야 한다(2009다85342).

이자있는 채무의 이율은 다른 법률의 규정이나 당사자의 약정이 없으면 연 5%로 한다(법정이자, 제379조).[45] 약정이자의 경우에는 이자제한법의 적용을 받아 연 24%가 최고이자율이다. 이자제한법 제5조에 의하면 이자에 대하여 다시 이자를 지급하기로 한 복리약정은 제한이율을 초과하는 부분의 금액에 대하여 무효이다. 대부업자의 경우 대부업법 적용을 받아 연24%가 최고이자율이다. 금전채무불이행으로 이한 손해배상액의 산정의 기준이 되는 법정이율은 그 금전채무의 이행을 구하는 소장 또는 이에 준하는 서면이 채무자에게 송달된 날의 다음 날부터 연12%이다.

비금전채무는 금전을 지급하는 것을 목적으로 하지 않는 모든 채무이다. 작위

---

44) 민법 제397조(금전채무불이행에 대한 특칙) ① 금전채무불이행의 손해배상액은 법정이율에 의한다. 그러나 법령의 제한에 위반하지 아니한 약정이율이 있으면 그 이율에 의한다.
② 전항의 손해배상에 관하여는 채권자는 손해의 증명을 요하지 아니하고 채무자는 과실없음을 항변하지 못한다.

45) 민사행위의 경우 연5%인 것이고, 상행위의 경우는 연6%이다. 공탁금이자는 연1%이다. 연5%의 법정이율은 이자의 산정은 물론 금전채무불이행으로 인한 지연손해금의 산정에도 적용된다. 대법원 1995. 10. 13. 선고 94다57800 판결 "금전채무의 이행지체로 인하여 발생하는 지연손해금은 그 성질이 손해배상금이지 이자가 아니며, 민법 제163조 제1호의 1년 이내의 기간으로 정한 채권도 아니므로 3년간의 단기소멸시효의 대상이 되지 아니한다."

채무, 부작위채무, 주는 채무, 하는 채무, 특정물채무, 종류채무 등이 있다. 특정물채권은 특정물의 인도를 내용으로 한다. 특정물채권은 특정물채무를 의미한다. 특정물채권자의 상대방, 특정물채권의 채무자는 그 물건을 인도할 때까지 선량한 관리자의 주의로 그 물건을 보전해야 한다(제374조). 특정물채무자는 이행기의 상태대로 그 물건을 인도해야 한다(제462조). 특정물채무자가 선량한 관리자의 주의의무를 다했는데도, 물건이 훼손된 경우 특정물채무자는 그 훼손된 상태로 특정물을 인도하면 족하고, 따로 손해배상책임을 지지 않는다. 특정물채무자가 선량한 관리자의 주의의무를 다하지 못하여 물건이 훼손된 경우 채무불이행으로 인한 손해배상책임을 진다(제390조). 종류채권(종류채무)은 일정한 종류에 속하는 물건 중에서 일정량의 인도를 내용으로 한다. 종류채권(종류채무)은 채권(채무)이 성립할 때 이행되어야 할 대상물이 특정되지 않고, 단지 수량·무게·종류 등만으로 정하여져 있다. 종류채무에서 같은 종류에 속하는 물건의 품질이 균질하지 않고 차이가 있는 경우, 법률행위의 성질이나 당사자의 의사에 따라 품질을 정할 수 없을 때에는 채무자는 중등품질의 물건으로 이행해야 한다(제375조 제1항). 종류채무에 대하여 당사자가 합의하여 대상물을 특정하거나 특정방법 또는 지정권자를 정하는 경우에는 그에 따라야 하고, 그러한 약정이 없는 경우에는 채무자가 이행에 필요한 행위를 완료하거나, 채권자의 동의를 받아 이행할 물건을 지정했을 때에 특정이 이루어진다(제357조 제2항). 즉 채무자가 이행에 필요한 행위를 완료하거나 채권자의 동의를 얻어 이행할 물건을 지정한 때에는 그때로부터 그 물건을 채무의 목적물로 하는 것이다. 여기서 이행에 필요한 행위를 완료한다는 것은 이행을 위하여 채무자가 하여야 할 모든 행위를 완료한다는 것으로서 변제의 제공(제460조)을 의미한다. 지참채무의 경우에는 채무자가 채권자의 주소에서 채무 내용에 따른 현실의 제공을 한 때 채무이행에 필요한 행위를 완료한 것이 된다. 추심채무는 채권자가 채무자의 주소에 와서 대상물을 추심하여 변제를 받아야 하는 채무다. 추심채무에서 채무자는 특별한 약정이 없는 한 중등품을 분리하여 채권자에게 수령을 통지하면 이행에 필요한 행위를 완료하게 된 것이고, 그때 대상물이 특정된다. 송부채무는 당사자의 합의로 채권자의 주소나 영업소 또는 제3의 장소에 대상물을 송부하기로 한 채무다. 송부채무에서는 채무자가 물건을 채권자에게 발송하면 이행에 필요한 행위를 완료한 것이고, 그 발송한 물건이 특정된 대상물이다. 종류채권(종류채무)은 대상물이 특정되면 그 특정된 물건이 채권의 대상물이 되고, 특정물채권으로 전환된다. 특정 후부터 인도시까지 선량한 관리자의 주의로 보존해야 한다. 채권자가 수령을 지체하면 채무자의 보관상 주의의무가 경감된다(제401조).

채권의 목적이 수개의 행위 중에서 선택에 좇아 확정될 경우에 다른 법률의 규정이나 당사자의 약정이 없으면 선택권은 채무자에게 있다(제380조).[46] 선택권행사의 기간이 있는 경우에 선택권자가 그 기간 내에 선택권을 행사하지 아니하는 때에는 상대방은 상당한 기간을 정하여 그 선택을 최고할 수 있고 선택권자가 그 기간 내에 선택하지 아니하면 선택권은 상대방에게 있다. 선택권행사의 기간이 없는 경우에 채권의 기한이 도래한 후 상대방이 상당한 기간을 정하여 그 선택을 최고하여도 선택권자가 그 기간 내에 선택하지 아니할 때에도 선택권은 상대방에게 있다. 채권자나 채무자가 선택하는 경우에는 그 선택은 상대방에 대한 의사표시로 한다. 이 의사표시는 상대방의 동의가 없으면 철회하지 못한다. 제3자가 선택하는 경우에는 그 선택은 채무자 및 채권자에 대한 의사표시로 한다. 이 의사표시는 채권자 및 채무자의 동의가 없으면 철회하지 못한다. 선택할 제3자가 선택할 수 없는 경우에는 선택권은 채무자에게 있다. 제3자가 선택하지 아니하는 경우에는 채권자나 채무자는 상당한 기간을 정하여 그 선택을 최고할 수 있고 제3자가 그 기간 내에 선택하지 아니하면 선택권은 채무자에게 있다. 채권의 목적으로 선택할 수개의 행위 중에 처음부터 불능한 것이나 또는 후에 이행불능하게 된 것이 있으면 채권의 목적은 잔존한 것에 존재하지만, 선택권없는 당사자의 과실로 인하여 이행불능이 된 때에는 그렇지 않다. 선택의 효력은 그 채권이 발생한 때에 소급한다. 그러나 제3자의 권리를 해하지 못한다.

제16절 채무불이행책임, 강제이행청구권, 손해배상청구권, 채권자지체

채무자가 임의로 채무를 이행하지 아니한 경우, 민법은 채권자에게 채무자에 대하여 채무의 강제이행청구권(제389조). 손해배상청구권(제390조)을 부여하고 있다. 계약상 채무불이행의 경우 채권자는 상당한 기간을 정한 이행의 최고를 거쳐 계약을 해제할 수 있도록 하고 있다(제544조 내지 제546조). 민법은 채무불이행을 채무를

---

46) 선택권자가 선택의 의사표시를 한 뒤라도 상대방의 방해행위 등으로 선택의 목적을 달성할 수 없는 경우와 같이 특별한 사정이 있으면 상대방의 동의 없이도 이 의사표시를 철회하고 새로운 선택을 할 수 있다(70다877).

이행하지 아니한 때(제389조 제1항, 제544조), 채무의 내용에 좇은 이행을 하지 아니한 때(제390조 본문), 이행할 수 없게 된 때(제390조 단서), 이행이 불능하게 된 때(제546조)라고 표현하고 있다. 민법 제390조 본문 "채무의 내용에 좇은 이행을 하지 아니한 때"는 이행지체를 의미한다. 민법 제390조 단서 "이행을 할 수 없게 된 때"는 이행불능을 뜻한다. 이행불능은 채무 성립 후 채무자의 책임 있는 사유로 채무이행이 불가능한 경우를 말한다. 채무자의 책임 없는 사유로 채무이행이 불가능한 경우는 위험부담의 문제이다(제537조, 제538조).

　　채무자가 임의로 채무를 이행하지 아니한 때에는 채권자는 그 강제이행을 법원에 청구할 수 있다. 그러나 채무의 성질이 강제이행을 하지 못할 것인 때에는 그러하지 아니하다. 이때 채무가 법률행위를 목적으로 한 때에는 채무자의 의사표시에 갈음할 재판을 청구할 수 있고 채무자의 일신에 전속하지 아니한 작위를 목적으로 한 때에는 채무자의 비용으로 제3자에게 이를 하게 할 것을 법원에 청구할 수 있다. 그 채무가 부작위를 목적으로 한 경우에 채무자가 이에 위반한 때에는 채무자의 비용으로써 그 위반한 것을 제각하고 장래에 대한 적당한 처분을 법원에 청구할 수 있다. 이러한 강제이행은 손해배상의 청구에 영향을 미치지 아니한다(제389조).

　　채무자가 채무의 내용에 좇은 이행을 하지 아니한 때에는 채권자는 손해배상을 청구할 수 있다. 그러나 채무자의 고의나 과실없이 이행할 수 없게 된 때에는 그러하지 아니하다(제390조). 채무자의 법정대리인이 채무자를 위하여 이행하거나 채무자가 타인을 사용하여 이행하는 경우에는 법정대리인 또는 피용자의 고의나 과실은 채무자의 고의나 과실로 본다(제391조). 채무자는 자기에게 과실이 없는 경우에도 그 이행지체 중에 생긴 손해를 배상하여야 한다. 그러나 채무자가 이행기에 이행하여도 손해를 면할 수 없는 경우에는 그러하지 아니하다(제392조). 채무불이행으로 인한 손해배상은 통상의 손해를 그 한도로 한다. 특별한 사정으로 인한 손해는 채무자가 그 사정을 알았거나 알 수 있었을 때에 한하여 배상의 책임이 있다(제393조). 다른 의사표시가 없으면 손해는 금전으로 배상한다(제394조). 채무자가 채무의 이행을 지체한 경우에 채권자가 상당한 기간을 정하여 이행을 최고하여도 그 기간 내에 이행하지 아니하거나 지체 후의 이행이 채권자에게 이익이 없는 때에는 채권자는 수령을 거절하고 이행에 갈음한 손해배상을 청구할 수 있다(제395조). 채무불이행에 관하여 채권자에게 과실이 있는 때에는 법원은 손해배상의 책임 및 그 금액을 정함에 이를 참작하여야 한다(제396조).

금전채무불이행의 손해배상액은 법정이율에 의한다. 그러나 법령의 제한에 위반하지 아니한 약정이율이 있으면 그 이율에 의한다. 금전채무불이행의 손해배상에 관하여는 채권자는 손해의 증명을 요하지 아니하고 채무자는 과실없음을 항변하지 못한다(제397조).

당사자는 채무불이행에 관한 손해배상액을 예정할 수 있다. 손해배상의 예정액이 부당히 과다한 경우에는 법원은 적당히 감액할 수 있다. 손해배상액의 예정은 이행의 청구나 계약의 해제에 영향을 미치지 아니한다. 위약금의 약정은 손해배상액의 예정으로 추정한다. 당사자가 금전이 아닌 것으로써 손해의 배상에 충당할 것을 예정한 경우에도 같다(제398조).

채권자가 그 채권의 목적인 물건 또는 권리의 가액전부를 손해배상으로 받은 때에는 채무자는 그 물건 또는 권리에 관하여 당연히 채권자를 대위한다(손해배상자대위, 제399조).

채무이행의 확정기한이 있는 경우에는 그 기한이 도래한 다음 날부터 이행지체의 책임을 지고 기한의 정함이 없는 경우에는 그 이행의 청구를 받은 다음날로부터 이행지체의 책임을 진다. 당사자가 불확정한 사실이 발생한 때를 이행기한으로 정한 경우에는 그 사실이 발생한 때에는 물론 그 사실의 발생이 불가능하게 된 때에도 이행기한은 도래한 것으로 보아야 한다(2001다41766). 쌍무계약에서 쌍방의 채무가 동시이행관계에 있는 경우 일방의 채무의 이행기가 도래하더라도 상대방 채무의 이행제공이 있을 때까지는 그 채무를 이행하지 않아도 이행지체의 책임을 지지 않는다. 동시이행관계에 있는 쌍무계약상 자기채무의 이행을 제공하는 경우 그 채무를 이행함에 있어 상대방의 행위를 필요로 할 때에는 언제든지 현실로 이행을 할 수 있는 준비를 완료하고 그 뜻을 상대방에게 통지하여 그 수령을 최고하여야만 상대방으로 하여금 이행지체에 빠지게 할 수 있다(2001다3764).

매수인은 매매목적물에 대하여 가압류집행이 되었다고 하여 매매에 따른 소유권이전등기가 불가능한 것도 아니므로, 이러한 경우 매수인으로서는 신의칙 등에 의해 대금지급채무의 이행을 거절할 수 있음은 별론으로 하고, 매매목적물이 가압류되었다는 사유만으로 매도인의 계약 위반을 이유로 매매계약을 해제할 수는 없다(99다11045).

계약의 일방 당사자가 계약기간 중에 부도가 발생하였다는 사실만으로 당해 계약의 이행이 그의 귀책사유로 불가능하게 되었다고 단정할 수는 없고 그 부도 발생

전후의 계약의 이행 정도, 부도에 이르게 된 원인, 부도 발생 후의 영업의 계속 혹은 재개 여부, 당해 계약을 이행할 자금사정 기타 여건 등 제반 사정을 종합하여 계약의 이행불능 여부를 판단하여야 한다(2004다16976).

금전채무의 지연손해금채무는 금전채무의 이행지체로 인한 손해배상채무로서 이행기의 정함이 없는 채무에 해당하므로, 채무자는 확정된 지연손해금채무에 대하여 채권자로부터 이행청구를 받은 때로부터 지체책임을 부담하게 된다(2004다11582).

불법행위로 인한 손해배상채무는 그 채무의 성립과 동시에 지체책임이 발생한다. 불법행위로 인한 손해배상채무에 대하여는 별도의 이행 최고가 없더라도 채무 성립과 동시에 지연손해금이 발생하는 것이 원칙이다. 다만 불법행위시와 변론종결시 사이에 장기간의 세월이 경과함으로써 위자료 산정의 기준되는 변론종결시의 국민소득수준이나 통화가치 등의 사정이 불법행위시에 비하여 상당한 정도로 변동한 결과 그에 따라 이를 반영하는 위자료 액수 또한 현저한 증액이 불가피한 경우에는, 예외적으로 불법행위로 인한 위자료 배상채무의 지연손해금은 위자료 산정의 기준시인 사실심 변론종결 당일부터 발생한다고 보아야 한다(2011다38325).

계약당사자 사이에 일정한 사유가 발생하면 채무자는 기한의 이익을 잃고 채권자의 별도의 의사표시가 없더라도 바로 이행기가 도래한 것과 같은 효과를 발생케 하는 이른바 정지조건부 기한이익상실의 특약을 한 경우에는 그 특약에 정한 기한이익의 상실사유가 발생함과 동시에 기한의 이익을 상실케 하는 채권자의 의사표시가 없더라도 이행기도래의 효과가 발생하고, 채무자는 특별한 사정이 없는 한 그 때부터 이행지체의 상태에 놓이게 된다(88다카14663).

채무불이행으로 인한 손해배상액이 예정되어 있는 경우에는 채권자는 채무불이행 사실만 증명하면 손해의 발생 및 그 액을 증명하지 아니하고 예정배상액을 청구할 수 있고, 채무자는 채권자와 채무불이행에 있어 채무자의 귀책사유를 묻지 아니한다는 약정을 하지 아니한 이상 자신의 귀책사유가 없음을 주장·입증함으로써 예정배상액의 지급책임을 면할 수 있다. 그리고 채무자의 귀책사유를 묻지 아니한다는 약정의 존재 여부는 근본적으로 당사자 사이의 의사해석의 문제로서, 당사자 사이의 약정 내용과 그 약정이 이루어지게 된 동기 및 경위, 당사자가 그 약정에 의하여 달성하려고 하는 목적과 진정한 의사, 거래의 관행 등을 종합적으로 고찰하여 합리적으로 해석하여야 하지만, 당사자의 통상의 의사는 채무자의 귀책사유로 인한

채무불이행에 대해서만 손해배상액을 예정한 것으로 봄이 상당하므로, 채무자의 귀
책사유를 묻지 않기로 하는 약정의 존재는 엄격하게 제한하여 인정하여야 한다
(2006다9408).

　　지체상금을 계약 총액에서 지체상금률을 곱하여 산출하기로 정한 경우, 민법
제398조 제2항에 의하면, 손해배상액의 예정액이 부당히 과다한 경우에는 법원은
적당히 감액할 수 있다고 규정되어 있고 여기의 손해배상의 예정액이란 문언상 그
예정한 손해배상액의 총액을 의미한다고 해석되므로, 손해배상의 예정에 해당하는
지체상금의 과다 여부는 지체상금 총액을 기준으로 하여 판단하여야 한다. 손해배
상 예정액이 부당하게 과다한 경우에는 법원은 당사자의 주장이 없더라도 직권으
로 이를 감액할 수 있으며, 여기서 '부당히 과다한 경우'라고 함은 채권자와 채무자
의 각 지위, 계약의 목적 및 내용, 손해배상액을 예정한 동기, 채무액에 대한 예정
액의 비율, 예상 손해액의 크기, 그 당시의 거래관행 등 모든 사정을 참작하여 일반
사회관념에 비추어 그 예정액의 지급이 경제적 약자의 지위에 있는 채무자에게 부
당한 압박을 가하여 공정성을 잃는 결과를 초래한다고 인정되는 경우를 뜻하는 것
으로 보아야 하고, 한편 위 규정의 적용에 따라 손해배상의 예정액이 부당하게 과
다한지 및 그에 대한 적당한 감액의 범위를 판단하는 데 있어서는 법원이 구체적으
로 그 판단을 하는 때, 즉 사실심의 변론종결 당시를 기준으로 하여 그 사이에 발생
한 위와 같은 모든 사정을 종합적으로 고려하여야 할 것이다. 지체상금이 부당하게
과다하다고 인정되지 아니하는 경우에는 이에 대하여 당사자의 주장이 없다면 법
원이 직권으로 지체상금이 부당하게 과다하지 않다는 것을 판단할 필요까지는 없
다(2000다54536).

　　채무불이행으로 인한 손해배상책임의 범위를 정함에 있어서의 과실상계 사유
의 유무와 정도는 개별 사례에서 문제된 계약의 체결 및 이행 경위와 당사자 쌍방
의 잘못을 비교하여 종합적으로 판단하여야 하며, 이때에 과실상계 사유에 관한 사
실인정이나 그 비율을 정하는 것은 그것이 형평의 원칙에 비추어 현저히 불합리한
것이 아닌 한 사실심의 전권사항이라고 할 수 있다. 공사도급계약서 또는 그 계약
내용에 편입된 약관에 수급인이 하자담보책임 기간 중 도급인으로부터 하자보수요
구를 받고 이에 불응한 경우 하자보수보증금은 도급인에게 귀속한다는 조항이 있
을 때 이 하자보수보증금은 특별한 사정이 없는 한 손해배상액의 예정으로 볼 것이
고, 다만 하자보수보증금의 특성상 실손해가 하자보수보증금을 초과하는 경우에는

그 초과액의 손해배상을 구할 수 있다는 명시 규정이 없다고 하더라도 도급인은 수급인의 하자보수의무 불이행을 이유로 하자보수보증금의 몰취 외에 그 실손해액을 입증하여 수급인으로부터 그 초과액 상당의 손해배상을 받을 수도 있는 특수한 손해배상액의 예정으로 봄이 상당하다(2000다17810).

채권의 목적인 물건 또는 권리가 가분적인 것이라는 등의 특별한 사정이 있는 경우에는 별론으로 하고 그 밖의 경우에는 성질상 채무자가 채권의 목적인 물건 또는 권리의 가액의 일부를 손해배상한 것만으로는 채권자를 대위할 수 없다(2006다42566).

쌍무계약에서 쌍방의 채무가 동시이행 관계에 있는 경우 일방의 채무의 이행기가 도래하더라도 상대방 채무의 이행제공이 있을 때까지는 그 채무를 이행하지 않아도 이행지체의 책임을 지지 않으므로, 부동산 매매계약에 있어서 매수인이 매도인에게 중도금 또는 잔금을 정해진 기한까지 이행하지 않으면 이미 지급한 중도금 또는 잔금의 전부 내지 일부를 포기한 것으로 본다는 내용의 위약금 약정을 한 경우라도 매수인이 중도금 또는 잔금의 지급을 매도인의 반대의무보다 선이행하기로 약정하는 등의 특별한 사정이 없는 이상 매수인이 중도금 또는 잔금지급의무를 다하지 않는 것 외에 매도인으로서도 소유권이전등기에 필요한 서류 등을 매수인에게 이행제공하여 매수인으로 하여금 이행지체 상태에 이르게 하여야 비로소 그 위약금 약정의 효력이 발생한다고 보아야 할 것이다(2007다10337).

민법 제391조의 이행보조자로서의 피용자라 함은 일반적으로 채무자의 의사관여 아래 그 채무의 이행행위에 속하는 활동을 하는 사람이면 족하고, 반드시 채무자의 지시 또는 감독을 받는 관계에 있어야 하는 것은 아니므로 채무자에 대하여 종속적인가 또는 독립적인 지위에 있는가는 문제되지 않는다. 다만, 이행보조자의 행위가 채무자에 의하여 그에게 맡겨진 이행업무와 객관적·외형적으로 관련을 가지는 경우에는 채무자는 그 행위에 대하여 책임을 져야 하고, 채무의 이행에 관련된 행위이면 가사 이행보조자의 행위가 채권자에 대한 불법행위가 된다고 하더라도 채무자가 면책될 수는 없다(2005다69458).

매도인에게 매매목적토지가 수용됨으로써 그 보상금을 수령하였음을 이유로 그 금원의 지급을 구하는 청구를, 위 토지에 대한 소유권이전등기의무의 이행불능을 발생케 한 원인인 토지수용으로 인하여 위 토지의 대상인 보상금을 취득하였음을 이유로 그 보상금의 지급을 구하는 것으로서 이른바 대상청구권을 행사하는 취지라고 볼 수 있다. 우리 민법에는 이행불능의 효과로서 채권자의 전보배상청구권과 계약해제권 외에 별도로 대상청구권을 규정하고 있지 않으나 해석상 대상청구권이 인정된다(92다4581 · 4598).

법원은 위자료액을 산정함에 있어서 피해자측과 가해자측의 제반 사정을 참작하여 그 금액을 정하여야 하므로, 피해자가 가해자로부터 당해 사고로 입은 재산상 손해에 대하여 배상을 받을 수 있는지의 여부 및 그 배상액의 다과 등과 같은 사유도 위자료액 산정의 참작 사유가 되는 것은 물론이며, 특히 재산상 손해의 발생이 인정되는데도 입증 곤란 등의 이유로 그 손해액의 확정이 불가능하여 그 배상을 받을 수 없는 경우에 이러한 사정을 위자료의 증액사유로 참작할 수 있다(2005다5812, 5829,5836).

매도인의 매매목적물에 관한 소유권이전등기 의무가 이행불능이 됨으로 말미암아 매수인이 입는 손해액은 원칙적으로 그 이행불능이 될 당시의 목적물의 시가 상당액이고, 그 이후 목적물의 가격이 등귀하였다 하여도 그로 인한 손해는 특별한 사정으로 인한 것이어서 매도인이 이행불능 당시 그와 같은 특수한 사정을 알았거나 알 수 있었을 때에 한하여 그 등귀한 가격에 의한 손해배상을 청구할 수 있다 함은 대법원의 확립된 판례이고, 이러한 법리는 이전할 토지가 환지 예정이나 환지확정 후의 특정 토지라고 하여도 다를 바가 없으며, 그 배상금의 지급이 지체되고 있다고 하여도 그 배상금에 대한 법정이자 상당의 지연손해금을 청구하는 외에 사실심 변론종결시의 시가에 의한 손해배상을 청구할 수 있게 되는 것은 아니다(94다61359,61366).

이행지체에 의한 전보배상에 있어서의 손해액 산정은 본래의 의무이행을 최고한 후 상당한 기간이 경과한 당시의 시가를 표준으로 하고, 이행불능으로 인한 전보배상액은 이행불능 당시의 시가 상당액을 표준으로 할 것인바, 채무자의 이행거절[47]로 인한 채무불이행에서의 손해액 산정은, 채무자가 이행거절의 의사를 명백히 표시하여 최고 없이 계약의 해제나 손해배상을 청구할 수 있는 경우에는 이행거절 당시의 급부목적물의 시가를 표준으로 해야 한다(2005다63337).

---

47) 채무자가 채무를 이행하지 아니할 의사를 명백히 표시한 경우에 채권자는 신의성실의 원칙상 이행기 전이라도 이행의 최고 없이 채무자의 이행거절을 이유로 계약을 해제하거나 채무자를 상대로 손해배상을 청구할 수 있고, 채무자가 채무를 이행하지 아니할 의사를 명백히 표시하였는지 여부는 채무 이행에 관한 당사자의 행동과 계약 전후의 구체적인 사정 등을 종합적으로 살펴서 판단하여야 한다.

채권자가 이행을 받을 수 없거나 받지 아니한 때에는 이행의 제공있는 때로부터 지체책임이 있다(채권자지체, 제400조). 채권자지체 중에는 채무자는 고의 또는 중대한 과실이 없으면 불이행으로 인한 모든 책임이 없다(제401조). 채권자지체 중에는 이자있는 채권이라도 채무자는 이자를 지급할 의무가 없다(제402조). 채권자지체로 인하여 그 목적물의 보관 또는 변제의 비용이 증가된 때에는 그 증가액은 채권자의 부담으로 한다(제403조).

제17절 수인의 채권자 및 채무자

1. 분할채권 · 분할채무의 원칙

채권자나 채무자가 수인인 경우에 특별한 의사표시가 없으면 각 채권자 또는 각 채무자는 균등한 비율로 권리가 있고 의무를 부담한다(제408조). 따라서 각 채권자 · 채무자는 자기 부분 이외의 부분에 대해서 이행을 청구하지 못하며 이행할 필요도 없다.

2. 불가분채권과 불가분채무

채권의 목적이 그 성질 또는 당사자의 의사표시에 의하여 불가분인 경우에 채권자가 수인인 때에는 각 채권자는 모든 채권자를 위하여 이행을 청구할 수 있고 채무자는 모든 채권자를 위하여 각 채권자에게 이행할 수 있다. 그러나 이러한 청구와 이행의 경우를 제외한 다른 사유는 불가분채권자 중 1인의 행위나 1인에 관한 사항은 다른 채권자에게 효력이 없다. 불가분채권자 중의 1인과 채무자 간에 경개나 면제있는 경우에 채무전부의 이행을 받은 다른 채권자는 그 1인이 권리를 잃지 아니하였으면 그에게 분급할 이익을 채무자에게 상환하여야 한다(제410조).

공유에 기한 공유물분할청구권, 토지공유자의 건물철거 및 토지인도청구권, 임대인이 수인인 경우의 건물인도청구권, 공동상속인이 승계취득한 건물인도청구권은 성질상 불가분채권이다.

수인이 불가분채무를 부담한 경우에는 채권자는 채무자 1인에게 또는 모든 채무자에게 동시에 또는 순차적으로 채무의 전부 이행을 청구할 수 있다. 채무자의 한 사람이 그의 채무를 이행한 때(변제·공탁·변제의 제공 및 그 효과인 수령지체)에는 모든 채무자의 채무는 소멸한다. 불가분채무자 상호간의 내부관계에 대하여 연대채무에 관한 규정이 준용된다(제411조). 경개·면제·상계·혼동·소멸시효는 상대적 효력이 있을 뿐이므로 그러한 사유가 발생하더라도 다른 채무자는 여전히 채무 전부를 이행해야 한다. 그러나 채권자는 한 채무자가 부담하였을 부분의 가액이익을 채무자에게 상환해야 한다(제410조 제2항).

불가분채권이나 불가분채무가 가분채권 또는 가분채무로 변경된 때에는 각 채권자는 자기부분만의 이행을 청구할 권리가 있고 각 채무자는 자기부담부분만을 이행할 의무가 있다(제412조).

3. 연대채무

연대채무란 여러 채무자가 동일한 내용의 채무 전부를 각자 이행할 의무가 있고, 채무자 1인의 이행으로 다른 채무자도 그 의무를 면하게 되는 채무를 말한다(제413조). 채권자는 어느 연대채무자에 대하여 또는 동시나 순차로 모든 연대채무자에 대하여 채무의 전부나 일부의 이행을 청구할 수 있다(제414조). 어느 연대채무자에 대한 법률행위의 무효나 취소의 원인은 다른 연대채무자의 채무에 영향을 미치지 아니한다(제415조).

어느 연대채무자에 대한 이행청구는 다른 연대채무자에게도 효력이 있다(제416조). 어느 연대채무자와 채권자 간에 채무의 경개가 있는 때에는 채권은 모든 연대채무자의 이익을 위하여 소멸한다(제417조). 어느 연대채무자가 채권자에 대하여 채권이 있는 경우에 그 채무자가 상계한 때에는 채권은 모든 연대채무자의 이익을 위하여 소멸한다. 상계할 채권이 있는 연대채무자가 상계하지 아니한 때에는 그 채무자의 부담부분에 한하여 다른 연대채무자가 상계할 수 있다(제418조). 어느 연대채무자에 대한 채무면제는 그 채무자의 부담부분에 한하여 다른 연대채무자의 이익을 위하여 효력이 있다(제419조). 어느 연대채무자와 채권자 간에 혼동이 있는 때에는 그 채무자의 부담부분에 한하여 다른 연대채무자도 의무를 면한다(제420조). 어느 연대채무자에 대하여 소멸시효가 완성한 때에는 그 부담부분에 한하여 다른 연대채무자도 의무를 면한다(제421조). 어느 연대채무자에 대한 채권자의 지체는 다른 연대채무자에게도 효력이 있다(제422조). 이행청구, 경개, 상계, 채무면제, 혼동, 소멸시효완성, 채권자지체 외에는 어느 연대채무자에 관한 사항은 다른 연대채무자에게 효력이 없다(제423조).

연대채무자의 부담부분은 균등한 것으로 추정한다(제424조). 어느 연대채무자가 변제 기타 자기의 출재로 공동면책이 된 때에는 다른 연대채무자의 부담부분에 대하여 구상권을 행사할 수 있다. 이 구상권은 면책된 날 이후의 법정이자 및 피할 수 없는 비용 기타 손해배상을 포함한다(제425조). 어느 연대채무자가 다른 연대채무자에게 통지하지 아니하고 변제 기타 자기의 출재로 공동면책이 된 경우에 다른 연대채무자가 채권자에게 대항할 수 있는 사유가 있었을 때에는 그 부담부분에 한하여 이 사유로 면책행위를 한 연대채무자에게 대항할 수 있고 그 대항사유가 상계인 때에는 상계로 소멸할 채권은 그 연대채무자에게 이전된다. 어느 연대채무자가 변제 기타 자기의 출재로 공동면책되었음을 다른 연대채무자에게 통지하지 아니한 경우에 다른 연대채무자가 선의로 채권자에게 변제 기타 유상의 면책행위를 한 때에는 그 연대채무자는 자기의 면책행위의 유효를 주장할 수 있다(제426조). 연대채무자 중에 상환할 자력이 없는 자가 있는 때에는 그 채무자의 부담부분은 구상권자 및 다른 자력이 있는 채무자가 그 부담부분에 비례하여 분담한다. 그러나 구상권자에게 과실이 있는 때에는 다른 연대채무자에 대하여 분담을 청구하지 못한다. 상환할 자력이 없는 채무자의 부담부분을 분담할 다른 채무자가 채권자로부터 연대의 면제를 받은 때에는 그 채무자의 분담할 부분은 채권자의 부담으로 한다(제427조). 연대채무자는 타인의 채무를 변제할 정당한 이익이 있는 자이므로 연대채무자가 다른 연대채무자의 채무를 변제하면 다른 연대채무자의 권리를 대위하게 된다(제481조).

4. 부진정연대채무

부진정연대채무는 여러 채무자가 동일한 채무를 이행할 의무가 있다는 점에서는 연대채무의 성격을 가진다. 하지만 채무자들 사이의 주관적 공동관계가 없다는 점에서 부진정연대채무라고 한다. 법인의 불법행위로 인한 그 의결을 집행한 이사 및 그밖의 대표자가 연대하여 손해배상책임을 지는 경우 그 상호간(제35조). 피용자가 사무집행에 관하여 불법행위를 한 경우 피용자의 불법행위로 인한 손해배상책임(제750조)과 사용자의 손해배상책임(제756조 제1항) 상호간, 피용자의 가해행위로 인한 사용자로서 배상책임과 감독자의 손해배상책임(제756조 제2항) 상호간, 책임무능력자에 대한 법정 감독의무자의 배상책임과 감독대행자의 배상책임(제755조) 상호간, 동물의 가해행위에 대한 점유자와 보관자의 책임(759조) 상호간 관계를 대법원판례는 부진정연대채무로 본다. 또한 대법원판례는 공동불법행위자의 책임에 관하여 민법 제760조는 연대하여 손해를 배상하도록 규정하고 있지만 이 경우도 부진정연대채무로 본다. 부진정연대채무는 주관적 공동관계가 없기 때문에 채무자간에 부담부분이 없고, 이를 전제로 하는 구상권도 원칙적으로 발생하지 않는다고 보아야 하지만, 대법원 판례는 부진정연대채무자 중 1인이 자기 부담 비율 이상 공동면책하게 한 경우 구상권을 인정한다.

5. 보증채무

보증채무는 채권자와 보증인 사이에 체결된 보증계약에 의하여 주채무자가 채무를 이행하지 않는 경우에 보증인이 이를 이행할 것을 내용으로 하는 주채무와 별개의 독립된 채무이다(제428조 제1항). 보증은 장래의 채무에 대하여도 할 수 있다(제428조 제2항). 보증기간의 약정이 없는 경우에는 그 기간을 3년으로 보며, 보증기간을 갱신하면서 그 기간을 약정하지 않은 때에는 계약체결시의 보증기간을 그 기간으로 본다(보증인 보호를 위한 특별법 제7조).

보증은 그 의사가 보증인의 기명날인 또는 서명이 있는 서면으로 표시되어야 효력이 발생한다. 다만, 보증의 의사가 전자적 형태로 표시된 경우에는 효력이 없다. 또한 보증채무를 보증인에게 불리하게 변경하는 경우에도 마찬가지다. 보증인이 보증채무를 이행한 경우에는 그 한도에서 방식의 하자를 이유로 보증의 무효를 주장할 수 없다(제428조의2). 그 밖에 보증계약을 체결할 때나 보증기간을 갱신할 때에는 보증채무의 최고액을 서면으로 특정해야 한다(보증인 보호를 위한 특별법 제4조). 보증은 불확정한 다수의 채무에 대해서도 할 수 있다. 이 경우 보증하는 채무의 최고액을 서면으로 특정하여야 한다. 이 경우 채무의 최고액을 서면으로 특정하지 아니한 보증계약은 효력이 없다(근보증, 제428조의3)

보증채무는 주채무의 이자, 위약금, 손해배상 기타 주채무에 종속한 채무를 포함한다. 보증인은 그 보증채무에 관한 위약금 기타 손해배상액을 예정할 수 있다(제429조). 보증인의 부담이 주채무의 목적이나 형태보다 중한 때에는 주채무의 한도로 감축한다(제430조).

채무자가 보증인을 세울 의무가 있는 경우에는 그 보증인은 행위능력 및 변제자력이 있는 자로 하여야 한다. 보증인이 변제자력이 없게 된 때에는 채권자는 보증인의 변경을 청구할 수 있다. 채권자가 보증인을 지명한 경우에는 이를 적용하지 아니한다(제431조). 채무자는 다른 상당한 담보를 제공함으로써 보증인을 세울 의무를 면할 수 있다(제432조).

보증인은 주채무자의 항변으로 채권자에게 대항할 수 있다. 주채무자의 항변포기는 보증인에게 효력이 없다(제433조). 보증인은 주채무자의 채권에 의한 상계로 채권자에게 대항할 수 있다(제434조). 주채무자가 채권자에 대하여 취소권 또는 해제권이나 해지권이 있는 동안은 보증인은 채권자에 대하여 채무의 이행을 거절할 수 있다(제435조). 주채무자에 대한 시효의 중단은 보증인에 대하여 그 효력이 있다(제440조).

채권자는 보증계약을 체결할 때 보증계약의 체결 여부 또는 그 내용에 영향을 미칠 수 있는 주채무자의 채무 관련 신용정보를 보유하고 있거나 알고 있는 경우에는 보증인에게 그 정보를 알려야 한다. 보증계약을 갱신할 때에도 또한 같다. 채권자는 보증계약을 체결한 후에 주채무자가 원본, 이자, 위약금, 손해배상 또는 그 밖에 주채무에 종속한 채무를 3개월 이상 이행하지 아니하는 경우, 주채무자가 이행기에 이행할 수 없음을 미리 안 경우, 주채무자의 채무 관련 신용정보에 중대한 변화가 생겼음을 알게 된 경우에는 지체 없이 보증인에게 그 사실을 알려야 한다. 채권자는 보증인의 청구가 있으면 주채무의 내용 및 그 이행 여부를 알려야 한다. 채권자가 이상의 의무를 위반하여 보증인에게 손해를 입힌 경우에는 법원은 그 내용과 정도 등을 고려하여 보증채무를 감경하거나 면제할 수 있다(제436조의2).

채권자가 보증인에게 채무의 이행을 청구한 때에는 보증인은 주채무자의 변제자력이 있는 사실 및 그 집행이 용이할 것을 증명하여 먼저 주채무자에게 청구할 것과 그 재산에 대하여 집행할 것을 항변할 수 있다. 그러나 보증인이 주채무자와 연대하여 채무를 부담한 때에는 그러하지 아니하다(보증인의 최고·검색의 항변, 제437조). 보증인의 최고·검색의 항변에 불구하고 채권자의 해태로 인하여 채무자로부터 전부나 일부의 변제를 받지 못한 경우에는 채권자가 해태하지 아니하였으면 변제받았을 한도에서 보증인은 그 의무를 면한다(제438조).

주채무자의 부탁으로 보증인이 된 자가 과실없이 변제 기타의 출재로 주채무를 소멸하게 한 때에는 주채무자에 대하여 구상권이 있다(수탁보증인의 구상권, 제441조 제1항). 주채무자의 부탁으로 보증인이 된 자는 보증인이 과실없이 채권자에게 변제할 재판을 받은 때, 주채무자가 파산선고를 받은 경우에 채권자가 파산재단에 가입하지 아니한 때, 채무의 이행기가 확정되지 아니하고 그 최장기도 확정할 수 없는 경우에 보증계약후 5년을 경과한 때 주채무자에 대하여 미리 구상권을 행사할 수 있다(수탁보증인의 사전구상권, 제442조).

보증인이 주채무자에게 통지하지 아니하고 변제 기타 자기의 출재로 주채무를 소멸하게 한 경우에 주채무자가 채권자에게 대항할 수 있는 사유가 있었을 때에는 이 사유로 보증인에게 대항할 수 있고 그 대항사유가 상계인 때에는 상계로 소멸할 채권은 보증인에게 이전된다. 보증인이 변제 기타 자기의 출재로 면책되었음을 주채무자에게 통지하지 아니한 경우에 주채무자가 선의로 채권자에게 변제 기타 유상의 면책행위를 한 때에는 주채무자는 자기의 면책행위의 유효를 주장할 수 있다(제445조). 주채무자가 자기의 행위로 면책하였음을 그 부탁으로 보증인이 된 자에게 통지하지 아니한 경우에 보증인이 선의로 채권자에게 변제 기타 유상의 면책행위를 한 때에는 보증인은 자기의 면책행위의 유효를 주장할 수 있다(제446조).

연대보증은 보증인이 주채무자와 연대하여 채무를 이행할 것을 내용으로 하는 보증채무를 말한다. 채권자는 주채무자와 연대보증인에 대하여 순차로 또는 동시에 채무의 이행을 청구할 수 있다. 즉 연대보증인은 보통의 보증채무인과 달리 최고·검색의 항변권을 채권자에 대하여 행사할 수 없다. 연대보증의 경우 주채무자에게 발생하는 사유는 모두 연대보증인에게 효력이 있지만, 연대보증인에게 발생하는 사유는 주채무자에게 만족을 주는 면책행위를 제외하고는 주채무자에게 효력이 없다. 연대보증인 1인에 대한 채권자의 채권포기는 주채무자나 다른 연대보증인에게는 효력을 미치지 않는다.

제18절 채권양도와 채무인수

1. 채권양도

채권은 양도할 수 있다. 그러나 채권의 성질이 양도를 허용하지 아니하는 때에는 그러하지 아니하다. 채권은 당사자가 반대의 의사를 표시한 경우에는 양도하지 못한다. 그러나 그 의사표시로써 선의의 제3자에게 대항하지 못한다(제449조). 법률이 채권양도를 금지하는 경우로 부양청구권(제979조), 근로기준법상의 재해보상청구권, 각종 연금법상의 연금청구권 등이 있다.

지명채권의 양도는 양도인이 채무자에게 통지하거나 채무자가 승낙하지 아니하면 채무자 기타 제3자에게 대항하지 못한다. 이 경우의 통지나 승낙은 확정일자 있는 증서에 의하지 아니하면 채무자 이외의 제3자에게 대항하지 못한다(제450조). 여기서 '확정일자 있는 증서에 의한 통지나 승낙'은 통지나 승낙행위 자체를 확정일자 있는 증서로 하여야 한다는 것을 의미한다. 민법이 이처럼 '확정일자 있는 증서에 의한' 통지나 승낙을 갖추도록 하고 있는 취지는 채권의 양도인, 양수인 및 채무자가 통모하여 통지일 또는 승낙일을 소급함으로써 제3자의 권리를 침해하는 것을 방지하기 위한 것이다.

채무자가 이의를 보류하지 아니하고 채권양도에 대한 승낙을 한 때에는 양도인에게 대항할 수 있는 사유로써 양수인에게 대항하지 못한다. 그러나 채무자가 채무를 소멸하게 하기 위하여 양도인에게 급여한 것이 있으면 이를 회수할 수 있고 양도인에 대하여 부담한 채무가 있으면 그 성립되지 아니함을 주장할 수 있다(제451조 제1항). '양도인에게 대항할 수 있는 사유'란 채권의 성립, 존속, 행사를 저지·배척하는 사유를 가리킬 뿐이고, 채권의 귀속은 여기에 포함되지 아니한다.

양도인이 양도통지만을 한 때에는 채무자는 그 통지를 받은 때까지 양도인에 대하여 생긴 사유로써 양수인에게 대항할 수 있다(제451조 제2항).

양도인이 채무자에게 채권양도를 통지한 때에는 아직 양도하지 아니하였거나 그 양도가 무효인 경우에도 선의인 채무자는 양수인에게 대항할 수 있는 사유로 양도인에게 대항할 수 있다. 양도인이 채무자에게 채권통지한 경우 양수인의 동의가 없으면 철회하지 못한다(제452조).

채무자는 제3자가 채권자로부터 채권을 양수한 경우 채권양도금지 특약의 존재를 알고 있는 양수인이나 그 특약의 존재를 알지 못함에 중대한 과실이 있는 양수인에게 그 특약으로써 대항할 수 있고, 여기서 말하는 '중과실'이란 통상인에게 요구되는 정도의 상당한 주의를 하지 않더라도 약간의 주의를 한다면 손쉽게 그 특약의 존재를 알 수 있음에도 불구하고 그러한 주의조차 기울이지 아니하여 특약의 존재를 알지 못한 것을 말하며, 제3자의 악의 내지 중과실은 채권양도금지의 특약으로 양수인에게 대항하려는 자가 이를 주장·증명하여야 한다.

채권이 이중으로 양도된 경우의 양수인 상호간의 우열은 통지 또는 승낙에 붙여진 확정일자의 선후에 의하여 결정할 것이 아니라, 채권양도에 대한 채무자의 인식, 즉 확정일자 있는 양도통지가 채무자에게 도달한 일시 또는 확정일자 있는 승낙의 일시의 선후에 의하여 결정하여야 한다. 채권양수인과 동일 채권에 대하여 가압류명령을 집행한 자 사이의 우열을 결정하는 경우에 있어서도 마찬가지다. 채권양도 통지와 채권가압류결정 정본이 같은 날 도달되었는데 그 선후관계에 대하여 달리 입증이 없으면 동시에 도달된 것으로 추정한다. 이때 제3채무자는 송달의 선후가 불명한 경우에 준하여 채권자를 알 수 없다는 이유로 변제공탁을 함으로써 법률관계의 불안으로부터 벗어날 수 있다.

어음, 수표, 화물상환증, 창고증권, 선하증권 등 지시채권은 그 증서에 배서하여 양수인에게 교부하는 방식으로 양도한다(제508조). 무기명사채, 상품권, 기차표, 버스승차권 등 무기명채권은 양수인에게 증서를 교부함으로써 양도한다(제523조).

2. 채무인수

채무인수는 채무의 동일성을 유지하면서 채무가 채무자로부터 제3자 인수인에게 이전되는 것을 말한다. 그러나 채무의 성질이 인수를 허용하지 아니하는 때에는 채무인수는 불가능하다. 이해관계 없는 제3자는 채무자의 의사에 반하여 채무를 인수하지 못한다(제453조). 제3자가 채무자와의 계약으로 채무를 인수한 경우에는 채권자의 승낙에 의하여 그 효력이 생긴다. 채권자의 승낙 또는 거절의 상대방은 채무자나 제3자이다(제454조). 이때 제3자나 채무자는 상당한 기간을 정하여 승낙여부의 확답을 채권자에게 최고할 수 있고, 채권자가 그 기간 내에 확답을 발송하지 아니한 때에는 거절한 것으로 본다(제455조). 제3자와 채무자간의 계약에 의한 채무인수는 채권자의 승낙이 있을 때까지 당사자는 이를 철회하거나 변경할 수 있다(제456조).

채권자의 채무인수에 대한 승낙은 다른 의사표시가 없으면 채무를 인수한 때에 소급하여 그 효력이 생긴다. 그러나 제3자의 권리를 침해하지 못한다(제457조). 인수인은 전채무자의 항변할 수 있는 사유로 채권자에게 대항할 수 있다(제458조). 전채무자의 채무에 대한 보증이나 제3자가 제공한 담보는 채무인수로 인하여 소멸한다. 그러나 보증인이나 제3자가 채무인수에 동의한 경우에는 그러하지 아니하다(제459조).

병존적 채무인수는 기존 채무관계를 그대로 유지하면서 제3자가 채무자로 추가되는 것으로 중첩적 채무인수라고도 한다. 이행인수는 채무자의 채무를 그대로 인수인이 인수받아 채무이행을 하는 채무자와 인수인 사이의 계약을 말한다. 인수인은 채권자에 대한 직접 책임이 없다. 계약인수는 계약당사자 지위를 포괄하여 인수하는 것을 말한다.

민법 제454조는 제3자가 채무자와 계약으로 채무를 인수하여 채무자의 채무를 면하게 하는 면책적 채무인수의 경우에 채권자 승낙이 있어야 채권자에 대하여 효력이 생긴다고 규정하고 있으므로, 채권자의 승낙이 없는 경우에는 채무자와 인수인 사이에서 면책적 채무인수 약정을 하더라도 이행인수 등으로서 효력밖에 갖지 못하며 채무자는 채무를 면하지 못한다. 그리고 계약당사자로서 지위 승계를 목적으로 하는 계약인수는 계약으로부터 발생하는 채권·채무 이전 외에 계약관계로부터 생기는 해제권 등 포괄적 권리의무의 양도를 포함하는 것으로서, 계약인수가 적법하게 이루어지면 양도인은 계약관계에서 탈퇴하게 되고, 계약인수 후에는 양도인의 면책을 유보하였다는 등 특별한 사정이 없는 한 잔류당사자와 양도인 사이에는 계약관계가 존재하지 않게 되며 그에 따른 채권채무관계도 소멸하지만, 이러한 계약인수는 양도인과 양수인 및 잔류당사자의 합의에 의한 삼면계약으로 이루어지는 것이 통상적이며 관계당사자 3인 중 2인의 합의가 선행된 경우에는 나머지 당사자가 이를 동의 내지 승낙하여야 그 효력이 생긴다(2009다88303).

부동산을 매수하는 사람이 근저당채무 등 그 부동산에 결부된 부담을 인수하고 그 채무액만큼 매매대금을 공제하기로 약정하는 경우에, 매수인의 그러한 채무부담의 약정은 채권자의 승낙이 없는 한 매도인 측을 면책시키는 이른바 면책적 채무인수라고 볼 수는 없으나, 나아가서 그러한 약정이 이행인수에 불과한지 아니면 병존적 채무인수 즉 제3자를 위한 계약인지를 구별함에 있어서 그 판별 기준은, 계약 당사자에게 제3자 또는 채권자가 계약 당사자 일방 또는 채무인수인에 대하여 직접 채권을 취득하게 할 의사가 있는지 여부에 달려 있다 할 것이고, 구체적으로는 계약 체결의 동기, 경위 및 목적, 계약에 있어서의 당사자의 지위, 당사자 사이 및 당사자와 제3자 사이의 이해관계, 거래 관행 등을 종합적으로 고려하여 그 의사를 해석하여야 하는 것인데, 인수의 대상으로 된 채무의 책임을 구성하는 권리관계도 함께 양도된 경우이거나 채무인수인이 그 채무부담에 상응하는 대가를 얻을 때에는 특별한 사정이 없는 한 원칙적으로 이행인수가 아닌 병존적 채무인수로 보아야 할 것이다(2009다73905).

부동산의 매수인이 매매 목적물에 관한 임대차보증금 반환채무 등을 인수하는 한편, 그 채무액을 매매대금에서 공제하기로 약정한 경우, 그 인수는 특별한 사정이 없는 이상 매도인을 면책시키는 면책적 채무인수가 아니라 이행인수로 보아야 하고, 면책적 채무인수로 보기 위해서는 이에 대한 채권자, 즉 임차인의 승낙이 있어야 한다(2000다69026).

제19절 채무의 소멸

1. 변제

변제는 채무내용에 좇은 현실제공으로 이를 하여야 한다. 그러나 채권자가 미리 변제받기를 거절하거나 채무의 이행에 채권자의 행위를 요하는 경우에는 변제준비의 완료를 통지하고 그 수령을 최고하면 된다(제460조). 변제의 제공은 그때로부터 채무불이행의 책임을 면하게 한다(제461조).

채무의 성질 또는 당사자의 의사표시로 변제장소를 정하지 아니한 때에는 특정물인도 이외의 채무변제는 채권자의 현주소에서 하여야 한다. 그러나 영업에 관한 채무의 변제는 채권자의 현영업소에서 하여야 한다(제467조 제2항). 변제자는 변제를 받는 자에게 영수증을 청구할 수 있다(영수증청구권, 제474조). 채권증서가 있는 경우에 변제자가 채무전부를 변제한 때에는 채권증서의 반환을 청구할 수 있다. 채권이 변제 이외의 사유로 전부 소멸한 때에도 같다(채권증서반환청구권, 제475조).

특정물의 인도가 채권의 목적인 때에는 채무자는 이행기의 현상대로 그 물건을 인도하여야 한다(제462조). 채무의 성질 또는 당사자의 의사표시로 변제장소를 정하지 아니한 때에는 특정물의 인도는 채권성립 당시에 그 물건이 있던 장소에서 하여야 한다(제467조 제1항).

채무의 변제로 타인의 물건을 인도한 채무자는 다시 유효한 변제를 하지 아니하면 그 물건의 반환을 청구하지 못한다(제463조). 양도할 능력없는 소유자가 채무의 변제로 물건을 인도한 경우에는 그 변제가 취소된 때에도 다시 유효한 변제를 하지 아니하면 그 물건의 반환을 청구하지 못한다(제464조). 채무자가 채무의 변제로 타인의 물건을 인도한 경우나 채무자가 양도할 능력없는 소유자로서 채무의 변제로 물건을 인도한 경우 채권자가 변제로 받은 물건을 선의로 소비하거나 타인에게 양도한 때에는 그 변제는 효력이 있다. 이 경우 채권자가 제3자로부터 배상의 청구를 받은 때에는 채무자에 대하여 구상권을 행사할 수 있다(제465조)

채무자가 채권자의 승낙을 얻어 본래의 채무이행에 갈음하여 다른 급여를 한 때에는 변제와 같은 효력이 있다(대물변제, 제466조).

당사자의 특별한 의사표시가 없으면 변제기 전이라도 채무자는 변제할 수 있다. 그러나 상대방의 손해는 배상하여야 한다(제468조).

채무의 변제는 제3자도 할 수 있다. 그러나 채무의 성질 또는 당사자의 의사표시로 제3자의 변제를 허용하지 아니하는 때에는 그러하지 아니하다. 이해관계 없는 제3자는 채무자의 의사에 반하여 변제하지 못한다(제469조).

채권의 준점유자에 대한 변제는 변제자가 선의이며 과실없는 때에 한하여 효력이 있다(채권의 준점유자에 대한 변제, 제470조). 영수증을 소지한 자에 대한 변제는 그 소지자가 변제를 받을 권한이 없는 경우에도 효력이 있다. 그러나 변제자가 그 권한없음을 알았거나 알 수 있었을 경우에는 그러하지 아니하다(영수증소지자에 대한 변제, 제471조). 위 채권준점유자 및 영수증소지자에 대한 변제 외에 변제받을 권한 없는 자에 대한 변제는 채권자가 이익을 받은 한도에서 효력이 있다(권한없는 자에 대한 변제, 제472조).

변제비용은 다른 의사표시가 없으면 채무자의 부담으로 한다. 그러나 채권자의 주소이전 기타의 행위로 인하여 변제비용이 증가된 때에는 그 증가액은 채권자의 부담으로 한다(제473조).

채무자가 동일한 채권자에 대하여 같은 종류를 목적으로 한 수개의 채무를 부담한 경우에 변제의 제공이 그 채무전부를 소멸하게 하지 못하는 때에는 변제자는 그 당시 어느 채무를 지정하여 그 변제에 충당할 수 있다. 변제자가 전항의 지정을 하지 아니할 때에는 변제받는 자는 그 당시 어느 채무를 지정하여 변제에 충당할 수 있다. 그러나 변제자가 그 충당에 대하여 즉시 이의를 한 때에는 그러하지 아니하다. 변제충당은 상대방에 대한 의사표시로써 한다(지정변제충당, 제476조)

당사자가 변제에 충당할 채무를 지정하지 아니한 때에는 ① 채무 중에 이행기가 도래한 것과 도래하지 아니한 것이 있으면 이행기가 도래한 채무의 변제에 충당하며, ② 채무전부의 이행기가 도래하였거나 도래하지 아니한 때에는 채무자에게 변제이익이 많은 채무의 변제에 충당하며, ③ 채무자에게 변제이익이 같으면 이행기가 먼저 도래한 채무나 먼저 도래할 채무의 변제에 충당한다. ①, ② 사항이 같은 때에는 그 채무액에 비례하여 각 채무의 변제에 충당한다(법정변제충당, 제477조).

1개의 채무에 수개의 급여를 요할 경우에 변제자가 그 채무 전부를 소멸하게 하지 못한 급여를 한 때에는 위 지정변제충당, 법정변제충당 규정을 준용한다(부족변제의 충당, 제478조). 채무자가 1개 또는 수개의 채무의 비용 및 이자를 지급할 경우에 변제자가 그 전부를 소멸하게 하지 못한 급여를 한 때에는 비용, 이자, 원본의 순서로 변제에 충당하여야 한다(비용, 이자, 원본에 대한 변제충당의 순서, 제479조 제1

항). 이 경우에 위 법정변제충당 규정을 준용한다.

채무자를 위하여 변제한 자(또는 공탁 기타 자기의 출재로 채무자의 채무를 면하게 한 제3자)는 변제와 동시에 채권자의 승낙을 얻어 채권자를 대위할 수 있다(변제자의 임의대위, 제480조 제1항, 제486조). 그러나 변제할 정당한 이익이 있는 자는 변제로 당연히 채권자를 대위한다(변제자의 법정대위, 제481조). 변제자가 임의대위변제 또는 법정대위변제를 한 경우 자기의 권리에 의하여 구상할 수 있는 범위에서 채권 및 그 담보에 관한 권리를 행사할 수 있다(제48조 제1항). 이때 보증인은 미리 전세권이나 저당권의 등기에 그 대위를 부기하지 아니하면 전세물이나 저당물에 권리를 취득한 제3자에 대하여 채권자를 대위하지 못한다. 제3취득자는 보증인에 대하여 채권자를 대위하지 못한다. 자기의 재산을 타인의 채무의 담보로 제공한 자가 수인인 경우 또는 제3취득자 중의 1인은 각 부동산의 가액에 비례하여 다른 제3취득자에 대하여 채권자를 대위한다. 자기의 재산을 타인의 채무의 담보로 제공한 자와 보증인 간에는 그 인원수에 비례하여 채권자를 대위한다. 그러나 자기의 재산을 타인의 채무의 담보로 제공한 자가 수인인 때에는 보증인의 부담부분을 제외하고 그 잔액에 대하여 각 재산의 가액에 비례하여 대위한다(대위자 간의 관계, 제482조 제2항).

채권의 일부에 대하여 대위변제가 있는 때에는 대위자는 그 변제한 가액에 비례하여 채권자와 함께 그 권리를 행사한다. 이때 채무불이행을 원인으로 하는 계약의 해지 또는 해제는 채권자만이 할 수 있고 채권자는 대위자에게 그 변제한 가액과 이자를 상환하여야 한다(제483조).

채권전부의 대위변제를 받은 채권자는 그 채권에 관한 증서 및 점유한 담보물을 대위자에게 교부하여야 한다. 채권의 일부에 대한 대위변제가 있는 때에는 채권자는 채권증서에 그 대위를 기입하고 자기가 점유한 담보물의 보존에 관하여 대위자의 감독을 받아야 한다(제484조).

쌍무계약에 있어서 일방 당사자의 자기 채무에 관한 이행의 제공을 엄격하게 요구하면 오히려 불성실한 상대 당사자에게 구실을 주는 것이 될 수도 있으므로 일방 당사자가 하여야 할 제공의 정도는 그 시기와 구체적인 상황에 따라 신의성실의 원칙에 어긋나지 않게 합리적으로 정하여야 하고, 매수인이 계약의 이행에 비협조적인 태도를 취하면서 잔대금의 지급을 미루는 등 소유권이전등기서류를 수령할 준비를 아니한 경우에는 매도인으로서도 그에 상응한 이행의 준비를 하면 족하다 할 것인바, 매도인이 법무사 사무소에 소유권이전등기에 필요한 대부분의 서류를 작성하여 주었고 미비된 일부 서류들은 잔금지급시에 교부하기로 하였으며 이들 서류는 매도인이 언제라도 발급받아 교부할 수 있다면 매도인으로서는 비록 일부 미비된 서류가 있다 하더라도 소유권이전등기의무에 대한 충분한 이행의 제공을 마쳤다고 보아야 할 것이고, 잔대금 지급기일에 이를 지급하지 않고 계약의 효력을 다투는 등 계약의 이행에 비협조적이고 매도인의 소유권이전등기서류를 수령할 준비를 하지 않고 있던 매수인은 이 점을 이유로 잔대금지급을 거절할 수 없다(2001다36511).

이해관계없는 제3자의 대위변제가 채무자의 의사에 반하는지의 여부를 가림에 있어서 채무자의 의사는 제3자가 변제할 당시의 객관적인 제반사정에 비추어 명확하게 인식될 수 있는 것이어야 하며 함부로 채무자의 반대의사를 추정함으로써 제3자의 변제효과를 무효화시키는 일은 피하여야 한다(87다카1644).

임대차보증금은 임대차계약이 종료된 후 임차인이 목적물을 인도할 때까지 발생하는 차임 및 기타 임차인의 채무를 담보하는 것으로서 그 피담보채무액은 임대차관계의 종료 후 목적물이 반환될 때에 특별한 사정이 없는 한 별도의 의사표시 없이 임대차보증금에서 당연히 공제되는 것이므로, 특별한 사정이 없는 한 임대차계약이 종료되었다 하더라도 목적물이 명도되지 않았다면 임차인은 임대차보증금이 있음을 이유로 연체차임의 지급을 거절할 수 없는 것이고, 또한 임대차보증금액보다도 임차인의 채무액이 많은 경우에는 민법 제477조에서 정하고 있는 법정충당순서에 따라야 하는 것이다(2007다21856,21863).

2. 공탁

채권자가 변제를 받지 아니하거나 받을 수 없는 때에는 변제자는 채권자를 위하여 변제의 목적물을 공탁하여 그 채무를 면할 수 있다. 변제자가 과실없이 채권자를 알 수 없는 경우에도 같다(제487조). 공탁은 채무이행지의 공탁소에 하여야 한다(제488조 제1항). 변제공탁 등에 관한 구체적 절차는 공탁법에 따른다.

3. 상계

쌍방이 서로 같은 종류를 목적으로 한 채무를 부담한 경우에 그 쌍방의 채무의 이행기가 도래한 때에는 각 채무자는 대등액에 관하여 상계할 수 있다. 그러나 채무의 성질이 상계를 허용하지 아니할 때에는 그러하지 아니하다. 당사자는 의사표시에 의하여 상계를 금지할 수 있다. 그러나 그 의사표시로써 선의의 제3자에게 대항하지 못한다(제492조). 상계는 상대방에 대한 의사표시로 한다. 이 의사표시에는 조건 또는 기한을 붙이지 못한다. 상계의 의사표시는 각 채무가 상계할 수 있는 때에 대등액에 관하여 소멸한 것으로 본다(제493조). 각 채무의 이행지가 다른 경우에도 상계할 수 있다. 그러나 상계하는 당사자는 상대방에게 상계로 인한 손해를 배상하여야 한다(제494조). 소멸시효가 완성된 채권이 그 완성 전에 상계할 수 있었던 것이면 그 채권자는 상계할 수 있다(제495조). 채무가 고의의 불법행위로 인한 것인 때에는 그 채무자는 상계로 채권자에게 대항하지 못한다(불법행위채권을 수동채권으로 하는 상계의 금지, 제496조). 채권이 압류하지 못할 것인 때에는 그 채무자는 상계로 채권자에게 대항하지 못한다(제497조). 지급을 금지하는 명령을 받은 제3채무자는 그 후에 취득한 채권에 의한 상계로 그 명령을 신청한 채권자에게 대항하지 못한다(제498조).

상계제도는 서로 대립하는 채권·채무를 간이한 방법에 의하여 결제함으로써 양자의 채권·채무 관계를 원활하고 공평하게 처리함을 목적으로 하고 있으므로, 상계의 대상이 될 수 있는 자동채권과 수동채권이 동시이행관계에 있다고 하더라도 서로 현실적으로 이행하여야 할 필요가 없는 경우라면 상계로 인한 불이익이 발생할 우려가 없고 오히려 상계를 허용하는 것이 동시이행관계에 있는 채권·채무 관계를 간명하게 해소할 수 있으므로 특별한 사정이 없는 한 상계가 허용된다(2004 다54633).

민법 제496조의 취지는, 고의의 불법행위에 의한 손해배상채권에 대하여 상계를 허용한다면 고의로 불법행위를 한 자까지도 상계권 행사로 현실적으로 손해배상을 지급할 필요가 없게 되어 보복적 불법행위를 유발하게 될 우려가 있고, 또 고의의 불법행위로 인한 피해자가 가해자의 상계권 행사로 인하여 현실의 변제를 받을 수 없는 결과가 됨은 사회적 정의관념에 맞지 아니하므로 고의에 의한 불법행위의 발생을 방지함과 아울러 고의의 불법행위로 인한 피해자에게 현실의 변제를 받게 하려는 데 있다 할 것인바, 법이 보장하는 상계권은 이처럼 그의 채무가 고의의 불법행위에 기인하는 채무자에게는 적용이 없는 것이고, 나아가 부당이득의 원인이 고의의 불법행위에 기인함으로써 불법행위로 인한 손해배상채권과 부당이득반환채권이 모두 성립하여 양채권이 경합하는 경우 피해자가 부당이득반환채권만을 청구하고 불법행위로 인한 손해배상채권을 청구하지 아니한 때에도, 그 청구의 실질적 이유, 즉 부당이득의 원인이 고의의 불법행위였다는 점은 불법행위로 인한 손해배

상채권을 청구하는 경우와 다를 바 없다 할 것이어서, 고의의 불법행위에 의한 손
해배상채권은 현실적으로 만족을 받아야 한다는 상계금지의 취지는 이러한 경우에
도 타당하므로, 민법 제496조를 유추적용함이 상당하다(2001다52506).

고의의 불법행위로 인한 손해배상채권의 채무자는 그 채권을 수동채권으로 한
상계로 채권자에게 대항하지 못하고, 그 결과 채권이 양도된 경우에 양수인에게도
상계로 대항할 수 없게 되나, 채권양도가 사해행위에 해당하는 경우 불법행위로 인
한 손해배상채권의 채무자가 채권양도인에 대한 별도의 채권자 지위에서 채권양수
인에게 채권자취소권을 행사하여 채권양도의 취소를 구함과 아울러 취소에 따른
원상회복 방법으로 직접 자신 앞으로 가액배상의 지급을 구하는 것 자체는 민법 제
496조에 반하지 않으므로 허용된다(2011다8980,8997).

4. 경개

更改는 당사자가 채무의 중요한 부분을 변경하는 계약을 체결하여 새로운 채무
를 성립시키는 동시에 구채무를 소멸시키는 것을 말한다(제500조). 경개에 의하여
성립된 새로운 채무의 불이행을 이유로 경개계약을 해제할 수는 없다. 그러나 합의
해제나 경개계약에서 해제권을 유보한 경우에 경계계약을 해제할 수는 있다. 채무
자의 변경으로 인한 경개는 채권자와 신채무자 간의 계약으로 이를 할 수 있다. 그
러나 구채무자의 의사에 반하여 이를 하지 못한다(제501조). 채권자의 변경으로 인
한 경개는 확정일자있는 증서로 하지 아니하면 이로써 제3자에게 대항하지 못한다
(제502조). 경개로 인한 신채무가 원인의 불법 또는 당사자가 알지 못한 사유로 인하
여 성립되지 아니하거나 취소된 때에는 구채무는 소멸되지 아니한다(제504조). 경개
의 당사자는 구채무의 담보를 그 목적의 한도에서 신채무의 담보로 할 수 있다. 그
러나 제3자가 제공한 담보는 그 승낙을 얻어야 한다(제505조).

경개계약은 구채무를 소멸시키고 신채무를 성립시키는 처분행위로서 구채무의
소멸은 신채무의 성립에 의존하므로, 경개로 인한 신채무가 원인의 불법 또는 당사
자가 알지 못한 사유로 인하여 성립하지 아니하거나 취소된 때에는 구채무는 소멸
하지 않는 것이며, 특히 경개계약에 조건이 붙어 있는 이른바 조건부 경개의 경우
에는 구채무의 소멸과 신채무의 성립 자체가 그 조건의 성취 여부에 걸려 있게 된
다(2005다31316).

5. 면제

채권자가 채무자에게 채무를 면제하는 의사를 표시한 때에는 채권은 소멸한다. 그러나 면제로써 정당한 이익을 가진 제3자에게 대항하지 못한다(제506조).

6. 혼동

채권과 채무가 동일한 주체에 귀속한 때에는 채권은 소멸한다. 그러나 그 채권이 제3자의 권리의 목적인 때에는 그러하지 아니하다(제507조).

제20절   계약의 성립

계약은 당사자 사이의 청약과 승낙이라는 의사합치로 성립한다. 매매계약은 매도인의 매도의사와 매수인의 매수의사가 합치하여 성립한다. 계약의 청약은 상대방의 수령을 요하는 의사표시이다. 상대방의 승낙만 있으면 계약을 성립시키겠다는 확정적 의사표시가 청약인 것이다. 청약은 상대방에게 도달하여야 효력이 생긴다. 계약의 청약은 원칙적으로 임의로 철회하지 못한다(제527조). 청약자가 승낙기간을 정한 경우 청약자가 그 기간 내에 승낙의 통지를 받지 못한 때에는 청약의 효력은 사라진다(제528조). 승낙의 기간을 정하지 아니한 계약의 청약은 청약자가 상당한 기간 내에 승낙의 통지를 받지 못한 때에는 그 효력을 잃는다(제529조). 승낙의 통지가 계약에서 정한 승낙 기간 후에 도달한 경우에 보통 그 기간 내에 도달할 수 있는 발송인 때에는 청약자는 지체없이 상대방에게 그 연착의 통지를 하여야 한다. 그러나 그 도달 전에 지연의 통지를 발송한 때에는 그러하지 아니하다. 청약자가 위 지연의 통지를 하지 아니한 때에는 승낙의 통지는 연착되지 아니한 것으로 본다(제528조). 연착된 승낙은 청약자가 이를 새 청약으로 볼 수 있다. 격지자 간의 계약은 승낙의 통지를 발송한 때에 성립한다. 청약자의 의사표시나 관습에 의하여 승낙의 통지가 필요하지 아니한 경우에는 계약은 승낙의 의사표시로 인정되는 사실이 있는 때에 성립한다(제532조). 당사자 간에 동일한 내용의 청약이 상호교차된 경우에는 양청약이 상대방에게 도달한 때에 계약이 성립한다(제533조). 승낙자가 청약에 대하여 조건을 붙이거나 변경을 가하여 승낙한 때에는 그 청약의 거절과 동시에 새로 청약한 것으로 본다(제534조).

계약이 성립하기 위해서는 당사자 사이에 의사의 합치가 있을 것이 요구되고 이러한 의사의 합치는 당해 계약의 내용을 이루는 모든 사항에 관하여 있어야 하는 것은 아니나 그 본질적 사항이나 중요 사항에 관하여는 구체적으로 의사의 합치가 있거나 적어도 장래 구체적으로 특정할 수 있는 기준과 방법 등에 관한 합의는 있어야 한다. 당사자가 의사의 합치가 이루어져야 한다고 표시한 사항에 대하여 합의가 이루어지지 아니한 경우에는 특별한 사정이 없는 한 계약은 성립하지 아니한 것으로 보는 것이 상당하다(2000다51650).

계약이 성립하기 위해서는 당사자의 서로 대립하는 수개의 의사표시의 객관적 합치가 필요하고 객관적 합치가 있다고 하기 위해서는 당사자의 의사표시에 나타나 있는 사항에 관하여는 모두 일치하고 있어야 하는 한편, 계약 내용의 '중요한 점' 및 계약의 객관적 요소는 아니더라도 특히 당사자가 그것에 중대한 의의를 두고 계약 성립의 요건으로 할 의사를 표시한 때에는 이에 관하여 합치가 있어야 계약이 적법·유효하게 성립한다. 계약이 성립하기 위한 법률요건인 청약은 그에 응하는 승낙만 있으면 곧 계약이 성립하는 구체적·확정적 의사표시여야 하므로, 청약은 계약의 내용을 결정할 수 있을 정도의 사항을 포함시키는 것이 필요하다(2001다53059).

제21절 계약체결상의 과실책임

목적이 불능한 계약을 체결할 때에 그 불능을 알았거나 알 수 있었을 자는 상대방이 그 계약의 유효를 믿었음으로 인하여 받은 손해를 배상하여야 한다. 이때 배상액은 계약이 유효함으로 인하여 생길 이익액을 넘지 못한다. 상대방이 계약 목적의 불능을 알았거나 알 수 있었을 경우에는 계약체결상의 과실책임을 적용하지 아니한다(제535조). 민법은 계약이 원시적 불능으로 무효인 경우에 한하여 계약체결상의 과실책임을 인정한다. 그 외 계약체결상의 과실책임을 인정할 필요가 있는 경우 대법원판례는 불법행위책임을 통해 구제하고 있다.

어느 일방이 교섭단계에서 계약이 확실하게 체결되리라는 정당한 기대 내지 신뢰를 부여하여 상대방이 그 신뢰에 따라 행동하였음에도 상당한 이유 없이 계약의 체결을 거부하여 손해를 입혔다면 이는 신의성실의 원칙에 비추어 볼 때 계약자유원칙의 한계를 넘는 위법한 행위로서 불법행위를 구성한다. 계약교섭의 부당한 중도파기가 불법행위를 구성하는 경우 그러한 불법행위로 인한 손해는 일방이 신의에 반하여 상당한 이유 없이 계약교섭을 파기함으로써 계약체결을 신뢰한 상대방이 입게 된 상당인과관계 있는 손해로서 계약이 유효하게 체결된다고 믿었던 것에 의하여 입었던 손해, 즉 신뢰손해에 한정된다고 할 것이고, 이러한 신뢰손해란 예컨대, 그 계약의 성립을 기대하고 지출한 계약준비비용과 같이 그러한 신뢰가 없었더라면 통상 지출하지 아니하였을 비용상당의 손해라고 할 것이며, 아직 계약체결에 관한 확고한 신뢰가 부여되기 이전 상태에서 계약교섭의 당사자가 계약체결이 좌절되더라도 어쩔 수 없다고 생각하고 지출한 비용, 예컨대 경쟁입찰에 참가하기 위하여 지출한 제안서, 견적서 작성비용 등은 여기에 포함되지 아니한다. 침해행위와 피해법익의 유형에 따라서는 계약교섭의 파기로 인한 불법행위가 인격적 법익을 침해함으로써 상대방에게 정신적 고통을 초래하였다고 인정되는 경우라면 그러한 정신적 고통에 대한 손해에 대하여는 별도로 배상을 구할 수 있다(2001다53059).

제22절 동시이행의 항변권

각 당사자가 서로 대가적 의미를 가지는 채무를 부담하는 계약을 쌍무계약이라 한다. 쌍무계약의 당사자 일방은 상대방이 그 채무이행을 제공할 때까지 자기의 채무이행을 거절할 수 있다. 그러나 상대방의 채무가 변제기에 있지 아니하는 때에는 그러하지 아니하다(제536조 제1항). 당사자 일방이 상대방에게 먼저 이행하여야 할 경우에 상대방의 이행이 곤란할 현저한 사유가 있는 때에는 상대방이 그 채무이행을 제공할 때까지 자기의 채무이행을 거절할 수 있다(제536조 제2항).

원래 동시이행의 항변권은 공평의 관념과 신의칙에 입각하여 각 당사자가 부담하는 채무가 서로 대가적 의미를 가지고 관련되어 있을 때 그 이행에 있어서 견련관계를 인정하여 당사자 일방은 상대방이 채무를 이행하거나 이행의 제공을 하지 아니한 채 당사자 일방의 채무의 이행을 청구할 때에는 자기의 채무이행을 거절할 수 있도록 하는 제도인바, 이러한 제도의 취지에서 볼 때 당사자가 부담하는 각 채무가 쌍무계약에 있어 고유의 대가관계가 있는 채무가 아니라고 하더라도 구체적인 계약관계에서 각 당사자가 부담하는 채무에 관한 약정내용에 따라 그것이 대가적 의미가 있어 이행상의 견련관계를 인정하여야 할 사정이 있는 경우에는 동시이행의 항변권을 인정할 수 있을 것이다. 부동산 매매계약이 체결된 경우 매도인의 소유권이전등기의무와 매수인의 잔대금지급의무는 동시이행의 관계에 있는 것이고, 이 경우 매도인은 특별한 사정이 없는 한 제한이나 부담이 없는 소유권이전등기의무를 진다. 부동산처분금지가처분등기가 유효하게 기입된 이후에도 가처분채권자의 지위만으로는 가처분 이후에 경료된 처분등기의 말소청구권은 없으며, 나중에 가처분채권자가 본안 승소판결에 의한 등기의 기재를 청구할 수 있게 되면서 가처분등기 후에 경료된 가처분 내용에 위반된 위 등기의 말소를 청구할 수 있는 것이고, 또 등기공무원도 가처분 이후에 이루어진 가처분 위반등기를 직권으로 말소할 수도 없으므로 가처분 위반의 등기가 소유권이전등기시에 말소되지 아니한 채 남아 있다면 이는 말소하여야 할 등기상의 부담이라고 보아야 할 것이다(91다12349).

양도소득세를 매수인이 부담키로 하는 약정이 있었다면 매수인이 양도소득세액을 부담하기 위한 이행제공의 형태, 방법, 시기 등에 관하여 당사자 간에 어떤 약정이 있었는지를 확정한 다음, 그것이 매도인의 소유권이전등기의무와 견련관계에 있다고 볼 수 있는지 여부를 판단하였어야 함에도 매도인이 매수인에게 양도소득세 상당 금원의 지급을 구하는 것은 별론으로 하고 매수인의 양도소득세 납부의무와 매도인의 소유권이전등기의무가 동시이행의 관계에 있다고는 할 수 없다고 한 원심판결에 동시이행의 항변권에 관한 법리오해 및 심리미진의 위법이 있다(91다30927).

부동산매매계약과 함께 이행인수계약이 이루어진 경우 매수인이 인수한 채무는 매매대금지급채무에 갈음한 것으로서 매도인이 매수인의 인수채무불이행으로 말미암아 또는 임의로 인수채무를 대신 변제하였다면 그로 인한 손해배상채무 또는 구상채무는 인수채무의 변형으로서 매매대금지급채무에 갈음한 것의 변형이므로 매수인의 손해배상채무 또는 구상채무와 매도인의 소유권이전등기 의무는 대가적 의미가 있어 이행상 견련관계에 있다고 인정되고, 따라서 양자는 동시이행의 관계에 있다고 해석함이 공평의 관념 및 신의칙에 합당하다(92다23193).

부동산 매매계약에 있어 매수인이 부가가치세를 부담하기로 약정한 경우, 부가가치세를 매매대금과 별도로 지급하기로 했다는 등의 특별한 사정이 없는 한 부가가치세를 포함한 매매대금 전부와 부동산의 소유권이전등기의무가 동시이행의 관계에 있다고 봄이 상당하다(2005다58656,58663).

제23절 채무자위험부담주의

쌍무계약의 당사자 일방의 채무가 당사자쌍방의 책임없는 사유로 이행할 수 없게 된 때에는 채무자는 상대방의 이행을 청구하지 못한다(제537조). 쌍무계약의 당사자 일방의 채무가 채권자의 책임있는 사유로 이행할 수 없게 된 때에는 채무자는 상대방의 이행을 청구할 수 있다. 채권자의 수령지체 중에 당사자쌍방의 책임없는 사유로 이행할 수 없게 된 때에도 같다. 이 경우 채무자는 자기의 채무를 면함으로써 이익을 얻은 때에는 이를 채권자에게 상환하여야 한다(제538조).

민법 제538조 제1항 소정의 '채권자의 책임 있는 사유'라고 함은 채권자의 어떤 작위나 부작위가 채무자의 이행의 실현을 방해하고 그 작위나 부작위는 채권자가 이를 피할 수 있었다는 점에서 신의칙상 비난받을 수 있는 경우를 의미한다. 민법 제400조 소정의 채권자지체가 성립하기 위해서는 민법 제460조 소정의 채무자의 변제 제공이 있어야 하고, 변제 제공은 원칙적으로 현실 제공으로 하여야 하며 다만 채권자가 미리 변제받기를 거절하거나 채무의 이행에 채권자의 행위를 요하는 경우에는 구두의 제공으로 하더라도 무방하고, 채권자가 변제를 받지 아니할 의사가 확고한 경우(이른바, 채권자의 영구적 불수령)에는 구두의 제공을 한다는 것조차 무의미하므로 그러한 경우에는 구두의 제공조차 필요 없다고 할 것이지만, 그러한 구두의 제공조차 필요 없는 경우라고 하더라도, 이는 그로써 채무자가 채무불이행책임을 면한다는 것에 불과하고, 민법 제538조 제1항 제2문 소정의 '채권자의 수령지체 중에 당사자 쌍방의 책임 없는 사유로 이행할 수 없게 된 때'에 해당하기 위해서는 현실 제공이나 구두 제공이 필요하다. 다만, 그 제공의 정도는 그 시기와 구체적인 상황에 따라 신의성실의 원칙에 어긋나지 않게 합리적으로 정하여야 한다(2001다79013).

제24절 제3자를 위한 계약

계약에 의하여 당사자 일방이 제3자에게 이행할 것을 약정한 때에는 그 제3자는 채무자에게 직접 그 이행을 청구할 수 있다. 이 때 제3자의 권리는 그 제3자가 채무자에 대하여 계약의 이익을 받을 의사를 표시한 때에 생긴다(제539조). 이 때 채무자는 상당한 기간을 정하여 계약의 이익의 향수 여부의 확답을 제3자에게 최고할

수 있다. 채무자가 그 기간 내에 확답을 받지 못한 때에는 제3자가 계약의 이익을
받을 것을 거절한 것으로 본다(제540조). 제3자의 권리가 생긴 후에는 당사자는 이
를 변경 또는 소멸시키지 못한다(제541조). 채무자는 제3자를 위한 계약에 기한 항
변으로 그 계약의 이익을 받을 제3자에게 대항할 수 있다(제542조).

　　제3자를 위한 계약의 체결 원인이 된 요약자와 제3자(수익자) 사이의 법률관계
(대가관계)의 효력은 제3자를 위한 계약 자체는 물론 그에 기한 요약자와 낙약자 사
이의 법률관계(기본관계)의 성립이나 효력에 영향을 미치지 아니하므로 낙약자는 요
약자와 수익자 사이의 법률관계에 기한 항변으로 수익자에게 대항하지 못하고, 요
약자도 대가관계의 부존재나 효력의 상실을 이유로 자신이 기본관계에 기하여 낙
약자에게 부담하는 채무의 이행을 거부할 수 없다(2003다49771).

　　제3자를 위한 계약관계에서 낙약자와 요약자 사이의 법률관계(이른바 기본관계)
를 이루는 계약이 해제된 경우 그 계약관계의 청산은 계약의 당사자인 낙약자와 요
약자 사이에 이루어져야 하므로, 특별한 사정이 없는 한 낙약자가 이미 제3자에게
급부한 것이 있더라도 낙약자는 계약해제에 기한 원상회복 또는 부당이득을 원인
으로 제3자를 상대로 그 반환을 구할 수 없다(2005다7566,7573).

제25절   계약의 해제 · 해지

1. 계약의 해제

　　해제는 당사자의 일방적 의사표시에 의하여 계약의 효력을 소급하여 상실시키
는 제도이다. 계약 또는 법률의 규정에 의하여 당사자의 일방이나 쌍방이 해제의
권리가 있는 때에는 그 해지 또는 해제는 상대방에 대한 의사표시로 한다. 해제 의
사표시는 철회하지 못한다(제543조).

　　해제권에는 약정해제권과 법정해제권이 있다. 약정해제권은 계약으로 미리 정해
둔 해제권이다. 약정해제권의 행사의 경우 미리 손해배상에 관한 내용이 약정에 포
함되어 있지 않은 이상 손해배상청구를 할 수 없다. 법정해제권은 법률이 정한 해제
권이다. 모든 계약에 공통하는 법정해제권은 채무불이행을 이유로 하는 법정해제권
이다. 채무불이행에는 이행지체와 이행불능이 있다. 이행지체는 채무자의 책임 있는
사유로 이행이 지체되고, 채권자가 상당한 기간을 정해 이행을 최고하고, 채무자가
그 기간 내에 이행이나 이행의 제공을 하지 않아야 한다(제544조). 채무자가 이행하지

않을 의사를 미리 표시한 경우에는 이행을 최고할 필요가 없다(제544조 단서).

계약의 성질 또는 당사자의 의사표시에 의하여 일정한 시일 또는 일정한 기간 내에 이행하지 아니하면 계약의 목적을 달성할 수 없는 경우(정기행위)에는 채무자의 책임 있는 사유로 이행지체가 성립하면 곧바로 해제권이 발생하고, 상당한 기간을 정한 이행의 최고가 필요없다(제545조). 이행불능은 채무자에게 책임있는 사유로 채무이행이 불가능한 경우를 말한다. 채무자의 책임있는 사유로 이행이 불능하게 된 때에는 채권자는 계약을 해제할 수 있다(제546조). 당사자의 일방 또는 쌍방이 수인인 경우에는 계약의 해제는 그 전원으로부터 또는 전원에 대하여 하여야 한다. 이 경우 해제의 권리가 당사자 1인에 대하여 소멸한 때에는 다른 당사자에 대하여도 소멸한다(제547조).

당사자 일방이 계약을 해제한 때에는 각 당사자는 그 상대방에 대하여 원상회복의 의무가 있다. 그러나 제3자의 권리를 해하지 못한다. 원상회복으로 금전을 반환할 경우에는 그 받은 날로부터 이자를 가하여야 한다(제548조). 각 당사자가 부담하는 원상회복의무는 상호간 동시이행 관계에 있다(제549조). 계약의 해제는 손해배상의 청구에 영향을 미치지 아니한다(제551조).

해제권 행사의 기간을 정하지 아니한 때에는 상대방은 상당한 기간을 정하여 해제권행사 여부의 확답을 해제권자에게 최고할 수 있다. 위 기간 내에 해제의 통지를 받지 못한 때에는 해제권은 소멸한다(제552조). 해제권자의 고의나 과실로 인하여 계약의 목적물이 현저히 훼손되거나 이를 반환할 수 없게 된 때 또는 가공이나 개조로 인하여 다른 종류의 물건으로 변경된 때에는 해제권은 소멸한다(제553조).

매매계약에 있어 매수인이 중도금을 약정한 일자에 지급하지 아니하면 그 계약을 무효로 한다고 하는 특약이 있는 경우 매수인이 약정한 대로 중도금을 지급하지 아니하면 그 불이행 자체로써 계약은 그 일자에 자동적으로 해제된 것이라고 보아야 한다(88다카132).

계약의 합의해제 또는 해제계약이라 함은 해제권의 유무를 불문하고 계약당사자 쌍방이 합의에 의하여 기존의 계약의 효력을 소멸시켜 당초부터 계약이 체결되지 않았던 것과 같은 상태로 복귀시킬 것을 내용으로 하는 새로운 계약으로서, 계약이 합의해제되기 위해서는 일반적으로 계약이 성립하는 경우와 마찬가지로 계약의 청약과 승낙이라는 서로 대립하는 의사표시가 합치될 것(합의)을 그 요건으로 하는바, 이와 같은 합의가 성립하기 위해서는 쌍방 당사자의 표시행위에 나타난 의사의 내용이 객관적으로 일치하여야 되는 것이다. 계약을 합의해제할 때에 원상회복에 관하여 반드시 약정을 하여야 하는 것은 아니지만, 임대차계약을 합의해제하는 경우에 이미 지급된 임차보증금의 반환에 관하여는 아무런 약정도 하지 아니한 채 임대차계약을 해제하기만 하는 것은 우리의 경험칙에 비추어 이례에 속하는 일이다(92다4130,92다4147).

　　계약의 합의해제는 명시적으로뿐만 아니라 당사자 쌍방의 묵시적인 합의에 의하여도 할 수 있으나, 묵시적인 합의해제를 한 것으로 인정하려면 매매계약이 체결되어 그 대금의 일부가 지급된 상태에서 당사자 쌍방이 장기간에 걸쳐 잔대금을 지급하지 아니하거나 소유권이전등기절차를 이행하지 아니함으로써 이를 방치한 것만으로는 부족하고, 당사자 쌍방에게 계약을 실현할 의사가 없거나 계약을 포기할 의사가 있다고 볼 수 있을 정도에 이르렀다고 할 수 있어야 하고, 당사자 쌍방이 계약을 실현할 의사가 있었는지 여부는 계약이 체결된 후의 여러 가지 사정을 종합적으로 고려하여 판단하여야 한다(95다12682,12699).

　　계약의 합의해제는 명시적으로 이루어진 경우뿐만 아니라 묵시적으로 이루어질 수도 있는 것으로, 계약의 성립 후에 당사자 쌍방의 계약실현 의사의 결여 또는 포기로 인하여 쌍방 모두 이행의 제공이나 최고에 이름이 없이 장기간 이를 방치하였다면, 그 계약은 당사자 쌍방이 계약을 실현하지 아니할 의사가 일치함으로써 묵시적으로 합의해제되었다고 해석함이 상당하다(2004다37904,37911).

　　민법 제544조에 의하여 채무불이행을 이유로 계약을 해제하려면, 당해 채무가 계약의 목적 달성에 있어 필요불가결하고 이를 이행하지 아니하면 계약의 목적이 달성되지 아니하여 채권자가 그 계약을 체결하지 아니하였을 것이라고 여겨질 정도의 주된 채무이어야 하고 그렇지 아니한 부수적 채무를 불이행한 데에 지나지 아니한 경우에는 계약을 해제할 수 없다. 계약상의 의무 가운데 주된 채무와 부수적 채무를 구별함에 있어서는 급부의 독립된 가치와는 관계없이 계약을 체결할 때 표명되었거나 그 당시 상황으로 보아 분명하게 객관적으로 나타난 당사자의 합리적 의사에 의하여 결정하되, 계약의 내용·목적·불이행의 결과 등의 여러 사정을 고려하여야 한다(2005다53705,53712).

　　사정변경으로 인한 계약해제는, 계약성립 당시 당사자가 예견할 수 없었던 현저한 사정의 변경이 발생하였고 그러한 사정의 변경이 해제권을 취득하는 당사자에게 책임 없는 사유로 생긴 것으로서, 계약내용대로의 구속력을 인정한다면 신의칙에 현저히 반하는 결과가 생기는 경우에 계약준수 원칙의 예외로서 인정되는 것이고, 여기에서 말하는 사정이라 함은 계약의 기초가 되었던 객관적인 사정으로서, 일방당사자의 주관적 또는 개인적인 사정을 의미하는 것은 아니다. 또한, 계약의 성립에 기초가 되지 아니한 사정이 그 후 변경되어 일방당사자가 계약 당시 의도한 계약목적을 달성할 수 없게 됨으로써 손해를 입게 되었다 하더라도 특별한 사정이 없는 한 그 계약내용의 효력을 그대로 유지하는 것이 신의칙에 반한다고 볼 수도 없다(2004다31302).

쌍방의 채무가 동시이행관계에 있는 쌍무계약에 있어서도 당사자의 일방이 미리 그 채무를 이행하지 아니할 의사를 표시한 때에는 상대방은 이행의 최고를 하지 아니하고 바로 그 계약을 해제할 수 있는 것인바, 매도인이 매수인을 상대로 매매 잔대금 청구의 소를 제기하자 매수인이 매도인의 소유권이전등기의무의 이행지체로 매매계약이 해제되었다고 주장하면서 오히려 반소로서 이미 지급한 계약금과 중도금의 반환과 위약금의 지급청구를 하였다면, 매수인은 위 반소제기로 잔대금 지급의무를 이행할 의사가 없음을 명백히 한 것이라 할 것이므로 매도인은 매수인에 대해 이행의 최고없이 계약을 해제할 수 있다(84다카1763).

쌍무계약에 있어서 당사자의 일방이 미리 자기 채무를 이행하지 아니할 의사를 표명한 때에는 상대방은 이행의 최고나 자기 채무의 이행의 제공이 없이 계약을 해제할 수 있으나, 이러한 의사의 표명 여부는 계약의 이행에 관한 당사자의 행동과 계약 전후의 구체적 사정 등을 종합적으로 살펴서 판단하여야 하므로, 채무자가 채무의 이행기가 도래되지 아니하였다고 믿을 만한 상당한 근거가 있어 이를 이유로 그 이행을 거절하였다면, 후에 법원의 판결에 의하여 채무의 이행기가 도래한 것으로 최종 판명되었다고 하더라도 그것만으로는 채무자가 자기 채무를 이행하지 아니할 의사를 명백히 표시한 경우에 해당한다고 할 수 없다. 부동산 매매계약의 경우에 매도인이 매수인을 이행지체에 빠뜨리기 위하여 소유권이전등기에 필요한 서류 등을 현실적으로 제공할 필요까지는 없으나, 최소한 위 서류 등을 준비하여 두고 그 뜻을 매수인에게 통지하여 잔금지급과 아울러 이를 수령하여 갈 것을 최고함은 요한다(96다17738).

쌍무계약의 일방 당사자가 이행기에 한번 이행제공을 하여서 상대방을 이행지체에 빠지게 한 경우, 신의성실의 원칙상 이행을 최고하는 일방 당사자로서는 그 채무이행의 제공을 계속할 필요는 없다 하더라도 상대방이 최고기간 내에 이행 또는 이행제공을 하면 계약해제권은 소멸되므로 상대방의 이행을 수령하고 자신의 채무를 이행할 수 있는 정도의 준비가 되어 있으면 된다. 부동산 매수인이 잔대금 지급기일에 잔대금의 이행제공을 하였음에도 매도인이 명도의무를 이행하지 못하여 이행지체에 빠진 경우, 매수인이 매도인에게 상당한 기간 내에 명도의무의 이행이 없을 것을 정지조건으로 하여 미리 해제의 의사표시를 함과 동시에 매도인으로서의 이행을 최고함에 있어서 현실로 이행제공하였던 잔대금으로 양도성예금증서를 구입하여 보관하고 있으면서 자신의 채무를 이행할 수 있는 준비를 하고 있었다면 이는 해제권 발생을 위한 적법한 최고라 할 것이다(96다35590,35606).

채무의 이행이 불능이라는 것은 단순히 절대적·물리적으로 불능인 경우가 아니라 사회생활에 있어서의 경험법칙 또는 거래상의 관념에 비추어 볼 때 채권자가 채무자의 이행의 실현을 기대할 수 없는 경우를 말한다. 매도인의 매매계약상의 소유권이전등기의무가 이행불능이 되어 이를 이유로 매매계약을 해제함에 있어서는 상대방의 잔대금지급의무가 매도인의 소유권이전등기의무와 동시이행관계에 있다고 하더라도 그 이행의 제공을 필요로 하는 것이 아니다. 민법 제548조 제1항 단서에서 규정하고 있는 제3자란 일반적으로 계약이 해제되는 경우 그 해제된 계약으로부터 생긴 법률효과를 기초로 하여 해제 전에 새로운 이해관계를 가졌을 뿐 아니라 등기·인도 등으로 완전한 권리를 취득한 자를 말하고, 계약상의 채권을 양수한 자는 여기서 말하는 제3자에 해당하지 않는다고 할 것인바, 계약이 해제된 경우 계약해제 이전에 해제로 인하여 소멸되는 채권을 양수한 자는 계약해제의 효과에 반하여 자신의 권리를 주장할 수 없음은 물론이고, 나아가 특단의 사정이 없는 한 채무자로부터 이행받은 급부를 원상회복하여야 할 의무가 있다(2000다22850).

상가 분양자가 분양계약상 입점예정일로부터 상당한 시간이 경과하도록 상가 개점과 소유권이전등기 의무 등을 이행하지 않자 일부 수분양자가 분양자의 분양계약상 의무의 이행불능을 이유로 분양계약을 해제하고 분양대금의 반환을 구한 사안에서, 늦어도 원심 변론종결 당시에는 분양자의 분양계약상 의무가 단순한 이행지체의 단계를 넘어서서 사회통념상 이행불능이라고 볼 여지가 있다(2009다75321).

채무의 이행이 불능이라는 것은 단순히 절대적·물리적으로 불능인 경우가 아니라 사회생활에 있어서의 경험법칙 또는 거래상의 관념에 비추어 볼 때 채권자가 채무자의 이행의 실현을 기대할 수 없는 경우를 말하는 것인바, 매매목적물에 대하여 가압류 또는 처분금지가처분 집행이 되어 있다고 하여 매매에 따른 소유권이전 등기가 불가능한 것은 아니며, 이러한 법리는 가압류 또는 가처분집행의 대상이 매매목적물 자체가 아니라 매도인이 매매목적물의 원소유자에 대하여 가지는 소유권 이전등기청구권 또는 분양권인 경우에도 마찬가지이다. 매도인의 소유권이전등기 청구권이 가압류되어 있거나 처분금지가처분이 있는 경우에는 그 가압류 또는 가 처분의 해제를 조건으로 하여서만 소유권이전등기절차의 이행을 명받을 수 있는 것이어서, 매도인은 그 가압류 또는 가처분을 해제하지 아니하고서는 매도인 명의 의 소유권이전등기를 마칠 수 없고, 따라서 매수인 명의의 소유권이전등기도 경료 하여 줄 수 없다고 할 것이므로, 매도인이 그 가압류 또는 가처분 집행을 모두 해제 할 수 없는 무자력의 상태에 있다고 인정되는 경우에는 매수인이 매도인의 소유권 이전등기의무가 이행불능임을 이유로 매매계약을 해제할 수 있다. 매도인이 매매목 적물의 원소유자에 대하여 가지는 소유권이전등기청구권 또는 분양권에 대한 가압 류 또는 처분금지가처분을 해제하여 다시 매수인에게 소유권이전등기절차를 이행 하는 것이 불가능하거나 극히 곤란한 무자력 상태에 있다고 봄이 상당하다(2005다 39211).

이행불능을 이유로 계약을 해제하기 위해서는 그 이행불능이 채무자의 귀책사 유에 의한 경우여야만 한다 할 것이므로, 매도인의 매매목적물에 관한 소유권이전 의무가 이행불능이 되었다고 할지라도, 그 이행불능이 매수인의 귀책사유에 의한 경우에는 매수인은 그 이행불능을 이유로 계약을 해제할 수 없다. 계약해제를 위한 이행최고를 함에 있어서 그 최고되는 채무가 소유권이전등기를 하는 채무와 같이 그 채무의 성질상 채권자에게도 단순한 수령 이상의 행위를 하여야 이행이 완료되 는 경우에는 채권자는 이행의 완료를 위하여 필요한 행위를 할 수 있는 일시·장소 등을 채무자에게 알리는 최고를 하여야 할 필요성은 있다 할 것이나, 위와 같은 채 무의 이행은 채권자와 채무자의 협력에 의하여 이루어져야 하는 것이므로, 채권자 가 위와 같은 내용을 알리는 최고를 하지 아니하고, 단지 언제까지 이행하여야 한 다는 최고만 하였다고 하여 곧바로 그 이행최고를 계약해제를 위한 이행최고로서 의 효력이 없다고 볼 수는 없는 것이고, 채권자가 위와 같은 최고를 한 경우에는 채 무자로서도 채권자에게 문의를 하는 등의 방법으로 확정적인 이행일시 및 장소의 결정에 협력하여야 한다 할 것이며, 채무자가 이와 같이 하지 아니하고 만연히 최 고기간을 도과한 때에는, 그에 이르기까지의 채권자와 채무자의 계약 이행을 위한

성의, 채권자가 채무자에게 구두로 연락을 취하여 이행 일시와 장소를 채무자에게 문의한 적이 있는지 등 기타 사정을 고려하여, 위의 최고도 유효하다고 보아야 할 경우가 있을 수 있다(2000다50497).

갑 분양회사가 을 은행과 중도금 대출예정세대를 포괄적인 주채무자로 하는 한 정근보증계약을 체결하였고 이후 수분양자들이 대출금 이자를 지급하지 않아 을 은행의 요구로 갑 분양회사가 소유권 미이전세대 분양목적물에 관하여 근저당권을 설정하여 주었는데 수분양자들이 분양잔금을 지급하지 않았고, 결국 을 은행이 위 근저당권에 기하여 신청한 임의경매절차에서 제3자가 수분양자들의 아파트를 매수하여 각 소유권을 취득한 사안에서, 갑 분양회사가 수분양자들에 대한 소유권이전의무를 이행할 수 없게 된 결정적인 원인은 수분양자들이 자신의 분양잔금 지급의무 및 대출금 이자 지급의무를 이행하지 아니한 데 있으므로 계약의 이행불능에 관하여 귀책사유가 있는 수분양자들은 그 이행불능을 이유로 분양계약을 해제할 수 없다(2010다41010,41027).

2. 계약의 해지

소비대차 · 임대차 · 고용 등과 같이 계속적 채권채무관계를 일방적 의사표시로 장래에 향하여 소멸케 하는 행위를 해지라 한다. 당사자 일방이 계약을 해지한 때에는 계약은 장래에 대하여 그 효력을 잃는다(제550조). 해지권은 해제권과 마찬가지로 약정해지권과 법정해지권이 있다. 민법은 해제권과 달리 해지권에 관한 일반규정을 두고 있지 않다. 해지권의 행사는 해제권과 마찬가지로 상대방에 대한 의사표시로 하고, 그 의사표시는 철회할 수 없다(제543조). 당사자의 일방 또는 쌍방이 수인인 경우에는 계약의 해지는 그 전원으로부터 또는 전원에 대하여 하여야 한다. 이 경우 해지의 권리가 당사자 1인에 대하여 소멸한 때에는 다른 당사자에 대하여도 소멸한다(제547조). 계약의 해지는 손해배상의 청구에 영향을 미치지 아니한다(제551조).

제26절 증여계약

증여계약은 당사자 일방이 무상으로 재산을 상대방에 수여하는 의사를 표시하고, 상대방이 이를 승낙함으로써 그 효력이 생긴다(제554조). 증여의 의사가 서면으로 표시되지 아니한 경우에는 각 당사자는 이를 해제할 수 있다(제555조). 서면에 의하지 않은 증여는 해제할 수 있으나, 이미 이행한 부분에 대해서는 해제에 의하여 아무런 영향을 받지 않는다(제558조). 수증자가 증여자 또는 그 배우자나 직계혈족에 대하여 범죄행위를 하거나, 증여자에 대하여 부양의무가 있는데, 이를 불이행하는 경우에 증여자는 그 증여를 해제할 수 있다(제556조 제1항). 위 사유로 인한 해제권은 해제원인이 있음을 안 날로부터 6월을 경과하거나 증여자가 수증자에 대하여 용서의 의사를 표시한 때에는 소멸한다(제556조 제2항). 수증자의 망은행위에 기하여 증여자가 증여계약을 해제할 수 있으나, 이미 이행한 부분에 대해서는 해제에 의하여 아무런 영향을 받지 않는다(제558조). 증여계약 후에 증여자의 재산상태가 현저히 변경되고 그 이행으로 인하여 생계에 중대한 영향을 미칠 경우에는 증여자는 증여를 해제할 수 있다(제557조). 재산상태의 악화를 이유로 증여계약을 해제하여도, 이미 이행한 부분에 대하여는 영향을 미치지 아니한다(제558조). 증여자는 증여의 목적인 물건 또는 권리의 하자나 흠결에 대하여 책임을 지지 아니한다. 그러나 증여자가 그 하자나 흠결을 알고 수증자에게 고지하지 아니한 때에는 그러하지 아니하다(제559조 제1항). 상대부담있는 증여에 대하여는 증여자는 그 부담의 한도에서 매도인과 같은 담보의 책임이 있다(제559조 제2항). 정기의 급여를 목적으로 한 증여는 증여자 또는 수증자의 사망으로 인하여 그 효력을 잃는다(제560도). 상대부담있는 증여에 대하여는 증여에 관한 규정 외에 쌍무계약에 관한 규정도 적용된다(제561조). 증여자의 사망으로 인하여 효력이 생기는 상인증여에도 유증에 관한 규정이 준용된다(제562조).

민법 제562조는 사인증여에 관하여는 유증에 관한 규정을 준용하도록 규정하고 있지만, 유증의 방식에 관한 민법 제1065조 내지 제1072조는 그것이 단독행위임을 전제로 하는 것이어서 계약인 사인증여에는 적용되지 아니한다. 민법 제562조가 사인증여에 관하여 유증에 관한 규정을 준용하도록 규정하고 있다고 하여, 이를 근거로 포괄적 유증을 받은 자는 상속인과 동일한 권리의무가 있다고 규정하고 있는 민법 제1078조가 포괄적 사인증여에도 준용된다고 해석하면 포괄적 사인증여에도 상속과 같은 효과가 발생하게 된다. 그러나 포괄적 사인증여는 낙성·불요식의 증여계약의 일종이고, 포괄적 유증은 엄격한 방식을 요하는 단독행위이며, 방식을 위배한 포괄적 유증은 대부분 포괄적 사인증여로 보여질 것인바, 포괄적 사인증여에 민법 제1078조가 준용된다면 양자의 효과는 같게 되므로, 결과적으로 포괄적 유증에 엄격한 방식을 요하는 요식행위로 규정한 조항들은 무의미하게 된다. 따라서 민법 제1078조가 포괄적 사인증여에 준용된다고 하는 것은 사인증여의 성질에 반하므로 준용되지 아니한다고 해석함이 상당하다(94다37714,37721).

상대부담 있는 증여에 대하여는 민법 제561조에 의하여 쌍무계약에 관한 규정이 준용되어 부담의무 있는 상대방이 자신의 의무를 이행하지 아니할 때에는 비록 증여계약이 이미 이행되어 있다 하더라도 증여자는 계약을 해제할 수 있고, 그 경우 민법 제555조와 제558조는 적용되지 아니한다(97다2177).

민법 제47조 제1항에 의하여 생전처분으로 재단법인을 설립하는 때에 준용되는 민법 제555조는 "증여의 의사가 서면으로 표시되지 아니한 경우에는 각 당사자는 이를 해제할 수 있다"고 함으로써 서면에 의한 증여(출연)의 해제를 제한하고 있으나, 그 해제는 민법 총칙상의 취소와는 요건과 효과가 다르므로 서면에 의한 출연이더라도 민법 총칙규정에 따라 출연자가 착오에 기한 의사표시라는 이유로 출연의 의사표시를 취소할 수 있고, 상대방 없는 단독행위인 재단법인에 대한 출연행위라고 하여 달리 볼 것은 아니다. 재단법인에 대한 출연자와 법인과의 관계에 있어서 그 출연행위에 터잡아 법인이 성립되면 그로써 출연재산은 민법 제48조에 의하여 법인 성립시에 법인에게 귀속되어 법인의 재산이 되는 것이고, 출연재산이 부동산인 경우에 있어서도 위 양당사자 간의 관계에 있어서는 법인의 성립 외에 등기를 필요로 하는 것은 아니라 할지라도, 재단법인의 출연자가 착오를 원인으로 취소를 한 경우에는 출연자는 재단법인의 성립 여부나 출연된 재산의 기본재산인 여부와 관계없이 그 의사표시를 취소할 수 있다. 불법점유를 이유로 하여 그 명도 또는 인도를 청구하려면 현실적으로 그 목적물을 점유하고 있는 자를 상대로 하여야 하고 불법점유자라 하여도 그 물건을 다른 사람에게 인도하여 현실적으로 점유를 하고 있지 않은 이상, 그 자를 상대로 한 인도 또는 명도청구는 부당하다(98다9045).

증여에 상대부담 등의 부관이 붙어 있는지 또는 증여와 관련하여 상대방이 별도의 의무를 부담하는 약정을 하였는지 여부는 당사자 사이에 어떠한 법률효과의 발생을 원하는 대립하는 의사가 있고 그것이 말 또는 행동 등에 의하여 명시적 또는 묵시적으로 외부에 표시되어 합치가 이루어졌는가를 확정하는 것으로서 사실인정의 문제에 해당하므로, 이는 그 존재를 주장하는 자가 증명하여야 하는 것이다. 甲이 乙에게 증여한 A 부동산에 관한 상속세를 乙이 부담하기로 하는 묵시적 의사합치가 있었는지 여부가 문제된 사안에서, 증여계약이 체결될 무렵을 전후하여 甲과 乙 사이에는 위 증여 부동산에 관한 상속세를 누가 부담할 것인지에 관하여 아

무런 논의조차 없었던 것으로 보이고, 설령 甲이 내심으로 乙이 상속세를 부담할
것으로 희망 내지 기대하였고 나아가 乙 또한 이를 자신이 부담하리라고 생각하였
다고 하더라도, 위와 같은 두 사람의 의사가 명시적 또는 묵시적으로 외부에 표시
되었다고 볼 아무런 증거가 없는 이상, 그와 같은 사정만으로 두 사람 사이에 묵시
적 의사합치가 이루어져 그것이 위 증여계약의 내용이 되었다거나 또는 별도의 약
정이 체결되었다고 볼 수는 없다(2010다5878).

제27절 매매계약, 환매계약, 교환계약

1. 매매계약

매매계약은 당사자 일방이 재산권을 상대방에게 이전할 것을 약정하고, 상대방
이 그 대금을 지급할 것을 약정함으로써 그 효력이 생긴다(제563조). 낙성(諾成)·쌍
무(雙務)·불요식(不要式)의 전형적인 유상(有償)계약이다. 매매계약에서 바로 본계약
을 체결하지 않고 매매의 예약을 하는 경우가 있는데, 이 경우, 그것이 매매의 일방
예약(예약을 본계약으로 하는 권리를 일방만이 가지고 있는 경우)이면 예약권리자가 예
약완결권을 행사함으로써 본계약이 성립한다.

매매의 당사자 일방이 계약 당시에 금전 기타 물건을 계약금과 보증금 등의 명
목으로 상대방에게 교부한 때에는 당사자 간에 다른 약정이 없는 한 당사자의 일방
이 이행에 착수할 때까지 교부자는 이를 포기하고 수령자는 그 배액을 상환하여 매
매계약을 해제할 수 있다(제565조). 이를 계약금해제라 한다. 계약금이란 계약을 체
결할 때 계약에 부수하여 당사자의 한쪽이 상대방에게 교부하는 금전이나 그 밖의
유가물을 말한다. 계약금은 계약체결의 증거로서의 의미를 가지는 증약금인 경우도
있고, 계약해제권을 유보하는 작용을 가지는 해약금인 경우도 있다. 해약금으로 교
부된 경우 계약금을 교부한 자는 그것을 포기함으로써, 그리고 이러한 계약금을 받
은 자는 그배액을 상환함으로써 계약을 해제할 수 있다. 민법은 원칙적으로 계약금
은 해약금의 성질을 가지는 것으로 규정하고 있다. 계약금을 교부한 자가 계약상의
채무를 이행하지 않을 때, 그것을 수령한 자가 위약벌로서 몰수하는 위약금과 손해
배상액의 예정인 위약금이 있다. 위약벌인 위약금의 경우는 채무불이행으로 인한
손해배상은 위약금과 관계없이 따로 청구할 수 있으나, 손해배상액의 예정인 위약
금의 경우 따로 손해배상을 청구할 수 없다. 위약금 특약이 위약벌인지 손해배상액

의 예정인지 불분명할 때에는 손해배상액의 예정으로 추정해야 한다(제389조 제2항). 당사자가 특약으로 채무불이행의 경우에 계약금을 교부한 자는 그것을 몰수당하고, 계약금을 교부받은 자가 그 배액을 상환할 것을 약정하는 경우 손해배상액의 예정의 성질과 해약금의 성질을 동시에 가지는 것으로 볼 것이다(91다2151).

　매매계약에 관한 비용은 당사자 쌍방이 균분하여 부담한다(제566조). 매매가 성립하면 매도인은 재산권을 이전할 의무를 지고, 매수인은 대금을 지급할 의무를 진다(동시이행의 관계). 매매계약 있은 후에도 인도하지 아니한 목적물로부터 생긴 과실은 매도인에게 속한다. 매수인은 목적물의 인도를 받은 날로부터 대금의 이자를 지급해야 한다. 그러나 대금의 지급에 대하여 기한이 있는 때에는 그렇지 않다(제587조). 매도인은 소유권 그 자체를 매수인에게 이전해야 한다. 소유권 이전에는 소유권이전등기가 필요하기 때문에, 매도인은 매수인에게 등기에 필요한 권리증서와 그 밖에 이에 속한 서류를 교부해야 한다. 매매의 목적물인 물건 또는 권리에 불완전한 점이 있는 경우에 담보책임을 진다. 권리의 하자에 대한 담보책임과 물건의 하자에 대한 담보책임이 있다.

　매도인이 타인의 권리를 매매의 목적으로 한 경우에 그것을 이전할 수 없는 때에는 매수인은 계약을 해제할 수 있을 뿐만 아니라 손해배상을 청구하고 계약을 해제할 수 있다(제571조). 권리의 일부가 타인에게 속하거나 수량부족 및 일부멸실의 경우에는 매수인은 대금의 감액, 계약의 해제, 손해배상의 청구를 할 수 있다(제572조, 제574조).

　매매의 목적물에 제한물권(지상권·지역권·전세권·질권·유치권 등)이 붙어 있는 경우에는 매수인은 계약을 해제하거나 손해배상을 청구할 수 있다(제575조). 매매의 목적이 된 부동산에 설정된 저당권 또는 전세권의 행사로 인하여 매수인이 그 소유권을 취득할 수 없거나 취득한 소유권을 잃은 때에는 매수인은 계약을 해제하거나 손해배상을 청구할 수 있다(제576조).

　강제집행 또는 담보권의 실행으로 행하여지는 경매의 경우, 매수인은 권리의 하자에 관하여 담보책임을 물을 수 있으나(제578조 제1항), 물건의 하자에 관해서는 이를 묻지 못한다(제580조 제2항).

　매매의 목적물에 하자가 있는 경우에도 매수인이 하자 있는 것을 몰랐고, 모르는데 과실이 없는 경우 계약을 해제하거나 손해배상을 청구할 수 있다(하자담보책임, 제580조). 매도인의 하자담보책임은 특정물매매뿐만 아니라 불특정물매매에서도 인정된다.

매매의 대상물에 대하여 권리를 주장하는 자가 있는 경우에 매수인이 매수한 권리의 전부나 일부를 잃을 우려가 있는 때에는 매수인은 그 위험의 한도에서 대금의 전부나 일부의 지급을 거절할 수 있다(추탈위험의 항변권, 제588조). 그러나 매도인이 적절한 담보를 제공한 경우에는 매수인은 대금지급을 거절하지 못한다(제588조 단서). 그리고 매수인에게 대금지급거절권이 있는 경우에 매도인은 매수인에게 대금을 공탁할 것을 청구할 수 있다(제589조).

2. 환매계약

매도인이 매매계약과 동시에 환매할 권리를 보류한 때에는 그 영수한 대금 및 매수인이 부담한 매매비용을 반환하고 그 목적물을 환매할 수 있다. 환매대금에 관하여 특별한 약정이 있으면 그 약정에 의한다. 목적물의 과실과 대금의 이자는 특별한 약정이 없으면 이를 상계한 것으로 본다(제590조). 환매기간은 부동산은 5년, 동산은 3년을 넘지 못한다. 약정기간이 이를 넘는 때에는 부동산은 5년, 동산은 3년으로 단축한다. 환매기간을 정한 때에는 다시 이를 연장하지 못한다. 환매기간을 정하지 아니한 때에는 그 기간은 부동산은 5년, 동산은 3년으로 한다(제591조). 매매의 목적물이 부동산인 경우에 매매등기와 동시에 환매권의 보류를 등기한 때에는 제3자에 대하여 그 효력이 있다(제592조). 매도인은 환매기간 내에 대금과 매매비용을 매수인에게 제공하지 아니하면 환매할 권리를 잃는다(제594조 제1항).

3. 교환계약

교환계약은 당사자 쌍방이 금전 이외의 재산권을 상호이전할 것을 약정함으로써 그 효력이 생긴다(제596조).

제28절 소비대차계약, 사용대차계약, 임대차계약

1. 소비대차계약

소비대차계약은 당사자 일방이 금전 기타 대체물의 소유권을 상대방에게 이전할 것을 약정하고 상대방은 그와 같은 종류, 품질 및 수량으로 반환할 것을 약정함으로써 그 효력이 생기는 계약이다(제598조). 대주가 목적물을 차주에게 인도하기

전에 당사자 일방이 파산선고를 받은 때에는 소비대차는 그 효력을 잃는다(제599
조). 이자있는 소비대차는 차주가 목적물의 인도를 받은 때로부터 이자를 계산하여
야 하며 차주가 그 책임있는 사유로 수령을 지체할 때에는 대주가 이행을 제공한
때로부터 이자를 계산하여야 한다(제600조). 이자없는 소비대차의 당사자는 목적물
의 인도 전에는 언제든지 계약을 해제할 수 있다. 그러나 상대방에게 생긴 손해가
있는 때에는 이를 배상하여야 한다(제601조). 이자있는 소비대차의 목적물에 하자가
있는 경우에는 매매의 하자담보책임 규정이 적용된다(제602조 제1항). 이자없는 소
비대차의 경우에는 차주는 하자있는 물건의 가액으로 반환할 수 있다. 그러나 대주
가 그 하자를 알고 차주에게 고지하지 아니한 때에는 그 하자에 대하여 매매의 하
자담보책임 규정이 적용된다(제602조 제2항). 차주는 약정시기에 차용물과 같은 종
류, 품질 및 수량의 물건을 반환하여야 한다. 반환시기의 약정이 없는 때에는 대주
는 상당한 기간을 정하여 반환을 최고하여야 한다. 그러나 차주는 언제든지 반환할
수 있다(제603조). 차주가 차용물과 같은 종류, 품질 및 수량의 물건을 반환할 수 없
는 때에는 그때의 시가로 상환하여야 한다(제604조 본문). 당사자 쌍방이 소비대차에
의하지 아니하고 금전 기타의 대체물을 지급할 의무가 있는 경우에 당사자가 그 목
적물을 소비대차의 목적으로 할 것을 약정한 때에는 소비대차의 효력이 생긴다(준
소비대차, 제605조). 금전대차의 경우에 차주가 금전에 갈음하여 유가증권 기타 물건
의 인도를 받은 때에는 그 인도시의 가액으로써 차용액으로 한다(대물대차, 제606조).
차용물의 반환에 관하여 차주가 차용물에 갈음하여 다른 재산권을 이전할 것을 예
약한 경우에는 그 재산의 예약당시의 가액이 차용액 및 이에 붙인 이자의 합산액을
넘지 못한다(대물반환의 예약, 제607조). 대물대차와 대물반환의 예약에 관한 앞 규정
에 위반한 당사자의 약정으로서 차주에 불리한 것은 환매 기타 여하한 명목이라도
그 효력이 없다(차주에 불이익한 약정의 금지, 제608조).

2. 사용대차계약

사용대차계약은 당사자 일방이 상대방에게 무상으로 사용, 수익하게 하기 위하
여 목적물을 인도할 것을 약정하고 상대방은 이를 사용·수익한 후 그 물건을 반환
할 것을 약정함으로써 그 효력이 생기는 계약이다(제609조). 사용대차계약은 차용물
을 그대로 반환한다는 점에서 소비대차와 다르고, 무상계약이라는 점에서 임대차와
다르다. 사용대차는 무상계약이므로, 담보책임을 부담하지 않는 것이 원칙이다. 그

러나 대여자가 차용물의 하자나 흠결을 알고 차용인에게 알리지 않은 경우에는 예
외적으로 담보책임을 진다(제612조). 차주는 계약 또는 그 목적물의 성질에 의하여
정하여진 용법으로 이를 사용·수익하여야 한다. 차주는 대주의 승낙이 없으면 제3
자에게 차용물을 사용·수익하게 하지 못한다. 차주가 이상의 규정에 위반한 때에
는 대주는 계약을 해지할 수 있다(제610조). 차주는 차용물의 통상의 필요비를 부담
한다(제611조 제1항). 계약 또는 목적물의 성질에 위반한 사용·수익으로 인하여 생
긴 손해배상의 청구와 차주가 지출한 비용의 상환청구는 대주가 물건의 반환을 받
은 날로부터 6월 내에 하여야 한다(제617조). 수인이 공동하여 물건을 차용한 때에
는 연대하여 그 의무를 부담한다(제616조). 차주는 약정시기에 차용물을 반환하여야
한다. 시기의 약정이 없는 경우에는 차주는 계약 또는 목적물의 성질에 의한 사용·수
익이 종료한 때에 반환하여야 한다. 그러나 사용·수익에 족한 기간이 경과한 때에는
대주는 언제든지 계약을 해지할 수 있다(차용물의 반환시기, 제613조). 차주가 차용물
을 반환하는 때에는 이를 원상에 회복하여야 한다. 이에 부속시킨 물건은 철거할
수 있다(제615조). 차주가 사망하거나 파산선고를 받은 때에는 대주는 계약을 해지
할 수 있다(제614조).

3. 임대차

임대차는 당사자 일방이 상대방에게 목적물을 사용, 수익하게 할 것을 약정하
고 상대방이 이에 대하여 차임을 지급할 것을 약정함으로써 그 효력이 생긴다(제618
조).[48] 부동산임차인은 당사자간에 반대약정이 없으면 임대인에 대하여 그 임대차
등기절차에 협력할 것을 청구할 수 있다. 부동산임대차를 등기한 때에는 그때부터
제3자에 대하여 효력이 생긴다(제621조).

주택임대차보호법 또는 상가건물임대차보호법의 보호를 받는 임대차에서는 등

---

48) 민법 제619조(처분능력, 권한없는 자의 할 수 있는 단기임대차) 처분의 능력 또는 권한없는
   자가 임대차를 하는 경우에는 그 임대차는 다음 각호의 기간을 넘지 못한다.
   1. 식목, 채염 또는 석조, 석회조, 연와조 및 이와 유사한 건축을 목적으로 한 토지의 임대차
      는 10년 2. 기타 토지의 임대차는 5년
   3. 건물 기타 공작물의 임대차는 3년
   4. 동산의 임대차는 6월
   민법 제620조(단기임대차의 갱신) 전조의 기간은 갱신할 수 있다. 그러나 그 기간만료 전 토
   지에 대하여는 1년, 건물 기타 공작물에 대하여는 3월, 동산에 대하여는 1월 내에 갱신하여야
   한다.

기가 없는 경우에도 임차인이 주택의 인도를 받고 주민등록을 마친 때 또는 상가건물의 인도와 사업자등록을 신청한 때에 그 다음 날부터 제3자에 대하여 대항력이 생긴다. 주택의 인도 및 주민등록이라는 대항요건은 대항력의 유지를 위하여 계속 존속해야 한다. 그러나 임차권등기를 마친 경우에는 주민등록을 이전하여도 대항력은 상실하지 않는다.

건물의 소유를 목적으로 한 토지임대차는 이를 등기하지 아니한 경우에도 임차인이 그 지상건물을 등기한 때에는 제3자에 대하여 임대차의 효력이 생긴다. 건물이 임대차기간만료 전에 멸실 또는 후폐한 때에는 위 임대차등기의 효력을 잃는다(제622조).

임대인은 목적물을 임차인에게 인도하고 계약존속 중 그 사용, 수익에 필요한 상태를 유지하게 할 의무를 부담한다(제623조). 임차인이 별 비용을 들이지 않고도 쉽게 고칠 수 있는 파손 또는 장해에 대해서는 임대인은 수선의무를 부담하지 않는다. 그러나 수선하지 않으면 임차인이 계약에 의하여 정해진 목적에 따라 사용·수익할 수 없는 상태인 경우 임대인은 수선의무를 부담한다. 임대인 자신에게 귀책사유가 있는 임차물 훼손뿐만 아니라 임대인 자신에게 귀책사유가 없는 훼손의 경우에도 마찬가지다. 임차인의 귀책사유에 의한 경우도 수선의무는 인정되나, 이 경우 임차인은 임차인의 임차물보관의무(제374조) 위반을 이유로 한 손해배상의무를 진다. 임대인의 상태유지의무에 대한 민법 제632조 규정은 강행규정이 아니므로 당사자 약정에 따라 수선의무를 임대인이 면하거나 임차인의 부담으로 할 수 있다. 다만 특약에 의한 수선의무 면제는 그 범위를 명시하는 등의 특별한 사정이 없는 한 소규모 수선에 국한하고, 대파손에 대한 대수선은 이에 포함되지 않는다. 임대인은 매도인과 같은 담보책임을 부담한다(제567조).

임대인이 임대물의 보존에 필요한 행위를 하는 때에는 임차인은 이를 거절하지 못한다(제624조). 임대인이 임차인의 의사에 반하여 보존행위를 하는 경우에 임차인이 이로 인하여 임차의 목적을 달성할 수 없는 때에는 계약을 해지할 수 있다(제625조). 임차인이 임차물의 보존에 관한 필요비를 지출한 때에는 임대인에 대하여 그 상환을 청구할 수 있다. 임차인이 유익비를 지출한 경우에는 임대인은 임대차종료시에 그 가액의 증가가 현존한 때에 한하여 임차인이 지출한 금액이나 그 증가액을 상환하여야 한다. 이 경우에 법원은 임대인의 청구에 의하여 상당한 상환기간을 허여할 수 있다(제626조). 임차물의 일부가 임차인의 과실없이 멸실 기타 사유로 인하여 사용, 수익할 수 없는 때에는 임차인은 그 부분의 비율에 의한 차임의 감액을 청구할 수 있고, 그 잔존부분으로 임차의 목적을 달성할 수 없는 때에는 임차인은 계약을 해지할 수 있다(제627조). 임대물에 대한 공과부담의 증감 기타 경제사정의 변동으로 인하여 약정한 차임이 상당하지 아니하게 된 때에는 당사자는 장래에 대한 차임의 증감을 청구할 수 있다(제628조). 임차인은 임대인의 동의없이 그 권리를 양도하거나 임차물을 전대하지 못한다. 임차인이 이를 위반한 때에는 임대인은 계약을 해지할 수 있다(제629조). 임차인이 임대인의 동의를 얻어 임차물을 전대한 때에는 전차인은 직접 임대인에 대하여 의무를 부담한다. 이 경우에 전차인은 전대인에 대한 차임의 지급으로써 임대인에게 대항하지 못한다(제630조 제1항). 임차인이 임대인의 동의를 얻어 임차물을 전대한 경우에는 임대인과 임차인의 합의로 계약을 종료한 때에도 전차인의 권리는 소멸하지 아니한다(제631조). 임차물의 수리를 요하거나 임차물에 대하여 권리를 주장하는 자가 있는 때에는 임차인은 지체없이 임대인에게 이를 통지하여야 한다. 그러나 임대인이 이미 이를 안 때에는 그러하지 아니하다(제634조).

임대차기간의 약정이 없는 때에는 당사자는 언제든지 계약해지의 통고를 할 수 있다. 해지의 효력은 상대방이 통고를 받은 날로부터 토지, 건물 기타 공작물은 임대인이 해지를 통고한 경우에는 6월, 임차인이 해지를 통고한 경우에는 1월이 지나면 해지의 효력이 생긴다(제635조).

임대차기간이 만료한 후 임차인이 임차물의 사용·수익을 계속하는 경우에 임대인이 상당한 기간 내에 이의를 하지 아니한 때에는 전임대차와 동일한 조건으로 다시 임대차한 것으로 본다. 다만 존속기간은 약정이 없는 것으로 다루어진다(제639조 제1항). 이를 묵시적 갱신 또는 법정갱신이라고 한다. 건물 기타 공작물의 임대차에는 임차인의 차임연체액이 2기의 차임액에 달하는 때에는 임대인은 계약을 해지할 수 있다(제640조).

건물 기타 공작물의 소유 또는 식목, 채염, 목축을 목적으로 한 토지임대차의 기간이 만료한 경우에 건물, 수목 기타 지상시설이 현존한 때에는 토지임차인은 상당한 가액으로 그 매수를 청구할 수 있다. 다만 임차인은 지상물의 매수를 청구하기 전에 계약의 갱신을 청구하여야 하며, 임대인이 갱신을 원하지 않을 때에만 지상물의 매수를 청구할 수 있다(제643조). 건물 기타 공작물의 임차인이 임대인으로부터 매수한 부속물이 있거나, 건물사용편익을 위하여 임대인의 동의를 얻어 건물에 부속한 물건이 있는 때에는 임대차의 종료시에 임대인에 대하여 그 부속물의 매수를 청구할 수 있다(제646조).

　토지임대인이 임대차에 관한 채권에 의하여 임차지에 부속 또는 그 사용의 편익에 공용한 임차인의 소유동산 및 그 토지의 과실을 압류한 때에는 질권과 동일한 효력이 있다(임차지의 부속물, 과실 등에 대한 법정질권, 제648조). 토지임대인이 변제기를 경과한 최후 2년의 차임채권에 의하여 그 지상에 있는 임차인소유의 건물을 압류한 때에는 저당권과 동일한 효력이 있다(임차지상의 건물에 대한 법정저당권, 제649조). 건물 기타 공작물의 임대인이 임대차에 관한 채권에 의하여 그 건물 기타 공작물에 부속한 임차인소유의 동산을 압류한 때에는 질권과 동일한 효력이 있다(임차건물등의 부속물에 대한 법정질권, 제650조).

　민법 제646조가 규정하는 매수청구의 대상이 되는 부속물이란 건물에 부속된 물건으로서 임차인의 소유에 속하고, 건물의 구성부분으로는 되지 아니한 것으로서 건물의 사용에 객관적인 편익을 가져오게 하는 물건이라고 할 것이므로, 부속된 물건이 오로지 임차인의 특수목적에 사용하기 위하여 부속된 것일 때에는 이에 해당하지 않으며, 당해 건물의 객관적인 사용목적은 그 건물 자체의 구조와 임대차계약 당시 당사자 사이에 합의된 사용목적, 기타 건물의 위치, 주위환경 등 제반 사정을 참작하여 정하여지는 것이다(93다25738,93다25745).

　임대차계약에서 '임차인은 임대인의 승인하에 개축 또는 변조할 수 있으나 부동산의 반환기일 전에 임차인의 부담으로 원상복구하기로 한다'라고 약정한 경우, 이는 임차인이 임차 목적물에 지출한 각종 유익비의 상환청구권을 미리 포기하기로 한 취지의 특약이라고 봄이 상당하다. 점포의 최초 임차인이 임대인 측의 묵시적 동의하에 유리 출입문, 새시 등 영업에 필요한 시설을 부속시킨 후, 그 점포의 소유권이 임차보증금 반환채무와 함께 현 임대인에게 이전되고 점포의 임차권도 임대인과의 사이에 시설비 지급 여부 또는 임차인의 원상회복 의무에 관한 아무런 논의 없이 현 임차인에게 전전승계되어 왔다면, 그 시설 대금이 이미 임차인측에 지급되었다거나 임차인의 지위가 승계될 당시 유리 출입문 등의 시설은 양도대상에서 특히 제외하기로 약정하였다는 등의 특별한 사정이 인정되지 않는 한, 종전 임차인의 지위를 승계한 현 임차인으로서는 임차기간의 만료로 임대차가 종료됨에 있어 임대인에 대하여 부속물매수청구권을 행사할 수 있다(95다12927).

　임대차보증금은 임대차계약이 종료된 후 임차인이 목적물을 인도할 때까지 발생하는 차임 및 기타 임차인의 채무를 담보하는 것으로서 그 피담보채무액은 임대차관계의 종료 후 목적물이 반환될 때에 특별한 사정이 없는 한 별도의 의사표시 없이 임대차보증금에서 당연히 공제되는 것이므로, 특별한 사정이 없는 한 임대차계약이 종료되었다 하더라도 목적물이 명도되지 않았다면 임차인은 임대차보증금이 있음을 이유로 연체차임의 지급을 거절할 수 없는 것이고, 또한 임대차보증금액보다도 임차인의 채무액이 많은 경우에는 민법 제477조에서 정하고 있는 법정충당 순서에 따라야 하는 것이다. 임대차는 당사자 일방이 상대방에게 목적물을 사용·수익하게 할 것을 약정하고 상대방이 이에 대하여 차임을 지급할 것을 약정함으로써 그 효력이 생기는 것이므로, 임차인은 임대차계약이 종료된 경우 특별한 사정이 없는 한 임대인에게 그 목적물을 명도하고 임대차 종료일까지의 연체차임을 지급할 의무가 있음은 물론, 임대차 종료일 이후부터 목적물 명도 완료일까지 그 부동산을 점유·사용함에 따른 차임 상당의 부당이득금을 반환할 의무도 있다고 할 것인데, 이와 같은 법리는 임차인이 임차물을 전대하였다가 임대차 및 전대차가 모두 종료된 경우의 전차인에 대하여도 특별한 사정이 없는 한 그대로 적용된다. 타인 소유의 토지 위에 권한 없이 건물을 소유하고 있는 자는 그 자체로서 특별한 사정이 없는 한 법률상 원인 없이 타인의 재산으로 토지의 차임에 상당하는 이익을 얻고 그로 인하여 타인에게 동액 상당의 손해를 주고 있다고 보아야 하는데, 건물 이외의 공작물의 소유를 목적으로 한 토지 전차인이 당해 토지 위에 권한 없이 공작물을 소유하고 있는 경우에도 이와 마찬가지로 풀이하여야 한다(2007다21856, 21863).

주택임대차보호법 제3조 제1항의 대항요건을 갖춘 임차인의 임대차보증금반환채권에 대한 압류 및 전부명령이 확정되어 임차인의 임대차보증금반환채권이 집행채권자에게 이전된 경우 제3채무자인 임대인으로서는 임차인에 대하여 부담하고 있던 채무를 집행채권자에 대하여 부담하게 될 뿐 그가 임대차목적물인 주택의 소유자로서 이를 제3자에게 매도할 권능은 그대로 보유하는 것이며, 위와 같이 소유자인 임대인이 당해 주택을 매도한 경우 주택임대차보호법 제3조 제2항에 따라 전부채권자에 대한 보증금지급의무를 면하게 되므로, 결국 임대인은 전부금지급의무를 부담하지 않는다(2005다23773).

주택임대차보호법 제3조 제3항은 같은 조 제1항이 정한 대항요건을 갖춘 임대차의 목적이 된 임대주택(이하 '임대주택'은 주택임대차보호법의 적용대상인 임대주택을 가리킨다)의 양수인은 임대인의 지위를 승계한 것으로 본다고 규정하고 있는바, 이는 법률상의 당연승계 규정으로 보아야 하므로, 임대주택이 양도된 경우에 양수인은 주택의 소유권과 결합하여 임대인의 임대차 계약상의 권리·의무 일체를 그대로 승계하며, 그 결과 양수인이 임대차보증금반환채무를 면책적으로 인수하고, 양도인은 임대차관계에서 탈퇴하여 임차인에 대한 임대차보증금반환채무를 면하게 된다. 나아가 임차인에 대하여 임대차보증금반환채무를 부담하는 임대인임을 당연한 전제로 하여 임대차보증금반환채무의 지급금지를 명령받은 제3채무자의 지위는 임대인의 지위와 분리될 수 있는 것이 아니므로, 임대주택의 양도로 임대인의 지위가 일체로 양수인에게 이전된다면 채권가압류의 제3채무자의 지위도 임대인의 지위와 함께 이전된다고 볼 수밖에 없다. 한편 주택임대차보호법상 임대주택의 양도에 양수인의 임대차보증금반환채무의 면책적 인수를 인정하는 이유는 임대주택에 관한 임대인의 의무 대부분이 그 주택의 소유자이기만 하면 이행가능하고 임차인이 같은 법에서 규정하는 대항요건을 구비하면 임대주택의 매각대금에서 임대차보증금을 우선변제받을 수 있기 때문인데, 임대주택이 양도되었음에도 양수인이 채권가압류의 제3채무자의 지위를 승계하지 않는다면 가압류권자는 장차 본집행절차에서 주택의 매각대금으로부터 우선변제를 받을 수 있는 권리를 상실하는 중대한 불이익을 입게 된다. 이러한 사정들을 고려하면, 임차인의 임대차보증금반환채권이 가압류된 상태에서 임대주택이 양도되면 양수인이 채권가압류의 제3채무자의 지위도 승계하고, 가압류권자 또한 임대주택의 양도인이 아니라 양수인에 대하여만 위 가압류의 효력을 주장할 수 있다고 보아야 한다(2011다49523).

제29절 위임계약, 도급계약, 여행계약

1. 위임계약

위임계약은 당사자 일방(위임인)이 상대방(수임인)에 대하여 사무의 처리를 위탁하고 상대방이 이를 승낙함으로써 그 효력이 생기는 계약이다(제680조). 수임인은 위임의 본지에 따라 선량한 관리자의 주의로써 위임사무를 처리하여야 한다(제681조). 수임인은 위임인의 승낙이나 부득이한 사유없이 제3자로 하여금 자기에 갈음하여 위임사무를 처리하게 하지 못한다(제682조 제1항). 복수임인과 위임인 사이에는 위임인과 수임인 사이에서와 동일한 권리와 의무가 발생한다(제682조 제2항). 수임인은 위임인의 청구가 있는 때에는 위임사무의 처리상황을 보고하고 위임이 종료한 때에는 지체없이 그 전말을 보고하여야 한다(제683조). 수임인은 위임사무의 처리로 인하여 받은 금전 기타의 물건 및 그 수취한 과실을 위임인에게 인도하여야 한다. 수임인이 위임인을 위하여 자기의 명의로 취득한 권리는 위임인에게 이전하여야 한다(제684조). 수임인이 위임인에게 인도할 금전 또는 위임인의 이익을 위하여 사용할 금전을 자기를 위하여 소비한 때에는 소비한 날 이후의 이자를 지급하여야 하며 그 외의 손해가 있으면 배상하여야 한다(제685조).

수임인은 특별한 약정이 없으면 위임인에 대하여 보수를 청구하지 못한다. 수임인이 보수를 받을 경우에는 위임사무를 완료한 후가 아니면 이를 청구하지 못한다. 그러나 기간으로 보수를 정한 때에는 그 기간이 경과한 후에 이를 청구할 수 있다. 수임인이 위임사무를 처리하는 중에 수임인의 책임없는 사유로 인하여 위임이 종료된 때에는 수임인은 이미 처리한 사무의 비율에 따른 보수를 청구할 수 있다(제686조). 보수에 대하여 당사자의 약정이 없는 경우에도 거래관행상 보수를 지급하기로 되어 있거나 위임사무가 수임인의 영업 내지 업무에 관련되어 있는 때에는 위임인은 보수를 지급해야 한다. 변호사에게 사건처리를 위임하는 경우 무보수특약이 없는 한 보수지급에 대한 묵시적 약정이 있는 것으로 본다.

위임사무의 처리에 비용을 요하는 때에는 위임인은 수임인의 청구에 의하여 이를 선급하여야 한다(제687조). 수임인이 위임사무의 처리에 관하여 필요비를 지출한 때에는 위임인에 대하여 지출한 날 이후의 이자를 청구할 수 있다. 수임인이 위임사무의 처리에 필요한 채무를 부담한 때에는 위임인에게 자기에 갈음하여 이를 변제하게 할 수 있고 그 채무가 변제기에 있지 아니한 때에는 상당한 담보를 제공하게 할 수 있다. 수임인이 위임사무의 처리를 위하여 과실없이 손해를 받은 때에는 위임인에 대하여 그 배상을 청구할 수 있다(제688조).

위임계약은 각 당사자가 언제든지 해지할 수 있다. 당사자 일방이 부득이한 사유없이 상대방의 불리한 시기에 계약을 해지한 때에는 그 손해를 배상하여야 한다(위임의 상호해지의 자유, 제689조).

위임은 당사자 한쪽의 사망이나 파산으로 종료된다. 수임인이 성년후견개시의 심판을 받은 경우에도 이와 같다(제690조). 위임종료의 경우에 급박한 사정이 있는 때에는 수임인, 그 상속인이나 법정대리인은 위임인, 그 상속인이나 법정대리인이 위임사무를 처리할 수 있을 때까지 그 사무의 처리를 계속하여야 한다. 이 경우에는 위임의 존속과 동일한 효력이 있다(제691조).

위임종료의 사유는 이를 상대방에게 통지하거나 상대방이 이를 안 때가 아니면 이로써 상대방에게 대항하지 못한다(제692조).

2. 도급계약

도급계약은 당사자 일방이 어느 일을 완성할 것을 약정하고 상대방이 그 일의 결과에 대하여 보수를 지급할 것을 약정함으로써 그 효력이 생기는 계약이다(제664조). 도급계약에서 정한 보수는 그 완성된 목적물의 인도와 동시에 지급하여야 한다. 그러나 목적물의 인도를 요하지 아니하는 경우에는 그 일을 완성한 후 지체없이 지급하여야 한다(제665조). 부동산공사의 수급인은 보수에 관한 채권을 담보하기 위하여 그 부동산을 목적으로 한 저당권의 설정을 청구할 수 있다(제666조).

완성된 목적물 또는 완성전의 성취된 부분에 하자가 있는 때에는 도급인은 수급인에 대하여 상당한 기간을 정하여 그 하자의 보수를 청구할 수 있다. 그러나 하자가 중요하지 않고, 그것을 보수하는 데 과다한 비용을 요할 때에는 하자보수나 하자보수에 갈음하는 손해배상을 청구할 수 없고, 그 하자로 인하여 입은 손해배상만을 청구할 수 있을 뿐이다. 도급인은 하자의 보수에 갈음하여 또는 보수와 함께 손해배상을 청구할 수 있다. 도급인이 하자보수를 청구하는 경우 그 보수가 끝날 때까지 보수의 지급을 거절할 수 있다(제667조). 도급인이 완성된 목적물의 하자로 인하여 계약의 목적을 달성할 수 없는 때에는 계약을 해제할 수 있다. 그러나 건물 기타 토지의 공작물에 대하여는 그러하지 아니하다(제668조).

목적물의 하자가 도급인이 제공한 재료의 성질 또는 도급인의 지시에 기인한 때에는 하자보수청구나 계약해제 및 손해배상을 청구할 수 없다. 그러나 수급인이 그 재료 또는 지시의 부적당함을 알고 도급인에게 고지하지 아니한 때에는 그러하지 아니하다(제669조). 하자의 보수, 손해배상의 청구 및 계약의 해제는 목적물의 인도를 받은 날로부터 1년 내에 하여야 한다. 목적물의 인도를 요하지 아니하는 경우에는 일의 종료한 날로부터 1년을 기산한다(제670조). 토지, 건물 기타 공작물의 수급인은 목적물 또는 지반공사의 하자에 대하여 인도 후 5년간 담보의 책임이 있다. 그러나 목적물이 석조, 석회조, 연와조, 금속 기타 이와 유사한 재료로 조성된 것인 때에는 그 기간을 10년으로 한다. 다만 하자로 인하여 목적물이 멸실 또는 훼손된 때에는 도급인은 그 멸실 또는 훼손된 날로부터 1년 내에 보수, 해제, 손해배상청구의 권리를 행사하여야 한다(제671조). 수급인은 위 담보책임이 없음을 약정한 경우에도 알고 고지하지 아니한 사실에 대하여는 그 책임을 면하지 못한다(제672조).

수급인이 일을 완성하기 전에는 도급인은 손해를 배상하고 계약을 해제할 수 있다(제673조). 도급인이 파산선고를 받은 때에는 수급인 또는 파산관재인은 계약을 해제할 수 있다. 이 경우에는 수급인은 일의 완성된 부분에 대한 보수 및 보수에 포함되지 아니한 비용에 대하여 파산재단의 배당에 가입할 수 있다. 이 때 각 당사자는 상대방에 대하여 계약해제로 인한 손해의 배상을 청구하지 못한다(제674조).

당사자의 일방이 상대방의 주문에 따라 자기 소유의 재료를 사용하여 만든 물건을 공급하기로 하고 상대방이 대가를 지급하기로 약정하는 이른바 제작물공급계약은 그 제작의 측면에서는 도급의 성질이 있고 공급의 측면에서는 매매의 성질이 있어 대체로 매매와 도급의 성질을 함께 가지고 있으므로, 그 적용 법률은 계약에 의하여 제작 공급하여야 할 물건이 대체물인 경우에는 매매에 관한 규정이 적용되지만, 물건이 특정의 주문자의 수요를 만족시키기 위한 부대체물인 경우에는 당해 물건의 공급과 함께 그 제작이 계약의 주목적이 되어 도급의 성질을 띠게 된다. 제작물공급계약에서 보수의 지급시기에 관하여 당사자 사이의 특약이나 관습이 없으면 도급인은 완성된 목적물을 인도받음과 동시에 수급인에게 보수를 지급하는 것이 원칙이고, 이때 목적물의 인도는 완성된 목적물에 대한 단순한 점유의 이전만을 의미하는 것이 아니라 도급인이 목적물을 검사한 후 그 목적물이 계약내용대로 완성되었음을 명시적 또는 묵시적으로 시인하는 것까지 포함하는 의미이다. 제작물공급계약의 당사자들이 보수의 지급시기에 관하여 "수급인이 공급한 목적물을 도급인이 검사하여 합격하면, 도급인은 수급인에게 그 보수를 지급한다"는 내용으로 한 약정은 도급인의 수급인에 대한 보수지급의무와 동시이행관계에 있는 수급인의 목적물 인도의무를 확인한 것에 불과하므로, 법률행위의 효력 발생을 장래의 불확실한 사실의 성부에 의존하게 하는 법률행위의 부관인 조건에 해당하지 아니할 뿐만 아니라, 조건에 해당한다 하더라도 검사에의 합격 여부는 도급인의 일방적인 의사에만 의존하지 않고 그 목적물이 계약내용대로 제작된 것인지 여부에 따라 객관적으로 결정되므로 순수수의조건에 해당하지 않는다. 도급계약에 있어 일의 완성에 관한 주장·입증책임은 일의 결과에 대한 보수의 지급을 청구하는 수급인에게 있고, 제작물공급계약에서 일이 완성되었다고 하려면 당초 예정된 최후의 공정까지 일단 종료하였다는 점만으로는 부족하고 목적물의 주요구조 부분이 약정된 대로 시공되어 사회통념상 일반적으로 요구되는 성능을 갖추고 있어야 하므로, 제작물공급에 대한 보수의 지급을 청구하는 수급인으로서는 그 목적물 제작에 관하여 계약에서 정해진 최후 공정을 일단 종료하였다는 점뿐만 아니라 그 목적물의 주요구조 부분이 약정된 대로 시공되어 사회통념상 일반적으로 요구되는 성능을 갖추고 있다는 점까지 주장·입증하여야 한다(2004다21862).

자기의 비용과 노력으로 건물을 신축한 자는 그 건축허가가 타인의 명의로 된 여부에 관계없이 그 소유권을 원시취득하게 되는바, 따라서 건축주의 사정으로 건축공사가 중단된 미완성의 건물을 인도받아 나머지 공사를 하게 된 경우에는 그 공사의 중단 시점에 이미 사회통념상 독립한 건물이라고 볼 수 있는 정도의 형태와 구조를 갖춘 경우가 아닌 한 이를 인도받아 자기의 비용과 노력으로 완공한 자가 그 건물의 원시취득자가 된다. 주택분양보증인이 보증채무의 이행으로 분양이행의 방법을 선택하여 사업주체로부터 중단된 공사를 이어 받아 자기의 비용과 노력으로 완공한 경우, 그 주택분양보증인이 완공된 건물의 원시취득자라 할 것이다. 주택분양보증은 그 성질상 조건부 제3자를 위한 계약으로서, 제3자의 지위에 있는 수분양자는 주택분양보증계약의 내용에 따라 수익의 의사표시에 의하여 주택분양보증인에 대한 분양계약상의 권리를 취득함과 동시에 그와 반대급부의 관계에 있는 의무를 부담한다(2005다68783).

건물이 설계도상 처음부터 여러 층으로 건축할 것으로 예정되어 있고 그 내용으로 건축허가를 받아 건축공사를 진행하던 중에 건축주의 사정으로 공사가 중단되었고 그와 같이 중단될 당시까지 이미 일부 층의 기둥과 지붕 그리고 둘레 벽이 완성되어 그 구조물을 토지의 부합물로 볼 수 없는 상태에 이르렀다고 하더라도, 제3자가 이러한 상태의 미완성 건물을 종전 건축주로부터 양수하여 나머지 공사를 계속 진행한 결과 건물의 구조와 형태 등이 건축허가의 내용과 사회통념상 동일하다고 인정되는 정도로 건물을 축조한 경우에는, 그 구조와 형태가 원래의 설계 및 건축허가의 내용과 동일하다고 인정되는 건물 전체를 하나의 소유권의 객체로 보아 그 제3자가 그 건물 전체의 소유권을 원시취득한다고 보는 것이 옳고, 건축허가를 받은 구조와 형태대로 축조된 전체 건물 중에서 건축공사가 중단될 당시까지 기둥과 지붕 그리고 둘레 벽이 완성되어 있던 층만을 분리해 내어 이 부분만의 소유권을 종전 건축주가 원시취득한다고 볼 것이 아니다. 또한, 구분소유가 성립하는 시점은 원칙적으로 건물 전체가 완성되어 당해 건물에 관한 건축물대장에 구분건물로 등록된 시점이라고 할 것이므로, 건축공사가 중단될 당시까지 종전 건축주에 의하여 축조된 미완성 건물의 구조와 형태가 구분소유권의 객체가 될 수 있을 정도가 되었다고 하더라도 마찬가지이다(2004다67691).

수급인이 자기의 노력과 출재로 완성한 건물의 소유권은 도급인과 수급인 사이의 특약에 의하여 달리 정하거나 기타 특별한 사정이 없는 한 수급인에게 귀속된다. 대지 공유지분권자들에게서 아파트 신축공사를 도급받은 甲 주식회사한테서 乙 주식회사가, 甲 회사의 사정으로 신축공사가 중단되었던 미완성의 건물을 양도받은 후 나머지 공사를 진행하여 구조·형태면에서 사회통념상 독립한 건물이라고 볼 수 있는 정도로 건물을 축조한 사안에서, 달리 도급인인 대지 공유지분권자들과 수급인인 乙 회사 사이에 완성된 건물의 소유권을 도급인에게 귀속시키기로 합의한 것으로 볼 만한 사정이 없으므로, 乙 회사가 건물의 소유권을 원시취득하였다고 볼 것이다(2009다67443,67450).

건축주의 사정으로 건축공사가 중단되었던 미완성의 건물을 인도받아 나머지 공사를 마치고 완공한 경우, 그 건물이 공사가 중단된 시점에서 이미 사회통념상 독립한 건물이라고 볼 수 있는 형태와 구조를 갖추고 있었다면 원래의 건축주가 그 건물의 소유권을 원시취득하고, 최소한의 기둥과 지붕 그리고 둘레 벽이 이루어지면 독립한 부동산으로서의 건물의 요건을 갖춘 것으로 보아야 한다. 원고는 모든 외관공사를 마무리하고 내부 마무리공사만 남겨둔 상태에서 소외 주식회사 사이에 이 사건 건물에 관한 매매계약을 체결한 사실을 알 수 있는바, 사정이 이러하다면 위 법리에 비추어 볼 때 원고가 이 사건 건물을 원시취득하였다고 판단한 원심의 판단은 정당하다(2005다19156).

공사가 도중에 중단되어 예정된 최후의 공정을 종료하지 못한 경우에는 공사가 미완성된 것으로 볼 것이지만, 공사가 당초 예정된 최후의 공정까지 일응 종료되고 그 주요 구조 부분이 약정된 대로 시공되어 사회통념상 일이 완성되었고 다만 그것이 불완전하여 보수를 하여야 할 경우에는 공사가 완성되었으나 목적물에 하자가 있는 것에 지나지 아니한다고 해석함이 상당하고, 예정된 최후의 공정을 종료하였는지 여부는 수급인의 주장이나 도급인이 실시하는 준공검사 여부에 구애됨이 없이 당해 공사 도급계약의 구체적 내용과 신의성실의 원칙에 비추어 객관적으로 판단할 수밖에 없고, 이와 같은 기준은 공사 도급계약의 수급인이 공사의 준공이라는 일의 완성을 지체한 데 대한 손해배상액의 예정으로서의 성질을 가지는 지체상금에 관한 약정에 있어서도 그대로 적용된다. 다만 당사자 사이에 건축공사의 완공

후 부실공사와 하자보수를 둘러싼 분쟁이 일어날 소지가 많음이 예상됨에 따라 그러한 분쟁을 사전에 방지할 의도로 통상의 건축공사 도급계약과는 달리 도급인의 준공검사 통과를 대금지급의 요건으로 삼음과 동시에 하자보수 공사 후 다시 합격을 받을 때까지 지체상금까지 부담하게 함으로써 공사의 완전한 이행을 담보하기 위해 지체상금의 종기를 도급인의 준공검사 통과일로 정하였다고 볼 만한 특별한 사정이 있다면 그에 따라야 할 것이다(2009다7212,7229).

도급계약에 있어서 완성된 목적물에 하자가 있는 때에는 도급인은 수급인에 대하여 하자의 보수를 청구할 수 있고 그 하자의 보수에 갈음하여 또는 보수와 함께 손해배상을 청구할 수 있는바, 이들 청구권은 수급인의 공사대금채권과 동시이행관계에 있으므로 수급인의 하수급인에 대한 하도급 공사대금채무를 인수한 도급인은 수급인이 하수급인과 사이의 하도급계약상 동시이행의 관계에 있는 수급인의 하수급인에 대한 하자보수청구권 내지 하자에 갈음한 손해배상채권 등에 기한 동시이행의 항변으로써 하수급인에게 대항할 수 있다(2007다31914).

도급계약에 있어서 완성된 목적물에 하자가 있을 경우에 도급인은 수급인에게 그 하자의 보수나 하자의 보수에 갈음한 손해배상을 청구할 수 있으나, 다만 하자가 중요하지 아니하면서 동시에 보수에 과다한 비용을 요할 때에는 하자의 보수나 하자의 보수에 갈음하는 손해배상을 청구할 수는 없고 하자로 인하여 입은 손해의 배상만을 청구할 수 있다고 할 것이고, 이러한 경우 하자로 인하여 입은 통상의 손해는 특별한 사정이 없는 한 도급인이 하자 없이 시공하였을 경우의 목적물의 교환가치와 하자가 있는 현재의 상태대로의 교환가치와의 차액이 된다 할 것이므로, 교환가치의 차액을 산출하기가 현실적으로 불가능한 경우의 통상의 손해는 하자 없이 시공하였을 경우의 시공비용과 하자 있는 상태대로의 시공비용의 차액이라고 봄이 상당하다. 습식공법으로 시공하기로 한 내부 벽면 석공사를 반건식공법으로 시공한 사안에서, 그 하자가 중요하지 아니하면서 보수에 과다한 비용을 요하는 경우에 해당하나, 그 교환가치나 시공비용의 차이가 없어 하자로 인한 손해배상을 청구할 수 없다(97다54376).

수급인의 담보책임에 기한 하자보수에 갈음하는 손해배상청구권에 대하여는 민법 제670조 또는 제671조의 제척기간이 적용되고, 이는 법률관계의 조속한 안정을 도모하고자 하는 데에 취지가 있다. 그런데 이러한 도급인의 손해배상청구권에 대하여는 권리의 내용·성질 및 취지에 비추어 민법 제162조 제1항의 채권 소멸시효의 규정 또는 도급계약이 상행위에 해당하는 경우에는 상법 제64조의 상사시효의 규정이 적용되고, 민법 제670조 또는 제671조의 제척기간 규정으로 인하여 위각 소멸시효 규정의 적용이 배제된다고 볼 수 없다. 원심이 이와 달리, 민법상 수급인의 하자담보책임인 이 사건 아파트의 하자보수에 갈음한 손해배상청구권에 대하여는 소멸시효가 적용되지 아니하고 제척기간만이 적용된다는 이유로, 위 손해배상청구권이 시효로 소멸하였는지 여부에 관하여는 아무런 판단을 하지 아니한 채, 피고가 제척기간이 도과하기 이전에 원고에게 하자보수를 청구하였으므로 위 손해배상청구권은 소멸하지 아니하였다고만 판단한 데에는 수급인의 담보책임의 소멸시효에 관한 법리를 오해한 나머지 판결에 영향을 미친 위법이 있다(2011다56491).

3. 여행계약

여행계약은 당사자 한쪽(여행주최자)이 상대방(여행자)에게 운송, 숙박, 관광 또는 그 밖의 여행 관련 용역을 결합하여 제공하기로 약정하고 상대방이 그 대금을 지급하기로 약정함으로써 성립하는 계약이다(제674조의2). 여행자는 여행을 시작하기 전에는 언제든지 계약을 해제할 수 있다. 다만, 여행자는 상대방에게 발생한 손해를 배상하여야 한다(제674조의3). 부득이한 사유가 있는 경우에는 각 당사자는 계약을 해지할 수 있다. 다만, 그 사유가 당사자 한쪽의 과실로 인하여 생긴 경우에는 상대방에게 손해를 배상하여야 한다(제674조의4 제1항). 부득이한 사유로 인한 해지의 경우 해지로 인하여 발생하는 추가 비용은 그 해지 사유가 어느 당사자의 사정에 속하는 경우에는 그 당사자가 부담하고, 누구의 사정에도 속하지 아니하는 경우에는 각 당사자가 절반씩 부담한다(제674조의4 제3항). 여행자는 약정한 시기에 대금을 지급하여야 하며, 그 시기의 약정이 없으면 관습에 따르고, 관습이 없으면 여행의 종료 후 지체 없이 지급하여야 한다(제674조의5). 여행에 하자가 있는 경우에는 여행자는 여행주최자에게 하자의 시정 또는 대금의 감액을 청구할 수 있다. 다만, 그 시정에 지나치게 많은 비용이 들거나 그 밖에 시정을 합리적으로 기대할 수 없는 경우에는 시정을 청구할 수 없다. 시정 청구는 상당한 기간을 정하여 하여야 한다. 다만, 즉시 시정할 필요가 있는 경우에는 그러하지 아니하다. 여행자는 시정 청구, 감액 청구를 갈음하여 손해배상을 청구하거나 시정 청구, 감액 청구와 함께 손해배상을 청구할 수 있다(제674조의6). 여행자는 여행에 중대한 하자가 있는 경우에 그 시정이 이루어지지 아니하거나 계약의 내용에 따른 이행을 기대할 수 없는 경우

426   제 2 부   민사법

에는 계약을 해지할 수 있다. 계약이 해지된 경우에는 여행주최자는 대금청구권을 상실한다. 다만, 여행자가 실행된 여행으로 이익을 얻은 경우에는 그 이익을 여행 주최자에게 상환하여야 한다. 여행주최자는 계약의 해지로 인하여 필요하게 된 조 치를 할 의무를 지며, 계약상 귀환운송 의무가 있으면 여행자를 귀환운송하여야 한 다. 이 경우 상당한 이유가 있는 때에는 여행주최자는 여행자에게 그 비용의 일부 를 청구할 수 있다(제674조의7). 여행주최자의 담보책임은 무과실책임이다. 따라서 여행주최자의 유책사유로 하자가 발생할 것을 요하지 않는다.

제30절 조합계약

조합계약은 2인 이상이 상호출자하여 공동사업을 경영할 것을 약정함으로써 그 효력이 생기는 계약이다. 이때 출자는 금전 기타 재산 또는 노무로 할 수 있다 (제703조). 금전을 출자의 목적으로 한 조합원이 출자시기를 지체한 때에는 연체이 자를 지급하는 외에 손해를 배상하여야 한다(제705조). 조합원의 출자 기타 조합재 산은 조합원의 합유로 한다(제704조).

조합계약의 법적 성질에 대하여 계약설, 합동행위와 계약의 성질을 모두 가지 는 특수한 법률행위라는 설이 주장된다. 조합계약에는 동시이행의 항변권이 적용되 지 않는다는 것이 통설이다. 조합계약을 해제·해지하고, 상대방에게 그로 인한 원 상회복을 구하는 것은 허용되지 않으며, 제명·탈퇴·해산청구를 할 수 있을 뿐이 다. 조합계약에도 계약자유의 원칙이 적용되므로, 구성원들은 자유로운 의사에 따 라 조합계약의 내용을 정할 수 있다. 조합의 구성원들 사이에 내부적인 법률관계를 규율하기 위한 약정이 있는 경우에, 그들 사이의 권리와 의무는 원칙적으로 약정에 따라 정해진다. 이 경우 한쪽 당사자가 약정에 따른 의무를 이행하지 않아 상대방 이 도급인에 대한 의무를 이행하기 위하여 손해가 발생하였다면, 상대방에게 채무 불이행에 기한 손해배상책임을 진다(2014다11574,11581).

조합계약으로 업무집행자를 정하지 아니한 경우에는 조합원의 3분의 2 이상의 찬성으로써 이를 선임한다(제706조 제1항). 조합의 업무집행은 조합원의 과반수로써 결정한다. 업무집행자가 수인인 때에는 그 과반수로써 결정한다(제706조 제2항). 그 러나 조합의 통상사무는 각 조합원 또는 각 업무집행자가 전행할 수 있다. 그러나 그 사무의 완료 전에 다른 조합원 또는 다른 업무집행자의 이의가 있는 때에는 즉시 중지하여야 한다(제706조 제3항).

민법 제272조에 의하면 합유물의 보존행위는 합유자 각자가 할 수 있지만, 합유물의 처분·변경은 합유자 전원의 동의가 있어야 한다. 반면 민법 제706조에 의하면 조합의 통상사무가 아닌 경우(특별사무), 업무집행자가 수인이 있는 경우에는 업무집행자들의 과반수, 업무집행자가 없는 경우 조합원의 과반수로써 결정하여야 한다. 합유물의 처분·변경이 조합의 특별사무인 경우 민법 제272조를 적용하면 조합원 전원의 동의가 필요하고, 민법 제706조가 적용되면, 업무집행자가 수인이 있는 경우에는 업무집행자들의 과반수, 업무집행자가 없는 경우 조합원의 과반수로써 결정하여야 한다. 판례는 조합재산의 처분·변경에 관한 행위는 다른 특별한 사정이 없는 한 제706조 제2항이 제272조에 우선하여 적용된다 할 것이므로, 업무집행자가 없으면 조합원의 과반수로써 결정하고(95다30345), 업무집행조합원이 수인이 있는 경우에는 업무집행조합원의 과반수로써 결정하며(2000다28506,28513), 업무집행자가 1인만 있는 경우 그 업무집행자가 단독으로 결정한다(2007다18911)는 입장이다.

업무집행자인 조합원은 정당한 사유없이 사임하지 못하며 다른 조합원의 일치가 아니면 해임하지 못한다(제708조). 조합의 업무를 집행하는 조합원은 그 업무집행의 대리권있는 것으로 추정한다(제709조). 각 조합원은 언제든지 조합의 업무 및 재산상태를 검사할 수 있다(제710조). 조합은 법인격이 없기 때문에 조합원 전원의 이름으로 제3자와 계약해야 한다. 조합원 전원의 이름으로 하지 않고, 대리제도를 이용하기도 하는데, 이를 조합대리라고 한다. 조합대리의 경우 반드시 전 조합원을 구체적으로 표시할 필요는 없다.

당사자가 손익분배의 비율을 정하지 아니한 때에는 각 조합원의 출자가액에 비례하여 이를 정한다. 이익 또는 손실에 대하여 분배의 비율을 정한 때에는 그 비율은 이익과 손실에 공통된 것으로 추정한다(제711조). 조합채권자는 그 채권발생 당시에 조합원의 손실부담의 비율을 알지 못한 때에는 각 조합원에게 균분하여 그 권리를 행사할 수 있다(제712조). 조합원 중에 변제할 자력없는 자가 있는 때에는 그 변제할 수 없는 부분은 다른 조합원이 균분하여 변제할 책임이 있다(제713조). 조합원의 지분에 대한 압류는 그 조합원의 장래의 이익배당 및 지분의 반환을 받을 권리에 대하여 효력이 있다(제714조). 조합의 채무자는 그 채무와 조합원에 대한 채권으로 상계하지 못한다(제715조).

조합계약으로 조합의 존속기간을 정하지 아니하거나 조합원의 종신까지 존속할 것을 정한 때에는 각 조합원은 언제든지 탈퇴할 수 있다. 그러나 부득이한 사유 없이 조합의 불리한 시기에 탈퇴하지 못한다. 조합의 존속기간을 정한 때에도 조합원은 부득이한 사유가 있으면 탈퇴할 수 있다(제716조). 조합원의 임의탈퇴는 다른 조합원 전원에 대한 의사표시로 하는 것이 원칙이나, 조합계약에서 탈퇴의사의 표시방법을 따로 정한 특약이 있다면 그 특약은 유효하다 할 것이다(96다16896). 임의탈퇴의 요건을 가중하는 것은 가능하지만, 탈퇴를 금지하는 특약은 무효이다. 조합원은 사망, 파산, 성년후견의 개시, 제명(除名)에 해당하는 사유가 있으면 탈퇴된다(제717조). 조합원의 제명은 정당한 사유있는 때에 한하여 다른 조합원의 일치로써 이를 결정한다. 이 제명결정은 제명된 조합원에게 통지하지 아니하면 그 조합원에게 대항하지 못한다(제718조). 탈퇴한 조합원과 다른 조합원 간의 계산은 탈퇴당시의 조합재산상태에 의하여 한다. 탈퇴한 조합원의 지분은 그 출자의 종류 여하에 불구하고 금전으로 반환할 수 있다. 탈퇴당시에 완결되지 아니한 사항에 대하여는 완결후에 계산할 수 있다(제719조). 탈퇴가 되면, 조합의 재산은 잔존조합원들의 합유가 된다. 잔존조합원이 1인이면 그의 단독소유가 된다(93다39225). 2인 조합에서 조합원 1인이 탈퇴하면 조합관계는 종료되지만, 조합은 해산되지 않기 때문에, 기존 공동사업은 청산절차를 거치지 않고 잔존조합원이 계속 유지할 수 있다(99다1284).

부득이한 사유가 있는 때에는 각 조합원은 조합의 해산을 청구할 수 있다(제720조). 조합이 해산한 때에는 청산은 총조합원 공동으로 또는 그들이 선임한 자가 그 사무를 집행한다. 이 때 청산인의 선임은 조합원의 과반수로써 결정한다(제721조). 잔여재산은 각 조합원의 출자가액에 비례하여 이를 분배한다(제724조 제2항).

조합원의 지분은 조합 내부의 손익분배 비율을 기준으로 계산해야 하지만, 당사자가 손익분배 비율을 정하지 않은 때에는 각 조합원의 출자가액에 비례하여 이를 정해야 한다(2008다41529). 동업계약과 같은 조합계약에서는 조합의 해산청구를 하거나 조합으로부터 탈퇴 또는 다른 조합원을 제명할 수 있을 뿐이고, 일반계약처럼 조합계약을 해제하고 상대방에게 그로 인한 원상회복의무를 부담지울 수 없다(2005다62006). 조합원이 사망하면 그의 상속인이 조합원 지위를 승계하지 못하지만, 조합계약으로 그 지위의 상속을 인정하는 때에는 상속인에게 승계될 수 있다(86다카2951).

2인으로 구성된 조합의 조합원 중 1인이 불법행위로 인하여 조합에 대하여 손해배상책임을 지게 되고 또한 그로 인하여 조합관계마저 그 목적달성이 불가능하게 되어 종료됨으로써 조합재산의 분배라는 청산절차만이 남게 된 경우에, 다른 조합원이 불법행위를 저지른 조합원을 상대로 그 불법행위에 따른 손해배상을 청구하는 것을 조합관계의 종료로 인한 잔여재산분배청구로 보아 판단할 수 있다(92다2509).

일부 조합원이 동업계약에 따라 동업자금을 출자하였는데 업무집행 조합원이 본연의 임무에 위배되거나 혹은 권한을 넘어선 행위를 자행함으로써 끝내 동업체의 동업 목적을 달성할 수 없게끔 만들고, 조합원이 출자한 동업자금을 모두 허비한 경우에 그로 인하여 손해를 입은 주체는 동업자금을 상실하여 버린 조합, 즉 조합원들로 구성된 동업체라 할 것이고, 이로 인하여 결과적으로 동업자금을 출자한 조합원에게 손해가 발생하였다 하더라도 이는 조합과 무관하게 개인으로서 입은 손해가 아니고, 조합체를 구성하는 조합원의 지위에서 입은 손해에 지나지 아니하는 것이므로, 결국 피해자인 조합원으로서는 조합관계를 벗어난 개인의 지위에서 그 손해의 배상을 구할 수는 없다(98다60484).

민법 제114조 제1항은 "대리인이 그 권한 내에서 본인을 위한 것임을 표시한 의사표시는 직접 본인에게 대하여 효력이 생긴다"라고 규정하고 있으므로, 원칙적으로 대리행위는 본인을 위한 것임을 표시하여야 직접 본인에 대하여 효력이 생기는 것이고, 한편 민법상 조합의 경우 법인격이 없어 조합 자체가 본인이 될 수 없으므로, 이른바 조합대리에 있어서는 본인에 해당하는 모든 조합원을 위한 것임을 표시하여야 하나, 반드시 조합원 전원의 성명을 제시할 필요는 없고, 상대방이 알 수 있을 정도로 조합을 표시하는 것으로 충분하다. 그리고 상법 제48조는 "상행위의 대리인이 본인을 위한 것임을 표시하지 아니하여도 그 행위는 본인에 대하여 효력이 있다. 그러나 상대방이 본인을 위한 것임을 알지 못한 때에는 대리인에 대하여도 이행의 청구를 할 수 있다"고 규정하고 있으므로, 조합대리에 있어서도 그 법률행위가 조합에게 상행위가 되는 경우에는 조합을 위한 것임을 표시하지 않았다고 하더라도 그 법률행위의 효력은 본인인 조합원 전원에게 미친다. 甲이 금전을 출자하면 乙이 골재 현장에서 골재를 생산하여 그 이익금을 50:50으로 나누어 분배하기로 하는 내용의 동업계약에서, 乙은 민법상 조합의 업무집행조합원에 해당한다고 볼 수 있고, 乙이 위 골재 현장의 터파기 및 부지 평탄작업에 투입될 중장비 등에 사용할 목적으로 유류를 공급받는 행위는 골재생산업을 영위하는 상인인 甲과 乙을 조합원으로 한 조합이 그 영업을 위하여 하는 행위로서 상법 제47조 제1항에 정한 보조적 상행위에 해당한다고 볼 여지가 충분하므로, 乙이 위 골재현장에 필요한 유류를 공급받으면서 그 상대방에게 조합을 위한 것임을 표시하지 아니하였다 하더라도 상법 제48조에 따라 그 유류공급계약의 효력은 본인인 조합원 전원에게 미친다(2008다79340).

조합원은 다른 조합원 전원의 동의가 있으면 그 지분을 처분할 수 있으나 조합의 목적과 단체성에 비추어 조합원으로서의 자격과 분리하여 그 지분권만을 처분할 수는 없으므로, 조합원이 지분을 양도하면 그로써 조합원의 지위를 상실하게 되며, 이와 같은 조합원 지위의 변동은 조합지분의 양도양수에 관한 약정으로써 바로 효력이 생긴다. 한편, 당사자 사이에 조합지분의 양도양수에 관한 약정이 있었는지 여부는 법률행위 해석의 일반원칙에 따라야 하고, 당사자 사이에 계약의 해석을 둘러싸고 이견이 있어 처분문서에 나타난 당사자의 의사해석이 문제되는 경우에는 문언의 내용, 그와 같은 약정이 이루어진 동기와 경위, 약정에 의하여 달성하려는 목적, 당사자의 진정한 의사 등을 종합적으로 고찰하여 논리와 경험칙에 따라 합리적으로 해석하여야 한다(2006다28454).

수인이 부동산을 공동으로 매수한 경우, 매수인들 사이의 법률관계는 공유관계로서 단순한 공동매수인에 불과할 수도 있고, 그 수인을 조합원으로 하는 동업체에서 매수한 것일 수도 있는바, 공동매수의 목적이 전매차익의 획득에 있을 경우 그것이 공동사업을 위해 동업체에서 매수한 것이 되려면, 적어도 공동매수인들 사이에서 그 매수한 토지를 공유가 아닌 동업체의 재산으로 귀속시키고 공동매수인 전원의 의사에 기해 전원의 계산으로 처분한 후 그 이익을 분배하기로 하는 명시적 또는 묵시적 의사의 합치가 있어야만 할 것이고, 이와 달리 공동매수 후 매수인별로 토지에 관하여 공유에 기한 지분권을 가지고 각자 자유롭게 그 지분권을 처분하여 대가를 취득할 수 있도록 한 것이라면 이를 동업체에서 매수한 것으로 볼 수는 없다. 부동산의 공동매수인들이 전매차익을 얻으려는 '공동의 목적 달성'을 위해 상호 협력한 것에 불과하고 이를 넘어 '공동사업을 경영할 목적'이 있었다고 인정되지 않는 경우, 이들 사이의 법률관계는 공유관계에 불과할 뿐 민법상 조합이 아니다(2005다5140).

업무집행자의 선임에 조합원 전원의 찬성이 있을 것을 요하지 아니하고 업무집행자는 업무집행에 관하여 대리권 있는 것으로 추정하도록 한 민법 제706조, 제709조의 규정 취지에 비추어 볼 때, 업무집행자가 없는 경우에도 조합의 업무집행에 조합원 전원의 동의는 필요하지 않다고 하여야 할 것이고, 한편 조합재산의 처분·변경도 조합의 업무집행의 범위에 포함된다고 할 것이므로, 결국 업무집행자가 없는 경우에는 조합의 통상사무의 범위에 속하지 아니하는 특별사무에 관한 업무집행은 원칙적으로 조합원의 과반수로써 결정하는 것이고, 조합재산의 처분·변경에 관한 행위는 다른 특별한 사정이 없는 한 조합의 특별사무에 해당하는 업무집행이라고 보아야 한다. 다만, 조합의 업무집행 방법에 관한 위와 같은 민법 규정은 임의규정이라고 할 것이므로 당사자 사이의 약정에 의하여 조합의 업무집행에 관하여 조합원 전원의 동의를 요하도록 하는 등 그 내용을 달리 정할 수 있고, 그와 같은 약정이 있는 경우에는 조합의 업무집행은 조합원 전원의 동의가 있는 때에만 유효하다(95다30345).

조합의 채무는 조합원의 채무로서 특별한 사정이 없는 한 조합채권자는 각 조합원에 대하여 지분의 비율에 따라 또는 균일적으로 변제의 청구를 할 수 있을 뿐이나, 조합채무가 특히 조합원 전원을 위하여 상행위가 되는 행위로 인하여 부담하게 된 것이라면 상법 제57조 제1항을 적용하여 조합원들의 연대책임을 인정함이 상당하다. 조합에 대한 채무자는 그 채무와 조합원에 대한 채권으로 상계할 수는 없는 것이므로, 조합으로부터 부동산을 매수하여 잔대금 채무를 지고 있는 자가 조합원 중의 1인에 대하여 개인 채권을 가지고 있다고 하더라도 그 채권과 조합과의 매매계약으로 인한 잔대금 채무를 서로 대등액에서 상계할 수는 없다(97다6919).

건설공동수급체는 기본적으로 민법상 조합의 성질을 가지는 것인데, 건설공동수급체의 구성원인 조합원이 그 출자의무를 불이행하였더라도 그 조합원을 조합에서 제명하지 않는 한 건설공동수급체는 조합원에 대한 출자금채권과 그 연체이자채권, 그 밖의 손해배상채권으로 조합원의 이익분배청구권과 직접 상계할 수 있을 뿐이고, 조합계약에서 출자의무의 이행과 이익분배를 직접 연계시키는 특약을 두지 않는 한 출자의무의 불이행을 이유로 이익분배 자체를 거부할 수는 없다(2005다16959).

조합의 목적 달성으로 인하여 조합이 해산되었으나 조합의 잔무로서 처리할 일이 없고 다만 잔여재산의 분배만이 남아 있을 때에는 따로 청산절차를 밟을 필요가 없이 각 조합원은 자신의 잔여재산의 분배비율의 범위 내에서 그 분배비율을 초과하여 잔여재산을 보유하고 있는 조합원에 대하여 바로 잔여재산의 분배를 청구할 수 있고, 이 경우의 잔여재산 분배청구권은 조합원 상호간의 내부관계에서 발생하는 것으로서 각 조합원이 분배비율을 초과하여 잔여재산을 보유하고 있는 조합원을 상대로 개별적으로 행사하면 족한 것이지 반드시 조합원들이 공동으로 행사하거나 조합원 전원을 상대로 행사하여야 하는 것은 아니다(99다35713).

조합의 목적 달성 등으로 인하여 조합이 해산된 경우 별도로 처리할 조합의 잔무가 없고, 다만 잔여재산을 분배하는 일만이 남아 있을 때에는 따로 청산절차를 밟을 필요 없이 각 조합원은 자신의 잔여재산의 분배비율의 범위 내에서 그 분배비율을 초과하여 잔여재산을 보유하고 있는 조합원에 대하여 바로 잔여재산의 분배를 청구할 수 있는 것이나(97다31472), 이때 조합에 합유적으로 귀속된 채권의 추심이나 채무의 변제 등의 사무가 완료되지 아니한 상황이라면, 그 채권의 추심이나 채무의 변제는 원칙으로 조합원 전원이 공동으로 하여야 하는 것이니만큼 그 추심이나 변제 등이 완료되지 않은 상태에서도 조합원들 사이에서 공평한 잔여재산의 분배가 가능하다는 특별한 사정이 인정되지 아니하는 한 조합이 처리하여야 할 잔무에 해당한다고 보아야 하고, 따라서 이러한 경우 청산절차를 거치지 아니하고 바로 잔여재산의 분배를 구할 수는 없다고 할 것이다. 나아가 조합 해산시에 어느 조합원이 다른 조합원을 상대로 청산절차를 거치지 않고 곧바로 하는 위와 같은 잔여재산의 분배청구는 청구의 상대방인 조합원이 그의 분배비율을 초과하여 잔여재산을 보유하고 있는 경우에 한하여 그 분배비율을 초과하는 부분의 범위 내에서만 허용되는 것이므로, 그러한 분배청구가 가능하기 위해서는 조합의 전체 잔여재산의 내역과 그 정당한 분배비율 및 조합원 각자의 현재의 잔여재산 보유내역 등이 먼저 정확하게 확정될 수 있어야 할 것이다(2004다30682).

제31절 사무관리

사무관리란 계약상 또는 법률상 의무 없이 타인을 위하여 그의 사무를 처리하는 것을 말한다. 관리자가 계약 또는 법률에 의하여 본인에 대하여 관리의무가 있는 경우에는 사무관리가 성립하지 않는다(97다54222). 사무관리가 성립하려면 타인을 위하여 하는 의사, 즉 관리의사가 있어야 한다. 관리의사란 법률상의 이익이 아니라 사실상의 이익을 타인에게 귀속시키려는 의사이며, 그것이 자신의 이익을 위한 의사와 병존하여도 무방하다. 관리의사는 외부에 표시될 필요가 없고, 관리 당시 타인이 확정되어 있을 필요도 없다. 본인에게 불이익한 것 또는 본인의 의사에 반하는 것이 명백하지 않아야 사무관리가 성립한다(2013다30882).

의무없이 타인을 위하여 사무를 관리하는 자는 그 사무의 성질에 좇아 가장 본인에게 이익되는 방법으로 이를 관리하여야 한다. 관리자가 본인의 의사를 알거나 알 수 있는 때에는 그 의사에 적합하도록 관리하여야 한다. 관리자가 이를 위반하여 사무를 관리한 경우에는 과실 없는 때에도 이로 인한 손해를 배상할 책임이 있다. 그러나 그 관리행위가 공공의 이익에 적합한 때에는 중대한 과실이 없으면 배상할 책임이 없다(제734조). 관리자가 타인의 생명, 신체, 명예 또는 재산에 대한 급박한 위해를 면하게 하기 위하여 그 사무를 관리한 때에는 고의나 중대한 과실이 없으면 이로 인한 손해를 배상할 책임이 없다(제735조).

관리자가 관리를 개시한 때에는 지체없이 본인에게 통지하여야 한다. 그러나 본인이 이미 이를 안 때에는 그러하지 아니하다(제736조). 관리자는 본인, 그 상속인이나 법정대리인이 그 사무를 관리하는 때까지 관리를 계속하여야 한다. 그러나 관리의 계속이 본인의 의사에 반하거나 본인에게 불리함이 명백한 때에는 그러하지 아니하다(제737조).

관리자가 본인을 위하여 필요비 또는 유익비를 지출한 때에는 본인에 대하여 그 상환을 청구할 수 있다(제739조 제1항). 관리자가 본인을 위하여 필요 또는 유익한 채무를 부담한 때에는 본인에게 자기를 갈음하여 그 채무를 변제하게 할 수 있고, 그 채무가 변제기에 있지 않은 때에는 적절한 담보를 제공하게 할 수 있다(제739조 제2항). 관리자의 사무처리가 본인의 의사에 반함이 명백하지는 않으나, 본인의 의사에 반하는 경우, 본인은 현존이익의 한도에서 필요비 또는 유익비의 상환의무를 부담하고. 관리자의 채무를 변제하거나 담보제공의무를 진다(제739조 제3항). 관리자가 사무관리를 함에 있어서 과실없이 손해를 받은 때에는 본인의 현존이익의 한도에서 그 손해의 보상을 청구할 수 있다(제740조).

제32절 부당이득반환

법률상 원인없이 타인의 재산 또는 노무로 인하여 얻은 이익을 부당이익이라 하고, 부당이득으로 인하여 타인에게 손해를 가한 자는 그 부당이익을 반환하여야 한다(제741조). 부당이득에 있어서 이득이란 실질적인 이득을 가리키는 것이므로 법률상 원인 없이 건물이나 차량을 점유하고 있다고 하여도 이를 실제 사용·수익하지 않은 때에는 실질적 이득이 없기 때문에 부당이득이 성립하지 않는다(91다

22018).

　계약상 급부가 계약 상대방뿐 아니라 제3자에게 이익이 된 경우에 급부를 한 계약당사자는 계약 상대방에 대하여 계약상 반대급부를 청구할 수 있는 이외에 제3자에 대하여 직접 부당이득반환청구를 할 수는 없다고 보아야 하고, 이러한 법리는 급부가 사무관리에 의하여 이루어진 경우에도 마찬가지이다. 따라서 의무 없이 타인을 위하여 사무를 관리한 자는 타인에 대하여 민법상 사무관리 규정에 따라 비용상환 등을 청구할 수 있는 외에 사무관리에 의하여 결과적으로 사실상 이익을 얻은 다른 제3자에 대하여 직접 부당이득반환을 청구할 수는 없다(2011다17106). 계약의 한쪽 당사자가 상대방의 지시 등으로 급부과정을 단축하여 상대방과 또 다른 계약관계를 맺고 있는 제3자에게 직접 급부를 하는 경우(이른바 삼각관계에서 급부가 이루어진 경우), 그 급부로써 급부를 한 계약당사자가 상대방에게 급부를 한 것일 뿐만 아니라 그 상대방이 제3자에게 급부를 한 것이다. 따라서 계약의 한쪽 당사자는 제3자를 상대로 법률상 원인 없이 급부를 수령하였다는 이유로 부당이득반환청구를 할 수 없다. 이러한 경우에 계약의 한쪽 당사자가 상대방에게 급부를 한 원인관계인 법률관계에 무효 등의 흠이 있거나 그 계약이 해제되었다는 이유로 제3자를 상대로 직접 부당이득반환청구를 할 수 있다고 보면, 자기 책임 아래 체결된 계약에 따른 위험부담을 제3자에게 전가하는 것이 되어 계약법의 원리에 반하는 결과를 초래할 뿐만 아니라 수익자인 제3자가 상대방에 대하여 가지는 항변권 등을 침해하게 되어 부당하다(2018다204992).

　채무없음을 알고 이를 변제한 때에는 그 반환을 청구하지 못한다(제742조). 변제기에 있지 아니한 채무를 변제한 때에는 그 반환을 청구하지 못한다. 그러나 채무자가 착오로 인하여 변제한 때에는 채권자는 이로 인하여 얻은 이익을 반환하여야 한다(제743조). 채무없는 자가 착오로 인하여 변제한 경우에 그 변제가 도의관념에 적합한 때에는 그 반환을 청구하지 못한다(제744조). 채무자 아닌 자가 착오로 인하여 타인의 채무를 변제한 경우에 채권자가 선의로 증서를 훼멸하거나 담보를 포기하거나 시효로 인하여 그 채권을 잃은 때에는 변제자는 그 반환을 청구하지 못한다. 이 경우에 변제자는 채무자에 대하여 구상권을 행사할 수 있다(제745조).

　불법의 원인으로 인하여 재산을 급여하거나 노무를 제공한 때에는 그 이익의 반환을 청구하지 못한다. 그러나 그 불법원인이 수익자에게만 있는 때에는 그러하지 아니하다(제746조). 여기서 말하는 '불법'이 있다고 하려면, 급부의 원인이 된 행위가 그 내용이나 성격 또는 목적이나 연유 등으로 볼 때 선량한 풍속 기타 사회질서에 위반될 뿐 아니라 반사회성·반윤리성·반도덕성이 현저하거나, 급부가 강행법규를 위반하여 이루어졌지만 이를 반환하게 하는 것이 오히려 규범 목적에 부합하지 아니하는 경우 등에 해당하여야 한다(2013다79887,79894).

수익자가 그 받은 목적물을 반환할 수 없는 때에는 그 가액을 반환하여야 한다. 수익자가 그 이익을 반환할 수 없는 경우에는 수익자로부터 무상으로 그 이익의 목적물을 양수한 악의의 제3자가 그 가액을 반환할 책임이 있다(제747조). 선의의 수익자는 그 받은 이익이 현존한 한도에서 위 반환책임이 있다. 악의의 수익자는 그 받은 이익에 이자를 붙여 반환하고 손해가 있으면 이를 배상하여야 한다(제748조). 수익자가 이익을 받은 후 법률상 원인없음을 안 때에는 그때부터 악의의 수익자로서 이익반환의 책임이 있다. 선의의 수익자가 패소한 때에는 그 소를 제기한 때부터 악의의 수익자로 본다(제749조).

제33절 불법행위

민법상 손해배상책임이 발생하는 경우로는 채무불이행(제390조)과 불법행위로 인한 손해배상책임(민법 제750조), 점유자의 회복자에 대한 손해배상책임(제202조), 점유침탈로 인한 손해배상책임(민법 제204조), 계약체결상의 과실책임(민법 제535조), 유상계약에 있어서의 담보책임(민법 제567조, 제570조이하) 등이 있다.[49] 민법 외 제조물책임법, 실화책임법, 자동차배상법, 특허법, 국가배상법 등 여러 법률에서 손해배상책임을 규정하고 있다. 법이 정한 책임원인이 발생하여 손해배상책임이 성립하

---

49) 그 외 법인의 손해배상책임(민법 제35조), 법인 이사의 손해배상책임(민법 제65조), 무권대리인의 손해배상책임(민법 제135조), 점유권방해자의 손해배상책임(민법 제205조), 전세권자의 손해배상책임(민법 제315조), 계약해제로 인한 손해배상책임(민법 제551조), 무이자소비대차계약해제로 인한 손해배상책임(민법 제601조), 여행 개시 전 계약해제로 인한 손해배상책임(민법 제674조의3), 불리한 시기 위임계약 해지로 인한 손해배상책임(민법 제689조), 임치물의 성질·하자로 인한 임치인의 손해배상책임(민법 제697조), 조합금전출자지체에 대한 손해배상책임(민법 제705조), 감독자의 손해배상책임(민법 제755조), 사용자의 손해배상책임(민법 제756조), 도급인의 손해배상책임(민법 제757조), 공작물 등의 점유자·소유자의 손해배상책임(민법 제758조), 동물점유자의 손해배상책임(민법 제759조), 공동불법행위자의 손해배상책임(민법 제760조), 약혼해제로 인한 손해배상책임(민법 제806조), 혼인취소로 인한 손해배상책임(민법 제825조), 재판상 이혼으로 인한 손해배상책임(민법 제843조, 제806조), 파양으로 인한 손해배상책임(민법 제897조, 제806조) 등이 있다.

면 그 다음으로 손해배상의 범위가 결정된다. 손해배상의 청구권자는 원칙적으로 손해를 받은 피해자이며, 자연인뿐만 아니라 법인 및 권리능력 없는 사단도 포함된다. 배상의무를 부담하는 자는 가해자이지만 가해자의 위법한 행위로 인하여 가해자와 일정한 관계에 있는 자(감독의무자, 사용자, 도급인 등)가 배상의무를 부담하기도 하고, 법인의 대표기관의 불법행위에 대하여 법인이 손해배상책임을 지기도 한다.

고의 또는 과실로 인한 위법행위로 타인에게 손해를 가한 자는 그 손해를 배상할 책임이 있다(제750조).

부작위로 인한 불법행위가 성립하려면 작위의무가 전제되어야 하지만, 작위의무가 객관적으로 인정되는 이상 의무자가 의무의 존재를 인식하지 못하였더라도 불법행위 성립에는 영향이 없다. 이는 고지의무 위반에 의하여 불법행위가 성립하는 경우에도 마찬가지이므로 당사자의 부주의 또는 착오 등으로 고지의무가 있다는 것을 인식하지 못하였다고 하여 위법성이 부정될 수 있는 것은 아니다(2010다8709).

불법행위에 있어서 고의는 일정한 결과가 발생하리라는 것을 알면서 감히 이를 행하는 심리상태로서, 객관적으로 위법이라고 평가되는 일정한 결과의 발생이라는 사실의 인식만 있으면 되고 그 외에 그것이 위법한 것으로 평가된다는 것까지 인식하는 것을 필요로 하는 것은 아니다(2001다46440).

불법행위의 성립요건으로서의 과실은 이른바 추상적 과실만이 문제되는 것이고 이러한 과실은 사회평균인으로서의 주의의무를 위반한 경우를 가리키는 것이지만, 그러나 여기서의 '사회평균인'이라고 하는 것은 추상적인 일반인을 말하는 것이 아니라 그때 그때의 구체적인 사례에 있어서의 보통인을 말하는 것이다(2000다12532).

가압류나 가처분 등 보전처분은 법원의 재판에 의하여 집행되는 것이기는 하나, 실체상 청구권이 있는지는 본안소송에 맡기고 단지 소명에 의하여 채권자의 책임 아래 하는 것이므로 그 집행 후에 집행채권자가 본안소송에서 패소 확정되었다면 보전처분 집행으로 인하여 채무자가 입은 손해에 대하여는 특별한 반증이 없는 한 집행채권자에게 고의 또는 과실이 있다고 추정되고, 따라서 그 부당한 집행으로 인한 손해에 대하여 이를 배상할 책임이 있다(2012다34764).

타인의 신체, 자유 또는 명예를 해하거나 기타 정신상 고통을 가한 자는 재산 이외의 손해에 대하여도 배상할 책임이 있다. 이 경우 법원은 손해배상을 정기금채무로 지급할 것을 명할 수 있고 그 이행을 확보하기 위하여 상당한 담보의 제공을 명할 수 있다(제751조). 타인의 생명을 해한 자는 피해자의 직계존속, 직계비속 및 배우자에 대하여는 재산상의 손해없는 경우에도 손해배상의 책임이 있다(생명침해로 인한 위자료, 제752조).

　미성년자가 타인에게 손해를 가한 경우에 그 행위의 책임을 변식할 지능이 없는 때에는 배상의 책임이 없다(제753조). 심신상실 중에 타인에게 손해를 가한 자는 배상의 책임이 없다. 그러나 고의 또는 과실로 인하여 심신상실을 초래한 때에는 그러하지 아니하다(제754조). 다른 자에게 손해를 가한 사람이 제753조 또는 제754조에 따라 책임이 없는 경우에는 그를 감독할 법정의무가 있는 자가 그 손해를 배상할 책임이 있다. 다만, 감독의무를 게을리하지 아니한 경우에는 그러하지 아니하다. 감독의무자를 갈음하여 제753조 또는 제754조에 따라 책임이 없는 사람을 감독하는 자도 위 손해배상책임이 있다(제755조).

　타인을 사용하여 어느 사무에 종사하게 한 자는 피용자가 그 사무집행에 관하여 제3자에게 가한 손해를 배상할 책임이 있다. 그러나 사용자가 피용자의 선임 및 그 사무감독에 상당한 주의를 한 때 또는 상당한 주의를 하여도 손해가 있을 경우에는 그러하지 아니하다. 사용자에 갈음하여 그 사무를 감독하는 자도 위 손해배상책임이 있다. 이 경우에 사용자 또는 감독자는 피용자에 대하여 구상권을 행사할 수 있다(제756조). 피용자의 책임과 사용자의 책임은 부진정연대채무관계가 있다. '사무집행에 관하여'라는 규정의 뜻은 원칙적으로 그것이 피용자의 직무범위에 속하는 행위이어야 할 것이나 피용자의 직무집행행위 그 자체는 아니나 그 행위의 외형으로 관찰하여 마치 직무의 범위내에 속하는 것과 같이 보이는 행위도 포함하는 것이라고 새겨야 한다. 사용관계는 명시적인 고용관계에 국한되지 않으며, 여러 가지 형태로 주장될 수 있다. 사무집행에 대한 관련성은 그 외형을 기준으로 판단한다는 외형이론이 학설 및 판례(대법원 1985. 8. 13. 선고 84다카979 판결)의 입장이다. 업무집행관련성에 있어서 업무의 범위는 피용자의 집행행위 자체는 아니나 그 행위의 외형으로 관찰하여 마치 직무의 범위 내에 속하는 것과 같이 보이는 행위도 포함한다. 외형이론의 구체적 내용에 관하여, 판례는 외형상 객관적으로 사용자의 사무집행에 관련된 것인지의 여부는 피용자의 본래의 직무와 불법행위와의 관련 정도 및 사용자에게 손해발생에 대한 위험 창출과 방지조치 결여의 책임이 어느 정도 있는지를 고려하여 판단하여야 한다고 한다(91다391460). 사용자책임은 피용자의 불법행위책임을 전제로 하므로, 사용자는 피용자의 손해배상의무의 발생장해사유나 소멸사유를 항변으로서 주장·입증하여야 한다.

사용자가 피용자의 선임 및 그 사무감독에 상당한 주의를 하였거나 상당한 주의를 하였더라도 손해의 발생을 피할 수 없었다는 점을 주장·입증하여 면책항변 가능하다(제756조 제1항 단서). 즉 이들 두 면책사유 중 어느 하나를 입증하면 그 책임을 면하는 것이고, 그 가운데서 후자, 즉 상당한 주의를 하여도 손해가 발생하였으리라는 것은 사용자의 부주의와 손해의 발생과의 사이에 인과관계가 없으면 책임은 생기지 않는다는 것이며, 사용자책임에 관하여 과실책임주의를 취하고 있는 이상 당연한 것으로서 주의적 규정에 지나지 않는다고 할 것이다. 이들 두 면책사유의 입증책임은 모두 사용자가 부담한다(68다578).

사용자는 피용자와의 사용·피용관계가 피용자의 가해행위 이전에 이미 소멸하였음을 항변으로서 주장·입증할 수 있다. 다만, 그 소멸은 법률상의 관계의 소멸, 예컨대, 고용계약의 해약으로 족하지 않고 사실상의 지휘 감독관계의 소멸이어야 한다. 피용자가 사직했어도 잔무정리에 종사하고 있는 기간이었다면 사용자와의 사용·피용관계는 아직 소멸되었다고 볼 수 없다. 피용자의 내심이 직무의 집행을 목적으로 한 것이 아니며, 이러한 사실을 피용자의 가해행위 당시 피해자가 알고 있었거나 알지 못한 데에 중과실이 있는 경우에는, 사용자는 위 각 사실을 항변으로서 주장·입증하여 사용자책임을 면할 수 있다.

피용자의 행위가 사용자나 사용자에 갈음하여 그 사무를 감독하는 자의 사무집행행위에 해당하지 않음을 피해자 자신이 알았거나 또는 중대한 과실로 알지 못한 경우에는 사용자 혹은 사용자에 갈음하여 그 사무를 감독하는 자에 대하여 사용자책임을 물을 수 없고, 한편, 사용자책임이 면책되는 피해자의 중대한 과실이라 함은 조금만 주의를 기울였더라면 피용자의 행위가 그 직무권한 내에서 적법하게 행하여진 것이 아니라는 사정을 알 수 있었음에도 만연히 이를 직무권한 내의 행위라고 믿음으로써 일반인에게 요구되는 주의의무에 현저히 위반하는 것으로 거의 고의에 가까운 정도의 주의를 결여하고, 공평의 관점에서 피해자를 구태여 보호할 필요가 없다고 봄이 상당하다고 인정되는 상태를 말한다(2000다1327).

타인에게 어떤 사업에 관하여 자기의 명의를 사용할 것을 허용한 경우에 그 사업이 내부관계에 있어서는 타인의 사업이고 명의자의 고용인이 아니라 하더라도 외부에 대한 관계에 있어서는 그 사업이 명의자의 사업이고 또 그 타인은 명의자의 종업원임을 표명한 것과 다름이 없으므로, 명의사용을 허용받은 사람이 업무수행을 함에 있어 고의 또는 과실로 다른 사람에게 손해를 끼쳤다면 명의사용을 허용한 사람은 민법 제756조에 의하여 그 손해를 배상할 책임이 있고, 명의대여관계의 경우 민법 제756조가 규정하고 있는 사용자책임의 요건으로서의 사용관계가 있느냐 여부는 실제적으로 지휘·감독을 하였느냐의 여부에 관계없이 객관적·규범적으로 보아 사용자가 그 불법행위자를 지휘·감독해야 할 지위에 있었느냐의 여부를 기준으로 결정하여야 할 것이다(2007다26929).

도급인은 수급인이 그 일에 관하여 제3자에게 가한 손해를 배상할 책임이 없다. 그러나 도급 또는 지시에 관하여 도급인에게 중대한 과실이 있는 때에는 그러하지 아니하다(제757조).

공작물의 설치 또는 보존의 하자 또는 수목의 재식 또는 보존의 하자로 인하여 타인에게 손해를 가한 때에는 공작물 또는 수목의 점유자가 손해를 배상할 책임이 있다. 그러나 점유자가 손해의 방지에 필요한 주의를 해태하지 아니한 때에는 그 소유자가 손해를 배상할 책임이 있다. 이 경우에 점유자 또는 소유자는 그 손해의 원인에 대한 책임있는 자에 대하여 구상권을 행사할 수 있다(제758조).

건물 일부의 임차인이 건물 외벽에 설치한 간판이 추락하여 행인이 부상한 경우에 건물 소유자는 건물 외벽의 직접점유자로서 제758조 제1항 소정의 손해배상책임을 부담한다(2002다65516).

민법 제758조는 공작물의 설치·보존의 하자로 인하여 타인에게 손해를 가한 경우 그 점유자 또는 소유자에게 일반불법행위와 달리 이른바 위험책임의 법리에 따라 책임을 가중시킨 규정일 뿐이고, 그 공작물 시공자가 그 시공상의 고의·과실로 인하여 피해자에게 가한 손해를 민법 제750조에 의하여 직접 책임을 부담하게 되는 것을 배제하는 취지의 규정은 아니다(96다39219).

동물의 점유자는 그 동물이 타인에게 가한 손해를 배상할 책임이 있다. 그러나 동물의 종류와 성질에 따라 그 보관에 상당한 주의를 해태하지 아니한 때에는 그러하지 아니하다. 점유자에 갈음하여 동물을 보관한 자도 위 손해배상책임이 있다(제759조).

수인이 공동의 불법행위로 타인에게 손해를 가한 때에는 연대하여 그 손해를 배상할 책임이 있다. 공동 아닌 수인의 행위 중 어느 자의 행위가 그 손해를 가한 것인지를 알 수 없는 때에도 그 수인은 연대하여 그 손해를 배상할 책임이 있다. 교사자나 방조자는 공동행위자로 본다(제760조).

타인의 불법행위에 대하여 자기 또는 제3자의 이익을 방위하기 위하여 부득이 타인에게 손해를 가한 자는 배상할 책임이 없다. 그러나 피해자는 불법행위에 대하여 손해의 배상을 청구할 수 있다. 급박한 위난을 피하기 위하여 부득이 타인에게 손해를 가한 경우에도 같다(제761조).

태아는 손해배상의 청구권에 관하여는 이미 출생한 것으로 본다(제762조).

불법행위와 상당인과관계에 있는 통상손해 및 가해자가 그 사정을 알았거나 알 수 있었던 특별손해를 배상해야 한다. 손해는 법률에 다른 규정이 없는 이상 금전으로 배상하는 것이 원칙이다(제763조, 제393조). 불법행위에 의하여 훼손되거나 소재불명으로 된 물건에 관하여 피해자가 그 가액 전부를 배상받은 때에는 그 물건에 관한 권리를 다른 법률원인 없이 당연히 피해자로부터 손해배상자에게 이전된다(제763조, 제399조).

타인의 명예를 훼손한 자에 대하여는 법원은 피해자의 청구에 의하여 손해배상에 갈음하거나 손해배상과 함께 명예회복에 적당한 처분을 명할 수 있다(제764조). 여기서 "명예회복에 적당한 처분"에 사죄광고를 포함시키는 것은 헌법에 위반된다(89헌마160).

불법행위에 기한 손해배상의무자는 그 손해가 고의 또는 중대한 과실에 의한 것이 아니고 그 배상으로 인하여 배상자의 생계에 중대한 영향을 미치게 될 경우에는 법원에 그 배상액의 경감을 청구할 수 있다. 법원은 위 청구가 있는 경우 채권자 및 채무자의 경제상태와 손해의 원인 등을 참작하여 배상액을 경감할 수 있다(제765조).

불법행위로 인한 손해배상의 청구권은 피해자나 그 법정대리인이 그 손해 및 가해자를 안 날로부터 3년간 이를 행사하지 아니하면 시효로 인하여 소멸한다. 불법행위를 한 날로부터 10년을 경과한 때에도 시효로 인하여 소멸한다(제766조).

어떤 법률행위가 사기에 의한 것으로 취소되는 경우에 그 법률행위가 동시에 불법행위를 구성하는 때에는 취소의 효과로 생기는 부당이득반환청구권과 불법행위로 인한 손해배상청구권은 경합하여 병존하는 것이므로, 채권자는 어느 것이라도 선택하여 행사할 수 있지만, 중첩적으로 행사할 수는 없다(92다56087).

자동차사고로 인한 손해배상청구사건에서 자동차손해배상보장법이 민법에 우선하여 적용되어야 할 것은 물론이지만 그렇다고 하여 피해자가 민법상의 손해배상청구를 하지 못한다고 할 수 없으므로, 자동차손해배상보장법상의 손해배상책임이 인정되지 않는 경우에도 민법상의 불법행위책임을 인정할 수는 있다(2001다23201,23218).

자동차사고로 인한 손해배상청구사건에서 손해는 적극적 손해(치료비, 향후치료비, 장례비), 소극적 손해(휴업손해, 일실이익), 정신적 손해(원고 및 망인의 위자료)로 구분된다.

불법행위로 인한 손해배상에 관하여 가해자와 피해자 사이에 피해자가 일정한 금액을 지급받고 그 나머지 청구를 포기하기로 합의가 이루어진 때에는 그 후 그 이상의 손해가 발생하였다 하여 다시 그 배상을 청구할 수 없는 것이지만, 그 합의가 손해의 범위를 정확히 확인하기 어려운 상황에서 이루어진 것이고, 후발손해가 합의 당시의 사정으로 보아 예상이 불가능한 것으로서, 당사자가 후발손해를 예상하였더라면 사회통념상 그 합의금액으로는 화해하지 않았을 것이라고 보는 것이 상당할 만큼 그 손해가 중대한 것일 때에는 당사자의 의사가 이러한 손해에 대해서까지 그 배상청구권을 포기한 것이라고 볼 수 없으므로 다시 그 배상을 청구할 수 있다고 보아야 한다(99다42797).

불법행위로 인한 손해배상사건에서 피해자의 일실수입은 사고 당시 피해자의 실제소득을 기준으로 하여 산정할 수도 있고 통계소득을 포함한 추정소득에 의하여 평가할 수도 있는 것인바, 피해자가 일정한 수입을 얻고 있었던 경우 신빙성 있는 실제 수입에 대한 증거가 현출되지 아니하는 경우에는 피해자가 종사하였던 직종과 유사한 직종에 종사하는 자들에 대한 통계소득에 의하여 피해자의 일실수입을 산정하여야 한다(92다14526).

불법행위의 피해자가 입은 소극적 손해를 산정함에 있어 노동능력상실률을 적용하는 방법에 의할 경우에는 그 노동능력상실률은 단순한 신체적 장애율이 아니라 피해자의 연령, 교육 정도, 종전 직업의 성질과 직업 경력 및 기술숙련 정도, 신체장애의 부위 및 정도, 유사 직종이나 타 직종에의 전업가능성과 그 확률 기타 사회적, 경제적 조건을 모두 참작하여 경험법칙에 따라 도출하는 합리적이고 객관성 있는 노동능력상실률을 도출해야 한다(91다7385).

제34절 약혼, 혼인, 이혼

1. 약혼

약혼은 장차 혼인하기로 하는 남녀 간의 합의를 말한다. 약혼은 당사자 간 합의에 의하여 성립하며, 당사자는 장차 혼인을 할 의무를 서로에게 부담하게 된다.

그러나 혼인의무를 강제할 수는 없다. 약혼의 해제는 상대방에 대한 의사표시로 한다. 약혼을 해제하면 처음부터 약혼이 없었던 것으로 되며, 과실이 있는 상대방에 대하여 이로 인한 손해배상을 청구할 수 있다. 또한 이미 상대방에게 제공한 약혼예물은 부당이득으로 반환하여야 하나, 과실이 있는 당사자는 자신이 제공한 예물의 반환청구권이 없다(76므41,42).

2. 혼인

혼인은 만18세 이상의 남녀가 부부로서 함께 생활할 것으로 합의하고, "가족관계의 등록 등에 관한 법률"에 정한 바에 따른 혼인신고를 하는 것을 혼인이라 한다. 혼인신고는 가족관계 등록사무를 담당하는 공무원이 수리하여야 효과가 발생한다. 배우자가 이미 있는 자는 다시 혼인할 수 없다.

부부로 될 사람은 혼인이 성립하기 전에 재산에 관하여 자유롭게 계약을 체결할 수 있다. 이를 부부재산계약이라 한다. 혼인성립시까지 이를 등기하지 않으면 이로써 부부의 승계인 또는 제3자에게 대항하지 못한다. 부부 중 일방이 혼인 전 가지는 고유재산과 혼인 중 자기 명의로 취득한 재산은 그의 특유재산이 된다. 특유재산은 부부 각자가 관리, 사용, 수익한다. 부부의 누구에게 속한 것인지 분명하지 않은 재산은 부부 공유로 추정한다. 혼인생활비용은 부부가 공동으로 부담한다. 부부는 일상가사에 관하여 서로 대리권이 있다. 부부 한쪽이 제3자와 일상가사에 관한 법률행위를 한 경우 연대책임을 진다.

부부는 배우자로서 서로 친족이 되고, 상대방이 사망한 경우 상속인이 된다. 부부는 상대방의 4촌 이내의 혈적, 4촌 이내의 혈족의 배우자와의 사이에 인척관계가 된다. 부부의 성(姓)은 혼인 전 성을 그대로 유지되며, 혼인으로 변하지 않는다. 부부는 동거하며 부양하며 협조한다. 상호간 정조를 지켜야 하며, 이를 위반할 경우 이혼의 원인이 되고, 손해배상책임을 지게 된다.

당사자 사이에 혼인의 합의가 없는 때, 당사자 사이가 8촌 이내의 혈족관계일 때, 당사자 사이에 직계인척관계가 있거나 있었던 때, 당사자 사이에 養父母系의 직계혈족관계가 있었던 때에는 혼인은 무효이고, 혼인무효의 소는 당사자·법정대리인 또는 4촌 이내의 친족이 언제든지 제기할 수 있다.

혼인이 무효로 된 경우 당사자 일방은 과실있는 상대방에 대하여 이로 인한 손해배상을 청구할 수 있다. 혼인적령의 미달, 부모 등의 동의를 결여한 혼인, 근친혼,

중혼, 악질 기타 중대한 사유가 있는 혼인, 사기 또는 강박에 의한 혼인은 취소할 수 있다.

취소원인이 있는 혼인도 법원의 판결에 의하여 취소될 때까지는 유효한 혼인이다. 혼인이 취소되면 혼인관계 및 인척관계는 종료한다. 혼인취소에 과실이 있는 상대방에 대하여 손해배상을 청구할 수 있다.

실질적으로 부부로서 혼인생활을 하고 있으나 혼인신고를 하지 않은 경우 사실혼이라 한다. 사실혼이 인정되려면 당사자 사이에 혼인에 대한 합의가 있고, 객관적으로 부부공동생활을 인정할 만한 혼인의 실질이 있어야 한다. 사실혼이 인정되더라도 사실혼의 배우자 및 그 혈족과의 사이에는 친족관계가 생기지 않지만, 사실혼의 경우에도 법률혼과 같은 재산상 효과가 인정된다.

3. 이혼

부부가 합의하여 혼인관계를 해소하는 합의를 하고 이를 신고하는 것을 이혼이라 한다. 이혼의 합의와 신고에 의하여 협의이혼이 성립한다.

재판상 이혼이란 협의이혼이 아니라 부부 중 일방이 가정법원에 이혼판결을 청구하여 얻은 판결로 이혼을 하는 것을 말한다. 배우자의 부정한 행위, 악의 유기, 배우자 또는 그의 직계존속에 의한 심히 부당한 대우, 자기의 직계존속에 대한 배우자의 심히 부당한 대우, 3년 이상의 생사불분명, 기타 혼인을 계속하기 어려운 중대한 사유가 재판상 이혼사유이다.

이혼을 한 당사자의 일방은 상대방에 대하여 재산분할을 청구할 수 있다. 재산분할청구권은 이혼한 날부터 2년 내 제기하여야 한다. 재판상 이혼의 경우 과실이 있는 상대방에 대하여 재산상 손해배상청구권과 위자료청구권이 인정된다.

협의이혼, 재판상 이혼, 혼인이 취소된 경우, 사실혼이 해소된 경우 부모 중 친권자나 양육자가 아닌 쪽은 면접교섭권을 가진다. 법원은 자녀의 복리를 위하여 당사자의 청구 또는 직권으로 면접교섭을 제한하거나 배제할 수 있다.

제35절 친생부인의 소와 인지

1. 친생부인의 소

부모 중 일방이 자신의 자식으로 알았는데, 알고 보니 남의 자식이라는 사실을 나중에 알고서 자신을 속인 배우자를 상대로 소송으로 자기와 남의 자식 간에 친생자관계에 있다는 추정을 깨뜨리는 것을 친생부인의 소라 한다. 친생부인의 소는 그 사유가 있음을 안 날부터 2년 내에 제기하여야 한다.

2. 인지

인지란 혼인 외의 출생자의 생부 또는 생모가 그를 자기의 자녀로 인정하여 법률상의 친자관계를 발생시키는 의사표시이다(임의인지). 자녀가 거꾸로 생부 또는 생모를 상대로 인지의 소를 제기하여 인지의 효과를 발생시킬 수도 있다(강제인지). 생전의 인지는 "가족관계의 등록 등에 관한 법률"이 정한 바에 따라 신고함으로써 효력이 생긴다. 인지는 유언으로도 할 수 있고, 이 경우 유언집행자가 신고한다. 혼인 외의 출생자가 그 부모의 혼인에 의하여 법률상 친자관계를 얻는 것을 준정(準正)이라 한다. 특정인 사이에 친생자관계의 존재 여부가 명확하지 않은 경우 제소기간 제한 없이 언제라도 친생자관계 존부 확인의 소를 제기할 수 있다. 당사자 일방이 사망한 때에는 그 사망을 안 날로부터 2년 내에 검사를 상대로 하여 인지의 소 또는 친생자관계 존부 확인의 소를 제기하여야 한다.

제36절 상속, 상속회복청구

상속이란 사람이 사망한 경우 그의 재산상 지위가 법률에 기하여 포괄적으로 타인에게 승계되는 것을 말한다. 민법은 자연인의 사망을 원인으로 한 사후상속만 인정한다. 상속은 피상속인의 주소지에서 개시된다. 상속에 관한 비용은 상속재산에서 지급된다.

1순위 상속인은 피상속인의 직계비속이다. 직계비속에는 피상속인의 자녀, 손자녀, 증손자녀, 외손자녀, 외증손자녀가 포함된다. 직계비속이 여럿인 경우 피상속인과 촌수가 가장 가까운 사람이 선순위자이다. 2순위는 피상속인의 직계존속이다.

피상속인의 직계비속이 없는 경우 직계존속이 상속인이 된다. 3순위는 피상속인의 형제자매이며, 4순위는 피상속인의 4촌 이내의 방계혈족이다. 동순위 사이의 상속분은 똑같은 비율로 한다. 배우자는 공동상속하는 직계비속 또는 직계존속의 상속분에 50%를 더한다.

피상속인의 배우자는 그의 직계비속과 같은 순위로 공동상속인이 된다. 직계비속이 없는 경우 직계존속과 공동상속이 된다. 직계비속과 직계존속이 없으면 단독상속인이 된다. 여기의 배우자에는 혼인신고를 한 법률상 배우자만 포함되고, 사실혼의 배우자는 포함되지 않는다.

상속인이 될 직계비속이나 형제자매가 상속개시 전에 사망하거나 상속결격으로 인하여 상속인이 되지 못한 경우, 그의 직계비속이나 배우자가 있으면 그 직계비속이나 배우자가 사망한 사람 또는 상속결격자의 순위에 갈음하여 상속인이 된다(대습상속). 대습상속인의 상속분은 피대습자의 상속분과 같다.

증여나 유증을 받은 재산이 자기의 상속분을 초과하는 경우 그 초과부분은 반환하여야 한다(특별수익반환). 공공상속인 중 상당한 기간 동안 동거, 간호, 그 밖의 방법으로 피상속인을 특별히 부양하거나 피상속인의 재산 유지나 증가에 특별한 기여를 한 경우 그 기여나 부양을 상속분 산정에 고려해야 한다(기여분). 비상속인의 특별기여는 인정되지 않는다. 기여분은 1차적으로 공동상속인들간 협의로 정하나, 협의가 이루어지지 않을 경우 기여자의 청구로 법원이 정한다.

상속회복청구권은 자기의 진정한 상속권에 기하여 참칭상속인50)의 침해를 배제하여 상속인지위회복을 청구하는 권리를 말한다. 상속재산 전체의 인도를 청구하든 개별적으로 청구하든 상속회복청구권으로 해석한다.51) 부당한 유산분할을 한

---

50) 상속회복청구의 상대방이 되는 참칭상속인이라 함은 재산상속인인 것을 신뢰하게 하는 외관을 갖추고 있는 자나 상속인이라고 참칭하여 상속재산의 전부 또는 일부를 점유하는 자를 가리키는 것으로서, 공동상속인의 한 사람이 다른 상속인의 상속권을 부정하고 자기만이 상속권이 있다고 참칭하는 경우도 여기에 해당한다 할 것이고, 이와 같은 요건을 충족하면서 진정한 상속인의 상속권(또는 상속분)을 침해하기만 하면 참칭상속인은 별다른 요건을 필요로 하지 아니하고 상속회복청구의 상대방이 될 수 있는 것이다(90다카19470).

51) 대법원 1978. 12. 13. 선고 78다1811 판결은 "상속부동산에 관하여 진정한 상속인임을 전제로 그 상속을 원인으로 하는 소유권의 귀속을 주장하고 그 참칭상속인들을 상대로 그 등기의 말소 등을 청구하는 경우에 그 소유권 귀속의 주장이 상속을 원인으로 하는 것인 이상 그 청구원인 여하에 불구하고 이는 민법 제999조 소정의 상속회복청구의 소라고 해석함이 상당하다"고 판시하여 집합권리설의 입장에서 물권적 청구권이 상속회복청구권에 흡수되는 것으로 보았고, 대법원 1981. 1. 27. 선고 79다854 전원합의체 판결은 상속회복청구권과 물권적 청구권과의 경합을 명백하게 부정하였다. 대법원 1991. 12. 24. 선고 90다5740 전원합의체 판결 역시

공동상속인에 대한 인도청구 또 참칭상속인으로부터 특정재산을 양수한 제3자에 대한 인도청구도 상속회복청구권의 행사이다. 상속회복청구권은 재판상 또는 재판 외에서 모두 행사할 수 있다. 상속회복청구권은 상속인 또는 그 법정대리인이 그 침해를 안 날부터 3년, 상속권의 침해행위가 있은 날부터 10년이 경과하면 소멸된다(제999조 제2항).

제37절 한정승인과 상속포기

상속인은 상속개시가 있음을 안 날부터 3개월 내에 단순승인, 한정승인 또는 상속의 포기를 할 수 있다. 3개월 기간 내에 한정승인이나 포기를 하지 않으면 단순승인을 한 것으로 의제된다. 한정승인을 하려면 상속인이 상속개시 있음을 안 날부터 3개월 내지 상속채무가 상속재산을 초과한다는 사실을 안 날부터 3개월 내에 상속재산의 목록을 첨부하여 가정법원에 한정승인의 신고를 하여야 한다. 한정승인을 한 상속인은 상속으로 인하여 취득할 적극재산 한도에서 피상속인의 채무와 유증을 변제하면 된다. 한정승인자는 한정승인을 한 날부터 5일 내에 채권을 신고할 것을 공고하고 상속재산의 청산을 하여야 한다. 상속인이 상속의 포기를 하려면 3개월 내에 가정법원에 포기의 신고를 하여야 한다. 상속의 포기는 상속이 개시된 때에 소급하여 효력이 있으므로 포기자는 처음부터 상속인이 아니게 된다. 공동상속인 중 일부가 상속을 포기한 경우 그 포기자의 직계비속은 포기자를 대습상속[52]할 수 없고, 다른 공동상속인들에게 그들의 상속분 비율대로 귀속된다.

"재산상속에 관하여 진정한 상속인임을 전제로 그 상속으로 인한 소유권 또는 지분권 등 재산권의 귀속을 주장하고, 참칭상속인 또는 자기들만이 재산상속을 하였다는 일부 공동상속인들을 상대로 상속재산인 부동산에 관한 등기의 말소 등을 청구하는 경우에도 그 소유권 또는 지분권이 귀속되었다는 주장이 상속을 원인으로 하는 것인 이상, 그 청구원인 여하에 불구하고 이는 민법 제999조 소정의 상속회복 청구의 소라고 해석함이 상당하다"고 판시하였다.

52) 대습상속이란 상속이 개시되기 전에 상속인이 될 피상속인의 직계비속 또는 형제자매가 사망하거나 결격된 경우에 그의 직계비속과 배우자가 사망 또는 결격된 자의 순위에 갈음하여 상속하는 것을 말한다.

제38절 유류분반환청구

유류분이란 일정한 범위 내에서 보장받는 상속인의 상속재산을 의미한다. 피상속인의 직계비속과 배우자는 그의 법정상속분의 2분의 1, 피상속인의 직계존속과 형제자매는 그의 법정상속분의 3분의 1이다. 대습상속인의 유류분은 피대습자의 유류분과 같다.

유류분 산정의 기초가 되는 재산은 피상속이 상속개시시에 가지고 있던 재산의 가액에 증여재산의 가액을 더하고 채무의 전액을 공제하여 산정한다. 유류분권자가 피상속인의 증여 도는 유증으로 인하여 그이 유류분의 부족이 생긴 때에는 그는 부족한 한도 내에서 증여 또는 유증된 재산의 반환을 청구할 수 있다.

유류분반환청구권은 피상속인이 자신의 재산을 상속인이 아닌 자에게 생전 증여나 유증을 하였을 경우 원래 상속을 받아야 할 배우자나 자녀가 상속을 전혀 받지 못하게 되는 경우도 발생할 수 있으므로 이를 방지하기 위하여 일정 범위 내에서 상속재산을 확보할 수 있는 권리를 상속인에게 부여한 것이다.

유류분권은 상속개시가 된 후에는 포기할 수 있으나 자녀들 사이의 균분상속과 배우자 생계를 위한 상속권 보장이라는 취지상 상속 개시 전에는 포기할 수 없다. 대습상속에 관한 규정은 유류분에도 준용된다. 상속결격자와 상속포기자는 상속인이 아니므로 유류분권이 없다. 상속결격자의 경우 대습자가 유류분권을 가지지만, 상속포기의 경우에는 대습도 인정되지 않는다.

유류분반환청구권의 행사는 재판상 또는 재판 외에서 상대방에 대한 의사표시의 방법으로 할 수 있고, 이 경우 그 의사표시는 침해를 받은 유증 또는 증여행위를 지정하여 이에 대한 반환청구의 의사를 표시하면 그것으로 족하고 그로 인하여 생긴 목적물의 이전등기청구권이나 인도청구권 등을 행사하는 것과는 달리 그 목적물을 구체적으로 특정하여야 하는 것은 아니며, 민법 제1117조 소정의 소멸시효의 진행도 위 의사표시로 중단된다.

유류분권리자가 유류분반환청구를 하는 경우에 증여 또는 유증을 받은 다른 공동상속인이 수인일 때에는, 유류분권리자는 그 다른 공동상속인들 중 증여 또는 유증을 받은 재산의 가액이 자기 고유의 유류분액을 초과하는 상속인을 상대로 하여 그 유류분액을 초과한 금액의 비율에 따라 반환청구를 할 수 있다고 보아야 한다. 공동상속인 중에 피상속인으로부터 재산의 증여에 의하여 특별수익을 한 자가 있는 경우에는 민법 제1114조의 규정은 그 적용이 배제되고, 따라서 그 증여는 상속 개시 전의 1년 간에 행한 것인지 여부에 관계없이 유류분산정을 위한 기초재산에 산입된다. 공동상속인 중에 피상속인으로부터 재산의 생전 증여에 의하여 특별수익 을 한 자가 있는 경우에는 민법 제1114조의 규정은 그 적용이 배제되고, 그 증여는 상속개시 1년 이전의 것인지 여부, 당사자 쌍방이 손해를 가할 것을 알고서 하였는 지 여부에 관계없이 유류분 산정을 위한 기초재산에 산입된다. 유류분 산정의 기초 가 되는 증여 부동산의 가액 산정 시기는 피상속인이 사망한 상속개시 당시의 가격 을 기준으로 한다. 유류분반환청구권은 유류분권자가 상속의 개시와 반환해야 할 증여 또는 유증을 한 사실을 안 때부터 1년 내에 행사하지 않으면 시효에 의하여 소멸한다. 상속이 개시된 때부터 10년이 경과하여도 소멸한다.

제 4 장   민사집행

제 1 절   서   설

민사집행은 ① 강제집행, ② 담보권 실행을 위한 경매, ③ 민법·상법, 그 밖의 법률의 규정에 의한 경매를 의미한다(제1조). 강제집행은 국가의 공권력을 행사하여 민사소송절차에 의한 판결을 기초로 한 집행권원을 강제적으로 실현시키기 위한 절차이다. 강제집행은 일반적으로 채무자의 재산압류, 현금화, 배당의 절차를 거친다. 담보권 실행을 위한 경매는 저당권·가등기담보권·질권·전세권 등 담보권에 내재된 환가권(경매권)을 실행하여 피담보채권의 만족을 얻는 절차이다. 담보권 실행을 위한 경매에는 집행권원 대신 담보권증명서류를 제출하도록 한다(제264조 제1항).[1] 부동산담보권실행을 위한 경매절차에는 강제경매 규정이 준용된다(제268조). 근저당권에 기한 경매의 경우 경매신청시에 근저당채권액이 확정되며, 확정 후에 발생하는 원금채권은 근저당권으로 담보되지 않는다. 유치권에 의한 경매와 민법·상법, 그 밖의 법률이 규정하는 바에 따른 경매는 담보권 실행을 위한 경매의 예에 따라 실시한다(제274조 제1항). 유치권에 의한 경매의 신청은 유치권의 존재를 증명하는 서류를 집행기관에 제출하여야 한다. 유치권에 의한 경매도 강제경매나 담보권경매와 마찬가지로 목적부동산 위의 부담을 소멸시키는 것을 법정매각조건으로 하여 실시되고

---

[1] 담보권증명서류는 주로 등기부등본이다. 저당권·가등기담보권·전세권 등이 실제로 존재하나 등부에 말소되어 있는 경우에는 담보권존재확인소송의 승소판결이나 말소등기회복등기청구소송의 승소판결이 담보권증명서류에 해당한다. 채권자는 피담보채권의 존재를 증명할 필요가 없다(2000마5110). 담보권의 승계가 있는 경우에는 승계집행문 제도가 없으므로 승계증명서류를 제출하여야 한다. 승계증명서류도 같이 송달하여야 한다(제264조 제3항).

유치권자는 일반채권자와 동일한 순위로 배당을 받을 수 있다. 민법·상법, 그 밖의 법률이 규정하는 바에 따른 경매를 형식적 경매라 한다. 민법의 규정에 의한 경매에는 공유물분할을 위한 경매(민법 제269조 제2항), 청산을 위한 경매(민법 제1037조, 제1051조 제3항) 등이 있다. 형식적 경매는 경매 대상물의 압류와 현금화까지만 진행되고, 여러 채권자들에 대한 배당절차는 없다. 채권자대위권에 의한 대위경매신청도 가능하다.

제 2 절   집행기관 · 집행당사자

민사집행법에 의하여 강제집행권의 행사를 담당하는 국가기관을 집행기관이라 한다. 집행기관에는 집행관, 집행법원, 제1심 법원, 그 밖의 집행기관이 있다. 국세체납처분절차에 따른 압류재산의 공매는 자산관리공사가 대행한다. 민사집행은 민사집행법에 특별한 규정이 없으면 집행관이 실시한다(제2조). 실력행사를 수반하는 사실적 행동을 요하고, 비교적 간이한 절차를 취하는 집행은 집행관의 직무관할에, 관념적인 재판으로써 족한 채권에 대한 집행 또는 신중한 절차를 요하는 부동산에 대한 집행은 집행법원의 직무관할에, 집행할 청구권과 집행방법 사이에 상당한 재량판단을 요하는 행위는 수소법원의 직무관할에 속한다. 강제집행절차에서 대립하는 두 당사자를 채권자, 채무자라 한다. 집행절차에서의 채권자·채무자는 집행문이 누구를 위하여 또는 누구에 대하여 부여되는가에 따라 정해진다(제39조 제1항). 집행문이 필요없는 가압류·가처분결정은 결정문에 표시된 당사자가 집행당사자이다. 판결이 그 판결에 표시된 당사자 외의 사람에게 효력이 미치는 때에는 그 사람에 대하여 집행하거나 그 사람을 위하여 집행할 수 있다. 다만, 민사소송법 제71조[2]의 규정에 따른 참가인(보조참가인)에 대하여는 그러하지 아니하다(제25조 제1항). 인낙조서, 화해조서, 조정조서, 확정된 지급명령, 확정된 이행권고결정도 판결의 경우와 마찬가지로 집행력이 미친다. 집행증서의 경우에는 집행증서상의 채권자와 채무자 그리고 집행증서 작성 후 포괄승계 또는 특정승계인에게 집행력이 미친다. 강제집행을 개시한 뒤에 채무자가 죽은 때에는 상속재산에 대하여 강제집행을

---

2) 민사소송법 제71조(보조참가) 소송결과에 이해관계가 있는 제3자는 한쪽 당사자를 돕기 위하여 법원에 계속중인 소송에 참가할 수 있다. 다만, 소송절차를 현저하게 지연시키는 경우에는 그러하지 아니하다.

계속하여 진행한다.

제 3 절 집행권원

원칙적으로 강제집행은 확정된 종국판결이나 가집행의 선고가 있는 종국판결에 기초하여 한다(제24조). 이 때 확정된 종국판결, 가집행선고가 있는 종국판결을 집행권원이라 한다. 채무명의란 용어도 같은 의미이다. 집행권원(채무명의)은 강제집행의 근거가 되는 문서로서, 실체법상의 청구권의 존재와 범위를 표시하고 법률상 집행력을 인정한 공문서를 의미한다. 집행권원만 있으면 실체법상 청구권이 실제 존재하지 않더라도 그 집행권원에 기한 강제집행은 적법한 것이 되는 것이나, 집행권원만으로 집행에 착수하는 것을 불가능하고, 반드시 집행문이 있어야 한다.3) 집행권원은 집행당사자적격을 가진 자의 범위를 정하고, 그중 특정인을 위하여 또는 그 자에 대하여 집행문이 부여됨으로써 집행당사자가 확정되는 것이다. 집행권원의 내용이 되는 급부의무는 그 이행이 가능한 것이고, 당연히 특정되어 있어야 하며, 강제이행이 가능하여야 한다.

집행권원에 표시된 액수 이상의 채권이 실제 있다 하더라도 집행채권에 표시된 채권을 넘는 부분은 집행할 수 없다. 한편 1,000,000원의 지급을 명한 제1심 판결에 대하여 피고가 항소하였는데, 항소심에서 원고가 700,000원을 구하는 것으로 청구를 감축한 결과 항소가 기각되었다면, 집행권원으로 되는 것은 여전히 제1심 판결이고 그 판결에 형식상 표시되어 있는 것은 1,000,000원이라 하여도 집행할 수 있는 금액은 700,000원에 한하고, 이때에는 집행문에 집행이 가능한 범위를 적어야 한다(규칙 제20조 제1항).

집행권원의 종류에는 확정된 종국판결(제24조), 가집행선고가 있는 종국판결(제24조), 외국법원의 판결에 대한 집행판결(제26조), 소송상 화해조서와 제소전 화해조서(제56조), 인낙조서(제56조), 조정조서(민사조정법 제29조), 확정된 조정에 갈음하는 결정(민사조정법 제30조, 제32조, 제34조), 확정된 지급명령(제56조), 확정된 이행권고결정(소액사건심판법 제5조의7 제1항), 가압류·가처분명령(제291조, 제301조), 집행증서(제56조), 과태료의 재판에 대한 검사의 집행명령(제60조), 중재판정에 대한 집행판

---

3) 이시윤, 「신민사집행법 6판」, 박영사(2013), 108−109면. "집행권원이 집행청구권의 요건이라며, 집행문은 집행청구권 행사의 요건에 해당한다."

결(중재법 제37조), 회생절차 또는 파산선고시의 법인의 이사 등에 대한 출자이행청
구권 또는 그 책임에 기한 손해배상청구권의 조사확정재판(채무자회생 및 파산에 관
한 법률 제117조, 제354조), 회생채권자표 및 회생담보권자표(채무자회생 및 파산에 관한
법률 제168조), 파산채권자표(채무자회생 및 파산에 관한 법률 제460조), 개인회생채권자
표(채무자회생 및 파산에 관한 법률 제603조 제3항), 제3자의 소송비용 상환결정(민사소
송법 제107조), 소송비용의 액수와 부담을 정하는 결정(민사소송법 제114조), 대체집행
에서 채무자에게 비용의 지급을 명하는 결정(민사집행법 제260조), 간접강제에서 금
전배상을 명하는 결정(민사집행법 제261조) 등이 있다.

제 4 절   집행문

강제집행은 집행문이 있는 판결정본(집행력 있는 정본, 집행정본)이 있어야 할 수
있다(제28조 제1항). 즉 모든 집행권원에는 원칙적으로 집행문이 필요한 것이다. 가
집행선고가 있는 종국판결, 집행판결, 집행증서와 같이 집행권원 자체에 집행할 수
있다는 취지가 적혀 있는 경우라도 집행문이 필요하다. 그러나 보전처분(가압류·가
처분)명령, 집행법원이 집행절차의 일환으로 하는 재판의 집행(채권압류명령에 따른
채권증서의 인도집행과 강제관리 개시결정에 따른 부동산의 점유집행), 벌금 등의 형사재
판과 과태료에 대한 검사의 집행명령, 소유권이전등기절차를 이행하라는 판결처럼
의사의 진술을 명하는 주문의 판결, 확정된 지급명령과 이행권고결정, 확정된 배상
명령 또는 가집행선고가 있는 배상명령이 적힌 유죄판결의 경우에는 집행문이 원
칙적으로 필요치 않다.

집행문은 신청에 따라 제1심 법원의 법원서기관·법원사무관·법원주사 또는
법원주사보가 내어 주며, 소송기록이 상급심에 있는 때에는 그 법원의 법원사무관
등이 내어 준다(제28조 제2항). 집행문을 내어 달라는 신청은 말로 할 수 있다(제28조
제3항). 집행문을 내어 주는 경우에는 판결원본 또는 상소심 판결정본에 원고 또는
피고에게 이를 내어 준다는 취지와 그 날짜를 적어야 한다(제36조). 집행력 있는 정
본의 효력은 전국 법원의 관할구역에 미친다(제37조).

집행문은 판결정본의 끝에 덧붙여 적는다(제29조 제1항). 집행문에는 "이 정본은
피고 아무개 또는 원고 아무개에 대한 강제집행을 실시하기 위하여 원고 아무개 또
는 피고 아무개에게 준다"라고 적고 법원사무관등이 기명날인하여야 한다(제29조 제

2항). 집행문은 판결이 확정되거나 가집행의 선고가 있는 때에만 내어 준다(제30조 제1항).

판결을 집행하는 데에 조건(정지조건, 불확정기한, 선이행의무)이 붙어 있어 그 조건이 성취되었음을 채권자가 증명하여야 하는 때에는 이를 증명하는 서류를 제출하여야만 집행문을 내어 준다. 다만, 판결의 집행이 담보의 제공을 조건으로 하는 때에는 그러하지 아니하다(제30조 제2항).

집행문은 판결에 표시된 채권자의 승계인을 위하여 내어 주거나 판결에 표시된 채무자의 승계인에 대한 집행을 위하여 내어 줄 수 있다(승계집행문). 다만, 그 승계가 법원에 명백한 사실이거나, 증명서로 승계를 증명한 때에 한한다(제31조 제1항). 승계가 법원에 명백한 사실인 때에는 이를 집행문에 적어야 한다(제31조 제2항). 재판을 집행하는 데에 조건을 붙인 경우와 승계집행문의 경우에는 집행문은 재판장(합의부의 재판장 또는 단독판사)의 명령이 있어야 내어 준다(제32조 제1항). 재판장은 그 명령에 앞서 서면이나 말로 채무자를 심문할 수 있다(제32조 제2항). 재판장의 명령은 집행문에 적어야 한다(제32조 제3항). 채권자가 여러 통의 집행문을 신청하거나 전에 내어 준 집행문을 돌려주지 아니하고 다시 집행문을 신청한 때에는 재판장의 명령이 있어야만 이를 내어 준다(제35조 제1항). 재판장은 그 명령에 앞서 서면이나 말로 채무자를 심문할 수 있으며, 채무자를 심문하지 아니하고 여러 통의 집행문을 내어 주거나 다시 집행문을 내어 준 때에는 채무자에게 그 사유를 통지하여야 한다(제35조 제2항). 여러 통의 집행문을 내어 주거나 다시 집행문을 내어 주는 때에는 그 사유를 원본과 집행문에 적어야 한다(제35조 제3항).

제 5 절 지급명령 · 공정증서에 기한 집행

확정된 지급명령에 기한 강제집행은 집행문을 부여받을 필요없이 지급명령 정본에 의하여 행한다. 다만, 지급명령의 집행에 조건을 붙인 경우, 당사자의 승계인을 위하여 강제집행을 하는 경우, 당사자의 승계인에 대하여 강제집행을 하는 경우 중 어느 하나에 해당하는 경우에는 그러하지 아니하다(제58조 제1항). 공증인 또는 공증업무를 인가받은 법무법인 · 법무법인(유한) · 법무조합이 일정한 금액의 지급을 목적으로 하는 청구에 관하여 작성한 공정증서로서 채무자가 강제집행을 승낙한 취지가 적혀 있는 증서와 공증인 또는 공증업무를 인가받은 법무법인 · 법무법인(유한)·법무조합이 어음·수표에 부착하여 강제집행을 인낙한 취지를 적어 작성한 증서(제56조 제4호, 공증인법 제56조의2, 변호사법 제58조 제2항, 제58조의17, 제58조의31)를 집행증서라고 한다. 이는 집행권원이다. 집행증서에 집행수락문언이 적혀 있으나 그것이 미성년자 또는 무권대리인이 한 것으로 추인이 없는 경우에는 무효이다. 추인의 의사표시 또한 당해 공정증서를 작성한 공증인에 대하여 그 의사표시를 공증하는 방식으로 하여야 한다. 그러한 방식에 의하지 아니한 추인행위의 경우 채무자가 그 추인행위로 인해 실체법상의 채무를 부담하게 됨은 별론으로 하고 무효인 집행증서가 집행권원으로 유효하게 되지 않는다. 무효인 집행증서에 터 잡아 내려진 채권압류 및 전부명령은 채무자에 대한 관계에서 효력이 없다.

제 6 절   강제집행 개시의 요건

강제집행은 이를 신청한 사람과 집행을 받을 사람의 성명이 판결이나 이에 덧붙여 적은 집행문에 표시되어 있고 판결을 이미 송달하였거나 동시에 송달한 때에만 개시할 수 있다(제39조 제1항). 판결의 집행이 그 취지에 따라 채권자가 증명할 사실에 매인 때 또는 판결에 표시된 채권자의 승계인을 위하여 하는 것이거나 판결에 표시된 채무자의 승계인에 대하여 하는 것일 때에는 집행할 판결 외에, 이에 덧붙여 적은 집행문을 강제집행을 개시하기 전에 채무자의 승계인에게 송달하여야 한다(제39조 제2항). 증명서에 의하여 집행문을 내어 준 때에는 그 증명서의 등본을 강제집행을 개시하기 전에 채무자에게 송달하거나 강제집행과 동시에 송달하여야 한다(제39조 제3항). 집행을 받을 사람이 일정한 시일에 이르러야 그 채무를 이행하게 되어 있는 때에는 그 시일이 지난 뒤에 강제집행을 개시할 수 있다(제40조 제1항). 확정기한의 도래는 집행개시 요건이지만, 불확정기한의 도래와 정지조건의 성취는 집행문부여의 요건이다(제30조 제2항). 해제조건의 성취는 청구권 소멸사유이므로 상대방(채무자)이 주장·입증해야 한다.

집행이 채권자의 담보제공에 매인 때에는 채권자는 담보를 제공한 증명서류를 제출하여야 한다. 이 경우의 집행은 그 증명서류의 등본을 채무자에게 이미 송달하였거나 동시에 송달하는 때에만 개시할 수 있다(제40조 제2항). 반대의무의 이행과 동시에 집행할 수 있다는 것을 내용으로 하는 집행권원의 집행은 채권자가 반대의무의 이행 또는 이행의 제공을 하였다는 것을 증명하여야만 개시할 수 있다(제41조

제1항). 다른 의무의 집행이 불가능한 때에 그에 갈음하여 집행할 수 있다는 것을 내용으로 하는 집행권원의 집행은 채권자가 그 집행이 불가능하다는 것을 증명하여야만 개시할 수 있다(제41조 제2항).

집행의 개시가 된 후에 채무자에 대하여 회생절차 또는 개인회생절차가 개시되거나 파산이 선고된 경우에는 회생절차의 회생계획, 개인회생절차의 변제계획, 파산절차에 따라야 한다. 회생절차개시결정이 있으면 회생채권 및 회생담보권에 기한 강제집행·가압류·가처분·담보권실행을 위한 경매는 금지된다. 이미 행한 절차는 중지된다. 중지된 절차는 회생계획인가결정이 있으면 효력을 잃게 된다. 회생계획인가결정 전에 회생절차가 종료되는 경우에는 당연히 속행된다. 파산선고가 있으면 파산채권에 기하여 파산재단에 속하는 재산에 대하여 행하여진 강제집행·가압류·가처분은 파산재단에 대하여 효력을 잃는다. 파산재단에 속하는 재산상에 존재하는 유치권·질권·저당권·전세권을 가진 자는 그 목적인 재산에 대하여 별제권을 가진다. 별제권은 파산절차에 의하지 아니하고 행사한다. 개인회생절차개시결정이 있으면 채권자목록에 기재된 개인회생채권에 기하여 개인회생재단에 속하는 재산에 대한 강제집행·가압류·가처분이나 개인회생채권을 변제받거나 변제를 요구하는 소송 외 행위는 중지 또는 금지된다. 변제계획의 인가결정일 또는 절차폐지결정의 확정일 중 먼저 도래하는 날까지 개인회생재단에 속하는 재산에 대한 담보권의 설정 또는 담보권의 실행 등을 위한 경매는 중지 또는 금지된다. 변제계획인가결정이 있으면 중지한 개인회생채권에 기한 강제집행·가압류·가처분은 효력을 잃는다. 개인회생재단에 속하는 재산상에 존재하는 유치권·질권·저당권·전세권을 가진 자는 그 목적인 재산에 관하여 별제권을 가지고, 별제권은 개인회생절차에 의하지 아니하고 행사한다.

제 7 절 부동산 강제경매

부동산강제경매는 채무자 소유 부동산을 압류 후 현금화하여 그 매각대금으로 채권자의 금전채권을 만족시키는 강제집행절차를 말한다. 부동산압류를 위해서는 강제경매신청이 있어야 한다. 강제경매는 채무자의 부동산을 매각하여 그 대금으로 채권의 만족을 얻는 방법으로 압류, 매각, 배당 3단계로 이루어진다. 강제경매를 채무자 소유의 부동산에 대한 집행이고, 그 결과 채무자는 소유권을 잃을 수밖에 없다. 따라서 가압류를 집행할 때 강제경매는 이용될 수 없다.

강제집행 절차는 채권자가 부동산 강제경매 신청서를 작성하여 법원에 신청하는 것으로 시작된다(제78조 제1항). 부동산압류는 강제경매개시결정이므로 부동산압류를 위해서는 먼저 강제경매신청이 있어야만 한다. 강제경매신청은 서면으로 해야 한다(제4조). 강제경매신청서에는 채권자·채무자4)와 법원의 표시, 부동산의 표시,5) 경매의 이유가 된 일정한 채권과 집행할 수 있는 일정한 집행권원에 대한 사항을 적어야 한다(제80조). 신청서에는 집행정본 외에 집행개시요건을 증명하는 서류(제39조, 제40조, 제41조)도 첨부해야 한다. 그 밖에 채무자의 소유로 등기된 부동산에 대하여는 등기사항증명서, 채무자의 소유로 등기되지 아니한 부동산에 대하여는 즉시 채무자명의로 등기할 수 있다는 것을 증명할 서류(그 부동산이 등기되지 아니한 건물인 경우에는 그 건물이 채무자의 소유임을 증명할 서류,6) 그 건물의 지번·구조·면적을 증명할 서류 및 그 건물에 관한 건축허가 또는 건축신고를 증명할 서류)를 붙여야 한다(제81조).7)

채무자가 사망하였음에도 그러한 사실을 모르는 채권자가 사망한 자를 상대로 경매신청을 한 결과 경매개시결정이 내려진 경우 그에 따라 진행된 경매절차는 무효다(66다1584).

압류는 채무자에게 경매개시결정이 송달된 때 또는 등기가 된 때에 효력이 생

---

4) 채권자·채무자는 원칙적으로 집행문에 표시되어 있는 채권자와 채무자를 말한다. 대리신청하는 경우에는 대리인도 적어야 한다. 채무자가 미성년자인 경우에는 그 법정대리인도 적어야 한다. 승계가 있는 경우에는 승계인의 명의를 적는다.
5) 부동산의 표시는 부동산등기부에 따른다. 부동산의 현황이 등기부 기재와 다른 경우 현황도 함께 적는다. 미등기부동산인 경우 토지대장이나 건축물관리대장 등 채무자의 소유임을 증명할 서류에 기재된 대로, 건축 중인 건물에 대해서는 건축허가 또는 건축신고를 증명할 서류에 기재된 대로 적으면 된다(제81조 제1항 제2호 참조).
6) 실무에서는 통상 건축허가서나 건축신고서를 제출받고 있다. 미흡할 경우에는 건축도급계약서 등을 추가로 제출하도록 하고 있다. 미등기 건물은 완공되어 건축허가 또는 건축신고를 마친 뒤 사용승인을 받지 못한 경우에만 집행의 대상이다.
7) 채권자가 건물의 지번·구조·면적을 증명하지 못한 때에는 채권자는 경매신청과 동시에 그 조사를 집행법원에 신청할 수 있다(제81조 제3항). 신청을 받은 집행법원은 집행관으로 하여금 미등기 건물의 구조 및 면적을 조사하게 하여야 한다(제81조 제4항). 집행관이 건물을 조사한 때에는 사건의 표시, 조사의 일시·장소·방법, 건물의 지번·구조·면적, 조사한 건물의 지번·구조·면적이 건축허가 또는 건축신고를 증명하는 서류의 내용과 다른 때에는 그 취지와 구체적인 내역에 건물의 도면과 사진을 붙여 정해진 날까지 법원에 제출하여야 한다(규칙 제42조 제1항). 집행관이 제출한 서면에 의하여 강제경매신청을 한 건물이 건축허가 또는 건축신고된 사항과 동일하다고 인정되지 않으면 법원은 강제경매신청을 각하하여야 한다(규칙 제42조 제2항).

긴다(제83조 제4항). 부동산강제경매에서 경매개시결정 기입등기 후에 경매개시결정
이 송달되므로, 등기관이 경매개시결정 기입등기시에 압류의 효력이 발생한다.

　　채무자의 부동산이 압류되면 채무자는 자신의 부동산을 매각하거나 제한물권
을 설정할 수 없다(압류의 처분금지적 효력). 따라서 경매개시결정의 기입등기가 되고
나면 그 이후 채무자로부터 소유권을 취득한 제3자는 제3자이의의 소를 제기할 수
없다. 그러나 채무자의 부동산에 대하여 경매개시결정에 따른 압류의 효력이 발생
한 후에도 채무자는 제3자에게 자신의 부동산을 매도하거나 제한물권을 설정할 수
있으며, 이 경우 경매절차가 취하되거나 취소된 경우에는 그 제3자는 완전히 유효
하게 소유권이나 제한물권을 취득한다. 즉 압류의 처분금지효력은 상대적인 것이
다. 경매절차에서 경락을 받은 자가 매각대금을 완납하면 그 완납시에 소유권을 취
득하고, 그 전에 이루어진 제3자 명의의 소유권이전등기는 직권으로 말소된다.

　　강제경매를 신청하면 집행법원은 신청서와 첨부서류를 검토하여 강제경매개시
결정여부를 결정한다. 경매신청이 적법하면 집행법원은 경매개시결정을 하고, 이
때 법원사무관등은 즉시 그 사유를 등기부에 기입하도록 등기관에게 촉탁하여야
한다(제94조 제1항). 경매개시결정으로 채무자의 부동산에 대한 처분권이 집행기관
으로 귀속된다. 경매절차를 개시하는 결정에는 동시에 그 부동산의 압류를 명하여
야 한다(제83조 제1항). 압류는 부동산에 대한 채무자의 관리·이용에 영향을 미치지
아니한다(제83조 제2항).

　　경매개시결정은 반드시 채무자에게 송달하여야 한다. 경매개시결정의 고지 없
이는 유효하게 매각절차를 속행할 수 없고, 채무자가 아닌 이해관계인도 채무자에
대한 경매개시결정 송달의 흠을 매각허가결정에 대한 항고사유로 삼을 수 있다(97
마814).

　　실무상 법원사무관 등이 경매개시결정에 대한 기입등기를 촉탁하여 등기관으
로부터 제95조에 따른 등기사항증명서 또는 이에 갈음하는 통지서를 송부받은 후
또는 기입등기를 촉탁하고 그로부터 상당한 기간(보통 1주 정도)이 지난 후에 채무
자에게 송달한다.

　　법원(사법보좌관)은 경매개시결정을 한 뒤에 바로 집행관에게 부동산의 현상,
점유관계, 차임 또는 보증금의 액수, 그 밖의 현황에 관하여 조사하도록 명하여야
한다(제85조). 현황조사명령을 받은 집행관은 집행보조기관으로서 현황조사보고서
를 사법보좌관에게 제출하여야 한다. 집행관은 현황을 조사한 후 현황조사보고서를

458   제 2 부   민사법

작성하여 매각물건명세서 사본과 함께 일반에 공시한다.

사법보좌관은 경매개시결정을 하면 법원조사관은 즉시 그 사유를 등기부에 기입하도록 등기관에 촉탁을 하고, 등기관은 위 촉탁에 따라 경매개시결정사유를 기입하여야 한다(제94조 제2항). 이를 압류등기라 한다. 등기관은 경매개시결정사유를 등기부에 기입한 뒤 그 등기사항증명서를 법원에 보내야 한다(제95조). 미등기부동산의 경우 등기관은 직권으로 먼저 보존등기를 한 뒤 압류등기를 한다.

경매개시결정에 따른 압류의 효력이 생긴 때(그 경매개시결정 전에 다른 경매개시결정이 있은 경우를 제외한다)에는 집행법원은 절차에 필요한 기간을 감안하여 배당요구를 할 수 있는 종기를 첫 매각기일 이전으로 정한다(제84조 제1항).

배당요구의 종기가 정하여진 때에는 법원은 경매개시결정을 한 취지 및 배당요구의 종기를 공고한다. 법원사무관등은 첫 경매개시결정등기 전에 등기되었고 매각으로 소멸하는 것을 가진 채권자, 조세, 그 밖의 공과금을 주관하는 공공기관에 대하여 채권의 유무, 그 원인 및 액수(원금·이자·비용, 그 밖의 부대채권을 포함한다)를 배당요구의 종기까지 법원에 신고하도록 최고하여야 한다(제84조 제4항). 이러한 채권자가 위 최고에 대한 신고를 하지 아니한 때에는 그 채권자의 채권액은 등기사항증명서 등 집행기록에 있는 서류와 증빙에 따라 계산하는데, 이 경우 다시 채권액을 추가하지 못한다(제84조 제5항).

강제경매절차 또는 담보권 실행을 위한 경매절차를 개시하는 결정을 한 부동산에 대하여 다른 강제경매의 신청이 있는 때에는 법원은 다시 경매개시결정을 하고, 먼저 경매개시결정을 한 집행절차에 따라 경매한다(제87조 제1항). 이중경매개시결정이 있는 경우 집행법원은 기입등기를 촉탁하고(제94조), 이중경매개시결정을 채무자에게 송달하여야 하며(제83조 제4항), 먼저 경매개시결정을 한 경매절차의 이해관계인에 대한 통지를 하여야 한다(제89조). 이중경매신청은 매수인이 대금을 완납하여 경매부동산의 소유권이 매수인에게 이전될 때까지 할 수 있다. 다만 배당요구의 종기까지 이중경매신청을 하지 않으면 압류채권자의 자격으로 배당받을 채권자가 될 수 없고(제148조 제1호), 선행절차가 집행정지된 때에도 후행절차에 의한 속행신청을 할 수 없다(제87조 제4항).

집행력 있는 정본을 가진 채권자, 경매개시결정이 등기된 뒤에 가압류를 한 채권자, 민법·상법, 그 밖의 법률에 의하여 우선변제청구권이 있는 채권자는 배당요구를 할 수 있다(제88조 제1항). 배당요구에 따라 매수인이 인수하여야 할 부담이 바뀌는 경우 배당요구를 한 채권자는 배당요구의 종기가 지난 뒤에 이를 철회하지 못한다(제88조 제2항).

압류 후 매각절차가 진행된다. 부동산의 매각은 집행법원이 정한 매각방법에 따른다(제103조 제1항). 부동산의 매각은 보통 기일입찰로 진행된다. 매각기일은 법원 안에서 진행하여야 한다. 법원은 등기관으로부터 기입등기의 통지를 받은 후 3일 내에 평가명령을 하여 감정인에게 부동산을 평가하게 하고 그 평가액을 참작하여 최저매각가격을 정하여야 한다(제97조 제1항).

법원은 매각물건명세서, 현황조사보고서, 감정평가서의 사본을 매각기일의 1주일 전까지 법원에 비치하여 누구든지 볼 수 있도록 하여야 한다(제105조 제2항). 매수신청인은 집행법원이 정하는 금액과 방법에 맞는 보증을 집행관에게 제공하여야 한다(제113조). 매수신청의 보증은 최저매각가격의 1/10이다. 유찰된 경우 실무상 최저매각가격의 20%를 저감한다. 매수신청은 민사소송법 제87조의 재판상 행위라 볼 수 없으므로 변호사가 아닌 임의대리인에 의해서도 가능하며 법원의 허가도 필요 없다. 채무자, 매각절차에 관여한 집행관, 매각부동산을 평가한 감정인 등은 매수신청을 할 수 없다(규칙 제59조).

최고가매수신고인 외의 매수신고인은 매각기일을 마칠 때까지 집행관에게 최고가매수신고인이 대금지급기한까지 그 의무를 이행하지 아니하면 자기의 매수신고에 대하여 매각을 허가하여 달라는 취지의 신고(차순위매수신고)를 할 수 있다(제114조 제1항).

압류채권자의 채권에 우선하는 채권에 관한 부동산의 부담을 매수인에게 인수하게 하거나, 매각대금으로 그 부담을 변제하는 데 부족하지 아니하다는 것이 인정된 경우가 아니면 그 부동산을 매각하지 못한다(제91조 제1항). 법원은 최저매각가격으로 압류채권자의 채권에 우선하는 부동산의 모든 부담과 절차비용을 변제하면 남을 것이 없겠다고 인정한 때에는 압류채권자에게 이를 통지하여야 한다(제102조 제1항). 압류채권자가 위 통지를 받은 날부터 1주 이내에 제1항의 부담과 비용을 변제하고 남을 만한 가격을 정하여 그 가격에 맞는 매수신고가 없을 때에는 자기가 그 가격으로 매수하겠다고 신청하면서 「충분한 보증」[8]을 제공하지 아니하면, 법원은 경매절차를 취소하여야 한다(제102조 제2항).

---

8) 이 때 「충분한 보증」은 최저매각가격과 압류채권자가 신청한 가격의 차액 정도의 보증을 뜻한다.

매각부동산 위의 모든 저당권은 매각으로 소멸된다(제91조 제2항). 지상권·지역권·전세권 및 등기된 임차권은 저당권·압류채권·가압류채권에 대항할 수 없는 경우에는 매각으로 소멸된다(제91조 제3항).[9] 이 경우 외의 지상권·지역권·전세권 및 등기된 임차권은 매수인이 인수한다. 다만, 그중 전세권의 경우에는 전세권자가 배당요구를 하면 매각으로 소멸된다(제91조 제4항). 매수인은 유치권자에게 그 유치권으로 담보하는 채권을 변제할 책임이 있다(제91조 제4항).

최저매각가격 외의 매각조건은 법원이 이해관계인의 합의에 따라 바꿀 수 있다(제110조 제1항). 이해관계인은 배당요구의 종기까지 위 합의를 할 수 있다(제110조 제2항). 예컨대, 매각대금을 내는 시기나 방법, 매각대상 부동산상 제한물권의 인수·소멸에 관한 매각조건은 협의하여 바꿀 수 있는 것이다.

법원은 여러 개의 부동산의 위치·형태·이용관계 등을 고려하여 이를 일괄매수하게 하는 것이 알맞다고 인정하는 경우에는 직권으로 또는 이해관계인의 신청에 따라 일괄매각하도록 결정할 수 있다(제98조 제1항).

집행법원은 매각결정기일에 매각기일에서의 최고가매수신고인에 대하여 매각을 허가하거나 허가하지 않는 결정을 내려야 한다. 최고가매수인은 매각허가결정을 받아야 매수인이 된다.

매각대금이 지급되면 법원은 배당절차를 밟아야 한다(제145조 제1항). 집행력 있는 정본을 가진 채권자, 경매개시결정이 등기된 뒤에 가압류를 한 채권자, 민법·상법, 그 밖의 법률에 의하여 우선변제청구권이 있는 채권자는 배당요구를 할 수 있다(제88조 제1항).

압류재산에 조세채권의 법정기일 전에 설정된 저당권·전세권으로 담보되어 채권이 있는 경우의 배당순위는 ① 소액임차보증금, 최종3개월분 임금, 최종3년 간의

---

9) 1순위로 근저당권, 2순위로 가처분등기, 3순위로 전세권, 4순위로 근저당권이 설정되어 있는 부동산에 관하여 매각이 이루어진 경우에는 최선순위가 근저당권(언제나 매각으로 소멸)이므로, 최선순위의 근저당권 및 이에 뒤지는 가처분, 전세권 등 부담은 모두 소멸한다. 1순위로 가처분, 2순위로 근저당권, 3순위로 전세권이 설정되어 있는 경우에는 근저당권이 최선순위가 아니므로 이에 앞서는 가처분은 매수인이 인수하여야 할 부담으로 되고, 2순위 근저당권 및 이에 뒤지는 전세권 등 부담은 매각으로 소멸한다. 1순위로 가등기(단, 담보가등기로 신고된 경우), 2순위로 가처분, 3순위로 근저당권, 4순위로 전세권이 설정되어 있는 경우에는 최선순위인 가등기가 담보가등기이므로 저당권과 마찬가지로 소멸하고, 따라서 이에 뒤지는 가처분, 근저당권, 전세권 등 부담은 매각으로 소멸하나, 만일 위 경우에 가등기가 소유권이전을 위한 가등기인 경우에는 그 가등기와 근저당권에 앞서는 가처분은 매수인이 인수하여야 할 부담이 되고, 근저당권과 전세권만이 소멸한다.

퇴직금, 재해보상금채권(이들 상호간에는 같은 순위로 채권액에 비례하여 배당한다), ②
당해세, 즉 집행 목적물에 대하여 부관된 국세(상속세, 증여세, 종합부동산세), 지방세
(재산세, 자동차 소유에 부과된 자동차세, 재산세와 자동세에 부가되는 지방교육세)와 가산
금, ③ 국세 및 지방세의 법정기일 전에 설정등기된 저당권·전세권으로 담보되는
채권, 확정일자 있는 임차보증금채권, ④ 근로기준법 제38조 제2항의 임금 등을 제
외한 임금, 근로자퇴직급여 보장법 제11조 제2항의 퇴직금을 제외한 퇴직금, 그 밖
의 근로관계로 말미암은 채권, ⑤ 국세, 지방세 등 지방자치단체의 징수금, ⑥ 국세
및 지방세의 다음 순위로 징수하는 공과금 중 국민건강보험료, 국민연금보험료, 고
용보험료 및 산업재해보상보험료, ⑦ 일반채권자의 채권 순이다. 법원은 부동산강
제경매절차에서 매수인이 대금을 낸 뒤 6월 이내에 신청하면 채무자·소유자 또는
부동산 점유자에 대하여 부동산을 매수인에게 인도하도록 명할 수 있다. 6월 경과
후에는 점유자를 상대로 별도로 인도소송을 제기하여야 한다. 인도명령의 신청인은
매수인 또는 그 일반승계인이며, 특정승계인은 신청인이 될 수 없다. 매각부동산을
양수한 특정승계인은 매수인의 집행법상의 권리까지 승계한 것이 아니기 때문에
인도명령을 신청할 권리를 가지지 않는다.

제 8 절 유체동산에 대한 강제집행

민사집행법상 동산에는 유체동산은 물론 채권과 그 밖의 재산권이 포함된다.
부동산 및 부동산에 준하여 취급되는 입목, 공장재단, 광업재단, 광업권, 어업권, 선
박, 항공기, 자동차·건설기계·소형선박은 제외된다. 민사집행법상 동산에 대한 강
제집행은 압류에 의하여 개시한다(제188조 제1항). 압류는 집행력 있는 정본에 적은
청구금액의 변제와 집행비용의 변상에 필요한 한도 안에서 하여야 한다(제188조 제2
항). 압류물을 현금화하여도 집행비용 외에 남을 것이 없는 경우에는 집행하지 못한
다(제188조 제3항). 유체동산은 집행관이 점유하여 압류하고, 채권 그 밖의 재산권은
집행법원이 압류명령을 하여 송달한다. 유체동산은 민법상 동산과 동산은 아니지만
집행관의 집행에 적당한 재산을 포함한 집행법상 개념이다. 무기명채권도 성질상
유체동산으로 본다(민법 제523조). 부동산의 종물인 유체동산은 주물인 부동산과 함
께 부동산집행의 대상이 되기 때문에 유체동산에 대한 강제집행의 대상이 아니다.
등기할 수 없는 토지의 정착물로서 독립하여 거래의 객체가 될 수 있는 것, 토지에

서 분리하기 전의 과실로서 1월 이내에 수확할 수 있는 것, 유가증권으로서 배서가 금지되지 아니한 것은 유체동산으로 본다(제189조 제2항).

채무자가 점유하고 있는 유체동산의 압류는 집행관이 그 물건을 점유함으로써 한다. 다만, 채권자의 승낙이 있거나 운반이 곤란한 때에는 봉인, 그 밖의 방법으로 압류물임을 명확히 하여 채무자에게 보관시킬 수 있다(제189조 제1항). 압류를 신청하는 채권자는 집행장소만 지정하면 되고, 압류물의 특정은 집행관의 재량에 달려 있다. 집행관은 점유의 외관을 기준으로 압류 여부를 결정할 뿐이고, 실제 소유자가 제3자인 경우에도 압류는 유효하고, 그 제3자는 제3자이의의 소로 구제받을 수 있다. 집행관은 채무자가 압류에 참여한 경우(제6조) 이외에는 채무자에게 압류의 사유를 통지하여야 한다(제189조 제3항).

채무자와 그 배우자의 공유로서 채무자가 점유하거나 그 배우자와 공동으로 점유하고 있는 유체동산은 압류할 수 있다(제190조). 배우자는 매각기일에 출석하여 우선매수할 것을 신고할 수 있다(제206조). 부부의 누구에게 속한 것인지 분명하지 아니한 재산은 부부의 공유로 추정하고(민법 제830조 제2항), 채무자와 그 배우자의 공유로서 채무자가 점유하거나 그 배우자와 공동으로 점유하고 있는 유체동산은 압류할 수 있는데(민사집행법 제190조), 이와 같은 부부공유재산의 추정과 부부공유의 유체동산에 대한 압류는 혼인관계가 유지되고 있는 부부를 전제로 한다고 할 것이다.

매각은 압류한 유체동산이 있는 시·구·읍·면(도농복합형태의 시의 경우 동지역은 시·구, 읍·면지역은 읍·면)에서 진행한다. 다만, 압류채권자와 채무자가 합의하면 합의된 장소에서 진행한다. 집행관은 매각일자와 장소를 공고하고, 매각의 일시와 장소를 압류채권자, 배당요구채권자, 채무자, 압류물 보관자에게 통지하여야 한다. 상당한 기간이 지나도 집행관이 매각하지 않으면 압류채권자는 집행관에게 일정한 기간 내에 매각하도록 최고할 수 있다. 부동산과 달리 최저매각가격을 정하지 않고 집행관이 적정한 가격으로 매각하면 된다. 주로 호가경매에 의하는데, 집행관은 최고가매수신고인의 성명과 가격을 말한 뒤 매각을 허가한다. 매각물은 대금과 서로 맞바꾸어 인도하여야 한다. 매각대금으로 배당에 참가한 모든 채권자를 만족하게 할 수 없고, 채권자 사이에 배당협의도 이루어지지 않은 경우 집행관은 매각대금을 공탁한다(제222조 제1항). 민법·상법, 그 밖의 법률에 따라 우선변제청구권이 있는 채권자는 매각대금의 배당을 요구할 수 있다(제217조). 부부공유의 유체동산에 대한 집행에서 목적물이 매각된 경우에 공유지분을 주장하는 배우자는 매각대금의 지급을 요구할 수 있다(제221조 제1항). 그 이외의 채권자는 집행정본을 가지고 있더라도 배당요구할 수 없다.

제 9 절 금전채권 강제집행

금전채권에 대하여 강제집행을 하고자 하면 서면으로 집행신청을 하여야 한다. 신청서에는 채권의 종류와 액수를 밝히고, 압류할 채권을 특정하여야 한다(제225조). 채권에 대한 가압류 또는 압류명령을 신청하는 채권자는 신청서에 압류할 채권의 종류와 액수를 밝혀야 하고(제225조, 제291조), 특히 압류할 채권 중 일부에 대하여만 압류명령을 신청하는 때에는 그 범위를 밝혀 적어야 한다(규칙 제159조 제1항 제3호, 제218조).

압류명령은 제3채무자와 채무자를 심문하지 않고 한다(제226조). 금전채권을 압류할 때에는 법원은 제3채무자에게 채무자에 대한 지급을 금지하고 채무자에게 채권의 처분과 영수를 금지하여야 한다(제227조 제1항). 처분은 채권의 양도, 소멸, 상계, 지급유예 등을 의미하며, 영수는 변제의 수령을 뜻한다. 압류명령은 제3채무자와 채무자에게 송달해야 한다(제227조 제2항). 압류명령이 제3채무자에게 송달되면 압류의 효력이 생긴다(제227조 제3항).[10] 압류명령의 신청에 관한 재판에 대하여는 즉시항고를 할 수 있다(제227조 제4항).[11] 금전채권 압류 통지 당시에 압류할 채권이 존재하지 아니하면 그 압류의 효력은 발생하지 않는다(79다1615).

채무자는 채권증서가 있으면 압류채권자에게 인도해야 한다(제234조 제1항). 채권자는 압류명령을 집행권원으로 하여 강제집행의 방법으로 이 증서를 인도받을 수 있다(제234조 제2항). 어음·수표 그 밖에 배서로 이전할 수 있는 증권으로서 배서가 금지된 증권채권의 압류는 법원의 압류명령으로 집행관이 그 증권을 점유하여야 한다(제233조). 즉 압류명령의 송달만으로 압류의 효력이 발생하지 않고, 반드시 집행관의 증권점유가 있어야 하는 것이다. 저당권이 있는 채권을 압류할 경우 채권자는 채권압류사실을 등기부에 기입하여 줄 것을 법원사무관등에게 신청할 수 있

---

10) 압류의 효력은 종된 권리에 미치기 때문에 피압류채권을 위한 저당권, 질권 등의 담보권에도 그 효력이 당연히 미친다. 압류 전에 생긴 이자채권에는 압류의 효력이 미치지 않지만, 압류 뒤에 생긴 이자채권에는 압류의 효력이 미친다.
11) 이때 즉시항고는 절차상의 이유로만 할 수 있고, 실체법상 이유로는 할 수 없다.

다. 이 신청은 채무자의 승낙 없이 법원에 대한 압류명령의 신청과 함께할 수 있다 (제228조 제1항). 법원사무관등은 의무를 지는 부동산 소유자에게 압류명령이 송달된 뒤에 등기를 촉탁하여야 한다(제228조 제2항).

제3채무자는 압류명령으로 인하여 채무자에 대하여 자신의 채무를 이행하는 것이 금지되는데, 제3채무자의 채무자에 대한 지급은 압류채권자를 해치는 한도에서만 무효이다. 피압류채권의 변제기가 도래했음에도 압류채권자가 추심을 하지 않거나, 추심할 수 없는 사정이 생긴 경우에는, 제3채무자는 피압류채권의 전액을 공탁해서 채무의 구속에서 벗어날 수 있다(제248조 제1항). 제3채무자는 압류 뒤에 생긴 채권과 채무자에 대한 채무와의 상계(민법 제498조), 경개, 면제 등의 행위를 하였어도 이를 가지고 채권자에게 대항할 수 없다. 그러나 제3채무자가 채무자와의 채권관계의 발생원인이 기본적 법률관계를 변경 또는 소멸시키는 행위를 하는 것은 가능하며, 압류 당시 채무자에게 대항할 수 있었던 사유로 압류채권자에게 대항할 수 있다. 제3채무자는 압류명령의 흠에 대해 즉시항고할 수 있다(제227조 제4항). 제3채무자는 외형상 존재하는 압류명령에 따라 변제를 하면 채권의 준점유자에 대한 변제(민법 제470조)로서 면책이 된다. 압류 및 추심명령의 제3채무자가 채무 전액을 공탁하지 않아 집행공탁의 효력이 인정되지 않는다고 하여도 그 공탁이 수리된 후 공탁된 금원에 대하여 배당이 실시되어 배당절차가 종결되었다면 그 공탁되어 배당된 금원에 대하여는 변제의 효력이 있다.

압류채권자는 제3채무자로 하여금 압류명령을 송달받은 날부터 1주 이내에 서면으로 채권을 인정하는지의 여부 및 인정한다면 그 한도, 채권에 대하여 지급할 의사가 있는지의 여부 및 의사가 있다면 그 한도, 채권에 대하여 다른 사람으로부터 청구가 있는지의 여부 및 청구가 있다면 그 종류, 다른 채권자에게 채권을 압류당한 사실이 있는지의 여부 및 그 사실이 있다면 그 청구의 종류에 대하여 진술하게 하도록 법원에 신청할 수 있다(제237조 제1항).

압류명령이 있으면 채무자는 피압류채권에 관한 추심권 및 처분권을 잃게 된다(제227조 제1항). 그러나 채무자는 압류가 있은 뒤에도 추심명령이나 전부명령이 있을 때까지 채권자를 해하지 않는 한도 내에서 채권을 행사할 수 있으므로 채무자가 제3채무자를 상대로 이행의 소를 제기하여 채무명의를 얻더라도 이에 기하여 제3채무자에 대하여 강제집행을 할 수는 없다고 볼 수 있을 뿐이고 그 채무명의를 얻는 것까지 금하는 것은 아니라고 할 것이다.

채권에 대한 압류는 제3채무자에 대하여 채무자에게의 지급 금지를 명하는 것이므로 채권을 소멸 또는 감소시키는 등의 행위는 할 수 없고 그와 같은 행위로 채권자에게 대항할 수 없는 것이지만, 채권의 발생원인인 법률관계에 대한 채무자의 처분까지도 구속하는 효력은 없다 할 것이므로 채무자와 제3채무자가 아무런 합리적 이유 없이 채권의 소멸만을 목적으로 계약관계를 합의해제한다는 등의 특별한 경우를 제외하고는, 제3채무자는 채권에 대한 압류가 있은 후라고 하더라도 채권의 발생원인인 법률관계를 합의해제하고 이로 인하여 가압류채권이 소멸되었다는 사유를 들어 가압류채권자에 대항할 수 있다(98다17930).

압류의 처분금지 효력은 절대적인 것이 아니고, 채무자의 처분행위 또는 제3채무자의 변제로써 처분 또는 변제 전에 집행절차에 참가한 압류채권자나 배당요구채권자에게 대항하지 못한다는 의미에서의 상대적 효력만을 가지는 것이어서, 압류의 효력발생 전에 채무자가 처분하였거나 제3채무자가 변제한 경우에는, 그보다 먼저 압류한 채권자가 있어 그 채권자에게는 대항할 수 없는 사정이 있더라도, 그 처분이나 변제 후에 압류명령을 얻은 채권자에 대하여는 유효한 처분 또는 변제가 된다(2001다10748).

채권 일부가 압류된 뒤에 그 나머지 부분을 초과하여 다시 압류명령이 내려진 때에는 각 압류의 효력은 그 채권 전부에 미친다(압류의 경합, 제235조 제1항). 채권 전부가 압류된 뒤에 그 채권 일부에 대하여 다시 압류명령이 내려진 때에도 각 압류의 효력은 그 채권 전부에 미친다(제235조 제2항).

압류채권자가 압류명령을 얻은 것만 가지고 금전채권을 직접 추심할 수는 없고, 나아가 추심명령이나 전부명령을 얻어야 추심권능을 얻는다. 즉 압류한 금전채권에 대하여 압류채권자는 현금화절차로서 집행법원에 추심명령(推尋命令)이나 전부명령(轉付命令)을 신청할 수 있고, 추심명령이나 전부명령이 있는 때 압류채권자는 채무자를 대위하는 절차를 거치지 않고 채무자에 갈음하여 제3채무자를 상대로 피압류채권의 이행을 청구하고 이를 수령하여 자기 채권의 변제에 충당할 수 있다. 실무에서는 압류와 추심명령 또는 압류와 전부명령을 동시에 신청하는 것이 일반적이다.

추심명령은 전부명령과는 달리 이중압류된 경우에도 할 수 있고, 각각 다른 채권자를 위하여 이중으로 내려도 유효하다. 집행법원은 직권으로 추심명령을 제3채무자와 채무자에게 송달하여야 한다. 추심명령은 제3채무자에게 송달한 때에 효력이 생긴다. 그러나 채무자에 대한 송달은 추심명령의 효력발생요건이 아니다. 추심명령은 그 채권전액에 미친다. 다만, 법원은 채무자의 신청에 따라 압류채권자를 심문하여 압류액수를 그 채권자의 요구액수로 제한하고 채무자에게 그 초과된 액수의 처분과 영수를 허가할 수 있다(제232조 제1항). 추심명령을 받은 채권자는 채권의 추심에 필요한 채무자의 일체의 권리를 채무자에 갈음하여 자기 명의로 재판상 또는 재판 외에서 행사할 수 있는데, 채권자는 제3채무자를 상대로 채무의 이행을 최고하거나 변제를 수령하고, 선택권을 행사하여 정기예금에 대한 추심명령으로 그 만기 전에 해약하는 경우와 같이 해제권, 해지권, 취소권을 행사할 수 있다. 또한 보증인에 대한 청구를 할 수도 있고, 추심할 채권에 질권, 저당권 등 담보권이 있는 경우에는 직접 담보권을 실행할 권능을 취득하게 되므로 자기 이름으로 경매의 신청을 할 수 있다. 추심할 채권이 반대의무에 걸려 있는 경우에는 채권자는 채무자에 갈음하여 그 반대의무를 이행하고 추심할 수 있다. 그러나 추심의 목적을 넘는 행위인 면제, 포기, 기한의 유예, 채권양도 등은 할 수 없다.

채권자의 추심에 대해 제3채무자가 응하지 않을 경우 채권자는 추심명령의 취지에 따라 제3채무자를 상대로 이행의 소를 제기하거나 지급명령 신청을 할 수 있다.[12] 이 때 소제기 사실을 채무자에게 고지하여야 한다(제238조). 다만, 채무자가 외국에 있거나 있는 곳이 분명하지 아니한 때에는 고지할 필요가 없다. 그러나 채무자에 대한 소제기 사실 고지는 추심의 소제기 자체에 대한 필요적 요건이 아니며, 법원의 직권조사사항도 아니다.

채무자가 제3채무자를 상대로 제기한 이행의 소가 이미 법원에 계속되어 있는 상태에서 압류채권자가 제3채무자를 상대로 제기한 추심의 소의 본안에 관하여 심리·판단한다고 하여, 제3채무자에게 불합리하게 과도한 이중 응소의 부담을 지우고 본안 심리가 중복되어 당사자와 법원의 소송경제에 반한다거나 판결의 모순·저촉의 위험이 크다고 볼 수 없다. 압류채권자는 채무자가 제3채무자를 상대로 제기한 이행의 소에 민사소송법 제81조, 제79조에 따라 참가할 수도 있으나, 채무자의 이행의 소가 상고심에 계속 중인 경우에는 승계인의 소송참가가 허용되지 아니하므로 압류채권자의 소송참가가 언제나 가능하지는 않으며, 압류채권자가 채무자가 제기한 이행의 소에 참가할 의무가 있는 것도 아니다. 채무자가 제3채무자를 상대

---

[12] 그러나 이중압류나 배당요구가 있는 때에는 압류채권자는 제3채무자에게 추심의 소나 지급명령신청을 할 수 없고, 공탁을 청구할 수 있을 뿐이다.

로 제기한 이행의 소가 법원에 계속되어 있는 경우에도 압류채권자는 제3채무자를 상대로 압류된 채권의 이행을 청구하는 추심의 소를 제기할 수 있고, 제3채무자를 상대로 압류채권자가 제기한 추심의 소는 채무자가 제기한 이행의 소에 대한 관계에서 민사소송법 제259조가 금지하는 중복된 소제기에 해당하지 않는다(2013다202120).

추심명령을 얻은 채권자가 제3채무자로부터 피압류채권을 추심하면 그 범위 내에서 피압류채권은 소멸한다. 제3채무자는 채무자에 대하여도 채권자에 대한 변제로 대항할 수 있고, 추심명령이 경합된 경우 한 채권자에 대한 변제로 모든 채권자에 대하여 대항할 수 있다. 채권자는 추심한 채권액을 법원에 신고하여야 한다(제236조 제1항). 이 추심신고를 함으로써 현금화 절차는 종료된다. 즉 채권자의 집행채권의 경우 다른 채권자의 배당참가가 없는 경우에는 추심으로 소멸하게 되며, 채권자는 자기 채권의 충당 후 남은 금원을 채무자에게 돌려주어야 한다(2004다54725). 그러나 추심 신고 전에 다른 압류·가압류 또는 배당요구가 있었을 때에는 채권자는 추심한 금액을 바로 공탁하고 그 사유를 신고하여야 한다(제236조 제2항). 민법·상법, 그 밖의 법률에 의하여 우선변제청구권이 있는 채권자와 집행력 있는 정본을 가진 채권자는 제3채무자가 공탁의 신고를 한 때, 채권자가 추심의 신고를 한 때, 집행관이 현금화한 금전을 법원에 제출한 때까지 법원에 배당요구를 할 수 있다. 전부명령이 제3채무자에게 송달된 뒤에는 배당요구를 하지 못한다.

보험계약에 관한 해약환급금채권은 보험계약자가 해지권을 행사할 것을 조건으로서 효력이 발생하는 조건부 권리이기는 하지만 금전 지급을 목적으로 하는 재산적 권리로서 민사집행법 등 법령에서 정한 압류금지재산이 아니어서 압류 및 추심명령의 대상이 되며, 그 채권을 청구하기 위해서는 보험계약의 해지가 필수적이어서 추심명령을 얻은 채권자가 해지권을 행사하는 것은 그 채권을 추심하기 위한 목적 범위 내의 행위로서 허용된다고 봄이 상당하므로, 당해 보험계약자인 채무자의 해지권 행사가 금지되거나 제한되어 있는 경우 등과 같은 특별한 사정이 없는 한, 그 채권에 관하여 추심명령을 얻은 채권자는 채무자의 보험계약 해지권을 자기의 이름으로 행사하여 그 채권의 지급을 청구할 수 있다고 할 것이다. 해약환급금청구권에 관한 추심명령을 얻은 채권자가 위 추심명령에 기하여 제3채무자를 상대로 추심금의 지급을 구하는 소를 제기한 경우에 그 소장에는 추심권에 기초한 보험계약 해지의 의사가 담겨 있다고 할 것이므로, 그 소장 부본이 상대방인 보험자에게 송달됨에 따라 보험계약 해지의 효과는 발생하는 것으로 해석함이 상당하다(2007다26165).

전부명령이 있는 때에는 압류된 채권은 지급에 갈음하여 압류채권자에게 이전된다(제229조 제3항). 피압류채권을 가지고 대물변제의 형식으로 압류채권을 결제하는 방식이라 할 수 있다. 유체물의 인도나 권리이전의 청구권에 대하여는 전부명령을 하지 못한다.

전부명령이 확정된 경우에는 전부명령이 제3채무자에게 송달된 때에 채무자가 채무를 변제한 것으로 본다. 다만, 이전된 채권이 존재하지 아니한 때에는 그러하지 아니하다(제231조). 제3채무자의 자력이 충분한 경우에는 다른 채권자를 배제하고 우선변제를 받을 수 있으므로 평등주의에 대한 예외라 할 수 있지만, 대신 제3채무자에게 변제자력이 없는 경우의 불이익은 전부채권자가 감수하여야 한다. 채권가압류 뒤에 가압류채권자가 집행권을 취득하더라도 직접 전부명령을 신청할 수는 없고 가압류에서 본압류로 이전하는 압류명령을 신청하면서 전부명령을 함께 신청하여야 한다.

장래 발생될 채권에 대한 압류 및 전부명령이 유효하기 위하여 채권압류 및 전부명령이 제3채무자에게 송달될 당시 반드시 피압류 및 전부채권이 현실적으로 존재하고 있어야 하는 것은 아니고, 장래의 채권이라도 채권 발생의 기초가 확정되어 있어 특정이 가능할 뿐 아니라 권면액13)이 있고, 가까운 장래에 채권이 발생할 것이 상당한 정도로 기대되는 경우에는 채권압류 및 전부명령의 대상이 될 수 있다. 그러나 현재 법원의 실무는 권면액과 상관없이 확정되어 있지 않았거나 채권으로 성립조차 되지 않은 것들에 대해서도 무제한적으로 압류 및 전부명령을 내리고 있다. 판례는 공탁금회수청구권에 대해서 공탁자의 공탁금회수권 행사가 있지 않더라도 압류 및 전부명령이 인정된다는 입장이다(80다77).

---

13) 권면액이 존재할 수 없는 비금전채권은 전부명령의 대상이 될 수 없다. 그러나 판례가 말하는 권면액은 단지 금전채권으로 표시될 수 있는 명목, 타이틀일 뿐이고, 실제의 가치를 나타내는 것은 아니다. 따라서 대부분 판례는 권면액에 대한 언급이 없이 장래의 채권(공무원에게 지급될 장래 지급될 봉급, 사용자가 근로자에게 지급하는 퇴직금, 합자회사 유한책임사원의 지분환급청구권 등), 조건부 채권(경매 취하 조건의 보증금반환채권, 매매계약해제되면 발생하는 대금반환채권, 타회시 발생하는 골프회원권 예치금반환채권, 임대차계약이 종료되어야 발생하는 임차보증금반환채권 등), 반대의무 있는 채권(도급계약에 의한 공사 완성 전 공사대금채권) 등에 대해서 전부명령이 가능한 것으로 본다. 이와 달리 학설은 일치하여 장래의 채권, 조건부채권, 반대의무에 걸린 채권의 경우에는 권면액이 없다고 본다. 일본의 판례와 통설 역시 일치하여 장래채권이 확정된 경우에 권면액을 인정하고 있어 그렇지 않은 채권에 대해서는 전부명령을 불허하거나 일정한 한도로 제한하고 있다.

전부명령이 제3채무자에게 송달될 때까지 그 금전채권에 관하여 다른 채권자가 압류·가압류 또는 배당요구를 한 경우에는 전부명령은 효력을 가지지 아니한다. 전부명령이 무효라 하여도 압류명령은 유효한 것이므로 이에 터 잡아 추심명령을 신청하거나 경합상태가 해소된 후 다시 전부명령을 신청하는 것은 가능하다(76다1145).

전부명령은 확정되어야 효력을 가진다. 전부명령이 확정되면 피압류채권은 전부명령이 제3채무자에게 송달된 때에 소급하여 집행채권의 범위 안에서 당연히 전부채권자에게 이전하고 동시에 집행채권 소멸의 효력이 발생하는 것이며, 이 점은 피압류채권이 그 존부 및 범위를 불확실하게 하는 요소를 내포하고 있는 장래의 채권인 경우에도 마찬가지다. 장래의 채권에 관하여 압류 및 전부명령이 확정되면 그 부분 피압류채권은 이미 전부채권자에게 이전된 것이므로 그 이후 동일한 장래의 채권에 관하여 다시 압류 및 전부명령이 발하여졌다고 하더라도 압류의 경합은 생기지 않고, 다만 장래의 채권 중 선행 전부채권자에게 이전된 부분을 제외한 나머지 중 해당 부분 피압류채권이 후행 전부채권자에게 이전된다(2004다29354).

제10절 의사표시를 하여야 할 채무 강제집행

의사표시를 하여야 할 채무의 강제집행은 인낙·화해조서의 성립이나 그 이행판결의 확정으로서 의사의 진술이 행하여진 것으로 간주된다(민법 제389조 제2항). 따라서 현실적인 강제집행절차는 없다. 집행문을 받을 필요도 없지만, 반대의무의 이행을 조건으로 하는 경우에는 집행문이 필요하고, 변론종결 후에 당사자가 변경된 경우에는 승계집행문이 필요하다.

제3부

형 사 법

제1장 형법총론

제1절 서 론

형법이란 범죄와 형벌(치료감호와 보호관찰을 포함)의 관계를 규정한 법규범을 말한다. 형벌은 범죄에 대한 법률이 정한 법적 효과이다. 협의의 형법은 1953년 9월 18일 법률 제293호 형법전을 말한다. 형법전은 총칙과 각칙으로 구성된다. 형법전에 더하여 폭력행위 등 처벌에 관한 법률, 특정범죄 가중처벌 등에 관한 법률, 국가보안법 등과 같은 특별형법과 관세법, 도로교통법, 식품위생법과 같은 행정형법을 포함하여 광의의 형법이라 한다.

모든 실정법은 국가 내 사회질서의 유지를 목적으로 한다. 형법은 특히 사회질서의 유지를 위해 형벌이라는 수단을 동원한다. 형법은 개인의 생명과 재산, 국가·사회의 법질서를 보호하는 기능을 최우선으로 하는데, 이를 형법의 보호적 기능이라 한다. 동시에 형법은 일반국민에게 법률에 규정된 범죄 이외에 어떠한 행위를 하더라도 처벌받지 않는다는 의미에서 일반적 행동의 자유를 보장하는데, 이를 형법의 보장적 기능이라 한다.

범죄의 본질에 대하여 결정론과 비결정론, 주관주의와 객관주의라는 시각이 존재한다. 결정론은 범죄행위는 범죄자의 유전적 기질과 사회적 환경에 의하여 결정된다고 본다. 주관주의는 형법이 정하는 범죄의 본질은 외부에 드러난 객관적 범죄사실에 있는 것이 아니라 범죄자 개인 내면에 도사린 주관적인 반사회성에 있다고 본다. 비결정론은 인간의 행위는 사전에 결정되는 것이 아니라 각자의 자유의사에 따른 선택의 결과라는 입장이다. 객관주의는 형법이 범죄자 내면에 관심을 가질 아무런 이유가 없고, 외부에 드러난 객관적 범죄사실만이 형법이 정하는 범죄의 본질이 되어야 한다고 입장이다.

형벌은 예고 단계에서는 일반예방주의, 형벌의 선고 단계에서는 응보형주의, 형벌의 집행 단계에서는 특별예방주의에 의하여 이해되거나 정당화된다. 응보형주의는 형벌의 본질은 범죄자가 저지른 범죄에 그대로 상응하는 보복에 있다는 입장이다. 이에 따르면 형벌은 실제 발생한 범죄사실과 똑같은 균형이 요구된다. 발생하지 않은 위험을 예상한 처벌을 응보형주의에 따르면 생각할 수 없다. 일반예방주의는 일반인에 대하여 범죄행위를 할 경우 형벌이라는 해악이 가해진다는 사실을 알게 하여 장래에 범죄를 행하지 않도록 하는 수단이 형벌이라는 주장이다. 특별예방주의는 일반인이 아니라 범죄인이 장래에 다시 범죄를 저지르지 않도록 하는 것이 형벌의 목적이라는 주장이다. 범죄인과 일반사회와의 분리, 범죄인의 개선·교육에 의한 사회복귀가 형벌의 목적이 되어야 한다고 주장한다.

제2절 죄형법정주의

법률이 없으면 범죄도 없고 형벌도 없다는 원칙을 죄형법정주의라 한다. 헌법 제12조 제1항은 "누구든지 법률과 적법한 절차에 의하지 아니하고는 처벌·보안처분 또는 강제노역을 받지 아니한다"고 규정한다. 헌법 제13조 제1항은 "모든 국민은 행위시의 법률에 의하여 범죄를 구성하지 아니하는 행위로 소추되지 아니한다"고 규정한다. 형법 제1조 제1항 "범죄의 성립과 처벌은 행위시의 법률에 의한다"고 규정하다. 이 법조문들은 죄형법정주의를 규정하고 있는 것이다. 이들 조문에 근거하면 죄형법정주의의 주요 내용는 법률법주의, 소급처벌금지이다. 여기에 유추해석금지를 죄형법정주의의 내용으로 추가하는 것이 일반적이다.

범죄와 형벌은 국회에서 제정한 법률에 규정되어야 한다. 법률이 처벌대상인 행위가 어떠한 것인지를 법규명령(대통령령·부령)에 위임을 할 경우에는 법률 자체에 법규명령에 어떤 형태로 위임을 할 것인지를 예측할 수 있을 정도로는 미리 정하고 있어야 한다. 특히 법률에 형벌의 종류 및 상한과 폭을 명확하게 규정하여야 한다. 지방자치법 제22조 단서는 "주민의 권리제한 또는 의무부과에 관한 사항이나 벌칙을 정할 때에는 법률의 위임이 있어야 한다"고 규정하고 있다.

범죄와 형벌은 행위시의 법률에 의하여 결정되어야 한다. 형법은 그 시행 이전의 행위에 대하여 적용될 수 없다. 행위시에 죄가 되지 않는 행위는 사후입법에 의하여 처벌되지 않는다. 판례의 변경에 의한 소급처벌의 결과는 사후입법이 아니므로 죄형법정주의의 위반이 아니다. 형사소송법 개정에 의하여 친고죄가 비친고죄로 변경되거나 공소시효가 연장되는 경우 역시 절차에 관한 규정 변경에 불과한 것이므로 소급효금지의 원칙이 적용되지 않는다.

유추해석이란 법률에 규정이 없는 사항에 대하여 그와 유사한 내용의 법률을 적용하는 것을 말한다. 죄형법정주의는 입법이 없는 상황에서 법관의 법해석 작업만으로 새로운 형벌을 과하거나 형을 가중하는 유추해석을 금지하지 내용을 당연히 포함한다고 할 것이다. 유추해석은 물론 확장해석도 죄형법정주의에 반하여 위법하다. 피고인에게 유리한 유추해석은 원칙적으로 허용된다는 것이 우리나라 통설이다.

제 3 절 형법의 적용범위

범죄의 성립과 처벌은 행위시의 법률에 의한다(형법 제1조 제1항). 그러나 범죄후 법률의 변경에 의하여 그 행위가 범죄를 구성하지 않거나 형이 구법보다 경한 때에는 신법에 의한다(제1조 제2항). 따라서 범죄 후 법령개폐로 형이 폐지되었을 때에는 면소판결을 한다(형사소송법 제362조 제4호). 재판이 확정된 후에 법률의 변경에 의하여 그 행위가 범죄를 구성하지 않게 되면 형의 집행을 면제한다(제1조 제3항).

형법은 대한민국 영역 내에서 죄를 범한 내국인과 외국인에게 적용된다(제2조 – 속지주의). 형법은 대한민국의 영역 외에 있는 대한민국의 선박 또는 항공기 내에서 죄를 범한 외국인에게도 적용된다(제4조 – 속지주의). 형법은 대한민국 영역 외에서 죄를 범한 내국인에게 적용된다(제3조 – 속인주의의 추가).

형법은 대한민국영역 외에서 내란의 죄, 외환의 죄, 국기에 관한 죄, 통화에 관한 죄, 유가증권 · 우표 · 인지에 관한 죄, 문서에 관한 죄 중 제225조 내지 제230조, 인장에 관한 죄 중 제238조의 죄를 범한 외국인에게 적용된다(제5조 – 보호주의). 대한민국영역 외에서 대한민국 또는 대한민국국민에 대하여 전조에 기재한 이외의 죄를 범한 외국인에게도 형법이 적용된다(제6조 – 보호주의). 다만, 이 경우에는 행위지의 법률에 의하여 범죄를 구성하지 아니하거나 소추 또는 형의 집행을 면제할 경우에는 예외로 한다(제6조 단서).

죄를 지어 외국에서 형의 전부 또는 일부가 집행된 사람에 대해서는 그 집행된 형의 전부 또는 일부를 선고하는 형에 산입한다(제7조－외국에서 받은 형 집행의 효력).

제 4 절 범죄의 성립요건 · 범죄의 주체

　　범죄는 형법이 정하고 있는 구성요건(행위, 결과, 인과관계, 고의 · 과실)에 해당하고, 위법성과 책임이 인정되어야 한다. 형법은 위법성과 책임에 관하여 소극적으로 규정하고 있기 때문에 특정 행위가 구성요건에 해당하고 위법성조각사유와 책임조각사유가 없으면 범죄가 성립한다. 구성요건과 위법성은 행위에 대한 평가이고, 책임은 행위자에 대한 평가이다.

　　親族相盜例에 있어서 직계혈족 · 배우자 · 동거친족 등의 신분과 같이 이미 성립한 범죄에 대하여 행위자의 특수한 신분관계로 인하여 형벌권이 발생하지 않는 경우를 처벌조각사유라고 한다. 범죄가 성립하려면 처벌조각사유가 없어야 한다.

　　事前收賂罪에 있어서 공무원 또는 중재인이 된 사실(형법 제129조 제2항)과 같이 이미 성립한 범죄에 대한 형벌권의 발생을 좌우하는 객관적 사실을 처벌조건이라 하는데, 범죄가 성립하려면 이러한 처벌조건이 존재하여야 한다.

　　범죄의 주체는 자연인이다. 통설과 판례는 법인의 범죄능력을 부정한다. 통설은 범죄는 자연인의 의사에 기초하는 것이고, 개인에 대한 윤리적 비난을 법인에게 가할 수 없고 또한 법인에게는 사형과 자유형을 집행할 수 없다는 이유로 법인의 범죄능력을 부정한다.

　　배임죄에 있어서 타인의 사무를 처리할 의무의 주체가 법인이 되는 경우라도 법인은 다만 사법상의 의무주체가 될 뿐 범죄능력이 없는 것이며 그 타인의 사무는 법인을 대표하는 자연인인 대표기관의 의사결정에 따른 대표행위에 의하여 실현될 수밖에 없어 그 대표기관은 마땅히 법인이 타인에 대하여 부담하고 있는 의무내용대로 사무를 처리할 임무가 있다 할 것이므로 법인이 처리할 의무를 지는 타인의 사무에 관하여는 법인이 배임죄의 주체가 될 수 없고 그 법인을 대표하여 사무를 처리하는 자연인인 대표기관이 바로 타인의 사무를 처리하는 자, 즉 배임죄의 주체가 된다(82도2595).

　　중기관리법 제36조의 규정취지는 각 본조의 위반행위를 중기소유자인 법인이나 개인이 직접 하지 않은 경우에도 그 행위자와 중기소유자 쌍방을 모두 처벌하려는 데에 있으므로, 이 양벌규정에 의하여 중기소유자가 아닌 행위자도 중기소유자에 대한 각 본조의 벌칙규정의 적용대상이 된다. 회사 소유 중기의 관리를 사원이 담당하고 있다면 그 관리에 직접 관여하지 아니한 대표이사는 위 법 위반행위의 행위자라 할 수 없다(92도2324).

법인격 없는 사단과 같은 단체는 법인과 마찬가지로 사법상의 권리의무의 주체가 될 수 있음은 별론으로 하더라도 법률에 명문의 규정이 없는 한 그 범죄능력은 없고 그 단체의 업무는 단체를 대표하는 자연인인 대표기관의 의사결정에 따른 대표행위에 의하여 실현될 수밖에 없는바, 건축법 제26조 제1항의 규정에 의하여 건축물의 유지·관리의무를 지는 소유자 또는 관리자가 법인격 없는 사단인 경우에는 자연인인 대표기관이 그 업무를 수행하는 것이므로, 같은 법 제79조 제4호에서 같은 법 제26조 제1항의 규정에 위반한 자라 함은 법인격 없는 사단의 대표기관인 자연인을 의미한다(96도524).

제 5 절 결과범·거동범, 침해범·위험범, 상태범·계속범, 신분범, 결합범, 자수범

결과범은 행위 외에 구체적 결과발생을 요한다. 살인죄는 살해행위 외에 피해자의 사망이라는 결과를 요한다. 거동범은 거동만으로 충분하다. 위증죄는 위증으로 족하고, 오판이라는 결과가 필요하지 않다. 무고죄, 공연음란죄, 명예훼손죄, 모욕죄, 입찰방해죄도 거동범이다.

침해범은 협의의 결과범으로 행위 객체가 침해되어야 기수가 된다. 위험범은 보호법익이 침해될 위험의 발생을 요하는 구체적 위험범과 결과로서의 위험발생을 전제로 하는 추상적 위험범으로 구별된다. 형법은 구체적 위험범에 대하여 공공의 위험을 발생하게 하는 경우를 들고 있다. 그 예로 방화죄의 일부 구성요건이 있다(제166조 제2항, 제167조 등). 추상적 위험범에는 위증죄, 현주건조물방화죄, 교통방해죄, 업무방해죄 등이 있다.

상태범은 일정한 법익침해가 발생하면 범죄가 완성되어 그 이후의 행위는 범죄행위를 구성하지 않는 범죄를 말한다 살인죄, 절도죄가 그 예이다. 계속범은 일정한 법익침해 상태가 계속되는 동안 범죄가 계속되는 것을 말한다. 감금죄, 주거침입죄, 범죄단체가입죄 등이 그 예이다. 계속범은 기수 이후에도 공범이 성립할 수 있다.

신분범은 구성요건이 행위 주체를 일정한 범위로 한정하는 경우이다. 진정신분범은 일정한 신분을 가진 경우만 처벌하는 경우로 수뢰죄(공무원 또는 중재인), 위증죄(선서한 증인) 허위진단서작성죄(의사), 횡령죄(타인의 재물을 보관한 자), 배임죄(타인의 사무를 처리하는 자) 등이 있다. 부진정신분범은 신분을 가지고 있으면 형이 무거워지거나 가벼워지는 것으로 존속살해죄, 영아살해죄 등이 있다.

결합범은 강간죄와 살인죄가 결합한 강간살인죄, 체포·감금죄 및 약취·유인죄와 감금죄가 결합한 인질강요죄, 폭행·협박죄와 절도죄가 결합한 강도죄, 강도죄와 강간죄가 결합한 강도강간죄가 있다.

자수범은 행위자의 신체가 구성요건의 실현도구로 이용되어야 하는 공연음란죄, 피구금부녀감금죄, 음주운전죄 등과 행위자 스스로의 행위를 형법 이외의 법률이 요구하는 위증죄, 행위자의 일신적 행위나 인격적 표출이 구성요건 실현의 핵심을 이루는 명예훼손죄, 모욕죄, 업무상 비밀누설죄가 있다.

제 6 절   부작위범

실행행위란 특정 구성요건에 해당하는 법익침해와 현실적 위험성이 있는 행위를 말한다. 살인죄의 실행행위는 사람을 살해하는 행위이다. 범죄는 보통 작위에 의하여 실행된다. 하지만 결과 발생을 방지하지 않은 부작위에 의해서도 실행된다. 부작위는 가능하고 기대되는 특정한 행위를 하지 않는 것이다. 진정부작위범은 구성요건이 부작위에 의하여만 실현될 수 있는 退去不應罪(형법 제319조 제2항)나 多衆不解散罪(제116조)와 같은 범죄를 의미한다. 부진정부작위범은 부작위에 의하여 작위범의 구성요건을 실현하는 경우를 의미한다.

부진정부작위범이 인정되기 위해서는 형법이 금지하고 있는 법익침해의 결과발생을 방지할 법적인 작위의무를 지고 있는 자가 그 의무를 이행함으로써 결과발생을 쉽게 방지할 수 있었음에도 불구하고 그 결과의 발생을 용인하고 이를 방관한 채 그 의무를 이행하지 아니한 경우에, 그 부작위가 작위에 의한 법익침해와 동등한 형법적 가치가 있는 것이어서 그 범죄의 실행행위로 평가될 만한 것이어야 한다.

어머니가 영아에게 수유를 하지 않고 굶어죽게 하는 경우가 부진정부작위범이다. 부진정부작위범에 있어서 부작위는 작위와 동등하게 평가될 수 있는 정도의 지위를 요구한다고 볼 수 있는데, 이를 보증인지위라 한다. 부진정부작위범의 보증인지위의 발생근거는 법령·계약·조리 또는 선행행위이다. 통설인 이분설에 의하면 보증인지위는 행위주체의 요건에 해당하므로 구성요건요소이고, 보증인지위의 내용을 이루는 작위의무(보증인 의무)는 법적 의무에 해당하는 것으로 위법성의 요소이다.

보증인지위에 있는 자의 부작위에 의한 결과는 작위에 의한 결과와 동등한 것으로 평가될 수 있는 것이어야 한다(행위정형의 동가치성). 부진정부작위범의 착수는 부작위가 보호법익에 대하여 직접적 위험을 여기하거나 증대시킨 때로 보는 것이 통설이다. 부작위범 사이의 공동정범은 다수의 부작위범에게 공통된 의무가 부여되어 있고 그 의무를 공통으로 이행할 수 있을 때에만 성립한다.

형법 제18조(부작위범) 위험의 발생을 방지할 의무가 있거나 자기의 행위로 인하여 위험발생의 원인을 야기한 자가 그 위험발생을 방지하지 아니한 때에는 그 발생된 결과에 의하여 처벌한다.

위험발생을 방지할 의무(보증인의무)는 법률, 계약, 조리 또는 선행행위에 의하여 발생한다(형식설). 법적으로 위험의 발생을 방지할 의무에는 민법이 정하고 있는 친권자의 보호의무(민법 제913조), 친족간의 부양의무(민법 제974조), 부부간의 부양의무(민법 제826조), 경찰관직무직행법 제4조에 의한 경찰관의 보호의무, 의료법 제16조에 의한 의사의 진료와 응급조치의무, 도로교통법 제54조 제1항에 의한 운전자의 구호의무가 있다. 위험발생을 방지할 의무를 내용으로 하는 계약(예컨대, 고용계약)을 체결할 경우 계약의 구속력으로 인하여 위험발생 방지의무가 당연히 발생한다. 조리에 의한 보호의무도 인정될 수 있다. 동거하는 고용자에 대한 고용주의 보호의무, 관리자의 위험발생방지의무, 목적물의 하자에 대한 고지의무 등을 조리에 의한 보호의무로 생각해 볼 수 있다. 보증인의무를 실질설 내용에 따라 분류하는 견해(기능설, 실질설)는 보증인의무를 특정법익에 대한 보호의무(자연적 결합관계, 밀접한 공동체관계, 보호의무의 인수), 안전조치의무(선행행위, 위험방지의무, 제3자의 위험행위에 대한 감독의무)로 분류하여 판단한다.

형법이 금지하고 있는 법익침해의 결과발생을 방지할 법적인 작위의무를 지고 있는 자가 그 의무를 이행함으로써 결과발생을 쉽게 방지할 수 있었음에도 불구하고 그 결과의 발생을 용인하고 이를 방관한 채 그 의무를 이행하지 아니한 경우에, 그 불작위가 작위에 의한 법익침해와 동등한 형법적 가치가 있는 것이어서 그 범죄의 실행행위로 평가될 만한 것이라면, 작위에 의한 실행행위와 동일하게 부작위범으로 처벌할 수 있다고 할 것이다. 피고인이 조카인 피해자(10세)를 살해할 것을 마음먹고 저수지로 데리고 가서 미끄러지기 쉬운 제방 쪽으로 유인하여 함께 걷다가 피해자가 물에 빠지자 그를 구호하지 아니하여 피해자를 익사하게 한 것이라면 피해자가 스스로 미끄러져서 물에 빠진 것이고, 그 당시는 피고인이 살인죄의 예비단계에 있었을 뿐 아직 실행의 착수에는 이르지 아니하였다고 하더라도, 피해자의 숙부로서 익사의 위험에 대처할 보호능력이 없는 나이 어린 피해자를 익사의 위험이 있는 저수지로 데리고 갔던 피고인으로서는 피해자가 물에 빠져 익사할 위험을 방지하고 피해자가 물에 빠지는 경우 그를 구호하여 주어야 할 법적인 작위의무가 있다고 보아야 할 것이고, 피해자가 물에 빠진 후에 피고인이 살해의 범의를 가지고 그를 구호하지 아니한 채 그가 익사하는 것을 용인하고 방관한 행위(부작위)는 피고인이 그를 직접 물에 빠뜨려 익사시키는 행위와 다름없다고 형법상 평가될 만한 살인의 실행행위라고 보는 것이 상당하다(91도2951).

제 7 절　인과관계

　　구성요건에 해당하는 실행행위와 결과 사이에는 인과관계가 있어야 범죄가 성립한다. 원인과 결과 사이에 어느 정도의 관련이 있으면 인과관계를 인정할 수 있는가에 대하여 견해가 일치하지 않는다. 모든 조건은 결과발생에 대한 등가적이기 때문에 모두 원인이 된다는 것이 조건설이다. 결과발생에 중요한 영향을 준 조건과 단순한 조건을 구별하여 전자를 원인이라고 하고 후자를 조건이라 하여, 원인이 된 조건에 대하여만 결과에 대한 인과관계를 인정하는 견해가 원인설이다. 중요설은 조건설에 의하여 얻어진 논리적 인과관계와 법적 중요성을 구별하여 후자는 개별적인 구성요건의 해석에 의하여 해결해야 한다는 입장이다. 상당인과관계설은 행위와 결과 사이에 조건적 관계만 있으면 인과관계를 인정하는 것은 상식에 부합하지 않으므로 경험칙상 결과발생에 상당하지 않은 조건은 제거되어야 한다는 입장이다. 상당인과관계설에는 주관적 상당인과관계설(행위당시 행위자가 인식하였거나 인식할 수 있었던 사정을 기초로 상당성을 판단), 객관적 상당인과관계설(행위당시 객관적으로 존재하였던 모든 사정과 행위 후에 발생한 사정이라도 행위 당시 일반인이 인식할 수 있었던 사정을 고려하여 법관이 객관적 관찰자의 입장에서 상당성을 판단), 절충적 상당인과관계설(행위당시 통찰력 있는 일반인이 인식할 수 있었던 사정 및 행위자가 특히 인식하고 있었던 사정을 기초로 사후에 법관이 상당성을 판단)이 있는데, 절충적 상당인과관계설이 판례의 입장이라고 할 수 있다. 판례에 따르면 사회생활의 일상적인 경험법칙에 비추어 그러한 행위로부터 그러한 결과가 발생하는 것이 상당하다고 인정되는 조건에 해당하는 행위만이 범죄결과와 인과관계를 가진다. 실행행위가 경험칙상 결과에 상당한 조건이 되는 경우에만 인과관계가 인정되는 것이기 때문에 비정상적이고 특수한 사정이 연관되어야 비로소 인과관계가 인정되는 경우는 행위와 결과 사이의 인과관계가 부정된다.

대법원이 취하고 있는 상당인과관계설에 대하여 자연과학적 문제로 보아야 하는 인과관계의 확정문제와 규범적 문제로 보아야 하는 '결과를 행위자의 행위에 귀속시킬 수 있는 것인지에 대한 판단'을 무리하게 결합시키고 있다고 비판하는 입장이 있다. 이 견해는 행위와 결과를 연결하는 자연법칙이 없을 때에는 인과관계를 부정하고, 일상적 경험법칙으로서의 합법칙성이 인정될 때에만 인과관계를 인정할 수 있다는 합법칙적 조건설과 발생된 결과를 정당한 처벌이라는 관점에서 행위자에게 객관적으로 귀속시킬 수 있는지를 규범적으로 판단하는 객관적 귀속이론으로 상당인과관계설을 대체하여야 한다고 한다. 객관적 귀속의 기준으로는 위험실현의 이론과 회피가능성의 이론을 제시한다. 법익에 대하여 허용될 수 없는 야기하거나 증대케 하고 그 위험의 실현에 의하여 결과가 발생하였을 때에 결과귀속을 인정하는 것이 위험실현의 이론이다. 객관적 관점에서 행위와 결과 사이의 목적적 연관을 인정하여 행위자가 회피할 수 있었고 지배할 수 있었던 결과는 귀속될 수 있다는 이론이 회피가능성의 이론이다.

형법 제17조(인과관계) 어떤 행위라도 죄의 요소되는 위험발생에 연결되지 아니한 때에는 그 결과로 인하여 벌하지 아니한다.

고등학교 교사가 제자의 잘못을 징계코자 왼쪽 뺨을 때려 뒤로 넘어지면서 사망에 이르게 한 경우 위 피해자는 두께 0.5미리밖에 안 되는 비정상적인 얇은 두개골이었고 또 뇌수종을 가진 심신허약자로서 좌측 뺨을 때리자 급성뇌성압상승으로 넘어지게 된 것이라면 위 소위와 피해자의 사망 간에는 이른바 인과관계가 없는 경우에 해당한다(78도1961).

피고인이 주먹으로 피해자의 복부를 1회 강타하여 장파열로 인한 복막염으로 사망케 하였다면, 비록 의사의 수술지연 등 과실이 피해자의 사망의 공동원인이 되었다 하더라도 피고인의 행위가 사망의 결과에 대한 유력한 원인이 된 이상 그 폭력행위와 치사의 결과 간에는 인과관계가 있다 할 것이어서 피고인은 피해자의 사망의 결과에 대해 폭행치사의 죄책을 면할 수 없다(84도831).

폭행이나 협박을 가하여 간음을 하려는 행위와 이에 극도의 흥분을 느끼고 공포심에 사로잡혀 이를 피하려다 사상에 이르게 된 사실과는 상당인과관계가 있어 강간치사상죄가 성립한다(95도425).

제8절 고 의

살인죄는 살인의 실행행위와 사망결과에 대한 고의가 있어야 한다. 형법은 원칙적으로 고의에 위한 행위를 처벌한다. 고의가 아닌 과실에 의한 범죄는 예외적으로 처벌된다. 고의범 처벌은 미수범이나 공범의 경우에도 적용된다. 과실범은 고의범에 비해 형벌의 정도가 현저하게 낮다. 고의란 범죄의 객관적 구성요건을 실현하기 위한 인식 및 의지를 가리킨다.

범죄자가 사람이 창고에서 잠을 자고 있을지 모른다고 생각했으나, "그래도 상관없다"고 생각하고 불을 질렀다면 그 범죄자는 창고 안에서 자고 있는 사람에 대한 미필적 고의가 인정된다. 미필적 고의라 함은 결과의 발생이 불확실한 경우, 즉 행위자에 있어서 그 결과발생에 대한 확실한 예견은 없으나 그 가능성은 인정하는 것으로, 이러한 미필적 고의가 있었다고 하려면 결과발생의 가능성에 대한 인식이 있음은 물론 나아가 결과발생을 용인하는 내심의 의사가 있어야 한다(2003도7507). 행위의 목표가 아니기 때문에 결과발생이 불확실하지만, 행위의 부수적 효과로 만약 결과가 발생하더라도 그 발생한 결과를 승인·용인 또는 묵인·감수하겠다는 것이 미필적 고의다. 이에 반하여 인식 있는 과실은 예견된 결과가 나타나지 않을 것이라고 신뢰하고(의지적 요소가 없음), 행위로 나아간 경우를 의미한다.

> 형법 제13조(범의) 죄의 성립요소인 사실을 인식하지 못한 행위는 벌하지 아니한다. 단, 법률에 특별한 규정이 있는 경우에는 예외로 한다.

원래 살인죄의 범의가 있다고 함에는 범인이 자기의 행위로 인하여 타인의 사망의 결과를 발생시킬 만한 가능 또는 위험이 있음을 인식 또는 예견하면 족한 것이요 사망의 결과 발생을 목적 또는 희망한 것은 필요치 않을 뿐 아니라 그 인식 또는 예견은 확정적인 것만 필요로 하는 것이 아니요, 불확정적인 것이라도 소위 미필적 고의가 있다고 할 것이다. 이건에서 피고인의 행위는 길이가 17센티미터나 되는 예리한 칼로 신체의 중요부분인 피해자의 복부(간 근처)를 찌른 것이므로 그와 같은 행위로 인하여 피해자에게 사망의 결과를 발생할 가능성이나 위험이 있음을 인식 또는 예견했다고 할 수 있으므로 피고인에게 최소한 미필적 범의가 있었다고 봄이 상당하다(81도73).

인체의 급소를 잘 알고 있는 무술교관 출신의 피고인이 무술의 방법으로 피해자의 울대를 가격하여 사망케 한 행위에 살인의 범의가 있다(2000도2231).

제 9 절 사실의 착오(구성요건적 착오)

형법 제15조 제1항은 "특별히 중한 죄가 되는 사실을 인식하지 못한 행위는 중한 죄로 벌하지 아니한다"고 규정한다.[1]

형법상 고의가 성립하려면 행위자가 죄의 성립요소인 사실에 대한 인식이 필요하고, 또 행위자의 행위로 인하여 야기될 결과를 예견하고, 나아가서 그 예견한 사실과 현실적으로 발생한 결과(사실)가 일치하여야 한다. 그런데 구성요건해당사실에 관해서는 행위자가 인식한 사실(인식사실)과 현실적으로 발생한 사실(실현사실)이 완전히 일치하는 경우는 거의 없다. 대부분이 일치하지 않는다. 여기서 행위자가 인식한 사실과 현실적으로 발생한 사실 간에 불일치가 있는 경우에 어느 정도의 불일치까지는 고의가 성립한다고 보는가, 또 어느 정도의 불일치가 되면 고의가 조각되는가의 문제가 생긴다. 이런 문제를 다루기 위한 이론이 구성요건적 착오론이다.[2]

주관적인 인식과 객관적인 사실이 일치하지 아니하는 경우를 착오라 한다. 구성요건적 착오는 행위자가 주관적으로 인식한 구성요건해당사실과 현실적으로 발생한 객관적 구성요건해당사실이 일치하지 아니하는 경우를 말한다. 형법은 구성요건적 착오라는 개념 대신 사실의 착오라는 개념을 사용한다.

---

1) 형법 제15조 제1항을 중한 죄를 범할 의사가 없는 경우에는 비록 실제로 발생된 결과가 중한 경우라도 중한 죄의 고의의 기수로서 처벌할 수 없다는 뜻으로 해석하는 견해와 두 개의 구성요건이 기본적 구성요건과 파생적 구성요건의 관계에 있는 경우에만 적용되는 것으로 해석하는 견해가 대립한다.
2) 성시탁, "구성요건적 착오(上)", 고시연구 제22권 제6호, 고시연구사(1995년), 109면.

　　자기 물건을 남의 물건으로 오인하고 훔친 경우와 같이 행위자가 인식한 사실은 구성요건에 해당하는 사실이지만 발생한 결과는 구성요건에 해당하는 사실이 아닌 경우에는 결과가 발생하지 아니하였으므로 행위의 위험성의 유무에 따라서 불능범의 문제일 뿐 구성요건적 착오가 아니다. 남의 물건을 자기 물건으로 오인하고 가져온 경우와 같이 행위자가 인식한 사실은 구성요건에 해당하는 사실이 아니지만 발생한 결과가 구성요건에 해당하는 경우에는 행위자에게 구성요건에 해당하는 사실에 대한 인식이 없으므로 과실범의 처벌규정이 있는 경우에 한하여 과실범 성립여부만 검토하면 된다. 구성요건이 아닌 형벌·처벌조건·인적처벌조각사유·소추조건·책임능력에 대한 착오는 당연히 구성요건적 착오가 아니다.

　　사실의 착오는 객체의 착오, 방법의 착오, 인과과정의 착오로 구별된다. 객체의 착오는 행위자가 행위 당시에 의도한 대상에 결과가 발생하였으나 행위자가 그 대상의 동일성에 대하여 착오한 경우이다. 방법의 착오(타격의 착오)는 행위자가 행위 당시에 의도한 대상이 아닌 그 근처에 있던 다른 대상에 결과가 발생한 경우를 말한다. 인과과정의 착오는 행위자가 의도한 대상에 결과가 발생하였으나, 그 결과에 이르는 과정이 행위자의 행위 당시에 인식한 인과과정과 다르게 진행하여 의도한 결과를 발생시킨 경우를 말한다. 사실의 착오는 구체적 사실의 착오와 추상적 사실의 착오로 또한 구분된다. 구체적 사실의 착오는 인식한 사실과 발생한 사실이 동일한 구성요건에 속하는 경우를 말하고, 추상적 사실의 착오는 인식한 사실과 발생한 사실이 다른 구성요건에 속하는 경우를 말한다. 살인과 상해, 폭행과 상해, 절도와 강도, 살인과 손괴, 절도와 점유이탈물횡령 간의 착오는 추상적 사실의 착오이다.

　　사실의 착오에 대하여 구체적 부합설은 인식한 사실과 발생한 사실이 구체적으로 부합하는 경우에만 고의기수를 인정하는 견해이다. 구체적 부합설은 구체적 사실에 관한 객체의 착오에서는 고의기수를 인정하지만, 방법의 착오나 추상적 사실의 착오에서는 고의기수를 부정하고, 미수와 과실의 상상적 경합으로 처벌한다. 법정적 부합설은 인식한 사실과 발생한 사실이 법정적으로 부합하는 경우에 고의기수를 인정하는 전통적인 견해이고, 판례의 입장이다. 법정적 부합설에 의하면 객체의 착오에서 고의기수를 인정하고, 방법의 착오에서도 고의의 전용을 인정하여 발생한 사실에 대한 고의기수를 인정한다. 추상적 사실의 착오에 관하여는 상이한 구성요건이라고 하여도 동일한 죄질이라고 볼 수 있는 때에는 고의기수를 긍정한다.

　　사람을 살해할 목적으로 총을 발사한 이상 그것이 목적하지 아니한 다른 사람에게 명중되어 사망의 결과가 발생하였다 하더라도 살의를 저각하지 않는 것이라 할 것이니 원심인정과 같이 피고인이 하사 공소외 1을 살해할 목적으로 발사한 총탄이 이를 제지하려고 피고인 앞으로 뛰어들던 병장 공소외 2에게 명중되어 공소외 2가 사망한 본건의 경우에 있어서의 공소외 2에 대한 살인죄가 성립한다 할 것이다(75도727).

피해자 1 형수의 등에 업혀 있던 피해자 2(남1세)에 대하여는 살인의 고의가 없었으니 과실치사죄가 성립할지언정 살인죄가 성립될 수 없다는 주장을 살피건대, 피고인이 먼저 피해자 1을 향하여 살의를 갖고 소나무 몽둥이(증 제1호, 길이 85센티미터 직경 9센티미터)를 양손에 집어들고 힘껏 후려친 가격으로 피를 흘리며 마당에 고꾸라진 동녀와 동녀의 등에 업힌 피해자 2의 머리부분을 위 몽둥이로 내리쳐 피해자 2를 현장에서 두개골절 및 뇌좌상으로 사망케 한 소위를 살인죄로 의율한 원심조처는 정당하게 긍인되며 소위 타격의 착오가 있는 경우라 할지라도 행위자의 살인의 범의성립에 방해가 되지 않는다(83도2813).

제10절 과 실

형법 제14조(과실) 정상의 주의를 태만함으로 인하여 죄의 성립요소인 사실을 인식하지 못한 행위는 법률에 특별한 규정이 있는 경우에 한하여 처벌한다.

사회생활에서 요구되는 주의의무를 위반함으로써 구성요건적 결과가 발생한 경우 처벌규정이 있는 경우에 한해 과실범으로 처벌된다. 형법은 과실치사상(형법 제266조, 제267조, 제268조), 과실장물취득(형법 제364조), 실화(제170조), 과실교통방해(형법 제189조 제1항) 등의 경우 과실범을 처벌하고 있다. 과실의 본질은 결과예견의무(내적 주의의무)와 결과회피의무(외적 주의의무)에 있다.

주의의무의 판단기준에 대하여 행위자 본인의 주의능력을 표준으로 주의의무 위반을 판단해야 한다는 입장도 있으나, 통설과 판례는 일반인의 주의능력을 평균하여 그러한 평균을 능가하는 행위자의 주의능력은 고려하지 않고, 평균에 미달하는 행위자의 주의능력의 부족은 책임단계에서 고려하자는 평균인표준설을 취하고 있다.

과실범의 경우에는 객관적 주의의무 위반이 행위불법의 핵심이기 때문에, 법익

침해의 결과가 발생하였다고 하더라도 객관적 주의침해가 인정되지 않는다면 행위
불법의 결여로 인하여 과실범의 구성요건해당성이 인정되지 않는다. 과실범의 경우
에 행위자가 주의의무를 준수하여 적법한 행위를 했다 하여도 결과발생이 방지되
지 않았을 경우 행위자로 인해서 반가치적 결과가 발생된 것으로 보기는 어렵고,
과실범 처벌을 굳이 할 이유가 없는 것이다. 그렇다면 행위자가 객관적 주의를 침
해하여 일정한 결과가 발생하였으나 비록 그가 주의를 준수하였다고 하더라도 동
일한 결과가 마찬가지로 발생하였을 것이라는 사정이 존재하는 경우에 과연 당해
결과를 행위자에게 귀속시킬 수 있을 것인가 하는 문제가 제기될 수 있는데, 이러
한 문제를 적법한 대체행위의 문제라 한다. 이에 대하여 무죄추정설과 위험증대설
이 대립한다. 무죄추정설은 주의의무를 다하였으면 결과가 발생하지 않았을 확실성
또는 확실성에 가까운 개연성이 인정되어야 결과귀속을 인정한다. 결과회피의 개연
성에 의문이 제기될 때는 indubio pro reo의 원칙이 적용되어야 한다는 입장이다.
이에 의하면 대부분 과실범은 결과귀속이 부정된다. 위험증대설은 적법한 대체행위
에 의하여 결과가능성이 있는 때에는 객관적 귀속을 인정한다. 위험증대설에 의하
면 주의의무에 위반하면 항상 위험이 증가하여 과실결과범이 위험범화하는 문제를
발생시킨다.

　　피고인이 트럭을 도로의 중앙선 위에 왼쪽 바깥 바퀴가 걸친 상태로 운행하던
중 피해자가 승용차를 운전하여 피고인이 진행하던 차선으로 달려오다가 급히 자
기 차선으로 들어가면서 피고인이 운전하던 트럭과 교행할 무렵 다시 피고인의 차
선으로 들어와 그 차량의 왼쪽 앞 부분으로 트럭의 왼쪽 뒷바퀴 부분을 스치듯이
충돌하고 이어서 트럭을 바짝 뒤따라가던 차량을 들이받았다면, 설사 피고인이 중
앙선 위를 달리지 아니하고 정상 차선으로 달렸다 하더라도 사고는 피할 수 없다
할 것이므로 피고인 트럭의 왼쪽 바퀴를 중앙선 위에 올려놓은 상태에서 운전한 것
만으로는 위 사고의 직접적인 원인이 되었다고 할 수 없다(90도2856).

제11절   신뢰의 원칙

　　교통규칙을 준수한 운전자는 다른 운전자가 교통규칙을 준수할 것이라고 신뢰
하면 족하고, 교통규칙에 위반하여 운전할 것까지 예견하여 운전할 필요는 없다는
것을 뜻하는 데서 출발한 것이 소위 "신뢰의 원칙"이다. 신뢰의 원칙이란 주의의무

에 대한 규칙을 준수한 사람이 다른 참여자들도 그렇게 하리라는 것을 신뢰하고 한 행위한 결과 발생한 구성요건적 결과에 대하여 과실이 없다고 보는 것을 뜻한다. 신뢰의 원칙은 과실범의 객관적 주의의무(결과예견의무와 결과회피의무) 범위를 제한한다. 신뢰의 원칙은 자동차가 현대 사회생활의 필수적 교통수단으로 기능함에 따라 교통사고에 대하여는 과실의 범위를 수정해야 한다는 허용된 위험의 원칙이 적용된 결과이다. 신뢰의 원칙은 상대방의 규칙위반을 이미 인식한 경우, 상대방의 규칙준수를 신뢰할 수 없는 경우, 운전자가 스스로 교통규칙을 위반한 때에는 적용될 수 없다. 신뢰의 원칙은 자동차와 자동차의 충돌사고에 일반적으로 적용된다. 하지만 자동차와 보행자의 충돌사고에는 적용되지 않는다. 의사들 간 수평적으로 업무를 분담한 관계에서는 신뢰의 원칙이 적용될 수 있지만, 다른 의사를 사실상 지휘 감독하는 수직적 관계인 경우에는 신뢰의 원칙이 적용될 수 없다.

고속도로를 운행하는 자동차의 운전자로서는 일반적인 경우에 고속도로를 횡단하는 보행자가 있을 것까지 예견하여 보행자와의 충돌사고를 예방하기 위하여 급정차 등의 조치를 취할 수 있도록 대비하면서 운전할 주의의무가 없고, 다만 고속도로를 무단횡단하는 보행자를 충격하여 사고를 발생시킨 경우라도 운전자가 상당한 거리에서 보행자의 무단횡단을 미리 예상할 수 있는 사정이 있었고, 그에 따라 즉시 감속하거나 급제동하는 등의 조치를 취하였다면 보행자와의 충돌을 피할 수 있었다는 등의 특별한 사정이 인정되는 경우에만 자동차 운전자의 과실이 인정될 수 있다(2000도2671).

제12절 결과적 가중범

형법 제15조 ② 결과로 인하여 형이 중할 죄에 있어서 그 결과의 발생을 예견할 수 없었을 때에는 중한 죄로 벌하지 아니한다.

결과적 가중범은 독립적인 범죄행위가 그 본래의 구성요건적 결과를 넘어 중한 결과를 야기한 경우에 그에 상응한 중한 형벌이 가하여지도록 규정된 범죄구성요건을 말하고, 기본범죄로서의 고의범과 중한 결과로서의 과실범이 결합되어 두 가지 특색을 복합적으로 갖고 있다.

결과적 가중범의 기본범죄는 중한 결과를 초래하는 원인된 행위가 독자적인 가벌적 행위로서 기본범죄의 미수가 처벌되는 경우여야 하며, 특수하게 과실범인 경우도 있으나 일반적으로는 고의범인 경우가 대부분이다. 중한 결과가 별도의 구성요건을 충족하며, 그 전형적인 것은 치상과 치사이다. 원인행위와 결과 사이에 일반적 경험칙에 비추어 개연성이 있다고 인정되는 인과관계가 필요하다. 과실 귀속에 있어 주관적 예견가능성의 여부가 문제되나, 우리 형법 제15조 제2항은 "결과로 인하여 형이 중할 죄에 있어서 그 결과의 발생을 예견할 수 없었을 때에는 중한 죄로 벌하지 아니한다"고 규정함으로써 중한 결과발생에 대한 과실을 결과적 가중범의 요건으로 하고 있다. 결과적 가중범의 전형적인 경우는 과실에 의한 중한 결과발생의 경우이지만, 고의에 의한 중한 결과의 발생도 당연히 포함한다(부진정 결과적 가중범).

　　특수공무집행방해치상죄는 원래 결과적 가중범이기는 하지만, 이는 중한 결과에 대하여 예견가능성이 있었음에 불구하고 예견하지 못한 경우에 벌하는 진정결과적 가중범이 아니라 그 결과에 대한 예견가능성이 있었음에도 불구하고 예견하지 못한 경우뿐만 아니라 고의가 있는 경우까지도 포함하는 부진정결과적 가중범이다. 고의로 중한 결과를 발생케 한 경우에 무겁게 벌하는 구성요건이 따로 마련되어 있는 경우에는 당연히 무겁게 벌하는 구성요건에서 정하는 형으로 처벌하여야 할 것이고, 결과적 가중범의 형이 더 무거운 경우에는 결과적 가중범에 정한 형으로 처벌할 수 있도록 하여야 할 것이므로, 기본범죄를 통하여 고의로 중한 결과를 발생케 한 부진정결과적 가중범의 경우에 그 중한 결과가 별도의 구성요건에 해당한다면 이는 결과적 가중범과 중한 결과에 대한 고의범의 상상적 경합관계에 있다고 보아야 할 것이다(94도2842).

　　폭행치사죄는 결과적 가중범으로서 폭행과 사망의 결과 사이에 인과관계가 있는 외에 사망의 결과에 대한 예견가능성, 즉 과실이 있어야 하고 이러한 예견가능성의 유무는 폭행의 정도와 피해자의 대응상태 등 구체적 상황을 살펴서 엄격하게 가려야 하는 것인바, 피고인이 피해자에게 상당한 힘을 가하여 넘어뜨린 것이 아니라 단지 공장에서 동료 사이에 말다툼을 하던 중 피고인이 삿대질하는 것을 피하고자 피해자 자신이 두어 걸음 뒷걸음치다가 기계 철받침대에 걸려 넘어진 정도라면, 당시 바닥에 위와 같은 장애물이 있어서 뒷걸음치면 장애물에 걸려 넘어질 수 있다는 것까지는 예견할 수 있었다고 하더라도 그 정도로 넘어지면서 머리를 바닥에 부딪쳐 두개골절로 사망한다는 것은 이례적인 일이어서 통상적으로 일반인이 예견하기 어려운 결과라고 하지 않을 수 없으므로 피고인에게 폭행치사죄의 책임을 물을 수 없다(90도1596).

피고인의 구타행위로 상해를 입은 피해자가 정신을 잃고 빈사상태에 빠지자 사망한 것으로 오인하고, 자신의 행위를 은폐하고 피해자가 자살한 것처럼 가장하기 위하여 피해자를 베란다 아래의 바닥으로 떨어뜨려 사망케 하였다면, 피고인의 행위는 포괄하여 단일의 상해치사죄에 해당한다(94도2361).

성폭력범죄의 처벌 및 피해자보호 등에 관한 법률 제9조 제1항에 의하면 같은 법 제6조 제1항에서 규정하는 특수강간의 죄를 범한 자뿐만 아니라, 특수강간이 미수에 그쳤다고 하더라도 그로 인하여 피해자가 상해를 입었으면 특수강간치상죄가 성립하는 것이고, 같은 법 제12조에서 규정한 위 제9조 제1항에 대한 미수범 처벌 규정은 제9조 제1항에서 특수강간치상죄와 함께 규정된 특수강간상해죄의 미수에 그친 경우, 즉 특수강간의 죄를 범하거나 미수에 그친 자가 피해자에 대하여 상해의 고의를 가지고 피해자에게 상해를 입히려다가 미수에 그친 경우 등에도 적용된다(2003도1256).[3]

제13절   위법성

위법성은 법질서에 대한 위반을 의미한다. 형법은 법질서가 어떠한 행위를 금지할 것인가에 대한 금지규범이다. 위법성은 객관적 평가규범인 형법에 대한 위반을 말한다. 책임무능력자나 정신병자라 하더라도 객관적인 평가규범의 위반행위를 하면 위법성이 인정된다.

형법 제20조는 "사회상규에 위반되지 아니하는 행위는 벌하지 아니한다"고 규정하고 있다. 형법 제20조의 사회상규 위반은 위법성의 내용을 구성한다. 범죄가 성립하려면 구성요건해당성이 인정되고, 위법성조각사유가 없어야 한다.[4] 위법성은 위법성조각사유가 있느냐 없느냐라는 판단을 통해 작동한다. 이미 구성요건해당

---

3) 위험한 물건인 전자충격기를 사용하여 강간을 시도하다가 미수에 그치고, 피해자에게 약 2주 간의 치료를 요하는 안면부 좌상 등의 상해를 입힌 사안에서, 성폭력범죄의 처벌 및 피해자보 호등에 관한 법률에 의한 특수강간치상죄가 성립한다고 본 사례.
4) **위법성판단과 책임판단과의 구별** - 위법성의 판단은 법질서 전체의 입장에서 내리는 행위에 대한 반가치판단(객관적 판단)이나, 책임의 판단은 행위자에 대한 개인적 비난가능성 유무를 판단하는 주관적 판단이다.

성 단계에서 위법성은 인정되었기 때문이다.

　　형법은 정당방위, 긴급피난, 자구행위, 피해자의 승낙, 정당행위를 위법성조각 사유로 규정하고 있다. 위법성조각사유에 해당하기 위해서는 위법성조각사유의 객관적 요소와 함께 행위반가치를 조각하는 고의에 반대되는 주관적 정당화요소가 필요하다는 것이 통설이다. 주관적 정당화요소는 정당화되는 상황의 인식과 행위자 내면의 정당화의사로 구성된다.

1. 정당방위

　　자기 또는 타인의 법익에 대한 현재의 부당한 침해를 방위하기 위한 행위는 상당한 이유가 있는 때에는 벌하지 아니한다(제21조 제1항). 이를 정당방위라 한다. 정당방위는 현재의 위법한 침해를 방위하는 행위로 "불법 대 법"의 관계에 있는 사전적 긴급행위이다. 퇴거불응에서와 같이 작위의무가 있고 그 의무불이행이 불법인 경우 부작위에 대한 정당방위도 가능하다. 위법상태가 계속되는 경우 그 위법상태가 제거될 때까지 정당방위는 가능하다.

　　정당방위에는 방위행위와 방위의사가 있어야 한다. 상당한 이유라 함은 방위행위가 필요하고 그 방법이 사회상규에 비추어 적정한 것이어야 한다는 것을 의미한다. 정당방위행위에는 효과적인 반격행위(공격방위)도 포함된다. 정당방위자에게는 회피의무가 없으므로 정당방위에 있어 보호법익과 침해법익 사이의 균형을 요하지 않는다. 정당방위 상황을 의도적으로 만들기 위하여 상대방을 도발하는 경우에는 정당방위행위가 인정될 수 없다.

　　현재의 부당한 침해에 대한 방위행위가 필요한 정도를 넘어선 경우를 과잉방위라 한다. 방위행위가 그 정도를 초과한 때에는 정황에 의하여 그 형을 감경 또는 면제할 수 있다(제21조 제2항). 과잉방위 행위가 야간 기타 불안스러운 상태하에서 공포, 경악, 흥분 또는 당황으로 인한 때에는 벌하지 아니한다(제21조 제3항).

　　싸움의 경우 정당방위 성립 여부가 문제된다. 싸움의 경우 일방의 행위만을 위법한 침해행위라고 볼 수 없는 측면이 있다. 싸움은 방위의사가 아닌 공격의사를 가지고 실행한 경우가 많으며, 상호간에 침해를 유발한 측면도 있다. 따라서 싸움의 경우 원칙적으로 정당방위가 성립하지 않는다는 것이 통설·판례이다. 하지만, 싸움이 중지된 후의 공격이나, 전혀 싸울 의사없이 소극적 방어에 그친 경우, 일반적으로 예상할 수 있는 정도를 초과한 공격에 대해서는 정당방위가 가능하다.

폭력행위 등 처벌에 관한 법률 제8조(정당방위 등) ① 이 법에 규정된 죄를 범한 사람이 흉기나 그 밖의 위험한 물건 등으로 사람에게 위해(危害)를 가하거나 가하려 할 때 이를 예방하거나 방위(防衛)하기 위하여 한 행위는 벌하지 아니한다.
② 제1항의 경우에 방위 행위가 그 정도를 초과한 때에는 그 형을 감경한다.
③ 제2항의 경우에 그 행위가 야간이나 그 밖의 불안한 상태에서 공포·경악·흥분 또는 당황으로 인한 행위인 때에는 벌하지 아니한다.

정당방위는 침해행위에 의해 침해되는 법익의 종류, 정도, 침해방법, 침해행위의 완급과 방위행위에 의해 침해될 법익의 종류, 정도등 일체의 구체적 사정을 참작하여 방위행위가 사회적으로 상당한 것이었다고 인정할 수 있는 것이어야 하는바, 전투경찰대원이 상관의 다소 심한 기합에 격분하여 상관을 사살한 행위는 자신의 신체에 대한 침해를 방위하기 위한 상당한 방법이었다고 볼 수 없다(84도683).
오상방위란 정당방위의 객관적 요건인 현재의 부당한 침해가 없음에도 불구하고 이를 존재한다고 오인하고 방위에 나아간 경우이다. 위법성조각사유 전제사실의 착오 또는 허용구성요건의 착오라고도 한다. 오상방위는 위법성의 착오 내지 법률의 착오와 유사하지만, 위법성조각사유의 객관적 요건인 사실의 존재에 대한 착오라는 점에서 구조상으로는 사실의 착오와 유사한 면이 있다. 오상방위가 법률의 착오인가 아니면 사실이 착오인가에 대하여 견해가 대립한다. 통설인 제한적 책임설에 따르면 위법성조각사유의 전제사실에 대한 착오가 사실의 착오는 아니지만 사실의 착오와 조적으로 유사하므로 사실의 착오에 관한 규정이 적용되어야 한다. 이에 의하면 오상방위는 고의범으로 처벌받지 않고 과실범의 처벌규정이 있는 때에만 과실범으로 처벌받는다.

2. 긴급피난

형법 제22조(긴급피난) ① 자기 또는 타인의 법익에 대한 현재의 위난을 피하기 위한 행위는 상당한 이유가 있는 때에는 벌하지 아니한다.
② 위난을 피하지 못할 책임이 있는 자에 대하여는 전항의 규정을 적용하지 아니한다.
③ 전조 제2항과 제3항의 규정은 본조에 준용한다.

긴급피난의 경우 침해행위가 반드시 부당할 필요가 없다. 긴급피난은 충돌하는 두 법익 사이의 이익형량에 의하여 낮은 가치의 이익을 침해하는 경우를 정당화하는 것이므로 원칙적으로는 구체적 이익형량을 필요로 하지 않는 정당방위와 다른 측면이 있다.

강간 등에 의한 치사상죄에 있어서 사상의 결과는 간음행위 그 자체로부터 발생한 경우나 강간의 수단으로 사용한 폭행으로부터 발생한 경우는 물론 강간에 수반하는 행위에서 발생한 경우도 포함한다. 피고인이 스스로 야기한 강간범행의 와중에서 피해자가 피고인의 손가락을 깨물며 반항하자 물린 손가락을 비틀며 잡아 뽑다가 피해자에게 치아결손의 상해를 입힌 소위를 가리켜 법에 의하여 용인되는 피난행위라 할 수 없다(94도2781).

3. 자구행위

형법 제23조(자구행위) ① 법정절차에 의하여 청구권을 보전하기 불능한 경우에 그 청구권의 실행불능 또는 현저한 실행곤란을 피하기 위한 행위는 상당한 이유가 있는 때에는 벌하지 아니한다.
② 전항의 행위가 그 정도를 초과한 때에는 정황에 의하여 형을 감경 또는 면제할 수 있다.

자구행위란 민법 제209조 자력구제와 같은 의미이다. 여기서 청구권은 반드시 재산권일 필요는 없다. 친족권이어도 무방한 것이다. 그러나 사후적으로 원상회복이 불가능한 생명·신체·자유·정조·명예는 자구행위의 대상이 아니다.

소유권의 귀속에 관한 분쟁이 있어 민사소송이 계속중인 건조물에 관하여 현실적으로 관리인이 있음에도 위 건조물의 자물쇠를 쇠톱으로 절단하고 침입한 소위는 법정절차에 의하여 그 권리를 보전하기가 곤란하고 그 권리의 실행불능이나 현저한 실행곤란을 피하기 위해 상당한 이유가 있는 행위라고 할 수 없다(85도707).

4. 피해자의 승낙

형법 제24조(피해자의 승낙) 처분할 수 있는 자의 승낙에 의하여 그 법익을 훼손한 행위는 법률에 특별한 규정이 없는 한 벌하지 아니한다.

　　형법 제24조의 규정에 의하여 위법성이 조각되는 피해자의 승낙은 개인적 법익을 훼손하는 경우에 법률상 이를 처분할 수 있는 사람의 승낙이어야 할 뿐만 아니라 그 승낙이 윤리적·도덕적으로 사회상규에 반하는 것이 아니어야 한다. 피고인이 피해자와 공모하여 교통사고를 가장하여 보험금을 편취할 목적으로 피해자에게 상해를 가하였다면 피해자의 승낙이 있었다고 하더라도 이는 위법한 목적에 이용하기 위한 것이므로 피고인의 행위가 피해자의 승낙에 의하여 위법성이 조각된다고 할 수 없다(2008도9606).

　　피해자의 추정적 승낙도 가능하다. 판례는 사전에 피해자의 현실적인 승낙이 없었다고 하더라도 행위당시의 객관적 사정을 알았다면 당연히 승낙하였을 것이라고 믿고 한 행위일 경우 추정적 승낙에 의하여 위법성이 조각된다고 본다(92도3101). 통설은 추정적 승낙을 긴급피난과 피해자의 승낙 중간에 위치하는 독자적 구조를 가진 위법성조각사유로 파악한다.

　　피고인들이 자신들의 피해자에 대한 물품대금 채권을 다른 채권자들보다 우선적으로 확보할 목적으로 피해자가 부도를 낸 다음날 새벽에 피해자의 승낙을 받지 아니한 채 피해자의 가구점의 시정장치를 쇠톱으로 절단하고 그곳에 침입하여 시가 16,000,000원 상당의 피해자의 가구들을 화물차에 싣고 가 다른 장소에 옮겨 놓은 행위는 특수절도죄가 성립한다. 형법상 자구행위라 함은 법정절차에 의하여 청구권을 보전하기 불능한 경우에 그 청구권의 실행불능 또는 현저한 실행곤란을 피하기 위한 상당한 행위를 말하는 것인바, 이 사건에서 피고인들에 대한 채무자인 피해자가 부도를 낸 후 도피하였고 다른 채권자들이 채권확보를 위하여 피해자의 물건들을 취거해 갈 수도 있다는 사정만으로는 피고인들이 법정절차에 의하여 자신들의 피해자에 대한 청구권을 보전하는 것이 불가능한 경우에 해당한다고 볼 수 없을 뿐만 아니라, 또한 피해자 소유의 가구점에 관리종업원이 있음에도 불구하고 위 가구점의 시정장치를 쇠톱으로 절단하고 들어가 가구들을 무단으로 취거한 행위가 피고인들의 피해자에 대한 청구권의 실행불능이나 현저한 실행곤란을 피하기 위한 상당한 이유가 있는 행위라고도 할 수 없다. 추정적 승낙이란 피해자의 현실적인 승낙이 없었다고 하더라도 행위 당시의 모든 객관적 사정에 비추어 볼 때 만일 피해자가 행위의 내용을 알았더라면 당연히 승낙하였을 것으로 예견되는 경우를 말하는바, 피고인들이 피해자의 가구들을 취거할 당시 피해자의 추정적 승낙이 있다고 볼 수 없다(2005도8081).

5. 정당행위

형법 제20조(정당행위) 법령에 의한 행위 또는 업무로 인한 행위 기타 사회상규에 위배되지 아니하는 행위는 벌하지 아니한다.

법령에 의한 행위는 공무원이 행하는 법치행정작용이나 노동조합 및 노동관계조정법을 준수한 쟁의행위와 같이 법령에 의하여 권리와 의무로 규정된 바대로 행하는 행위를 말한다. 다른 법령에 의하여 이미 적법한 행위를 형법이 위법한 것으로 취급하는 것은 부당하기 때문에 위법성조각사유로 취급하는 것이다. 그러나 재량의 일탈·남용에 해당하는 공무원의 행위나 민법상 권리남용에 해당하는 경우에는 위법성이 조각되지 않는다고 할 것이다. 부모나 교사의 폭행은 범죄행위일 뿐이고, 법령에 의한 행위가 아니다.

업무로 인한 행위에서 업무란 사회생활관계에서 계속적·반복적 의사로 행하는 사무를 말하는 것이다. 업무로 인한 행위는 법령에 규정되어 있지 않더라도 그 내용이 사회상규에 비추어 정당한 경우 위법성이 조각된다. 대표적으로 성직자의 종교상 행위와 변호사·의사의 업무행위가 있다.

사회상규에 위배되지 않는 행위는 국가의 법질서를 위배하지 않고, 국민일반의 건전한 도덕·윤리·상식에 부합하는 행위를 말한다. 개별적 위법성조각사유에 해당하지 않아도 사회상규에 위배되지 않는 행위이면 위법성이 조각된다. 행위의 목적이나 동기의 정당성이 인정되는 경우에도 수단의 상당성이 인정되지 않으면 사회상규에 반하는 것이다.[5]

판례에 의하면 사회상규에 위반되지 아니하는 행위라 함은 법질서 전체의 정신이나 그의 배후에 놓여 있는 사회윤리 도의적 감정 내지 사회통념에 비추어 용인될 수 있는 행위를 말하는 것이어서 어떠한 행위가 사회상규에 위배되지 아니하는가는 구체적 사정아래에서 합목적적 합리적으로 고찰하여 개별적으로 판단되어야 하는데,[6] 정당행위를 인정하려면 첫째, 그 행위의 동기나 목적의 정당성, 둘째, 행위

---

[5] 타인의 주거에 침입한 행위가 비록 불법선거운동을 적발하려는 목적으로 이루어진 것이라고 하더라도, 타인의 주거에 도청장치를 설치하는 행위는 그 수단과 방법의 상당성을 결하는 것으로서 정당행위에 해당하지 않는다; 대법원 1996. 9. 24. 선고 96도2151 판결 "피고인이 피해자에 대하여 채권이 있다고 하더라도 그 권리행사를 빙자하여 사회통념상 용인되기 어려운 정도를 넘는 협박을 수단으로 상대방을 외포케 하여 재물의 교부 또는 재산상의 이익을 받았다면 공갈죄가 되는 것이다"(95도2674).

의 수단이나 방법의 상당성, 셋째, 보호이익과 침해이익과의 법익권형성, 넷째, 긴급성, 다섯째, 그 행위 외에 다른 수단이나 방법이 없다는 보충성 등의 요건을 갖추어야 한다(98도1869).

제14절 책 임

책임 없으면 형벌없다(nulla poena sine culpa). 책임능력이 없거나, 비난가능성이 없는 상황에서 행위한 경우에는 책임을 묻지 않는다. 위법성이란 행위가 전체 법질서의 당위규범에 배치되었을 때 내려지는 행위에 대한 객관적 판단이라면, 책임은 행위자에게 자기 행위에 대한 책임을 지울 수 있는가 하는 행위자에 대한 주관적 판단이다. 위법성의 판단과 달리 책임의 판단에는 행위자의 개인적 특수성이 고려된다.

책임은 인간이 그의 소질과 환경에 의하여 제약된 충동을 통제하고, 사회윤리적 규범과 가치관념에 따라 결단할 수 있는 능력이 있다는 것을 근거로 하는 것이고, 따라서 달리 행위할 능력이 있는 때에만 범죄에의 충동을 억제하지 않고 위법한 행위를 한 데 대하여 행위자를 비난할 수 있다.[7]

행위자가 법규범의 의미내용을 이해하여 명령과 금지를 인식할 수 있는 통찰능력과 이 통찰에 따라 행위할 수 있는 조종능력을 책임능력이라 한다.

형법은 책임능력이 없는 책임무능력자로 형사미성년자, 심신상실자를 규정하고, 책임능력이 제한적인 한정책임능력자로 심신미약자, 농아자를 규정하고 있다. 형법은 책임능력에 관한 문제를 스스로 야기한 경우를 처벌하는 규정(원인에 있어서

---

6) 학생에 대한 폭행, 욕설에 해당되는 지도행위는 학생의 잘못된 언행을 교정하려는 목적에서 나온 것이었으며 다른 교육적 수단으로는 교정이 불가능하였던 경우로서 그 방법과 정도에서 사회통념상 용인될 수 있을 만한 객관적 타당성을 갖추었던 경우에만 법령에 의한 정당행위로 볼 수 있을 것이고, 교정의 목적에서 나온 지도행위가 아니어서 학생에게 체벌, 훈계 등의 교육적 의미를 알리지도 않은 채 지도교사의 성격 또는 감정에서 비롯된 지도행위라든가, 다른 사람이 없는 곳에서 개별적으로 훈계, 훈육의 방법으로 지도·교정될 수 있는 상황이었음에도 낯모르는 사람들이 있는 데서 공개적으로 학생에게 체벌·모욕을 가하는 지도행위라든가, 학생의 신체나 정신건강에 위험한 물건 또는 지도교사의 신체를 이용하여 학생의 신체 중 부상의 위험성이 있는 부위를 때리거나 학생의 성별, 연령, 개인적 사정에서 견디기 어려운 모욕감을 주어 방법·정도가 지나치게 된 지도행위 등은 특별한 사정이 없는 한 사회통념상 객관적 타당성을 갖추었다고 보기 어렵다(2001도5380).
7) 이재상·장영민·강동범, 「형법총론 제8판」, 박영사(2015), 290-293면.

자유로운 행위)을 두고 있다. 통설은 위법성의 인식과 기대가능성을 책임과 관련하여
논한다. 형법 제16조 법률의 착오는 위법성의 인식이라는 개념과 함께, 형법 제12조
강요된 행위는 기대가능성이라는 개념과 함께 책임 단계에서 다루어진다.

1. 책임무능력자

(1) 형사미성년자

14세 되지 아니한 자의 행위는 벌하지 아니한다(형법 제9조). 소년법상 소년은
19세 미만인 자이다. 이는 다시 범죄소년, 촉법소년, 우범소년으로 분류된다. 범죄
소년은 19세 미만의 자로 형벌법령에 규정된 범죄를 저지른 자이다. 촉법소년은 10
세 이상 14세 미만의 자로서 형벌법규에 저촉되는 행위를 한 자이다. 형사미성년자
라서 처벌할 수는 없지만 범죄를 저지른 자를 말한다. 우범소년은 10세 이상 19세
미만의 자로서 범죄를 저지를 우려가 있는 자를 말한다. 10세 이상의 소년에게는
소년법상 보호처분이 가능하지만 10세 미만의 자에게는 보호처분조차 불가능하다.
18세 미만자는 사형·무기징역이 금지되고, 15년의 유기징역이 가능하다. 소년이
법정형으로 장기 2년 이상의 유기형에 해당하는 죄를 범한 경우에는 그 형의 범위
에서 장기와 단기를 정하여 선고한다.[8] 장기는 10년, 단기는 5년을 초과하지 못한
다. 소년에 대하여 집행유예, 선고유예를 선고할 때에는 정기형을 선고할 수 있다.
18세 미만자는 노역장 유치 선고가 금지된다.[9]

(2) 심신상실자

심신장애로 인하여 사물을 변별할 능력이 없거나 의사를 결정할 능력이 없는
자의 행위는 벌하지 아니한다(형법 제10조 제1항). 형법상 심신상실자라고 하려면 그
범행당시에 심신장애로 인하여 사물의 시비선악을 변식할 능력이나 또 그 변식하
는 바에 따라 행동할 능력이 없어 그 행위의 위법성을 의식하지 못하고 또는 이에
따라 행위를 할 수 없는 상태에 있어야 한다(85도361).

형법 제10조에 규정된 심신장애의 유무 및 정도의 판단은 법률적 판단으로서
반드시 전문감정인의 의견에 기속되어야 하는 것은 아니고, 정신질환의 종류와 정
도, 범행의 동기, 경위, 수단과 태양, 범행 전후의 피고인의 행동, 반성의 정도 등

---

8) 소년법 제60조 제1항.
9) 소년법 제62조.

여러 사정을 종합하여 법원이 독자적으로 판단할 수 있다(99도1194).

2. 한정책임능력자

(1) 심신미약자

심신장애로 인하여 사물을 변별할 능력이나 의사를 결정할 능력이 미약한 자의 행위는 형을 감경한다(형법 제10조 제2항). 심신미약자에 대하여는 보안처분이 과해질 수 있다. 치료감호법 제2조 제1항 제1호는 형법 제10조 제1항에 따라 벌할 수 없거나 같은 조 제2항에 따라 형이 감경되는 심신장애인으로서 금고 이상의 형에 해당하는 죄를 지은 자로서 치료감호시설에서 치료를 받을 필요가 있고 재범의 위험성이 있는 자를 치료감호 대상으로 정하고 있다.[10]

(2) 농아자(聾啞者)

농아자의 행위는 형을 감경한다(형법 제11조). 농아자는 청각과 발음기능 모두가 장애인인 자를 말한다. 즉 농자인 동시에 아자여야 한다. 농자이거나 아자인 경우에는 한정책임능력자가 아니라 책임능력자이다.

3. 원인에 있어서 자유로운 행위

위험의 발생을 예견하고 자의로 심신장애를 야기한 자의 행위는 책임무능력상태에서의 행위인 경우에도 처벌이 되고, 한정책임능력상태에서의 행위인 경우에도 형이 감경되지 않는다(형법 제10조 제3항). 행위자가 고의 또는 과실에 의하여 자기를 심신장애의 상태에 빠지게 한 후 범죄를 실행하는 경우를 '원인에서 자유로운

---

10) 치료감호 등에 관한 법률(치료감호법) 1조(목적) 이 법은 심신장애 상태, 마약류·알코올이나 그 밖의 약물중독 상태, 정신성적(精神性的) 장애가 있는 상태 등에서 범죄행위를 한 자로서 재범(再犯)의 위험성이 있고 특수한 교육·개선 및 치료가 필요하다고 인정되는 자에 대하여 적절한 보호와 치료를 함으로써 재범을 방지하고 사회복귀를 촉진하는 것을 목적으로 한다. 제2조(치료감호대상자) ① 이 법에서 "치료감호대상자"란 다음 각 호의 어느 하나에 해당하는 자로서 치료감호시설에서 치료를 받을 필요가 있고 재범의 위험성이 있는 자를 말한다.
1. 「형법」 제10조 제1항에 따라 벌할 수 없거나 같은 조 제2항에 따라 형이 감경되는 심신장애인으로서 금고 이상의 형에 해당하는 죄를 지은 자
2. 마약·향정신성의약품·대마, 그 밖에 남용되거나 해독을 끼칠 우려가 있는 물질이나 알코올을 식음·섭취·흡입·흡연 또는 주입받는 습벽이 있거나 그에 중독된 자로서 금고 이상의 형에 해당하는 죄를 지은 자
3. 소아성기호증, 성적가학증 등 성적 성벽이 있는 정신성적 장애인으로서 금고 이상의 형에 해당하는 성폭력범죄를 지은 자

행위'라 한다.[11]

형법 제10조 제3항에 의하면 "위험의 발생을 예견하고 자의로 심신장애를 야기한 자의 행위에는 전 2항의 규정을 적용하지 아니한다"고 규정하고 있는바, 피고인이 자신의 승용차를 운전하여 술집에 가서 술을 마신 후 운전을 하여 교통사고를 일으킨 것이라면 음주할 때 교통사고를 일으킬 수 있다는 위험성을 예견하면서 자의로 심신장애를 야기한 경우에 해당한다 할 것이므로 심신미약으로 인한 형의 감경을 할 수 없다(93도2400).

피고인들은 상습적으로 대마초를 흡연하는 자들로서 이 사건 각 살인범행 당시에도 대마초를 흡연하여 그로 인하여 심신이 다소 미약한 상태에 있었음은 인정되나, 이는 위 피고인들이 피해자들을 살해할 의사를 가지고 범행을 공모한 후에 대마초를 흡연하고, 위 각 범행에 이른 것으로 대마초 흡연시에 이미 범행을 예견하고도 자의로 위와 같은 심신장애를 야기한 경우에 해당하므로, 형법 제10조 제3항에 의하여 심신장애로 인한 감경 등을 할 수 없다. 피고인들은 피해자 1을 범행장소로 유인하여 잔인한 방법으로 살해하여 매장한 다음, 곧이어 위 살인범행을 숨기기 위하여 위 피해자의 애인으로서 그 행방을 찾고 있던 피해자 2에게 위 피해자 1의 거처로 데려다 준다고 속여 최초의 범행장소 부근으로 유인하여 참혹하게 살해하여 매장한 점 등 이 사건 기록에 나타난 여러 양형조건 등에 비추어 보면 피고인들에 대하여 사형을 선고한 제1심을 유지한 원심의 양형이 심히 부당하다고 볼 수 없다(96도857).

4. 위법성의 인식, 법률의 착오

위법성의 인식이란 행위자가 자신의 행위가 법령에 위반한 행위라는 것을 인식하는 것을 말한다. 통설은 법규범을 알면서 범죄를 결의하였다는 위법성의 인식을 책임의 한 요소로 본다. 형법은 위법성의 인식에 대하여 직접 규정한 바가 없다. 형법은 법률의 착오라는 표제하에 "자기의 행위가 법령에 의하여 죄가 되지 아니하는 것으로 오인한 행위는 그 오인에 정당한 이유가 있는 때에 한하여 벌하지 아니한다

---

11) 피고인들은 상습적으로 대마초를 흡연하는 자들로서 이 사건 각 살인범행 당시에도 대마초를 흡연하여 그로 인하여 심신이 다소 미약한 상태에 있었음은 인정되나, 이는 위 피고인들이 피해자들을 살해할 의사를 가지고 범행을 공모한 후에 대마초를 흡연하고, 위 각 범행에 이른 것으로 대마초 흡연시에 이미 범행을 예견하고도 자의로 위와 같은 심신장애를 야기한 경우에 해당하므로, 형법 제10조 제3항에 의하여 심신장애로 인한 감경 등을 할 수 없다(96도857).

(형법 제16조)”고 규정하고 있을 뿐이다.

    법률의 착오, 위법성의 착오, 금지의 착오는 모두 같은 뜻이다. 행위자가 일정한 행위를 함에 있어서 구성요건적 사실에 대해서는 인식하였으나 착오로 그 행위의 위법성을 인식하지 못하고 그 행위가 허용된다고 생각한 채 실행행위로 나아간 경우가 법률의 착오이다. 법률의 착오는 그 착오에 정당한 이유가 있는 때에만 형법 제16조의 적용에 의하여 처벌받지 않는다. 형법 제16조는 위법상의 인식을 고의의 요소로 규정한 것인지(고의설), 책임의 요소로 규정한 것인지(책임설)에 대하여 언급하지 않는다. 따라서 형법 제16조 ‘벌하지 아니한다’는 의미에 대하여 고의설과 책임설이 대립하고 있다. 고의설에 의하면 법률의 착오가 고의를 조각함에 반하여, 책임설은 위법성의 인식은 책임에 영향을 미칠 뿐이라고 해석한다. 판례는 위법성의 인식을 고의의 요소로 보는 것을 전제로 법률의 착오에 정당한 이유가 있으면 “고의를 조각한다”고 표현한다. 통설은 책임설이다. 책임설에 의하면 법률의 착오는 정당한 이유가 있는 때에 책임이 조각된다. 여기서 정당한 이유가 있는가는 과실의 유무와 같은 의미이다.

    주민등록법 제17조의7에 의하여 주민등록지를 공법관계에 있어서의 주소로 볼 것이므로 주민등록지를 이전한 이상 향토예비군설치법 제3조 제4항 동법시행령 제22조 제1항 제4호에 의하여 대원신고를 하여야하나 이미 주거를 이동하고 같은 주소에 대원신고를 하였던 터이므로 피고인이 재차 동일 주소에 대원신고(주소이동)를 아니하였음이 향토예비군설치법 제15조 제6항에 말한 정당한 사유가 있다고 오인한데서 나온 행위였다면 이는 법률착오가 범의를 조각하는 경우이다(74도2676).

    형법 제16조에 자기의 행위가 법령에 의하여 죄가 되지 아니한 것으로 오인한 행위는 그 오인에 정당한 이유가 있는 때에 한하여 벌하지 아니한다고 규정하고 있는 것은 단순한 법률의 부지의 경우를 말하는 것이 아니고 일반적으로 범죄가 되는 행위이지만 자기의 특수한 경우에는 법령에 의하여 허용된 행위로서 죄가 되지 아니한다고 그릇 인식하고 그와 같이 그릇 인식함에 있어 정당한 이유가 있는 경우에는 벌하지 아니한다는 취지이다. 유흥접객업소의 업주가 경찰당국의 단속대상에서 제외되어 있는 만 18세 이상의 고등학생이 아닌 미성년자는 출입이 허용되는 것으로 알고 있었더라도 이는 미성년자보호법 규정을 알지 못한 단순한 법률의 부지에 해당하고 특히 법령에 의하여 허용된 행위로서 죄가 되지 않는다고 적극적으로 그릇 인정한 경우는 아니므로 비록 경찰당국이 단속대상에서 제외하였다 하여 이를 법률의 착오에 기인한 행위라고 할 수는 없다(85도25).

5. 기대가능성, 강요된 행위

기대가능성이란 행위당시에 행위자의 구체적 사정으로 미루어 범죄행위 대신 적법행위를 기대할 수 있는 가능성을 말한다. 구체적 사정에 따라 범죄행위를 피할 수 없는 경우가 있을 수 있는데, 이 경우 기대가능성이 없다고 표현한다. 기대가능성은 책임능력, 위법성인식과 함께 책임의 한 표지로 설명된다. 기대가능성에 관한 직접적 규정은 존재하지 않는다. 다만 강요된 행위(형법 제12조), 과잉방위(제21조 제3항), 과잉피난(제22조 제3항), 과잉자구행위(제23조 제2항), 친족간의 범인은 닉, 증거인멸(제151조 제2항, 제155조 제4항) 등이 기대가능성을 전제로 한 규정이라할 수 있다.

기대가능성이 존재하지 않으면 책임이 조각되어 범죄가 성립하지 않는다. 기대가능성 유무의 판단 기준에 대하여 행위자를 표준으로 해야 한다는 견해도 있지만, 행위자를 표준으로 객관적으로 판단하는 방법은 있을 수 없다 할 것이므로 행위자를 대상으로 평균인을 표준으로 객관적으로 판단해야 할 것이다(평균인표준설).[12]

형법 제12조(강요된 행위) 저항할 수 없는 폭력이나 자기 또는 친족의 생명, 신체에 대한 위해를 방어할 방법이 없는 협박에 의하여 강요된 행위는 벌하지 아니한다.

여기서 친족의 범위는 민법이 기준이다. 그러나 사실혼 배우자나 사생아의 경우 경우에 따라 포함될 수 있다고 볼 것이다. 강요된 행위는 형법 제12조에 의하여 책임이 조각되어 처벌되지 않지만, 강요된 행위가 여전히 위법한 행위인 이상 그에 대한 정당방위는 가능하다. 강요자는 행위자를 도구로 이용한 것이기 때문에 간접정범으로 처벌된다.

---

12) 행위 당시의 구체적 상황하에 사회적 평균인을 두고 이 평균인의 관점에서 기대가능성 유무를 판단하여야 할 것이다(2004도2965).

제15절 미수범

1. 예비, 음모, 미수, 기수

범죄는 범죄의사, 예비, 미수, 기수의 단계로 진행된다. 범죄의사는 외부에 실현되지 않는 이상 형법의 대상 자체가 아니다. 예비는 범행장소의 탐사나 범행도구의 구입과 같은 범죄실행을 위한 준비행위를 말한다. 범죄의 음모 또는 예비행위가 실행의 착수에 이르지 아니한 때에는 법률에 특별한 규정이 없는 한 벌하지 아니한다(제28조). 미수는 범죄실행의 착수만 있고 완성되지는 못한 상태이다. 기수는 범죄의 구성요건에 해당하는 행위를 완성한 것을 말한다.

범죄의 기수는 범죄의 실질적 종료와 다른 것이다. 기수는 구성요건의 형식적 실현을 의미한 것인 데 반해, 범죄의 실질적 종료는 구성요건에 의하여 보호되는 법익의 침해가 행위자가 의욕한대로 발생한 경우를 뜻한다. 공소시효 기산점은 범죄의 실질적 종료시점이다. 범죄 기수 후에도 실질적 종료 전까지는 공범 성립이 가능하다.

미수는 실행의 착수 후 기수 전 단계의 개념이다. 실행의 착수는 구체적인 사건에 있어 개별적으로 결정할 문제이나, 일응 구성요건적 행위를 시작하거나 구성요건적 행위의 직접 전단계 행위를 실행할 때라고 설명할 수 있다.

2. 미수범의 형태

형법상 미수범에는 장애미수, 불능미수, 중지미수가 있다. 형법 제25조는 장애미수, 형법 제26조는 중지미수, 형법 제27조는 불능미수를 규정하고 있다. 미수범을 처벌할 죄는 각 본조에 정한다(제29조).

형법 제25조(미수범) ① 범죄의 실행에 착수하여 행위를 종료하지 못하였거나 결과가 발생하지 아니한 때에는 미수범으로 처벌한다.
② 미수범의 형은 기수범보다 감경할 수 있다.
형법 제26조(중지범) 범인이 자의로 실행에 착수한 행위를 중지하거나 그 행위로 인한 결과의 발생을 방지한 때에는 형을 감경 또는 면제한다.
형법 제27조(불능범) 실행의 수단 또는 대상의 착오로 인하여 결과의 발생이 불가능하더라도 위험성이 있는 때에는 처벌한다. 단, 형을 감경 또는 면제할 수 있다.

형법은 불능미수와 불능범을 위험성의 유무로 구별하고 있다. 위험성의 판단기준에 관하여는 절대적 부능과 상대적 불능을 구별하여 상대적 불능은 처벌받아야 한다는 구객관설, 행위자가 인식한 사실과 일반인이 인식할 수 있었던 사실을 기초로 경험칙에 따라 판단해야 한다는 구체적 위험설, 행위자가 인식한 사실을 기초로 일반인의 판단에 의하여 위험성을 판단해야 한다는 추상적 위험설, 주관적인 범죄의사를 기준으로 해야 한다는 주관설이 대립되고 있다. 통설은 추상적 위험설에 따른다. 약효가 없는 독약으로 살해하려고 한 경우 구체적 위험설에 의하든 추상적 위험설에 의하든 위험성이 인정된다.

불능미수의 경우에 중지미수의 성립을 인정할 것인가에 대하여 다수설은 불능미수의 경우 결과발생이 처음부터 불가능하였으며 행위자의 방지행위에 의하여 결과가 방지된 것이 아니라는 이유로 중지미수의 성립을 부정한다. 이에 대하여 중지미수의 처벌이 가볍기 때문에 객관적으로 결과의 발생이 불가능하여도 주관적으로 가능하다고 믿고 중지한 때에는 중지미수 성립을 인정해야 한다는 주장도 있다.

결과적 가중범 미수의 성립 여부에 대해서 긍정설(미수설)과 부정설(기수설)이 대립한다. 미수설은 본범죄가 미수에 그친 경우를 결과적 가중범의 미수에 포함시켜 미수범 감경을 허용하자는 주장이다. 이에 반해 기수설은 중한 결과가 발생한 이상 결과적 가중범은 기수가 된다는 주장이다. 대법원 판례는 강간이 미수에 그쳤어도 강간치상죄의 성립에 영향이 없다고 하고(88도1212), 강도미수에 그쳤다 할지라도 강도행위 과정에서 피해자에게 상해를 입힌 이상 강도상해죄가 성립한다고(69도154) 하여 기수설의 입장이다.

중지미수라 함은 범죄의 실행행위에 착수하고 그 범죄가 완수되기 전에 자기의 자유로운 의사에 따라 범죄의 실행행위를 중지하는 것으로서 장애미수와 대칭되는 개념이나 중지미수와 장애미수를 구분하는 데 있어서는 범죄의 미수가 자의에 의한 중지이냐 또는 어떤 장애에 의한 미수이냐에 따라 가려야 하고 특히 자의에 의한 중지 중에서도 일반사회통념상 장애에 의한 미수라고 보여지는 경우를 제외한 것을 중지미수라고 할 것이다(85도2002).

피고인이 피해자를 강간하려다가 피해자의 다음 번에 만나 친해지면 응해 주겠다는 취지의 간곡한 부탁으로 인하여 그 목적을 이루지 못한 후 피해자를 자신의 차에 태워 집에까지 데려다 주었다면 피고인은 자의로 피해자에 대한 강간행위를 중지한 것이고 피해자의 다음에 만나 친해지면 응해 주겠다는 취지의 간곡한 부탁은 사회통념상 범죄실행에 대한 장애라고 여겨지지는 아니하므로 피고인의 행위는 중지미수에 해당한다(93도1851).

　　피고인이 피해자를 살해하려고 그의 목 부위와 왼쪽 가슴 부위를 칼로 수 회 찔렀으나 피해자의 가슴 부위에서 많은 피가 흘러나오는 것을 발견하고 겁을 먹고 그만두는 바람에 미수에 그친 것이라면, 위와 같은 경우 많은 피가 흘러나오는 것에 놀라거나 두려움을 느끼는 것은 일반 사회통념상 범죄를 완수함에 장애가 되는 사정에 해당한다고 보아야 할 것이므로, 이를 자의에 의한 중지미수라고 볼 수 없다(99도640).

　　불능범은 범죄행위의 성질상 결과발생 또는 법익침해의 가능성이 절대로 있을 수 없는 경우를 말하는 것이다. '초우뿌리'나 '부자'는 만성관절염 등에 효능이 있으나 유독성 물질을 함유하고 있어 과거 사약(死藥)으로 사용된 약초로서 그 독성을 낮추지 않고 다른 약제를 혼합하지 않은 채 달인 물을 복용하면 용량 및 체질에 따라 다르나 부작용으로 사망의 결과가 발생할 가능성을 배제할 수 없는 사실을 알 수 있는바, 피고인이 일정량 이상을 먹으면 사람이 사망에 이를 수도 있는 '초우뿌리' 또는 '부자' 달인 물을 피해자에게 마시게 하여 피해자를 살해하려고 하였으나 피해자가 이를 토해버림으로써 미수에 그친 경우 불능범이 아닌 살인미수죄가 성립한다(2007도3687).

제16절 공범론

1. 공범의 종류

　　형법은 총칙 제2장 3.에서 공범이라는 제목 아래 공동정범, 교사범, 종범, 간접정범을 규정하고 있어 혼자 범죄를 수행한 경우만 정범으로 보고, 여러 명이 가담한 형태를 모두 공범으로 본다.[13]

---

13) 그런데 형법상 공범 중 공동정범과 간접정범은 실질에 있어 공범이 아니라 정범에 해당한다. 범죄에 가담한 사람의 수를 기준으로 하지 않고 행위내용에 따라 정범과 공범의 구별할 경우 그 기준에 대하여 학설이 대립한다. 객관설은 구성요건에 해당하는 행위를 직접 행한 사람만 정범이라는 것이고, 주관설은 정범의사·공범의사를 기준으로 하는 것이다. 행위지배설은 구

(1) 공동정범

형법 제30조(공동정범) 2인 이상이 공동하여 죄를 범한 때에는 각자를 그 죄의 정범으로 처벌한다.

승계적 공동정범이란 실행행위가 일부 끝난 후 기수 또는 종료 이전에 공동의 사가 성립한 경우를 말한다. 승계적 공동정범의 경우 후행자와 선행자 사이에 공동의사가 있어야 하고, 후행자는 선행자의 행위를 이용하여 구성요건의 실현을 위한 행위기여를 하여야 한다. 공동정범에 있어서 공동의사는 사전의 모의를 요하는 것이 아니므로 승계적 공동정범은 당연히 가능하다. 승계적 공동정범의 경우에 후행자에 대한 공동정범의 성립범위에 대하여 적극설과 소극설이 대립한다. 적극설은 후행자에 대하여 전체행위의 공동정범을 인정한다. 후행자가 선행자의 의사를 이해하고 선행자에 의하여 이루어진 사정을 이용하였기 때문이라 한다. 소극설은 선행자에 의해 단독으로 행하여진 부분에 대하여 후행자에게 행위지배를 인정할 수 없고, 사후의 인식만으로 공동의사를 인정할 수 없다고 한다. 판례는 포괄일죄의 경우 소극설을 취한다.

연속된 제조행위 도중에 공동정범으로 범행에 가담한 자는 비록 그가 그 범행에 가담할 때에 이미 이루어진 종전의 범행을 알았다 하더라도 그 가담 이후의 범행에 대하여만 공동정범으로 책임을 지는 것이라고 할 것이니, 비록 이 사건에서 공소외 1의 위 제조행위 전체가 포괄하여 하나의 죄가 된다 할지라도 피고인에게 그 가담 이전의 제조행위에 대하여까지 유죄를 인정할 수는 없다고 할 것이다(82도884).

판례는 공동의 주의의무를 공동으로 위반한 경우 과실범의 공동정범이 성립한다는 입장으로 결과적 과실범과 과실범의 공동정범을 인정한다. 통설은 범죄공동설의 입장에서 과실범의 공동정범의 성립을 부정한다.

결과적 가중범인 상해치사죄의 공동정범은 폭행 기타의 신체침해행위를 공동으로 할 의사가 있으면 성립되고 결과를 공동으로 할 의사는 필요없다 할 것이므로 패싸움 중 한 사람이 칼로 찔러 상대방을 죽게 한 경우에 다른 공범자가 그 결과 인식이 없다 하여 상해치사죄의 책임이 없다고 할 수 없다(77도2193).

피고인들에게는 트러스 제작상, 시공 및 감독의 과실이 인정되고, 감독공무원

성요건을 직접 실현한 자와 실질적으로 행위를 지배한 모두를 정범이라고 본다. 공범은 정범의 행위가 구성요건에 해당하고 위법한 경우에 성립한다고 보는 것이 통설이다.

들의 감독상의 과실이 합쳐져서 이 사건 사고의 한 원인이 되었으며, 한편 피고인들은 이 사건 성수대교를 안전하게 건축되도록 한다는 공동의 목표와 의사연락이 있었다고 보아야 할 것이므로, 피고인들 사이에는 이 사건 업무상과실치사상등죄에 대하여 형법 제30조 소정의 공동정범의 관계가 성립된다고 보아야 할 것이다(97도174).

형법 제30조의 공동정범은 2인 이상이 공동하여 죄를 범하는 것으로서, 공동정범이 성립하기 위해서는 주관적 요건으로서 공동가공의 의사와 객관적 요건으로서 공동의사에 기한 기능적 행위지배를 통한 범죄의 실행사실이 필요하고, 공동가공의 의사는 타인의 범행을 인식하면서도 이를 제지하지 아니하고 용인하는 것만으로는 부족하고 공동의 의사로 특정한 범죄행위를 하기 위하여 일체가 되어 서로 다른 사람의 행위를 이용하여 자기의 의사를 실행에 옮기는 것을 내용으로 하는 것이어야 한다. 피해자 일행을 한 사람씩 나누어 강간하자는 피고인 일행의 제의에 아무런 대답도 하지 않고 따라 다니다가 자신의 강간 상대방으로 남겨진 공소외인에게 일체의 신체적 접촉도 시도하지 않은 채 다른 일행이 인근 숲 속에서 강간을 마칠 때까지 공소외인과 함께 이야기만 나눈 경우, 피고인에게 다른 일행의 강간 범행에 공동으로 가공할 의사가 있었다고 볼 수 없다(2002도7477).

(2) 교사범

형법 제31조(교사범) ① 타인을 교사하여 죄를 범하게 한 자는 죄를 실행한 자와 동일한 형으로 처벌한다.
② 교사를 받은 자가 범죄의 실행을 승낙하고 실행의 착수에 이르지 아니한 때에는 교사자와 피교사자를 음모 또는 예비에 준하여 처벌한다.
③ 교사를 받은 자가 범죄의 실행을 승낙하지 아니한 때에도 교사자에 대하여는 전항과 같다.

교사자가 피교사자에 대하여 상해 또는 중상해를 교사하였는데 피교사자가 이를 넘어 살인을 실행한 경우에, 일반적으로 교사자는 상해죄 또는 중상해죄의 죄책을 지게 되는 것이지만 이 경우에 교사자에게 피해자의 사망이라는 결과에 대하여 과실 내지 예견가능성이 있는 때에는 상해치사죄의 죄책을 지울 수 있다(2002도4089).

(3) 종범

형법 제32조(종범) ① 타인의 범죄를 방조한 자는 종범으로 처벌한다.
② 종범의 형은 정범의 형보다 감경한다.

종범의 방조행위로 인하여 정범의 실행행위가 이루어졌다는 의미에서 방조행위의 인관관계가 인정되어야 하는가. 부정설은 방조행위가 정범의 행위를 용이하게 하였다고 인정되면 족하다는 입장이다. 긍정설은 방조행위는 정범의 행위에 대하여 인관관계가 있을 것을 요하며, 그것이 적어도 범죄의 실행행위나 수단에 영향을 미쳤어야 한다는 입장이다.

예비죄의 종범은 인정되는가에 대하여 다수설은 정범이 예비죄로 처벌되는 이상 공범을 종범으로 처벌하는 것은 공범종속성설의 당연한 결론이라는 입장이다. 예비죄는 각칙에 규정되어 있으므로 예비행위의 실행행위성을 인정할 수 있고, 예비와 미수의 구별은 공범의 성립에 영향을 미치지 않는다는 것을 이유로 한다. 판례는 일관하여 예비죄의 종범은 있을 수 없다고 한다(75도1549).

(4) 간접정범

형법 제34조(간접정범, 특수한 교사, 방조에 대한 형의 가중) ① 어느 행위로 인하여 처벌되지 아니하는 자 또는 과실범으로 처벌되는 자를 교사 또는 방조하여 범죄행위의 결과를 발생하게 한 자는 교사 또는 방조의 예에 의하여 처벌한다.
② 자기의 지휘, 감독을 받는 자를 교사 또는 방조하여 전항의 결과를 발생하게 한 자는 교사인 때에는 정범에 정한 형의 장기 또는 다액에 그 2분의 1까지 가중하고 방조인 때에는 정범의 형으로 처벌한다.

2. 공모공동정범

판례는 범행모의에만 참가하고 범행에는 실제 가담하지 않은 경우에도 공모공동정범 이론에 의하여 공동정범의 성립을 인정한다. 또한 3인 이상이 가담한 경우의 합동범 사안에서도 공모공동정범에 의한 공동정범을 인정한다. 즉 특수절도의 경우 2인이 현장에 있기만 하면 현장에 있지 않은 사람도 특수절도의 공동정범이 된다. 판례는 공모자가 실행행위에 이르기 전에 공모관계에서 이탈한 경우에는 다른 공모자의 행위에 관하여 공동정범으로서의 책임을 지지 않는다는 입장이다(85도 2371).

공모공동정범이 성립되려면 두 사람 이상이 공동의 의사로 특정한 범죄행위를 하기 위하여 일체가 되어 서로가 다른 사람의 행위를 이용하여 각자 자기의 의사를 실행에 옮기는 것을 내용으로 하는 모의를 하여 그에 따라 범죄를 실행한 사실이 인정되어야 하고, 이와 같이 공모에 참여한 사실이 인정되는 이상 직접 실행행위에 관여하지 안했더라도 다른 사람의 행위를 자기의사의 수단으로 하여 범죄를 하였다는 점에서 자기가 직접 실행행위를 분담한 경우와 형사책임의 성립에 차이를 둘 이유가 없다(87도2368).

3. 동시범

공동정범과 구별되는 것이 동시범이다. 동시범은 2인 이상이 상호의사의 연락이 없이 개별적으로 범죄행위를 한 경우를 말한다. 형법 제19조는 결과발생에 대한 원인행위가 판명되지 않으면 미수범으로 처벌한다고 규정하고 있다. 그러나 상해죄의 경우 동시범일지라도 공동정범과 같이 기수범으로 처벌한다(형법 제263조).

4. 공범과 신분

수뢰죄(제129조)·위증죄(제152조)와 같이 일정한 신분이 있어야 성립하는 범죄와 존속살해죄(제250조 제2항)·업무상 횡령죄(제356조 제1항)와 같이 신분으로 인하여 형벌이 가중 혹은 감경되는 경우를 신분범이라 한다.

형법 제33조(공범과 신분) 신분관계로 인하여 성립될 범죄에 가공한 행위는 신분관계가 없는 자에게도 전3조의 규정을 적용한다. 단, 신분관계로 인하여 형의 경중이 있는 경우에는 중한 형으로 벌하지 아니한다.

형법 제33조는 신분이 없는 자는 단독정범은 될 수 없어도 공동정범·교사범·방조범은 될 수 있다는 의미다. 즉 신분이 없는 자도 수뢰죄나 위증죄의 공범(공동정범·교사범·방조범)은 될 수 있다.

제17절   죄수(罪數)론

1. 죄수결정의 기준

죄수론은 범죄의 수가 한 개인가 또는 수개인가의 문제이다. 한 개 또는 수개의 행위가 하나의 구성요건을 여러 번 충족하거나 여러 개의 구성요건을 충족한 경우 몇 개의 죄가 성립되는지에 대한 논의가 죄수론이다. 죄수결정의 기준에는 행위표준,[14] 법익표준, 의사표준, 구성요건표준 등이 있다. 판례는 강간과 강제추행의 죄, 공갈죄에 대하여 행위를 기준으로 자연적 의미의 행위가 한 개이면 일죄, 수개이면 수죄라는 입장이다. 판례는 포괄일죄의 경우 법익을 기준으로 파악하고 있으며, 연속범의 경우 의사를 표준으로 판단하고 있다. 형법상 일죄를 단순일죄와 과형상 일죄로 구분하고, 결합범, 연속범, 상습범 등 포괄일죄를 단순일죄로 보는 입장이 통설이다.

2. 실질적 一罪

(1) 단순일죄(법조경합)

법조경합은 한 개 또는 수개의 행위가 외견상 수개의 구성요건에 해당하는 것 같지만, 구성요건의 성질상 한 구성요건이 다른 구성요건을 배척하기 때문에 단순일죄가 되는 경우를 말한다. 살인죄의 가중적 구성요건인 존속살인죄가 성립하는 경우 기본 구성요건인 살인죄가 따로 성립하지 않는다(특별관계). 결과적가중범인 상해치사죄가 성립하면 따로 기본범죄인 상해죄가 성립하지 않는다(특별관계). 어떤 범죄가 기수가 되면 따로 미수의 문제는 발생하지 않는다(보충관계).[15] 인장을 위조하여 문서를 위조한 경우 인장위조는 문서위조의 부분에 불과하기 때문에 문서위조죄만 성립한다(흡수관계).

물건을 절취한 절도범이 절취한 물건을 손괴한 경우 손괴는 불가벌적 사후행

---

14) 행위표준설에 의하더라도, 이를 순수하게 자연적 의미의 행위를 의미한다는 견해보다는 사회생활적 관점이나 법적 · 사회적 관점에서 보는 행위를 표준으로 하자는 견해가 일반적이다. 여러 개의 자연적 행위가 있다고 하더라도 법률상의 구성요건이 이를 법적 · 사회적 의미에서 단일한 것으로 평가할 때에는 수개의 자연적 행위는 법적인 의미에 있어서 하나의 행위가 되기 때문에 포괄일죄, 계속범, 접속범 또는 연속범 등은 여러 개의 자연적 행위가 있지만 법적 · 사회적 관점에서는 한 개의 행위라고 평가될 수 있는 것이고, 따라서 수죄가 아니라 일죄이다.

15) 부작위범은 작위범에 대하여, 과실범은 고의범에 대하여 보충관계에 있다고 할 수 있다.

위16)에 해당하므로 절도죄만 성립하고 손괴죄는 따로 성립하지 않는다(흡수관계). 그러나 사람을 살해한 자가 사체를 유기한 경우에는 사체유기는 불가벌적 사후행위가 아니라 새로운 법익을 침해한 것이므로 살인죄와 별도로 사체유기죄가 성립한다. 절취한 자기앞수표를 현금 대신 교부하는 것은 불가벌적 사후행위이지만, 절취한 예금통장에서 현금을 인출하는 것은 사기죄 등이 별도로 성립한다.

(2) 포괄일죄

수개의 행위가 포괄적으로 1개의 구성요건에 해당하여 일죄를 구성하는 경우를 포괄일죄라 한다. 결합범17) · 상습범18) · 연속범19) · 접속범20)은 포괄일죄에 해당한다. 포괄일죄는 단순일죄에 해당한다는 것이 통설이다. 포괄일죄는 실체법적으로 하나의 죄이므로 한 개의 형벌법규만 적용된다. 포괄일죄의 일부분에 대하여만 공범이 성립할 수 있다. 포괄일죄는 소송법상으로도 하나의 죄이다. 따라서 포괄일죄에 대한 공소의 효력과 판결의 기판력은 다른 사실에도 미친다.

---

16) 불가벌적 사후행위란 범죄에 의하여 획득한 위법 이익을 사후에 사용 · 처분하는 경우 주된 범죄만 성립하고 사용 · 처분행위라는 사후행위는 별도의 죄를 구성하지 않는 것을 뜻한다.

17) 결합범은 다른 종류의 구성요건에 해당하는 수개의 행위가 1개의 구성요건에 결합되어 규정됨으로써 하나의 죄가 되는 경우를 말한다. 강도살인죄(형법 제338조)는 강도죄(형법 제333조)와 살인죄(형법 제250조)의 결합범이다. 강도강간죄(형법 제339조)는 강도죄와 강간죄(형법 제297조)의 결합범이다. 강도죄는 폭행죄(형법 제260조) 또는 협박죄(형법 제283조)와 절도죄(형법 제329조)의 결합범이다. 상해치사죄(형법 제259조), 유기치사상죄(형법 제275조), 강간치사상죄(형법 제301조), 강도치사죄(형법 제338조)와 같은 결과적 가중범은 고의범(기본범죄)과 과실범(결과)의 결합범이다.

18) 상습범은 동종의 범죄행위를 상습적으로 반복하는 경우이다. 상습도박죄(형법 제246조 제2항), 상습폭행죄(형법 제264조) 상습절도죄(형법 제341조), 상습사기죄(형법 제351조)가 있다.

19) 연속범은 연속적으로 행하여진 수개의 행위가 동종의 범죄에 해당하는 경우이다. 공무원 A가 동일한 업자로부터 1년간 매월 1회씩 12회에 걸쳐 연속해서 뇌물을 수수한 경우, 뇌물수수죄의 연속범이다. 여러 개의 뇌물수수 행위는 개별적으로 평가하지 않고 포괄하여 한 개의 뇌물수수죄(형법 제129조)만 성립한다.

20) 접속범은 동일한 법익을 침해하는 수개의 범죄행위가 불가분적으로 접속해서 행하여지는 경우를 말한다. 범죄자가 같은 장소에서 같은 사람에 대하여 반복해서 여러 차례 폭행을 한 경우 폭행죄의 접속범이다. 수개 행위의 접속성은 접속범의 본질적 요건이다. 피고인이 피해자를 위협하여 항거불능케 한 후 1회 간음하고 2백미터쯤 오다가 다시 1회 간음한 경우 두 번째 간음행위는 처음 한 행위의 계속으로 볼 수 있어 단순일죄이다(70도1516). 하지만 피고인이 피해자를 강간한 후 그 피해자를 자기 집으로 끌고 가서 1시간 후에 다시 강간한 경우는 접속범이 아니라 실체적 경합범에 해당한다(87도694). 또한 접속되는 수개의 행위가 같은 법익을 침해하는 경우에만 접속범이다. 주거침입죄(형법 제319조 제1항)와 절도죄(형법 제329조)가 접속해서 행하여졌다 하더라도 실체적 경합범(형법 제37조)이다.

3. 누범

금고 이상의 형을 받아 그 집행을 종료하거나 면제를 받은 후 3년 내에 금고 이상에 해당하는 죄를 범한 자는 누범으로 처벌한다(제35조 제1항). 누범의 형은 그 죄에 정한 형의 장기의 2배까지 가중한다(제35조 제2항). 판결선고 후 누범인 것이 발각된 때에는 그 선고한 형을 통산하여 다시 형을 정할 수 있다. 단, 선고한 형의 집행을 종료하거나 그 집행이 면제된 후에는 예외로 한다(제36조).

4. 실체적 경합범

형법 제37조는 판결이 확정되지 아니한 수개의 죄 또는 금고 이상의 판결이 확정된 죄와 그 확정 전에 범한 죄를 경합범으로 한다고 규정하고 있는데, 이를 실체적 경합범이라 한다. 행위자에 의하여 실제로 수죄가 실현된 경우로서 하나의 재판에서 판결할 가능성이 있을 것을 전제로 한다. 형법은 판결이 확정되지 아니한 수개의 죄 또는 금고 이상의 형에 처한 판결이 확정된 죄와 그 판결확정 전에 범한 죄를 경합범으로 한다(제37조).

경합범을 동시에 판결할 때에는 ① 가장 중한 죄에 정한 형이 사형 또는 무기징역이나 무기금고인 때에는 가장 중한 죄에 정한 형으로 처벌한다. ② 각 죄에 정한 형이 사형 또는 무기징역이나 무기금고 이외의 동종의 형인 때에는 가장 중한 죄에 정한 장기 또는 다액에 그 2분의 1까지 가중하되 각 죄에 정한 형의 장기 또는 다액을 합산한 형기 또는 액수를 초과할 수 없다. 단 과료와 과료, 몰수와 몰수는 병과할 수 있다. ③ 각 죄에 정한 형이 무기징역이나 무기금고 이외의 이종의 형인 때에는 병과한다(제38조).

경합범 중 판결을 받지 아니한 죄가 있는 때에는 그 죄와 판결이 확정된 죄를 동시에 판결할 경우와 형평을 고려하여 그 죄에 대하여 형을 선고한다. 이 경우 그 형을 감경 또는 면제할 수 있다(제39조 제1항).

형법 제37조 전단의 경합범을 동시적 경합범, 형법 제37조 후단의 경합범을 사후적 경합범이라 한다. 동시적 경합범은 판결이 확정되지 않은 수개의 죄로서 동시에 심판 받을 수 있는 경우(제37조 전단)이나, 사후적 경합범은 금고 이상의 형에 처한 판결이 확정된 죄와 그 판결확정 전에 범한 죄로서 동시에 심판을 받을 가능성이 있는 경우(제37조 후단)이다.

동종의 경합범은 동일한 행위자가 같은 범죄를 수회 범하는 경우로서, 수개의 살인죄의 경합범이 그 예이다. 이종의 경합범은 동일한 행위자가 수개의 행위에 의해 상이한 범죄를 범하는 경우로서 살인죄와 사체유기죄의 경합범, 강간 후 피해자의 살해 등의 경우이다. A, B, C, D, E의 죄를 순차로 범한 후 C죄에 대해 금고 이상의 형에 처한 확정판결이 있는 경우에는 ABDE죄와 C죄는 사후적 경합범이 된다.21)

경합범은 행위가 수개라는 점에서, 행위가 한 개인 상상적 경합과 구별된다. 또한 경합범은 수죄인 점에서 행위가 수개일지라도 법조 사이에 외관상의 경합이 있을 뿐 1죄인 법조경합과 구별된다.

5. 상상적 경합범

1개의 행위가 수개의 죄에 해당하는 경우를 상상적 경합이라 하고, 이 경우 가장 중한 죄에 정한 형으로 처벌한다(제40조).

형법 제40조가 규정하는 1개의 행위가 수개의 죄에 해당하는 경우에는 가장 중한 죄에 정한 형으로 처벌한다함은 그 수개의 죄명 중 가장 중한 형을 규정한 법조에 의하여 처단한다는 취지와 함께 다른 법조의 최하한의 형보다 가볍게 처단할 수는 없다는 취지, 즉 각 법조의 상한과 하한을 모두 중한 형의 범위 내에서 처단한다는 것을 포함하는 것으로 새겨야 한다(83도3160).

형법 제164조 후단이 규정하는 현주건조물방화치사상죄는 그 전단이 규정하는 죄에 대한 일종의 가중처벌 규정으로서 과실이 있는 경우뿐만 아니라, 고의가 있는 경우에도 포함된다고 볼 것이므로 사람을 살해할 목적으로 현주건조물에 방화하여 사망에 이르게 한 경우에는 현주건조물방화치사죄로 의율하여야 하고 이와 더불어 살인죄와의 상상적 경합범으로 의율할 것은 아니며, 다만 존속살인죄와 현주건조물방화치사죄는 상상적 경합범 관계에 있으므로, 법정형이 중한 존속살인죄로 의율함이 타당하다(96도485).

상상적 경합은 1개의 행위가 실질적으로 수개의 구성요건을 충족하는 경우를 말하고 법조경합은 1개의 행위가 외관상 수개의 죄의 구성요건에 해당하는 것처럼 보이나 실질적으로 1죄만을 구성하는 경우를 말하며, 실질적으로 1죄인가 또는 수죄인가는 구성요건적 평가와 보호법익의 측면에서 고찰하여 판단하여야 한다. 업무상배임행위에 사기행위가 수반된 때의 죄수 관계에 관하여 보면, 사기죄는 사람을

21) 판결이 확정되기 이전의 죄와 이후의 죄 사이에는 경합범이 인정되지 않는다(70도2271).

기망하여 재물의 교부를 받거나 재산상의 이익을 취득하는 것을 구성요건으로 하는 범죄로서 임무위배를 그 구성요소로 하지 아니하고 사기죄의 관념에 임무위배 행위가 당연히 포함된다고 할 수도 없으며, 업무상배임죄는 업무상 타인의 사무를 처리하는 자가 그 업무상의 임무에 위배하는 행위로써 재산상의 이익을 취득하거나 제3자로 하여금 이를 취득하게 하여 본인에게 손해를 가하는 것을 구성요건으로 하는 범죄로서 기망적 요소를 구성요건의 일부로 하는 것이 아니어서 양 죄는 그 구성요건을 달리하는 별개의 범죄이고 형법상으로도 각각 별개의 장에 규정되어 있어, 1개의 행위에 관하여 사기죄와 업무상배임죄의 각 구성요건이 모두 구비된 때에는 양 죄를 법조경합 관계로 볼 것이 아니라 상상적 경합관계로 봄이 상당하다 할 것이고, 나아가 업무상배임죄가 아닌 단순배임죄라고 하여 양 죄의 관계를 달리 보아야 할 이유도 없다(2002도669).

제18절   형   벌

1. 형의 종류와 경중

형의 종류에는 사형, 징역, 금고, 자격상실, 자격정지, 벌금, 구류, 과료, 몰수가 있다(제41조). 징역은 수형자를 교도소 내에 구치하여 정역에 복무하게 하는 것이고, 금고는 자유만 박탈하는 것이다. 그러나 수형자의 신청이 있으면 금고의 경우에도 작업을 하도록 할 수 있다(형의 집행 및 수용자처우에 관한 법률 제67조).

징역 또는 금고는 무기 또는 유기로 하고 유기는 1개월 이상 30년 이하로 한다. 단, 유기징역 또는 유기금고에 대하여 형을 가중하는 때에는 50년까지로 한다(제42조). 무기징역은 20년, 유기징역은 형기의 3분의 1을 경과한 경과한 후 행정처분으로 가석방이 가능하다(제72조 제1항). 사형, 무기징역 또는 무기금고의 판결을 받은 자는 기간 제한 없이, 유기징역 또는 유기금고의 판결을 받은 자는 그 형의 집행이 종료하거나 면제될 때까지 공무원이 되는 자격, 공법상의 선거권과 피선거권, 법률로 요건을 정한 공법상의 업무에 관한 자격, 법인의 이사, 감사 또는 지배인 기타 법인의 업무에 관한 검사역이나 재산관리인이 되는 자격을 상실한다(제43조). 자격의 전부 또는 일부에 대한 정지는 1년 이상 15년 이하로 하며, 유기징역 또는 유기금고에 자격정지를 병과한 때에는 징역 또는 금고의 집행을 종료하거나 면제된 날로부터 정지기간을 기산한다(제44조).

벌금은 5만원 이상으로 한다. 다만, 감경하는 경우에는 5만원 미만으로 할 수 있다(제45조). 구류는 1일 이상 30일 미만으로 한다(제46조). 과료는 2천원 이상 5만원 미만으로 한다(제47조).22)

범인 이외의 자의 소유에 속하지 아니하거나 범죄 후 범인 이외의 자가 정을 알면서 취득한 범죄행위에 제공하였거나 제공하려고 한 물건, 범죄행위로 인하여 생하였거나 이로 인하여 취득한 물건, 그 대가로 취득한 물건은 전부 또는 일부를 몰수할 수 있다(제48조 제1항).

몰수하기 불능한 때에는 그 가액을 추징한다(제48조 제2항).23)

문서, 도화, 전자기록등 특수매체기록 또는 유가증권의 일부가 몰수에 해당하는 때에는 그 부분을 폐기한다(제48조 제3항). 몰수는 타형에 부가하여 과한다. 단, 행위자에게 유죄의 재판을 아니할 때에도 몰수의 요건이 있는 때에는 몰수만을 선고할 수 있다(제49조).24)

형의 경중은 형법 제41조 기재의 순서에 의한다. 단, 무기금고와 유기징역은 금고를 중한 것으로 하고 유기금고의 장기가 유기징역의 장기를 초과하는 때에는 금고를 중한 것으로 한다(제50조 제1항). 동종의 형은 장기의 긴 것과 다액의 많은 것을 중한 것으로 하고 장기 또는 다액이 동일한 때에는 그 단기의 긴 것과 소액의 많은 것을 중한 것으로 한다(제50조 제2항).

2. 형의 양정

양형(量刑), 또는 형의 양정(量定)이란 형법에 규정된 형벌의 종류와 범위 내에서 법관이 구체적 행위자에 대하여 선고할 형벌의 종류와 양을 정하는 것을 말한다.

양형은 형벌법규에 규정된 법정형에 여러 가지의 가중, 감경 사유를 적용시켜

---

22) 벌금과 과료는 액수의 상한선에 있어서만 차이가 있다. 과료는 형벌의 일종이지만, 과태료는 행정법규위반에 대한 금전제재이다. 형법상 과료를 선택형으로 부과할 수 있는 범죄는 공연음란죄(제245조), 폭행죄(제260조 제1항), 과실치상죄(제266조 제1항), 협박죄(제283조 제1항), 자동차 등 불법사용죄(제331조의2), 편의시설부정이용죄(제348조의2), 점유이탈물횡령죄(제360조) 등 7개 조항이다.
23) 추징은 개별추징을 원칙으로 한다. 개별액을 알 수 없으면 평등분할액을 추징한다. 몰수·추징이 징벌적 성격을 가지고 있을 경우에는 공동연대추징을 한다. 추징가액은 판결선고시 가액을 기준으로 산정한다.
24) 주형에 부가하여 과하는 부가형이므로 주형을 선고유예하는 경우에 몰수나 추징의 선고유예도 가능하지만, 주형의 선고를 유예하지 않으면서 몰수와 추징에 대하여만 선고를 유예할 수는 없다(88도551).

처단형을 산출하고, 동 처단형의 범위 내에서 구체적인 사건에 적용될 선고형을 결정하는 것이다. 즉 법정형 – 처단형 – 선고형의 3단계를 거치는 것이다.

법정형이란 개개의 형벌법규에 규정되어 있는 형벌을 말한다. 즉, 형법 제250조 제1항은 살인죄의 형벌을 '사형, 무기 또는 5년 이상의 징역'이라고 규정하며, 형법 제329조는 절도죄의 형벌을 '6년 이하의 징역 또는 1,000만원 이하의 벌금'이라고 규정하고 있는바, 이러한 형벌의 범위가 법정형이다. 처단형이란 법정형에 가중, 감경 등의 수정을 가하여 구체적으로 처단의 범위를 정한 형을 말한다. 법정형이 형종(刑種)을 선택적으로 규정한 경우에는 적용할 형벌의 종류를 결정한다.

형법은 형을 정함에 있어서는 범인의 연령, 성행, 지능과 환경, 피해자에 대한 관계, 범행의 동기, 수단과 결과, 범행 후의 정황을 참작하여야 한다고 규정하고 있다(제51조). 죄를 범한 후 수사책임이 있는 관서에 자수하거나 피해자의 의사에 반하여 처벌할 수 없는 죄에 있어서 피해자에게 자복한 경우 그 형을 감경 또는 면제할 수 있다(제52조). 범죄의 정상에 참작할 만한 사유가 있는 때에는 작량하여 그 형을 감경할 수 있다(제53조). 이를 작량감경이라 한다. 작량감경은 법률상 특별한 감경사유가 없더라도 피고인에게 형법 제51조의 정상참작의 여지가 있을 때 법원이 재량으로 하는 형의 감경이다. 작량감경도 법률상의 감경에 관한 형법 제55조의 범위에서만 허용된다. 법률상 형을 가중 또는 감경한 경우에도 다시 작량감경을 할 수도 있고, 법률상의 임의적 감경사유는 적용하지 않으면서도 작량감경을 할 수도 있으며, 작량감경 사유가 수개 있더라도 거듭 감경할 수는 없다. 1개의 죄에 정한 형이 수종인 때에는 먼저 적용할 형을 정하고 그 형을 감경한다(제54조).

형법 제55조는 법률상 감경에 대하여,[25] 제56조는 가중감경 순서[26]를 정하고

---

25) 형법 제55조(법률상의 감경) ① 법률상의 감경은 다음과 같다.
   1. 사형을 감경할 때에는 무기 또는 20년 이상 50년 이하의 징역 또는 금고로 한다.
   2. 무기징역 또는 무기금고를 감경할 때에는 10년 이상 50년 이하의 징역 또는 금고로 한다.
   3. 유기징역 또는 유기금고를 감경할 때에는 그 형기의 2분의 1로 한다.
   4. 자격상실을 감경할 때에는 7년 이상의 자격정지로 한다.
   5. 자격정지를 감경할 때에는 그 형기의 2분의 1로 한다.
   6. 벌금을 감경할 때에는 그 다액의 2분의 1로 한다.
   7. 구류를 감경할 때에는 그 장기의 2분의 1로 한다.
   8. 과료를 감경할 때에는 그 다액의 2분의 1로 한다.
   ② 법률상 감경할 사유가 수개 있는 때에는 거듭 감경할 수 있다.
26) 형법 제56조(가중감경의 순서) 형을 가중감경할 사유가 경합된 때에는 다음 순서에 의한다.
   1. 각칙 본조에 의한 가중
   2. 제34조 제2항의 가중

있다. 판결선고 전의 구금일수는 그 전부를 유기징역, 유기금고, 벌금이나 과료에 관한 유치 또는 구류에 산입한다(제57조 제1항).

형법 제250조 제1항 살인죄는 사형 또는 무기징역과 5년 이상의 유기징역을 선택적으로 규정하고 있으므로, 사형, 무기징역, 유기징역 중 하나를 결정해야 된다. 그 다음 선택된 형에 각칙 본조상의 가중, 특수교사·방조의 가중, 누범가중, 법률상 감경, 경합범 가중, 작량감경 등을 거쳐 처단형의 범위를 정한다. 선고형이란 법원이 처단형의 범위 내에서 구체적으로 형을 양정하여 당해 피고인에게 선고하는 형을 말한다. 선고기일 재판장은 피고인에게 "피고인에게 사형을 선고한다"와 같은 구체적 형을 선고하는데, 이를 선고형이라 한다.

---

3. 누범가중
4. 법률상감경
5. 경합범가중
6. 작량감경

제 2 장   형법각론

제 1 절   개인적 법익에 관한 죄

1. 생명과 신체에 관한 죄

(1) 살인죄

살인죄는 사람을 살해하여 사망에 이르게 함으로써 성립한다(제250조 제1항). 살인의 죄의 기본적 구성요건은 살인죄이며, 가중적 구성요건으로는 존속살해죄가 있다. 감경적 구성요건으로는 영아살해죄, 촉탁·승낙에 의한 살인죄, 자살교사·방조죄가 있다.

살인죄의 객체는 사람이다. 사람은 출생한 때부터 사람이 되는데, 출생의 시점에 대하여 통설과 판례는 진통설에 따르고 있다. 사람의 종기는 사망이다. 사망시점은 맥박종지설과 뇌사설이 대립하나, 통설인 맥박종지설이 타당하다. 살인죄의 행위는 살해인데, 사망이라는 결과에 이르러야 기수가 된다.

안락사가 살인죄 위법성조각사유에 해당하는지 논의가 분분하다. 안락사는 크게 환자의 육체적 고통 여부에 관계없는 존엄사, 환자의 육체적 고통을 제거하기 위한 협의의 안락사, 임종에 직면한 환자에게 고통없이 자연사하게 죽음을 도와주는 진정 안락사 세 가지로 분류된다.[1]

존속살해죄는 자기 또는 배우자의 직계존속을 살해함으로써 성립한다(제250조 제2항). 배우자의 신분관계는 살해행위에 착수할 때에 존재하면 족하다. 사실혼 배

---

1) 허일태, "안락사에 관한 연구", 형사정책연구 4권 4호(16호), 한국형사정책연구원(1993), 51-52면.

우자는 포함되지 않는다. 영아살해죄는 직계존속이 치욕을 은폐하기 위하거나 양육할 수 없음을 예상하거나 특히 참작할 만한 동기로 인하여 분만 중 또는 분만 직후의 영아를 살해함으로써 성립한다(제251조). 촉탁·승낙에 의한 살인죄는 사람의 촉탁 또는 승낙을 받아 그를 살해함으로써 성립한다(제252조 제1항). 자살교사·방조죄는 사람을 교사 또는 방조하여 자살하게 함으로써 성립한다(제252조 제2항).

보통살인죄에 대하여 신분으로 형을 가중하는 존속살해죄에 대하여 위헌설과 합헌설이 대립한다. 헌법재판소는 존속상해치사죄에 대하여 합헌이라고 결정한 바 있다(헌재 2000. 3. 28. 선고 2000헌바53 결정). 대부분 국가에는 존속가중처벌규정 자체가 없으며, 일본 역시 1995년 형법개정을 통하여 존속범죄 가중처벌 규정을 전부 삭제하였다.

위계·위력에 의한 살인죄는 위계 또는 위력으로서 사람의 촉탁 또는 승낙을 받아 그를 살해하거나 자살을 결의하게 하여 자살케 함으로써 성립한다(제253조). 저항할 수 없는 위력을 사용하여 본인이 자살하게 하는 것은 간접정범의 방식에 의한 방식으로 볼 수 있으나, 본죄 규정이 적용되는 이상 본죄의 직접정범에 해당한다.

살인예비·음모죄는 살인죄, 존속살해죄, 위계·위력에 의한 살인죄를 범할 목적으로 예비 또는 음모함으로써 성립한다(제255조). 살인의 예비·음모자가 살인의 실행에 착수하기 전에 중지한 경우 중지미수 규정을 적용할 것인지에 대하여 긍정설과 부정설이 대립하나, 판례는 부정설을 따른다(66도152).

(2) 상해죄·폭행죄

상해죄는 사람의 신체를 상해함으로써 성립한다(제257조 제1항). 가중적 구성요건으로 존속상해죄, 중상해죄, 존속중상해죄, 상해치사죄, 상습상해죄가 있다. 중상해죄는 사람의 신체를 상해하여 생명에 대한 위험을 발생하게 하거나, 불구에 이르게 하거나, 불치나 난치의 질병에 이르게 함으로써 성립한다(제258조 제1항, 제2항).

상해의 개념에 관하여 다수설은 상해죄와 폭행죄를 구별하기 위하여 상해를 신체의 건강을 훼손하는 행위 내지 신체의 생리적 기능에 장해를 일으키는 행위라고 본다. 판례는 상해죄에서의 상해는 피해자의 신체의 완전성을 훼손하거나 생리적 기능에 장애를 초래하는 것을 의미한다고 한다.

피고인이 피해자와 연행문제로 시비하는 과정에서 치료도 필요 없는 가벼운 상처를 입었으나, 그 정도의 상처는 일상생활에서 얼마든지 생길 수 있는 극히 경미한 상처이므로 굳이 따로 치료할 필요도 없는 것이어서 그로 인하여 인체의 완전성을 해하거나 건강상태를 불량하게 변경하였다고 보기 어려우므로, 피해자가 약 1주간의 치료를 요하는 좌측팔 부분의 동전크기의 멍이 든 것이 상해죄에서 말하는 상해에 해당되지 않는다(96도2673).

성폭력범죄의 처벌 및 피해자보호등에 관한 법률 제9조 제1항의 상해는 피해자의 신체의 완전성을 훼손하거나 생리적 기능에 장애를 초래하는 것으로, 반드시 외부적인 상처가 있어야만 하는 것이 아니고, 여기서의 생리적 기능에는 육체적 기능뿐만 아니라 정신적 기능도 포함된다. 정신과적 증상인 외상 후 스트레스 장애는 위 법률 제9조 제1항 상해에 해당한다(98도3732).

강제추행치상죄에 있어서의 상해는 피해자의 신체의 건강상태가 불량하게 변경되고 생활기능에 장애가 초래되는 것을 말하는 것으로서, 신체의 외모에 변화가 생겼다고 하더라도 신체의 생리적 기능에 장애를 초래하지 아니하는 이상 상해에 해당한다고 할 수 없다. 음모는 성적 성숙함을 나타내거나 치부를 가려주는 등의 시각적·감각적인 기능 이외에 특별한 생리적 기능이 없는 것이므로, 피해자의 음모의 모근 부분을 남기고 모간 부분만을 일부 잘라냄으로써 음모의 전체적인 외관에 변형만이 생겼다면, 이로 인하여 피해자에게 수치심을 야기하기는 하겠지만, 병리적으로 보아 피해자의 신체의 건강상태가 불량하게 변경되거나 생활기능에 장애가 초래되었다고 할 수는 없을 것이므로, 그것이 폭행에 해당할 수 있음은 별론으로 하고 강제추행치상죄의 상해에 해당한다고 할 수는 없다(99도3099).

우리 형법은 태아를 임산부 신체의 일부로 보거나, 낙태행위가 임산부의 태아 양육, 출산 기능의 침해라는 측면에서 낙태죄와는 별개로 임산부에 대한 상해죄를 구성하는 것으로 보지는 않는다. 따라서 태아를 사망에 이르게 하는 행위가 임산부 신체의 일부를 훼손하는 것이라거나 태아의 사망으로 인하여 그 태아를 양육, 출산하는 임산부의 생리적 기능이 침해되어 임산부에 대한 상해가 된다고 볼 수는 없다(2005도3832).

피고인은 과거에 동거하던 피해자에게 다시 동거할 것을 요구하며 서로 말다툼을 하다가 주먹으로 얼굴과 가슴을 수없이 때리고 머리채를 휘어잡아 방벽에 여러 차례 부딪치는 폭행을 가하여 두개골결손, 뇌경막하출혈 등으로 2일 후 사망케 한 사실이 인정된다. 사람의 얼굴과 가슴에 대한 가격은 신체기능에 중대한 지장을 초래할 수 있고 더구나 두뇌부위에 대하여 두개골 결손을 가져올 정도로 타격을 가할 경우에 치명적인 결과를 가져올 수 있다는 것은 누구나 예견할 수 있는 일이라고 할 것이므로, 피해자의 사망의 결과에 대한 예견가능성이 있었던 것으로 인정하여 피고인을 상해치사죄로 의율한 조치는 정당하다(84도2183).

형법 제19조는 동시 또는 이시의 독립행위가 경합한 경우에 그 결과발생의 원인된 행위가 판명되지 아니한 때에는 각 행위를 미수범으로 처벌한다고 규정하고 있으나, 형법 제263조는 독립행위가 경합하여 상해의 결과를 발생하게 한 경우에 있어서 원인된 행위가 판명되지 아니한 때에는 공동정범의 예에 의한다고 규정하고 있다. 대법원판례는 형법 제263조를 폭행치사 또는 상해치사의 경우에는 적용하고, 강간치상죄에는 적용하지 않는다.

폭행죄는 사람의 신체에 대하여 폭행으로 가함으로써 성립하는 범죄이다(제260조 제1항). 가중적 구성요건으로 존속폭행죄, 상습폭행죄, 특수폭행죄, 폭행치사상죄가 있다. 폭행죄는 피해자의 명시한 의사에 반하여 논할 수 없다(제260조 3항).

형법상 폭행의 개념에는 네 가지가 있다. 최광의의 폭행은 사람에 대한 것이든 물건에 대한 것이든 묻지 않고 모든 종류의 유형력의 행사를 뜻한다. 소요죄(제115조), 다중불해산죄(제116조)의 폭행이 여기에 해당한다. 광의의 폭행은 사람에 대한 직접적·간접적인 유형력의 행사를 뜻한다. 공무집행방해죄(제136조), 특수도주죄(제146조), 강요죄(제324조)의 폭행이 여기에 해당한다. 협의의 폭행은 사람의 신체에 대한 직접적·간접적인 유형력의 행사를 뜻한다. 폭행죄(제260조), 특수공무원폭행죄(제125조)의 폭행이 여기에 해당한다. 최협의의 폭행은 상대방의 반항을 억압할 만한 유형력의 행사를 뜻한다. 강간죄(제297조), 강도죄(제333조)의 폭행이 여기에 해당한다.

폭행죄의 행위는 사람의 신체에 대한(반드시 신체에 접할 필요는 없다) 일체의 불법적인 유형력의 행사를 포함하며, 그것이 성질상 상해의 결과를 초래할 성질의 것일 필요는 없다. 예를 들면 불법하게 머리카락을 잘라버리는 것, 사람의 몇 걸음 앞에서 돌을 던지는 것, 사람의 손을 잡아서 세차게 잡아당기는 것 등은 폭행이 된다.

피해자에게 근접하여 욕설을 하면서 때릴 듯이 손발이나 물건을 휘두르거나 던지는 행위는 직접 피해자의 신체에 접촉하지 않았다고 하여도 피해자에 대한 불법한 유형력의 행사로서 폭행에 해당하나, 공소사실 중에 때릴 듯이 위세 또는 위력을 보인 구체적인 행위내용이 적시되어 있지 않다면 결국 욕설을 함으로써 위세 또는 위력을 보였다는 취지로 해석할 수밖에 없고 이와 같이 욕설을 한 것 외에 별다른 행위를 한 적이 없다면 이는 유형력의 행사라고 보기 어려울 것이다(89도1406).

공무원의 직무 수행에 대한 비판이나 시정 등을 요구하는 집회·시위 과정에서 일시적으로 상당한 소음이 발생하였다는 사정만으로는 이를 공무집행방해죄에서의 음향으로 인한 폭행이 있었다고 할 수는 없다. 그러나 의사전달수단으로서 합리적 범위를 넘어서 상대방에게 고통을 줄 의도로 음향을 이용하였다면 이를 폭행으로 인정할 수 있을 것인바, 구체적인 상황에서 공무집행방해죄에서의 음향으로 인한 폭행에 해당하는지 여부는 음량의 크기나 음의 높이, 음향의 지속시간, 종류, 음향발생 행위자의 의도, 음향발생원과 직무를 집행 중인 공무원과의 거리, 음향발생 당시의 주변 상황을 종합적으로 고려하여 판단하여야 한다(2007도3584).

특수폭행죄는 단체 또는 다중의 위력을 보이거나 위험한 물건을 휴대하여 폭행하여 성립한다(제261조). 본죄가 성립하는 경우에는 공동정범에 관한 제30조의 규정은 적용되지 아니한다. 상습범인 경우에 형을 가중한다(제264조).

마이오네즈병은 이로써 사람을 구타하거나 깨어진 부분으로 찌른다면 생명신체에 해를 끼칠 수 있어 사람을 해할 목적으로 이를 들고 대하면 그 상대방이나 일반 제3자가 위험성을 느낄 수 있음은 경험칙에 속한다 할 것이므로 마요네즈병을 들고 구타하는 행위는 폭력행위등 처벌에 관한 법률 제3조 제1항 소정의 "위험한 물건"을 휴대한 경우에 해당한다(84도647).

폭행치사상죄는 폭행죄 또는 특수폭행죄를 범하여 사람을 사망이나 상해에 이르게 하여 성립한다. 상해죄·중상해죄·존속상해죄·존속중상해죄·상해치사죄 또는 존속상해치사죄의 예에 의한다(제262조). 형법상 폭행치사죄는 범죄방법이 살인죄보다 잔인함에도 불구하고 고의성이 없다는 이유로 살인죄보다 형량이 가벼운 매우 심각한 문제점이 있다.

피고인들이 공동하여 피해자를 폭행하여 당구장 3층에 있는 화장실에 숨어 있던 피해자를 다시 폭행하려고 피고인 갑은 화장실을 지키고, 피고인 을은 당구치는 기구로 문을 내려쳐 부수자 위협을 느낀 피해자가 화장실 창문 밖으로 숨으려다가 실족하여 떨어짐으로써 사망한 경우에는 피고인들의 위 폭행행위와 피해자의 사망 사이에는 인과관계가 있다고 할 것이므로 폭행치사죄의 공동정범이 성립된다(90도1786).

(3) 과실치상죄 · 과실치사죄

과실치상죄는 과실로 사람의 신체를 상해에 이르게 함으로써 성립한다(제266조 제1항). 과실치사죄는 과실로 사람을 사망에 이르게 함으로써 성립한다(제267조). 업무상 과실치사상죄는 업무상 과실로 사람을 사상에 이르게 함으로써 성립한다(제268조).

피고인들이 자신들과 함께 술을 마시고 만취되어 의식이 없는 피해자를 부축하여 학교선배인 장은석의 자취집에 함께 가서 촛불을 가져오라고 하여 장은석이 가져온 촛불이 켜져 있는 방안에 이불을 덮고 자고 있는 피해자를 혼자 두고 나옴에 있어 그 촛불이 피해자의 발로부터 불과 약 70 내지 80cm 밖에 떨어져 있지 않은 곳에 마분지로 된 양초갑 위에 놓여져 있음을 잘 알고 있었던 피고인들로서는 당시 촛불을 켜놓아야 할 별다른 사정이 엿보이지 아니하고 더욱이 피고인들 외에는 달리 피해자를 돌보아 줄 사람도 없었던 터이므로 술에 취한 피해자가 정신없이 몸부림을 치다가 발이나 이불자락으로 촛불을 건드리는 경우 그것이 넘어져 불이 이불이나 비닐장판 또는 벽지 등에 옮겨붙어 화재가 발생할 가능성이 있고, 또한 화재가 발생하는 경우 화재에 대처할 능력이 없는 피해자가 사망할 가능성이 있음을 예견할 수 있으므로 이러한 경우 피해자를 혼자 방에 두고 나오는 피고인들로서는 촛불을 끄거나 양초가 쉽게 넘어지지 않도록 적절하고 안전한 조치를 취하여야 할 주의 의무가 있다 할 것인바, 비록 피고인들이 직접 촛불을 켜지 않았다 할지라도 위와 같은 주의 의무를 다하지 않은 이상 피고인들로서는 이 사건 화재발생과 그로 인한 피해자의 사망에 대하여 과실책임을 면할 수는 없다 할 것이다(94도1291).

피고인은 84세 여자 노인과 11세의 여자 아이를 상대로 안수기도를 함에 있어서 피해자를 바닥에 반드시 눕혀 놓고 기도를 한 후 "마귀야 물러가라", "왜 안 나가느냐"는 등 큰 소리를 치면서 한 손 또는 두 손으로 피해자의 배와 가슴 부분을 세게 때리고 누르는 등의 행위를, 여자 노인에게는 약 20분간, 여자아이에게는 약 30분간 반복했다는 것이니 사실이 그러하다면 판시와 같은 고령의 여자 노인이나 나이 어린 연약한 여자아이들은 약간의 물리력을 가하더라도 골절이나 타박상을 당하기 쉽고, 더욱이 배나 가슴 등에 그와 같은 상처가 생기면 치명적 결과가 올 수 있다는 것은 피고인 정도의 연령이나 경험 지식을 가진 사람으로서는 약간의 주의만 하더라도 쉽게 예견할 수 있을 것임에도 불구하고, 그와 같은 예견될 수 있는 결과에 대해서 주의를 다하지 않아 사람을 죽음으로까지 가게 한 행위는 중대한 과실이라고 하지 않을 수 없고, 따라서 피고인의 소위를 중과실치사죄로 처단한 원심의 조치에 법리상 잘못이 있다고 할 수 없다(97도538).

경찰관인 피고인들은 동료 경찰관인 갑 및 피해자 을과 함께 술을 많이 마셔 취하여 있던 중 갑자기 위 갑이 총을 꺼내 을과 같이 총을 번갈아 자기의 머리에 대고 쏘는 소위 "러시안 룰렛" 게임을 하다가 을이 자신이 쏜 총에 맞아 사망한 경우 피고인들은 위 갑과 을이 "러시안 룰렛" 게임을 함에 있어 갑과 어떠한 의사의 연락이 있었다거나 어떠한 원인행위를 공동으로 한 바가 없고, 다만 위 게임을 제지하지 못하였을 뿐인데 보통사람의 상식으로서는 함께 수차에 걸쳐서 흥겹게 술을 마시고 놀았던 일행이 갑자기 자살행위와 다름없는 위 게임을 하리라고는 쉽게 예상할 수 없는 것이고(신뢰의 원칙), 게다가 이 사건 사고는 피고인들이 "장난치지 말라"며 말로 위 갑을 만류하던 중에 순식간에 일어난 사고여서 음주만취하여 주의능력이 상당히 저하된 상태에 있던 피고인들로서는 미처 물리력으로 이를 제지할 여유도 없었던 것이므로, 경찰관이라는 신분상의 조건을 고려하더라도 위와 같은 상황에서 피고인들이 이 사건 "러시안 룰렛" 게임을 즉시 물리력으로 제지하지 못하였다 한들 그것만으로는 위 갑의 과실과 더불어 중과실치사죄의 형사상 책임을 지울만한 위법한 주의의무위반이 있었다고 평가할 수 없다(91도3172).

(4) 낙태죄

낙태죄란 태아를 자연분만기에 앞서서 인위적으로 모체 밖으로 배출하거나 태아를 모체 안에서 살해하는 죄이다. 기본적 구성요건은 자기낙태죄이고, 가중적 구성요건은 업무상 낙태죄, 부동의낙태죄, 낙태치사상죄이다. 자기낙태죄는 부녀가 약물 기타 방법으로 낙태함으로써 성립한다(제269조 제1항). 동의낙태죄는 부녀의 촉탁 또는 승낙을 받아 낙태함으로써 성립한다(제269조 제2항). 헌법재판소(2010헌바402)와 대법원(2010도17718)은 자기낙태죄(형법 제269조 제1항)가 합헌이라는 입장이다.

낙태죄는 태아를 자연분만기에 앞서서 인위적으로 모체 밖으로 배출하거나 모체 안에서 살해함으로써 성립하고, 그 결과 태아가 사망하였는지 여부는 낙태죄의 성립에 영향이 없다. 산부인과 의사인 피고인이 약물에 의한 유도분만의 방법으로 낙태시술을 하였으나 태아가 살아서 미숙아 상태로 출생하자 그 미숙아에게 염화칼륨을 주입하여 사망하게 한 사안에서, 염화칼륨 주입행위를 낙태를 완성하기 위한 행위에 불과한 것으로 볼 수 없고, 살아서 출생한 미숙아가 정상적으로 생존할 확률이 적다고 하더라도 그 상태에 대한 확인이나 최소한의 의료행위도 없이 적극적으로 염화칼륨을 주입하여 미숙아를 사망에 이르게 하였다면 피고인에게는 미숙아를 살해하려는 범의가 인정된다(2003도2780).

(5) 유기죄 · 학대죄

유기죄는 노유 · 질병 기타 사유로 인하여 부조를 요하는 자를 보호할 의무 있는 자가 유기함으로써 성립한다(제271조). 통설은 법률 · 계약뿐만 아니라 사무관리 · 관습 · 조리에 의하여도 보호의무가 발생한다고 한다. 가중적 구성요건으로 존속유기죄, 중유기죄, 존속중유기죄가 있다. 감경적 구성요건으로 영아유기죄가 있다.

유기죄의 죄책을 인정하려면 보호책임이 있게 된 경위 사정관계등을 설시하여 구성요건이 요구하는 법률상 또는 계약상 보호의무를 밝혀야 하고 설혹 동행자가 구조를 요하게 되었다 하여도 일정거리를 동행한 사실만으로서는 피고인에게 법률상 계약상의 보호의무가 있다고 할 수 없으니 유기죄의 주체가 될 수 없다(76도3419).

피고인이 자신이 운영하는 주점에 손님으로 와서 수일 동안 식사는 한 끼도 하지 않은 채 계속하여 술을 마시고 만취한 피해자를 주점 내에 그대로 방치하여 저체온증 등으로 사망에 이르게 하였다는 내용으로 예비적으로 기소된 사안에서, 피해자가 피고인의 지배 아래 있는 주점에서 3일 동안 과도하게 술을 마시고 추운 날씨에 난방이 제대로 되지 아니한 주점 내 소파에서 잠을 자면서 정신을 잃은 상태에 있었다면, 피고인은 주점의 운영자로서 피해자의 생명 또는 신체에 대한 위해가 발생하지 아니하도록 피해자를 주점 내실로 옮기거나 인근에 있는 여관에 데려다 주어 쉬게 하거나 피해자의 지인 또는 경찰에 연락하는 등 필요한 조치를 강구하여야 할 계약상의 부조의무를 부담하므로 유기치사죄가 인정된다(2011도12302).

학대죄는 자기의 보호 또는 감독을 받는 자를 학대함으로써 성립한다(제273조 제1항). 가중적 구성요건으로 존속학대죄, 아동혹사죄가 있다. 아동혹사죄는 자기의 보호 또는 감독을 받는 16세 미만의 자를 그 생명 또는 신체에 위험한 업무에 사용할 영업자 또는 그 종업자에게 인도하거나 인도받음으로써 성립하는 범죄이다(제274조).

2. 자유에 관한 죄

(1) 협박죄

협박죄는 사람을 협박함으로써 성립한다(제283조 제1항). 개인의 의사결정의 자유를 보호법익으로 한다. 보호의 정도는 침해범이다. 미수범을 처벌한다. 반의사불벌죄이다. 즉 피해자의 명시한 의사에 반하여 공소를 제기할 수 없다(제283조 제3항). 가중적 구성요건으로 존속협박죄, 특수협박죄, 상습협박죄가 있다. 해악의 고지에 의하여 공포심을 가질 수 있어야 하므로 영아·명정자·수면자는 본죄의 객체가 될 수 없다.

협박은 공포심을 줄 정도일 것으로 요하나, 그것이 현실적으로 발생할 가능성이 있거나, 행위자가 이를 실현할 의가가 있을 것을 요하는 것은 아니다. 상대방 본인은 물론 본인과 밀접한 관계가 있는 제3자에 대한 협박이라도 좋다. 협박은 언어에 의하든, 문서에 의하든, 직접적이든, 간접적이든, 명시적이든, 묵시적이든 다 가능하다.

형법상 협박은 세 가지로 나뉜다. 광의의 협박은 사람에게 공포심을 일으킬 목적으로 해악을 고지하는 것을 말한다. 소요죄, 공무집행방해죄, 특수도주죄의 협박이 여기에 해당한다. 협의의 협박은 상대방이 현실로 공포감을 느낄 수 있을 정도의 해악의 고지가 있을 것을 요한다. 협박죄, 공갈죄의 협박이 여기에 해당한다. 최협의의 협박은 상대방의 반항을 불가능하게 하거나, 현저히 곤란하게 할 정도의 해악을 고지하는 것을 요한다. 강간죄, 강도죄의 협박이 여기에 해당한다.

권리를 행사하기 위한 수단으로 협박을 한 경우 협박의 고지가 합법적 권리의 행사로서 사회상규에 반하지 않는 정도인 때에는 협박죄가 성립하지 않는다. 형사고소를 고지할 협박하는 경우 고소의 의사 여부를 기준으로 판단할 것이다.

협박죄에서 협박이란 일반적으로 보아 사람으로 하여금 공포심을 일으킬 정도의 해악을 고지하는 것을 의미하며, 그 고지되는 해악의 내용, 즉 침해하겠다는 법익의 종류나 법익의 향유 주체 등에는 아무런 제한이 없다. 따라서 피해자 본인이나 그 친족뿐만 아니라 그 밖의 '제3자'에 대한 법익 침해를 내용으로 하는 해악을 고지하는 것이라고 하더라도 피해자 본인과 제3자가 밀접한 관계에 있어 그 해악의 내용이 피해자 본인에게 공포심을 일으킬 만한 정도의 것이라면 협박죄가 성립할 수 있다. 이 때 '제3자'에는 자연인뿐만 아니라 법인도 포함된다 할 것인데, 피해자

본인에게 법인에 대한 법익을 침해하겠다는 내용의 해악을 고지한 것이 피해자 본인에 대하여 공포심을 일으킬 만한 정도가 되는지 여부는 고지된 해악의 구체적 내용 및 그 표현방법, 피해자와 법인의 관계, 법인 내에서의 피해자의 지위와 역할, 해악의 고지에 이르게 된 경위, 당시 법인의 활동 및 경제적 상황 등 여러 사정을 종합하여 판단하여야 한다. 협박죄는 사람의 의사결정의 자유를 보호법익으로 하는 범죄로서 형법규정의 체계상 개인적 법익, 특히 사람의 자유에 대한 죄 중 하나로 구성되어 있는바, 위와 같은 협박죄의 보호법익, 형법규정상 체계, 협박의 행위 개념 등에 비추어 볼 때, 협박죄는 자연인만을 그 대상으로 예정하고 있을 뿐 법인은 협박죄의 객체가 될 수 없다. 채권추심 회사의 지사장이 회사로부터 자신의 횡령행위에 대한 민·형사상 책임을 추궁당할 지경에 이르자 이를 모면하기 위하여 회사 본사에 '회사의 내부비리 등을 금융감독원 등 관계 기관에 고발하겠다'는 취지의 서면을 보내는 한편, 위 회사 경영지원본부장이자 상무이사에게 전화를 걸어 자신의 횡령행위를 문제삼지 말라고 요구하면서 위 서면의 내용과 같은 취지로 발언한 경우, 위 상무이사에 대한 협박죄가 인정된다(2010도1017).

(2) 체포·감금죄

체포·감금죄는 사람을 체포·감금함으로서 성립한다(제276조 제1항). 가중적 구성요건으로 존속체포·감금죄, 중체포·감금죄, 특수체포·감금죄, 상습체포·감금죄, 체포·감금치사상죄가 있다. 미수범을 처벌한다. 체포·감금은 어느 정도의 시간적 계속성을 요건으로 하며, 객관적으로 피해자의 잠재적 행동의 자유를 침해한 사실이 있으면 기수에 이른다고 볼 것이다.

체포는 사람의 신체에 대하여 직접적·현실적 구속을 가하여 행동의 자유를 뺏는 것을 뜻하고, 감금은 사람을 일정한 장소 밖으로 나가지 못하게 하여 신체적 활동의 자유를 제한하는 것을 뜻한다. 체포·감금죄는 잠재적 의미에서의 행동의 자유를 가질 수 있는 자연인을 객체로 한다. 따라서 정신병자·명정자·수면자·불구자는 본죄의 객체가 될 수 있지만, 유아는 본죄의 객체가 될 수 없다. 체포·감금죄는 계속범이다. 체포한 후 감금에 나아간 경우 하나의 감금죄가 성립한다. 폭행 또는 협박을 수단으로 체포·감금을 한 경우 체포·감금죄만 성립한다. 감금 중에 강도·강간·상해를 한 경우 감금죄와 강도죄 등은 실체적 경합이 된다. 감금이 동시에 강간의 수단이 된 때에는 양 죄가 상상적 경합이 된다.

　　감금죄는 사람의 행동의 자유를 그 보호법익으로 하여 사람이 특정한 구역에서 나가는 것을 불가능하게 하거나 또는 심히 곤란하게 하는 죄로서 이와 같이 사람이 특정한 구역에서 나가는 것을 불가능하게 하거나 심히 곤란하게 하는 그 장해는 물리적, 유형적 장해뿐만 아니라 심리적, 무형적 장해에 의하여서도 가능하고 또 감금의 본질은 사람의 행동의 자유를 구속하는 것으로 행동의 자유를 구속하는 그 수단과 방법에는 아무런 제한이 없으므로 그 수단과 방법에는 유형적인 것이거나 무형적인 것이거나를 가리지 아니하며 감금에 있어서의 사람의 행동의 자유의 박탈은 반드시 전면적이어야 할 필요가 없으므로 감금된 특정구역 내부에서 일정한 생활의 자유가 허용되어 있었다고 하더라도 감금죄의 성립에는 아무 소장이 없다. 피해자가 여관 등에서 8일간 있는 동안 그의 처와 만났으며 피고인 등과 같이 술을 마신 일이 있는 등 특정지역 내에서 일정한 생활의 자유가 허용되었고, 피고인이 피해자에게 폭행을 가한 것은 감금을 위한 것이라기보다는 피해자의 채무불이행에 대한 분노에서 행하여진 것으로 보인다든지 또는 피해자가 피고인 등과 민·형사간 문제를 삼지 않겠다는 합의서를 경찰에 제출한 사실 또는 피해자나 그의 가족이 감금사실에 대하여 고소, 고발을 하지 않았다는 사정 등이 있다 하더라도 피고인 일행이 밤마다 폭행하고 괴롭히고 있으니 경찰에 신고하라고 피해자가 전화한 사실이 있을 뿐 아니라 감금에서 풀려난 것이 피해자의 얼굴 등이 많이 상해 있는 것을 본 공소외(갑)이 경찰에 신고하여 경찰관이 와서 피고인 등을 연행해 감으로써 풀려난 것임에 비추어 볼 때, 피해자가 그의 행동의 자유에 아무런 제약도 받지 아니하고 그의 자유로운 의사에 의하여 8일간을 여관 등에서 보내게 된 것이라고 볼 수 없다(84도655).

　　피고인이 미성년자를 유인하여 포박 감금한 후 단지 그 상태를 유지하였을 뿐인데도 피감금자가 사망에 이르게 된 것이라면 피고인의 죄책은 감금치사죄에 해당한다 하겠으나, 나아가서 그 감금상태가 계속된 어느 시점에서 피고인에게 살해의 범의가 생겨 피감금자에 대한 위험발생을 방지함이 없이 포박감금상태에 있던 피감금자를 그대로 방치함으로써 사망케 하였다면 피고인의 부작위는 살인죄의 구성요건적 행위를 충족하기 때문에 부작위에 의한 살인죄가 성립한다(82도2024).

　　승용차로 피해자를 가로막아 승차하게 한 후 피해자의 하차 요구를 무시한 채 당초 목적지가 아닌 다른 장소를 향하여 시속 약 60km 내지 70km의 속도로 진행하여 피해자를 차량에서 내리지 못하게 한 행위는 감금죄에 해당하고, 피해자가 그와 같은 감금상태를 벗어날 목적으로 차량을 빠져 나오려다가 길바닥에 떨어져 상해를 입고 그 결과 사망에 이르렀다면 감금행위와 피해자의 사망 사이에는 상당인과관계가 있다고 할 것이므로 감금치사죄에 해당한다(99도5286).

(3) 약취 · 유인 · 인신매매죄

약취 · 유인 · 인신매매죄는 사람을 약취 · 유인 · 인신매매하여 자기 또는 제3자의 사실적 지배하에 둠으로써 개인의 자유를 침해함으로써 성립한다. 보호법익은 피인취자의 거처의 자유이다. 미성년자 약취 · 유인죄의 보호법익은 미성년자의 자유 및 보호자의 감독권이다.

형법은 미성년자 약취 · 유인죄(제287조)와 인신매매죄(제289조 제1항), 추행 · 간음 · 결혼 · 영리목적 약취 · 유인죄, 노동력착취 · 성매매와 성적착취 · 장기적출목적 약취 · 유인죄, 국외이송목적 약취 · 유인죄 및 국외이송죄, 추행 · 간음 · 결혼 · 영리목적 인신매매죄, 노동력착취 · 성매매와 성적착취 · 장기적출목적 인신매매죄, 국외이송목적 인신매매죄 및 국외이송죄, 피약취 · 유인 · 매매 · 이송자 치상죄, 피약취 · 유인 · 매매 · 이송자 치사죄, 피약취 · 유인 · 매매 · 이송자 수수 · 은닉죄, 약취 · 유인 · 매매 · 이송목적 모집 · 운송 · 전달죄를 처벌한다. 이상의 죄를 대한민국 영역 밖에서 범한 외국인에게도 적용한다(제296조의2). 미수 및 예비 · 음모를 처벌한다.

특정범죄 가중처벌 등에 관한 법률은 미성년자약취 · 유인죄를 범한 자에게 재물 또는 재산상 이익을 취득할 목적 등이 있는 경우와 미성년자를 살해할 목적 등이 있는 경우를 가중처벌한다. 특정강력범죄의 처벌에 관한 특례법은 약취 · 유인 및 인신매매의 죄를 특정강력범죄로 분류하여 처벌상의 특례를 규정하고 있다.

미성년자를 보호감독하는 자라 하더라도 다른 보호감독자의 감호권을 침해거나 자신의 감호권을 남용하여 미성년자 본인의 이익을 침해하는 경우에는 미성년자 약취 · 유인죄의 주체가 된다(2007도8011).

(4) 강요죄

강요죄는 폭행 또는 협박으로 사람의 권리행사를 방해하거나 의무 없는 일을 하게 함으로써 성립한다(제324조). 가중적 구성요건으로 인질강요죄, 인질상해죄, 인질살해죄, 중강요죄, 인질치상죄, 인질치사죄가 있다. 강요죄, 인질강요죄, 인질상해죄, 인질살해죄는 미수범을 처벌한다. 중강요죄는 강요죄를 범하여 사람의 생명에 대한 위험을 발생하게 한 경우 성립하는 결과적 가중범이다. 인질강요죄는 사람을 인질삼아 제3자에 대하여 권리행사를 방해하거나 의무없는 일을 하게 함으로서 성립하는 범죄로 체포감금죄 또는 약취유인죄와 강요죄의 결합범이다. 착수시기는 강요행위를 개시한 때이고, 기수시기는 권리행사를 방해하였을 때이다.

폭행은 광의의 폭행을 의미한다. 상대방의 의사형성을 불가능하게 하는 절대적 폭력과 상대방의 의사에 심리적 영향을 미치는 강제적 폭력을 포함한다. 협박은 해악을 고지하여 상대방에게 현실적으로 공포심을 일으키는 것으로 협의의 협박을 의미한다.

강요죄에서 말하는 권리에는 재산적 권리뿐 아니라 비재산적 권리로 볼 수 있는 개인의 계약체결에 대한 자유권도 포함된다. 그 계약체결이 법률상 위법 기타 제한이 있다 하더라도 폭력에 의한 권리행사방해(강요죄)의 성립에는 영향이 없다 (4293형상233).

체포·감금·약취·유인·강간·강제추행 등의 죄가 성립하는 경우에는 이들 범죄만 성립하고 강요죄의 적용은 배제된다. 강요죄가 성립하는 경우 협박죄의 적용은 배제된다. 공갈죄·강도죄가 성립하는 경우 강요죄는 성립하지 않는다.

(5) 강간죄·유사강간죄·강제추행죄

강간죄는 폭행 또는 협박으로 사람을 강간함으로써 성립한다(제297조). 유사강간죄는 폭행 또는 협박으로 사람에 대하여 구강, 항문 등 신체의 내부에 성기를 넣거나 성기, 항문에 손가락 등 신체의 일부 또는 도구를 넣는 행위를 함으로써 성립한다(제297조의2). 강제추행죄는 폭행 또는 협박으로 사람을 추행함으로써 성립한다(제298조). 이 범죄들의 미수범은 처벌한다. 이 범죄들은 친고죄가 아니다. 강간죄의 착수시기는 간음을 하기 위하여 폭행·협박을 개시한 때이다. 기수시기는 남자의 성기가 여자의 성기에 들어가는 순간이다. 추행은 객관적으로 일반인에게 성적 수치와 혐오의 감정을 일으키게 하는 일체의 행위를 말하며, 주관적인 동기나 목적은 문제되지 않는다. 강간죄의 객체는 사람이다. 남녀를 불문한다. 배우자인 상대방도 강간죄의 객체에 포함된다(2012도14788).

이들 범죄 외 독립적 구성요건으로 준강간죄, 준강제추행죄, 미성년자의제강간제, 미성년자의제강제추행죄, 미성년자간음죄, 피감호자간음죄, 피구금자간음죄가 있다. 준강간죄, 준강간추행죄는 사람의 심신상실 또는 항거불능의 상태를 이용하여 간음 또는 강제추행을 함으로써 성립한다.

　가중적 구성요건으로 강간 등 상해·치상죄, 강간 등 살인·치사죄가 있다. 상습범은 가중한다. 성폭력범죄의 처벌 등에 관한 특례법은 특수강도강간 등, 특수강간 등, 친족관계에 의한 강간 등, 장애인에 대한 강간·강제추행 등, 13세 미만 미성년자에 대한 강간·강제추행 등, 강간 등 상해·치상죄, 강간 등 살인·치사 등을 가중처벌하고, 업무상 위력 등에 의한 추행, 공중 밀집 장소에서의 추행, 성적 목적을 위한 공공장소 침입행위, 통신매체를 이용한 음란행위, 카메라 등을 이용한 촬영을 처벌하고 있다. 아동·청소년의 성보호에 관한 법률은 19세 미만 아동·청소년에 대한 강간·강제추행, 준강간·준강제추행, 위계·위력에 의한 간음·추행을 가중처벌하고, 아동·청소년의 성을 사는 행위 등을 한 자를 처벌하며, 공소시효는 해당 성범죄로 피해를 당한 아동·청소년이 성년에 달한 날부터 진행한다. 특정강력범죄의 처벌에 관한 특례법은 특수강간죄와 강간치사상죄의 처벌에 관한 특례를 규정하고 있다.

　강간죄의 실행의 착수가 있었다고 하려면 강간의 수단으로서 폭행이나 협박을 한 사실이 있어야 할 터인데 피고인이 강간할 목적으로 피해자의 집에 침입하였다 하더라도 안방에 들어가 누워 자고 있는 피해자의 가슴과 엉덩이를 만지면서 간음을 기도하였다는 사실만으로는 강간의 수단으로 피해자에게 폭행이나 협박을 개시하였다고 하기는 어렵다(90도607).

　피고인이 간음할 목적으로 새벽 4시에 여자 혼자 있는 방문 앞에 가서 피해자가 방문을 열어 주지 않으면 부수고 들어갈 듯한 기세로 방문을 두드리고 피해자가 위험을 느끼고 창문에 걸터앉아 가까이 오면 뛰어내리겠다고 하는데도 베란다를 통하여 창문으로 침입하려고 하였다면 강간의 수단으로서의 폭행에 착수하였다고 할 수 있으므로 강간의 착수가 있었다고 할 것이다(91도288).

　강제추행죄는 상대방에 대하여 폭행 또는 협박을 가하여 항거를 곤란하게 한 뒤에 추행행위를 하는 경우뿐만 아니라 폭행행위 자체가 추행행위라고 인정되는 경우도 포함되는 것이며, 이 경우에 있어서의 폭행은 반드시 상대방의 의사를 억압할 정도의 것임을 요하지 않고 상대방의 의사에 반하는 유형력의 행사가 있는 이상 그 힘의 대소강약을 불문한다. 추행이라 함은 객관적으로 일반인에게 성적 수치심이나 혐오감을 일으키게 하고 선량한 성적 도덕관념에 반하는 행위로서 피해자의 성적 자유를 침해하는 것이라고 할 것인데, 이에 해당하는지 여부는 피해자의 의사,

성별, 연령, 행위자와 피해자의 이전부터의 관계, 그 행위에 이르게 된 경위, 구체
적 행위태양, 주위의 객관적 상황과 그 시대의 성적 도덕관념 등을 종합적으로 고
려하여 신중히 결정되어야 한다. 피해자와 춤을 추면서 피해자의 유방을 만진 행위
가 순간적인 행위에 불과하더라도 피해자의 의사에 반하여 행하여진 유형력의 행
사에 해당하고 피해자의 성적 자유를 침해할 뿐만 아니라 일반인의 입장에서도 추
행행위라고 평가될 수 있는 것으로서, 폭행행위 자체가 추행행위라고 인정되어 강
제추행에 해당된다(2001도2417).

　　초등학교 기간제 교사가 다른 학생들이 지켜보는 가운데 건강검진을 받으러 온
학생의 옷 속으로 손을 넣어 배와 가슴 등의 신체 부위를 만진 행위는, 설사 성욕을
자극·흥분·만족시키려는 주관적 동기나 목적이 없었더라도 객관적으로 일반인에
게 성적 수치심이나 혐오감을 불러일으키고 선량한 성적 도덕관념에 반하는 행위
라고 평가할 수 있고 그로 인하여 피해 학생의 심리적 성장 및 성적 정체성의 형성
에 부정적 영향을 미쳤다고 판단되므로, 성폭력범죄의 처벌 및 피해자보호 등에 관
한 법률 제8조의2 제5항에서 말하는 '추행'에 해당한다(2009도2576).

　　피해자를 강간하려다가 미수에 그치고 그 과정에서 피해자에게 경부 및 전흉부
피하출혈, 통증으로 약 7일 간의 가료를 요하는 상처가 발생하였으나 그 상처가 굳
이 치료를 받지 않더라도 일상생활을 하는 데 아무런 지장이 없고 시일이 경과함에
따라 자연적으로 치유될 수 있는 정도라면 그로 인하여 신체의 완전성이 손상되고
생활기능에 장애가 왔다거나 건강상태가 불량하게 변경되었다고 보기는 어려워 강
간치상죄의 상해에 해당하지 않는다(94도1311).

3. 명예와 신용에 대한 죄

(1) 명예훼손죄

　　명예훼손죄는 공연히 사실 또는 허위의 사실을 적시하여 사람의 명예를 훼손함
으로써 성립한다(제307조). 공연성이란 불특정 또는 다수인이 인식할 수 있는 상태
를 의미한다. 전파성이론에 의하면 사실을 적시한 상대방이 특정한 한 사람인 경우
라 하더라도 그 말을 들은 사람이 불특정 또는 다수인에게 그 말을 전파할 가능성
이 있는 때에는 공연성이 인정된다. 전파성이론에 따르면 표현의 자유가 지나치게
제한되는 면이 있다는 점을 근거로 전파성이론을 부인하고, 불특정 또는 다수인이
직접 인식할 수 있는 상태만을 공연성에 포섭하자는 견해도 주장된다. 사실의 적시

는 단순한 가치판단이 아니라 특정한 사람의 사회적 가치 내지 평가를 저하시키는 데 충분한 구체적 사실을 의미한다.

사실의 적시방법에는 제한이 없다. 명예는 사람이 가지고 있는 인격의 내부적 가치 자체를 말하는 내적 명예나 자신의 인격적 가치에 대한 자신의 주관적 감정을 말하는 명예감정이 아니라 사람의 인격적 가치와 그의 도덕적·사회적 행위에 대한 평가를 의미하는 외적 명예를 의미한다. 살아 있는 자연인은 물론 사자(死者)도 모두 명예의 주체가 될 수 있다.

사자의 명예훼손죄는 역사적 가치로서의 사자의 인격적 가치를 보호하는 위한 것이다. 법인도 명예의 주체가 된다. 법인격 없는 단체도 법에 의하여 인정된 사회적 기능을 담당하는 한 명예의 주체가 된다는 견해가 주장된다. 집단의 구성원이 일반인과 명백히 구별될 수 있을 정도로 집단명칭이 특정되는 경우 집합명칭에 의한 명예훼손도 가능하다는 견해도 있다. 명예훼손죄는 피해자의 명시한 의사에 반하여 처벌할 수 없는 반의사불벌죄이다.

형법 제310조는 언론의 자유를 보장하기 위하여 공공의 이익을 위한 진실한 사실을 적시한 경우에는 처벌하지 않도록 규정하고 있다. 여기서 공공의 이익에 관한 것이라고 하기 위해서는 객관적으로 적시된 사실이 공공의 이익에 관한 것이고 동시에 주관적으로도 사실적시가 공공의 이익을 위한 것이어야 한다. 형법 제301조가 사실의 진실성에 대한 거증책임의 전환을 의미한다는 견해가 주장된다.

사자의 명예훼손죄는 공연히 허위의 사실을 적시하여 사자의 명예를 훼손함으로써 성립한다(제308조). 친고죄이다. 출판물에 의한 명예훼손죄는 사람을 비방할 목적으로 신문·잡지 또는 라디오 기타 출판물에 의하여 명예를 훼손함으로써 성립한다(제309조). 출판물은 그 자체가 높은 전파 가능성을 가지고 있으므로 본죄는 공연히 사실을 적시할 것을 요건으로 하지 않는다. 반의사불벌죄이다.

명예훼손죄와 모욕죄의 보호법익은 다 같이 사람의 가치에 대한 사회적 평가인 이른바 외부적 명예인 점에서는 차이가 없으나 다만 명예훼손은 사람의 사회적 평가를 저하시킬 만한 구체적 사실의 적시를 하여 명예를 침해함을 요하는 것으로서 구체적 사실이 아닌 단순한 추상적 판단이나 경멸적 감정의 표현으로서 사회적 평가를 저하시키는 모욕죄와 다르다. "늙은 화냥년의 간나, 너가 화냥질을 했잖아"라고 한 피고인의 발언내용은 그 자체가 피해자의 사회적 평가를 저하시킬 만한 구체적 사실의 적시라기보다는 피고인이 피해자의 도덕성에 관하여 경멸적인 감정표현을 과장되게 강조한 욕설에 불과한 것으로서 이를 막 바로 명예훼손죄로 의율할 수는 없다(87도739).

명예훼손죄에 있어서 공연성은 불특정 또는 다수인이 인식할 수 있는 상태를 의미하므로, 비록 두세 사람이 있는 자리에서 허위사실을 유포하였다고 하더라도 그 사람들에 의하여 외부에 전파될 가능성이 있다면 명예훼손죄의 성립에 아무런 영향이 없다(94도1880).

명예훼손죄가 성립하기 위해서는 사실의 적시가 있어야 하는데, 여기에서 적시의 대상이 되는 사실이란 현실적으로 발생하고 증명할 수 있는 과거 또는 현재의 사실을 말하며, 장래의 일을 적시하더라도 그것이 과거 또는 현재의 사실을 기초로 하거나 이에 대한 주장을 포함하는 경우에는 명예훼손죄가 성립한다고 할 것이고, 장래의 일을 적시하는 것이 과거 또는 현재의 사실을 기초로 하거나 이에 대한 주장을 포함하는지 여부는 그 적시된 표현 자체는 물론 전체적인 취지나 내용, 적시에 이르게 된 경위 및 전후 상황, 기타 제반 사정을 종합적으로 참작하여 판단하여야 한다. 피고인이 경찰관을 상대로 진정한 사건이 혐의인정되지 않아 내사종결 처리되었음에도 불구하고 공연히 "사건을 조사한 경찰관이 내일부로 검찰청에서 구속영장이 떨어진다"고 말한 것은 현재의 사실을 기초로 하거나 이에 대한 주장을 포함하여 장래의 일을 적시한 것으로 볼 수 있어 명예훼손죄에 있어서의 사실의 적시에 해당한다(2002도7420).

타인을 비방할 목적으로 허위사실인 기사의 재료를 신문기자에게 제공한 경우에 기사를 신문지상에 게재하느냐의 여부는 신문 편집인의 권한에 속한다고 할 것이나 이를 편집인이 신문지상에 게재한 이상 기사의 게재는 기사재료를 제공한 자의 행위에 기인한 것이므로 기사재료의 제공행위는 형법 제309조 제2항 소정의 출판물에 의한 명예훼손죄의 죄책을 면할 수 없다. 명예훼손죄가 성립하기 위해서는 반드시 숨겨진 사실을 적발하는 행위만에 한하지 아니하고 이미 사회의 일부에 잘 알려진 사실이라고 하더라도 이를 적시하여 사람의 사회적 평가를 저하시킬 만한 행위를 한 때에는 명예훼손죄를 구성한다(93도3535).

출판물 등에 의한 명예훼손죄를 일반 명예훼손죄보다 중벌하는 이유는 사실적시의 방법으로서의 출판물 등의 이용이 그 성질상 다수인이 견문할 수 있는 높은 전파성과 신뢰성 및 장기간의 보존가능성 등 피해자에 대한 법익침해의 정도가 더욱 크다는 데 있다는 점에 비추어 보면, 형법 제309조 제1항 소정의 '기타 출판물'

에 해당한다고 하기 위해서는 그것이 등록·출판된 제본인쇄물이나 제작물은 아니라고 할지라도 적어도 그와 같은 정도의 효용과 기능을 가지고 사실상 출판물로 유통·통용될 수 있는 외관을 가진 인쇄물로 볼 수 있어야 한다. 장수가 2장에 불과하며 제본방법도 조잡한 것으로 보이는 최고서 사본이 출판물이라고 할 수 있을 정도의 외관과 기능을 가진 인쇄물에 해당한다고 보기는 어렵다(97도133).

　　타인을 비방할 목적으로 허위사실인 기사의 재료를 신문기자에게 제공한 경우에 기사를 신문지상에 게재하느냐의 여부는 신문 편집인의 권한에 속한다고 할 것이나 이를 편집인이 신문지상에 게재한 이상 기사의 게재는 기사재료를 제공한 자의 행위에 기인한 것이므로 기사재료의 제공행위는 형법 제309조 제2항 소정의 출판물에 의한 명예훼손죄의 죄책을 면할 수 없다. 명예훼손죄가 성립하기 위해서는 반드시 숨겨진 사실을 적발하는 행위만에 한하지 아니하고 이미 사회의 일부에 잘 알려진 사실이라고 하더라도 이를 적시하여 사람의 사회적 평가를 저하시킬 만한 행위를 한 때에는 명예훼손죄를 구성한다(93도3535).

　　출판물에 의한 명예훼손죄는 간접정범에 의하여 범하여질 수도 있으므로 타인을 비방할 목적으로 허위의 기사 재료를 그 정을 모르는 기자에게 제공하여 신문 등에 보도되게 한 경우에도 성립할 수 있으나 제보자가 기사의 취재·작성과 직접적인 연관이 없는 자에게 허위의 사실을 알렸을 뿐인 경우에는, 제보자가 피제보자에게 그 알리는 사실이 기사화되도록 특별히 부탁하였다거나 피제보자가 이를 기사화 할 것이 고도로 예상되는 등의 특별한 사정이 없는 한, 피제보자가 언론에 공개하거나 기자들에게 취재됨으로써 그 사실이 신문에 게재되어 일반 공중에게 배포되더라도 제보자에게 출판·배포된 기사에 관하여 출판물에 의한 명예훼손죄의 책임을 물을 수는 없다. 의사가 의료기기 회사와의 분쟁을 정치적으로 해결하기 위하여 국회의원에게 허위의 사실을 제보하였을 뿐인데, 위 국회의원의 발표로 그 사실이 일간신문에 게재된 경우 출판물에 의한 명예훼손이 성립하지 아니한다(2000도3045).

　　명예훼손죄가 성립하기 위해서는 사실의 적시가 있어야 하고 적시된 사실은 이로써 특정인의 사회적 가치 내지 평가가 침해될 가능성이 있을 정도로 구체성을 띠어야 한다. 신문 등 언론매체의 어떠한 표현행위가 명예훼손과 관련하여 문제가 되는 경우 그 표현이 사실을 적시하는 것인가, 아니면 단순히 의견 또는 논평을 표명하는 것인가, 또는 의견 또는 논평을 표명하는 것이라면 그와 동시에 묵시적으로라도 그 전제가 되는 사실을 적시하고 있는 것인가 그렇지 아니한가의 구별은, 당해 기사의 객관적인 내용과 아울러 일반의 독자가 보통의 주의로 기사를 접하는 방법을 전제로 기사에 사용된 어휘의 통상적인 의미, 기사의 전체적인 흐름, 문구의 연결 방법 등을 기준으로 판단하여야 하고, 여기에다가 당해 기사가 게재된 보다 넓은 문맥이나 배경이 되는 사회적 흐름 등도 함께 고려하여야 한다. 공연히 사실을 적시하여 사람의 명예를 훼손한 행위가 처벌되지 않기 위해서는 적시된 사실이 객관적으로 볼 때 공공의 이익에 관한 것으로서 행위자도 공공의 이익을 위하여 그 사실을 적시한 것이어야 될 뿐만 아니라, 그 적시된 사실이 진실한 것이거나 적어도 행위자가 그 사실을 진실한 것으로 믿었고, 또 그렇게 믿을 만한 상당한 이유가 있어야 하는 것인바, 여기에서 '진실한 사실'이란 그 내용 전체의 취지를 살펴볼 때 중요한 부분이 객관적 사실과 합치되는 사실이라는 의미로서 세부에 있어 진실과 약간 차이가 나거나 다소 과장된 표현이 있더라도 무방한 것이며, 나아가 '공공의 이익'에는 널리 국가·사회 기타 일반 다수인의 이익에 관한 것뿐만 아니라 특정한 사회집단이나 그 구성원 전체의 관심과 이익에 관한 것도 포함되는 것으로서, 적시된 사실이 공공의 이익에 관한 것인지 여부는 당해 적시 사실의 내용과 성질, 당해 사실의 공표가 이루어진 상대방의 범위, 그 표현의 방법 등 그 표현 자체에 관한 제반 사정을 감안함과 동시에 그 표현에 의하여 훼손되거나 훼손될 수 있는 명예의 침해 정도 등을 비교·고려하여 결정하여야 하고, 행위자의 주요한 동기 내지 목적이 공공의 이익을 위한 것이라면 부수적으로 다른 사익적 목적이나 동기가 내포되어 있더라도 형법 제310조의 적용을 배제할 수 없다. 형법 제309조 소정의 '사람을 비방할 목적'이란 가해의 의사 내지 목적을 요하는 것으로서 공공의 이익을 위한 것과는 행위자의 주관적 의도의 방향에 있어 서로 상반되는 관계에 있다고 할 것이므로, 적시한 사실이 공공의 이익에 관한 것인 때에는 특별한 사정이 없는 한 비방의 목적은 부인된다(98도2188).

(2) 모욕죄

모욕죄는 공연히 사람을 모욕함으로써 성립한다(제311조). 외적 명예를 보호법익으로 하며, 친고죄이다. 판례는 모욕죄에 제310조에 의한 위법성조각을 인정하지 않는다. 모욕죄의 보호법익을 명예감정이라고 보는 견해에 따르면 명예훼손죄와 모욕죄의 상상적 경합이 가능하고, 모욕죄의 보호법익도 외적 명예로 보는 견해에 따르면 법조경합 관계로 명예훼손죄만 성립한다.

　모욕죄는 특정한 사람 또는 인격을 보유하는 단체에 대하여 사회적 평가를 저
하시킬 만한 경멸적 감정을 표현함으로써 성립하므로 그 피해자는 특정되어야 한
다. 그리고 이른바 집단표시에 의한 모욕은, 모욕의 내용이 집단에 속한 특정인에
대한 것이라고는 해석되기 힘들고, 집단표시에 의한 비난이 개별구성원에 이르러서
는 비난의 정도가 희석되어 구성원 개개인의 사회적 평가에 영향을 미칠 정도에 이
르지 아니한 경우에는 구성원 개개인에 대한 모욕이 성립되지 않는다고 봄이 원칙
이고, 비난의 정도가 희석되지 않아 구성원 개개인의 사회적 평가를 저하시킬 만한
것으로 평가될 경우에는 예외적으로 구성원 개개인에 대한 모욕이 성립할 수 있다.
한편 구성원 개개인에 대한 것으로 여겨질 정도로 구성원 수가 적거나 당시의 주위
정황 등으로 보아 집단 내 개별구성원을 지칭하는 것으로 여겨질 수 있는 때에는
집단 내 개별구성원이 피해자로서 특정된다고 보아야 할 것인데, 구체적인 기준으
로는 집단의 크기, 집단의 성격과 집단 내에서의 피해자의 지위 등을 들 수 있다
(2011도15631).

　동네사람 4명과 구청직원 2명 등이 있는 자리에서 피해자가 듣는 가운데 구청
직원에게 피해자를 가리키면서 '저 망할년 저기 오네'라고 피해자를 경멸하는 욕설
섞인 표현을 하였다면 피해자를 모욕하였다고 볼 수 있다(90도873).

(3) 신용훼손죄

　신용훼손죄는 허위의 사실을 유포하거나 기타 위계로서 사람의 신용을 훼손함
으로써 성립한다(제313조). 신용이란 사람의 지불능력이나 지불의사에 대한 사회적
평가를 의미한다. 공연히 허위의 사실을 적시하여 명예와 신용을 훼손한 경우 명예
훼손죄와 신용훼손죄의 상상적 경합으로 보는 견해와 명예훼손죄는 성립하지 않고
신용훼손죄만 성립한다는 견해가 대립한다.

(4) 업무방해죄

　업무방해죄는 허위의 사실을 유포하거나 기타 위계로써 사람의 업무를 방해함
으로써 성립한다(제313조). 업무란 사람이 그 사회적 지위에 있어서 계속적으로 종
사하는 사무 또는 사업을 뜻한다. 보수유무나 영리목적 여부는 묻지 않는다. 부수
적 업무도 포함한다. 업무의 주체는 자연인, 법인, 법인격 없는 단체를 포함한다.
형법에 의하여 보호할 가치가 있는 업무에 제한된다. 따라서 일시오락을 위한 행위

는 업무방해죄로 보호받지 못한다. 업무상 과실치사상죄는 사적 업무건 공무건 모두 포함된다. 그러나 업무방해죄는 공무집행방해죄와의 관계상 공무는 포함하지 않는다. 추상적 위험범으로 업무를 방해할 우려만 있으면 성립한다.

컴퓨터업무방해죄는 컴퓨터등 정보처리장치 또는 전자기록등 특수매체기록을 손괴하거나 정보처리장치에 허위의 정보 또는 부정한 명령을 입력하거나 기타 방법으로 정보처리에 장애를 발생하게 하여 사람의 업무를 방해함으로써 성립한다(제315조). 정보처리장치와 특수매체기록의 소유권의 귀속은 본죄 성립과 무관하다. 추상적 위험범으로 업무를 방해할 우려만 있으면 성립한다.

경매·입찰방해죄는 위계 또는 위력 기타 방법으로 경매 또는 입찰의 공정을 해함으로써 성립한다(제315조). 추상적 위험범으로 경매 또는 입찰의 공정을 해하는 행위가 있으면 기수이다.

4. 사생활의 평온에 대한 죄

(1) 비밀침해죄·업무상 비밀침해죄

비밀침해죄는 봉함 기타 비밀장치한 사람의 편지, 문서 또는 도화를 개봉함으로써 성립한다(제316조 제1항). 봉함 기타 비밀장치한 사람의 편지, 문서, 도화 또는 전자기록등 특수매체기록을 기술적 수단을 이용하여 그 내용을 알아낸 때에도 비밀침해죄가 성립한다(제316조 제2항). 친고죄이므로 고소가 있어야 공소를 제기할 수 있다(제318조). 편지의 발신인과 수신인이 고소권자이다. 비밀의 주체에 법인·법인격없는 단체가 포함된다는 견해와 포함되지 않는다는 견해가 대립하고 있다. 단순히 불빛에 투사하는 것만으로 본죄가 성립하지 않고, 기술적 수단을 사용하여야 한다.

업무상 비밀누설죄는 의사, 한의사, 치과의사, 약제사, 약종상, 조산사, 변호사, 변리사, 공인회계사, 공증인, 대서업자나 그 직무상 보조자 또는 차등의 직에 있던 자가 그 직무처리중 지득한 타인의 비밀을 누설함으로써 성립한다(제317조 제1항). 종교의 직에 있는 자 또는 있던 자가 그 직무상 지득한 사람의 비밀을 누설한 때에도 업무상 비밀누설죄가 성립한다(제317조 제2항). 친고죄이므로 고소가 있어야 공소를 제기할 수 있다(제318조).

우편관서에 있는 우편물을 대상으로 비밀침해죄를 저지른 경우 우편법 제48조가 적용된다. 제316조 제2항의 특별법으로 정보통신이용촉진 및 정보보호 등에 관한 법률 제28조의2, 제49조가 있다. 도청·녹음과 같은 수단으로 사적 대화의 비밀을 침해하면 통신비밀보호법 제3조가 적용된다.

(2) 주거침입죄·퇴거불응죄

주거침입죄는 사람의 주거, 관리하는 건조물, 선박이나 항공기 또는 점유하는 방실에 침입함으로써 성립한다(제319조 제1항). 미수범을 처벌한다(제322조). 대문을 몰래 열과 들어와 담장과 피해자가 거주하던 방 사이 좁은 통로에서 창문으로 방안을 엿보는 행위는 주거침입에 해당한다(2001도1092). 공동주택 안에서 공용으로 사용하는 계단과 복도도 주거침입죄의 객체인 사람의 주거에 포함된다(2009도3452).

형법상 주거침입죄의 보호법익은 주거권이라는 법적 개념이 아니고 사적 생활관계에 있어서의 사실상 주거의 자유와 평온으로서 그 주거에서 공동생활을 하고 있는 전원이 평온을 누릴 권리가 있다 할 것이나 복수의 주거권자가 있는 경우 한 사람의 승낙이 다른 거주자의 의사에 직접·간접으로 반하는 경우에는 그에 의한 주거에의 출입은 그 의사에 반한 사람의 주거의 평온, 즉 주거의 지배·관리의 평온을 해치는 결과가 되므로 주거침입죄가 성립한다. 동거자 중의 1인이 부재중인 경우라도 주거의 지배관리관계가 외관상 존재하는 상태로 인정되는 한 위 법리에는 영향이 없다고 볼 것이니 남편이 일시 부재중 간통의 목적하에 그 처의 승낙을 얻어 주거에 들어간 경우라도 남편의 주거에 대한 지배관리관계는 여전히 존속한다고 봄이 옳고 사회통념상 간통의 목적으로 주거에 들어오는 것은 남편의 의사에 반한다고 보여지므로 처의 승낙이 있었다 하더라도 남편의 주거의 사실상의 평온은 깨어졌다 할 것이므로 이러한 경우에는 주거침입죄가 성립한다고 할 것이다(83도685).

주거침입죄는 사실상의 주거의 평온을 보호법익으로 하는 것이므로 그 거주자 또는 관리자가 건조물 등에 거주 또는 관리할 권한을 가지고 있는가 여부는 범죄의 성립을 좌우하는 것이 아니고, 그 거주자나 관리자와의 관계 등으로 평소 그 건조물에 출입이 허용된 사람이라 하더라도 주거에 들어간 행위가 거주자나 관리자의 명시적 또는 추정적 의사에 반함에도 불구하고 감행된 것이라면 주거침입죄는 성립하며, 출입문을 통한 정상적인 출입이 아닌 경우 특별한 사정이 없는 한 그 침입 방법 자체에 의하여 위와 같은 의사에 반하는 것으로 보아야 한다(2007도2595).

일반인의 출입이 허용된 음식점이라 하더라도, 영업주의 명시적 또는 추정적 의사에 반하여 들어간 것이라면 주거침입죄가 성립되는바, 기관장들의 조찬모임에서의 대화내용을 도청하기 위한 도청장치를 설치할 목적으로 손님을 가장하여 그 조찬모임 장소인 음식점에 들어간 경우에는 영업주가 그 출입을 허용하지 않았을 것으로 보는 것이 경험칙에 부합하므로, 그와 같은 행위는 주거침입죄가 성립한다. 타인의 주거에 침입한 행위가 비록 불법선거운동을 적발하려는 목적으로 이루어진 것이라고 하더라도, 타인의 주거에 도청장치를 설치하는 행위는 그 수단과 방법의 상당성을 결하는 것으로서 정당행위에 해당하지 않는다(95도2674).

준강도의 주체는 절도, 즉 절도범인으로, 절도의 실행에 착수한 이상 미수이거나 기수이거나 불문하고, 야간에 타인의 재물을 절취할 목적으로 사람의 주거에 침입한 경우에는 주거에 침입한 단계에서 이미 형법 제330조에서 규정한 야간주거침입절도죄라는 범죄행위의 실행에 착수한 것이라고 보아야 하며, 주거침입죄의 경우 주거침입의 범의로써 예컨대, 주거로 들어가는 문의 시정장치를 부수거나 문을 여는 등 침입을 위한 구체적 행위를 시작하였다면 주거침입죄의 실행의 착수는 있었다고 보아야 한다. 주거침입죄의 실행의 착수는 주거자, 관리자, 점유자 등의 의사에 반하여 주거나 관리하는 건조물 등에 들어가는 행위, 즉 구성요건의 일부를 실현하는 행위까지 요구하는 것은 아니고, 범죄구성요건의 실현에 이르는 현실적 위험성을 포함하는 행위를 개시하는 것으로 족하다. 야간에 아파트에 침입하여 물건을 훔칠 의도하에 아파트의 베란다 철제난간까지 올라가 유리창문을 열려고 시도하였다면 야간주거침입절도죄의 실행에 착수한 것으로 보아야 한다(2003도4417).

주거침입죄는 사실상의 주거의 평온을 보호법익으로 하는 것이므로 그 거주자 또는 간호자가 건조물 등에 거주 또는 간수할 권리를 가지고 있는가의 여부는 범죄의 성립을 좌우하는 것이 아니며, 점유할 권리 없는 자의 점유라고 하더라도 그 주거의 평온은 보호되어야 할 것이므로, 권리자가 그 권리실행으로서 자력구제의 수단으로 건조물에 침입한 경우에도 주거침입죄가 성립한다(85도122).

퇴거불응죄는 사람의 주거, 관리하는 건조물, 선박이나 항공기 또는 점유하는 방실에서 퇴거요구를 받고 응하지 아니함으로써 성립한다(제319 제2항). 미수범을 처벌한다(제322조).

주거침입죄와 퇴거불응죄는 모두 사실상의 주거의 평온을 그 보호법익으로 하고, 주거침입죄에서의 침입이 신체적 침해로서 행위자의 신체가 주거에 들어가야 함을 의미하는 것과 마찬가지로 퇴거불응죄의 퇴거 역시 행위자의 신체가 주거에서 나감을 의미하므로, 정당한 퇴거요구를 받고 건물에서 나가면서 가재도구 등을 남겨둔 경우 퇴거불응죄를 구성하지 않는다(2007도6990).

특수주거침입죄는 단체 또는 다중의 위력을 보이거나 위험한 물건을 휴대하여 주거침입죄·퇴거불응죄를 범함으로써 성립한다(제320조). 미수범을 처벌한다(제322조). 폭력행위 등 처벌에 관한 법률은 상습주거침입·퇴거불응, 2인 이상의 공동주거침임·퇴거불응, 단체·다중의 위력으로써 또는 단체·집단을 가장하여 위력을 보임으로써 또는 흉기 기타 위험한 물건을 휴대하고 범한 주거침입·퇴거불응 및 그 상습범을 가중처벌한다.

폭력행위등 처벌에 관한 법률 제3조 제1항, 제2조 제1항, 형법 제319조 제1항 소정의 특수주거침입죄는 흉기 기타 위험한 물건을 휴대하여 타인의 주거나 건조물 등에 침입함으로써 성립하는 범죄이므로, 수인이 흉기를 휴대하여 타인의 건조물에 침입하기로 공모한 후 그중 일부는 밖에서 망을 보고 나머지 일부만이 건조물 안으로 들어갔을 경우에 있어서 특수주거침입죄의 구성요건이 충족되었다고 볼 수 있는지의 여부는 직접 건조물에 들어간 범인을 기준으로 하여 그 범인이 흉기를 휴대하였다고 볼 수 있느냐의 여부에 따라 결정되어야 한다(94도1991).

주거·신체 수색죄는 사람의 신체, 주거, 관리하는 건조물, 자동차, 선박이나 항공기 또는 점유하는 방실을 수색함으로써 성립한다(제321조). 미수범을 처벌한다(제322조).

회사의 구체적인 회계장부나 서류철 등을 열람하기 위해서는 별도로 상법 제466조 등에 정해진 바에 따라 회사에 대하여 그 열람을 청구하여야 하고, 만일 회사에서 정당한 이유 없이 이를 거부하는 경우에는 법원에 그 이행을 청구하여 그 결과에 따라 회계장부 등을 열람할 수 있을 뿐 주주총회 장소라고 하여 회사측의 의사에 반하여 회사의 회계장부를 강제로 찾아 열람할 수는 없으므로 주주총회에 참석한 의결권 대리인이 회사 사무실을 뒤져 원하는 장부를 찾아낸 경우 방실수색죄가 성립한다(2001도2917).

5. 재산에 관한 죄

(1) 절도죄

절도죄는 타인의 재물을 절취함으로써 성립한다(제329조).

재물은 유체물 및 물리적으로 관리할 수 있는 동력을 말한다. 권리는 절도죄의 객체가 될 수 없다. 부동산에 대한 침해는 경계침범죄(제370조)나 주거침입죄(제319조 제1항)가 존재하므로, 절도죄가 성립하지 않는다. 그러나 부동산에 대한 절도죄 성립을 인정하는 견해도 주장된다. 타인의 재물이란 타인의 단독소유 또는 공동소유에 속하는 재물을 말한다. 절도죄의 주관적 구성요건으로 고의 이외에 불법영득의사가 있어야 한다는 통설 및 판례이다. 판례는 권리자를 배제한다는 소극적 요소와 소유자로서 이를 이용한다는 적극적 요소, 그리고 경제적 용도에 따라 이용하는 의사가 불법영득의사를 구성한다고 한다. 여기서 소유자를 종래 지위에서 제거한다는 소극적 요소는 영구적일 것을 요한다. 일시적으로 타인의 재물을 이용하는 사용절도와 절도죄는 여기서 구별된다.

절도가 기수가 된 후 장물을 손괴하거나 처분하는 행위는 불가벌적 사후행위이다. 그러나 사후행위가 다른 사람의 법력이나 다른 법익을 침해한 때에는 불가벌적 사후행위가 아니다. 절취한 예금통장을 이용해 예금을 인출하면 별도의 죄가 성립하게 된다.

야간주거침입절도죄는 야간에 사람의 주거, 간수하는 저택, 건조물이나 선박 또는 점유하는 방실에 침입하여 타인의 재물을 절취함으로써 성립한다(제330조).

야간의 의미는 일몰 후 일출 전이다. 본죄의 착수시기는 절도의 의사로 주거침입을 한 때이고, 기수시기는 재물을 절취한 때이다. 피해자가 주거에 현존할 필요는 없다. 주거침입은 미수라도 상관없다. 주거침입이 야간에 이루어진 경우 주간에 절취한 때에도 야간주거침입절도죄가 성립한다.

특수절도죄는 야간에 문호 또는 장벽 기타 건조물의 일부를 손괴하고 전조의 장소에 침입하여 타인의 재물을 절취함으로써 성립한다(제331조 제1항). 흉기를 휴대하거나 2인 이상이 합동하여 타인의 재물을 절취한 경우도 특수절도죄로 처벌한다(제331조 제2항).

흉기는 원래 사람의 살상이나 재물의 손괴를 목적으로 제작되고 또 그 목적을 달성하는 데 적합한 물건을 의미하나, 제331조 제2항에서의 흉기는 널리 위험한 물건과 같은 의미로 보아야 한다는 것이 통설이다. 휴대란 흉기를 장소적으로 쉽게 잡을 수 있는 상태에 있으면 족하다. 시간적으로 행위시에 흉기를 휴대하여야 한다. 다른 정범 또는 공범이 흉기를 휴대하였음을 인식하면 족하다.

합동범이란 2인 이상이 합동하여 범하는 죄를 의미한다. 제331조 제2항은 2인 이상이 합동하여 절취하는 경우 특수절도죄로 처벌하고 있는데, 이는 합동범을 규정하고 있는 것이다. 합동의 의미에 대하여 판례는 합동절도가 성립하려면 주관적 요건으로서 공모 외에 실행행위의 분담이 있어야 하고, 그 실행행위에 있어서는 시간적으로나 장소적으로 합동관계가 있다고 볼 수 있어야 한다고 판시하였다. 판례는 합동범의 공동정범도 가능하다고 입장이다.

상습으로 이상의 범죄를 저지른 경우 그 죄에 정한 형의 2분의 1까지 가중한다(상습범, 제332조). 미수범을 처벌한다(제342조). 상습이란 반복된 행위로 인하여 행위자의 습성 내지 경향 때문에 죄를 범하는 것을 말한다. 상습으로 범한 수개의 절도는 포괄일죄가 된다. 절도·야간주거침입절도 및 특수절도죄를 상습으로 범한 경우 가장 중한 상습특수절도죄의 포괄일죄가 성립한다.

자동차등 불법사용죄는 권리자의 동의없이 타인의 자동차, 선박, 항공기 또는 원동기장치자전거를 일시 사용함으로써 성립한다(제331조의2). 통행수단으로 이용하였을 것을 요한다. 따라서 자동차에 들어가 잠만 잔 경우에는 본죄가 성립하지 않는다. 절도죄와 보충관계에 있으므로 절도죄에 해당하면 본죄는 성립할 여지가 없다.

강도죄와 손괴죄를 제외한 재산죄는 친족 간의 범죄는 형을 면제하거나 고소가 있어야 공소를 제기할 수 있는 특례가 인정된다. 이를 친족상도례라 한다(제344조). 형법은 친족상도례를 권리행사방해죄에서 규정하고, 이를 절도죄, 사기죄, 공갈죄, 횡령죄, 배임죄, 장물죄에 준용한다. 범죄는 성립하지만 형벌권이 발생하지 않는 인전 처벌조각사유가 친족상도례이다. 친족상도례가 적용되려면 행위자와 소유자, 행위자와 점유자 모두에서 친족관계가 있어야 한다. 친족 또는 가족의 범위는 민법에 따라 정해지며, 범죄행위시에 존재해야 한다. 친족관계를 행위자 인식할 것을 요구하지는 않는다. 친족상도례는 친족관계가 있는 자에게만 적용되며, 친족관계가 없는 공범에는 적용되지 않는다.

재산죄의 객체인 재물은 반드시 객관적인 금전적 교환가치를 가질 필요는 없고 소유자, 점유자가 주관적인 가치를 가지고 있음으로써 족하다고 할 것이고, 이 경우 주관적, 경제적 가치의 유무를 판별함에 있어서는 그것이 타인에 의하여 이용되지 않는다고 하는 소극적 관계에 있어서 그 가치가 성립하더라도 관계없다 할 것이므로, 피고인이 절취한 백지의 자동차출고의뢰서 용지도 그것이 어떠한 권리도 표창하고 있지 않다 하더라도 경제적 가치가 없다고는 할 수 없어 이는 절도죄의 객체가 되는 재물에 해당한다. 형법상 절도죄의 성립에 필요한 불법영득의 의사라 함은 권리자를 배제하고 타인의 물건을 자기의 소유물과 같이 그 경제적 용법에 따라서 이를 이용하고 또는 처분할 의사를 말하는 것이다(95도3057).

피해자를 살해한 방에서 사망한 피해자 곁에 4시간 30분쯤 있다가 그곳 피해자의 자취방 벽에 걸려 있던 피해자가 소지하는 물건들을 영득의 의사로 가지고 나온 경우 피해자가 생전에 가진 점유는 사망 후에도 여전히 계속되는 것으로 보아야 한다. 사망자 명의로 된 문서라고 할지라도 그 문서의 작성일자가 명의자의 생존중의 날짜로 된 경우 일반인으로 하여금 사망자가 생존중에 작성한 것으로 오신케 할 우려가 있으므로, 비록 시간적으로 피해자의 사망 이후에 피해자 명의의 문서를 위조하고 이를 행사한 것이라 하더라도 사문서위조죄와 동행사죄가 성립한다(93도2143).

절도죄의 실행의 착수시기는 재물에 대한 타인의 사실상의 지배를 침해하는 데에 밀접한 행위를 개시한 때라고 보아야 하므로, 야간이 아닌 주간에 절도의 목적으로 타인의 주거에 침입하였다고 하여도 아직 절취할 물건의 물색행위를 시작하기 전이라면 주거침입죄만 성립할 뿐 절도죄의 실행에 착수한 것으로 볼 수 없는 것이어서 절도미수죄는 성립하지 않는다(92도1650).

절도죄에 있어서 상습성의 인정은 절도행위를 여러 번 하였다는 것만으로 반드시 인정된다고는 볼 수 없고 그 범행이 절도습성의 발현한 것으로 인정되는 경우에만 상습성의 인정이 가능한 것이고 수회의 범행이 우발적 동기나 급박한 경제적 사정에서 발생한 것으로써 범인이 평소에 가지고 있던 절도습성의 발현이라고 볼 수 없는 경우에는 이를 상습절도로 인정할 수 없다(76도259).

3인 이상의 범인이 합동절도의 범행을 공모한 후 적어도 2인 이상의 범인이 범행 현장에서 시간적, 장소적으로 협동관계를 이루어 절도의 실행행위를 분담하여 절도 범행을 한 경우에는 공동정범의 일반 이론에 비추어 그 공모에는 참여하였으나 현장에서 절도의 실행행위를 직접 분담하지 아니한 다른 범인에 대하여도 그가 현장에서 절도 범행을 실행한 위 2인 이상의 범인의 행위를 자기 의사의 수단으로 하여 합동절도의 범행을 하였다고 평가할 수 있는 정범성의 표지를 갖추고 있다고 보여지는 한 그 다른 범인에 대하여 합동절도의 공동정범의 성립을 부정할 이유가 없다고 할 것이다. 형법 제331조 제2항 후단의 규정이 위와 같이 3인 이상이 공모하고 적어도 2인 이상이 합동절도의 범행을 실행한 경우에 대하여 공동정범의 성립을 부정하는 취지라고 해석할 이유가 없을 뿐만 아니라, 만일 공동정범의 성립가능성을 제한한다면 직접 실행행위에 참여하지 아니하면서 배후에서 합동절도의 범행을 조종하는 수괴는 그 행위의 기여도가 강력함에도 불구하고 공동정범으로 처벌받지 아니하는 불합리한 현상이 나타날 수 있다. 그러므로 합동절도에서도 공동정범과 교사범·종범의 구별기준은 일반원칙에 따라야 하고, 그 결과 범행현장에 존재하지 아니한 범인도 공동정범이 될 수 있으며, 반대로 상황에 따라서는 장소적으로 협동한 범인도 방조만 한 경우에는 종범으로 처벌될 수도 있다(98도321).

(2) 강도죄

강도죄는 폭행 또는 협박으로 타인의 재물을 강취하거나 기타 재산상의 이익을 취득하거나 제3자로 하여금 이를 취득하게 함으로써 성립한다(333조). 착수시기는 폭행·협박을 개시한 때이고, 기수시기는 재물 또는 재산상 이익을 취득한 때이다. 폭행·협박이 재물취득과 직접 연결이 되어야 실행의 착수가 인정된다. 강취와 시간적 연관이 없는 폭행·협박만으로는 착수가 인정될 수 없다.

특수강도죄는 야간에 사람의 주거, 관리하는 건조물, 선박이나 항공기 또는 점유하는 방실에 침입하여 강도죄를 범함으로써 성립한다(제334조 제1항). 흉기를 휴대하거나 2인 이상이 합동하여 강도죄를 범한 경우도 특수강도죄로 처벌한다(제334조 제2항).

준강도죄는 절도범이 재물의 탈환을 항거하거나 체포를 면탈하거나 죄적을 인멸할 목적으로 폭행 또는 협박을 가한 때에 성립한다(제335조).

절도는 단순절도, 야간주거침입절도, 특수절도, 재물에 대한 강도를 포함한다. 절도의 미수범도 포함된다. 절도죄의 교사범과 정범은 포함되지 않는다. 폭행·협박은 상대방의 반항을 억압할 정도에 이르러야 한다. 그러나 폭행·협박이 상대방의 반항을 현실적으로 억압하였을 것을 요하지는 않는다. 재물의 소유자, 점유자는 물론 제3자를 상대로 폭행·협박을 한 경우도 포함된다. 폭행·협박은 절도의 기회에 행해져야 한다. 판례는 준강도죄의 미수를 폭행·협박의 기수·미수에 따른다. 절도의 공범 중 1인이 준강도죄를 범한 경우 판례는 다른 공범자도 이를 예상할 수 없었다고 할 수 없다는 이유로 준강도죄 성립을 인정한다. 강도 또는 특수강도가 준강도죄를 범한 때에는 강도죄 또는 특수강도죄가 성립한다. 강도가 특수강도의 준강도를 범한 경우 특수강도의 준강도가 성립한다.

인질강도죄는 사람을 체포·감금·약취 또는 유인하여 이를 인질로 삼아 재물 또는 재산상의 이익을 취득하거나 제3자로 하여금 이를 취득하게 함으로써 성립한다(제336조).

강도가 사람을 상해하거나 상해에 이르게 한 때에는 강도상해죄·강도치상죄로 처벌한다(제337조). 강도가 사람을 살해한 때에는 강도살인죄·강도치사죄로 처벌한다(제338조). 강도가 사람을 강간한 때에는 강도강간죄로 처벌한다(제339조).

판례는 강도의 공동정범은 다른 공범자가 강도의 기회에 한 상해행위에 대하여 책임을 면할 수 없다는 입장이다. 강도상해죄의 미수는 상해가 미수인 것을 뜻하며, 강도의 기수·미수는 관계없다. 강도살인죄의 기수·미수는 살인의 기수·미수에 따라 정해진다. 강도의 공의로 사람을 살해하고 재물을 탈취하여야 강도살인죄가 성립하는 것이지, 강도의 고의없이 사람을 살해하고, 그의 재물을 영득한 경우는 살인죄와 점유이탈물 횡령죄의 경합범이 된다. 강도강간죄는 강도의 기회에 강간을 해야 성립한다. 강추의 전후를 묻지 않는다.

해상강도죄는 다중의 위력으로 해상에서 선박을 강취하거나 선박 내에 침입하여 타인의 재물을 강취함으로써 성립한다(제340조 제1항). 해상강도가 사람을 상해하거나 상해에 이르게 한때에는 해상강도상해죄·해상강도치상죄로 처벌한다(제340조 제2항). 해상강도가 사람을 살해 또는 사망에 이르게 하거나 강간한 때에는 행상강도살인죄·해상강도치사죄·행상강도강간죄로 처벌한다(제340조 제3항). 상습으로 제333조, 제334조, 제336조 또는 제340조 제1항의 죄를 범한 자는 무기 또는 10년 이상의 징역에 처한다(상습범, 제341조). 미수범을 처벌한다(제342조). 강도할 목적으로 예비 또는 음모한 자는 7년 이하의 징역에 처한다(제343조).

준강도는 절도범인이 절도의 기회에 재물탈환, 항거 등의 목적으로 폭행 또는 협박을 가함으로써 성립되는 것이므로, 그 폭행 또는 협박은 절도의 실행에 착수하여 그 실행중이거나 그 실행 직후 또는 실행의 범의를 포기한 직후로서 사회통념상 범죄행위가 완료되지 아니하였다고 인정될 만한 단계에서 행하여짐을 요한다. 피해자의 집에서 절도범행을 마친지 10분가량 지나 피해자의 집에서 200m가량 떨어진 버스정류장이 있는 곳에서 피고인을 절도범인이라고 의심하고 뒤쫓아 온 피해자에게 붙잡혀 피해자의 집으로 돌아왔을 때 비로소 피해자를 폭행한 경우, 그 폭행은 사회통념상 절도범행이 이미 완료된 이후에 행하여졌다는 이유로 준강도죄가 성립하지 않는다(98도3321).

준강도는 절도범인이 절도의 기회에 재물탈환의 항거 등의 목적으로 폭행 또는 협박을 가함으로써 성립되는 것으로서, 여기서 절도의 기회라고 함은 절도범인과 피해자측이 절도의 현장에 있는 경우와 절도에 잇달아 또는 절도의 시간·장소에 접착하여 피해자측이 범인을 체포할 수 있는 상황, 범인이 죄적인멸에 나올 가능성이 높은 상황에 있는 경우를 말하고, 그러한 의미에서 피해자측이 추적태세에 있는 경우나 범인이 일단 체포되어 아직 신병확보가 확실하다고 할 수 없는 경우에는 절도의 기회에 해당한다. 절도범인이 일단 체포되었으나 아직 신병확보가 확실하지 않은 단계에서 체포 상태를 면하기 위해 폭행하여 상해를 가한 경우, 그 행위는 절도의 기회에 체포를 면탈할 목적으로 폭행하여 상해를 가한 것으로서 강도상해죄에 해당한다(2001도4142).

형법 제337조의 강도상해죄는 강도범인이 강도의 기회에 상해행위를 함으로써 성립하므로 강도범행의 실행 중이거나 실행 직후 또는 실행의 범의를 포기한 직후로서 사회통념상 범죄행위가 완료되지 아니하였다고 볼 수 있는 단계에서 상해가 행하여짐을 요건으로 한다. 그러나 반드시 강도범행의 수단으로 한 폭행에 의하여 상해를 입힐 것을 요하는 것은 아니고 상해행위가 강도가 기수에 이르기 전에 행하여져야만 하는 것은 아니므로, 강도범행 이후에도 피해자를 계속 끌고 다니거나 차량에 태우고 함께 이동하는 등으로 강도범행으로 인한 피해자의 심리적 저항불능 상태가 해소되지 않은 상태에서 강도범인의 상해행위가 있었다면 강취행위와 상해행위 사이에 다소의 시간적·공간적 간격이 있었다는 것만으로는 강도상해죄의 성립에 영향이 없다(2014도9567).

강간범이 강간행위 후에 강도의 범의를 일으켜 그 부녀의 재물을 강취하는 경우에는 형법상 강도강간죄가 아니라 강간죄와 강도죄의 경합범이 성립될 수 있을 뿐인바, 성폭력범죄의 처벌 및 피해자보호등에 관한 법률 제5조 제2항은 형법 제334조(특수강도) 등의 죄를 범한 자가 형법 제297조(강간) 등의 죄를 범한 경우에 이를 특수강도강간 등의 죄로 가중하여 처벌하고 있으므로, 다른 특별한 사정이 없는 한 강간범이 강간의 범행 후에 특수강도의 범의를 일으켜 그 부녀의 재물을 강취한 경우에는 이를 성폭력범죄의 처벌 및 피해자보호등에 관한 법률 제5조 제2항 소정의 특수강도강간죄로 의율할 수 없다(2001도6425).

(3) 사기죄

사기죄는 사람을 기망하여 재물의 교부를 받거나 재산상의 이익을 취득함으로써 성립한다(제347조 제1항). 사람을 기망하여 제3자로 하여금 재물의 교부를 받게 하거나 재산상의 이익을 취득하게 한 때에도 사기죄로 처벌한다(제347조 제2항). 컴퓨터등 사용사기죄는 컴퓨터등 정보처리장치에 허위의 정보 또는 부정한 명령을 입력하거나 권한 없이 정보를 입력·변경하여 정보처리를 하게 함으로써 재산상의 이익을 취득하거나 제3자로 하여금 취득하게 함으로써 성립한다(제347조의2). 사기죄가 성립하려면, 기망행위가 있고, 재물의 교부 또는 재산상의 이익의 취득이 있고, 피기망자의 착오와 처분행위가 있어야 하며, 재산상의 손해가 발생해야 한다. 기망행위의 대상에는 사실뿐만 아니라 가치판단에 대한 것도 포함한다. 부작위에 의한 사기죄가 성립하려면, 행위자가 상대방의 착오를 제거해야 할 보증인 지위에 있어야 한다. 기망행위는 착오를 빠지는 것으로 족하지 않고, 거래관계에 있어서 신의칙에 반하는 정도에 이르러야 한다. 상대방이 착오에 빠졌더라도 그것으로 거래의 목적달성에 문제가 없다면 사기죄는 성립하지 않는다. 기망과 상대방의 착오 사이에는 인과관계가 있어야 한다. 피기망자는 반드시 피해자와 일치할 필요가 없다. 판례는 처분행위자에게 처분의사가 필요하다는 입장이다. 처분행위와 피해자가 일치하지 않는 경우 처분행위자는 사실상 타인의 재물을 처분할 수 있는 지위에 있으면 족하다. 재산상 손해란 전체적으로 보아 재산가치의 감소가 있었다고 볼 수 있어야 한다. 재산가치에 대한 구체적 위험만으로도 손해가 발생할 수 있다고 볼 수 있다. 착수시기는 편취의 의사로 기망행위를 개시한 때이고, 기수시기는 재산상의 손해가 발생한 때이다. 행위자와 피해자 사이에 친족관계가 있는 경우 친족상도례가 적용된다.

준사기죄는 미성년자의 지려천박 또는 사람의 심신장애를 이용하여 재물의 교부를 받거나 재산상의 이익을 취득함으로써 성립한다(제348조 제1항). 미성년자의 지려천박 또는 사람의 심신장애를 이용하여 제3자로 하여금 재물의 교부를 받게 하거나 재산상의 이익을 취득하게 한 때에도 준사기죄로 처벌한다(제348조 제2항). 편의시설부정이용죄는 부정한 방법으로 대가를 지급하지 아니하고 자동판매기, 공중전화 기타 유료자동설비를 이용하여 재물 또는 재산상의 이익을 취득함으로써 성립한다(제348조의2). 부당이득죄는 사람의 궁박한 상태를 이용하여 현저하게 부당한 이익을 취득함으로써 성립한다(제349조 제1항). 사람의 궁박한 상태를 이용하여 제3자로 하여금 부당한 이익을 취득하게 한 때에도 부당이득죄로 처벌한다(제349조 제2항). 상습으로 위 사기죄 등을 범한 자는 그 죄에 정한 형의 2분의 1까지 가중한다(제351조).

　사기죄의 실행행위로서의 기망은 반드시 법률행위의 중요 부분에 관한 허위표시임을 요하지 아니하고 상대방을 착오에 빠지게 하여 행위자가 희망하는 재산적 처분행위를 하도록 하기 위한 판단의 기초가 되는 사실에 관한 것이면 족한 것이므로, 용도를 속이고 돈을 빌린 경우에 있어서 만일 진정한 용도를 고지하였더라면 상대방이 돈을 빌려 주지 않았을 것이라는 관계에 있는 때에는 사기죄의 실행행위인 기망은 있는 것으로 보아야 한다(95도2828).

　사기죄의 요건으로서의 기망은 널리 재산상의 거래관계에 있어 서로 지켜야 할 신의와 성실의 의무를 저버리는 모든 적극적 또는 소극적 행위를 말하는 것이고, 이러한 소극적 행위로서의 부작위에 의한 기망은 법률상 고지의무 있는 자가 일정한 사실에 관하여 상대방이 착오에 빠져 있음을 알면서도 이를 고지하지 아니함을 말하는 것으로서, 일반거래의 경험칙상 상대방이 그 사실을 알았더라면 당해 법률행위를 하지 않았을 것이 명백한 경우에는 신의칙에 비추어 그 사실을 고지할 법률상 의무가 인정되는 것이다. 임대인이 임대차계약을 체결하면서 임차인에게 임대목적물이 경매진행중인 사실을 알리지 아니한 경우, 임차인이 등기부를 확인 또는 열람하는 것이 가능하더라도 사기죄가 성립한다(98도3263).

　소송사기는 법원을 기망하여 자기에게 유리한 판결을 얻음으로써 상대방의 재물 또는 재산상 이익을 취득하는 것을 내용으로 하는 범죄로서, 이를 처벌하는 것은 필연적으로 누구든지 자기에게 유리한 주장을 하고 소송을 통하여 권리구제를 받을 수 있다는 민사재판제도의 위축을 가져올 수밖에 없으므로, 피고인이 그 범행을 인정한 경우 외에는 그 소송상의 주장이 사실과 다름이 객관적으로 명백하거나 피고인이 그 소송상의 주장이 명백히 허위인 것을 인식하였거나 증거를 조작하려고 한 흔적이 있는 등의 경우 외에는 이를 쉽사리 유죄로 인정하여서는 안 된다. 당사자주의 소송구조하에서는 자기에게 유리한 주장이나 증거는 각자가 자신의 책임하에 변론에 현출하여야 하는 것이고, 비록 자기가 상대방에게 유리한 증거를 가지고 있다거나 상대방에게 유리한 사실을 알고 있다고 하더라도 상대방을 위하여 이를 현출하여야 할 의무가 있다고 보기는 어려울 것이므로 상대방에게 유리한 증거를 제출하지 않거나 상대방에게 유리한 사실을 진술하지 않는 행위만으로는 소송사기에 있어 기망이 된다고 할 수 없다(2001도1610).

(4) 공갈죄

공갈죄는 사람을 공갈하여 재물의 교부를 받거나 재산상의 이익을 취득함으로써 성립한다(제350조 제1항). 사람을 공갈하여 제3자로 하여금 재물의 교부를 받게 하거나 재산상의 이익을 취득하게 한 때에도 공갈죄로 처벌한다(제350조 제2항). 특수공갈죄는 단체 또는 다중의 위력을 보이거나 위험한 물건을 휴대하여 공갈죄를 범함으로써 성립한다(제350조의2). 상습으로 이상의 죄를 범한 자는 그 죄에 정한 형의 2분의 1까지 가중한다(제351조).

공갈이란 재물을 교부받거나 재산상의 이익을 취득하기 위하여 폭행 또는 협박으로 외포심을 일으키게 하는 것을 말한다. 폭행·협박은 사람의 의사 내지 자유를 제한하는 정도로 족하고, 반드시 상대방의 반항을 억압할 정도에 이를 것을 요하지 않는다. 폭행은 사람에 대한 직접·간접의 유형력의 행사를 말하며, 강압적 폭력에 한하고, 절대적 폭력은 포함되지 않는다. 통고하는 협박의 내용에는 제한이 없으며, 그 자체가 위법할 필요도 없다. 해악의 내용이 반드시 실현가능할 필요도 없고, 해악을 실현할 의사가 협박자에게 있을 필요도 없다. 외포심을 일으켜 상대가 묵인하고 있는 동안에 공갈자가 재물을 탈취하는 경우에도 공갈죄가 성립한다. 판례는 정당한 권리를 가졌다 하더라도 그 권리실행의 수단과 방법이 사회통념상 허용되는 범위를 넘는 때에는 공갈죄가 성립한다는 입장이다.

공갈로 갈취한 재물을 타인에게 처분하는 것은 불가벌적 사후행위이다. 장물을 갈취한 경우 공갈죄만 성립한다. 사람을 체포·감금하여 갈취한 경우에는 체포·감금죄와 공갈죄의 경합범이다. 공무원이 직무집행의 의사로 당해 직무와 관련하여 타인을 폭행·협박하여 재물을 교부받으면 수뢰죄와 공갈죄의 상상적 경합이 되지만, 직무집행의 의사 없이 직무집행을 빙자하여 재물을 교부받은 경우 공갈죄만 성립한다.

방송기자인 피고인이 피해자에게 피해자 경영의 건설회사가 건축한 아파트의 진입도로미비 등 공사하자에 관하여 방송으로 계속 보도할 것 같은 태도를 보임으로써 피해자가 위 방송으로 말미암아 그의 아파트 건축사업이 큰 타격을 받고 자신이 경영하는 회사의 신용에 커다란 손실을 입게 될 것을 우려하여 방송을 하지 말아 달라는 취지로 돈 2,000,000원을 피고인에게 교부한 경우 공갈죄의 구성요건이 충족되고 또 인과관계도 인정된다고 할 것이다(91도80).

공갈죄는 재산범으로서 그 객체인 재산상 이익은 경제적 이익이 있는 것을 말하는 것인바, 일반적으로 부녀와의 정부 그 자체는 이를 경제적으로 평가할 수 없는 것이므로 부녀를 공갈하여 정교를 맺었다고 하여도 특단의 사정이 없는 한 이로써 재산상 이익을 갈취한 것이라고 볼 수는 없는 것이며, 부녀가 주점접대부라 할지라도 피고인과 매음을 전제로 정교를 맺은 것이 아닌 이상 피고인이 매음대가의 지급을 면하였다고 볼 여지가 없으니 공갈죄가 성립하지 아니한다(82도2714).

재산상 이익의 취득으로 인한 공갈죄가 성립하려면 폭행 또는 협박과 같은 공갈행위로 인하여 피공갈자가 재산상 이익을 공여하는 처분행위가 있어야 한다. 물론 그러한 처분행위는 반드시 작위에 한하지 아니하고 부작위로도 족하여서, 피공갈자가 외포심을 일으켜 묵인하고 있는 동안에 공갈자가 직접 재산상의 이익을 탈취한 경우에도 공갈죄가 성립할 수 있다. 그러나 폭행의 상대방이 위와 같은 의미에서의 처분행위를 한 바 없고, 단지 행위자가 법적으로 의무 있는 재산상 이익의 공여를 면하기 위하여 상대방을 폭행하고 현장에서 도주함으로써 상대방이 행위자로부터 원래라면 얻을 수 있었던 재산상 이익의 실현에 장애가 발생한 것에 불과하다면, 그 행위자에게 공갈죄의 죄책을 물을 수 없다. 피고인이 피해자가 운전하는 택시를 타고 간 후 최초의 장소에 이르러 택시요금의 지급을 면할 목적으로 다른 장소에 가자고 하였다면서 택시에서 내린 다음 택시요금 지급을 요구하는 피해자를 때리고 달아나자, 피해자가 피고인이 말한 다른 장소까지 쫓아가 기다리다 그곳에서 피고인을 발견하고 택시요금 지급을 요구하였는데 피고인이 다시 피해자의 얼굴 등을 주먹으로 때리고 달아난 사안에서, 피해자가 피고인에게 계속해서 택시요금의 지급을 요구하였으나 피고인이 이를 면하고자 피해자를 폭행하고 달아났을 뿐, 피해자가 폭행을 당하여 외포심을 일으켜 수동적·소극적으로라도 피고인이 택시요금 지급을 면하는 것을 용인하여 이익을 공여하는 처분행위를 하였다고 할 수 없는데도, 이와 달리 보아 공갈죄를 인정한 원심판결에는 법리오해 등 위법이 있다(2011도16044).

(5) 횡령죄 · 배임죄
1) 횡령죄

횡령죄는 타인의 재물을 보관하는 자가 그 재물을 횡령하거나 그 반환을 거부함으로써 성립한다(제355조 제1항). 업무상 횡령죄는 업무상의 임무에 위배하여 횡령죄를 범함으로써 성립한다(제356조). 미수범을 처벌한다(제359조).

위탁관계에 의하여 보관하는 자가 횡령죄의 주체이다. 위탁관계에 의하여 타인의 재물을 점유하는 자만 정범이 되는 진정신분범이다. 위탁관계는 사실상의 재물지배와 법률상의 재물지배를 포함한다. 즉 부동산을 사실상 지배하는 자는 등기명의의 여하를 불문하고 보관자이며, 사실상의 지배가 없는 경우에도 등기명의를 가지고 있는 경우에는 보관자가 된다. 명의신탁을 받은 자는 부동산의 보관자이다. 위탁관계는 계약이나 법률의 규정에 발생하는 것이 보통이나, 널리 거래의 신의성실에 비추어 재물의 보관에 대한 신임관계가 발생하는 것으로도 족하다. 불법영득의 의사가 객관적으로 판단하여 표현되었다고 볼 수 있는 행위가 있어야 한다. 횡령행위는 사실행위이건 법률행위건 모두 가능하다. 판례는 처분행위가 당연무효인 경우에는 횡령죄가 성립하지 않는다는 입장이다. 미수범처벌 규정이 있으나, 불법영득의사가 외부적으로 표현되기만 하면 바로 기수가 되기 때문에 미수는 실제 불가능하다. 사기죄는 타인이 점유하는 재물을 객체로 하기 때문에 자기가 점유하는 재물에 대하여 기망행위를 하여 영득한 경우에는 횡령죄만 성립한다. 장물보관자가 이를 횡령하여 영득한 경우에는 횡령행위는 불가벌적 사후행위이므로 장물보관죄만 성립한다. 업무상 횡령죄의 업무는 법령이나 계약에 근거가 있는 경우뿐만 아니라 관례에 따르거나 사실상의 것도 포함된다. 업무상 횡령죄의 점유는 업무와 관련 있을 것을 요한다.

점유이탈물횡령죄는 유실물, 표류물 또는 타인의 점유를 이탈한 재물을 횡령함으로써 성립한다(제360조 제1항). 매장물을 횡령한 자도 점유이탈물횡령죄로 처벌한다(제360조 제2항). 아직 타인의 점유를 떠나지 않은 물건은 점유이탈물이 아니다. 폭행 또는 강간의 현장에 떨어져 있는 피해자의 물건은 점유이탈물이 아니다.

횡령죄에 있어서의 재물은 동산, 부동산의 유체물에 한정되지 아니하고 관리할 수 있는 동력도 재물로 간주되지만, 여기에서 말하는 관리란 물리적 또는 물질적 관리를 가리킨다고 볼 것이고, 재물과 재산상 이익을 구별하고 횡령과 배임을 별개의 죄로 규정한 현행 형법의 규정에 비추어 볼 때 사무적으로 관리가 가능한 채권이나 그 밖의 권리 등은 재물에 포함된다고 해석할 수 없다. 광업권은 재물인 광물을 취득할 수 있는 권리에 불과하지 재물 그 자체는 아니므로 횡령죄의 객체가 된다고 할 수 없고, 광업법 제12조가 광업권을 물권으로 하고 광업법에서 따로 정한 경우를 제외하고는 부동산에 관한 민법 기타 법령의 규정을 준용하도록 규정하고 있다 하여 광업권이 부동산과 마찬가지로 횡령죄의 객체가 된다고 할 수는 없다(93

도2272).

　횡령죄에서 '재물의 보관'이란 재물에 대한 사실상 또는 법률상 지배력이 있는 상태를 의미하고 그 보관이 위탁관계에 기인하여야 하는 것은 물론이나, 반드시 사용대차·임대차·위임 등의 계약에 의하여 설정될 것을 요하지 아니하고, 사무관리·관습·조리·신의칙 등에 의해서도 성립될 수 있다. 주식회사는 주주와 독립된 별개의 권리주체로서 이해가 반드시 일치하는 것은 아니므로, 주주나 대표이사 또는 그에 준하여 회사 자금의 보관이나 운용에 관한 사실상의 사무를 처리하는 자가 회사 소유 재산을 제3자의 자금 조달을 위하여 담보로 제공하는 등 사적인 용도로 임의 처분하였다면 그 처분에 관하여 주주총회나 이사회의 결의가 있었는지 여부와는 관계없이 횡령죄의 죄책을 면할 수는 없다. 피고인이 갑 주식회사의 경영권을 인수한 후 갑 회사 소유의 예금을 인출하여 피고인의 갑 회사 인수를 위한 대출금 변제에 사용하는 방법으로 횡령하였다는 내용으로 기소된 사안에서, 피고인이, 위 예금이 인출되기 직전에 있었던 주주총회에서 피고인 측 이사 3명이 선출됨으로써 갑 회사의 실질적 운영자의 지위를 취득하였던 점 등에 비추어 위 예금을 보관하는 자의 지위에 있었다 할 것이므로 이를 유죄로 인정한 원심판단은 타당하다(2010도17396).

　민법 제746조에 불법의 원인으로 인하여 재산을 급여하거나 노무를 제공한 때에는 그 이익의 반환을 청구하지 못한다고 규정한 뜻은 급여를 한 사람은 그 원인행위가 법률상 무효임을 내세워 상대방에게 부당이득반환청구를 할 수 없고, 또 급여한 물건의 소유권이 자기에게 있다고 하여 소유권에 기한 반환청구도 할 수 없어서 결국 급여한 물건의 소유권은 급여를 받은 상대방에게 귀속된다는 것이므로 조합장이 조합으로부터 공무원에게 뇌물로 전달하여 달라고 금원을 교부받은 것은 불법원인으로 인하여 지급 받은 것으로서 이를 뇌물로 전달하지 않고 타에 소비하였다고 해서 타인의 물건을 보관 중 횡령하였다고 볼 수는 없다(86도628).

　지입차주로부터 그 자동차를 임대 또는 전대받은 자는 그 자동차에 관하여 법률상 처분할 수 있는 지위에 있다고 할 수 없으므로 타인의 재산을 보관하는 자에 해당하지 아니하여 지입차량을 처분하여도 횡령죄가 성립하지 아니하고 따라서 그로부터 자동차를 매수한 행위는 장물취득죄에 해당하지 않는다(78도1714).

　횡령죄는 타인의 재물을 보관하는 사람이 그 재물을 횡령하거나 반환을 거부한 때에 성립한다. 횡령죄에서 재물의 보관은 재물에 대한 사실상 또는 법률상 지배력이 있는 상태를 의미하며, 횡령행위는 불법영득의사를 실현하는 일체의 행위를 말한다. 따라서 소유권의 취득에 등록이 필요한 타인 소유의 차량을 인도받아 보관하고 있는 사람이 이를 사실상 처분하면 횡령죄가 성립하며, 그 보관 위임자나 보관자가 차량의 등록명의자일 필요는 없다(2015도1944).

2) 배임죄

배임죄는 타인의 사무를 처리하는 자가 그 임무에 위배하는 행위로써 재산상의 이익을 취득하거나 제3자로 하여금 이를 취득하게 하여 본인에게 손해를 가함으로써 성립힌다(제355조 제2항). 업무상 배임죄는 업무상의 임무에 위배하여 배임죄를 범함으로써 성립한다(제356조).

통설·판례는 배임죄의 본질을 신의성실의 의무에 대한 위배 내지 신임관계의 침해에 있다고 본다(배신설). 횡령죄는 타인의 재물을 객체로 하고, 배임죄는 재산상의 이익을 객체로 한다. 타인의 사무는 재산상의 사무를 의미하며, 주된 사무일 것을 요한다. 배임행위는 법률행위나 사실행위 모두 가능하다. 재산상 손해는 본인 전체재산의 감소를 의미한다. 현실적으로 손해가 발생한 경우는 물론 재산상의 위험이 발생한 경우도 포함한다. 재산상의 이득을 취하여야 성립하므로 본인에게 손해를 가하였다 할지라도 이익을 취득한 사실이 없으면 배임죄는 성립할 수 없다. 판례는 타인의 사무를 처리하는 자가 그 임무에 위반하여 본인을 기망하여 본인에게 손해를 가한 경우 사기죄만 성립한다는 입장이다. 업무상 배임죄는 타인의 사무를 처리하는 자라는 신분과 업무자라는 신분, 이중의 신분을 요하는 신분범이다.

배임수재죄는 타인의 사무를 처리하는 자가 그 임무에 관하여 부정한 청탁을 받고 재물 또는 재산상의 이익을 취득하거나 제3자로 하여금 이를 취득하게 함으로써 성립한다(제357조 제1항). 배임증재죄는 배임수재죄의 재물 또는 이익을 공여함으로서 성립한다(제357조 제2항). 범인 또는 정(情)을 아는 제3자가 취득한 배임수재죄의 재물은 몰수한다. 그 재물을 몰수하기 불가능하거나 재산상의 이익을 취득한 때에는 그 가액을 추징한다(제357조 제3항).

부정한 청탁이란 배임이 되는 내용의 청탁을 말하는 것이 아니라 사회상규 또는 신의성실의 원칙에 반하는 것을 내용으로 하는 청탁이면 족하다. 재물 또는 재산상의 이익 취득은 부정한 청탁과 관련된 것이어야 하고, 현실적인 취득이 있어야 한다. 단순한 약속으로는 배임수재죄가 성립하지 않는다. 미수범을 처벌한다. 형법 제129조에 있어서의 요구 또는 약속이 바로 배임수재죄의 미수에 해당한다. 이익의 취득이 있으면 기수이고, 반드시 배임행위에 나갈 것을 요하지 않는다. 배임행위까지 나간 경우에는 배임수재죄와 배임죄의 경합범이 성립한다. 배임증재죄는 배임수재죄와 필요적 공범관계에 있다. 그러나 증재와 수재자를 같이 처벌해야 하는 것을 의미하는 것은 아니다. 배임증재죄이 경우 공여의 의사표시 또는 약속만이 있는 경우에는 미수에 그친 것이고, 재물 등을 현실적으로 공여해야만 기수가 된다.

배임죄는 타인의 사무를 처리하는 자가 그 임무에 위배하는 행위에 의하여 재산상의 이익을 취득하거나 제3자로 하여금 이를 취득하게 하여 본인에게 손해를 가함으로써 성립하는 것으로, 여기에서 그 주체인 "타인의 사무를 처리하는 자"란 양자간의 신임관계에 기초를 두고 타인의 재산관리에 관한 사무를 대행하거나 타인 재산의 보전행위에 협력하는 자의 경우 등을 가리키며, 또 "임무에 위배하는 행위"라 함은 당해 사무의 내용·성질 등 구체적 상황에 비추어 법률의 규정, 계약의 내용 또는 신의성실의 원칙상 당연히 할 것으로 기대되는 행위를 하지 않거나 당연히 하지 않아야 할 것으로 기대되는 행위를 함으로써 본인에 대한 신임관계를 저버리는 일체의 행위를 포함한다(94도902).

배임죄는 현실적인 재산상 손해액이 확정될 필요까지는 없고 단지 재산상 권리의 실행을 불가능하게 할 염려 있는 상태 또는 손해 발생의 위험이 있는 경우에 바로 성립되는 위태범이므로 피고인이 그 업무상 임무에 위배하여 부당한 외상 거래행위를 함으로써 업무상 배임죄가 성립하는 경우, 담보물의 가치를 초과하여 외상 거래한 금액이나 실제로 회수가 불가능하게 된 외상거래 금액만이 아니라 재산상 권리의 실행이 불가능하게 될 염려가 있거나 손해 발생의 위험이 있는 외상 거래대금 전액을 그 손해액으로 보아야 하고, 그것을 제3자가 취득한 경우에는 그 전액을 특정경제범죄가중처벌 등에 관한 법률 제3조에 규정된 제3자로 하여금 취득하게 한 재산상 이익의 가액에 해당하는 것으로 보아야 할 것이다(99도334).

배임죄나 업무상배임죄에 있어 재산상의 손해를 가한 때라 함은 현실적인 손해를 가한 경우뿐만 아니라 재산상 손해 발생의 위험을 초래한 경우도 포함되고, 재산상 손해의 유무에 대한 판단은 법률적 판단에 의하지 아니하고 경제적 관점에서 파악하여야 하지만, 여기서 재산상의 손해를 가한다 함은 총체적으로 보아 본인의 재산상태에 손해를 가하는 경우, 즉 본인의 전체적 재산가치의 감소를 가져오는 것을 말하므로 재산상의 손실을 야기한 임무위배행위가 동시에 그 손실을 보상할 만한 재산상의 이익을 준 경우, 예컨대 그 배임행위로 인한 급부와 반대급부가 상응하고 다른 재산상 손해(현실적인 손해 또는 재산상 실해 발생의 위험)도 없는 때에는 전체적 재산가치의 감소, 즉 재산상 손해가 있다고 할 수 없다(2004도7053).

(6) 장물죄

장물취득죄 · 장물알선죄 · 장물운반죄 · 장물보관죄는 장물을 취득, 양도, 운반 또는 보관함으로써 성립한다(제362조 제1항). 장물알선죄는 장물취득죄 · 장물알선죄 · 장물운반죄 · 장물보관죄의 행위를 알선함으로써 성립한다(제362조 제2항) 상습으로 장물취득죄 · 장물알선죄 · 장물운반죄 · 장물보관죄를 범한 자는 1년 이상 10년 이하의 징역에 처한다(제363조). 업무상과실 또는 중대한 과실로 인하여 장물취득죄 · 장물알선죄 · 장물운반죄 · 장물보관죄를 범한 자는 1년 이하의 금고 또는 500만원 이하의 벌금에 처한다(제364조).

장물은 재물이어야 한다. 재산상의 이익 또는 권리는 장물이 될 수 없다. 재물인 이상 동산인가 부동산인가를 묻지 않고, 반드시 경제적 가치를 가질 것을 요하지 않는다. 장물은 재산범죄에 의하여 영득한 것이어야 한다. 범죄에 의하여 작성된 재물, 재산범죄의 수단으로 사용된 재물은 장물이 될 수 없다. 장물죄가 성립하려면 그 전에 본범죄가 종결되었어야 한다. 장물의 취득은 재물에 대한 점유의 이전과 사실상의 처분권의 취득이라는 요소가 있어야 성립한다. 장물임을 알고 취득하여 이를 다른 사람에게 양도한 경우에는 장물취득죄만 성립하고, 양도행위는 불가벌적 사후행위에 지나지 않는다. 장물을 취득한 자가 운반하거나, 운반한 자가 취득한 경우에는 장물취득죄만 성립한다. 장물을 보관하는 자가 횡령하는 경우는 장물죄만 성립한다.

대법원 2000. 3. 10. 선고 98도2579 판결 장물이라 함은 재산범죄로 인하여 취득한 물건 그 자체를 말하고, 그 장물의 처분대가는 장물성을 상실하는 것이지만, 금전은 고도의 대체성을 가지고 있어 다른 종류의 통화와 쉽게 교환할 수 있고, 그 금전 자체는 별다른 의미가 없고 금액에 의하여 표시되는 금전적 가치가 거래상 의미를 가지고 유통되고 있는 점에 비추어 볼 때, 장물인 현금을 금융기관에 예금의 형태로 보관하였다가 이를 반환받기 위하여 동일한 액수의 현금을 인출한 경우에 예금계약의 성질상 인출된 현금은 당초의 현금과 물리적인 동일성은 상실되었지만 액수에 의하여 표시되는 금전적 가치에는 아무런 변동이 없으므로 장물

로서의 성질은 그대로 유지된다고 봄이 상당하고, 자기앞수표도 그 액면금을 즉시
지급받을 수 있는 등 현금에 대신하는 기능을 가지고 거래상 현금과 동일하게 취급
되고 있는 점에서 금전의 경우와 동일하게 보아야 한다.

(7) 손괴죄

재물손괴·은닉죄는 타인의 재물, 문서 또는 전자기록등 특수매체기록을 손괴
또는 은닉 기타 방법으로 기 효용을 해함으로써 성립한다(제366조). 보호법익은 소
유권의 이용가치 또는 기능으로서의 소유권이다. 재물은 동산·부동산을 불문한다.
문서는 사문서·공문서를 불문한다. 여기서 타인은 개인, 국가, 법인, 법인격 없는
단체 모두를 포함한다. 영득의 의사나 이득의 의사를 요하지 않는다.

공익건조물파괴죄는 공익에 공하는 건조물을 파괴함으로써 성립한다(제367조).
보호법익은 공익에 공하는 건조물의 유지에 대한 일반의 이익이다. 공익건조물이라
고 하기 위해서는 그 건조물이 공공의 이익에 관한 것이라는 사용목적과 일반인이
쉽게 접근할 수 있는 것이어야 한다. 건조물이 국가 또는 공공단체의 소유일 것을
요하지 않고, 사인의 소유도 무방하다.

경계침범죄는 경계표를 손괴, 이동 또는 제거하거나 기타 방법으로 토지의 경
계를 인식 불능하게 함으로써 성립한다(제370조). 보호법익은 토지에 대한 권리와
중요한 관계를 가진 토지경계의 명확성이다. 사법적 경계든, 공법적 경계든 무방하
다. 또한 자연적 경계든 인위적 경계든 불문한다. 그 경계가 실체법상의 권리와 일
치할 것을 요하지도 않는다. 타인에게 손괴를 가할 의사 또는 영득의 의사를 요하
지 않는다.

재물손괴·은닉죄나 공익건조물파괴죄를 범하여 사람의 생명 또는 신체에 대하
여 위험을 발생하게 하거나 사람을 상해에 이르게 한 때에는 중손괴자가 성립한다
(제368조). 단체 또는 다중의 위력을 보이거나 위험한 물건을 휴대하여 재물손괴죄
또는 공익건조물파괴죄를 범한 경우에는 특수손괴죄가 성립한다(제369조).

(8) 권리행사방해죄

권리행사방해죄는 타인의 점유 또는 권리의 목적이 된 자기의 물건 또는 전자
기록등 특수매체기록을 취거, 은닉 또는 손괴하여 타인의 권리행사를 방해함으로써
성립한다(제323조). 점유강취죄는 폭행 또는 협박으로 타인의 점유에 속하는 자기의

물건을 강취함으로써 성립한다(제325조 제1항). 준점유강취죄는 타인의 점유에 속하는 자기의 물건을 취거함에 당하여 그 탈환을 항거하거나 체포를 면탈하거나 죄적을 인멸할 목적으로 폭행 또는 협박을 가함으로써 성립한다(제325조 제2항). 점유강취죄·준점유강취죄를 범하여 사람의 생명에 대한 위험을 발생하게 한 자는 중권리행사방해죄로 처벌한다(제326조).

강제집행면탈죄는 강제집행을 면할 목적으로 재산을 은닉, 손괴, 허위양도 또는 허위의 채무를 부담하여 채권자를 해함으로써 성립한다(제327조). 여기서 재산은 재물뿐만 아니라 권리도 포함한다. 채권자가 현실적으로 해를 입을 것을 요하지 않으며 채권자를 해할 위험성만 있으면 족하다. 고의와 함께 강제집행을 면할 목적이 있어야 된다.

제 2 절   사회적 법익에 대한 죄

1. 공공의 안전과 평온에 대한 죄

(1) 범죄단체조직죄

범죄단체조직죄는 사형, 무기 또는 장기 4년 이상의 징역에 해당하는 범죄를 목적으로 하는 단체 또는 집단을 조직하거나 이에 가입 또는 그 구성원으로 활동함으로서 성립한다(제114조). 단체라고 하려면 단체를 주도하는 최소한도의 통솔체계를 갖추고 있을 것을 요한다. 그러나 단체조직이나 가입의 방법에는 제한이 없다. 목적한 범죄를 실행하였는가는 본죄의 성립과 무관하다.

(2) 소요죄

소요죄는 다중이 집합하여 폭행, 협박 또는 손괴의 행위를 함으로써 성립한다(제115조). 필요적 공범이며, 공공의 안전을 보호법익으로 하는 추상적 위험범이다. 다중이란 규범적 기준으로 한 지방의 안정을 해할 수 있는 정도의 폭행·협박·손괴를 할 수 있는 정도의 다수인임을 의미한다. 여기서 폭행·협박은 사람 또는 물건에 대한 일체의 유형력을 의미하고, 손괴는 재물의 효용가치를 해하는 일체의 행위를 뜻한다. 집합된 다중의 합동력에 의한 것이어야 한다. 폭행·협박·손괴죄는 소요죄에 흡수된다(법조경합 중 흡수관계). 화염병을 사용한 경우 화염병사용죄가 성립한다(회염병사용등의 처벌에 관한 법률 제3조). 소요죄보다 형이 중한 살인죄·방화죄는 소요죄와 상상적 경합 관계에 있다(통설). 폭행·협박·손괴가 없더라도 집단적인 폭행·협박·손괴·방화 등으로 공공의 안녕질서에 직접적인 위협을 가할 것이 명백한 집회 또는 시위를 주최한 자는 2년 이하의 징역 또는 200만원 이하의 벌금에 처한다(집회 및 시위에 관한 법률 제5조 제1항 제2호).

(3) 다중불해산죄

다중불해산죄는 폭행, 협박 또는 손괴의 행위를 할 목적으로 다중이 집합하여 그를 단속할 권한이 있는 공무원으로부터 3회 이상의 해산명령을 받고 해산하지 아니함으로써 성립한다(제116조). 소요죄의 예비단계의 행위를 독립된 구성요건으로 규정한 것이다. 최종의 해산명령시를 기준으로 기수를 판단한다. 그 후의 명령에 따라 해산한 때에서 본죄는 성립하지 않는다.

(4) 전시공수계약불이행죄

전시공수계약불이행죄는 전쟁, 천재 기타 사변에 있어서 국가 또는 공공단체와 체결한 식량 기타 생활필수품의 공급계약을 정당한 이유없이 이행하지 아니함으로서 성립한다(제117조).

(5) 공무원자격사칭죄

공무원자격사칭죄는 공무원의 자격을 사칭하여 그 직권을 행사함으로써 성립한다(제118조). 공무원이 다른 공무원을 사칭하는 경우도 포함한다.

(6) 폭발물사용죄

폭발물사용죄는 폭발물을 사용하여 사람의 생명, 신체 또는 재산을 해하거나 기타 공안을 문란하게 함으로써 성립한다(제119조 제1항). 전쟁, 천재 기타 사변에 있어서 폭발물사용죄를 범한 자는 사형 또는 무기징역에 처한다(제119조 제2항). 전시폭발물제조·수입·수출·수수·소지죄는 전쟁 또는 사변에 있어서 정당한 이유없이 폭발물을 제조, 수입, 수출, 수수 또는 소지함으로써 성립한다(제121조). 폭발물은 이화학적 개념이 아니라 규범적 개념으로 폭발의 파괴력이 사람의 생명·신체 또는 재산을 해하거나 공안을 문란하게 할 정도에 이르러야 한다.

(7) 방화죄 · 실화죄

현주건조물등 방화죄는 불을 놓아 사람이 주거로 사용하거나 사람이 현존하는 건조물, 기차, 전차, 자동차, 선박, 항공기 또는 광갱을 소훼함으로써 성립한다(제164조 제1항). 현주건조물등 방화치사상죄는 현주건조물등 방화죄를 범하여 사람을 상해에 이르게 한 때에는 무기 또는 5년 이상의 징역에 처한다. 사망에 이르게 함으로써 성립한다(제164조 제2항).

여기서 사람이 주거로 사용한다는 것의 의미는 행위자 이외의 사람이 일상생활의 장소로 사용한다는 것을 뜻한다. 사실상 주거로 사용하는 것으로 족하다. 사람이 현존하는 때에는 주거에 사용할 것을 요하지 않는다. 현주건조물등 방화치사상죄는 중한 결과에 대한 과실이 있는 경우뿐만 아니라 고의가 있는 때에도 성립하는 부진정결과적 가중범이다. 판례는 현주건조물등 방화치사상죄가 성립하면 살인죄 또는 상해죄는 현주건조물등 방화치사상죄에 흡수된다고 한다.

매개물을 통한 점화에 의하여 건조물을 소훼함을 내용으로 하는 형태의 방화죄의 경우에, 범인이 그 매개물에 불을 켜서 붙였거나 또는 범인의 행위로 인하여 매개물에 불이 붙게 됨으로써 연소작용이 계속될 수 있는 상태에 이르렀다면, 그것이 곧바로 진화되는 등의 사정으로 인하여 목적물인 건조물 자체에는 불이 옮겨 붙지 못하였다고 하더라도, 방화죄의 실행의 착수가 있었다고 보아야 할 것이고, 구체적인 사건에 있어서 이러한 실행의 착수가 있었는지 여부는 범행 당시 피고인의 의사 내지 인식, 범행의 방법과 태양, 범행 현장 및 주변의 상황, 매개물의 종류와 성질 등의 제반 사정을 종합적으로 고려하여 판단하여야 한다. 피고인이 방화의 의사로 뿌린 휘발유가 인화성이 강한 상태로 주택주변과 피해자의 몸에 적지 않게 살포되어 있는 사정을 알면서도 라이터를 켜 불꽃을 일으킴으로써 피해자의 몸에 불이 붙은 경우, 비록 외부적 사정에 의하여 불이 방화 목적물인 주택 자체에 옮겨 붙지는 아니하였다 하더라도 현존건조물방화죄의 실행의 착수가 있었다고 봄이 상당하다(2001도6641).

형법 제164조 후단이 규정하는 현주건조물방화치사상죄는 그 전단이 규정하는 죄에 대한 일종의 가중처벌 규정으로서 과실이 있는 경우뿐만 아니라, 고의가 있는 경우에도 포함된다고 볼 것이므로 사람을 살해할 목적으로 현주건조물에 방화하여 사망에 이르게 한 경우에는 현주건조물방화치사죄로 의율하여야 하고 이와 더불어 살인죄와의 상상적 경합범으로 의율할 것은 아니며, 다만 존속살인죄와 현주건조물방화치사죄는 상상적 경합범 관계에 있으므로, 법정형이 중한 존속살인죄로 의율함이 타당하다(96도485).

　공용건조물등 방화죄는 불을 놓아 공용 또는 공익에 공하는 건조물, 기차, 전차, 자동차, 선박, 항공기 또는 광갱을 소훼함으로써 성립한다(제165조). 일반건조물등 방화죄는 불을 놓아 사람의 주거에 사용되거나 사람이 현존하지 않고 공용 또는 공익에 공하지 않는 일반건조물, 기차, 전차, 자동차, 선박, 항공기 또는 광갱을 소훼함으로써 성립한다(제166조 제1항). 건조물 등의 소유권이 타인에게 속한 때에는 추상적 위험범이지만, 자기소유인 때에는 구체적 위험범이므로 공공의 위험이 발생한 경우에 한하여 일반건조물등 방화죄로 처벌한다(제166조 제2항). 일반물건방화죄는 불을 놓아 제164조 내지 제166조에 기재한 이외의 물건을 소훼하여 공공의 위험을 발생하게 함으로써 성립한다(제167조 제1항). 공공의 위험이 발생하지 않은 경우에는 본죄는 성립하지 않는다. 연소죄는 자기소유의 건조물 또는 물건을 대한 방화가 확대되어 타인소유물에 연소한 경우를 처벌하기 위한 자기소유물에 대한 방화죄의 결과적 가중범이다(제168조). 연소란 행위자가 예견할 수 없었던 물체에 불이 이전되어 소훼하게 하는 것을 말한다. 진화방해죄는 화재에 있어서 진화용의 시설 또는 물건을 은닉 또는 손괴하거나 기타 방법으로 진화를 방해함으로써 성립한다(제169조). 단순실화죄는 과실로 제164조, 제165조 또는 타인의 소유에 속한 제166조의 물건을 소훼한 때에 성립하는 범죄다(제170조). 업무상 실과·중실화죄는 업무상과실 또는 중대한 과실로 인하여 실화죄를 범한 경우 형을 가중하는 것이다(제171조).

(8) 일수죄 · 수리방해죄 · 교통방해죄

　현주건조물등 일수죄는 물을 넘겨 사람이 주거에 사용하거나 사람이 현존하는 건조물, 기차, 전차, 자동차, 선박, 항공기 또는 광갱을 침해함으로써 성립한다(제177조 제1항). 본죄를 범하여 사람을 상해에 이르게 한 때에는 현주건조물등 일수치사상죄가 성립한다(제177조 제2항). 무기 또는 5년 이상의 징역에 처한다. 공용건조물등 일수죄는 물을 넘겨 공용 또는 공익에 공하는 건조물, 기차, 전차, 자동차, 선박, 항공기 또는 광갱을 침해함으로써 성립한다(제178조). 그 밖에 일반건조물등 일수죄(제179조), 방수방해죄(제180조), 과실일수죄(제181조)가 있다.

　수리방해죄는 제방을 결궤하거나 수문을 파괴하거나 기타 방법으로 수리를 방해함으로써 성립한다(제184조).

일반교통방해죄는 육로, 수로 또는 교량을 손괴 또는 불통하게 하거나 기타 방법으로 교통을 방해함으로써 성립한다(제185조). 기차·선박등 교통방해죄는 궤도, 등대 또는 표지를 손괴하거나 기타 방법으로 기차, 전차, 자동차, 선박 또는 항공기의 교통을 방해함으로써 성립한다(제186조). 기차등 전복죄는 사람의 현존하는 기차, 전차, 자동차, 선박 또는 항공기를 전복, 매몰, 추락 또는 파괴함으로써 성립한다(제187조). 일반교통방해죄, 기차·선박등 방해죄, 기차등 전복죄를 범하여 사람을 상해에 이르게 한 때에는 교통방해치사상죄가 성립하고(제188조), 과실로 인하여 일반교통방해죄, 기차·선박등 방해죄, 기차등 전복죄를 범하면 과실교통방해죄가 성립하고, 업무상과실 또는 중대한 과실로 인하여 기차·선박등 방해죄, 기차등 전복죄를 범하면 업무상 과실·중과실교통방해죄가 성립한다(제189조).

2. 공공의 신용에 대한 죄

(1) 통화에 관한 죄

통화에 관한 죄는 행사할 목적으로 통화를 위조·변조하거나, 위조·변조한 통화를 행사·수입·수출 도는 취득하거나, 통화유사물을 제조함으로써 성립하는 범죄이다. 형법은 통화위조·변조죄, 위조·변조통화행사죄를 기본적 구성요건으로 규정하고 있다(제207조). 그 외 위조·변조통화 취득죄(제208조), 위조·변조통화취득후 지정행사죄(제210조), 통화유사물제조등죄(제211조)를 규정하고 있다.

형법 제207조에서 정한 '행사할 목적'이란 유가증권위조의 경우와 달리 위조·변조한 통화를 진정한 통화로서 유통에 놓겠다는 목적을 말하므로, 자신의 신용력을 증명하기 위하여 타인에게 보일 목적으로 통화를 위조한 경우에는 행사할 목적이 있다고 할 수 없다. 통화위조죄와 위조통화행사죄의 객체인 위조통화는 유통과정에서 일반인이 진정한 통화로 오인할 정도의 외관을 갖추어야 한다(2011도7704).

피고인들이 한국은행발행 500원짜리 주화의 표면 일부를 깎아내어 손상을 가하였지만 그 크기와 모양 및 대부분의 문양이 그대로 남아 있어, 이로써 기존의 500원짜리 주화의 명목가치나 실질가치가 변경되었다거나, 객관적으로 보아 일반인으로 하여금 일본국의 500¥짜리 주화로 오신케 할 정도의 새로운 화폐를 만들어 낸 것이라고 볼 수 없고, 일본국의 자동판매기 등이 위와 같이 가공된 주화를 일본국의 500¥짜리 주화로 오인한다는 사정만을 들어 그 명목가치가 일본국의 500¥으로 변경되었다거나 일반인으로 하여금 일본국의 500¥짜리 주화로 오신케 할 정도에 이르렀다고 볼 수도 없다(2000도3950).

(2) 유가증권·인지와 우표에 관한 죄

유가증권에 관한 죄란 행사할 목적으로 유가증권을 위조·변조 또는 허위작성하거나 위조·변조 또는 허위작성한 유가증권을 행사·수입 또는 수출함으로써 성립하는 범죄이다. 유가증권이란 증권상에 표시된 재산상의 권리의 행사와 처분에 그 증권의 점유를 필요로 하는 것을 말한다. 유가증권에는 법률상의 유가증권과 사실상의 유가증권이 포함된다. 유가증권이 사법상 유효할 것을 요하지 않는다.

형법은 유가증권에 관한 죄를 유가증권위조·변조죄(제214조, 제215조), 자격모용에 의한 유가증권작성죄(제215조), 허위유가증권작성죄(제216조), 위조유가증권등행사죄(제217조), 인지와 우표등에 관한 죄(제218조, 제219조, 제221조, 제222조)의 네 가지 유형으로 나누어 규정하고 있다.

유가증권위조·변조죄는 유가증권의 수를 기준으로 결정한다. 한 통의 유가증권에 수개의 위조·변조가 있는 경우 하나의 유가증권위조·변조죄만 성립한다. 유가증권을 위조하는 방법으로 인장을 위조한 경우 인장위조죄는 유가증권위조죄에 흡수된다. 절취 또는 횡령한 유가증권용지를 이용하여 이를 위조·변조한 때에는 양죄의 경합범이 된다.

허위유가증권을 작성한다는 것은 작성권한있는 자가 작성명의를 모용하지 않고, 단순히 유가증권에 허위의 내용을 기재하는 것을 말한다. 권리의무에 영향이 없는 허위기재하는 것은 본죄에 해당하지 않는다.

형법 제19절 소정의 유가증권은 실체법상 유효한 유가증권만을 지칭하는 것이 아니고 절대적 요건 결여등 사유로서 실체법상으로는 무효한 유가증권이라 할지라도 일반인으로 하여금 일견 유효한 유가증권이라고 오신케 할 수 있을 정도의 외관을 구유한 유가증권을 총칭하는 것이라고 해석할 것인바, 원심판시의 주권이 비록 소론과 같이 대표이사의 날인이 없어 상법상으로는 무효라 할지라도, 발행인인 대표이사의 기명을 비롯한 그 밖의 주권의 기재요건을 모두 구비하고, 그 위에 회사의 사인까지 날인하였다면 이와 같은 주권은 일반인으로 하여금 일견유효한 주권이라고 오신시킬 정도의 외관을 갖추었다 할 것이고, 따라서 형법 제214조 소정의 유가증권에 해당한다(74도294).

(3) 문서에 관한 죄

문서에 관한 죄는 행사할 목적으로 문사를 위조 또는 변조하거나, 허위의 문서를 작성하거나, 위조·변조·허위작성된 문서를 행사하거나 문서를 부정행사함으로써 성립한다. 형법은 문서에 관한 죄를 문서위조·변조죄[사문서위조·변조죄(제231조), 공문서 위조·변조죄(제225조)], 허위문서작성죄[허위진단서작성죄(제233조), 허위공문서작성(제227조)], 위조문서등행사죄[위조·변조·작성사문서행사죄(제234조), 위조·변조등공문서행사죄(제236조)], 문서부정행사죄[사문서부정행사죄(제236조), 공문서등부정행사죄(제230조)] 및 전자기록 등 위작·변작죄[사전자기록위작·변작·행사죄(제232조의2, 제234조), 공전자기록위작·변작·행사죄(제227조의2, 제229조)]를 규정하고 있다. 자격모용에 의한 문서작성죄[자격모용에 의한 사문서작성죄(제232조), 자격모용에 의한 공문서작성죄(제226조)]는 문서위조·변조죄의 특수한 규정을 규정한 것이고, 공정증서원본등의 부실기재죄(제228조)는 간접정범에 의한 허위공문서작성죄를 특별히 규정한 것이다.

문서위조죄의 객체가 되는 문서는 법적으로 중요한 사실을 증명할 수 있고 명의인을 표시하는 내용의 문자 또는 부호에 의하여 화체된 사람의 의사를 말한다. 문서는 개념요소로 계속적 기능, 증명적 기능, 보장적 기능을 필요로 한다. 계속적 기능은 문서는 유체물에 결합되어 계속성을 가지는 사람의 의사표시를 포함하고 있어야 한다는 것이다. 의사표시는 민법상의 그것이 아니라 단순한 사상 또는 관념의 표시를 뜻한다. 따라서 접수일부인의 날인도 문서다. 음반이나 녹음테이프같이 청각으로 내용을 파악할 수 있는 것은 문서가 아니다. 증명적 기능은 물체에 기재된 의사표시는 일정한 법률관계를 증명할 수 있거나 증명하기 위한 것이이야 한다는 것을 의미한다. 문서의 내용은 법적으로 중요한 사실, 즉 법률관계와 사회생활상의 중요사항을 증명할 수 있는 것이어야 한다. 문서의 보장적 기능은 문서는 문서의 작성자 또는 보증인을 의미하는 명의인이 표시되어야 하며, 명의인이 없으면 문서가 될 수 없다는 것을 의미한다. 판례는 공문서의 경우 명의인이 실재함을 요하지 않지만, 사문서의 경우 명의인이 실재할 것을 요한다는 입장이다.

허위진단서작성죄의 주체는 의사·한의사·치과의사·조산사로 제한된다. 간접정범에 의하여 본죄가 성립할 수 없다는 점에서 자수범이다. 행위는 진단서, 검안서, 생사에 관한 증명서를 허위로 작성하는 것이다. 행사의 모적이 있을 것을 요하지 않는다. 허위라고 인식한 때에도 객관적 사실과 일치하는 경우에는 본죄가 성립하지 않는다.

허위공문서작성죄는 직무유기죄와 법조경합의 관계에 있다. 따라서 허위공문서작성죄를 작성하는 것이 동시에 직무유기가 되는 경우에는 허위공문서작성죄만 성립한다.

형법상 문서에 관한 죄에 있어서 문서라 함은 문자 또는 이에 대신할 수 있는 가독적 부호로 계속적으로 물체 상에 기재된 의사 또는 관념의 표시인 원본 또는 이와 사회적 기능, 신용성 등을 동시할 수 있는 기계적 방법에 의한 복사본으로서 그 내용이 법률상, 사회 생활상 주요 사항에 관한 증거로 될 수 있는 것을 말하는 것으로, 사람의 동일성을 표시하기 위하여 사용되는 일정한 상형인 인장이나, 사람의 인격상의 동일성 이외의 사항에 대해서 그 동일성을 증명하기 위한 부호인 기호와는 구분되며, 이른바 생략문서도 그것이 사람 등의 동일성을 나타내는 데에 그치지 않고 그 이외의 사항도 증명, 표시하는 한 인장이나 기호가 아니라 문서로서 취급하여야 한다(95도1269).

사문서의 위·변조죄는 작성권한 없는 자가 타인 명의를 모용하여 문서를 작성하는 것을 말하는 것이므로 사문서를 작성·수정함에 있어 그 명의자의 명시적이거나 묵시적인 승낙이 있었다면 사문서의 위·변조죄에 해당하지 않고, 한편 행위 당시 명의자의 현실적인 승낙은 없었지만 행위 당시의 모든 객관적 사정을 종합하여 명의자가 행위 당시 그 사실을 알았다면 당연히 승낙했을 것이라고 추정되는 경우 역시 사문서의 위·변조죄가 성립하지 않는다(2002도235).

문서위조죄는 문서의 진정에 대한 공공의 신용을 보호법익으로 하는 것이므로 행사할 목적으로 작성된 사문서가 일반인으로 하여금 당해 명의인의 권한 내에서 작성된 문서라고 믿게 할 수 있는 정도의 형식과 외관을 갖추고 있으면 사문서위조죄가 성립하고, 위와 같은 요건을 구비한 이상 명의인이 문서의 작성일자 전에 이미 사망하였더라도 그러한 문서 역시 공공의 신용을 해할 위험성이 있으므로 사문서위조죄가 성립한다. 위와 같이 사망한 사람 명의의 사문서에 대하여도 문서에 대한 공공의 신용을 보호할 필요가 있다는 점을 고려하면, 문서명의인이 이미 사망하였는데도 문서명의인이 생존하고 있다는 점이 문서의 중요한 내용을 이루거나 그 점을 전제로 문서가 작성되었다면 이미 문서에 관한 공공의 신용을 해할 위험이 발생하였다 할 것이므로, 그러한 내용의 문서에 관하여 사망한 명의자의 승낙이 추정된다는 이유로 사문서위조죄의 성립을 부정할 수는 없다(2011도6223).

형법 제225조의 공문서 위조죄는 그 작성된 문서가 일반인으로 하여금 공무원 또는 공무소의 권한 내에서 작성된 것이라고 믿을 수 있는 정도의 형식과 외관을 구비하면 성립되는 것이라고 할 것인바, 이러한 요건이 구비된 이상, 소론과 같이 당해 공무소에서 사용발부할 수 없다거나 그 공무소의 관인이나 발부인이 찍혀 있지 않고 또 당해 공무소가 실질적으로 그 문서를 사용 발부할 권한이 없으며, 그 작성 명의인이 실존하지 않는 허무인이라고 하더라도 공문서 위조죄는 되는 것이다(68도1570).

소유권보존등기나 소유권이전등기에 절차상 하자가 있거나 등기원인이 실제와 다르다 하더라도 그 등기가 실체적 권리관계에 부합하게 하기 위한 것이거나 실체적 권리관계에 부합하는 유효한 등기인 경우에는 공정증서원본불실기재 및 동행사죄가 성립되지 않는다고 할 것이나, 이는 등기 경료 당시를 기준으로 그 등기가 실체권리관계에 부합하여 유효한 경우에 한정되는 것이고, 등기 경료 당시에는 실체권리관계에 부합하지 아니한 등기인 경우에는 사후에 이해관계인들의 동의 또는 추인 등의 사정으로 실체권리관계에 부합하게 된다 하더라도 공정증서원본불실기재 및 동행사죄의 성립에는 아무런 영향이 없다(2001도3959).

(4) 인장에 관한 죄

인장에 관한 죄란 행사할 목적으로 인장·서명·기명 또는 기호를 위조 또는 부정사용하거나, 위조 부정사용한 인장·서명 등을 행사하는 것을 내용으로 하는 범죄이다. 형법은 인장에 관한 죄에 대하여 인장위조죄와 행사죄를 규정하고 있다. 사인위조죄(제239조 제1항), 위조사인행사죄(제239조 제2항)가 기본적 구성요건이고, 공인위조죄(제238조 제1항)와 위조공인행사죄(제238조 제2항)가 가중적 구성요건이다. 인장에는 인영(도장이 찍혀 있는 것)과 인과(도장 그 자체)가 포함된다. 서명은 자서에 한한다. 기명은 특정인의 주체를 표시하는 문자로 자서가 아닌 것을 말한다.

3. 공중의 건강에 대한 죄

(1) 음용수 사용방해죄

음용수 사용방해죄는 일상음용에 공하는 정수에 오물 또는 독물 기타 건강을 해할 물건을 혼입하여 음용하지 못하게 함으로써 성립한다(제192조). 수도음용수 사용방해죄는 수도에 의하여 공중의 음용에 공하는 정수 또는 그 수원에 오물 또는 독물 기타 건강을 해할 물건을 혼입을 혼입하여 음용하지 못하게 함으로써 성립한다(제193조). 오물 또는 독물 기타 건강을 해할 물건을 혼입을 혼입하여 음용수사용방해죄 또는 수도음용수 사용방해죄를 범하여 상해나 사망에 이르게 할 경우 음용수혼독치사상죄가 성립한다(제194조). 환경범죄 등의 단속 및 가중처벌에 관한 법률 제3조는 일정한 수질오염행위를 가중처벌하고 있다. 수도불통죄는 공중의 음용수를 공급하는 수도 기타 시설을 손괴 기타 방법으로 불통하게 함으로써 성립한다(제195조).

(2) 아편에 관한 죄

형법이 정하고 있는 아편에 관한 죄는 "마약류관리에 관한 법률"이 우선 적용됨으로 인하여 그 실제적 의의를 상실하였다. 특정범죄가중처벌 등에 관한 법률 제11조는 마약류관리에 관한 법률 제58조 중 마약과 관련된 일정범죄를 범한 자를 무기 또는 10년 이상의 징역으로 가중처벌하고 있다.

4. 사회의 도덕에 대한 죄

(1) 성풍속에 관한 죄

성풍속에 관한 죄란 성도덕, 건전한 성적 풍속을 보호하기 위한 성생활에 관계된 범죄를 말한다. 음행매개죄는 영리의 목적으로 사람을 매개하여 간음하게 함으로써 성립한다(제242조). 음서등배포·판매·임대·공연전시죄는 음란한 문서, 도화, 필름 기타 물건을 반포, 판매 또는 임대하거나 공연히 전시 또는 상영함으로써 성립한다(제243조). 음화제조·소지·수입·수출죄는 음란한 문서, 도화, 필름 기타 물건을 반포, 판매 또는 임대하거나 공연히 전시 또는 상영에 공할 목적으로 음란한 물건을 제조, 소지, 수입 또는 수출함으로써 성립한다(제244조). 공연음란죄는 공연히 음란한 행위를 함으로써 성립한다(제245조).

형법 제243조에 규정된 '음란한 도화'라 함은 일반 보통인의 성욕을 자극하여 성적 흥분을 유발하고 정상적인 성적 수치심을 해하여 성적 도의관념에 반하는 것을 가리킨다고 할 것이고, 이는 당해 도화의 성에 관한 노골적이고 상세한 표현의 정도와 그 수법, 당해 도화의 구성 또는 예술성, 사상성 등에 의한 성적 자극의 완화의 정도, 이들의 관점으로부터 당해 도화를 전체로서 보았을 때 주로 독자의 호색적 흥미를 돋우는 것으로 인정되느냐의 여부 등을 검토, 종합하여 그 시대의 건전한 사회통념에 비추어 판단하여야 할 것이며, 예술성과 음란성은 차원을 달리하는 관념이므로 어느 예술작품에 예술성이 있다고 하여 그 작품의 음란성이 당연히 부정되는 것은 아니라 할 것이고, 다만 그 작품의 예술적 가치, 주제와 성적 표현의 관련성 정도 등에 따라서는 그 음란성이 완화되어 결국은 형법이 처벌대상으로 삼을 수 없게 되는 경우가 있을 수 있을 뿐이다(2002도2889).

형법 제245조 소정의 '음란한 행위'라 함은 일반 보통인의 성욕을 자극하여 성적 흥분을 유발하고 정상적인 성적 수치심을 해하여 성적 도의관념에 반하는 것을 가리킨다고 할 것이고, 위 죄는 주관적으로 성욕의 흥분 또는 만족 등의 성적인 목적이 있어야 성립하는 것은 아니지만 그 행위의 음란성에 대한 의미의 인식이 있으면 족하다. 고속도로에서 승용차를 손괴하거나 타인에게 상해를 가하는 등의 행패를 부리던 자가 이를 제지하려는 경찰관에 대항하여 공중 앞에서 알몸이 되어 성기를 노출한 경우, 음란한 행위에 해당하고 그 인식도 있었다(2000도4372).

(2) 도박과 복표에 관한 죄

도박과 복표에 관한 죄라 함은 도박을 하거나 도박을 개장하거나 복표를 발매·중개·취득함으로써 성립하는 범죄이다. 기본적 구성요건은 단순도박죄(제246조 제1항)이고, 도박개장죄(제247조)와 상습도박죄(제240조 제2항)은 이에 대한 가중적 구성요건이다. 복표에 관한 죄로는 보표의 발매·중개·취득죄(제248조)가 있다.

풍속영업자가 풍속영업소에서 도박을 하게 한 때에는 그것이 일시 오락 정도에 불과하여 형법상 도박죄로 처벌할 수 없는 경우에도 풍속영업자의 준수사항 위반을 처벌하는 풍속영업의 규제에 관한 법률 제10조 제1항, 제3조 제3호의 구성요건 해당성이 있다고 할 것이나, 어떤 행위가 법규정의 문언상 일단 범죄 구성요건에 해당된다고 보이는 경우에도, 그것이 정상적인 생활형태의 하나로서 역사적으로 생성된 사회생활 질서의 범위 안에 있는 것이라고 생각되는 경우에는 사회상규에 위배되지 아니하는 행위로서 그 위법성이 조각되어 처벌할 수 없다. 일시 오락 정도에 불과한 도박행위의 동기나 목적, 그 수단이나 방법, 보호법익과 침해법익과의 권형성 그리고 일시 오락 정도에 불과한 도박은 그 재물의 경제적 가치가 근소하여 건전한 근로의식을 침해하지 않을 정도이므로 건전한 풍속을 해할 염려가 없는 정도의 단순한 오락에 그치는 경미한 행위에 불과하고, 일반 서민대중이 여가를 이용하여 평소의 심신의 긴장을 해소하는 오락은 이를 인정함이 국가정책적 입장에서 보더라도 허용된다. 풍속영업자가 자신이 운영하는 여관에서 친구들과 일시 오락 정도에 불과한 도박을 한 경우, 형법상 도박죄는 성립하지 아니하고 풍속영업의 규제에 관한 법률위반죄의 구성요건에는 해당하나 사회상규에 위배되지 않는 행위로서 위법성이 조각된다(2003도6351).

형법 제246조에서 도박죄를 처벌하는 이유는 정당한 근로에 의하지 아니한 재물의 취득을 처벌함으로써 경제에 관한 건전한 도덕법칙을 보호하는 데 있다. 그리고 도박은 '재물을 걸고 우연에 의하여 재물의 득실을 결정하는 것'을 의미하는바, 여기서 '우연'이란 주관적으로 '당사자에 있어서 확실히 예견 또는 자유로이 지배할 수 없는 사실에 관하여 승패를 결정하는 것'을 말하고, 객관적으로 불확실할 것을 요구하지 아니한다. 따라서, 당사자의 능력이 승패의 결과에 영향을 미친다고 하더라도 다소라도 우연성의 사정에 의하여 영향을 받게 되는 때에는 도박죄가 성립할 수 있다. 피고인들이 각자 핸디캡을 정하고 홀마다 또는 9홀마다 별도의 돈을 걸고 총 26 내지 32회에 걸쳐 내기 골프를 한 행위가 도박에 해당한다(2006도736).

(3) 신앙에 관한 죄

신앙에 관한 죄란 종교적 평온과 종교감정을 침해하는 것을 내용으로 하는 범죄이다. 형법은 신앙에 관한 죄로 장례식 · 제사 · 예배 · 설교방해죄(제158조), 사체 · 유골 · 유발모욕죄(제159조), 분묘발굴죄(제160조), 사체등영득죄(제161조), 변사체검시 방해죄(제163조)를 규정하고 있다.

제 3 절 국가적 법익에 대한 죄

1. 국가의 존립과 권위에 대한 죄

(1) 내란죄 · 내란목적살인죄

내란죄는 국토를 참절하거나 국헌을 문란할 목적으로 폭동함으로써 성립한다 (제87조). 내란목적살인죄는 국토를 참절하거나 국헌을 문란할 목적으로 사람을 살해함으로써 성립한다(제88조). 내란죄 · 내란목적살인죄에 대한 미수범은 처벌한다. 내란예비 · 음모 · 선동 · 선전죄는 내란죄 또는 내란목적살인죄를 범할 목적으로 예비, 음모, 선동, 선전함으로써 성립한다(제90조). 국헌을 문란할 목적이라 함은 헌법 또는 법률에 정한 절차에 의하지 아니하고 헌법 또는 법률의 기능을 소멸시키는 것, 헌법에 의하여 설치된 국가기관을 강압에 의하여 전복 또는 그 권능행사를 불가능하게 하는 것을 의미한다(제91조).

국토를 참절할 목적이란 대한민국 영토고권이 미치는 영토의 전부 또는 일부에 대해서 영토고권을 배제하려는 목적을 말한다. 국토를 참절하거나 국헌을 문란할 목적이 없는 폭동은 소요죄(형법 제115조)에 해당한다. 내란의 죄에서 폭동이란 다수인이 결합하여 폭행·협박·파괴하는 것을 말한다. 군인이 내란죄를 실행한 경우 군형법상의 반란죄로서 가중처벌된다. 여기서 폭행은 사람뿐만 아니라 물건에 대한 유형력의 행사를 포함한다. 폭동행위는 그 정도가 한 지방의 평온을 해할 정의 위력이 있음을 요한다(2014도10978).

(2) 외환의 죄

외환의 죄란 외환을 유치하거나 대한민국에 항적하거나 적국에 이익을 제공하여 국가의 안전을 위태롭게 하는 범죄를 말한다. 형법은 외환의 죄에 대하여 외환유치죄(제92조), 여적죄(제93조), 이적죄(제94조 내지 제97조, 제99조), 간첩죄(제98조)로 구성되어 있다. 이적죄의 경우 일반이적죄(제99조)가 기본적 구성요건이고, 모병이적죄(제94조), 시설제공이적죄(제95조), 시설파괴이적죄(제96조), 물건제공이적죄(제97조)는 가중적 구성요건이다.

(3) 국기에 관한 죄

국기에 관한 죄는 국기 또는 국장을 손상·제거·오욕·비방하는 것을 내용으로 하는 범죄이다. 형법은 국기에 관한 죄로 국기·국장모독죄(제105조)와 국기·국장비방죄(제106조)를 규정하고 있다.

(4) 국교에 관한 죄

국교에 관한 죄는 외국과의 평화로운 국제관계를 침해하고 국제법상 보호되는 외국의 이익을 해하고, 외국과의 국교관계 내지 자국의 대외적인 지위를 위태롭게 하는 범죄를 말한다. 형법은 국교에 관한 죄에 대하여, 외국원수에 대한 폭행등죄(제107조), 외교사절에 대한 폭행등죄(제108조), 외국국기·국장모독죄(제109조), 외국에 대한 사전죄(제111조), 중립명령위반죄(제112조), 외교상 기밀누설죄(제113조)를 규정하고 있다.

2. 국가의 기능에 대한 죄

(1) 공무원의 직무에 관한 죄

1) 직무유기죄

직무유기죄는 공무원이 정당한 이유없이 그 직무수행을 거부하거나 그 직무를 유기함으로써 성립한다(제122조).

형법 제122조에서 정하는 직무유기죄에서 '직무를 유기한 때'란 공무원이 법령, 내규 등에 의한 추상적 성실의무를 태만히 하는 일체의 경우에 성립하는 것이 아니라 직장의 무단이탈, 직무의 의식적인 포기 등과 같이 국가의 기능을 저해하고 국민에게 피해를 야기시킬 가능성이 있는 경우를 가리킨다. 그리하여 일단 직무집행의 의사로 자신의 직무를 수행한 경우에는 직무집행의 내용이 위법한 것으로 평가된다는 점만으로 직무유기죄의 성립을 인정할 것은 아니고, 공무원이 태만·분망 또는 착각 등으로 인하여 직무를 성실히 수행하지 아니한 경우나 형식적으로 또는 소홀히 직무를 수행한 탓으로 적절한 직무수행에 이르지 못한 것에 불과한 경우에도 직무유기죄는 성립하지 아니한다. 따라서 교육기관·교육행정기관·지방자치단체 또는 교육연구기관의 장이 징계의결을 집행하지 못할 법률상·사실상의 장애가 없는데도 징계의결서를 통보받은 날로부터 법정 시한이 지나도록 집행을 유보하는 모든 경우에 직무유기죄가 성립하는 것은 아니고, 그러한 유보가 직무에 관한 의식적인 방임이나 포기에 해당한다고 볼 수 있는 경우에 한하여 직무유기죄가 성립한다고 보아야 한다(2013도229).

공무원이 어떠한 위법사실을 발견하고도 직무상 의무에 따른 적절한 조치를 취하지 아니하고 위법사실을 적극적으로 은폐할 목적으로 허위공문서를 작성, 행사한 경우에는 직무위배의 위법상태는 허위공문서작성 당시부터 그 속에 포함되는 것으로 작위범인 허위공문서작성, 동행사죄만이 성립하고 부작위범인 직무유기죄는 따로 성립하지 아니한다(99도2240).

2) 피의사실공표죄

피의사실공표죄는 검찰, 경찰 기타 범죄수사에 관한 직무를 행하는 자 또는 이를 감독하거나 보조하는 자가 그 직무를 행함에 당하여 지득한 피의사실을 공판청구전에 공표한 때 성립한다(제126조).

3) 공무상 비밀누설죄

공무상 비밀누설죄는 공무원 또는 공무원이었던 자가 법령에 의한 직무상 비밀을 누설한 때 성립한다(제127조).

형법 제127조는 공무원 또는 공무원이었던 자가 법령에 의한 직무상 비밀을 누설하는 것을 구성요건으로 하고 있는바, 여기서 법령에 의한 직무상 비밀이란 반드시 법령에 의하여 비밀로 규정되었거나 비밀로 분류 명시된 사항에 한하지 아니하고, 정치, 군사, 외교, 경제, 사회적 필요에 따라 비밀로 된 사항은 물론 정부나 공무소 또는 국민이 객관적, 일반적인 입장에서 외부에 알려지지 않는 것에 상당한 이익이 있는 사항도 포함하나, 실질적으로 그것을 비밀로서 보호할 가치가 있다고 인정할 수 있는 것이어야 하고, 한편, 공무상비밀누설죄는 기밀 그 자체를 보호하는 것이 아니라 공무원의 비밀엄수의무의 침해에 의하여 위험하게 되는 이익, 즉 비밀의 누설에 의하여 위협받는 국가의 기능을 보호하기 위한 것이다. 검찰 등 수사기관이 특정 사건에 대하여 수사를 진행하고 있는 상태에서, 수사기관이 현재 어떤 자료를 확보하였고 해당 사안이나 피의자의 죄책, 신병처리에 대하여 수사책임자가 어떤 의견을 가지고 있는지 등의 정보는, 그것이 수사의 대상이 될 가능성이 있는 자 등 수사기관 외부로 누설될 경우 피의자 등이 아직까지 수사기관에서 확보하지 못한 자료를 인멸하거나, 수사기관에서 파악하고 있는 내용에 맞추어 증거를 조작하거나, 허위의 진술을 준비하는 등의 방법으로 수사기관의 범죄수사 기능에 장애를 초래할 위험이 있는 점에 비추어 보면, 해당 사건에 대한 종국적인 결정을 하기 전까지는 외부에 누설되어서는 안 될 수사기관 내부의 비밀에 해당한다. 검찰의 고위 간부가 특정 사건에 대한 수사가 계속 진행중인 상태에서 해당 사안에 관한 수사책임자의 잠정적인 판단 등 수사팀의 내부 상황을 확인한 뒤 그 내용을 수사 대상자 측에 전달한 행위가 형법 제127조에 정한 공무상 비밀누설에 해당한다. 검찰의 고위 간부가 내사 담당 검사로 하여금 내사를 중도에서 그만두고 종결처리토록 한 행위가 직권남용권리행사방해죄에 해당한다(2004도5561).

4) 직권남용죄

직권남용죄는 공무원이 직권을 남용하여 사람으로 하여금 의무없는 일을 하게 하거나 사람의 권리행사를 방해한 때 성립한다(제123조).

형법 제123조의 직권남용권리행사방해죄에서 말하는 '권리'는 법률에 명기된 권리에 한하지 않고 법령상 보호되어야 할 이익이면 족한 것으로서, 공법상의 권리인지 사법상의 권리인지를 묻지 않는다고 봄이 상당하다. 경찰관 직무집행법의 관련 규정을 근거로 경찰관은 범죄를 수사할 권한을 가지고 있다고 인정한 다음, 이러한 범죄수사권은 직권남용권리행사방해죄에서 말하는 '권리'에 해당한다고 인정한 원심판결을 정당하다. 상급 경찰관이 직권을 남용하여 부하 경찰관들의 수사를 중단시키거나 사건을 다른 경찰관서로 이첩하게 한 경우, 일단 '부하 경찰관들의 수사권 행사를 방해한 것'에 해당함과 아울러 '부하 경찰관들로 하여금 수사를 중단하거나 사건을 다른 경찰관서로 이첩할 의무가 없음에도 불구하고 수사를 중단하게 하거나 사건을 이첩하게 한 것'에도 해당된다고 볼 여지가 있다. 그러나 이는 어디까지나 하나의 사실을 각기 다른 측면에서 해석한 것에 불과한 것으로서, '권리행사를 방해함으로 인한 직권남용권리행사방해죄'와 '의무 없는 일을 하게 함으로 인한 직권남용권리행사방해죄'가 별개로 성립하는 것이라고 할 수는 없다. 따라서 위 두 가지 행위 태양에 모두 해당하는 것으로 기소된 경우, '권리행사를 방해함으로 인한 직권남용권리행사방해죄'만 성립하고 '의무 없는 일을 하게 함으로 인한 직권남용권리행사방해죄'는 따로 성립하지 아니하는 것으로 봄이 상당하다(2008도 7312).

5) 불법체포 · 감금죄

불법체포 · 감금죄는 재판, 검찰, 경찰 기타 인신구속에 관한 직무를 행하는 자 또는 이를 보조하는 자가 그 직권을 남용하여 사람을 체포 또는 감금한 때 성립한다(제124조 제1항).

6) 폭행 · 가혹행위죄

폭행 · 가혹행위죄는 재판, 검찰, 경찰 기타 인신구속에 관한 직무를 행하는 자 또는 이를 보조하는 자가 그 직무를 행함에 당하여 형사피의자 또는 기타 사람에 대하여 폭행 또는 가혹한 행위를 가한 때에 성립한다(제125조).

7) 선거방해죄

선거방해죄는 검찰, 경찰 또는 군의 직에 있는 공무원이 법령에 의한 선거에 관하여 선거인, 입후보자 또는 입후보자되려는 자에게 협박을 가하거나 기타 방법으로 선거의 자유를 방해한 때에 성립한다(제128조).

8) 뇌물죄

뇌물죄란 공무원 또는 중재인이 직무행위에 대한 대가로 법이 인정하지 않은 이익의 취득을 금지하는 것을 내용으로 한다. 형법의 뇌물죄는 수뢰죄와 증뢰죄로 구성되어 있다.

단순수뢰죄는 공무원 또는 중재인이 그 직무에 관하여 뇌물을 수수, 요구 또는 약속한 때 성립한다(제129조 제1항). 사전수뢰죄는 공무원 또는 중재인이 될 자가 그 담당할 직무에 관하여 청탁을 받고 뇌물을 수수, 요구 또는 약속한 후 공무원 또는 중재인이 된 때에 성립한다(제129조 제2항). 제3자뇌물제공죄는 공무원 또는 중재인이 그 직무에 관하여 부정한 청탁을 받고 제3자에게 뇌물을 공여하게 하거나 공여를 요구 또는 약속한 때에 성립한다(제130조).

수뢰후부정처사죄는 공무원 또는 중재인이 수뢰죄, 제3자뇌물제공죄를 범하여 부정한 행위를 한 때에 성립한다(제131조 제1항). 사후수뢰죄는 공무원 또는 중재인이 그 직무상 부정한 행위를 한 후 뇌물을 수수, 요구 또는 약속하거나 제3자에게 이를 공여하게 하거나 공여를 요구 또는 약속한 때(제131조 제2항)와 공무원 또는 중재인이었던 자가 그 재직 중에 청탁을 받고 직무상 부정한 행위를 한 후 뇌물을 수수, 요구 또는 약속한 때(제131조 제3항)에 성립한다.

알선수뢰죄는 공무원이 그 지위를 이용하여 다른 공무원의 직무에 속한 사항의 알선에 관하여 뇌물을 수수, 요구 또는 약속한 때 성립한다(제132조).

증뢰물전달죄·증뢰죄(뇌물공여죄)는 뇌물을 약속·공여 또는 공여의 의사를 표시하거나, 이에 공할 목적으로 제3자에게 금품을 교부하거나 그 정을 알면서 교부받을 때에 성립한다(제133조).

(2) 공무방해에 관한 죄

공무방해죄란 국가 또는 공공기관이 행사하는 기능을 방해함으로써 성립하는 범죄이다. 기본적 구성요건은 공무집행방해죄(제136조 제1항)이며, 직무·사직강요죄(제136조 제2항)와 위계에 의한 공무집행방해죄(제137조)는 수정적 구성요건이다. 법정·국회회의장모욕죄(제138조), 인권옹호직무방해죄(제139조), 공무상 비밀표시무효죄(제140조), 공용서류등 무효죄(제141조), 공용물파괴죄(제142조), 공무상 보관물무효죄(제143조)는 보호의 객체가 특수한 공무에 제한되는 경우이다. 특수공무방해죄(제144조)·특수공무방해치사상죄(제145조)는 가중적 구성요건이다.

공무집행방해죄는 직무를 집행하는 공무원에 대하여 폭행 또는 협박함으로써 성립한다(제136조 제1항). 직무·사직강요죄는 공무원에 대하여 그 직무상의 행위를 강요 또는 저지하거나 그 직을 사퇴하게 할 목적으로 폭행 또는 협박함으로써 성립한다(제136조 제2항). 공무상 비밀표시무효죄는 공무원이 그 직무에 관하여 실시한 봉인 또는 압류 기타 강제처분의 표시를 손상 또는 은닉하거나 기타 방법으로 그 효용을 해함으로써 성립한다(제140조 제1항).

부동산강제집행효용침해죄는 강제집행으로 명도 또는 인도된 부동산에 침입하거나 기타 방법으로 강제집행의 효용을 해함으로써 성립한다(제140조의2).

공용서류등무효죄·공용물파괴죄는 공무소에서 사용하는 서류 기타 물건 또는 전자기록등 특수매체기록을 손상 또는 은닉하거나 기타 방법으로 그 효용을 해하거나(제141조 제1항) 공무소에서 사용하는 건조물, 선박, 기차 또는 항공기를 파괴함으로써 성립한다(제141조 제2항).

공무상 보관물무효죄는 공무소로부터 보관명령을 받거나 공무소의 명령으로 타인이 관리하는 자기의 물건을 손상 또는 은닉하거나 기타 방법으로 그 효용을 해함으로써 성립한다(제142조).

특수공무방해죄는 단체 또는 다중의 위력을 보이거나 위험한 물건을 휴대하여 제136조, 제138조와 제140조 내지 제143조의 죄를 범함으로써 성립한다(제144조 제1항). 특수공무방해죄를 범하여 공무원을 상해에 이르게 한 때에는 특수공무방해치사상죄가 성립한다(제144조 제2항).

형법 제136조 제1항에 규정된 공무집행방해죄에서 '직무를 집행하는'이라 함은 공무원이 직무수행에 직접 필요한 행위를 현실적으로 행하고 있는 때만을 가리키는 것이 아니라 공무원이 직무수행을 위하여 근무중인 상태에 있는 때를 포괄하고, 직무의 성질에 따라서는 그 직무수행의 과정을 개별적으로 분리하여 부분적으로 각각의 개시와 종료를 논하는 것이 부적절하고 여러 종류의 행위를 포괄하여 일련의 직무수행으로 파악함이 상당한 경우가 있으며, 나아가 현실적으로 구체적인 업무를 처리하고 있지는 않다 하더라도 자기 자리에 앉아 있는 것만으로도 업무의 집행으로 볼 수 있을 때에는 역시 직무집행 중에 있는 것으로 보아야 하고, 직무 자체의 성질이 부단히 대기하고 있을 것을 필요로 하는 것일 때에는 대기 자체를 곧 직무행위로 보아야 할 경우도 있다. 공무집행방해죄는 공무원의 적법한 공무집행이 전제가 되고, 그 공무집행이 적법하기 위해서는 그 행위가 당해 공무원의 추상적인 직무권한에 속할 뿐 아니라 구체적으로도 그 권한 내에 있어야 하며, 또한 직무행위로서의 중요한 방식을 갖추어야 한다(2000도3485).

(3) 도주와 법인은닉의 죄

도주죄는 법률에 의하여 체포 또는 구금된 자가 도주함으로써 성립한다(제145조 제1항). 도주, 집합명령위반죄는 법률에 의하여 구금된 자가 천재, 사변 기타 법령에 의하여 잠시 해금된 경우에 정당한 이유없이 그 집합명령에 위반한 때 성립한다(제145조 제2항). 특수도주죄는 수용설비 또는 기구를 손괴하거나 사람에게 폭행 또는 협박을 가하거나 2인 이상이 합동하여 도주죄를 범한 경우 성립한다(제146조). 도주원조죄는 법률에 의하여 구금된 자를 탈취하거나 도주하게 함으로써 성립한다(제147조). 간수자의 도주원조죄는 법률에 의하여 구금된 자를 간수 또는 호송하는 자가 이를 도주하게 함으로서 성립한다(제148조).

범인은닉죄는 벌금 이상의 형에 해당하는 죄를 범한 자를 은닉 또는 도피하게 함으로써 성립한다(제151조 제1항). 친족 또는 동거의 가족이 본인을 위하여 범인은닉죄를 범한 때에는 처벌하지 아니한다(제151조 제2항).

(4) 위증과 증거인멸의 죄

위증죄는 법률에 의하여 선서한 증인이 허위의 진술을 함으로써 성립한다(제152조 제1항). 모해위증죄는 형사사건 또는 징계사건에 관하여 피고인, 피의자 또는 징계혐의자를 모해할 목적으로 위증죄를 범함으로써 성립한다(제152조 제2항).

증거인멸·은닉·위조·변조죄는 타인의 형사사건 또는 징계사건에 관한 증거를 인멸·은닉·위조 또는 변조하거나, 위조 또는 변조한 증거를 사용함으로써 성립하는 범죄이다(제115조 제1항).

증인은닉·도주죄는 타인의 형사사건 또는 징계사건에 관한 증인을 은닉 또는 도피하게 함으로써 성립하는 범죄이다(제115조 제2항).

판례는 자기의 형사사건에 대한 증거를 인멸하기 위하여 타인을 교사한 경우에 증거인멸죄의 성립을 긍정한다. 여기의 증인에는 형사소송법상의 증인뿐만 아니라 수사기관에서 조사하는 참고인도 포함한다.

(5) 무고의 죄

무고죄는 타인으로 하여금 형사처분 또는 징계처분을 받게 할 목적으로 공무소 또는 공무원에 대하여 허위의 사실을 신고함으로써 성립한다(제156조). 객관적 사실과 일치하는 경우에는 법률평가를 잘못하거나 죄명을 잘못 적은 것에 지나지 않은 경우에는 허위의 사실이라고 할 수 없다. 신고한 사실이 진실한 이상 형사책임을 부담하는 자를 잘못 지정한 경우라도 무고죄가 성립하지는 않는다. 판례는 무고죄의 허위의 사실의 정도에 대하여 당해 관청의 직권을 발동할 수 있는 정도이면 추상적 사실로 족하다는 입장이다. 결과발생에 대한 미필적 고의로 충분하다. 한 개의 행위로 한 사람에 대한 수개의 사실을 신고한 때에는 1죄가 성립한다. 1개의 행위로 수인을 무고한 때에는 수죄의 상상적 경합이다.

제 1 절   형사절차의 흐름

전형적 형사절차는 사건발생(가해자, 피해자, 목격자), 수사(피의자, 피해자, 변호인, 참고인, 경찰청 소속 사법경찰관, 검찰청 소속 수사검사), 공판검사의 공소제기, 제1심 공판(피고인, 변호인, 참고인, 검찰청 소속 공판검사, 법원), 판결 확정 전 불복에 의한 상소(항소, 상고) 순으로 진행된다. 형사절차는 수사 이후 검사가 공소제기를 하고, 이후 판결을 내리기 위한 형사소송절차가 시작된다.

검사의 공소제기 전 단계를 기소전 단계라 하는데, 검사의 구속영장 청구부터 공소제기까지의 단계를 말한다. 검사의 구속영장 청구, 청구된 구속영장에 대한 실질심사, 체포 또는 구속의 적법 여부에 대한 체포·구속적부심사청구가 있다. 검사의 구속영장 청구 및 구속영장 실질심사에서 구속영장이 발부되거나 구속적부심사청구가 기각되면 피의자의 구속 상태는 유지된다. 구속영장이 발부되지 않거나 구속영장 실질심사에서 구속영장의 기각 및 구속적부심사청구가 인용되면 피의자는 석방된다.

검사의 공소제기 후 단계를 기소후 단계라 하는데 검사의 청구에 따라 구공판과 구약식으로 나뉜다. 구공판은 공판절차를 구하는 것을 말하고, 구약식은 약식명령을 구하는 것을 말한다. 검사가 약식명령을 청구하면 판사는 약식명령을 발령하거나 통상의 공판절차에 회부하여 재판할 수 있다. 약식명령에 불복이 있는 사람은 약식명령의 고지를 받은 날로부터 7일 이내에 약식명령을 한 법원에 서면으로 정식 재판청구를 할 수 있다.

　검사가 수사를 마치면 불기소처분과 공소제기 중 하나를 선택한다. 불기소처분은 증거부족이나 처벌의 필요성이 없음을 이유로 기소를 하지 않는 처분이다. 공소제기는 범죄의 객관적 혐의가 충분하고 소송조건을 구비하여 유죄판결을 받을 수 있다는 인정되는 때 한다. 검사가 공소를 제기하면 피의사건은 피고사건으로 법원의 심판대상이 된다. 공소잡 접수 후 법원은 해당 사건을 재판부에 배당한다. 이에 의하여 재판이 이루어지는 구체적인 판사와 법정이 정해지는 것이다.

　공판절차 전 임의절차로 공판준비절차(참여재판 필수)가 마련되어 있다. 공판준비절차는 공판준비명령, 검사의 공판준비서면 제출, 피고인, 변호인의 반박, 검사의 재반박, 공판준비기일진행(증거조사, 쟁점정리), 공판준비절차 종결의 단계를 거치며 공판준비절차가 종결되면 공판절차가 개시된다.

　공판절차는 재판장의 진술거부권 고지(제283조의2 제2항) 및 인정신문(제284조), 모두진술, 쟁점 및 증거관계 등 정리, 피고인이 공소사실을 부인할 경우에는 증거조사 실시, 공소사실을 인정할 경우에는 간이공판절차회부, 피고인신문, 최종변론(검사, 변호인, 피고인), 변론종결, 선고의 단계를 거치게 된다. 변론종결시까지 배상명령청구와 보석청구가 가능하다. 선고된 판결에 대하여 불복이 있는 사람은 판결의 선고일부터 7일(판결 선고일은 기산하지 않는다) 이내에 상소를 제기할 수 있다.

　검사의 모두진술은 공소사실, 죄명 및 적용법조의 낭독으로 진행된다. 피고인의 출석없이 개정하는 경우에도 반드시 모두진술을 하여야 한다. 검사의 모두진술이 끝나면 재판장은 피고인에게 공소사실의 인정 여부를 묻게 된다. 그러면 피고인은 진술거부권을 행사하거나, 진술거부권을 행사하지 않고 공소사실의 인정 여부에 대한 모두진술을 하게 된다. 피고인의 변호인이 있는 경우 일반적으로 변호인이 먼저 공소사실의 여부를 진술하고, 재판장은 그 후 피고인에게 다시 공소사실 인정 여부를 묻고 변호인의 답변을 재확인한다. 이 단계에서 피고인이 공서사실을 자백하면 재판장은 간이공판절차에 회부하는 결정을 한다(제286조의2). 재판장은 쟁점정리를 위해 필요한 심문을 할 수 있고, 증거조사에 앞서 검사 및 변호인으로 하여금 공소사실의 증명과 관련한 주장과 입증계획을 진술하게 할 수 있다(제287조).

　증거조사는 공판중심주의의 핵심이다. 증거의 신청, 증거의 결정, 증거조사, 당사자 의견청취 순으로 진행된다. 검사니 피고인은 서류나 물건을 증거로 제출할 수 있고, 증인, 감정인 등의 신문을 신청할 수 있다. 증거신청은 공판기일, 공판준비기일, 공판기일 외에 신청할 수 있다. 서류와 물건의 경우 법정에서 현실적으로 제출하여 신청한다. 제출된 것을 증거로 채택하는 것은 법원의 재량이다. 실무에서 검사는 법정에서 증거목록만 제출하고 있고, 법원은 피고인에게 그 목록에 대한 증거동의 여부를 묻는다. 여기서 목록을 보고 증거동의를 하면 법원은 반대신문권을 포기한 것으로 판단하고, 이후 증거동의의 철회를 인정하지 않는다. 증거에 대하여 부동의하면 증거조사가 시작된다. 증거동의는 공판절차의 관문이자 핵심이나 지극히 소홀하게 취급되는 것이 현실이므로 주의하여야 하고, 판단이 서질 않으면 피고인으로서는 증거에 대하여 부동의하는 것이 옳다. 증인신문은 증인에 대한 증거조사이다. 불출석하는 증인에 대해서는 500만원 이하의 과태료에 처하며, 그래도 출석하지 아니하면 7일 이내의 감치에 처할 수 있다. 피고인신문은 증거조사가 종료된 후에 이루어지는 것이 원칙이고, 임의절차이므로 생략이 가능하다. 피고인신문시 피고인은 증인석에 앉는다. 그렇다고 증인신분이 되는 것은 아니다. 진술거부권이 있고, 고지하도록 되어 있으므로 진술하지 않아도 된다. 검사는 주로 유도신문을 하는 경우가 많은데, 이에 대해 다음 기일에 이의없다고 하면 그 하자는 치유된다. 공범인 공동피고인도 피고인신문할 수 있다. 공판절차의 결심 후 검사는 구형(최후진술)이 있고, 변호인의 최종변론과 피고인의 최후진술이 이어진다. 이러한 기회를 생략한 판결 선고는 위법하다. 법원은 검사의 구형에 구속되지 않으므로 검사의 구형보다 높은 형을 선고할 수 있다. 판결선고는 판결의 주문 낭독 및 이유의 요지를 설명하는 것으로 이루어진다. 형을 선고하는 경우 항소기간과 항소법원을 고지하여야 한다. 항소장을 제출할 법원이 원심법원이라는 것과 수감된 피고인의 경우 수용시설의 장에게 제출하면 된다는 것을 알려준다.

공판절차의 특칙에는 국민참여재판, 간이공판절차, 공판절차의 정지, 공판절차의 갱신, 변론의 병합, 변론의 분리, 변론의 재개 등이 있다. 공판절차와 병행되는 특별절차에는 배상명령사건과 치료감호청구사건이 있다. 특수절차에는 약식절차, 즉결심판절차가 있다. 판결이 확정되면 기판력이 발생하여 다툴 수 없으나, 예외적으로 유죄 확정판결에 대한 중대한 사실오인이 있는 경우 재심이 가능하고, 확정판결에 대한 법령위반이 발견된 경우 이를 시정하는 비상상고절차가 있다.

제2절 고 소

고소는 고소권자가 수사기관에 대하여 범죄사실을 신고하는 것을 말한다. 경찰청 인터넷 홈페이지에 민원 접수 방식으로 피고인에 대한 조사를 촉구하는 것, 법원에 진정서를 제출하는 것, 공판절차에서 피고인의 처벌을 바란다고 증언하는 것은 고소가 아니다. 고소를 함에 있어서 범인의 성명, 범행일시, 장소, 방법 등이 명확하지 않거나 틀린 것이 있어도 고소의 효력에는 영향이 없다. 고소에는 범인의 처벌을 원하는 의사표시가 있어야 하므로 단순히 피해사실을 신고하는 데 그쳤다면 이는 고소가 아니다. 친고죄에 있어서 고소는 고소요건의 충족, 고소기간의 경과, 고소 효력의 범위 등과 관련하여 중요한 의미가 있다. 고소권자에는 피해자, 피해자의 법정대리인, 피해자의 배우자친족, 지정고소권자가 있다. 피해자의 법정대리인의 고소권은 피해자의 명시한 의사에 반하여도 고소가 가능하다. 고소기간은 법정대리인이 범인을 알게 된 날부터 진행한다. 피해자가 사망한 때에는 그 배우자, 직계친족 또는 형제자매는 고소할 수 있지만, 피해자의 명시한 의사에 반하여 고소하지는 못한다. 사자의 명예를 훼손한 범죄에 대하여는 그 친족 또는 자손은 고소할 수 있다. 친고죄에 대하여 고소할 자가 없는 경우에 이해관계인의 신청이 있으면 검사는 10일 이내에 고소할 수 있는 자를 지정하여야 한다.

　　고소는 제1심 판결선고 전까지 취소할 수 있다. 고소를 취소한 자는 다시 고소하지 못한다. 피해자의 명시한 의사에 반하여 죄를 논할 수 없는 사건(반의사불벌죄)에 있어서 처벌을 희망하는 의사표시의 철회 역시 제1심 판결선고 전까지 할 수 있고, 철회한 자는 다시 처벌을 희망하는 의사표시를 할 수 없다. 친고죄에 대하여는 범인을 알게 된 날로부터 6월을 경과하면 고소하지 못한다. 단, 고소할 수 없는 불가항력의 사유가 있는 때에는 그 사유가 없어진 날로부터 기산한다.

　　친고죄에 있어서 하나의 범죄 일부에 대한 고소 또는 그 취소는 사건 전부에 효력이 미친다(고소의 객관적 불가분원칙). 친고죄의 공범 중 그 1인 또는 수인에 대한 고소 또는 그 취소는 다른 공범자에 대하여도 효력이 있다(고소의 주관적 불가분원칙). 반의사불벌죄에는 고소의 주관적 불가분 원칙이 적용되지 않는다. 고소할 수 있는 자가 수인인 경우에는 1인의 기간의 해태는 타인의 고소에 영향이 없다.

제 3 절　임의수사와 강제수사

　　수사는 임의수사를 원칙으로 하고, 강제수사는 법에 규정된 경우에 한하여 허용된다(제199조). 피의자신문이란 검사 또는 사법경찰관이 피의자를 신문하여 피의자로부터 진술을 듣는 것으로 임의수사에 해당한다. 수사기관은 피의자 아닌 자(참고인)의 출석을 요구하여 진술을 들을 수 있는데, 이러한 참고인조사도 임의수사이다. 강제수사에는 사람을 대상으로 하는 체포, 구속, 수사상 감정유치 등 대인적 강제수사와 압수, 수색, 검증 등 대물적 강제수사가 있다.

피의자가 죄를 범하였다고 의심할 만한 상당한 이유가 있고, 정당한 이유 없이 출석요구에 응하지 아니하거나 응하지 아니할 우려가 있는 때에는 검사는 관할 지방법원판사에게 청구하여 체포영장을 발부받아 피의자를 체포할 수 있고, 사법경찰관은 검사에게 신청하여 검사의 청구로 관할지방법원판사의 체포영장을 발부받아 피의자를 체포할 수 있다. 다만, 다액 50만원 이하의 벌금, 구류 또는 과료에 해당하는 사건에 관하여는 피의자가 일정한 주거가 없는 경우 또는 정당한 이유없이 출석요구에 응하지 아니한 경우에 한한다. 체포한 피의자를 구속하고자 할 때에는 체포한 때부터 48시간 이내에 구속영장을 청구하여야 하고, 그 기간 내에 구속영장을 청구하지 아니하는 때에는 피의자를 즉시 석방하여야 한다(영장에 의한 체포, 제200조의2).

검사 또는 사법경찰관은 피의자가 사형·무기 또는 장기 3년 이상의 징역이나 금고에 해당하는 죄를 범하였다고 의심할 만한 상당한 이유가 있고, 피의자가 증거를 인멸할 염려가 있거나 피의자가 도망하거나 도망할 우려가 있는 경우에 해당하는 사유가 있는 경우에 긴급을 요하여 지방법원판사의 체포영장을 받을 수 없는 때에는 그 사유를 알리고 영장없이 피의자를 체포할 수 있다. 이 경우 긴급을 요한다 함은 피의자를 우연히 발견한 경우 등과 같이 체포영장을 받을 시간적 여유가 없는 때를 말한다. 사법경찰관이 피의자를 긴급체포한 경우에는 즉시 검사의 승인을 얻어야 한다(긴급체포, 제200조의3). 검사 또는 사법경찰관이 피의자를 긴급체포한 경우 피의자를 구속하고자 할 때에는 지체 없이 검사는 관할지방법원판사에게 구속영장을 청구하여야 하고, 사법경찰관은 검사에게 신청하여 검사의 청구로 관할지방법원판사에게 구속영장을 청구하여야 한다. 이 경우 구속영장은 피의자를 체포한 때부터 48시간 이내에 청구하여야 하며, 긴급체포서를 첨부하여야 한다. 구속영장을 청구하지 아니하거나 발부받지 못한 때에는 피의자를 즉시 석방하여야 한다(제200조의4).

검사는 범죄수사에 필요한 때에는 피의자가 죄를 범하였다고 의심할 만한 정황이 있고 해당 사건과 관계가 있다고 인정할 수 있는 것에 한정하여 지방법원판사에게 청구하여 발부받은 영장에 의하여 압수·수색·검증을 할 수 있다. 사법경찰관이 범죄수사에 필요한 때에는 피의자가 죄를 범하였다고 의심할 만한 정황이 있고 해당 사건과 관계가 있다고 인정할 수 있는 것에 한정하여 검사에게 신청하여 검사의 청구로 지방법원판사가 발부한 영장에 의하여 압수·수색·검증을 할 수 있다(제215조). 검사 또는 사법경찰관은 피의자를 발견하여 체포·구속하기 위하여 영장없이 피의자수색을 할 수 있다(제216조 제1항 제1호). 이 경우 사후 영장이 필요 없다. 검사 또는 사법경찰관은 체포현장에서 영장없이 압수·수색·검증할 수 있다(제216조 제1항 제2호). 압수한 물건을 계속 압수할 필요가 있는 경우 지체 없이 압수·수색영장을 청구해야 한다. 체포한 때로부터 48시간 내에 영장청구를 해야 한다. 검사 또는 사법경찰관은 피고인에 대한 구속영장을 집행함에 필요한 때에는 구속현장에서 영장없이 압수·수색·검증할 수 있다(제216조 제2항). 이 때 그 결과를 법관에게 보고하거나 압수물을 제출해야 할 필요가 없다. 검사 또는 사법경찰관은 범죄장소에서 긴급을 요하여 법원 판사의 영장을 받을 수 없을 때에는 영장없이 압수·수색·검증을 할 수 있다(제216조 제3항). 사후에 지체 없이 영장을 발부받아야 한다. 검사 또는 사법경찰관은 긴급체포된 자가 소유·소지 또는 보관하는 물건에 대하여 긴급히 압수할 필요가 있는 경우에는 체포한 때로부터 24시간 이내에 한하여 영장없이 압수·수색·검증을 할 수 있다(제217조 제1항). 압수한 물건을 계속 압수할 필요가 있는 경우 지체 없이 압수·수색영장을 청구해야 한다. 체포한 때로부터 48시간 내에 영장청구를 해야 한다. 검사 또는 사법경찰관은 피의자기타인의 유류한 물건이나 소유자, 소지자 또는 보관자가 임의로 제출한 물건을 영장 없이 압수할 수 있다(제218조).

제4절 증 거

1. 증거재판주의와 자유심증주의

증거재판주의는 사실의 인정은 증거에 의하여야 하고, 범죄사실의 인정은 합리적인 의심이 없는 정도의 증명에 이르러야 한다는 원칙이다(제307조). 여기서 증거능력, 범죄의 증명의 정도, 검사의 증명책임이 도출된다. 공소가 제기된 범죄사실의 존재, 위법성조각사유의 부존재, 책임조각사유의 부존재에 대한 증명책임은 검사에게 있다.

자유심증주의란 증거의 증명력은 법관의 자유판단에 의한다(제308조)는 원칙이다. 자유심증주의의 예외로 자백보강법칙(제310조)과 공판조서의 증명력(제56조)이 있다. 자유심증주의에 따라 법관은 자유롭게 증거의 취사선택을 할 수 있고, 모순되는 증거가 있는 경우 어느 증거를 믿을 것인지 자유롭게 결정할 수 있다. 그러나 합리성과 객관성이 결여한 증거가치 판단은 위법하기 때문에, 논리와 경험칙에 위배될 수는 없다.

공판조서의 배타적 증명력은 공판조서에 기재된 피고인의 출석 여부, 피고인에 대한 진술거부권의 고지 여부, 증거에 대한 동의 또는 진정성립에 관한 피고인의 의견, 증거조사결과에 대한 의견진술 및 최종의견 진술기회 부여 여부, 판결선고절차의 적법 여부 등에 한정된다.

2. 증거동의

형사소송법 제318조 제1항은 피고인이 증거로 할 수 있음을 동의한 서류 또는 물건은 진정한 것으로 인정한 때에는 증거로 할 수 있다고 규정한다. 이는 증거능력이 없는 전문증거라도 피고인이 증거로 하는 데 동의하면 원진술자나 작성자를 소환하여 신문하는 것을 생략하고 곧바로 증거능력이 인정되도록 하는 제도이다. 이 때 동의는 소송행위이고, 그 의사표시는 상대방이 아니라 법원에 대하여 하는 것이다. 실무 및 대법원판례[1]는 피고인이 이견이 없다는 정도의 진술을 하고 진술조서의 기재내용과 부합하는 진술만 하여도 동의한 것으로 취급하고 있다. 동의의 의사표시는 증거조사 완료 전까지만 취소 또는 철회할 수 있으며, 공판절차의 갱신이나 심급이 달라져도 동의의 효력은 그대로 유지된다. 통설과 판례가 인정하는 동의의 대상인 서류에는 진술조서, 검증조서, 압수조서, 감정서, 진단서, 피의자신문조서, 서류의 사본, 사진, 서명은 있으나 날인이 누락된 서류, 서류의 일부, 전문진술 등 제한이 없다. 법원실무제요는 증거물인 서면의 경우 재판예규에 의하면 증거서류 등 목록에 기재하도록 하여 동의나 부동의 의견이 기재되는 것이 통상이며, 증거물이 물건인지 서류인지 애매한 경우에는 동의가 전문법칙 적용문제를 해소시켜주는 기능을 할 수 있다고 한다.[2] 수집절차에 비교적 가벼운 위법이 있는 증거물에 동의가 있는 경우 그 동의에 의하여 증거능력을 부여할 수 있는지에 대하여는 견해가 나뉜다고 한다.[3] 대법원판례는 유죄의 자료가 되는 것으로 제출된 증거의

---

1) 대법원 1972. 6. 13. 선고 72도922 판결.
2) 「법원실무제요(형사Ⅱ)」, 법원행정처(2014), 95면.
3) 「법원실무제요(형사Ⅱ)」, 법원행정처(2014), 95면. 142면.

반대증거서류는 상대방의 동의가 없어도 증거판단의 자료가 된다고 하며,4) 동의가 없어도 검사제출 증거를 유죄인정 자료가 아니고 공소사실과 양립할 수 없는 사실을 인정하는 자료로 사용할 수 있다고 한다.5) 위법수집증거와 관련하여 고문에 의한 자백 등 명시적으로 드러난 위법수집증거에 대하여는 증거동의와 관계없이 당연히 증거능력이 인정될 수 없겠다.6) 그러나 피고인과 변호인이 증인신문조서를 증거로 할 수 있음에 동의하여 별다른 이의 없이 증거조사를 거친 경우 그 증인신문조서는 증인신문절차가 위법하였는지 여부와 관계없이 증거능력이 부여된다는 것이 대법원판례의 입장이다.7)

3. 자백배제법칙

자백배제법칙은 영국의 보통법에 기원하며, 미국의 판례법이 확고하게 확립한 법칙이다. 18세기 초까지 영국에서 자백은 아무런 제한 없이 증거로 허용되었으며, 고문에 의한 자백도 허용되었다.8) 자백이란 피고인 또는 피의자가 범죄사실의 전부 또는 일부를 인정하는 진술을 말한다. 피의자·피고인의 자백은 증거의 영향으로 가장 유력하고도 직접적인 증거로 사용되어 왔다. 자백을 공판에서 할 경우 간이공판절차에 의해 진행되기 때문에, 공판검사와 판사 모두 자백에 의존하고자 하는 성향이 강하다. 따라서 임의성이 의심스러운 자백의 증거능력을 부정하는 자백배제법칙을 헌법 제12조 제7항이 규정하고 있다. 형사소송법 제309조 역시 자백이 고문·폭행·협박·신체구속의 부당한 장기화 또는 기망 기타의 방법으로 임의로 진술한 것이 아니라고 의심할 만한 이유가 있는 때에는 이를 유죄의 증거로 하지 못하도록 규정하여 임의성이 의심스러운 자백의 증거능력을 부정한다. 임의성을 의심할 만한 이유가 있는 자백은 유죄의 증거로 하지 못한다(제309조). 본증은 물론 반증·탄핵증거·보강증거로도 쓸 수 없고, 간이공판절차 개시의 요건도 될 수 없으며, 피고인이 동의하여도 증거능력이 없다. 법원이 이러한 자백을 근거로 유죄판결을 한다면 법령위반으로 절대적 항소이유(제361조 제51호) 및 상고이유(제383조 제1호)가 된다. 증거능력이 인정되지 않는 자백에 의해 수집된 파생증거의 증거

4) 대법원 1981. 12. 22. 선고 80도1547 판결.
5) 대법원 1994. 11. 11. 선고 9도1159 판결.
6) 대법원 1985. 2. 26. 선고 82도2413 판결.
7) 대법원 1988. 11. 8. 선고 86도1646 판결.
8) 신양균, 「형사소송법(신판)」, 화산미디어(2009), 651면.

능력도 부정할 것인가에 대하여는 독수의 과실이론(fruit of the poisonous tree doc-trine)을 인정할 것인가와 관련하여 고문, 폭행, 협박, 신체구속의 부당한 장기화와 같이 중대한 위법수사의 경우에는 파생증거의 증거능력을 부정해야 하지만, 기망 기타 방법에 의한 자백의 경우에는 실체적 진실발견의 관점에서 인정해도 무방하다는 견해가 주장된다.[9]

4. 위법수집증거배제의 법칙

위법한 절차에 의하여 수집된 증거를 위법수집증거라 한다. 위법수집증거 배제 법칙은 미국 수정헌법 제4조의 사생활 보장 조항을 보장하기 위하여 미국판례법이 확립한 것이다. 위법수사로 인하여 획득한 증거와 그 증거를 원인으로 하여 얻어진 2차적 증거들에 대하여 증거능력을 부인함으로써 유죄의 증거로 삼을 수 없도록 하는 것을 내용으로 한다. 형사소송법 제308조의2는 '적법한 절차에 의하지 아니하고 수집한 증거는 증거로 할 수 없다'고 규정하고 있는데, 이 규정에 의해 증거능력이 배제되는 증거의 범위는 명확하지 않다.

5. 전문법칙

전문증거(hearsay)는 사람의 경험적 사실에 대한 법정외 진술에 관한 증거이다. 이러한 전문증거가 그 진술내용이 진실임을 입증하기 위해 법정에 증거로 제출된 경우 예외적인 요건을 충족하지 않는 한 증거능력을 인정하지 않겠다는 증거법 원칙을 전문법칙이라 한다. 전문법칙은 전문증거를 증거로 사용할 수 있는 수많은 예외규정들로 이루어져 있다. 결국 전문법칙은 전문증거를 언제 증거로 사용할 수 있는가라는 예외들의 법칙이다.

형사소송법은 아래 규정과 같이 일정한 조건하에 전문증거의 증거능력을 인정하고 있다.

제310조의2(전문증거와 증거능력의 제한) 제311조 내지 제316조에 규정한 것 이외에는 공판준비 또는 공판기일에서의 진술에 대신하여 진술을 기재한 서류 나 공판준비 또는 공판기일 외에서의 타인의 진술을 내용으로 하는 진술은 이 를 증거로 할 수 없다.

---

9) 신현주, 「형사소송법」, 박영사(1984), 275면.

제311조(법원 또는 법관의 조서) 공판준비 또는 공판기일에 피고인이나 피고인 아닌 자의 진술을 기재한 조서와 법원 또는 법관의 검증의 결과를 기재한 조서는 증거로 할 수 있다.

제312조(검사 또는 사법경찰관의 조서 등) ① 검사가 피고인이 된 피의자의 진술을 기재한 조서는 적법한 절차와 방식에 따라 작성된 것으로서 피고인이 진술한 내용과 동일하게 기재되어 있음이 공판준비 또는 공판기일에서의 피고인의 진술에 의하여 인정되고, 그 조서에 기재된 진술이 특히 신빙할 수 있는 상태하에서 행하여졌음이 증명된 때에 한하여 증거로 할 수 있다.

② 제1항에도 불구하고 피고인이 그 조서의 성립의 진정을 부인하는 경우에는 그 조서에 기재된 진술이 피고인이 진술한 내용과 동일하게 기재되어 있음이 영상녹화물이나 그 밖의 객관적인 방법에 의하여 증명되고, 그 조서에 기재된 진술이 특히 신빙할 수 있는 상태하에서 행하여졌음이 증명된 때에 한하여 증거로 할 수 있다.

③ 검사 이외의 수사기관이 작성한 피의자신문조서는 적법한 절차와 방식에 따라 작성된 것으로서 공판준비 또는 공판기일에 그 피의자였던 피고인 또는 변호인이 그 내용을 인정할 때에 한하여 증거로 할 수 있다.

④ 검사 또는 사법경찰관이 피고인이 아닌 자의 진술을 기재한 조서는 적법한 절차와 방식에 따라 작성된 것으로서 그 조서가 검사 또는 사법경찰관 앞에서 진술한 내용과 동일하게 기재되어 있음이 원진술자의 공판준비 또는 공판기일에서의 진술이나 영상녹화물 또는 그 밖의 객관적인 방법에 의하여 증명되고, 피고인 또는 변호인이 공판준비 또는 공판기일에 그 기재 내용에 관하여 원진술자를 신문할 수 있었던 때에는 증거로 할 수 있다. 다만, 그 조서에 기재된 진술이 특히 신빙할 수 있는 상태하에서 행하여졌음이 증명된 때에 한한다.

⑤ 제1항부터 제4항까지의 규정은 피고인 또는 피고인이 아닌 자가 수사과정에서 작성한 진술서에 관하여 준용한다.

⑥ 검사 또는 사법경찰관이 검증의 결과를 기재한 조서는 적법한 절차와 방식에 따라 작성된 것으로서 공판준비 또는 공판기일에서의 작성자의 진술에 따라 그 성립의 진정함이 증명된 때에는 증거로 할 수 있다.

제313조(진술서등) ① 전2조의 규정 이외에 피고인 또는 피고인이 아닌 자가 작성한 진술서나 그 진술을 기재한 서류로서 그 작성자 또는 진술자의 자필이

거나 그 서명 또는 날인이 있는 것(피고인 또는 피고인 아닌 자가 작성하였거나 진술한 내용이 포함된 문자·사진·영상 등의 정보로서 컴퓨터용디스크, 그 밖에 이와 비슷한 정보저장매체에 저장된 것을 포함한다. 이하 이 조에서 같다)은 공판준비나 공판기일에서의 그 작성자 또는 진술자의 진술에 의하여 그 성립의 진정함이 증명된 때에는 증거로 할 수 있다. 단, 피고인의 진술을 기재한 서류는 공판준비 또는 공판기일에서의 그 작성자의 진술에 의하여 그 성립의 진정함이 증명되고 그 진술이 특히 신빙할 수 있는 상태하에서 행하여진 때에 한하여 피고인의 공판준비 또는 공판기일에서의 진술에 불구하고 증거로 할 수 있다.

② 제1항 본문에도 불구하고 진술서의 작성자가 공판준비나 공판기일에서 그 성립의 진정을 부인하는 경우에는 과학적 분석결과에 기초한 디지털포렌식 자료, 감정 등 객관적 방법으로 성립의 진정함이 증명되는 때에는 증거로 할 수 있다. 다만, 피고인 아닌 자가 작성한 진술서는 피고인 또는 변호인이 공판준비 또는 공판기일에 그 기재 내용에 관하여 작성자를 신문할 수 있었을 것을 요한다.

③ 감정의 경과와 결과를 기재한 서류도 제1항 및 제2항과 같다.

제314조(증거능력에 대한 예외) 제312조 또는 제313조의 경우에 공판준비 또는 공판기일에 진술을 요하는 자가 사망·질병·외국거주·소재불명 그 밖에 이에 준하는 사유로 인하여 진술할 수 없는 때에는 그 조서 및 그 밖의 서류(피고인 또는 피고인 아닌 자가 작성하였거나 진술한 내용이 포함된 문자·사진·영상 등의 정보로서 컴퓨터용디스크, 그 밖에 이와 비슷한 정보저장매체에 저장된 것을 포함한다)를 증거로 할 수 있다. 다만, 그 진술 또는 작성이 특히 신빙할 수 있는 상태하에서 행하여졌음이 증명된 때에 한한다.

제315조(당연히 증거능력이 있는 서류) 다음에 게기한 서류는 증거로 할 수 있다.

1. 가족관계기록사항에 관한 증명서, 공정증서등본 기타 공무원 또는 외국공무원의 직무상 증명할 수 있는 사항에 관하여 작성한 문서
2. 상업장부, 항해일지 기타 업무상 필요로 작성한 통상문서
3. 기타 특히 신용할 만한 정황에 의하여 작성된 문서

제316조(전문의 진술) ① 피고인이 아닌 자(공소제기 전에 피고인을 피의자로 조사하였거나 그 조사에 참여하였던 자를 포함한다. 이하 이 조에서 같다)의 공판준비 또는 공판기일에서의 진술이 피고인의 진술을 그 내용으로 하는 것인 때에는 그 진술이 특히 신빙할 수 있는 상태하에서 행하여졌음이 증명된 때에 한하여

이를 증거로 할 수 있다.

② 피고인 아닌 자의 공판준비 또는 공판기일에서의 진술이 피고인 아닌 타인의 진술을 그 내용으로 하는 것인 때에는 원진술자가 사망, 질병, 외국거주, 소재불명 그 밖에 이에 준하는 사유로 인하여 진술할 수 없고, 그 진술이 특히 신빙할 수 있는 상태하에서 행하여졌음이 증명된 때에 한하여 이를 증거로 할 수 있다.

수사보고서에 검증의 결과에 해당하는 기재가 있는 경우, 그 기재 부분은 검찰사건사무규칙 제17조에 의하여 검사가 범죄의 현장 기타 장소에서 실황조사를 한 후 작성하는 실황조서 또는 사법경찰관리집무규칙 제49조 제1항, 제2항에 의하여 사법경찰관이 수사상 필요하다고 인정하여 범죄현장 또는 기타 장소에 임하여 실황을 조사할 때 작성하는 실황조사서에 해당하지 아니하며, 단지 수사의 경위 및 결과를 내부적으로 보고하기 위하여 작성된 서류에 불과하므로 그 안에 검증의 결과에 해당하는 기재가 있다고 하여 이를 형사소송법 제312조 제1항의 '검사 또는 사법경찰관이 검증의 결과를 기재한 조서'라고 할 수 없을 뿐만 아니라 이를 같은 법 제313조 제1항의 '피고인 또는 피고인이 아닌 자가 작성한 진술서나 그 진술을 기재한 서류'라고 할 수도 없고, 같은 법 제311조, 제315조, 제316조의 적용대상이 되지 아니함이 분명하므로 그 기재 부분은 증거로 할 수 없다(2000도2933).

피고인과 상대방 사이의 대화 내용에 관한 녹취서가 공소사실의 증거로 제출되어 녹취서의 기재 내용과 녹음테이프의 녹음 내용이 동일한지에 대하여 법원이 검증을 실시한 경우에, 증거자료가 되는 것은 녹음테이프에 녹음된 대화 내용 자체이고, 그중 피고인의 진술 내용은 실질적으로 형사소송법 제311조, 제312조의 규정 이외에 피고인의 진술을 기재한 서류와 다름없어, 피고인이 녹음테이프를 증거로 할 수 있음에 동의하지 않은 이상 녹음테이프에 녹음된 피고인의 진술 내용을 증거로 사용하기 위해서는 형사소송법 제313조 제1항 단서에 따라 공판준비 또는 공판기일에서 작성자인 상대방의 진술에 의하여 녹음테이프에 녹음된 피고인의 진술 내용이 피고인이 진술한 대로 녹음된 것임이 증명되고 나아가 그 진술이 특히 신빙할 수 있는 상태하에서 행하여진 것임이 인정되어야 한다. 또한 대화 내용을 녹음한 파일 등 전자매체는 성질상 작성자나 진술자의 서명 또는 날인이 없을 뿐만 아니라, 녹음자의 의도나 특정한 기술에 의하여 내용이 편집·조작될 위험성이 있음을 고려하여, 대화 내용을 녹음한 원본이거나 원본으로부터 복사한 사본일 경우에는 복사과정에서 편집되는 등의 인위적 개작 없이 원본의 내용 그대로 복사된 사본임이 증명되어야 한다(2012도7461).

6. 탄핵증거

탄핵증거란 진술의 증명력을 다투기 위한 증거를 말한다. 탄핵증거는 범죄사실을 인정하는 증거가 아니므로 엄격한 증거능력을 요하지 않는다. 증거능력 없는 전문증거라도 탄핵증거로 사용될 수 있다. 탄핵증거는 진술의 증명력 감쇄를 위해 인정하는 것이므로, 범죄사실 또는 그 간접사실의 인정의 증거로는 허용되지 않는다. 탄핵증거의 대상은 진술증거에 제한되지만 탄핵증거가 반드시 진술증거일 것은 아니다.

제318조의2(증명력을 다투기 위한 증거) ① 제312조부터 제316조까지의 규정에 따라 증거로 할 수 없는 서류나 진술이라도 공판준비 또는 공판기일에서의 피고인 또는 피고인이 아닌 자(공소제기 전에 피고인을 피의자로 조사하였거나 그 조사에 참여하였던 자를 포함한다. 이하 이 조에서 같다)의 진술의 증명력을 다투기 위하여 증거로 할 수 있다.
② 제1항에도 불구하고 피고인 또는 피고인이 아닌 자의 진술을 내용으로 하는 영상녹화물은 공판준비 또는 공판기일에 피고인 또는 피고인이 아닌 자가 진술함에 있어서 기억이 명백하지 아니한 사항에 관하여 기억을 환기시켜야 할 필요가 있다고 인정되는 때에 한하여 피고인 또는 피고인이 아닌 자에게 재생하여 시청하게 할 수 있다.

피고인이 내용을 부인하여 증거능력이 없는 사법경찰리 작성의 피의자신문조서에 대하여 비록 당초 증거제출 당시 탄핵증거라는 입증취지를 명시하지 아니하였지만 피고인의 법정 진술에 대한 탄핵증거로서의 증거조사절차가 대부분 이루어졌다고 볼 수 있는 점 등의 사정에 비추어 위 피의자신문조서를 피고인의 법정 진술에 대한 탄핵증거로 사용할 수 있다(2005도2617).

7. 자백보강법칙

자백의 보강법칙이란 법관이 피고인의 자백에 기초하여 유죄의 심증을 얻었다고 할지라도 그 자백이 다른 증거에 의하여 뒷받침되지 않는 유일한 증거인 경우에는 유죄인정을 할 수 없다는 원칙을 말한다. 형사소송법 제310조은 "피고인의 자백이 그에게 불이익한 유일의 증거인 때에는 이를 유죄의 증거로 하지 못한다"고 규정하고 있다. 헌법 제12조 제7항 후문은 "정식재판에 있어서 피고인의 자백이 그에게 불이익한 유일한 증거일 때에는 … 이를 이유로 처벌할 수 없다"고 규정하여 자백배제법칙을 헌법원리로 규정하고 있다. 자백의 보강법칙은 허위자백의 배제와 자백편중 수사관행의 견제라는 면에서 중요하다.

자백에 대한 보강증거는 피고인의 임의적인 자백사실이 가공적인 것이 아니고 진실하다고 인정될 정도의 증거이면 직접증거이거나 간접증거이거나 보강증거능력이 있다 할 것이고, 반드시 그 증거만으로 객관적 구성요건에 해당하는 사실을 인정할 수 있는 정도의 것임을 요하는 것이 아니라 할 것이므로, 피고인이 위조신분증을 제시행사한 사실을 자백하고 있고, 위 제시행사한 신분증이 현존한다면 그 자백이 임의성이 없는 것이 아닌한 위 신분증은 피고인의 위 자백사실의 진실성을 인정할 간접증거가 된다고 보아야 한다(82도3107).

원래 자백에 대한 보강증거는 자백사실이 가공적인 것이 아니고 진실한 것이라고 담보할 수 있는 정도이면 족한 것이지 범죄사실의 전부나 그 중요부분의 전부에 일일이 그 보강증거를 필요로 하는 것이 아니다. 오토바이를 절취당한 피해자로부터 오토바이가 세워져 있다는 신고를 받고 그 곳에 출동한 경찰관이 잠복근무하다가 피고인이 오토바이의 시동을 걸려는 것을 보고 그를 즉시 체포하면서 그로부터 오토바이를 압수하였다는 사법경찰리 작성의 압수조서의 기재는 피고인이 운전면허가 없다는 사실에 대한 직접적인 보강증거는 아니지만 오토바이를 운전하였다는 사실의 자백 부분에 대한 보강증거는 되는 것이므로 결과적으로 피고인이 운전면허 없이 운전하였다는 전체 범죄사실의 보강증거로 충분하다(94도1146).

자백에 대한 보강증거는 범죄사실의 전부 또는 중요 부분을 인정할 수 있는 정도가 되지 아니하더라도 피고인의 자백이 가공적인 것이 아닌 진실한 것임을 인정할 수 있는 정도만 되면 족할 뿐만 아니라 직접증거가 아닌 간접증거나 정황증거도 보강증거가 될 수 있으며, 또한 자백과 보강증거가 서로 어울려서 전체로서 범죄사실을 인정할 수 있으면 유죄의 증거로 충분하다고 할 것이다(2007도1419).

제 5 절 구 속

피의자의 구속이란 피의자의 자유를 제한하여 형사재판에 출석할 것을 보장하고, 증거인멸을 방지하여 실체적 진실 발견에 기여하며, 확정된 형벌을 집행하기 위한 것으로 형사소송의 진행과 형벌의 집행을 확보하기 위한 제도이다. 피의자를 구속하기 위해서는 검사의 청구에 의하여 법관이 적법한 절차에 따라 발부한 영장을 제시하여야 한다. 피의자가 죄를 범하였다고 의심할 만한 상당한 이유가 있고, 일정한 주거가 없거나 증거를 인멸할 염려가 있는 경우 또는 도망하였거나 도망할 염려가 있는 경우에 검사는 관할지방법원판사에게 청구하여 구속영장을 발부 받아 피의자를 구속할 수 있고, 사법경찰관은 검사에게 신청하여 검사의 청구에 의하여 관할지방법원 판사의 구속영장을 발부 받아 피의자를 구속할 수 있다. 그러나 50만 원 이하의 벌금·구류 또는 과료에 해당하는 사건에 관하여는 주거부정의 경우에 한하여 구속할 수 있다.

긴급체포, 현행범체포의 경우 영장없이 구속할 수 있다. 긴급체포란 검사 또는 사법경찰관은 피의자가 사형·무기 또는 장기 3년 이상의 징역이나 금고에 해당하는 죄를 범하였다고 의심할 만한 상당한 이유가 있고, 도망 및 증거인멸의 염려가 있으며, 긴급을 요하는 경우에는 영장 없이 피의자를 체포할 수 있는 제도를 말한다. 현행범체포란 범죄를 실행 중이거나 실행한 직후인 현행범의 경우 수사기관뿐만 아니라 누구든지 영장 없이 체포할 수 있는 제도를 말한다. 일반인이 현행범인을 체포한 경우에는 즉시 수사기관에 인도하여야 한다.

수사기관이 긴급체포하거나 현행범인으로 체포한 피의자를 구속하고자 할 때에는 체포한 때로부터 48시간 이내에 판사에게 구속영장을 청구하여야 하고, 그 시간 내에 영장을 청구하지 아니하거나 발부 받지 못한 때에는 피의자를 즉시 석방해야 한다. 다만, 긴급체포된 피의자에 대한 구속영장청구는 지체 없이 이루어져야 하고, 48시간 이내에 영장이 청구되었다고 하여 당연히 '지체 없이'라는 요건이 충족되는 것은 아니다.

구속영장은 검사의 지휘에 의하여 사법경찰관리가 집행한다. 교도소 또는 구치소에 있는 피의자에 대하여 발부된 구속영장은 검사의 지휘에 의하여 교도관리가 집행한다. 구속영장을 집행함에 있어서는 피의자에게 범죄사실의 요지, 구속의 이유와 변호인을 선임할 수 있음을 말하고 변명할 기회를 주어야 하며 피의자에게 구속영장을 제시해야 한다. 구속영장을 소지하지 아니한 경우에 급속을 요하는 때에는 영장을 제시하지 않고 집행할 수 있으나 집행을 종료한 후에는 신속히 구속영장을 제시해야 한다.

피의자를 구속한 때에는 구속 후 지체 없이 서면으로 변호인이 있는 경우에는 변호인에게, 변호인이 없는 경우에는 피의자의 법정대리인, 배우자, 직계친족, 형제자매 중 피의자가 지정한 자에게 피의사건명, 구속일시·장소, 범죄사실의 요지, 구속의 이유와 변호인을 선임할 수 있다는 취지를 알려야 한다.

사법경찰관에 의한 구속의 경우 그 구속기간은 10일 이내이며, 연장은 허용되지 않는다. 검사의 경우도 피의자를 구속할 수 있는 기간은 사법경찰관으로부터 피의자의 신병을 인도 받은 때로부터 10일이지만, 검사의 신청에 의하여 수사를 계속하는 것이 상당한 이유가 있다고 판사가 인정한 때에는 10일을 초과하지 아니하는 한도에서 구속기간이 1차에 한하여 연장될 수 있다.

검사 또는 사법경찰관에 의하여 구속되었다가 석방된 사람은 다른 중요한 증거를 발견한 경우를 제외하고는 동일한 범죄사실에 관하여 재차 구속할 수 없다.

법원의 구속기간은 2개월이며, 공소제기 전의 체포·구인·구금 기간은 구속기간에 산입하지 않는다. 구속기간의 초일은 시간을 계산함이 없이 1일로 산정하며, 말일이 토요일, 공휴일이더라도 구속기간에 산입한다. 구속기간은 2개월이나 특히 구속을 계속할 필요가 있는 경우에는 심급마다 2차에 한하여 결정으로 갱신할 수 있고 갱신한 기간도 2개월이다. 다만, 상소심은 피고인 또는 변호인이 신청한 증거의 조사, 상소이유를 보충한 서면의 제출 등으로 추가 심리가 필요한 부득이한 경우에는 3차에 한하여 갱신할 수 있다. 따라서 재판을 위하여 구속할 수 있는 기간은 1심에서 6개월, 2심과 3심에서 각각 4개월부터 6개월까지 등 합계 1년 2개월부터 1년 6개월까지이다.

제 6 절 구속영장실질심사

구속영장실질심사는 구속영장이 청구된 피의자에 대하여 법관이 수사기록에만 의지하지 아니하고 구속 여부를 판단하기 위하여 필요한 사항에 대하여 직접 피의자를 심문하고, 필요한 때에는 심문장소에 출석한 피해자, 고소인 등 제3자를 심문하거나 그 의견을 듣고 이를 종합하여 구속 여부를 결정하는 제도이다. 피의자의 방어권 및 법관대면권을 최대한 보장하기 위해 법관이 영장에 관한 실질심사를 하도록 한 것이다. 이미 체포영장에 의하여 체포되거나, 현행범으로 체포되거나 긴급체포된 피의자에 대하여 구속영장을 청구받은 판사는 지체 없이 심문을 하여야 한다. 이 경우 특별한 사정이 없는 한 구속영장이 청구된 날의 다음날까지 심문하여야 한다. 미체포된 피의자에 대하여 구속영장을 청구받은 판사는 피의자가 죄를 범하였다고 의심할 만한 이유가 있는 경우에 구인을 위한 구속영장을 발부하여 피의자를 구인한 후 심문하여야 한다. 다만, 피의자가 도망하는 등의 사유로 심문할 수 없는 경우에는 심문 없이 영장 발부 여부를 결정할 수 있다. 체포된 피의자에 대하여는 구속영장의 청구를 받은 즉시, 그 외의 피의자에 대하여는 피의자를 인치한 후 즉시 심문기일과 장소를 검사, 피의자 및 변호인에게 각각 통지한다. 판사는 심문할 피의자에게 변호인이 없는 때에는 직권으로 국선변호인을 선정한다.

　　구속영장실질심사절차가 개시되면 판사는 피의자에게 일체의 진술을 하지 아니하거나 개개의 질문에 대하여 진술을 거부할 수 있으며 이익되는 사실을 진술할 수 있음을 먼저 고지한다. 이후 판사는 피의자의 성명, 주민등록번호(외국인등록번호 등), 주거, 직업을 확인하여 피의자의 동일성을 확인한 후 구속영장청구서에 기재된 범죄사실 및 구속사유를 고지한다. 판사는 구속 여부를 판단하기 위하여 필요한 사항에 관하여 피의자를 심문하고, 이 경우 피의자는 판사의 심문 도중에도 변호인의 조력을 구할 수 있다. 판사는 필요한 경우에 법원에 출석한 피해자 또는 제3자에 대하여 심문할 수 있다. 검사와 변호인은 판사의 심문이 끝난 후 의견을 진술할 수 있으며, 필요한 경우에는 판사의 심문 도중에도 판사의 허가를 얻어 의견을 진술할 수 있다. 피의자의 법정대리인·배우자·직계친족·형제자매나 가족·동거인 또는 고용주, 판사가 방청을 허가한 피해자나 고소인도 판사의 허가를 얻어 사건에 관한 의견을 진술할 수 있다. 판사는 심문이 끝나면 구속 여부를 결정하게 된다. 이 경우 판사가 구속사유가 없다고 판단하여 구속영장청구를 기각하면 체포된 피의자는 구금상태에서 벗어나게 되고, 구속영장이 발부되면 미체포 피의자도 그 때부터 구금되게 된다. 구속 여부의 재판은 유·무죄에 대한 재판이 아니다. 영장이 기각된 경우에도 검사에 의하여 기소가 되면 재판을 거쳐 유·무죄 또는 실형 여부를 결정하므로, 석방결정은 사건의 종국적인 결정과는 무관하다.

제 7 절 구속적부심사

　구속적부심사는 구속영장에 의하여 구속된 피의자에 대하여 일정한 사람의 청구가 있을 때에 법원이 그 구속이 적법한지 여부와 구속을 계속할 필요가 있는지 여부를 심사하여 구속이 부적법 또는 부당하다고 판단되는 경우에는 피의자를 석방하는 제도를 말한다. 그중에서도 특히 피의자의 출석을 담보할 만한 보증금 납입을 조건으로 하여 피의자를 석방하는 경우를 '기소전 보석'이라고도 한다. 구속적부심은 유·무죄에 대한 재판이 아니다. 석방된 경우에도 검사에 의하여 기소가 되면 재판을 거쳐 유·무죄 또는 실형 여부를 결정하므로 석방결정은 사건의 종국과는 무관하다.

　구속적부심사 청구권자는 구속된 피의자 본인은 물론 피의자의 변호인, 법정대리인, 배우자, 직계친족, 형제자매나 동거인 또는 고용주이다. 피의자가 아닌 사람이 청구하는 경우에는 피의자와의 관계를 소명하는 가족관계기록사항 증명서, 주민등록등본 등 자료를 신청서에 첨부하여야 한다. 구속적부심사 청구를 받은 법원은 지체 없이 청구한 때부터 3일 이내로 심문기일을 지정하고, 즉시 청구인, 변호인, 검사 및 피의자를 구금하고 있는 경찰서, 교도소 또는 구치소의 장에게 심문기일과 장소를 통지한다. 피의자에게 사선변호인이 없는 경우, 피의자가 미성년자이거나, 70세 이상인 때, 농아자인 때, 심신장애의 의심이 있는 때, 당해 사건이 사형, 무기, 단기 3년 이상의 징역이나 금고에 해당할 때, 구속적부심사를 청구한 사람이 빈곤 기타의 사유로 변호인을 선임할 수 없어 국선변호인의 선정을 청구한 때에는 법원이 국선변호인을 선정한다.

　구속적부심사청구가 있으면 전담재판부의 합의부원 중 1인이 재판부의 명을 받아 피의자에 대한 심문을 하게 되고, 심문기일에 출석한 검사, 변호인, 청구인은 법원의 심문이 끝난 후에 피의자를 심문하거나 의견을 진술할 수 있으며, 피의자, 변호인, 청구인은 피의자에게 유리한 자료를 제출할 수 있다.

　심문절차가 종료된 때로부터 24시간 이내에 청구에 대한 결정을 한다. 결정을 할 때에는 구속 당시의 사정뿐만 아니라, 적부심심사시까지 변경된 사정(구속 이후에 합의가 이루어진 경우 등)을 고려하여 판단한다. 법원은 구속된 피의자의 석방을 명할 경우 피의자의 출석을 담보할 만한 보증금을 납입할 것을 조건으로 정할 수 있다(기소전 보석). 보증금은 피의자의 출석을 담보하는 효과를 갖기 때문에 현금으로 납입하게 하는 것이 원칙이나, 사안에 따라서는 보증금의 일부 또는 전부에 대하여 보석보증보험증권을 첨부한 보증서로 대신하는 것을 허가할 수도 있다. 보증금은 피의자가 수사기관 또는 법원에 잘 출석하여 사건이 종국적으로 끝나게 되면 되찾아갈 수 있다.

　　법원이 구속적부심청구에 따라 수사관계서류와 증거물을 접수한 때부터 결정 후 검찰청에 반환할 때까지의 기간은 사법경찰관 또는 검사의 구속기간(사법경찰관 10일, 검사 10일, 단 검사의 경우 1차에 한하여 10일 연장가능)에 산입되지 않는다. 그러나 이는 피의자의 미결구금일수에 산입되지 않는다는 의미는 아니다.

　　구속적부심사 결과 석방된 피의자에 대하여는 도망하거나 죄증을 인멸하지 않는 한 동일한 범죄사실에 관하여 재차 구속할 수 없다. 또한 기소전 보석 결정에 의하여 석방된 피의자에 대하여는 피의자가 도망한 때, 피의자가 도망하거나 죄증을 인멸할 염려가 있다고 믿을 만한 충분한 이유가 있는 때, 피의자가 출석요구를 받고 정당한 이유없이 출석하지 아니한 때, 피의자가 주거의 제한 기타 법원이 정한 조건을 위반한 때 이외에는 동일한 범죄사실로 재차 구속하지 못한다.

제 8 절 보　석

　　보석이란 법원이 적당한 조건을 붙여 구속의 집행을 해제하는 재판 및 그 집행을 말한다. 피고인이 도망하거나 지정된 조건에 위반한 경우에 과태료 또는 감치에 처하거나 보석을 취소하고 보증금을 몰취하는 등의 심리적 강제를 가하여, 공판절차에의 출석 및 나중에 형벌의 집행단계에서의 신체확보를 기하고자 하는 제도이다. 신체를 구속하지 않으면서도 구속과 동일한 효과를 얻을 수 있게 함으로써 불필요한 구속을 억제하고 이로 인한 폐해를 방지하려는 데 그 존재의의가 있다. 보석을 청구할 수 있는 사람은 피고인, 피고인의 변호인·법정대리인·배우자·직계친족·형제자매·가족·동거인·고용주이다. 다만, 청구가 없을지라도 법원은 상당한 이유가 있는 경우에는 직권으로 보석을 허가할 수 있다.

　　법원은 보석의 청구가 있으면, 피고인이 사형·무기 또는 장기 10년이 넘는 징역이나 금고에 해당하는 죄를 범한 때, 피고인이 누범에 해당하거나 상습범인 죄를 범한 때, 피고인이 죄증을 인멸하거나 인멸할 염려가 있다고 믿을 만한 충분한 이유가 있는 때, 피고인이 도망하거나 도망할 염려가 있다고 믿을 만한 충분한 이유가 있는 때, 피고인의 주거가 분명하지 아니한 때, 피고인이 피해자, 당해 사건의 재판에 필요한 사실을 알고 있다고 인정되는 자 또는 그 친족의 생명·신체나 재산에 해를 가하거나 가할 염려가 있다고 믿을 만한 충분한 이유가 있을 때를 제외하고는 보석을 허가하여야 한다. 법원은 위에서 열거한 예외사유에 해당하는 경우에도 상당한 이유가 있으면 직권 또는 청구에 의하여 보석을 허가할 수 있다. 법원은 보석이 청구되면 검사의 의견을 물어 보석의 허가 여부를 결정한다. 또한 법원은 결정을 하기에 앞서서 원칙적으로 구속된 피고인을 심문하여야 하지만, 이미 제출한 자료만으로 보석의 허가 여부를 판단하는 데에 지장이 없는 경우에는 심문을 하지 않을 수도 있다.

　　법원은 보석을 허가하는 경우에는 필요하고 상당한 범위 안에서 지정 일시·장소에 출석하고 증거를 인멸하지 않겠다는 서약서 제출, 보증금 납입 약정서 제출, 주거 제한 등 도주 방지 조치 수인, 피해자 등 위해 및 접근 금지, 제3자 출석보증서 제출, 법원 허가 없는 외국 출국 금지, 금원 공탁 또는 담보 제공, 보증금 납입 또는 담보 제공, 출석 보증조건 이행의 조건 중 하나 이상의 조건을 정한다. 보석 허가 결정에서 명한 조건이 이행되지 않는 경우 석방이 되지 않거나 보석이 취소될 수 있다. 법원이 보석보증금 납부를 조건으로 보석을 허가함에 있어 보석보증보험 증권을 첨부한 보증서(보험보증서)로써 보증금에 갈음할 수 있음을 허가한 때에는 보석보증금을 현금으로 납부하지 않고 보험보증서의 제출만으로도 피고인이 석방될 수 있다.

제 9 절 약식명령

　　공판절차를 거치지 아니하고 원칙적으로 서면심리만으로 피고인에게 벌금·과료를 부과하는 간이한 형사절차를 약식절차라고 하는데, 위 절차에서 한 재판을 약식명령이라 한다. 약식명령의 대상이 되는 사건은 벌금·과료 또는 몰수에 처할 수 있는 사건이고, 약식명령은 검사가 공소제기와 동시에 서면으로 청구한다. 검사가 약식명령을 청구하면 판사는 그 기록을 검토하여 약식명령을 발령하는데, 사건이 중하거나 공판절차에 의한 신중한 심리를 요하여 약식명령을 하는 것이 적당하지 아니하다고 인정되는 때에는 판사는 통상의 공판절차에 회부하여 재판할 수 있다. 판사가 약식명령을 발령하면 약식명령등본을 검사와 피고인에게 송달하고 약식명령이 확정되면(송달받은 날로부터 7일이 경과) 그 약식명령은 확정판결과 동일한 효력이 있다. 정식재판청구란 약식명령에 불복이 있는 사람이 법원에 대하여 통상의 공판절차에 의하여 다시 심판하여 줄 것을 청구하는 것이다. 정식재판을 청구할 수 있는 사람은 검사, 피고인, 피고인을 대리하여 상소할 수 있도록 법에 정해진 사람(배우자, 직계친족, 형제자매 원심의 대리인 또는 변호인)이다. 청구는 약식명령의 고지를 받은 날로부터 7일 이내에 약식명령을 한 법원에 서면으로 하여야 한다. 피고인이 정식재판을 청구한 사건에 대하여는 약식명령보다 중한 형을 선고하지 못한다.

제10절 공소제기

공소제기권한은 검사에게 독점되어 있다. 공소제기 여부도 검사의 권한이다. 공소제기란 검사가 법원에 특정 피고인의 형사사건에 관하여 유죄판결을 요구하는 것으로서 '기소'라 하기도 한다. 검사가 수사를 행한 결과 범죄의 혐의가 있고 처벌할 필요가 있다고 판단하면 공소를 제기한다. 공소가 제기되면, 피의사건이 피고사건으로 변하여(피의자 역시 '피고인'으로 지위가 변한다) 법원은 그 사건에 관하여 심판할 권한과 의무를 갖게 되고, 검사와 피고인은 당사자로서 법원의 심판을 받아야 한다. 공소가 제기된 사건에 관하여는 다시 이중으로 공소를 제기할 수 없고, 만일 동일 사건이 법원에 이중으로 기소되었을 때에는 판결로써 그 부분에 대하여 공소를 기각하게 된다. 공소가 제기되면 공소시효의 진행이 정지된다.

공소의 제기는 검사가 공소장을 관할 법원에 제출함으로써 이루어지고, 구술로 공소를 제기할 수는 없다. 강사가 제출하는 공소장에는 피고인의 성명 기타 피고인을 특정할 수 있는 사항, 죄명, 공소사실, 적용법조, 피고인의 구속 여부가 기재된다. 공소장에는 검사의 기명날인 또는 서명이 있어야 한다. 이는 추완이 가능하다.

공소사실은 법원의 심판대상을 한정함으로써 재판의 능률과 신속을 기하는 동시에 피고인의 방어권 행사를 쉽게 해주는 역할을 한다. 따라서 적어도 공소사실은 그 특정요소를 종합하여 범죄구성요건에 해당하는 구체적 사실을 다른 사실과 식별할 수 있을 정도로는 기재가 되어야 한다. 범죄의 일시, 장소는 개괄적 기재가 가능하나, 범죄의 방법은 구체적으로 적시해야 한다. 피고인을 특정하지 않은 공소제기는 무효다. 죄명의 표시, 적용법조의 일부 오기나 누락 등이 피고인의 방어권행사에 실질적 불이익을 생기게 하지 않는 이상 공소제기의 효력에는 영향이 없다.

공소장에는 수개의 범죄사실과 적용법조를 예비적·택일적으로 기재할 수 있다(제254조 제2항).

검사는 공소를 제기할 때 법원에 공소장 하나만을 제출하여야 하고, 증거를 포함하여 예단이 생길 수 있는 것을 첨부하거나 인용해서는 안 된다(공소장일본주의).

공소 제기 후 공판절차 중 검사는 법원의 허가를 얻어 공소사실의 동일성이 인정되는 범위 내에서 공소장에 기재된 공소사실 또는 적용법조를 추가, 철회 또는 변경할 수 있다. 공소사실의 동일성이 인정되더라도 검사가 공소장을 변경하지 않는다면 원칙적으로 법원은 잠재적 심판대상에 대한 재판을 할 수 없다. 다만 구성요건을 달리하는 사실이 공소사실에 포함된 경우(축소사실)에는 공소장변경없이 처벌할 수 있다. 강제추행치상의 공소사실에는 강제추행이 포함되어 있어 공소장변경없이 강제추행으로 처벌할 수 있다. 허위사실적시 명예훼손에는 사실적시 명예훼손이 포함되어 있어 공소장변경없이 사실적시명예훼손으로 처벌할 수 있다.

제11절 판결의 선고와 재판의 집행

1. 판결의 선고

공판절차를 마치면 변론을 종결하고, 정해진 기일에 판결을 선고하게 된다. 판결의 선고는 재판장이 하며 주문을 낭독하고 이유의 요지를 설명하는 방법으로 한다. 피고사건에 대한 당해 소송을 그 심급에서 종결시키는 것을 종국재판이라 한다. 종국재판에는 실체재판과 형식재판이 있다. 유죄판결과 무죄판결이 실체재판이고, 관할위반의 판결, 공소기각의 판결과 결정, 면소의 판결은 형식재판이다.

(1) 유죄판결

심리 결과 피고인의 죄가 인정되면 유죄의 판결을 하게 된다. 유죄인 경우 정상에 따라 실형을 선고할 수도 있고, 집행유예, 선고유예의 판결을 할 수도 있다. 교도소에서 징역형이나 금고형을 복역하게 하는 형을 실형이라고 하고, 불구속 상태에서 재판을 받던 피고인에게 실형을 선고하면서 곧바로 구속하는 경우가 있는데 이를 가리켜 흔히 '법정구속'이라 한다. 형을 선고하되 일정기간 그 형의 집행을 미루어 두었다가 그 기간 동안 죄를 범하지 않고 성실히 생활하면 형 선고의 효력을 상실하게 하여 형의 집행을 하지 않는 제도를 집행유예라 한다. 3년 이하의 징역이나 금고 또는 500만원 이하의 벌금의 형을 선고할 경우에 정상에 참작할 만한 사유가 있는 때에는 1년 이상 5년 이하의 유예기간을 정하여 형의 집행을 유예할 수 있다. 형의 선고 자체를 미루어 두었다가 일정기간을 무사히 지나면 면소된 것으로 간주되는 제도가 선고유예이다. 1년 이하의 징역이나 금고, 자격정지 또는 벌금의 형을 선고할 경우에 양형의 조건을 참작하여 잘못을 뉘우치고 마음을 바르게 하여 성실히 생활할 의지를 뚜렷이 보이는 때, 즉 개전의 정상이 뚜렷한 때에는 형의 선고를 유예할 수 있다.

유죄판결은 피고인의 형사책임을 확정하는 판결이므로 충분한 이유를 설명해야 한다. 형의 선고를 하는 때에는 판결이유에 범죄될 사실, 증거의 요지와 법령의 적용을 명시하여야 하고, 법률상 범죄의 성립을 조각하는 이유 또는 형의 가중, 감면의 이유되는 사실의 진술이 있은 때에는 이에 대한 판단을 명시하여야 한다(제323조). 경합범에 대하여는 각 개의 범죄사실을 구체적으로 특정하여 판시하여야 한다. 상상적 경합도 사실상의 수죄이므로 각 개의 범죄사실을 구체적으로 판시하여야 한다. 포괄일죄는 전체 범행위 시기와 종기, 범행방법, 범행횟수, 피해액의 합계 등을 명시하여 포괄적으로 판시하여도 문제없다(82도2572). 법률의 착오는 범죄의 성립을 조각하는 것이 아니므로 이에 대한 판단을 요하지 않는다(65도876). 판결이유에서 판단을 요하는 것은 필요적 가중·감면사유의 진술에 한하며, 임의적 감면사유인 자수나 정상의 주장에 대하여는 판단할 필요가 없다(2001도872; 84도3042; 71도476).

(2) 무죄판결
검사가 기소한 사건에 대하여 유죄로 인정할 만한 증거가 없거나 공소사실이 범죄로 되지 아니한 때에는 법원은 무죄를 선고한다(제325조).

(3) 면소판결
면소판결이란 동일한 사안에 대하여 이미 확정판결이 있은 때, 사면이 있은 때, 공소시효가 완성되었을 때, 범죄 후 법령의 개폐로 형이 폐지된 때 등 실체적 소송조건이 구비되지 않은 경우에 선고되는 종국판결이다.

(4) 공소기각
공소기각의 재판은 피고사건에 대하여 관할권 이외의 형식적 소송조건을 구비하지 못한 경우에 절차상의 하자를 이유로 사건의 실체에 대한 심리를 하지 않고 소송을 종결시키는 종국재판으로서 결정으로 할 경우와 판결로 할 경우가 있다. 공소가 취소되었을 때, 피고인이 사망하거나 피고인인 법인이 존속하지 아니하게 되었을 때, 동일사건과 수개의 소송계속 또는 관할의 경합 규정에 의하여 심판할 수 없을 때, 공소장에 기재된 사실이 진실하다 하더라도 범죄가 될 만한 사실이 포함되지 아니한 때에는 결정으로 공소기각을 하여야 한다. 피고인에 대하여 재판권이 없는 때, 공소제기의 절차가 법률의 규정에 위반하여 무효인 때, 공소가 제기된 사실에 대하여 다시 공소가 제기되었을 때, 공소취소와 재기소의 규정에 위반하여 공소가 제기되었을 때, 고소가 있어야 죄를 논할 사건에 대하여 고소의 취소가 있은 때(예컨대, 강간죄나 간통죄 등 친고죄에서 고소인이 고소를 취소한 때), 피해자의 명시한 의사에 반하여 죄를 논할 수 없는 사건에 대하여 처벌을 희망하지 아니하는 의사표시가 있거나 처벌을 희망하는 의사표시가 철회되었을 때(예컨대, 단순폭행죄, 명예훼손죄등 반의사불벌죄에서 피해자가 처벌을 원하지 않는다는 의사를 표시한 때)에는 판결로써 공소기각을 하여야 한다.

2. 재판의 집행

(1) 일반원칙

재판의 집행이란 재판의 내용을 국가권력에 의하여 강제로 실현하는 것이다. 형의 집행, 추징, 과태료, 보증금몰수, 비용배상 등이 재판의 집행이다. 재판은 확정한 후에 즉시 집행하는 것이 원칙이다(제459조). 그러나 사형의 집행은 법무부장관의 명령 없이는 집행할 수 없다(제463조). 재판의 집행은 그 재판을 한 법원에 대응한 검찰청 검사가 지휘한다(제460조 제1항). 사형·징역·금고 또는 구류의 선고를 받은 자가 구금되지 아니한 때에는 검사는 형을 집행하기 위하여 이를 소환하여야 한다. 소환에 응하지 아니한 때에는 검사는 형집행장을 발부하여 구인해야 한다(제473조). 재판의 집행에서 가장 중요한 것은 형의 집행이다.

(2) 형의 집행

형의 집행은 사형의 집행, 자유형의 집행, 자격형의 집행, 재산형의 집행으로 나뉜다. 2개 이상의 형의 집행은 자격상실·자격정지·벌금·과료와 몰수 외에는 중한 형을 먼저 집행한다(제462조). 사형은 교도소 또는 구치소 내에서 교수하여 집행한다(형법 제66조). 사형의 집행에 참여한 검찰서기관은 집행조서를 작성하고 검사와 교도소장 또는 구치소장이나 그 대리자와 함께 기명날인 또는 서명을 하여야 한다(제468조). 자유형은 교도소에 구치하여 집행한다(형법 제67조, 제68조). 자격상실 또는 자격정지의 선고를 받은 자에 대하여는 이를 수형자원부에 기재하고 지체 없이 그 등본을 형의 선고를 받은 자의 등록기준지와 주거지의 시·구·읍·면장에게 송부하여야 한다(제476조). 벌금·과료·몰수·추징·과태료·소송비용·비용배상 또는 가납의 재판은 검사의 명령에 의하여 집행한다(제477조 제1항).

제12절 상소(항소·상고), 재심

제1심 판결에 대하여 제2심 법원에 불복을 하는 것을 항소라 하고, 제2심 판결에 대하여 상고심에 불복을 하는 것을 상고라고 하며, 항소와 상고를 통틀어 상소라 한다. 상소권자가 상소를 하기 위해서는 상소의 이익이 있어야 한다. 원판결보다 중한 죄에 해당한다고 주장하는 상소는 상소의 이익이 인정되지 않는다(68도1038). 원심의 무죄판결에 대하여 피고인이 상소할 수 없다(2012도11200). 재판의 이유만을 다투기 위한 상소는 허용되지 않는다(92모21). 공소기각의 판결에 대하여 무죄를 다투는 상소는 상소의 이익이 없어 허용되지 않는다(83도632). 면소판결에 대하여 피고인에게 무죄판결청구권이 없음으로 상소가 허용되지 않는다(84도2106). 항소기각판결에 대하여 피고인은 상고의 이익이 없다(86도479).

서울중앙지방법원 단독판사가 선고한 판결에 대한 항소사건은 서울중앙지방법원 항소부에서, 서울중앙지방법원 합의부가 선고한 판결에 대한 항소사건은 서울고등법원에서 담당하게 되고, 제2심 판결에 대한 상고사건은 대법원에서 담당하게 된다. 상소의 제기는 서면에 의하여야 하며 구술에 의한 상소는 허용되지 않는다. 상소장은 상소의 대상인 판결을 한 원심법원에 제출하여야 한다. 상소제기의 효력은 상소장이 원심법원에 제출된 때에 발생한다. 상소의 제기에 의하여 재판의 확정과 집행이 정지된다. 항고는 즉시항고를 제외하고는 집행정지 효력이 없다. 상소 제기에 의하여 소송계속은 원심을 떠나 상소심으로 옮겨진다. 이러한 이심의 효력은 상소제기와 동시에 발생하는 것이 아니라 상소장과 증거물 및 소송기록이 원심법원에서 상소법원으로 송부된 때 발생한다.

상소는 재판의 일부에 대하여 할 수 있다(제342조 제1항). 한 개의 사건에 대하여는 한 개의 재판이 있고, 이 재판은 상소에 있어서도 법률적으로 그 내용을 분할하는 것이 허용되지 않는다. 한 개의 사건의 일부를 상소하는 것은 공소불가분의 원칙에 반하여 허용되지 않는다. 일부상소에서 재판의 일부는 병합심판된 재판의 수개의 사건 중 일부를 말하는 것이다. 일부상소가 허용되려면 재판의 내용이 가분이고 독립된 판결이 가능할 것을 요한다. 일부에 대한 상소는 그 일부와 불가분의 관계에 있는 부분에 대하여도 효력이 미친다. 제1심법원이 공소 (1)사실에 대하여 유죄, (2)사실에 대하여는 무죄를 선고하자 피고인은 항소를 하지 않고 검사가 무죄부분에 대하여만 항소를 하였다면 위 유죄 부분은 확정되고 무죄부분만이 항소심에 계속되게 되었으니 항소심은 위 무죄부분만을 심리판단하여야 한다(84도862). 피고인에 대한 병역법위반죄와 하천법위반죄의 경합범에 대하여 항소심이 전자에 대해서는 유죄, 후자에 대해서는 무죄를 선고하자 검사만이 후자에 대해서 상고하여 상고심이 후자 부분만을 파기환송하였으면 항소심은 후자에 대해서만 심판해야 한다(74도1301). 상상적 경합관계에 있는 두 죄에 대하여 한 죄는 무죄, 한 죄는 유죄가 선고되어 검사만이 무죄부분에 대하여 상고하였다 하여도 유죄부분도 상고심의 심판대상이 되는 것이고, 공소사실 중 일부에 대하여는 유죄를, 실체적 경합관계에 있는 일부에 대하여는 무죄를 각 선고하고, 그 유죄 부분과 상상적 경합관계에 있는 다른 일부에 대하여는 무죄임을 판시하면서 주문에 별도의 선고를 하지 않은 항소심판결에 대하여, 검사가 무죄 부분 전체에 대하여 상고를 한 경우 그 유죄 부분은 형식상 검사 및 피고인 어느 쪽도 상고한 것 같아 보이지 않지만 그 부분과 상상적 경합관계에 있는 무죄 부분에 대하여 검사가 상고함으로써 그 유죄 부분은 그 무죄 부분의 유·무죄 여하에 따라서 처단될 죄목과 양형을 좌우하게 되므로, 결국 그 유죄 부분도 함께 상고심의 판단대상이 된다(2004도7488).

　항소 또는 상고의 제기기간은 판결 선고일부터 7일(판결 선고일은 기산하지 않음)이내이다. 상소제기기간 내에 포함된 공휴일 또는 토요일까지 모두 계산하여 7일 이내에 상소를 제기하여야 한다. 다만, 상소제기기간의 마지막날이 공휴일인 경우에는 그 다음날까지, 토요일인 경우에는 그 다음주 월요일까지 상소하면 된다. 또한 상소는 상소장이 상소기간 내에 제출처인 법원에 도달하여야만 효력이 있다. 다만 교도소 또는 구치소에 있는 피고인이 상소의 제기기간 내에 상소장을 교도소장 또는 구치소장 등에게 제출한 때에는 상소장이 상소의 제기기간 후에 법원에 도달되었더라도 상소의 제기기간 내에 상소한 것으로 간주된다. 상소장이 상소제기기간 경과 후에 법원에 도달하게 되면 상소권 소멸 후의 상소가 되어 원심에서 상소기각 결정을 한다. 항소 또는 상고를 제기할 때에는 항소장 또는 상고장만을 제출하여도 된다. 하지만 항소 또는 상고에 따라 원심법원은 그 소송기록을 상소법원에 송부하게 되고, 상소법원이 기록을 접수하였을 때에는 상소인에게 그 소송기록접수통지를 하게 되는데, 상소인은 그 통지를 받은 날부터 20일 이내에 상소법원에 항소이유서 또는 상고이유서를 제출하여야 한다. 항소심에서는 원심판결 기재 범죄를 저지른 사실이 없다거나 양형이 무겁다는 등의 사유를 자유롭게 항소이유로 할 수 있지만, 상고심에서는 사형, 무기 또는 10년 이상의 징역이나 금고가 선고된 사건이 아니면 양형이 무겁다는 사유를 상고이유로 할 수 없다.

검사는 상소하지 않고 피고인만이 상소한 경우에는 상소심 법원은 피고인에게 원심판결의 형보다 중한 형을 선고할 수 없다(불익익변경금지의 원칙, 제368조). 불이익변경금지의 원칙은, 피고인만이 상소한 사건에 있어서 원심의 형보다 중한 형을 선고할 수 없다는 것에 불과하고, 그 형이 같은 이상 원심이 인정한 죄보다 중한 죄를 인정하였다 하더라도 위 원칙에 위배되지 아니한다(81도2779). 형사소송법 제457조의2에서 규정한 불이익변경금지의 원칙은 피고인이 약식명령에 불복하여 정식재판을 청구한 사건에서 약식명령의 주문에서 정한 형보다 중한 형을 선고할 수 없다는 것이므로, 그 죄명이나 적용법조가 약식명령의 경우보다 불이익하게 변경되었다고 하더라도 선고한 형이 약식명령과 같거나 약식명령보다 가벼운 경우에는 불이익변경금지의 원칙에 위배된 조치라고 할 수 없다(2011도14986).

재심이란 확정된 유죄판결에 대하여 일정한 사유가 있는 경우에 유죄판결을 받은 자의 이익을 위하여 주로 사실인정의 부당을 시정함을 내용으로 하는 비상구제절차이다. 재심절차는 재심을 개시할 것인지 여부를 결정하는 절차와 사건 자체에 대하여 다시 심판하는 절차의 2단계로 구분되어 있다. 재심은 유죄의 확정판결에 일정한 사유가 있는 경우에 유죄판결을 받은 자의 이익을 위하여만 청구할 수 있다. 그러므로 약식명령이나 즉결심판은 재심의 대상이 되나, 무죄, 면소, 공소기각의 판결은 재심의 대상이 되지 않는다. 재심사유는 ① 원판결의 증거가 된 증거서류 또는 증거물이 확정판결에 의하여 위조 또는 변조되었음이 증명된 때, ② 원판결의 증거가 된 증언, 감정, 통역, 번역이 확정판결에 의하여 허위임이 증명된 때, ③ 무고로 인하여 유죄판결을 받은 경우에 그 무고의 죄가 확정판결에 의하여 증명된 때, ④ 원판결의 증거로 되었던 재판이 확정판결에 의하여 변경된 때, ⑤ 무죄 등을 선고할 명백한 새로운 증거가 발견된 때, ⑥ 저작권, 특허권, 실용신안권, 의장권, 상표권을 침해한 죄로 유죄의 선고를 받은 사건에 대하여 그 권리에 관한 무효의 심결 또는 판결이 확정된 때, ⑦ 원판결에 관여한 법관, 기소 또는 수사에 관여한 검사나 사법경찰관이 그 직무에 관한 범죄를 범하였음이 확정판결에 의하여 증명된 때, ⑧ 형사법률에 관하여 헌법재판소의 위헌결정이 있는 경우이다. 유죄판결에 대한 상소를 기각한 확정판결의 경우 상소법원이 원심의 유죄판결을 유지하여 상소를 기각한 판결에 대하여도 재심의 청구를 할 수 있되, 다만 위 ①, ②, ⑦ 사유만을 재심사유로 할 수 있고, 나머지 사유에 의해서는 원심의 유죄판결에 대해서만 재심청구를 할 수 있다.

찾아보기

저자약력

한국외국어대학교 법과대학 졸업
고려대학교 경영대학원 졸업(회계학)
한국외국어대학교 대학원 졸업(법학박사)
사법연수원 제32기
법무법인 나은 대표변호사
한국기업법학회 이사
변호사시험 시험위원
현재 전북대학교 법학전문대학원 교수

주요 저서
민법총칙, 민사소송실무의 기초
보전소송·민사집행·회생파산 실무
행정소송실무의 기초
민사실무입문

논문
공 법 – 행정사건의 전속관할성에 관한 연구, 법학전문대학원 실습과정과 변호사 실무연수의 개선방
향에 대한 소고, 직장내 디지털정보활용의 법적 쟁점과 실무, 심리적 부검의 개념과 그 소송
상 활용에 대한 기초적 고찰, 재개발·재건축조합의 사업시행계획·관리처분계획의 법적성질
에 관한 연구, 에너지수요관리부문 빅데이터 활용에 따른 개인정보보호법 관련 쟁점과 과제,
재개발·재건축조합 설립절차와 정비사업조합법인의 법적성질에 대한 연구, 정비사업설립추
진위원회를 둘러싼 몇 가지 쟁점에 관한 연구, 심리적 부검에 의한 공무상 질병의 판단, 도산
해지조항과 공법원리의 적용, 법률행위와 행정행위 등

민사법 – 가계약의 개념과 내용에 관한 고찰, 임시지위가처분재판의 기능과 재판형식에 대한 소고, 사
해행위취소소송의 본질에 대한 소송법적 측면에서 고찰, 등기말소청구권 이행불능에 대한
채무불이행책임 인정여부, 가계약금의 법적 처리에 대한 고찰, 민사에 있어 관습법과 판례법,
등기청구권에 대한 소고, 업종제한 분양계약과 물권법정주의, 재건축조합신탁등기와 매도청
구권, 등기청구권과 사실상 소유자, 사법에 있어 법질서의 의미에 대한 소고, 민법 제1조와
불문민법의 법원성, 사해행위취소소송 결과 원상회복된 채무자의 부동산소유권과 취소채권
자의 소유권이전등기말소청구에 대한 고찰 등

형사법 – 동업계약과 범죄피해자로서 조합, 신분범의 공동정범에 대한 제한적 해석론, 형사소송법 제
318조 피고인의 증거동의에 관한 고찰, 증거동의의 의미에 대한 소고, 형법의 소유개념으로
서 재물의 사실상 또는 법률상 지배력 있는 상태, 중간생략형 부동산명의신탁과 횡령죄, 원
청사업주의 부당노동행위에 대한 형사처벌과 죄형법정주의, 이중매매와 횡령죄 등

법학원론

초판발행   2020년 2월 20일

지은이   황태윤
펴낸이   안종만·안상준

편 집   심성보
기획/마케팅 이영조
표지디자인   조아라
제 작   우인도·고철민

펴낸곳   (주) **박영사**
           서울특별시 종로구 새문안로3길 36, 1601
           등록 1959. 3. 11. 제300-1959-1호(倫)

전 화   02)733-6771
f a x   02)736-4818
e-mail   pys@pybook.co.kr
homepage   www.pybook.co.kr
ISBN   979-11-303-3566-7   93360

정 가   35,000원